salzkammergut

oö landesausstellung 2008

salzkammergut
oö landesausstellung 2008

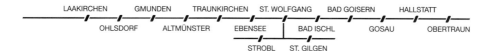

LAAKIRCHEN   GMUNDEN   TRAUNKIRCHEN   ST. WOLFGANG   BAD GOISERN   HALLSTATT

OHLSDORF   ALTMÜNSTER   EBENSEE   BAD ISCHL   GOSAU   OBERTRAUN

STROBL   ST. GILGEN

Roman Sandgruber (Hrsg.)

t.

TRAUNER VERLAG

IMPRESSUM

Katalog zur Oberösterreichischen Landesausstellung 2008

ISBN 978-3-85499-399-5
© 2008 Linz, Amt der Oberösterreichischen Landesregierung –
Direktion Kultur sowie Autorinnen und Autoren

Verlag:
TRAUNER VERLAG + BUCHSERVICE GmbH, Linz

Redaktion:
Julius Stieber
Dietmar Leitner

Lektorat:
Norbert Loidol

Grafische Gestaltung:
Wolfgang Kraml

Druck:
TRAUNER DRUCK GmbH & Co KG, Linz
Gedruckt auf säurefreiem, chlorfrei gebleichtem Papier – TCF
Mit zahlreichen (teilweise farbigen) Abbildungen
Printed in Austria 2008

Die Direktion Kultur des Amtes der Oberösterreichischen
Landesregierung dankt den Sponsoren der
Oberösterreichischen Landesausstellung 2008:
voestalpine AG, Energie AG Oberösterreich,
Raiffeisen Landesbank Oberösterreich AG,
Oberösterreichische Versicherung AG, Miba AG,
Gmundner Molkerei reg. Gen.m.b.H.,
Brauerei Schloss Eggenberg, Salinen Tourismus GmbH,
Gmundner Keramik

Inhalt

Salzkammergut – Landesausstellung 2008

Seit mehr als vier Jahrzehnten stellen Oberösterreichs Landesausstellungen einen der größten Höhepunkte im heimischen Kulturgeschehen dar. Sie sind ein eindrucksvoller und für alle ersichtlicher Beweis für die die kulturelle Vielfalt sowie für die wirtschaftlichen Errungenschaften und die einzigartige landschaftliche Schönheit unserer Heimat.

Zum zweiten Mal nach 1998 wird heuer eine Landesausstellung als dezentrale Schau veranstaltet, wobei die südlichste Region Oberösterreichs, das Salzkammergut, in den Mittelpunkt des Interesses rückt und den Besuchern näher gebracht wird.

Das Salzkammergut ist ein kultur-, gesellschafts- und naturgeschichtliches Kleinod. Kein anderer Landesteil verfügt über eine derart lange Tradition der Besiedlung, nirgendwo anders in unserem Bundesland ist das Leben der Menschen dermaßen vom Hochgebirge, von den Tälern, Flüssen und Seen geprägt. Das Salzkammergut spannt mit seiner eigenständigen naturräumlichen, wirtschaftlichen, sozialen und kulturellen Entwicklung aber auch einen unvergleichlichen Bogen zwischen Vergangenheit und Zukunft. All diese Aspekte werden in der Landesausstellung beleuchtet.

Insgesamt beteiligen sich 14 Gemeinden mit ihren Projekten an der Landesausstellung 2008, wobei mit Strobl und St. Gilgen auch zwei Salzburger Gemeinden beteiligt sind. Eine eigene Leit- bzw. Überblicksausstellung ist im weltberühmten Schloss Ort in Gmunden untergebracht.

Der vorliegende Ausstellungskatalog soll Ihnen einerseits einen wissenschaftlich fundierten Überblick über die facettenreiche Geschichte des Salzkammergutes geben, andererseits auch die einzelnen Ausstellungsschwerpunkte der Gemeinden näherbringen.

Als Kulturreferent des Landes Oberösterreich möchte ich mich bei allen, die zum Gelingen dieses Buches beigetragen haben, sehr herzlich bedanken. Zudem wünsche ich allen Besucherinnen und Besuchern eine interessante und zugleich lebhafte Auseinandersetzung mit der Landesausstellung.

Dr. Josef Pühringer
Landeshauptmann

Roman Sandgruber

Von der Vielfalt des Salzkammergutes zur Konzeption einer Ausstellung

Die oberösterreichische Landesausstellung 2008 mit dem für sich sprechenden Titel „Salzkammergut" macht die gesamte Region zur Bühne, in 14 Ausstellungsorten, ausgehend von der Leitausstellung im berühmten Seeschloss Ort, von Steyrermühl und Ohlsdorf über Gmunden, Altmünster und Ebensee bis Ischl, Goisern und Hallstatt, dazu die naturkundlichen Erlebniswelten in Obertraun und Gosau, und die Orte am Wolfgangsee, St. Wolfgang, Strobl und St. Gilgen; zusätzlich ein umfassendes Beiprogramm in allen Ausstellungsorten und weit darüber hinaus.

Kammergut – Jammergut: Ein oft zitiertes Wortspiel! Andererseits gab es die sprichwörtliche Redeweise vom Salzkammergut als der österreichischen Schweiz, der nostalgiereichen Urlaubsregion des Kaisers, der Wahlheimat so vieler begeisterter Gäste, mit einer Bevölkerung, deren Heimatverbundenheit sprichwörtlich ist. Es ist eine Region mit starker Identität und Bodenständigkeit, die eine Fülle eigenständiger Traditionen ausgebildet hat. Die geographische Abgeschiedenheit der Region steht in einem merkwürdigen Gegensatz zu ihrer großen kulturellen Breite. Das Salzkammergut erlebte Höhen und Tiefen. Das Salz bestimmte seine Geschicke seit der Urzeit. Seit über 3.500 Jahren wird am Hallstätter Salzberg Salz abgebaut. Das Salz zog die Menschen über die Grenzen des siedlungsfreundlichen Voralpengebiets bis tief in die rauhen, inneralpinen Regionen und brachte Reichtum, Industrie und Handel.

Hallstatt ist der herausragendste archäologische Fundort des Salzkammergutes, doch bei weitem nicht der einzige. Die Region blickt auf eine reiche vorgeschichtliche Vergangenheit zurück: Von den hochalpinen Jagdlagern der Altsteinzeit über die jungsteinzeitlichen und bronzezeitlichen Randsiedlungen der Salzkammergutseen bis zu den urzeitlichen Gräberfeldern und Bergbaustollen gibt es viel zu entdecken. Und auch die Römer hinterließen ihre Spuren im Salzkammergut.

Salz, das weiße Gold der Alpen, machte Fürsten und Bürger reich: goldene Gewinne, gesalzene Preise! Das Salzmonopol galt als das „vornehmste Kleinod" der Hofkammer. Für die Salinenarbeiter des 17. oder 18. Jahrhunderts bedeutete dies allerdings kaum Wohlstand. Die Armut der Forstarbeiter und Bergleute, die sich mit Holzschnitzen und Stricken einen Zuerwerb verdienen mussten, wurde sprichwörtlich: Die Salzwirtschaft erlebte Konjunkturen und Krisen. Die Abgeschiedenheit des Gebietes verschärfte die Krisen. Man war immer auf die Versorgung von außen angewiesen.

Ausgebildet wurden viele Eigenheiten: Die religiöse Sonderstellung, die sich auch durch stärkste Repression nicht unterdrücken ließ, weder durch die Vertreibung der Evangelischen noch durch die Auswanderung gesuchter Fachleute, eine starke Brauchtumstradition, die bis heute nicht künstlich aufgesetzt wirkt, die Verklärung durch die Kunst, die in allen Bereichen schöpferische Kräfte aktiviert hat. Das Salzkammergut ist die älteste Industrieregion Österreichs und gleichzeitig dessen traditionsreichste Tourismusregion.

Die Eroberung des Salzkammergutes als Erholungslandschaft hatte im ausgehenden 18. Jahrhundert begonnen. Um die Wende vom 18. zum 19. Jahrhundert gab es einen wahren Boom von Beschreibungen dieser herausragenden Landschaft. Literaten, Maler, Musiker, Sänger und Schauspieler trugen dazu bei, dass die Region ihren Ruf als österreichische Schweiz und künstlerisches Eldorado festigen konnte. Das ganze Salzkammergut existiert in Öl, spottete Johann Nepomuk Nestroy; und Karl Farkas reimte: „Ischl: ein Klavier hinter jedem Gebüschl." Die vielen Schriftsteller, die nach einem berühmten Ausspruch Raoul Auernheimers allsommerlich an die Seen wiederkehrten, um ihre Federkiele in dieses riesige Tintenfass zu tauchen und sich ihre Inspirationen zu holen, verarbeiteten ihre Eindrücke, banden die Orte in ihre Stoffe ein und erhöhten damit deren Attraktivität.

Die Repräsentanten der städtisch-intellektuellen Welt entdeckten ihre Liebe zu den Alpen und zum Alpinismus. Gipfel wurden erstiegen, Berghütten erbaut und Solebäder eingerichtet, die die weite Reise zu den Meerbädern ersparten. Die krisengeschüttelte Industrieregion war im 19. Jahrhundert auf dem Weg zur mondänen Tourismusdestination. Kaiser Franz Joseph, der Salzprinz, verbrachte von 86 Sommern seines Lebens nur drei nicht in Ischl. Weil der Kaiser hier war, kam die große Welt, oder die, die sich dafür hielt. Wer etwas auf sich hielt, übersiedelte während der warmen Jahreszeit mit Sack und Pack in eine Sommerwohnung: Nach Ischl und Gmunden gingen die Arrivierten oder die, die sich dafür hielten, die weniger Berühmten nach Goisern oder Aussee, an den Wolfgangsee, Attersee oder Mondsee.

Eine neue Oberschicht, neue Berufe und neue Geschäfte bestimmten das Gesellschaftsbild und die Landschaft. Gasthäuser und Unterkünfte, Träger und Kutscher, Bergführer und Köchinnen, auch eine Andenkenindustrie und ein vielfältiges Luxusgewerbe blühten auf.

Ferdinand Waldmüller (1793–1865), Traunsee mit Schloss Ort. Um 1830

Foto: C. Bednarczyk, Wien

Die wichtigste Voraussetzung für die touristische Weiterentwicklung des Salzkammerguts war eine Verbesserung der Verkehrslage. Dauerte eine Reise von Wien nach Ischl mit der Postkutsche noch dreieinhalb Tage, so wurde 1826 mit dem direkten Eilwagen Wien–Ischl, der zweimal die Woche verkehrte, die Reise um einiges rascher. Durch die Verlängerung der Budweis-Linzer Pferdebahn bis Gmunden im Jahre 1836 – drei Jahre später verkehrte das erste Dampfschiff auf dem Traunsee – war die Anreise weiter verkürzt worden. Die Fertigstellung der Westbahn in den Jahren 1858/60 und die Eröffnung der Salzkammergutbahn (Kronprinz-Rudolf-Bahn) von Attnang über Ischl nach Bad Aussee im Jahre 1877 banden die Region in das europäische Verkehrsnetz ein. Die Salzkammergutlokalbahn, die ab 1893 zwischen Ischl und Salzburg verkehrte, trug noch zusätzlich zur leichteren Erreichbarkeit und touristischen Aufschließung bei.

Das Salzkammergut war modern und weltoffen geworden. Wenn die noblen Städter um die Wende vom 19. zum 20. Jahrhundert zur Sommerfrische und Kur kamen, wollten sie auch auf die Novität des elektrischen Lichts nicht verzichten. Das Salzkammergut, wo der Kaiser jedes Jahr Urlaub machte und sich alljährlich die städtisch-aristokratische Schickeria einfand, bot für die Elektrifizierung ideale Voraussetzungen: nicht nur den kaufkräftigen Kundenkreis, sondern auch eine große Zahl leicht ausbaubarer Wasserkräfte. So ist es ganz logisch, das vom Salzkammergut aus die Elektrifizierung Oberösterreichs ihren Ausgang nahm und das Unternehmen Stern & Hafferl zum Pionier der Überlandversorgung mit elektrischem Strom und zum Kern der Energie AG Oberösterreich wurde.

Die aufstrebende Entwicklung des Salzkammerguts wurde mit dem Ende der Monarchie jäh unterbrochen. Das Salzkammergut musste sich vom sommerlichen Treffpunkt des Hochadels und der High Society mehr und mehr auf einen Fremdenverkehr mit massentouristischen Zügen umstellen. Die Gäste blieben zwar nicht aus. Aber so kaufkräftig wie zu Zeiten der Monarchie waren sie bei weitem nicht mehr. Zwischen 1914 und 1918 kam der Fremdenverkehr weitgehend zum Erliegen. Nach der Stabilisierung im Jahr 1922 und der Beseitigung der

Josef Straka (1864–1946), Badesteg mit Landschloss Ort. Um 1930   Foto: Schepe

unmittelbaren Nachkriegsnot war der Gast wieder umworben und gern gesehen. Die Weltwirtschaftskrise machte erneut einen Strich durch die Rechnung. Schon vor der so genannten 1.000-Mark-Sperre war die Situation im Tourismus triste genug. Mit der von der nationalsozialistischen Regierung des Deutschen Reiches bald nach ihrem Machtantritt erlassenen „Tausend-Mark-Sperre" sollte Österreichs Politik wirtschaftlich getroffen werden. Nach dem Anschluss war das Salzkammergut zwar begehrt. Die Nationalsozialisten umschwärmten es, nicht nur wegen der herrlichen Landschaft und der vor Luftangriffen abgeschirmten Lage, sondern auch wegen der vielen jüdischen Villen und Realitäten, die man sich brutal aneignen konnte. Nach dem Zweiten Weltkrieg kam der Fremdenverkehr vorerst nur mühsam in Gang. Die deutschen Gäste wurden zum tragenden Element. Die Fünfziger- und Sechzigerjahre des vorigen Jahrhunderts brachten eine silberne Ära: das „Weiße Rössl", die „Prinzessin von St. Wolfgang", die Sissy-Filme … In der zweiten Hälfte der Sechzigerjahre entfielen im Seegebiet fast zwei Drittel aller Nächtigungen auf Ausländer. 1991 erreichte

das Salzkammergut mit rund 4,2 Millionen Übernachtungen den vorläufigen Höhepunkt der quantitativen Entwicklung des Tourismus: Mehr als 50 Prozent der in diesem Jahr im gesamten Bundesland Oberösterreich erzielten Nächtigungen entfielen dabei auf das Salzkammergut.

In den 90er-Jahren verlor das Salzkammergut aus strukturellen Gründen massiv Gäste. Eine inhaltliche und imagemäßige Gegensteuerung wurde notwendig, um das Salzkammergut für die Zukunft wieder als „aktiven Player" auf der Tourismuslandkarte Österreichs zu positionieren.

Kaum eine Tourismusregion in Österreich hat eine so wechselvolle Geschichte hinter sich wie das Salzkammergut: von der „Sommerfrische des Kaisers" und dem „Kur- und Bade-Mekka" der Oberschichten über die „Weiße Rössl Aufbruch-Ära" der 1950er-Jahre bis zur heutigen Positionierung als „touristische Themen-Welt" in der Mitte Österreichs. Die Landesausstellung präsentiert diese Vielfalt auf dem „Ausstellungsteller": nicht nur als nostalgischen Rückblick, sondern auch als Anstoß für Investitionen und Attraktionen.

Alfred Komarek

Das Salzkammergut – eine Liebeserklärung

Mit Liebeserklärungen ist das so eine Sache. Meist werden sie von plüschäugigen Jünglingen gestammelt und wenig später verlegen schweigend zurückgenommen, weil sie die Prüfung des Alltags nicht bestehen. Was aber, wenn einer nach kindlicher Vertrautheit und jugendlicher Neugier dem Salzkammergut schnöde den Rücken kehrt und sich nur noch von Zeit zu Zeit sehen lässt, für eine liederlich-leichtfüßige Affäre? Geht dann so einer nach vielen Jahren in sich und findet er dort zu seinem Erstaunen die alte Zuneigung unversehrt vor, sogar noch vertieft, mag es durchaus überzeugen, wenn er sie in Worte fasst. Das geschieht hiermit, und da Liebeserklärungen eine höchst persönliche Angelegenheit sind, lasse ich bedenkenlos Subjektivität walten.

Jedenfalls muss es für die Liebens-Würdigkeit dieses Lebensraumes gute Gründe geben. Einer davon: Das Salzkammergut ist beruhigend beständig, es ändert sich nicht viel, und wenn, dann langsam. Seit Jahrtausenden geht es um Salz. Kulturen blühten auf und versanken, doch die Arbeit der Knappen im Berg ist ihrem Wesen treu geblieben. Prähistorische und heutige Bergleute fänden gewiss Themen, die gemeinsam interessierten. Zwischen dem 8. und dem 4. Jahrhundert vor Christus brachte der intensive bergmännische Abbau im Hallstätter Salzberg-Hochtal Reichtum und Kultur ins Land, so bedeutend, dass eine Menschheitsepoche den Namen Hallstattzeit trägt. Außerdem schufen damals internationale Handelsverbindungen eine wirtschaftliche Vernetzung durchaus modernen Zuschnitts. Und noch ein Bogen spannt sich über die Jahrtausende: Klimaveränderung als Wirtschaftsfaktor. In der Hallstattzeit sanken überall in Europa die Temperaturen und es wurde merklich feuchter. Es war also nicht mehr möglich, Lebensmittel durch Lufttrocknung haltbar zu machen, sie mussten fortan in Salzlake konserviert werden, und das bedeutete für die Lieferanten des „Weißen Goldes" Hochkonjunktur. Auch manche Prinzipien der prähistorischen Arbeitswelt am und im Salzberg haben bis heute Gültigkeit. Die Salzherren agierten risikofreudig und innovativ, aber auch vorausblickend. Den erhofften Gewinn vor Augen, investierten sie für den Abbau von gut 50 Metern tauben Gesteins in unproduktive Arbeit. Waren die Lagerstätten dann endlich erreicht, kam eine arbeitsteilige Organisation zum Tragen. Es gab Hauer für den Vortrieb der Stollen und das Losbrechen des Salzes, Beleuchter, Träger, Zimmerer für die Sicherung der Stollen, Werkzeugschmiede und Holzfäller.

Im Jahr 1311 wurde ein Berufsstand geschaffen, dessen Spuren im Salzkammergut noch immer eindrucksvoll sichtbar sind. Die Salzfertiger waren Spezialisten der Transport-Logistik. Sie über-

Emanuel Stöckler (1819–1893), Sommerfrische im Ausserland. Vor 1890 (Kat.-Nr. 8.3.9) Foto: Kammerhofmuseum Bad Aussee

nahmen das Salz von der Saline, trockneten und verpackten es, ließen Transportschiffe herstellen, planten und überwachten die Verfrachtung auf dem Wasserweg bis zum Verkauf. Nur wohlhabende Bürger mit entsprechendem Fachwissen waren für diesen Beruf geeignet, ihre Arbeit war hoch honoriert und noch dazu mit der Schankgerechtigkeit verbunden. Letzteres erwies sich als zukunftsträchtige Alternative, als mit dem Bau der Eisenbahn der Transport auf dem Wasser an Bedeutung verlor. Die Salzfertiger investierten also in den beginnenden Fremdenverkehr. So entstanden noch heute existierende Betriebe, etwa das Hotel „Zum Grünen Baum" in Hallstatt, das „Weinhaus Attwenger" in Ischl und das „Weinhaus Spießberger" in Gmunden. Salzfertiger spielten auch im öffentlichen Leben des 19. Jahrhunderts ein beachtliche Rolle. Einer von ihnen, Ferdinand Lidl von (!) Lidlsheim, war Bürgermeister von Bad Ischl und residierte in einer biedermeierlichen Portikusvilla, dem Rosenstöckl. Auch bessere Kurgäste durften hier zu Gast sein, Giacomo Meyerbeer etwa oder Franz Lehár. Als Franz Joseph I. 1849 den Stand der Salzfertiger aufhob, mussten sich die meisten von ihnen keine Sorgen um ihre Zukunft und die ihrer Nachkommen machen. In der umfassenden Kontinuität dieses Lebensraumes waren übrigens für den beruflichen und gesellschaftlichen Aufstieg einer Familie nicht einmal eine bessere Herkunft und besondere Vorrechte vonnöten. Ein sehr eindrucksvolles Beispiel ist Thomas Seeauer. Er wurde um die Wende zum 16. Jahrhundert als Bauernsohn geboren, trat als Holzarbeiter in den Dienst der Saline und fiel bald durch seine erstaunlichen technischen Fähigkeiten auf. Jene Seeklause, die in Steeg das Wasser des Hallstättersees für die Schifffahrt auf der Traun staute, war sein Werk und ihre Reste sind noch heute zu sehen. Als Fachmann für Wasserbauwerke machte Seeauer eine beachtliche Karriere und wurde sogar in den Adelsstand erhoben. Fortan schrieben seine Nachfahren Salzkammergut-Geschichte: als Salzfertiger, Hoteliers oder Bürgermeister. Einer von ihnen, Beda, brachte es sogar zum Abt von St. Peter in Salzburg. Ja, und natürlich gibt es den alten Seeauer-Hof noch – in der Seeau am Hallstättersee.

Salz hat diesem Lebensraum noch heute erkennbare Strukturen und Farben gegeben. Siedlungen entstanden dort, wo sie für die Salzgewinnung gebraucht wurden und wo kein für die Salinen dringend benötigtes Waldland verloren ging. Die Häuser hatten – wie vielfach noch heute zu sehen – ein gemauertes Erdgeschoss, um Holz zu sparen. Der ständige Mangel an Brennstoff für die Sudpfannen, aber auch an hochwertigem Holz für den Ausbau von Stollen und den Bau von Schiffen hätte wohl irgendwann das Salzkammergut zur baumlosen Industriewüste verkommen lassen, wären nicht die habsburgischen Eigentümer auch Jäger gewesen. So kommt es, dass schon im 16. Jahrhundert Maximilian I. eine ebenso nachhaltige wie effiziente Waldbewirtschaftung verordnete. Seitdem überwiegen in den Wäldern des Salzkammergutes Fichten und Tannen.

Das rigide Regiment des Salzamtes, das den Menschen in diesem Lebensraum an die vier Jahrhunderte Arbeit und Privatleben diktierte, förderte andererseits das Bemühen, sich kleine Freiheiten zu beschaffen. In den Schützenvereinen wurde einigermaßen legal geprobt, was die Wilderer in der Praxis ausübten, Volksmusik und intensiv gelebtes Brauchtum waren (und sind) nicht zuletzt auch Ausdruck aufmüpfiger Eigenständigkeit bis hin zur spielerisch geprobten Anarchie – man denke nur an den Fasching in Ebensee.

Salz brachte dem Kaiserhaus Nachwuchs, wie man weiß, der Kaiser machte Ischl zur Sommerresidenz, der Hof folgte, die Künstler kamen, noble Kurgäste, und endlich folgte der nicht ganz so noble allgemeine Fremdenverkehr – gerade rechtzeitig, um die sinkenden Einnahmen der Salzindustrie auszugleichen. Doch auch diese Entwicklung, obgleich sie eine tief greifende Änderung der Identität mit sich brachte, änderte wenig. Zu den alten Strukturen kamen nun eben Kurhäuser, Musikpavillons und Villen, ob ihrer gezierten Kulissenhaftigkeit von den Einheimischen bestaunt und nur sehr zurückhaltend nachgeahmt: Aus dem „Brückl", einem kleinen Wetterschutz vor der Haustür, wurde bei vielen Häusern die Veranda. Zum wohl differenzierten, pointierten Umgang der Einheimischen miteinander kam die im Grunde genommen wohlwollende, doch stets auf die Wahrung von Eigenart und Eigenständigkeit bedachte Auseinandersetzung mit dem Fremden, den Fremden, den Gästen im Lande, die natürlich ihrerseits höchst interessiert jenes seltsame Völkchen ins Auge fassten, das sie da hinter den sieben Bergen vorfanden. Irgendwie schafften es die Bewohner und Bewohnerinnen des Salzkammergutes stets, auch dann gemocht oder gar geliebt zu werden, wenn der erste Eindruck dagegen sprach. Ein frühes Zeugnis gibt uns der kaiserlich-königliche Forstbeamte Steiner, der 1820 diese Gegend bereiste. Aus der Gosau berichtet er: „Sie sind in ihrer Religion gegenseitig sehr duldsam, in ihrem Gemüte still, friedfertig, aufrichtig, kurz: eine ausgesuchte Art von Menschen, und wenngleich das Äußere manches Mannes, seiner Arbeit im Walde wegen, etwas abschreckend ist, so blicke man ihm ins offene blaue Auge, und es wird die Güte des Herzens aus selbem sprechen." Die Gäste im Lande bemühten sich ihrerseits, das Salzkammergut mit seinen Menschen nach Kräften zu fördern und in der Welt bekannt zu machen. Friedrich Simony, Gründer der Lehrkanzel für Geographie an der Universität Wien, brachte Hallstatt und den Dachstein sehr erfolgreich und nachhaltig ins Gespräch, Dr. Franz Wirer sorgte mit Geschick und Tatkraft dafür, dass Ischl als Bad Ischl einer gesunden Zukunft entgegen ging – um nur zwei besonders markante Beispiele zu nennen. Jeder Ort im Salzkammergut hatte seine Gönner und Förderer und man ließ sich dieses tätige Wohlwollen gerne gefallen. Lange Zeit war das Leben hierzulande zwar durch die Salzgewinnung einigermaßen abgesichert gewesen. Jeder hatte seinen Platz und sein – wenn auch ärmliches – Einkommen, doch wenn schon die große, weite Welt zur Tür herein drängte, war es doch nur recht und billig, dass sie sich nicht knauserig zeigte. Außerdem kamen ja nicht nur die Noblen und Reichen ins Land. Für kreative Menschen,

Künstler jeglicher Spielart, war und ist das Salzkammergut von besonderer Anziehungskraft, und sie sind auch in besonderem Masse willkommen. Geld und Nahrung waren stets Mangelware gewesen, es hatte aber auch verteufelt wenig Abwechslung gegeben. Wer zur Erbauung, Erheiterung oder auch zur Verwirrung beitrug, konnte demnach mit erfreuter Aufmerksamkeit rechnen – daran hat sich bis heute wenig geändert. Trotz alldem kratzten die Spuren des Fremdenverkehrs nur an der Oberfläche, und vieles, was dereinst bedeutsam gewesen, ist heute nur noch als flüchtiger Schatten wahrzunehmen. So versteckt sich hinter einer Plakatwand am nördlichen Ortsende von Lauffen eine Wiese. Hier stand in den 60er-Jahren des vorvergangenen Jahrhunderts ein Wirtshaus, das „Weiße Rössl". Schräg gegenüber, am anderen Traunufer, steht die Villa Blumenthal. Dort saß im ersten Stock, mit Ausblick auf das Rössl und die hübsche Rössl-Wirtin, der Schriftsteller Oskar Blumenthal und schrieb vergnügt und animiert an einem Lustspiel, das später, dank Ralph Benatzky zur Operette mutiert, als „Weißes Rössl am Wolfgangsee" Furore machen sollte. Am Kalvarienberg in Bad Ischl erzählt eine andere Wiese Geschichte und Geschichten, eine parkähnliche Anlage, die steil ansteigt und in eine seltsam ebene Fläche übergeht: Wer den Fuß darauf setzt, braucht nur noch die Augen zu schließen, ein wenig zu träumen, und schon ist er in einem der schönsten und nobelsten Hotels des Städtchens abgestiegen, jenem „Hotel Bauer", in dem sich zum Beispiel kein Geringerer als Fürst Metternich standesgerecht untergebracht wusste. Doch der Glanz der großen Ischler Hotels schwand mit dem Kaiser. Nach dem Zweiten Weltkrieg diente das Hotel Bauer wie andere auch als Lazarett, später als Schule. Am Ende stand ein majestätisch verkommenes Abbruchobjekt. Eingebettet in all diese nur oberflächlich variierte Beständigkeit, die es leicht macht, sie dauerhaft und verlässlich zu mögen, ist eine lebendige Vielfalt, die ihrerseits dafür sorgt, dass Beständigkeit nie langweilig wird, hierzulande. Tal für Tal und Ort für Ort zeigt sich das Salzkammergut als neue Welt, mit eigener Mundart, einfallsreich variierter Volksmusik, hartnäckig geübter Lebensart. Dem entspricht die Fülle der Landschaftsformen, der leichte, doch effektvolle Rhythmus von Enge und Weite, das Spiel der Farben und Konturen. Doch auch dieses stets aufs Neue gemalte Bild ist von bezwingender Vertrautheit.

Wer auch immer ins Salzkammergut kommt, kommt irgendwie nachhause, schlüpft wohlig in die weiche Geborgenheit zwischen den Bergen, in schmale, in weite Täler, in umfassende, umfangende Mulden.

Also versprochen, liebes Salzkammergut: Ich werde wieder öfter kommen.

Epitaph des Ulrich Reichenecker († 1410). Links von dem als knieenden Ritter dargestellten Landschreiber die hl. Muttergottes mit Kind sowie der hl. Bartholomäus und rechts von ihm der hl. Georg.   *Foto: Alte Galerie / Landesmuseum Joanneum, Graz*

Herwig Wolfram

Das Salzkammergut

Eine mitteleuropäische Kulturlandschaft zwischen Urzeit und Neuzeit

Die Aufgabe des Historikers ist die Erforschung und Darstellung seines Gegenstands in Raum und Zeit. Das Gebiet, das nachweisbar erst seit rund 350 Jahren Salzkammergut heißt, besteht aus einem Naturraum, dessen Kern vom Tal der alpinen, keltisch benannten Traun und ihren zahlreichen Seen gebildet wird. Ein solcher Naturraum ist ohne den Menschen zeitlos; erst die *actus humani,* die Taten der Menschen, sind die Zeit und verwandeln einen Naturraum in eine Kulturlandschaft. Die Geschichte ist aber die Zeit, die es wert ist, dass man sich daran (schriftlich) erinnert. Lange Jahrhunderte schweigen die schriftlichen Quellen jedoch über unseren Raum und die Erinnerung muss mühsam von den Archäologen ausgegraben oder von den Historikern mit Hilfe der Philologen an den Orts- und vor allem Gewässernamen festgemacht werden. Gerade letztere erzählen davon, dass im Frühmittelalter abseits von Traun und Salzach noch Einöde herrschte. So reicht von Berchtesgaden bis zum Nordabfall des Toten Gebirges eine Kette von bis zu sechs Seen, die nach ihren spätantik-frühmittelalterlichen Kolonisatoren und Erstbesitzern heißen. Der Königssee hat nichts mit einem auch hier ertrunkenen bayerischen König zu tun, sondern ist der See eines Chuno, der Irrsee der eines Romanen namens Ursus, der Mondsee heißt nicht nach dem Gestirn, sondern ist der See eines Manno, der Attersee vielleicht der eines Athari (obwohl auch eine andere Bedeutung möglich ist), der Abersee, wie der Wolfgangsee für den Salzburger immer noch heißt, ist der See eines Aparin (Eberwin?) und der Offensee der eines Offo.[1] Der Erinnerung an das ursprüngliche „Unland" folgte noch die Legende des heiligen Wolfgang, der in der Einöde zwischen Schafberg und Abersee ein Hackl warf, um den Platz zu erkunden, wo er roden und eine Kirche bauen könne. Wohl mit Ausnahme des Ursus kamen alle diese Männer von außen. Allerdings bewirkte das Salz, dass Menschen schon vor undenklichen Zeiten in den Naturraum eindrangen, um ihn als Kulturlandschaft zu gestalten. Darum stehen lokaler Reichtum und internationale Bedeutung bereits am Beginn unserer Geschichte. Einer der bekanntesten Orte des Salzkammerguts hat mit der „Hallstattkultur" der Älteren Eisenzeit nicht nur zwischen dem 8. und 5. vorchristlichen Jahrhundert ein zeitliches Maß gesetzt, sondern auch einer „Frühform europäischer Einheit", wie der Titel der Oberösterreichischen Landesausstellung 1980 lautete, den Namen gegeben. Und das war und ist immer noch etwas Besonderes: „Nur selten gibt der eponyme (namengebende) Fundort einer prähistorischen Kultur Hinweise auf ein ehe-

maliges Zentrum; bei dem kleinen oberösterreichischen Ort im Salzkammergut kann diese überregionale Bedeutung überzeugend dargestellt werden. Die Grundlage dafür bieten die Salzlagerstätten, die bereits seit dem 14. Jahrhundert (v. Chr.) unter Tage abgebaut wurden."[2] Als um 550 v. Chr. Murenabgänge und Wassereinbrüche oberhalb von Hallstatt schwere Schäden anrichteten, besaßen die Hallstätter Salzherren immer noch genug Risikofreudigkeit und Kapital, um auch in den Salzabbau auf dem Halleiner Dürrnberg nachhaltig zu investieren. Mindestens fünf Jahre dauerten nämlich die Vorarbeiten, bis eine ertragreiche Produktion zu erwarten war. Außerdem erreichte das Dürrnberger Salz niemals dieselbe hohe Qualität, wie man sie von zu Hause, im Hochtal von Hallstatt, gewohnt war.[3] Dafür öffneten sich die Leute auf dem Dürrnberg früher als hinter den Bergen an der Traun der neuen Latène-Kultur und wurden Teil der keltischen Welt. Vor allzu schnellen ethnischen Zuordnungen ist freilich zu warnen. Nicht vor dem Beginn des zweiten vorchristlichen Jahrhunderts werden die Namen der ersten ostalpinen Keltenfürsten überliefert, während selbst ein Livius, obwohl er danach suchte, noch keine Namen ihrer Völker finden konnte. Das viel berufene Regnum Noricum, dem auch das spätere Salzkammergut angehörte, dürfte frühestens am Ende des zweiten vorchristlichen Jahrhunderts entstanden sein; seine älteste Nennung stammt erst aus dem Jahre 30 n. Chr. Von den Römern im Jahre 15 v. Chr. besetzt, blieb das norische Königreich noch für zwei Generationen erhalten und wurde erst unter Kaiser Claudius (41–54) in die Provinz Norikum umgewandelt.[4]

Keine Schriftquelle berichtet über die römische Zeit des Salzkammerguts. Eine innernorische Verbindung „untergeordneter" Bedeutung wurde in den 1990er-Jahren entdeckt. Sie zweigte von der norischen Hauptstraße entlang der Enns bei Stainach-Irdning ab und ging über Aussee einerseits durch das Koppental nach Hallstatt, andererseits über den Michlhallberg nach Bad Goisern ins Trauntal und von dort wahrscheinlich nach Wels.[5] Keine Sicherheit besteht in der Frage, ob es einen römerzeitlichen Salzabbau im Raum von Hallstatt und Aussee gegeben hat. Reiches römisches Fundmaterial gleichsam in der Einöd spricht freilich dafür. Die Produktion von Eisen und Salz stand unter staatlicher Kontrolle. So kamen Verwaltungsbeamte und Militär in entlegene Gebiete, wie etwa zum Michlhallberg. Dieser liegt zwar fern von den überregionalen Verkehrswegen, aber nahe den Salzlagerstätten.[6] Das italienische Ostgotenreich setzte

*Kegelförmige Mütze aus Schaf- oder Ziegenleder. Bronzezeit
(vor 1300 vor Christus). Es handelt sich um die älteste Berg-
werksmütze der Welt.*   *Foto: Museum Hallstatt*

die römische Staatlichkeit in unserem Raum noch bis 536/37
fort. Dann übernahmen die Franken mit „ihren" Bayern zumindest nominell die Herrschaft auch über das obere Trauntal,
in dem noch viele Romanen lebten. Um 600 wanderten hier
Alpenslawen ein. Allerdings bezeugen auch die ethnische Vielfalt
des Salzkammerguts nur Orts- und Gewässernamen. Demnach
war der Raum Teil der frühmittelalterlichen Grenzzone zwischen dem bayerisch-romanischen Westen und dem awarisch-
slawisch-romanischen Osten des heutigen Österreichs. Die
politischen Zentren der Alpenslawen, aus denen um 700 die
Karantanen entstanden, lagen an der oberen Mur und vor allem
in Kärnten, doch war das Ennstal unter Einschluss des Salzburger Ennspongaus nachweisbar karantanisch. Weil aber Alpenslawen auch außerhalb Karantaniens auf bayerischem Gebiet
siedelten, ist schwer zu sagen, welche Teile des Salzkammerguts
im 8. und 9. Jahrhundert zu Karantanien und welche zu Bayern
zählten. Nichts mehr als eine Überlegung wäre es, die Wasser-
scheide zwischen Kainischtraun und Salza als Grenze zwischen
den beiden frühmittelalterlichen Ländern anzunehmen.[7]
Zwischen 903 und 906 entstand die berühmte Zollordnung
von Raffelstetten bei St. Florian an der Donau. Mit aller Vorsicht lässt sich daraus die bayerische Zugehörigkeit des Traun-

tals bis zu den oder einigen Salzlagerstätten erschließen. Die
Zollstätte von Raffelstetten lag nämlich nahe der Mündung der
Traun und hatte unter anderen mit Schiffern zu tun, die auf
diesem Fluss herabkamen. Obwohl sie auch Salz transportierten, waren die Schiffsleute vom Zoll befreit, da ihre Ladungen
für die Nahversorgung bestimmt waren. Es ist aber schwer vor-
stellbar, dass dieses Salz nur von den vereinzelten Salzkochern
im voralpinen Traungau stammte. Wahrscheinlich muss man
daher den Satz korrigieren: „Den Bergbau des Salzkammerguts
gab es jedenfalls noch nicht."[8] Allerdings ist die mittelalterliche
Salzproduktion in Hallstatt erst ab 1311, im Gosautal schon
etwas früher, im Ausseer Land seit 1147 bezeugt. In diesem Jahr
verlieh der steirische Markgraf Ottokar III. den Zisterziensern
von Rein zwei Salzpfannen, die wohl in Altaussee arbeiteten.
Die Produktion wurde nämlich erst im 13. Jahrhundert nach
Aussee verlegt.[9] Die Verpflichtung der Zisterzienser, die auch
sehr bald von den Salzburger Erzbischöfen eingesetzt wurden,
hatte weitreichende Folgen. Dieser – heute würde man sagen
– international vernetzte Orden dürfte eine neue Methode der
Salzgewinnung, den „nassen" Abbau, entwickelt oder an seiner Entwicklung maßgeblich mitgewirkt haben. Ursprünglich
wurde das Steinsalz im Berg „trocken" abgebaut. Spätestens
im Frühmittelalter war es üblich, die aus dem Berg austreten-
de Sole mühsam anzureichern und in nahe gelegenen Pfannen
zu sieden. Nun sandte man das Wasser in den Berg, laugte das
Salzgestein aus und brachte die bereits gesättigte Sole durch
Rohrleitungen in günstig gelegene Sudwerke.[10] Das weiße Gold
war ein unverzichtbares Lebensmittel, doch kam es nicht überall vor, sodass Salzproduktion und Salzhandel die Schatztruhen
derjenigen füllten, die darüber verfügten.[11]
Wie so vieles in Österreich während der Herrschaft des Böh-
menkönigs Přemysl Ottokar II. seine Gestalt und seinen Namen erhielt, wurde auch der „landschaftlich und herrschaftlich
geschlossene Bezirk des landesfürstlichen Kammergutes südlich
des Traunsees" 1262 zum ersten Mal „Ischlland" genannt.[12]
Dies geschah, kurz nachdem Ottokar den Ungarn die Steiermark abgenommen hatte.[13] Ihn beerbten die Habsburger, aber
das Ischlland behielt seine Sonderstellung. Es besaß noch vor
der Mitte des 15. Jahrhunderts ein eigenes Recht, ja eine eigene
Währung. Erst nach der Jahrhundertmitte wurde das Ischlland
Teil des Landes ob der Enns: Daher unterstellte Maximilian I.
den Gmundener Salzamtmann administrativ der Hofkammer
in Wien, eine Entscheidung, die bis 1783 unter Joseph II. Gültigkeit besaß.[14] Dagegen wurde das Ausseer Land stets vom
Landschreiber in Graz verwaltet, der in Personalunion landesfürstlicher Pfleger in Aussee war. Der schöne Epitaph Ulrich
Reicheneckers, heute in der Alten Galerie des Joanneum, versinnbildlicht diese Verbindung.[15]
Nach der habsburgischen Hofkammer wurde zunächst das
Ischlland „Salzkammergut" genannt. Die Bezeichnung wird
erstmals im Jahre 1656 bezeugt und hatte sowohl regionale wie
lokale Bedeutung. Einerseits hieß so der Gmundener Kammer-

Die Stellung des Salzkammergutes innerhalb des Landes ob der Enns im Mittelalter

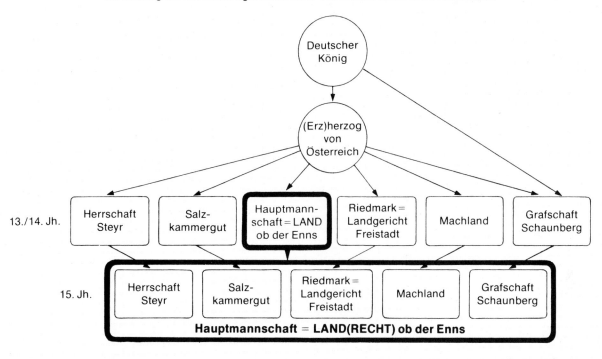

Entwurf: Othmar Hageneder
Ausführung: H. W. Jungreuthmayer

hof als Sitz der Salinenverwaltung, andererseits das Gebiet der Salzgewinnung mit der Tendenz zur Erweiterung. Der Name erfasste das steirische Ausseer Land und wurde seit dem Beginn des 19. Jahrhunderts auch auf das Mondseeland und den Attergau übertragen.[16] Für den Liebhaber erstreckt sich das Salzkammergut gar von Stainach-Irdning im Ennstal bis Vöcklabruck und Attnang-Puchheim, zum Irrsee, ja bis zum Salzburger Fuschlsee,[17] der über seine Ache zum Mondsee und damit ins Salzkammergut entwässert wird. Dementsprechend entstand neuerdings am Ostrand des Salzburger Flachgaus ein zusätzliches Salzkammergut. Diese Erweiterung soll wie die Einsetzung des Alt-Salzburger Abersees durch den Wolfgangsee dem Fremdenverkehr dienen. Seit etwa 200 Jahren besitzt nämlich das Salzkammergut in der großen Welt einen hervorragenden Ruf, den vor allem der folgenreiche Kuraufenthalt der Erzherzogin Sophie bewirkte. Auf Rat der Ärzte ging sie nach zahlreichen Fehlgeburten im Sommer 1829 nach Ischl und brachte 1830 Franz Joseph als ersten von drei Söhnen zur Welt. Damit hatte sie nicht nur den zukünftigen Kaiser, sondern auch einen der längstdienenden Ischler Kurgäste geboren, der hier sowohl Böcke mit Geweihen und Krickerln schoss als sich auch 1853 mit Sissi verlobte.

Für den Historiker klingt aber „Salzburger Salzkammergut" weniger gut. Zum einen enthält die neue Wortschöpfung zu viel Salz, so viel, dass sie schon einer Tautologie gleicht. Zum anderen ist sie historisch ein Unding, weil die Flachgauer Salzkammergut-Gemeinden niemals zum Kammergut der Habsburger gehörten und daher auch nicht durch ihre Kammer verwaltet wurden. Im Frühmittelalter war die Kammer, *camera*, der Raum, wo der persönliche Besitz des Herrschers aufbewahrt wurde und wohin er sich zur Beratung mit seiner engsten Umgebung zurückzog. Dadurch erhielt der private Raum eines Fürsten institutionelle Bedeutung, er wurde ein Organ der Finanzverwaltung des Hofes wie der Herrschaft. Mit dieser Einrichtung setzten die Franken das spätantike *sacrum cubiculum*, das kaiserliche oder königliche Schlafgemach, fort. Auch dieser Begriff mutet sehr privat an, doch enthielt das Schlafgemach auch den Schatz und verwaltete öffentliche Gelder. Als Theoderich der Große zwischen 511 und seinem Tod 526 auch König der Westgoten war, gingen die Steuern der „ganzen Hispania" an den Schatz und damit an das Cubiculum nach Ravenna.[18] Das mittelalterliche und neuzeitliche Kammergut bestand vor allem aus dem unmittelbaren Eigentum eines Fürsten an Grund und Boden, das auch ganze Städte und Märkte umfassen konn-

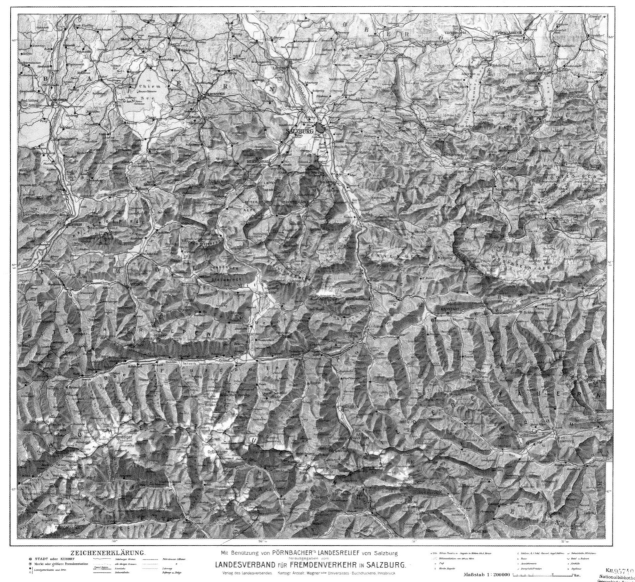

HERZOGTUM SALZBURG UND DAS SALZKAMMERGUT

mit den Grenzgebieten von Bayern (REICHENHALL-BERCHTESGADEN), Ober-Österreich, Tirol, Steiermark und Kärnten.

„Herzogtum Salzburg und das Salzkammergut". Landkarte, herausgegeben vom Landesverband für Fremdenverkehr in Salzburg. 1911

Foto: Österreichische Nationalbibliothek Wien

te, und bildete so ein nutzbares Recht – wie etwa „das Eigentumsrecht des habsburgischen Landesfürsten als Grundherrn am Salzlager und an der ganzen Erzeugung seiner Salinen".[19] Gegen 1430 machten die jährlichen Pachteinnahmen allein aus der Ausseer Saline etwa die Hälfte der Gesamteinnahmen der landesfürstlichen Kammer aus.[20]

Ein Essay, ein Versuch über den Gegenstand zu schreiben, endet jedenfalls bei dem nicht neuen Gedanken, dass es mehrere Salzkammergüter gibt, die keine einheitliche Region, sondern eine offene Kulturlandschaft bilden. Eine Kulturlandschaft entwickelt aber nur selten klare politisch-administrative Grenzen und Identitäten. Das Ischlland wurde von Wien, das Ausseer Land von Graz und die Flachgauer Gemeinden wurden von Salzburg verwaltet. Heute teilen sich die drei Bundesländer Oberösterreich, Steiermark und Salzburg die alte Kulturlandschaft. Sie vermittelt freilich ein höchst attraktives Lebensgefühl, dem sich der Einheimische verbunden weiß und der „Zuagroaste" gerne zuordnet, ja unterwirft. Darin gleicht das kleinere Salzkammergut dem größeren Mitteleuropa, von dem auch niemand so recht weiß, wo es anfängt und wo es aufhört und in dem doch ein jeder gerne leben möchte.

1 Dopsch 107.

2 Urban 235.

3 Zeller 106 f.

4 Wolfram, Gotische Studien 42–50. Gassner/Jilek/Ladstätter 82 ff.

5 Gassner/Jilek/Ladstätter 98.

6 Gassner/Jilek/Ladstätter 205 und 321.

7 Wolfram, Grenzen 218 und 301 ff.

8 Wolfram, Grenzen 271 f. und 364.

9 Sandgruber 32 f. Pollner 47.

10 Sandgruber 32 f. und 76 f.

11 Sandgruber 76.

12 Haider 92.

13 Srbik 21 f.

14 Hageneder 58 f. mit instruktivem Schaubild. Haider 92 f.

15 Niederstätter, Herrschaft 315 f.

16 Haider 93.

17 Morton 10.

18 Wolfram, Goten 293.

19 Srbik 57.

20 Niederstätter, Jahrhundert 281.

Literatur

Heinz Dopsch, Der Abersee und das Gebiet von Strobl im Mittelalter. Strobl am Wolfgangsee (Hg. Johann Stehrer, Strobl 1998) 106–138.

Verena Gassner, Sonja Jilek, Sabine Ladstätter, Am Rande des Reiches. Die Römer in Österreich (Wien ²2003).

Othmar Hageneder, Territoriale Entwicklung, Verfassung und Verwaltung im 15. Jahrhundert. Tausend Jahre Oberösterreich. Das Werden eines Landes (Linz 1983) 53–63.

Siegfried Haider, Geschichte Oberösterreichs (Wien 1987).

Die Hallstattkultur. Frühform europäischer Einheit (Katalog der Oberösterreichischen Landesausstellung in Steyr, Linz ²1980).

Franz Hollwöger, Das Ausseer Land. Geschichte der Gemeinden Bad Aussee, Altaussee, Grundlsee, Mitterndorf und Pichl (Bad Aussee 1956).

Reinhard Lamer, Das Ausseer Land. Geschichte und Kultur einer Landschaft (Graz 1998).

Friedrich Morton, Salzkammergut. Die Vorgeschichte einer berühmten Landschaft (Veröffentlichungen des Hallstätter Museums 3, Hallstatt 1956).

Alois Niederstätter, Die Herrschaft Österreich. Fürst und Land im Spätmittelalter (Wien ²2004).

Alois Niederstätter, Das Jahrhundert der Mitte. An der Wende vom Mittelalter zur Neuzeit (Wien ²2004).

Martin Thomas Pollner, Das Salz-Kammergut (Wien ¹¹2001).

Roman Sandgruber, Ökonomie und Politik. Österreichische Wirtschaftsgeschichte vom Mittelalter bis zur Gegenwart (Wien ²2005).

Heinrich Srbik, Studien zur Geschichte des österreichischen Salzwesens (Forschungen zur inneren Geschichte Österreichs 12, Innsbruck 1917).

Otto H. Urban, Der lange Weg zur Geschichte. Die Urgeschichte Österreichs (Wien ²2003).

Herwig Wolfram, Die Goten (München ⁴2005).

Herwig Wolfram, Gotische Studien. Volk und Herrschaft im Frühen Mittelalter (München 2005).

Herwig Wolfram, Grenzen und Räume. Geschichte Österreichs vor seiner Entstehung. 378–907 (Wien ²2003).

Kurt Zeller, Die Salzherren vom Dürrnberg. Salz (Katalog der Salzburger Landesausstellung 1994) 104–123.

Augensalz, Liniensalz, Anhydrit-Kristalldruse, Kristallsalz auf Polyhalit, Rotes Steinsalz, Spatiges Kristallsalz
(Beschriftung im Uhrzeigersinn, rechts oben beginnend) (Kat.-Nrn.: 1.4, 1.5, 1.9, 1.16, 1.11, 1.10)   Foto: Schepe

Roman Sandgruber

Leben vom Salz, Leben mit Salz

Vom österreichischen Salz und den österreichischen Salzlandschaften

Salz ist für den Menschen unverzichtbar. Es ist auf der Erde zwar in unerschöpflicher Fülle vorhanden. Doch die Salzvorkommen sind ungleich verteilt. Über viele Generationen spielte daher Salz jene bedeutsame Rolle, die Rohöl in unserer Gegenwart einnimmt. Salz war teuer und wurde weit transportiert: Die Flüsse stellten die wichtigsten Transportwege dar. Viele Orts- und Flussnamen verweisen auf die einst dominierende Bedeutung des Salzes, nicht nur Salzburg, Salzach oder Salza, Sulzbach und Sulz, sondern auch Hallstatt, Hallein und Reichenhall, Hall in Tirol und Bad Hall, Hall im Halltal und Hall bei Admont, Halle an der Saale und Schwäbisch Hall. Selbst Galizien, das für seine großen Salzbergwerke berühmt war und dessen Name nichts mit den Galliern zu tun hat, wird vom ukrainischen Wort Halicz für Salz abgeleitet.

Funde deuten darauf hin, dass im Salzkammergut bereits in neolithischer Zeit, bald nach dem Abschmelzen der Eiszeitgletscher, nach Salz gesucht wurde. Bereits im 2. vorchristlichen Jahrtausend hat neben der Nutzung von an die Oberfläche kommenden Salzquellen auch der bergmännische Abbau eingesetzt. Man kann davon ausgehen, dass bereits um 1500 v. Chr. beträchtliche Tiefen erreicht wurden. Im 9. vorchristlichen Jahrhundert begann eine neue Epoche des Salzabbaus, die mit dem Aufkommen des Eisens in Zusammenhang zu sehen ist. Die Hallstatt-Kultur hat von Hallstatt als dem wichtigsten Abbauort des Salzes und ersten Fundort ihren Namen erhalten. Als um 550 v. Chr. Murenabgänge und Wassereinbrüche im Hallstätter Hochtal schwere Schäden anrichteten, rückte Hallein als neues Zentrum des alpinen Salzabbaus in den Vordergrund. Doch erreichte das Dürrnberger Salz niemals dieselbe hohe Qualität, die man von Hallstatt gewohnt war.

Das Steinsalz, das die Urgeschichte Österreichs so sehr geprägt hatte, war im römischen Weltreich vom weit billigeren Meersalz zurückgedrängt worden, sodass die alpinen Salzbergbaue vorübergehend ganz oder fast ganz zum Erliegen kamen. Doch lassen die wenigen Spuren der Römerzeit aus dem Inneren Salzkammergut den Schluss zu, dass der Salzabbau nicht ganz aufgegeben worden war. Im Frühmittelalter wurden die zahlreichen, auf technisch einfachere Weise verwertbaren salzhaltigen Quellen des Alpenraums für die Salzgewinnung bevorzugt. Die Reichenhaller Quellsaline mit ihren etwa 20 Solequellen war die einzige Saline, die im Ostalpenraum im frühen Mittelalter in großem Maßstab betrieben wurde. Die zahlreichen anderen Salzquellen hatten nur lokale und regionale Bedeutung: In der

Kremsmünsterer Stiftungsurkunde aus dem Jahre 777 wurde dem Kloster von Herzog Tassilo III. eine Solequelle im Sulzbachtal bei Bad Hall übertragen, deren wirtschaftlicher Sinn aber mit dem neuerlichen Aufstieg der großen Bergbaue rasch schwand. Auch das Kloster Admont wurde bei seiner Gründung 1074 mit einer Salzquelle beschenkt, deren Nutzung schon 931 nachgewiesen ist. Diese Salzerzeugung in Hall bei Admont reihte sich bis in das 13. Jahrhundert gleich hinter der Reichenhaller ein. Im Halltal bei Mariazell war 1025 das Kloster St. Lambrecht mit einer Salzquelle bedacht worden. Ob die Salzwerke, an denen das Kloster Traunkirchen einen wesentlichen Anteil hatte, sich in Pfandl bei Ischl befanden, wo noch heute salzhaltige Quellen fließen, ist nicht geklärt. Auch die Frage, von welchem Salzvorkommen die Salzschiffe auf der Traun kamen, von denen die Raffelstettener Zollordnung (903/06) berichtet, ist nicht eindeutig zu klären: Doch ist anzunehmen, dass sie aus dem Inneren Salzkammergut kamen.

Im 12. Jahrhundert wurde im Salzkammergut wieder mit dem bergmännischen Salzabbau begonnen, allerdings nicht in der in urgeschichtlicher Zeit üblichen Form des „trockenen" Abbaus, sondern in der neuen Technik des „nassen" Abbaus, bei dem das Salzgestein durch Einleitung von Wasser ausgelaugt wurde und die Sole dann abgeschöpft oder über Rohrleitungen abgezogen werden konnte. Die Sole wurde in Holzröhren ins Tal geleitet, wo an idealem Standort die Sudpfannen aufgestellt wurden.

Mit der neuen Technik des Auslaugens ist sowohl der neuerliche Aufstieg des seit der Urgeschichte nahezu vergessenen Dürrnbergs bei Hallein wie auch die um die Mitte des 12. Jahrhunderts belegte Ausseer Salzgewinnung verbunden. Die neue Technik dürfte unter Beteiligung der Zisterzienser eingeführt worden sein, im Ausseer Fall durch Mönche der Zisterze Rein, die von Markgraf Otto III. 1147 zwei Salzpfannen in Aussee geschenkt erhielt. Die im Lauf des 13. Jahrhunderts erfolgende Verlegung der Saline von Altaussee nach (Bad) Aussee muss mit einer entsprechenden Produktionsausdehnung zusammenhängen.

Seit etwa 1260 ist auch im Gosautal eine Salzgewinnung belegt, deren genaue Lage angesichts der geologischen Verhältnisse unklar ist. Als Albrecht I. die habsburgischen Länder für das Salzburger Salz sperren wollte, wurde er in eine lange Auseinandersetzung mit Salzburg verwickelt. Der Streit gipfelte 1295 in der Zerstörung der Anlagen in Gosau und Aussee durch den Salzburger Erzbischof Konrad IV. Die Wiederaufnahme der

„Leben des Hallstätter Bergmannes". Zwischen 1711 und 1750
Foto: Schepe

häuser nach Hall geleitet hatte und solche Anlagen auch in Hallstatt installierte.

Die im Hochmittelalter geförderten und gehandelten Salzmengen sind schwer bezifferbar. Sicher ist, dass es im Verlauf des hochmittelalterlichen Bevölkerungs- und Wirtschaftswachstums zu einer wesentlichen Nachfragesteigerung für Salz gekommen ist, nicht nur durch die höhere Zahl der Konsumenten, sondern auch durch einen höheren direkten und indirekten Pro-Kopf-Verbrauch, der auch in einem engen Zusammenhang mit dem Salzverbrauch durch die zunehmende Viehwirtschaft zu sehen ist.

Man muss davon ausgehen, dass der Salzverbrauch im Spätmittelalter erheblich angestiegen war: Nicht nur der direkte menschliche Verbrauch hatte zugenommen, sondern auch der indirekte hatte sich erhöht, sowohl für die Fütterung der Tiere wie auch für die Verwertung und Haltbarmachung der Produkte, zur Zubereitung des Käses, zum Einpökeln des Fleisches oder zum Konservieren der Butter, die alle mit so viel Salz versetzt wurden, dass sie vor dem Genuss erst entsalzt werden mussten. Ebenso kam Salz in immer mehr gewerblichen Techniken als wichtiger Hilfsstoff zum Einsatz. Da Salz wegen der geringen Preiselastizität sehr gut für die indirekte Besteuerung geeignet ist, wurde es zu einem zentralen Instrument der frühneuzeitlichen Fiskalpolitik: Ein wesentlicher Teil der landesfürstlichen Einnahmen wurde damit gedeckt, zugleich aber die Unzufriedenheit der Bevölkerung geschürt und der Schmuggel provoziert. Salz, das weiße Gold, machte die Fürsten reich und die Untertanen arm: goldene Gewinne, gesalzene Preise.

Im Hoch- und Spätmittelalter war Hallein die führende Saline im Alpenraum. Die Salzburger Erzbischöfe blieben bis zum Ende des 16. Jahrhunderts die bedeutendsten Salzherren Mitteleuropas. Die Halleiner Produktion war damals fast so hoch wie die aller habsburgischen Salinen zusammen. Sie versorgte über ein gut organisiertes Vertriebssystem neben dem Territorium des Hochstiftes inklusive Oberkärnten, Osttirol und dem östlichen Nordtirol auch Ober- und Niederösterreich nördlich der Donau und vor allem Böhmen und Mähren, teilweise über den Goldenen Steig von Passau aus, teilweise über die Straße Linz–Freistadt–Budweis.

Die Habsburger, die ihre Salinen Hallstatt, Hall in Tirol und Aussee im Verlauf des Spätmittelalters in Eigenregie übernahmen, konnten bis ins 16. Jahrhundert die kleineren Salzproduzenten in ihren Territorien wie Admont oder St. Lambrecht ausschalten. Der erbitterte Kampf der salinenbesitzenden Landesherren um Absatzgebiete führte im Verlauf des Spätmittelalters zu einer Abgrenzung und Neufixierung der Versorgungsgebiete. Österreich ob und unter der Enns südlich der Donau waren schon im Jahre 1398 vertraglich ganz dem Hallstätter Salz reserviert worden. Nach 1490 geschah dasselbe sukzessive auch mit dem habsburgischen Gebiet nördlich der Donau. 1508 verbot Maximilian I. den Verkauf salzburgischen und bayerischen Salzes in allen habsburgischen Ländern. Im 16. Jahrhundert verlagerten

Hallstätter Produktion, diesmal in Hallstatt direkt, ist 1311 gesichert, als Königin Elisabeth, die Witwe König Albrechts I., den Hallstätter Bürgern Salzhandelsprivilegien erteilte und auch in Hallstatt nach Tiroler und Ausseer Vorbild den nassen Abbau einführte. Die technische Leitung lag sowohl in Hall in Tirol wie in Hallstatt in Händen eines der ganz wenigen aus dieser Zeit namentlich bekannten Techniker, des Ritters Nikolaus von Röhrenbach, der schon um 1280 einer späteren Tradition zufolge im Tiroler Hall das Sink- und Schöpfwerksverfahren eingeführt, die Sole in langen Röhren in die Pfann-

sich die Auseinandersetzungen auf den böhmischen Markt, der durch die Erwerbung Böhmens 1526 dem habsburgischen Salz eröffnet worden war und aus dem nun das Salzburger Salz ebenfalls verdrängt werden sollte. Entscheidend dafür war neben dem politischen Druck auch der Aufbau einer leistungsfähigen Verkehrsverbindung zwischen dem Salzkammergut und Prag. Thomas Seeauer, ein wohlhabender Bauer aus Steeg am Hallstättersee, bewältigte zwischen 1523 und 1575 im Dienste der Salinenverwaltung die Schiffbarmachung der Traun im Bereich von Lauffen und des Traunfalls und der Moldau von Budweis bis Prag. Seeauer wurde dafür in den Adelsstand erhoben.

Um der vermehrten Nachfrage gerecht zu werden, wurde von den Habsburgern 1563 in Ischl ein neues Vorkommen in Abbau genommen und 1604/07 das Sudwerk in Ebensee errichtet, das durch eine hölzerne Soleleitung, den so genannten „Strähn", mit Hallstatt verbunden wurde. Damit stieg die Produktivität der Salzerzeugung im Salzkammergut erheblich, weil nicht nur eine entscheidende Verbilligung in der Holzversorgung geschehen war, sondern auch der schwierige Transport zwischen dem Hallstätter- und Traunsee per Schiff oder per Wagen wegfiel. Auch die Sudpfannen und damit ihre Leistungsfähigkeit wurden immer größer.

Das Salzmonopol galt als das „vornehmste Kleinod" der Hofkammer. Obwohl in der Holzversorgung der Sudhütten immer kompliziertere Vorrichtungen notwendig wurden, was sicherlich eine gewisse Verteuerung der Produktion nach sich zog, erlaubte die Monopolstellung eine rücksichtslose Preispolitik und Sicherung der Absatzgebiete, was eine beträchtliche Einnahmenvermehrung für die Staatskasse ermöglichte. Aus dem böhmischen Markt drängten die Habsburger das Salzburger Salz im 17. Jahrhundert immer stärker und 1706 schließlich ganz hinaus. Die oberösterreichischen Salinen konnten im 17. und 18. Jahrhundert im Unterschied zu Aussee, Hallein und Hall in Tirol daher ihre Produktion beträchtlich ausweiten.

Die Bezeichnung als Salzkammergut taucht erstmals im 1. Reformationslibell von 1524 als „Camerguet des Salzes" auf; im 3. Reformationslibell von 1656 heißt es dann explizit „Salzkammergut". Gemeint war das Gebiet der Grundherrschaft Wildenstein, die folgende Orte umfasste: Gosau, Hallstatt mit Obertraun, Goisern, Lauffen, Ischl und Ebensee. Hingegen gehörten Traunkirchen, Altmünster und auch Gmunden, das zwar Verwaltungs- und Handelszentrum war, nicht zum Salzkammergut. Das Salzkammergut bildete praktisch einen „Staat im Staat". Der Salzamtmann in Gmunden agierte wie ein Landeshauptmann. Das kaum 700 km² große Gebiet wurde vom 16. bis ins späte 18. Jahrhundert von einer um ein Vielfaches größeren Wirtschaftsregion umgeben, die die Kernregion mit Lebensmitteln und Holz zu versorgen hatte. 1783 führte Kaiser Josef II. alle seine Kammergüter in Staatsbesitz über. Als nach 1848 die Grundherrschaften aufgehoben wurden, wurde auch das Salzoberamt aufgelöst. Damit endete definitiv die verwaltungsmäßige Sonderstellung des Salzkammerguts. Auch

Heidengebirge: Reste prähistorischen Bergbaus (Kat.-Nr. 1.15)
Foto: Schepe

die verkehrsmäßige Isolation setzte sich nicht weiter fort: Die Pferdeeisenbahn Linz–Budweis und ihre Verlängerung Linz–Gmunden waren zwar vorwiegend für den Salztransport von Gmunden nach Linz und weiter nach Böhmen gebaut worden. Aber gerade der Ast Linz–Gmunden erlangte auch für den Personenverkehr rasch große Bedeutung. Mit der Errichtung der Dampfeisenbahnen waren auch die Pferdebahnen Geschichte. Aus der neu entdeckten Heilkraft der Sole und aus der Funktion als kaiserliches Kammergut mit den riesigen Wäldern, die für die Jagd hervorragende Voraussetzungen boten, resultierte auch die Attraktivität für das Kaiserhaus als Ferienregion, sodass hier touristische Bedeutung und industrielle Funktion harmonisch koexistieren konnten.

Salz wurde immer mehr zu einem Industrierohstoff. 1883 wurde in Ebensee, basierend auf Salz und Kalk aus dem Salzkammergut und Kohle aus dem Hausruck, das erste Unternehmen Österreichs zur Sodafabrikation nach dem Solvay-Verfahren gegründet. Die Industrialisierung des Salzkammerguts schritt rasch voran.

Im Ersten Weltkrieg, als alle Preise zu einer Hyperinflation anschwollen, führte eine naive Politik, die für Salz die Vorkriegspreise beibehielt, zu dem Effekt, dass man Salz zu Kriegsende zwar fast geschenkt bekommen hätte, wenn es überhaupt er-

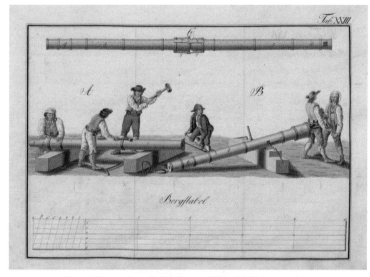

Herstellung einer Soleleitung. Bildtafel 23, gezeichnet von
Franz Xaver Kefer. 1836. OÖ. Landesarchiv, Salzoberamtsarchiv
Gmunden, Handschrift 31 (Kat.-Nr. 3.2.5)   *Fotos: Saxinger*

Untertage-Salzbergbau, Bildtafel 49 aus derselben Handschrift
wie oben.

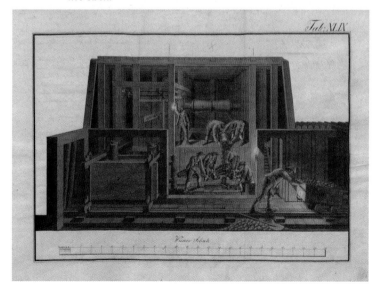

hältlich gewesen wäre. Salz, an dem man bei den Mittelmächten nun wirklich keine Not hätten leiden müssen, war kaum mehr am Markt.

Der 1918 aus dem Zerfall der Habsburgermonarchie entstandenen Republik Österreich verblieben die alpinen Salzbergbaue und Salinen im Salzkammergut, in Hallein und in Hall in Tirol und ein sehr verkleinertes Absatzgebiet für Salz. Vor allem der einst so wichtige böhmische Absatzmarkt war verloren gegangen. Die Sole- und Salzproduktion musste auf weniger als die Hälfte des letzten Vorkriegsjahres zurückgenommen und der Personalstand auf zwei Drittel des Vorkriegswerts reduziert werden.

1918 bis 1925 wurden die Betriebe unter dem Firmentitel „Alpenländische Salinen" geführt. 1926 erfolgte eine Neuordnung des Salzmonopols. Die dem Bundesministerium für Finanzen direkt unterstellte Generaldirektion der österreichischen Salinen wurde gegründet. In keinem Jahr der Zwischenkriegszeit konnte an die Vorkriegswerte der Salzerzeugung auch nur annähernd herangekommen werden. Es gelang aber, die Salzproduktion wieder so zu führen, dass sie für den Staat zu einem profitablen Geschäft wurde. Ja, es konnten sogar ab 1933 wieder einige der alten Märkte in den Nachfolgestaaten der Habsburgermonarchie zurückgewonnen werden.

1938 wurden die Österreichischen Salinen als „Ostmärkische" und ab 1941 als „Alpenländische Salinen" dem Reichsministerium für Finanzen unterstellt. Das Salzmonopol wurde außer Kraft gesetzt. Die Preise mussten dem deutschen Niveau angepasst werden. Die alpenländische Salzproduktion stand unter dem Konkurrenzdruck der deutschen Betriebe. Die Gestehungskosten waren viel zu hoch. Als „Reichszuschussbetriebe" benötigten die „Ostmärkischen Salinen", ab 1941 „Alpenländischen Salinen", bei einem Umsatz von 8,8 Millionen Reichsmark Zuschüsse von jährlich bis zu 5 Millionen Reichsmark. Die Salzproduktion wurde wegen der Bedeutung für die Ebenseer Solvay-Werke aufrechterhalten. Aber sie sollte in den Salinen Ebensee und Bad Aussee konzentriert werden. Die Salinen Bad Ischl und Hallstatt sollten stillgelegt, die Salzproduktion in Hall in Tirol ganz eingestellt werden. Hallein sollte noch für zehn Jahre ohne jede Investition weitergeführt und dann ebenfalls stillgelegt werden. Die Schließung der Sudhütten in Hallstatt und Bad Ischl erfolgte 1943 und 1944, vor allem wohl auch wegen des akuten Brennstoffmangels.

1945 wurden die Generaldirektion der Österreichischen Salinen und das Salzmonopol erneuert. Der Betrieb in den bereits stillgelegten Salinen wurde in Bad Ischl im Oktober 1945 und in Hallstatt Ende 1950 wieder aufgenommen. Die Gründe waren weniger betriebswirtschaftliche als regionalpolitische. Die Sole- und Salzproduktion konnte erheblich ausgedehnt werden. Das 1951 eingeführte Thermokompressionsverfahren bot neben hoher ökonomischer Effizienz auch erhebliche ökologische Vorteile.

Rationalisierungsgründe zwangen 1965 trotz der Mengenkonjunktur, die Pfannensalinen Hallstatt und Bad Ischl erneut stillzulegen. Die Schließung von Bergbau und Saline Hall in Tirol folgte 1967. Dennoch konnten die Österreichischen Salinen ab 1972 bzw. 1974 für den Staat keinen Monopolgewinn mehr erwirtschaften. Nachdem 1973 erstmals Verluste hingenommen werden mussten, wurde ein straffer Rationalisierungskurs eingeleitet.

Kernpunkte waren die Konzentration der Verwaltung im Salzkammergut, der Bau einer neuen Saline in Ebensee und die Umwandlung der Österreichischen Salinen in eine Aktiengesellschaft. 1975 wurde die Generaldirektion von Wien nach Bad Ischl verlegt. 1979 wurde die Österreichische Salinen AG als Rechtsnachfolger der „Österreichischen Salinen" gegründet. Die Saline Ebensee / Steinkogel, eine Thermokompressionsanlage mit zwei Großverdampfern, wurde 1979 in Betrieb genommen und erreichte 1980 die volle Leistung. Die letzte noch nach dem alten Pfannenverfahren arbeitende Saline in Bad Aussee wurde 1983 stillgelegt. 1989 ereilte auch die Thermokompressionsanlage in Hallein dieses Schicksal. Die Soleproduktion wurde ganz auf die Salzbergbaue des oberösterreichisch-steirischen Salzkammerguts konzentriert und die Salzproduktion ganz auf Ebensee. Es wurde kräftig investiert und die Produktion auf modernste Verfahren umgestellt: Die drei Verdampfer arbeiten nach dem höchst energieeffizienten Thermokompressionsverfahren, das in Ebensee erstmals großindustriell angewendet wurde. Bei über 120° C wird dabei der Sole das Wasser entzogen, das Salz kristallisiert würfelförmig mit einer Kantenlänge von ca. 0,2 bis 0,9 Millimeter aus.

Der Salzabsatz wurde immer mehr vom Streusalzbedarf abhängig. Die Sudsalzgewinnung schnellte von 239.000 t im Jahr 1977 auf 382.823 t im Jahr 1982 empor. Waren 1978 und 1979 Salzimporte zur Deckung des Inlandsbedarfs notwendig gewesen, so konnte in der Folge nicht nur der Bedarf voll gedeckt, sondern es konnten auch wieder Gewinne erzielt werden.

Mit dem EU-Beitritt 1995 war das österreichische Salzmonopol zu Ende. Die Salinen des Salzkammerguts wurden 1997 privatisiert. Um 1500 hatten die Salinen des heutigen Österreich (Hall in Tirol, Hallein, Aussee und Hallstatt) zusammen etwa 50.000 t Salz produziert, um die Mitte des 19. Jahrhunderts etwa 80.000 t. Inzwischen ist die Produktion auf das Zehnfache gestiegen, bei einer Konzentration ausschließlich auf das Salzkammergut. 2004/05 produzierten die Salinen des Salzkammerguts 732.000 t Salz. Die Kapazität in Ebensee wurde auf über eine Million Tonnen erhöht.

Vom Gebrauch des Salzes

Seit der Jungsteinzeit ist Salz als Würz- und Konservierungsmittel bekannt. Seine Gebrauchsgeschichte begann mit der Landwirtschaft, als die Menschen anfingen, sich vorwiegend von den kohlehydratreichen Produkten ihrer Felder und den Produkten ihrer Tierhaltung zu ernähren. Einsalzen wurde zu einer wichtigen Technik der Vorratswirtschaft. In der Viehzucht gewann Salz eine besondere Bedeutung, sowohl für die Fütterung der

Kaiser Franz I. und Kaiserin Karoline Auguste von Österreich am Tage der Eröffnung der Pferdeeisenbahn, dem 21. Juli 1832, in St. Magdalena. Die Errichtung der Pferdeeisenbahn war für den Salztransport, aber sehr bald auch für den Personenverkehr von Bedeutung.
Foto: OÖ. Landesmuseen, Graphische Sammlung

Tiere wie auch für die Verwertung und Haltbarmachung der Produkte, zur Zubereitung des Käses, zum Einpökeln des Fleisches, zum Konservieren von Fischen oder zur Verlängerung der Haltbarkeit der Butter, die häufig mit so viel Salz versetzt wurde, dass sie vor dem Genuss erst entsalzt werden musste. Ebenso kam Salz in vielen gewerblichen Techniken als wichtiger Hilfsstoff zum Einsatz. Salz zählte einst zur Grundausstattung der Gerber, Töpfer, Glaserzeuger und Metallurgen, aber auch der Mediziner und Heilpraktiker.

Die Geschichte des Salzes führt in die Küchen und Basare, zu den Bauern, Metzgern und Fischern, zu den Steuereintreibern und Fiskalbeamten, in die Kirchen, Laboratorien und Apotheken, zu den Alchemisten und Hexenmeistern, die ihrerseits in die moderne Chemie herüberweisen, die das Salz zu einem Industrierohstoff unter vielen werden ließ.

Das Salz und die Entstehung des modernen Kapitalismus sind ebenso miteinander verknüpft wie das Salz und die Anfänge des Steuerstaats mit allen Auseinandersetzungen, Widerständen und großen sowie kleinen Ungerechtigkeiten, die sich daraus ergaben. Salz brachte Geld. Gesalzene Preise, goldene Gewinne. Salz war wegen seiner geringen Preiselastizität sehr gut für die indirekte Besteuerung geeignet und wurde damit zu einem zentralen Instrument der frühneuzeitlichen Fiskalpolitik: Mit hohen Aufschlägen, mit Monopolen und direkter staatlicher Regie, die

Kolowrat-Sudwerk in Bad Ischl. Erbaut nach 1834
Foto: Elfriede Mejichar. Archiv des Instituts für
Kunstgeschichte, Denkmalpflege und Industriearchäologie der
Technischen Universität Wien

ein an sich in Überfülle vorhandenes Produkt im Preis hinauflizitierte, wurden dem Staat und dem Herrscher Einnahmen verschafft, wurde aber auch Unzufriedenheit geschürt, wurden Schmuggler animiert und Aufstände provoziert.

In der frühen Neuzeit gewann Kochsalz in der Silbermetallurgie der spanischen Minen Mexikos oder Perus, in der Seifenfabrikation und in der Lederfabrikation Bedeutung. Auch für die Kühltechnik und Erzeugung von Speiseeis konnte Salz Verwendung finden. Als Rohstoff für die Herstellung von Chlor und Soda wurde es zum Ausgangspunkt der modernen Großchemie.

In der chemischen Industrie, in der Soda, Ätznatron und Chlor zu den Basisprodukten gehören, wurde Salz zum wichtigen Grundstoff von Chemie und Industrie. Salz, Kalk, Ammoniak und Kohle wurden zum Ausgangspunkt der Sodaerzeugung. Sodaprodukte finden in verschiedensten Industrie- und Gewerbezweigen Verwendung, in der Aluminiumerzeugung, in der Glas- und Keramikindustrie, Papierindustrie, Textil- und Zementindustrie etc.

Nur etwa 5 Prozent der Salzproduktion entfallen heutzutage in Industriestaaten noch auf das Speisesalz, überhaupt nur etwa ein Prozent kommt in Kleinpackungen in die Haushalte. Etwa 30 Prozent sind Gewerbesalz, 12 Prozent landen auf den Straßen und 65 Prozent finden in der Industrie Verwendung – zu mehr als 14.000 Produkten, vom Polyvinylchlorid, kurz PVC, bis zum Laugenkipfel.

Vom Glauben an das Salz

Die Unentbehrlichkeit des Salzes und sein hoher Preis formten seinen Prestigewert. Man salzte viel. Das mittelalterliche Hausbuch „von guter spise" (um 1350) warnte mit der immer wieder vorkommenden Schlussformel „und versalz es nit" vor dem allzu überschwänglichen Gebrauch. An einer mittelalterlichen Festtafel den Platz direkt „neben dem Salz" zu haben, war eine Ehre, der nur die höchsten Herrschaften teilhaftig wurden. Aber auch der Ärmste benötigte Salz: Eine slowenische Redewendung sagt über jemanden, der kaum über das Notwendigste verfügt, es reiche ihm nicht einmal fürs Salz. Mochte ein Bergbauer noch so autark wirtschaften, das Salz musste er sich irgendwie beschaffen. Das „Salär", ein etwas altertümlicher Ausdruck für das Gehalt, beinhaltet noch die existenzielle Notwendigkeit, die mit dem Salzkauf verbunden war.

Die Salzgefäße, aus Holz, Glas, Porzellan, Zinn, Silber oder gar Elfenbein, Gold und Kristall, waren die zentralen Blickpunkte einer Festtafel. Das berühmteste davon ist wohl das Salzfass, das Benvenuto Cellini 1540-1543 für den französischen König Franz I. schuf und das nun zu den absoluten Prunkstücken des Kunsthistorischen Museums zählt. Ein Salzfass gehörte aber auch zum bescheidensten Besitz, selbst der Ärmsten und Elendsten, die, wie es in einer frühneuzeitliche Formel hieß, „nichts hatten als ein Bett, einen Tisch, eine Bank, einen Topf, fünf bis sechs Gläser, einen Kessel zum Bohnenkochen und ein Salzfässchen …".

Salz und Brot mit jemandem Essen heißt die wichtigsten Bestandteile des Lebens mit ihm gastlich Teilen. Dem Fürsten wurden Brot und Salz als Zeichen der Ergebenheit dargeboten. Salz und Brot oder Salz und Pfeffer wurden und werden Besuchern zum Willkomm gereicht. In den koscheren Lokalen wird zum Eingang auf jeden Tisch grobes Salz gestellt, das man noch vor dem Bestellen auf das Brot reibt. Salz als Zeichen der Treue diente in früheren Zeiten zur Besiegelung von Bündnissen und Verträgen. Erst derjenige sei ein Freund, mit dem der Freundschaftsbund so lange währte, dass das sprichwörtliche Scheffel Salz verzehrt sei, meinte Aristoteles. Das Ausschütten des Salzes hingegen wurde als Zeichen des Verrats und der Aufkündigung der Freundschaft gedeutet. Auf Leonardo da Vincis Abendmahlfresko hat Judas gerade das Salzfass umgestoßen.

Bei Hochzeiten gab man dem Brautpaar Brot und Salz. In Grimm's Märchen heißt es, „den Vater lieb haben wie Salz": Bei der Probe, wer den Vater am liebsten habe, sagt die jüngste Tochter: „Die beste Speise schmeckt mir nicht ohne Salz, darum hab ich den Vater so lieb wie Salz." Und welche Köchin hätte nicht schon einmal aus Liebe die Suppe versalzen?

So ist es kein Wunder, dass das Salz auch als Aphrodisiakum gelten konnte, war doch sogar Aphrodite, die Liebesgöttin, einst dem salzigen Meer entstiegen. Das „Einsalzen des Ehepartners", um seine Manneskraft und Leidenschaft zu steigern, war eine Übung, die in satirischen Blättern des 16. und 17. Jahrhunderts häufig und drastisch dargestellt wurde. Und unter gesalzenen Sprüchen meint man anzügliche Reden.

Plutarch nannte Salz das nobelste aller Lebensmittel. Isidor von Sevilla kleidete es um 560 in das Wortspiel: Nulla enim utilius sale et sole = Es gibt nichts Nützlicheres als Salz und Sonne – wohl in Anspielung auf den zweifachen Vergleich der Bergpredigt: „Ihr seid das Salz der Erde" … und „Ihr seid das Licht der Welt.". Eine Moschee in Marrakesch trägt auf dem Minarett drei goldene Kugeln: Die untere und größte bedeutet Wasser, die mittlere Brot, die oberste Salz. Dies sind die drei Dinge, die der Mensch unbedingt zum Leben braucht. Homer nennt das Salz göttlich. Pythagoras sieht es als das Symbol der Gerechtigkeit. Mit Salz macht man Christen: Seiner konservierenden und reinigenden Kraft wegen wurde es schon in der Antike zu Reinigungsopfern und Weihen benutzt und besiegelte im Alten Testament den Bund zwischen Gott und den Menschen. Das Christentum übernahm die reinigende Symbolik des Salzes im Taufzeremoniell, bei der Priesterweihe, bei der Letzten Ölung und bei der Weihe einer Kirche.

Der Bedeutung, die das Salz einst einnahm, entspricht seine Stellung in Mythos und Aberglauben, in Sitte und Volksmedizin. Im Salz, das die Toten vor der Zersetzung bewahrt, wurde das Prinzip des Lebens erblickt. So konnte selbst Lots zur Salzsäule erstarrtes Eheweib nicht nur als tödliche Strafe für die Übertretung göttlicher Anordnungen, sondern auch als Symbol der Ewigkeit der Mutter Kirche gedeutet werden. Salz galt, da

es, selbst unvergänglich, vor Fäulnis und Verwesung schützt, als Sinnbild der Ewigkeit, der Beständigkeit und der Treue. Solch ein Produkt konnte nur dem Heiligen und Göttlichen zugeordnet werden.

Daher fürchtet der größte aller Dämonen, der Teufel, das Salz. Es heißt, dass ihm und allen Hexen und bösen Geistern das Salz verhasst sei. Bei teuflischen Gelagen und in der Hexenküche fehlt es folglich. Auch das Essen der Nixen ist ungesalzen. Beim Hexensabbat würden, so der Aberglaube, die Speisen salzlos zubereitet. Es galt in den Hexenprozessen als stichhaltige Hexenprobe, wenn sich herausstellte, dass das Hexenmahl, an dem die als Hexer oder Hexe angeklagte Person beschuldigt war, teilgenommen zu haben, ohne Salz und ohne Tischtücher serviert worden war. Zwei Rittern aus Gent soll 1477 die Beschuldigung, sie hätten ihr Mahl am Gründonnerstag ohne Salz zubereitet, das Todesurteil eingetragen haben. Salz schützt im Volksglauben gegen Zauberei und vertreibt die bösen Geister. Wie Mensch und Haus, so soll das Salz auch Vieh und Stall vor Behexung und Krankheit bewahren.

Salz auszuschütten, galt nicht nur als Ungeschicklichkeit und Verschwendung, sondern als sicheres Zeichen kommenden Unglücks. Allgemein ist der Aberglaube, dass das Verschütten von Salz Ärger und Streit bedeutet. Soviel Körnchen Salz man verstreue, soviel Sünden tue man. Am Jüngsten Tag werde man sie suchen müssen, bis die Augen bluten.

Salz und Brot macht Wangen rot. Salz bedeutet Leben und schützt vor Tod und Verwesung. Salz zerstört aber auch das Leben und ist ein Todesvorzeichen: „Der Herr verwandelte Blumen in Wüste, Quellen in ödes Land, fruchtbare Felder in Salzland.", heißt es in Psalm 106. Salz bedeutet Ödnis. Die Ruinen von Karthago wurden mit Salz bestreut. Abimelech machte die Stadt Sichem nach einem Aufstand dem Erdboden gleich und streute Salz darauf.

„Ihr seid Salz der Erde." Dieses Zitat aus der Bergpredigt war in der internationalen Arbeiterbewegung sehr populär und ist es noch heute im angloamerikanischen Raum. „Salz der Erde" heißt ein berühmter amerikanischer Film über einen Streik mexikanischer Arbeiter in den USA. Er wurde von der Minenarbeitergewerkschaft finanziert und 1953 mitten in der McCarthy-Ära der USA gedreht. „Let's drink to the hard working people / Let's drink to the salt of the earth", sangen die Rolling Stones 1968, „Lasst uns auf die hart arbeitenden Menschen trinken / Lasst uns auf das Salz der Erde trinken".

Das sei den Menschen des Salzkammerguts gewidmet, die immer hart gearbeitet haben, die über Jahrtausende hinweg die Menschen Mitteleuropas mit dieser Gottesgabe versorgt haben und ihre Identität und Kraft immer noch aus dem Salz beziehen, auch wenn es in der Wertschöpfung und als Arbeitgeber in der Region inzwischen nur mehr eine untergeordnete Position einnimmt.

Literatur

Adshead, Samuel, Salt and Civilisation, London 1992.

Batterson, Mark u. Boddie, William W., Salt, the mysterious necessity, Midland 1972.

Bergier, Jean-Francois, Die Geschichte vom Salz. Mit einem Anhang von Albert Hahling über die technische Entwicklung im Salzbergbau. Aus dem Französischen von Jochen Grube, Frankfurt – New York 1989.

Bloch, Marc, Sel et produits de remplacement. In: Hémardinquer, Jean-Jacques, Pour une histoire de l'alimentation, Paris, 1970, 231–235.

Das Salz in der Rechts- und Handelsgeschichte, hg. von Jean-Claude Hocquet / Rudolf Palme, Schwaz 1991.

Emons, Hans-Heinz, Mit dem Salz durch die Jahrtausende, Leipzig 1984.

Handwörterbuch des deutschen Aberglaubens, hrsg. von Hanns Bächtold-Stäubli, 10 Bände, Berlin 1927–1942.

Hattinger, Walter, Passau und das Salz, Passau 1990.

Hehn, Victor, Das Salz. Eine kulturhistorische Studie, Berlin 1873.

Hémardinquer, Jean-Jacques, Le pain et le sel, une révolution. In: Hémardinquer, Jean-Jacques, Pour une histoire de l'alimentation, Paris, 1970, 254–271.

Hocquet, Jean-Claude, Weißes Gold: das Salz und die Macht in Europa von 800 bis 1800, Stuttgart 1993.

Hörger, Robert, Gottesgnadensalz. Die Salzreichnisse an das Kloster Heiligenkreuz vom 12. Jahrhundert bis zur frühen Neuzeit. In: JbLkNÖ 57/58 (1991/1992), 71–108.

Koller, Fritz, Das Salzwesen. In: Geschichte von Berchtesgaden. Stift – Markt – Land, Bd. 1: Zwischen Salzburg und Bayern (bis 1594), hg. von Walter Brugger u. a., Berchtesgaden 1991, 737–842.

Koller, Fritz, Die Salinen der Fürstpropstei Berchtesgaden. Salzproduktion und Salzhandel zwischen Bayern, Salzburg und Österreich. In: Das Salz in der Rechts- und Handelsgeschichte: Internationaler Salzgeschichtekongreß 1990, Hall in Tirol, hg. von Jean-Claude Hocquet / Rudolf Palme, Schwaz 1991, 95–103.

LeGoff, Jacques, Le sel dans l'histoire. In: Annales, 16, 1961, 956–961.

Meyer, Philipp, Die Würze des Lebens – Salz, Zürich 1983.

Mollat, Michel (Hg.), Le role du sel dans l'histoire, Paris 1968.

Multhauf, Robert P., Neptune's gift: a history of common salt, Baltimore 1978.

Otruba, Gustav, Quantitative Aspekte der Salzproduktion in der österreichischen Reichshälfte unter besonderer Berücksichtigung der alpinen Salinen im 19. Jahrhundert. In: Österreichisches Montanwesen. Produktion, Verteilung, Sozialformen, hg. von Michael Mitterauer, Wien 1974, 29–71.

Palme, Rudolf, Der Kampf um den böhmischen Salzmarkt in der frühen Neuzeit. In: Exportgewerbe und Außenhandel vor der Industriellen Revolution. FS für Georg Zwanowetz, hg. von F. Mathis / J. Riedmann, Innsbruck 1984, 211–218.

Palme, Rudolf, Die Arbeitsverfassung im Salzbergbau in Hall in Tirol vom 14. bis zum beginnenden 16. Jahrhundert. In: Bergbau und Arbeitsrecht, Wien 1989, 113–131.

Palme, Rudolf, Die landesherrlichen Salinen- und Salzbergrechte im Mittelalter: eine vergleichende Studie (Innsbrucker Beiträge zur Kulturwissenschaft SH 34), Innsbruck 1974.

Palme, Rudolf, Die Salzproduktion in Hall in Tirol und in Reichenhall 1507–1571: Beschreibung, Vergleich und Deutung einer ähnlichen tendenziellen Entwicklung. In: Quantifizierungsprobleme bei der Erforschung der europäischen Montanwirtschaft des 15. bis 18. Jahrhunderts, St. Katharinen 1988, 53–70.

Palme, Rudolf, Early capitalistic tendencies in Austrian saltworks in the late Middle Ages. In: Journal of Salt-History 1 (1993) 98–115.

Palme, Rudolf, Rechts-, Wirtschafts- und Sozialgeschichte der inneralpinen Salzwerke bis zu deren Monopolisierung, Frankfurt 1983.

Patocka, Franz, Das österreichische Salzwesen. Eine Untersuchung zur historischen Terminologie, Wien 1987.

Pickl, Othmar, Die Salzproduktion im Ostalpenraum am Beginn der Neuzeit. In: Österreichisches Montanwesen. Produktion, Verteilung, Sozialformen, hg. von Michael Mitterauer, Wien 1974, 11–28.

Rausch, Wilhelm (Hg.), Stadt und Salz, 1988.

Salz. Salzburger Landesausstellung 1994. Katalog, Salzburg 1994.

Sandgruber, Roman, Ökonomie und Politik. Österreichische Wirtschaftsgeschichte vom Mittelalter bis zur Gegenwart (Österreichische Geschichte, hg. v. Herwig Wolfram, Bd. 10), Wien 1995.

Schraml, Carl, Das oberösterreichische Salinenwesen vom Beginne des 16. bis zur Mitte des 18. Jahrhunderts (Studien zur Geschichte des österreichischen Salinenwesens 1), Wien 1932.

Srbik, Heinrich von, Studien zur Geschichte des österreichischen Salzwesens, Innsbruck 1917.

„Die Bewohner des Salzkammergutes sind ein redlicher,
arbeitsamer Menschenschlag, hängen mit aller Liebe
des Gebirgsländers an dem heimatlichen Boden, ob
er gleich oft nur mühevoll sich den Lebensunterhalt
für sie abgewinnen lässt."

T. Hartwig, 1842[1]

Michael Kurz
„Das Salzkammergut ist gar zu populos"
Bevölkerungsgeschichte der Region

Die Bevölkerungsgeschichte des Salzkammergutes ist untrennbar mit der Saline verknüpft. Das Kammergut wurde straff als Firma geführt, die Bevölkerung anhand des Unternehmensbedarfs reguliert. Die Bevölkerungspolitik war Teil der Wirtschaftspolitik: *„Die Stellung, welche die Hofkammer und das Salzamt in der Frage der Familiengründung in der Arbeiterschaft einnahmen, hing … immer davon ab, ob im Kammergut Mangel oder Überfluß an Arbeitskräften herrschte. Brauchte das Amt Knechte, so förderte es das Heiraten [oder die] Anweisung von Holz zum Hausbau. Waren dann die Früchte dieser Wirtschaftspolitik herangereift und der Arbeitsuchenden zu viele geworden, so schränkte das Oberamt das Heiraten wieder ein … ".*[2]

Das Bestreben der Saline war, stets ein ausreichendes Reservoir an Fachkräften zur Verfügung zu haben, die sich aus der lokalen Bevölkerung rekrutierten. Über die Jahrhunderte wurde versucht, den Bevölkerungsstand anhand der jeweiligen Konjunkturlage zu kontrollieren. Das Salzkammergut wurde aufgrund der hohen Geburtenzahl, die aus einem niedrigen Heiratsalter resultierte, zur strukturellen Abwanderungsregion. Die schleichende Emigration hörte erst gegen Ende des 19. Jahrhunderts auf, die hohe Zahl der Geburten verringerte sich erst in den 1970er-Jahren. Seither ist das Salzkammergut eine Zuwanderungsregion.

Wenn man von der Bevölkerung spricht, muss man immer auch den räumlichen Bezugsrahmen kennen: Im Folgenden wird darunter die alte Entsprechung des Ausdruckes (der Grundherrschaft Wildenstein, vom Dachstein bis zum Südende des Traunsees reichend) verstanden. Erstens kommt in der frühen Neuzeit nur dort das Phänomen des „Staates im Staat" mit allen Privilegien etc. voll zum Tragen und zweitens stehen meist nur für diese Orte lange zurückreichende Bevölkerungszahlen zur Verfügung, die einen Vergleich ermöglichen.

Aus einem Visitationsprotokoll von 1544 erfahren wir erstmals die Kopfzahl des Salzkammergutes: Es wohnten und arbeiteten ca. 3.300 Menschen hier. Hallstatt (mit Obertraun) war der größte Ort der Region mit etwa 1.000 Einwohnern, noch vor Ischl mit knapp 900, Goisern mit 800, Gosau (geschätzt 300), Lauffen (200); Ebensee gab es noch nicht. Diese Zahl ist deshalb interessant, weil sie genau in die Boomphase nach 1526 fällt, als das salzlose Böhmen für das oberösterreichische Salz erobert werden konnte, und noch vor die Gründung der Saline in Ischl in den 1570er-Jahren.

Im 16. und 17. Jahrhundert unterstützte und förderte man die Bevölkerungsvermehrung in jeder Hinsicht. Von Jugend auf sollten die Einwohner mit der Arbeit im Berg und im Wald in Berührung kommen, um ausreichend Erfahrung zu haben. Auf diesen „Bergverstand" waren die Leute sehr stolz.[3] Zuwanderung war – vor allem durch die hohen Geburtenzahlen – nicht nötig. Schon um 1680 lebten knapp 10.000 Personen hier, d. h. in 140 Jahren hatte sich die Anzahl verdreifacht, was den unglaublichen Aufschwung im Salzwesen gut illustriert. Der größte Ort war nun Ischl (3.000), dann folgten Hallstatt (2.300), Goisern (2.100), Ebensee (1.000), Gosau (geschätzt 800) und Lauffen (750). Hallstatt hatte schon zugunsten von Ischl, aber vor allem zugunsten von Ebensee Kapazität abgeben müssen.

In einer abgelegenen monostrukturierten Gegend wie dem Salzkammergut war der Betrieb der Saline ohne flankierende Maßnahmen auf dem Nahrungsmittelsektor nicht auf Dauer möglich; der für die Produktion nötige hohe Personalstand wäre ohne Bereitstellung der Grundbedürfnisse nicht zu halten gewesen: Die so genannte „Hofmark" nördlich von Gmunden zwischen Traun und Krems durfte überschüssiges Korn nur im Salzkammergut verkaufen, das „gesperrte Gey" Viechtau, das westliche Traunseegebiet, lieferte Fleisch.

Gegen Ende des 17. Jahrhunderts hatte die Bevölkerung des Salzkammerguts schon den Bedarf der Saline überschritten, weshalb wirtschaftliche und soziale Regulatoren zur Beschränkung eingeführt wurden. Die Verehelichung wurde nur mehr *„embsigen und nahrsamben Arbeitern"* gestattet, *„liederliche Burschen"* solle man den Rekruten übergeben.

Zu Beginn des 18. Jahrhunderts war es bereits nötig, in auswärtigen Arbeiten ein Ventil für die vielen Arbeitssuchenden zu öffnen. Die vielen Auswanderungen und auch die Transmigration nach Siebenbürgen hatten auch einen bevölkerungspolitischen Aspekt. 1731 stellte die Hofkammer fest, dass das Salzkammergut *„gar zu populos"* sei.[4] Die anschließende Vertreibung von ca. 620 Personen nach Siebenbürgen hinterließ keine fühlbare Lücke.

Die Hofmark zwischen Krems und Traun und die Viechtau (Kraus, V., 1899, S. 156. Ausschnitt)

Trotzdem stieg die Bevölkerung weiter an, die Maßnahmen zur Eindämmung mussten verschärft werden. Um die Mitte des 18. Jahrhunderts stellte das Salzamt auf Anweisung der Hofkammer Ehekonsense aus, ohne die die kaiserlichen Arbeiter nicht heiraten durften. Diese Regulatoren verloren im aufgeklärten Absolutismus ihre Gültigkeit, weil die bloße Einschränkung des Heiratens nicht automatisch die Einwohnerschaft schrumpfen ließ, sondern vielmehr zum Anstieg der Unehelichkeit führte: Schon im 18. Jahrhundert wurde z. T. jedes vierte oder fünfte Kind unehelich geboren, ein äußerst hoher Wert.

1757 lebten ca. 12.500 Menschen in der Region, was zwar noch um 25 % mehr als 1680 war, doch bei weitem keine so große Steigerung wie vorher. Die Notjahre in den 1690er- und 1710er-Jahren dämpften das Wachstum. Fatal war der österreichische Erbfolgekrieg: Die 1740er-Jahre brachten für das Salzkammergut die schlimmste Zeit, seit es Aufzeichnungen gibt. Bayrische Truppen, die als ungebetenen Gast Typhus mitbrachten, besetzten die Region; das Wetter war kalt; die Versorgung brach zusammen. Auch der Bestand der Monarchie stand auf des Messers Schneide. Der Schaden durch die Ausfälle im Salzhandel war exorbitant. Im Spitzenjahr der Krise 1742 überstiegen die Sterbe- die Geburtenzahlen zwischen Gmunden und Obertraun fast um den Wert von 1.000 Personen!

Nach dem Österreichischen Erbfolgekrieg und speziell dann in den 1770er-Jahren, als die Arbeiter wieder zu zahlreich wurden, sah sich die Hofkammer veranlasst, für die zu vielen jungen Männer eine Beschäftigung zu suchen. Die Behörde fand sie vor allem in den unberührten, üppigen Waldgegenden Ungarns, das ja nach den Türkenkriegen wieder an Österreich gekommen war, und in Bergwerksregionen, wo man das Know-how der Salzkammergütler schätzte. Für die dortigen Gegenden wirkten die Salzkammergütler segensreich, im Salzkammergut selbst lagen sie dem Salzamt nicht auf der Tasche.

1787 betrug die Personenanzahl etwa 13.500 Menschen. Die nachfolgenden Napoleonischen Kriege waren wie überall äußerst schwierig für die Region, umso mehr, als durch den Zusammenbruch des Verkehrs wichtiger Nachschub an Lebensmitteln oft unterblieb oder nur sporadisch ankam. Dazu gesellte sich eine Absatzkrise der Saline, weil durch den Krieg der Handel nachhaltig gestört wurde: In den Sudhäusern stapelte sich das nicht verschiffbare Salz, bald wurden die Pfannen gelöscht und keine Löhne mehr gezahlt. Die Währungsreform von 1811 ließ die ohnehin niedrigen Löhne dramatisch im Wert verfallen. Somit ist es nicht nur Propaganda oder Schwarzmalerei, wenn ein Salzarbeiter 1811 feststellt: *„Als das lebende Bild des Jammers und Elendes schleppen wir uns von Haus zu Haus herum und betteln ..."*.[5]

Auch die ersten Reisenden in die Region malen ein ähnlich grelles Bild: *„Diese Sudhäuser bieten zugleich das empörendste Schauspiel menschlichen Elends und menschlicher Verworfenheit dar. Gleich beim Eintritte sahen wir uns von einem Heere bleicher, hohlwangiger, leichenähnlicher Menschen umringt, die uns* *von allen Seiten stießen und zupften und stumm mit flehentlichen Gebärden um ein Almosen baten ...".*

Zusätzlich kam es zu einigen Ruhr- und Pockenepidemien (vor allem 1797 und 1802) mit mehreren hundert Fällen, was für die Saline der Anlass war, die neu erfundene Pockenschutzimpfung (so genannte „Vaccination") zu forcieren. Die schlechte Ernte 1816 und ein Typhus-Ausbruch 1817 beendeten eine zwanzig-jährige Krisenzeit. Erst danach konnte sich die Bevölkerung wieder erholen.

In den 1820er-Jahren kam nach jahrhundertelanger Mono-struktur nun ein neuer Erwerbszweig, der Tourismus in Gestalt des Kurwesens, dazu, der für viele einen Zu-, für einige einen Hauptverdienst gewährleistete. Als Sesselträger, Bergführer etc. ließ sich gutes Geld verdienen; die eifrigen Sammler von Früchten und Pflanzen, die den Kurgästen ihre Ware, z. B. ihre Erdbeeren, zum Kauf anboten, fanden sogar Eingang in die Li-teratur (Stifter, Simony, Lenau) und Malerei (Eybl).

Ein Reiseführer um 1830 meldet: *„Die Population ist im Ver-hältnis des Flächeninhaltes, und dieser sehr gebirgigen Lage sehr bedeutend ... Im Jahre 1801 war die Bevölkerung noch 14.004, ... nun nach den gemachten Erhebungen vom Jahre 1827 eine Seelenzahl von 16.173, ... Die Vermehrung der Bevölkerung liegt*

Pocken-Impfzeugnis von 1856

Foto: Privat

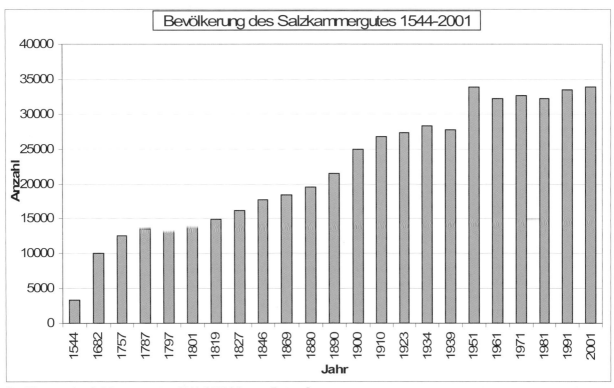

Bevölkerung des Salzkammergutes 1544–2001 (eigener Entwurf)

größtentheils in der Liebe zum heimischen Herd, mitunter aber auch seit den letzten Jahren in der Errichtung des Soolebades, da jene, die sich sonst wegen Mangel an Arbeit bei den Salinen hätten aus dem Bezirke begeben müssen, nun durch diese neue in der Blüthe stehende Anstalt Erwerb finden."[6]

Nach dem Ende der Grundherrschaft 1850 fiel für die Saline die Versorgungspflicht für die Bewohner des Salzkammergutes weg, sie wurde zu einem reinen Wirtschaftskörper, entkleidet von den hoheitlichen Rechten. In dieser drastischen Umstrukturierung ist die Ursache für die Auswanderungen von circa 400 Personen nach Nordamerika zwischen 1850 und 1870 zu suchen.

Der Anschluss an die Eisenbahn 1877 war für die Region trotz Umorientierung und dem Wegfall nunmehr veralteter Berufszweige ein Segen, der von der adeligen, hochbürgerlichen Kur-Idylle in die bürgerliche Sommerfrische überleitete. Die Anwesenheit des Kaisers verlieh der gesamten Region Glanz. Viele Handwerker verdienten gut an den zahlreichen Villen und „Zweitwohnungen" der Fin-de-Siècle-Gesellschaft, die sich in immer entlegenere Gegenden vorschob und vor allem an den Ufern der nunmehr so bezeichneten „Salzkammergut-Seen" Erholung suchte und fand.

Die höchsten Steigerungsraten im Bevölkerungswachstum fanden zwischen 1860 und 1910 statt. Die Bevölkerung wuchs von etwa 18.000 auf fast 27.000 Menschen.

Die Dynamik im 20. Jahrhundert ist gekennzeichnet durch einen ziemlichen Abfall der Zuwachsrate bis hin zu einer Schrumpfung in den 1930er-Jahren. Im verkleinerten Österreich gingen für die Saline Märkte verloren, was Druck auf die Arbeitsplätze in der Region ausübte. Die goldenen Zwanziger, wo Ischl zur Hauptstadt der Operette in der Silbernen Ära avancierte, währten nur kurz: Nach 1938 ging ein Großteil des oftmals jüdischen Publikums als Gäste verloren, nach 1945 schloss der Eiserne Vorhang einen weiteren Gutteil der Quellmärkte für Touristen ab.

In der zweiten Hälfte des 20. Jahrhunderts stagnierte die Bevölkerung parallel mit dem Wirtschaftsgefüge. Die Deindustrialisierung wurde vorerst durch den boomenden Tourismus aufgefangen, der aber in den 1970er-Jahren ebenfalls in die Krise geriet. Einige Orte, wie Ebensee und Hallstatt, erwischte es besonders, Hallstatt hat heute weniger Einwohner als vor 300 Jahren. Die Dynamik wanderte vom „alten" Salzkammergut in den Norden des Bezirkes.

An der Schwelle zum 21. Jahrhundert, in einem neuen Europa, werden jedoch die alten Herkunftsländer der ehemaligen Monarchie sukzessive wichtiger und das Salzkammergut kann, wenn alle zusammenspielen, seinen einstigen Stellenwert als älteste Destination Österreichs wieder erringen und hoffentlich in eine prosperierende Zukunft sehen.

1 Hartwig, T., 1842, S. 335.

2 Schraml, C., 1936, S. 463.

3 Z. B. Riezinger-Chronik, 1996, S. 8, „… *denn wer nicht von Jugend auf bei diesem Bergwerk auferzogen, kann nicht leicht einen guten Bergmeister abgeben …"*

4 Kramar, K., 1896, S. 343. Der Jesuitenpater Querck stellte schon 1715 fest, dass *„wan ein Arbeitsstellen leer [ist], gleich zehen oder zwanzig competenten vorhanden"* seien.

5 Schraml, C., 1934, S. 474.

6 Steiner, J., 1829, S. 65.

Literatur

Hartwig, T., 1842: Taschenbuch für Reisende durch Südbayern, Tyrol und das Salzburgische. München, S. 335.

Kramar, K., 1896: Die staatliche Lohnpolitik und die Lage der Arbeiter in den Salinen des Salzkammergutes bis zum Jahre 1748. Wien.

Krackowizer, F., 1898: Geschichte der Stadt Gmunden Bd I. Gmunden.

Kraus, V., 1899: Die Wirtschafts- und Verwaltungspolitik des aufgeklärten Absolutismus im Gmundner Salzkammergut. Freiburg.

Putz, M., 1881: Chronik von Goisern. Wien.

Riezinger-Chronik. Aufzeichnungen eines Hallstätter Bergmeisters aus dem 18. Jahrhundert, 1995: Hallstatt.

Leopold-Scheutz-Chronik. Tagebuch eines Goiserer Holzknechtes von 1817 bis 1879, 1995: Bad Goisern.

Schraml, C., 1932: Das oberösterreichische Salinenwesen vom Beginn des 16. Jahrhunderts bis zur Mitte des 18. Jahrhunderts. Wien.

Schraml, C, 1934: Das oberösterreichische Salinenwesen von 1750 bis nach den Franzosenkriegen. Wien.

Schultes, J., 1809: Reisen durch Oberösterreich in den Jahren 1794, 1795, 1802, 1803, 1804 und 1808. 1. Teil. Tübingen.

Steiner, J., 1829: Der Reisegefährte durch die österreichische Schweiz oder das obderennsische Salzkammergut. Linz, 2. Auflage.

Die Berggassen-Glöckler in Ebensee

Foto: Reinhard Hörmandinger

Walter Rieder

Von Bergmännern, Pfannhausern, Holzknechten, Krippenvätern, Glöcklern, Fetzen und Vogelfängern

Das Salzkammergut: Bergmänner – Pfannhauser – Holzknechte

Ursprünglich verstand man unter dem „Camergut", dem späteren Salzkammergut, nur die mit dem Salz direkt verbundenen Orte des inneren Bezirkes Gmunden. Letzteres war zwar Verwaltungszentrum, lag aber schon außerhalb.

In diesem über Jahrhunderte als Staat im Staate abgeschlossenen „Camergut", in dem alles auf die Salzproduktion (= Geldproduktion für das Herrscherhaus) hingeordnet war, fand man einige – uns Heutigen eher skurril erscheinende – Dinge ganz selbstverständlich. So durfte sich niemand ohne Bewilligung des Salzamtmannes zu Gmunden ins „Camergut" begeben, niemand durfte es ohne seine Bewilligung verlassen. Prinzipiell wurden die Löhne der Arbeiter so niedrig gehalten, dass Reichtum oder Fettleibigkeit eine sehr seltene Ausnahme bildeten, Armut und Hunger aber waren durchaus nicht selten.

Um Hunger nicht zum Dauerzustand werden zu lassen, wurden „Hofkorn und Hofschmalz", die wichtigsten Nahrungsmittel der arbeitenden Bevölkerung zu dieser Zeit, unter dem Marktpreis an die Beschäftigten abgegeben. Dabei erhielt jeder umso mehr, je höher der Dienstrang war, also ein Verweser, als höchster Beamter am Ort, das meiste, wesentlich mehr als ein schwer körperlich arbeitender Holzknecht.

Es gab drei dominierende Berufe: Bergmann, Pfannhauser und Holzknecht. Holzknechte stellten mit zwei Dritteln aller im Dienste des Salzamtes Beschäftigten die größte Gruppe. Alle weiteren Berufe waren nur in dem Maße geduldet, als sie zur Versorgung dieser „Hauptberufsgruppen" erforderlich waren: Viktualienhändler (= Lebensmittelhändler), Bäcker, Müller, Fleischhauer, Apotheker, … (soweit sie nicht ohnehin dem Salzamt unterstellt waren, wie die Fertiger [= Salzverpacker] und die Traunschiffer). Jeder Betrieb war vom Salzamtmann (und nur in nach des Amtes Meinung notwendiger Zahl) zu „begnehmigen" (= bewilligen). Verschiedene Verkaufspreise wurden diesen „Versorgungsbetrieben" vom Amt vorgeschrieben und waren teilweise nicht kostendeckend, was zu üblen „Nebenerscheinungen" („Verehrungen" = Korruption, Diebstahl, …) führte, denn die Leute wollten ja überleben.

In zwei Bergwerken – Hallstatt und Ischl (ab 1563) – wurde Sole erzeugt, die im „Strehn" zu rund je 250 m² großen Pfannen in drei Salinen – Hallstatt, Ischl (ab 1571) und Ebensee (ab 1607) – geleitet und dort zu Salz versotten wurde.

Struktur und Funktionen im Pfannhaus

Salzamtmann
Er war: Grundherr (heute etwa Bezirkshauptmann), Richter zweiter Instanz (heute etwa Bezirksrichter) und Leiter des gesamten „Salzwesens" und der diesem unterstellten Waldwirtschaft (heute etwa Konzernleiter oder Generaldirektor) in einer Person.

Oberster Beamter in einem Salinenort war der

Verweser
(in Hallstatt der Hofschreiber)
Er war: „Bürgermeister" des Salinenortes, Richter erster Instanz, „Direktor" der Pfannhäuser und Forstmeister.

PFANNHAUS = Salzsud	AUFSATZ = Holzversorgung	PFIESEL = Salztrocknung u. Verladung
Pfannmeister[1]	Aufsatzmeister[5]	Pfieselschreiber[9]
Zuseher[2]	Paanmeister[6]	
Pe(h)rer,[3] Überzieher,[3]	Aufsatzknechte,[7]	Fudertäger,[10]
Zuzieher,[3] Schüringer	Paanknechte[8]	Fudersetzer,[11]
Helfer[4]		Pfieselheizer[12]
Mithelfer		

1 Er war der Leiter des Salzsudes.

2 Er leitete unter dem Pfannmeister eine Sudmannschaft.

3 Sie „peren" (auch pehren = ziehen) an der Pe(h)rstatt (= gerader Teil der runden Sudpfanne) das Salz mit langen Holzkrücken und Holzschaufeln aus der Pfanne.

4 Sie schlagen das nasse Salz in Kufen (= konische Holzgefäße), stürzen sie später und stellen diese „nassen Fuder" in Zeilen zu 36 Stück auf.

5 Er fing unter anderem mit seinen Knechten in den See getriftetes Holz in Bögen (= mit Stahlschließen verbundene Bloche) ein, ruderte und wand mit Seilwinden diese zur „Rânzn" (= Anlandungsstelle), wo das Holz an Land geranzt (= gezogen) und aufgesetzt (= aufgezeint – zu Holzstößen gestapelt) wurde.

6 Er sorgte mit seinen Knechten für den Transport des „Pfannwids" (= Brennholzes) vom Aufsatz zur Pfanne.

7 Sie setzen die Drehlinge (= Rundhölzer) zu langen Stößen auf.

8 Sie klieben (= spalten) die Drehlinge und schaffen sie zur Feuerung.

9 Er ist der Verwalter der „gedörrten" (= getrockneten) „nackten Fuder" (= unverpackte Salzstöcke) und beaufsichtigt deren Verladung auf die Schiffe.

10 Sie tragen die nassen Fuder vom Pfannhaus in den Pfiesel und die gedörrten vom Pfiesel auf die Salzschiffe.

11 Er stellt die nassen Fuder im Pfiesel zum Trocknen auf.

12 Er sorgt für die Beheizung des Pfiesels. (Rieder, 2006, 30 f.)

Die Pfannhauser arbeiteten in Sechsstundenschichten von Sonntag mittags bis Samstag mittags. Viele der etwas entfernter Wohnenden habe die Saline auch in den sechs freien Stunden nicht immer verlassen, sondern haben geschlafen, Holzspäne gekloben, Krippenfiguren geschnitzt, Lieder ersonnen oder sind anderen kleinen Nebenbeschäftigungen nachgegangen.

Die für den Salzsud erforderlichen Holzmengen haben den Beruf des Holzknechtes zum häufigsten im Kammergut werden lassen. Unter einer einzigen Sudpfanne – und es gab deren einige – wurden pro Sudwoche rund 400–470 (je nach Pfannengröße) Raummeter (zumeist) Fichtenholz verheizt. Eine andere Energiequelle stand bis zur Mitte des 19. Jahrhunderts für den Salzsud nicht zur Verfügung. Aller Bedacht der Waldmeister war daher auf die Erhaltung einer geordneten Waldwirtschaft und die Bereitstellung der erforderlichen Holzmengen für den Salzsud gerichtet.

Struktur und Funktionen im Waldwesen

Salzamtmann Verweser	
Waldmeister[1] Forstknechte (Förster)[2]	
Holzmeister[3]	**Holzmeister**
Holzknechtpassen[4]	Holzknechtpassen
Meisterknecht[5]	Meisterknecht
Holzknechte[6] Geimel[7]	Holzknechte Geimel Wasserbub[8]

Holzknechtstube im Salzkammergut
Foto: Aus Richter, 1984, 122

1 Ihnen oblag die Oberaufsicht im Wald, sie leiteten auch das Triftbauwesen, das heißt den Klausen- und Rechenbau sowie die Triftbarmachung und -haltung der Triftbäche durch Uferverbauungen, deren konkrete Ausführungen durch „Wehrer" (= Flusszimmerleute) erfolgte.

2 Sie, je einer oder mehrere, waren den Waldmeistern direkt unterstellte Organe, welche die Aufsicht durchführten. Sie sollten mit den Holzmeistern zusammen „Waldfrevel" verhindern (waren aber nicht selten Ursache desselben). Sie mussten an den Rechen Schiffs-, Kuf- und Bauholz vom „Pfannwied" (= Brennholz) scheiden und dafür Sorge tragen, dass Flussverbauungen, Klausen, Gebäude und Wege instand gehalten wurden. Heute würde man sie als Förster bezeichnen.

3 Die Holzmeister bekamen vom Waldmeister eine „Werchstatt" (= Holzschlag) zugewiesen und den Auftrag, eine jährlich neu festgesetzte Zahl von „Pfann Holz" (1 Pfann 400 bis 470 m³) in Form von Drehlingen (= 1,896 m lange Rundhölzer) an die Triftbäche zu liefern. Er verdingte sich dazu die nötige Zahl von Holzknechtpassen und bezahlte diese mit vom Salzamt geleisteten Vorschüssen, die er am Jahresende „abraiten" (= abrechnen) musste.

4 Eine Passe bestand aus einem Meisterknecht, etwa zehn, aber auch mehr Holzknechten, einem Geimel und manchmal einem Wasserbuben.

5 Der Meisterknecht (auch er wurde nach 1761 Forstknecht genannt!) war der Chef einer Passe, er weckte die Leute zum Morgengebet, rief zur Arbeit, teilte die verschiedenen Tätigkeiten zu, rief zu den Pausen und verkündete den Arbeitsschluss.

6 Fast alle Holzknechte haben als Geimel angefangen und konnten sich je nach Fähigkeit, Tüchtigkeit und Engagement (bzw. Protektion!) bis zum Waldmeister hochdienen.

7 Der Geimel (das Wort kommt von gäumen, mhd. goumen = Sorge tragen, Acht haben, hüten, das Haus hüten, Schmeller, Band 1/2, Spalte 912) war das jüngste (oder älteste) Mitglied einer Holzknechtpasse, etwa 12–14 Jahre alt (bzw. durch Unfall oder Alter zur schweren Holzarbeit nicht mehr fähig), und hatte die Holzknechtstube in Ordnung zu halten, Feuer zu machen usw.

8 Er hatte das nötige Wasser herbeizuschaffen, wenn bei der Holzknechtstube kein Brunnen war. (Rieder, 2006, 36)

„Der famose Holzknecht Nahmens Hanns Beinsteiner"*. Aquarell von Max Chézy, 1836, OÖ. Landesmuseen, Linz

* Am Bild erkennbar drei wichtige Arbeitsgeräte des Holzknechtes: Maishacke zum Fällen der Bäume, Fußeisen und Griesbeil zur Trift. Bis in die Mitte des 18. Jahrhunderts wurden Bäume ausschließlich mit der Hacke gefällt, dann wurde gegen Widerstände der Holzknechte die Langsäge (Zweimannsäge) eingeführt.

Die Holzknechte lebten die Woche über in der Holzknecht-stube, die ihrem Schlag am nächsten lag, und verköstigten sich dort selber, wobei ihre Nahrung überwiegend aus Mehl und Fett bestand und jeder für sich kochte. Die Arbeitswoche begann mit dem Anmarsch zur Hütte am Montag sehr früh und endete Samstag mittags mit dem Heimmarsch.

Der Arbeitstag begann in der Morgen- und endete in der Abend-dämmerung. Zu Beginn des 19. Jahrhunderts war die durchschnitt-liche Tagesarbeitszeit der Holzknechte 10,5 Stunden. Im Frühling und Sommer sah das aus wie folgt: 05.00 bis 11.00, Mittagspause, 12.30 bis 16.00, Jausenzeit, 17.00 bis 18.00. Im Winter begann die Arbeit bei Tagesanbruch und endete mit Einbruch der Dunkel-heit bei eineinhalbstündiger Mittagsrast. (Rieder, 2006, 36)

Die langen Winterabende wurden (ähnlich wie die jeweils 6 freien Stunden zwischen den Schichten der Pfannhauser) mit verschiedensten Tätigkeiten ausgefüllt: Man hat gesungen, Ge-schichten erzählt, Holzspäne oder Dachschindeln „gekleuzt" (= gespalten), Krippenfiguren geschnitzt, …

Lange Zeit waren die Holzknechte wesentlich schlechter gestellt als Bergleute und Pfannhauser, diese waren im kaiserlichen Dienst. Holzknechte wurden von einem Holzmeister gedungen, der zu-nächst auf seinen Vorteil achtete. Sie hatten keinerlei Ansprüche für den Fall von Arbeitsunfähigkeit durch Krankheit, Unfall oder Alter. Auch sorgte das Waldamt dafür, dass die Gedinge nie üppig ausfielen, ganz im Gegenteil. Not und Hunger waren wohlbekann-te, allerdings ungebetene Gäste in den Familien der Holzknechte. Erst nach 1813 wurden von Hallstatt ausgehend Holzknecht-Bruderladen gegründet und später zu einer gemeinsamen vereinigt, deren Aufgabe es war, erkrankte oder verunglückte, schuldlos in Not geratene Holzknechte materiell zu unterstützen. Jeder hatte in diese Beiträge zu leisten (Rieder, 2006, 37).

Das Leben der beiden an Zahl größten Berufsgruppen des Salz-kammergutes – Holzknechte und Pfannhauser – war geprägt von Arbeit, deren Bezahlung so knapp war, dass bei einer grö-ßeren Kinderschar, wie sie von der Kirche gern gesehen wurde, der Lohn nicht einmal für eine gediegene Ernährung reichte. So trachtete jeder nach einer Kleinstlandwirtschaft. Zumeist be-stand sie aus einem Stück Wiesengrund, einer oder zwei Kühen, einem Schwein, eventuell ein, zwei Schafen oder Ziegen und Hühnern. Das auf der gegebenen Grundstücksgröße vorhande-ne Futterangebot wurde jedenfalls optimal ausgenutzt. Frauen und größere Kinder suchten auch Gebirgswiesen auf, um dort zusätzlich Futter für die Tiere zu gewinnen, das in Tragtüchern oder „Beren" (= Netzkugeln) zum eigenen kleinen Anwesen ge-tragen wurde.

Ein „Grautgartl" für den wichtigen Vitaminspender Kraut (meist als Sauerkraut) hatte praktisch jeder. Bearbeitet wurden diese „Sacherln" (= Kleinstlandwirtschaften) die Woche über von Frau und Kindern. Was von ihnen während der Woche nicht zu bewältigten war, wurde an den kurzen Wochenenden gemeinsam erledigt. Alle waren so ausgelastet, dass kaum je-mand auf dumme Gedanken gekommen ist.

Lebensfreude und Lebensmut bezogen die Bewohner des Salz-kammergutes aus dem Glauben, den Sonn-, Feier- und Festta-gen, ganz besonders auch aus ihrer Sangesfreude, mit der ein selbstverständlicher Rahmen um Arbeit, Fest und Feier gebildet wurde. Die Kargheit des Alltages der „Kammergütler" war viel-leicht Mitursache, dass Feste und Feiern besonders intensiv und verhältnismäßig auch aufwändig gefeiert wurden.

Der Jahresausklang und der folgende Jahresbeginn sind im Salz-kammergut auch heute noch von drei Dingen geprägt, nämlich von Landschaftskrippen, von Glöcklern und einem ausgelasse-nen Faschingstreiben.

Krippenväter

Mit diesem Ehrentitel werden im Salzkammergut die Besitzer größerer Landschaftskrippen bezeichnet, deren Umfang sich auf eine Zahl zwischen dreißig und tausend Figuren und eine Fläche zwischen einem und fünfzehn Quadratmetern beläuft. Alljährlich beginnen sie, je nach Größe ihrer Krippen, länger oder unmittelbar vor Weinachten, sie aufzustellen. Manche sind über Generationen entstandene und vererbte Landschafts-krippen. Schon im Herbst müssen „da Mias" (das Moos) und „Girem" (verwitterte Baumstrunkreste) gesammelt werden, da-mit sie zur Zeit des arbeitsaufwändigen, durchaus kunstvollen Aufstellens der Krippe wirklich trocken sind.

Zuerst ist die „Bieh" (= Grundplatte der Krippe) aufzustellen, darauf wird eine Alpenlandschaft aus „Girem", „Mias" und „Grünzeug" gezaubert, in deren Zentrum der Stall von Bethle-

Ausschnitt aus einer Ebenseer Landschaftskrippe
Foto: R. Hörmandinger

hem steht und die ihre Fortsetzung in der „Håit", dem Hintergrundgemälde, findet, meist so gekonnt, dass man gar nicht genau erkennen kann, wo die Landschaft aufhört und die „Håit" beginnt. Das ist der aufwändigste Teil des Krippenaufstellens und auch der, welcher einigen Könnens und auch künstlerischer „Anwandlung" bedarf.

In diese „Kunstlandschaft" werden nun – wenn vorhanden – die „Häusal" (= Gebäude) gesetzt, möglichst so, dass sie als natürlicher Teil der Landschaft wirken. Erst jetzt werden die mitunter über hundertjährigen, meist aber jüngeren gefassten oder bemalten Figuren in die Krippe gestellt und bilden zusammen mit ihrer Umgebung ein Bild des Salzkammergutes im 19. Jahrhundert, das auf dem Weg zur Krippe ist. Für viele im Salzkammergut ist die Krippe auch heute noch der Mittelpunkt der Weihnachtszeit und der Feier des Heiligen Abends, dessen Verlauf in Ebensee etwa so aussieht: Am 24. Dezember nach dem „Segen" um 16 Uhr, bei dem die von Chor und Orchester intonierte barocke Vesper von Joseph Ignaz Schnabel (1767–1831) erklingt, geht man in den von tausenden Grablichtern und Christbaumkerzen in geheimnisvolles Licht getauchten Friedhof. Dort erklingen von den „Hofabuam", einer Bläsergruppe, gespielte Weihnachtslieder. Fast jeder hat an diesem Abend das Bedürfnis, die Altvorderen in die Feier des Geheimnisses der Weihnacht einzubeziehen.

Vom Friedhof heimgekommen wird bei der Krippe eine Kerze angezündet. Nach einem festlichen Abendessen findet sich die Familie vor der Krippe zusammen, zumeist liest der Krippenvater das Weihnachtsevangelium, wobei das Jesuskind in die Krippe gelegt wird, auch werden einige Krippenlieder gesungen. Erst jetzt rücken Christbaum und Geschenke in den Mittelpunkt des Geschehens.

Jeder Krippenvater freut sich, wenn zwischen Weihnacht und Lichtmess Krippenschauer kommen. Sind es Bekannte oder Verwandte, bewirtet er sie oft mit einem Gläschen Wein oder Schnaps und man singt einige der beliebten Krippenlieder, sogar dann, wenn die Besucher nur bedingt „gesangsfähig" sind. Die Besucher bedanken sich mit einer Münze, die in die Krippe gelegt wird.

Am Vorabend des Dreikönigstages um 18 Uhr, nach dem Gebetläuten, sind der ganze Ort von Ebensee und besonders das Langbathtal vom Schall von Glocken erfüllt, denn

Glöckler

sind in rund 20 und mehr Glöcklerpassen im ganzen Ortsgebiet bis gegen Mitternacht unterwegs. Kinder, Jugendliche und Erwachsene, unter die sich ganz vereinzelt auch schon Mädchen und junge Frauen gemischt haben, pflegen ein uraltes Licht-, Lärm- und Heischebrauchtum, das in Ebensee eine nahezu unübertreffliche Ausprägung gefunden hat.

Schon lange vor dem Dreikönigstag, meist schon irgendwann im Spätherbst, treffen sich Passenmitglieder in „ihrer" Werkstätte. Die beim letzten Lauf beschädigten Kappen werden ausgebessert und meist auch neue gebaut, denn Glöcklerkappen sind nicht allzu lange einzusetzen, weil sie durch Verrußung, Regen oder Sturmwind unbrauchbar werden.

Seele dieser Zusammenkünfte von Frauen, Männern, Jugendlichen und sogar Kindern sind weit über das Beiläufige engagierter Männer, welche die zu verrichtenden Arbeiten, die durchaus in künstlerische Dimensionen reichen, mehr oder weniger unauffällig initiieren, koordinieren und dirigieren. Ganz wichtig sind die Kinder, die früh in die einfacheren Arbeiten integriert werden, denn dadurch reift in manchem von ihnen der Wunsch, in einer Kinderpasse mitzumachen. Sie werden das Glöcklergeschehen der Zukunft tragen.

Am Nachmittag des 5. Jänner treffen sich die ganz in Weiß gekleideten Passenmitglieder in der Regel am Aufbewahrungsort ihrer Kappen. Neben den Läufern mit den Kappen sind dabei auch „da Vålaufa", „d'Åzinta" und mehrere „Åsåmmla". „Da Vålaufa" (= der Vorläufer) trägt keine Kappe, ist mit einem Stock ausgestattet und läuft an der Spitze der aus bis zu dreißig Läufern bestehenden Passe. Im Ortskern muss er mit seinem quer gehaltenen Stock der Passe manchmal den Weg durch die dicht gedrängte, nicht immer disziplinierte Zuschauermasse bahnen. „D'Åzinta" (= die Anzünder) sorgen während des gesamten Laufes dafür, dass alle Kerzen in den Lichterkappen brennen. „D'Åsåmmla" (= die Absammler) schwärmen während des Laufes durch die Zuschauer und bitten um Spenden.

„Der größte Feind der Glöckler ist der Wind!" pflegte Karl Reininger zu sagen. „Drestn God!" (= Gott tröste ihn), der in seinem Leben über 50 Läufe absolviert hat. Ergänzend darf dazu festgestellt werden, dass Regen und Glatteis für die Läufer auch nicht sehr lustig sind.

Der Glöcklerlauf fällt schon in die Ballsaison, in „de haleng Tag" (= die vielen Ebenseern „heiligen" Faschingtage), in denen sich einiges tut: Am Faschingsamstag findet der Kinderfaschingszug statt, am Sonntag der große Faschingsumzug, bei dem auf Schauwägen Ereignisse des vergangenen Jahres verulkt werden. Bei diesem sind schon vereinzelt

Fetzen

unterwegs. Deren großer Tag aber ist der Faschingmontag, an dem der Fetzenzug stattfindet.

Zu Beginn des letzten Jahrhunderts lagen Ablauf und Gliederung des Fetzenzuges in den Händen einiger Männer aus der Kohlstatt. Sie sorgten dafür, dass er in Begleitung von Blasmusikanten geschlossen durch den Ort geführt wurde. Die Fetzen hatten sich in Dreierreihen aufzustellen und in dieser Formation durch die Straßen zu ziehen. Eine Gewährsperson teilt dazu mit, dass einige natürlich diese Ordnung nicht immer befolgt, sich aber angeblich wieder in die Reihen eingegliedert hätten. Erst nach dem Erreichen des Ortszentrums habe sich der Zug in ein buntes Treiben aufgelöst.

Der Fetzenzug weist heute eine „traditionelle" Struktur auf, die sich im Laufe der Zeit herausgebildet hat: Eine

Reitergruppe führt den Zug an. Die Reiter selber sind selbstverständlich auch als Fetzen maskiert. Diese Gruppe ist relativ jung, es hat sie bis in die 70er-Jahre des vorigen Jahrhunderts nicht gegeben.

Es folgen nun die

Pritschenmeister in Harlekinkostümen mit Schellenbesatz und Spitzkappen. Sie haben Schmink- oder Plastikmasken und sind mit einer „Pritsche" ausgerüstet. Seit Menschengedenken haben sie als „Fetzenpolizei" die Aufgabe, für Ordnung des Zuges zu sorgen und die Straße frei zu machen, wobei mancher Zuschauer auch einen mehr oder weniger sanften Klaps einstecken muss, besonders dann, wenn er „uneinsichtig" nicht Platz machen will. Die Pritsche spürt aber auch der Fetzen, welcher Spaß mit Ausschreitung „verwechselt". Die Pritschenmeister nehmen ihre Aufgaben recht faschingsbeschwingt wahr.

Die Pritsche ist ein Lärm- und Schlaggerät: ein etwa 40 bis 60 cm langes, rechteckiges oder quadratisches Holzstück. Es weist auf dem einen Ende einen Handgriff auf und ist am anderen mehrfach 30 bis 50 Zentimeter eingeschnitten.

Die Pritschenmeister tänzeln im Rhythmus der Musik und schlagen mit ihren Pritschen den Takt. Ihnen folgt die

Musikkapelle, die selbstverständlich auch im Fetzenkostüm auftritt. Ihr wichtigstes Musikstück an diesem Tag ist der „Fetzen- oder Parapluiemarsch", der unermüdlich wiederholt und zu dem von vielen Teilnehmern und Zuschauern nachstehender Text gesungen (oder gejohlt) wird:

Fåschengtåg, Fåschengtåg,
kim na båi(d) wieda,
wånn ma koa Geld nit håm,
schern ma die nieda!
Hutzn, Fetzn, Lempm auf und nieda, hi(n) und he,
alles fährt nach Ebensee!*

* Höchstwahrscheinlich handelt es sich dabei um eine Entwicklung aus einem Spruch des Ausseer Faschings, dort heißt es: Fåschengtåg, Fåschengtåg, kim na båid wieda! Wånn ma koa Geld mehr håm, stehln ma an Wi(e)d(d)a!

Der Musikkapelle folgt das

Faschingsprinzenpaar, die Mädchengarde und das Faschingskomitee, die Honoratioren. Die Begleitung des Zuges durch Repräsentanten des Faschingskomitees ist seit der offiziellen Installierung desselben (1957) üblich.

Hinter diesen eher gesetzt-gesitteten Gestalten folgt der eigentliche

Fetzenzug, bestehend aus einer nur schwer überschaubaren Schar wilder Gestalten, die dem Faschingmontag das Gepräge geben und die auch namensgebend für die ganze Veranstaltung sind. Sie tragen alte Frauenkleider oder (seit den 1960er-Jahren) ein Fransenkostüm, Holz- oder andere Masken, einen fantasievoll gestalteten Hut und zumeist einen alten Regenschirm oder einen Besen. Gerne führen sie auch einen alten Kinderwagen mit, in dem sie Mädchen und junge Frauen zu setzen versuchen, die sie dann wild herumkutschieren.

Ebenseer Fetzen heute   Foto: R. Hörmandinger

Mit Fistelstimme werden bekannte Leute angestänkert und es werden Dinge gesagt, die außerhalb des Fetzenzuges und ohne Maskierung sicher nicht so leicht gesagt würden.

Den Ablauf des Faschingmontags schildert der Ebenseer Karl Wiesauer in seiner Diplomarbeit über den Fetzenfasching wie folgt:

Am Faschingmontag beginnen um die Mittagszeit zunehmend die Fetzen die Straßen des Ortes zu bevölkern, um sich am Ausgangspunkt des Fetzenzuges in der Ortschaft Kohlstatt zu sammeln. Dieser Ortsteil von Ebensee war vom Anfang an Schauplatz des Zuges. Während sich der Zug ursprünglich beim Gasthaus „Alpensteig" formierte, verlagerte sich der Treffpunkt der Fetzen infolge der Schließung dieses Gasthauses zum nahegelegenen Gasthaus „Wolfsgruber". Seit dem Jahre 1964 treffen sich die Teilnehmer des Zuges beim Gasthaus „Langbathtal" („Neuhütt'n"). Daß der Fetzenzug immer von der Ortschaft Kohlstatt ausgeht, mag möglicherweise ein Hinweis darauf sein, daß dort die Idee für einen organisierten Umzug entstanden ist.
Um 15 Uhr setzt sich dann der Fetzenzug in Bewegung und folgt einer jährlich gleichbleibenden Route entlang des Langbathbaches in Richtung Ortszentrum, das die Fetzen nach ungefähr einer halben Stunde erreichen. Dort löst sich der mehr oder weniger geschlossene Zug auf, das Geschehen dehnt sich anschließend auf die Straßen des Ortszentrums aus und verlagert sich nach Einbruch der Dunkelheit auf die umliegenden Gasthäuser (Wiesauer, 35).

Bezüglich des Alters des Fetzenzuges gehen die Meinungen sehr weit auseinander. Manche meinen, der Fetzenzug sei keine hundert Jahre alt. Dazu möchte ich nachstehenden Hinweis geben: Die Nachkommen der im Jahre 1775 in die Waldkarpaten ausgewanderten Bewohner* des Salzkammergutes, es waren insgesamt 221 Menschen, 114 davon aus Ebensee, pflegten bis 1944 in Deutsch-Mokra (Ukraine) ein Brauchtum, das dem unseren höchst ähnlich ist. In einer Entfernung von 1.000 km Luftlinie entstand etwas, das „rein zufällig" (???) unserem Fetzenzug sehr ähnlich war.** *Am Rosenmontag zogen die „Maschkerer", unter denen sich auch Frauen befanden, angeführt von einem Ziehharmonikaspieler, im Zuge durch das Dorf … sie machten komische Sprünge, tanzten auf der Straße, liefen den Kindern nach, stiegen auf die Dächer, … und trieben allerlei Schabernack. …"* schreibt Franz Zepezauer, der seit langem in Deutschland lebt. (Franz Zepezauer in Schmid-Egger, 155–181) Die Zufälligkeit recht ähnlichen Brauchtums der Auswanderer möchte ich in Frage stellen.

* Ihre Ausreise – wie die von Hunderten anderen – war den Historikern, die jeden Kurzbesuch von „höchsten und allerhöchsten" Vertretern des Hauses Habsburg-Lotringen penibel registrierten, keiner Erwähnung wert, handelte es doch nur um Untertanen, um „niederes Volk"!

** Sicher nicht „zufällig" gingen in Deutsch-Mokra und in Königsfeld auch Gruppen von rund zehn Burschen am Vorabend des Festes der Heiligen Drei Könige mit einem drehbaren, beleuchteten Stern von Haus zu Haus „Steansinga". Sie haben dabei die besuchten Familien mit den nachstehenden Formeln „angesungen": „Mit dem Stern der Freude kommen wir dar, wir wünschen der Familie X ..." (Schmid-Egger, 159 und 197) oder „Mit a großen Freiden kommen wir da! Ei, wås winsch ma den Herrn Preinesberger mit seiner Hausfrau und übrigen Hausgenossen? Ein glückseliges, freidenreiches neies Jahr, Gesundheit und langes Leben!" (Künzig, 90 f.)

Vogelfänger

Der Vogelfang stellte in seinen Ursprüngen einfach eine zusätzliche Quelle des Nahrungsgewinnes dar, der dem „niedern Volk" „verwilligt" wurde, während die Jagd dem Adel und dem höheren Klerus vorbehalten war. Dies wurde im Kammergut von vielen männlichen Bewohnern als Unrecht empfunden und

Vogelfänger im Höllengebirge   Foto: R. Hörmandinger

durch das nicht seltene Wildern auch ganz riskant und konkret in Frage gestellt. Legal möglich war nur der Vogelfang, der auch ziemlich extensiv betrieben wurde.

Erfolgreicher Vogelfang hat sangesfreudige Lockvögel zur Voraussetzung. Diese wurden häufig als Stubenvögel gehalten, die in radio- und televisionslosen Jahrhunderten den Menschen nicht nur die langen Winternächte leichter ertragen ließen, sondern sie mit ihrem Gesang auch das ganze Jahr über erfreuten. Deshalb war auch die Stubenvogelhaltung bis in die unmittelbare Gegenwart ein weit – über die relativ kleine Gruppe der Vogelfänger hinaus – verbreitetes Phänomen.

Aus dem ursprünglichen Fleischfang, der bis zum Ende des 19. Jahrhunderts legal war, hat sich unser heutiger Vogelfang entwickelt. Er hat mit dem Ursprung fast nichts mehr gemein, außer die Lockvögel. Heute geht es beim Vogelfang darum, zwischen 15. September und Ende November nach Möglichkeit je ein „schönes" Männchen von Fichtenkreuzschnabel, Gimpel, Stieglitz und Erlenzeisig zu erwischen.

Die rund 550 in mehr als 30 Vereinen organisierten Vogelfänger beziehen aus ihrer Leidenschaft viel Freude, die aus nachstehenden Aspekten hervorgeht:

Dem **Naturerlebnis**:
Der Fang findet in unserer herrlichen Gebirgslandschaft statt, in die der Fänger des Nachts aufbricht, damit er mit dem Morgengrauen „seinen" Fangplatz erreicht.

Dem **Fangerlebnis**:
Gar manchmal sitzt der Vogelfreund den ganzen Vormittag auf „seinem" Fangplatz und fängt nichts für die Ausstellung Taugliches. Umso größer ist seine Freude, wenn er ein besonders schönes Männchen erwischt. Nur von den vier oben genanten Arten darf jeder Fänger pro Jahr je ein Exemplar käfigen und muss diese (außerhalb von Fang und Ausstellung) in Volieren halten.

Dem **Haltungserlebnis**:
Der Vogelhalter muss tägliche, wöchentliche und gelegentliche Pflegehandlungen setzen, bei denen er mit den Tieren spricht und durch die eine erstaunlich dichte Mensch-Tier-Beziehung entsteht, bei der die Vögel dem Halter gegenüber sehr schnell „gmoa" (= zahm, zutraulich) werden.

Dem **Ausstellungserlebnis**:
Zu Kathrein bringen die Vereinsmitglieder ihre Vögel zur Ausstellung: Das ist eine Schönheitskonkurrenz. Die Halter der von den Preisrichtern erstgereihten Tiere dürfen eine Woche später mit ihren Vögeln an der Verbandsausstellung in Ebensee teilnehmen. Dabei einen ersten Preis zu erringen, das ist ein sehr seltenes Fest, das der Vogelhalter und sein Verein ausgiebigst feiern! Ich habe erlebt, mit wie viel Liebe Vogelfänger an ihren Tieren hängen, und ich kann nicht verstehen, was in den Köpfen fanatischer „Tierfreunde" vorgeht, wenn sie zwar nichts gegen die Haltung exotischer Vögel unternehmen, aber mit großer Verbissenheit den 550 Vogelfängern des Salzkammergutes die Haltung von Schnabel, Gimpel, Stieglitz und Zeisig verbieten wollen!

Glossar

Drehlinge	Ein Drehling war ein klafterlanges (1,896 m) Stück eines Baumstammes.
Fertiger	Fast selbständige Unternehmer, die für das Salzamt das Salz in Holzgefäße (Kufen und Küfel) verpackten und verfrachteten sowie im Gegentrieb Lebensmittel (hauptsächlich Getreide) ins Kammergut brachten.
Gedinge	Mit dem Verwesamt abgeschlossene Verträge, die auch den Lieferpreis pro Pfanne Holz beinhalteten, den das Verwesamt so niedrig als möglich zu halten versuchte.
Klause	Eine Klause war eine meist als Steinkastenklause ausgeführte Talsperre, in der im „Klausboden" (= Stauraum) Wasser für die Holztrift angestaut wurde. Steinkastenklausen bestand aus mit Baumstämmen gezimmerten, annähernd quadratische Kästen, die mit Steinen gefüllt wurden. Sie hielten etwa 80 Jahre und mussten dann neu gebaut werden. Deshalb baute man im 19. Jahrhundert die Hauptklausen aus Stein. Die letzte funktionstüchtige ist die Chorinskyklause im Goiserer Weißenbachtal, die im Sommer alljährlich mehrere Male „geschlagen" wird.
Pfannhauser	Salinenarbeiter
Pfiesel	Trockenkammer. Im Pfiesel wurden die noch feuchten Fuder (Salzstöcke) getrocknet, ursprünglich durch eigene Beheizung, später auch mit Abwärme von der Pfanne.
Rechen	Rechen waren Anlagen, in denen das Triftwasser abfloss und das Triftholz geländet wurde.
Salzamtmann	Der Salzamtmann war Leiter des Salzamtes mit Sitz in Gmunden und unterstand direkt der Hofkammer in Wien, ab 1724 der „Ministerial-Banko-Deputation". Er war nach heutiger Diktion Generaldirektor der Salinen, Generalforstdirektor, Bezirkshauptmann und Bezirksrichter in einer Person.
Salzkammergut, auch „Camergut"	Besitz in landesfürstlichem Eigentum, durch die Kammer des Landesfürsten verwaltet. Es umfasste das „Ischlland", das ist das Gebiet zwischen Obertraun und Ebensee (heute Gerichtsbezirk Bad Ischl!).
Strehn	Der Begriff Strehn meint die 40 km lange, aus hölzernen Rohren bestehende erste „pipeline" der Welt zwischen Hallstatt und Ebensee.
Trift	Das meiste zum Sud in den Salinen erforderliche Holz wurde aus den Schlagwäldern in Riesen an Bäche gebracht und auf diesen in Salinennähe getriftet. Drehlinge (siehe dort!) wurden in den Triftbach geworfen, die Klause(n) (siehe dort!) geschlagen (= geöffnet) und das Holz mit dem Klauswasser zum Rechen (siehe dort!) getriftet.

Literatur

Hörmandinger, Reinhard; Rieder, Walter: „A Stegga, a weiß Gwånd, a Kåppm und Glock'n!" Glöcklerlauf in Ebensee. Denkmayr, Linz, 2000

Künzig, Johannes und Waltraut Werner-Künzig: Volkslieder aus Deutsch-Mokra einer Waldarbeitersiedlung in der Karpaten-Ukraine. Quellen Deutscher Volkskunde, Kommissionsverlag Rombach. Freiburg im Breisgau, 1978

Richter, Günter: Holzknechte in Niederösterreich. Niederösterreichisches Heimatwerk, Wien, 1984

Rieder, Walter; Rieder, Gerda; Steinkogler, Anton: Hirtenlieder aus Ebensee, Band 3: „Weihnachts-Lieder = Buch für Josef Moser". Heimathaus Ebensee, 1996

Rieder, Walter: Schnåbö Heil! Singvogelfang und Singvogelhaltung im Salzkammergut. Salzkammergutverband der Vogelfreunde, Gmunden, 2002

Derselbe: 400 Jahre Salinenort Ebensee, 1607–2007. 1. Band: Von der Ortsentstehung bis 1898. Rudolf Wimmer, Bad Ischl, 2006

Derselbe: 400 Jahre Salinenort Ebensee, 1607–2007. 2. Band: Von 1897 bis zur Gegenwart. Salzkammergut Media, Gmunden, 2007

Schmeller, Johannes Andreas: Bayerisches Wörterbuch, Sonderausgabe. R. Oldenburg Verlag, München, 1985

Schmid-Egger, Hans: Deutsch-Mokra-Königsfeld. Eine deutsche Siedlung in den Waldkarpaten. Verlag Hilfsbund Karpatendeutscher Katholiken. Stuttgart, 2. Auflage 1979

Wiesauer, Karl: Der Fetzenfasching in Ebensee. Ein Beitrag zu aktuellen Frage der Faschingforschung. Diplomarbeit zur Erlangung des Magistergrades der Philosophie an der Geisteswissenschaftlichen Fakultät der Leopold-Franzens-Universität-Innsbruck. Unveröffentlicht. Innsbruck, 1993

*Das heute im Pfarrhaus hängende Gründungsgemälde des Klosters Traunkirchen (gemalt 1532) zeigt den Sieg der bayerisch-
steirischen Grafen Ottokar V. von Chiemgau und Leotold II. von Raschenberg-Reichenhall um 1000 n. Chr. über die Heiden – und
damit wohl auch über die heidnischen Seeräuber vom Johannesberg.* Foto: Tourismusbüro Traunkirchen

Andreas Hutter

Piraten am Traunsee

Wer vor dem Bau der Umfahrung Traunkirchen, von Gmunden kommend, tiefer ins Salzkammergut vorstoßen wollte, musste unweigerlich an ihm vorbei: dem als Halbinsel in den Traunsee ragenden Johannesberg mit seiner weithin sichtbaren Kapelle. Dass es um dieses Wahrzeichen Traunkirchens eine besondere Bewandtnis hat, wissen freilich die wenigsten. Wurde das Kirchlein doch an jener Stelle errichtet, von der aus im Mittelalter Piraten ihre Überfälle starteten.

Am Anfang dieser Geschichte steht eine Inschrift: „Dieser Berg, einst ein Schlupfwinkel heidnischer Seeräuber, ist jetzt dem hl. Johannes dem Täufer geweiht.", verrät die alte Steintafel über dem Portal der Johannesbergkapelle. Wann genau die Freibeuter des Traunsees hier ihr Unwesen trieben, verschweigt sie freilich. „Ex anteriori Historia", „aus früheren Berichten" habe man davon Kenntnis, heißt es auf Lateinisch darunter nur, und: „Erbaut in grauer Vorzeit" im Inneren des kleinen Gotteshauses.

Diese nicht näher bezeichneten „früheren Berichte" existieren heute nicht mehr. Denn das Archiv des am Fuße des Johannesberges gelegenen Klosters Traunkirchen, zu dem die Kapelle gehörte, wurde zusammen mit der Abtei bei zwei verheerenden Bränden 1327 und 1632 zerstört.[1] So muss beim Versuch, das Geheimnis der Piraten vom Traunsee zwischen Wahrheit und Legende zu lüften, vieles logische Schlussfolgerung, manches auch bloße Spekulation bleiben.

Angebracht wurde oben erwähnte Tafel jedenfalls „im Jahre des Herrn 1622". Damals, am 14. Februar, bezogen Ordensbrüder aus dem Jesuitenkollegium Passau das vormalige Benediktinerinnen-Kloster Traunkirchen. Die schwarzen Mönche vergrößerten alsbald das 1356 erstmals belegte Kirchlein, Stein für Stein errichtet haben es andere lange vor ihnen:[2] der Überlieferung nach Nachfahren eben jener Binnen-Piraten aus der nahen Viechtau, kurz nach der 1020 erfolgten Gründung des Nonnenklosters.[3] Bei Maurern wie Seeräubern soll es sich um einen besonders hoch aufgeschossenen Menschenschlag gehandelt haben. Ein steingehauener Porträtkopf aus der Römerzeit, der heute die rechte Seite der kleinen Vorhalle ziert, kündete davon: Er war bis zur vollständigen Renovierung der Kapelle 1926 an deren nördlicher Außenfront eingemauert – und zwar in einer Höhe von „sieben Schuh", also mehr als zwei Metern, welche die Größe der einstigen „Riesen" aus der Viechtau bezeichnet haben soll.

Die Kapelle ist Johannes dem Täufer geweiht, weil sie auf den Resten eines zerstörten Götzentempels steht. Als des Klosterbaus wegen der dichte Eibenwald am Johannesberg gelichtet wurde, hatte man in dem dunklen verwilderten Hain noch Spuren davon entdeckt. An diesem uralten Hort des Heidentums brachten Priester ihren Göttern Apfelblüten, früher auch Tier- und Menschenopfer dar. Sie waren Anhänger des Gottes Baal, eines Kults, den aus dem Orient stammende Soldaten und Sklaven des römischen Heeres einst eingeschleppt hatten.[4] „Was die über der Kirchtüre angebrachte lateinische Aufschrift betrifft, dass nämlich die Stelle, worauf die Kirche gebaut ist, der Standpunkt heidnischer Piraten gewesen sei,", notierte schon 1854 der Wiener Kulturhistoriker Matthias Koch in seinem Buch über *Oberösterreich und das Salzkammergut,* „so wäre eben [so] zu glauben, dass die Römer einst hier eine kleine Warte oder einen Tempel angelegt hatten, und überhaupt heidnischer Kultus daselbst bestand."[5] Das Areal des heutigen Ortes Traunkirchen, zu Füßen des Johannesberges, ist jedenfalls bereits seit mindestens 3.000 Jahren besiedelt.[6] Baal und den anderen Götzen, an die noch heute die Namen lokaler Berggipfel wie Baalstein oder Odinstein erinnern, wurde auch in der mächtigen Heidenstadt geopfert, die sich damals auf dem Gebiet des heutigen Altmünster erstreckte.

Schon im Mittelalter aber lebten in dem ansonsten fast menschenleeren, dicht bewaldeten Landstrich Christen neben Heiden: Benediktinermönche wurden als Missionare entsandt und anno 909 ist urkundlich erstmals die königliche Abtei „Trunseo" erwähnt. Zwischen der Zerstörung dieses namensgebenden Alt-Münsters – 910/943 bei einem Einfall der Magyaren – und der Gründung des oben erwähnten „Neumünsters" in Traunkirchen entschied sich auch das Schicksal jener heidnischen Piraten.

Was aber könnten die Seeräuber damals draußen am See geraubt haben? Im vortouristischen Zeitalter – der Fremdenverkehr setzte im Salzkammergut um 1800 ein – gibt es darauf nur eine Antwort: Salz. Sie überfielen die Salztransporte aus dem heutigen Hallstatt und Ischl.

Denn Salz war der Kammer wichtigstes Gut, lange bevor es den Namen Salzkammergut gab. Schon die Kelten förderten es in den Salinen von Hallstatt zutage, und die Römer unterhielten auf dem Gebiet des heutigen Gmunden eine Salzniederlage. In den Wirren der Völkerwanderung versiegte weitgehend auch das weiße Gold – bis 955 n. Chr. das Adelsgeschlecht der steirischen Ottokare dessen Abbau (bis 1192) unter seine Botmäßigkeit brachte.[7] Die Route, die eines der kostbarsten Güter der Menschheit damals nahm, blieb über Jahrhunderte gleich: per Zille auf der Traun bis zum späteren Ort Ebensee, von dort über den Traunsee nach Gmunden, ab da entweder wieder auf der Traun bis zur Donau oder gleich durch Saumtiere oder per

Wagen auf dem Landweg nach Böhmen. In jedem Fall aber führte die Driftlinie des Salzwegs durch die Seeenge zwischen Karbach und dem heutigen Traunkirchen – dem bis zum Bau der Uferstraße ins spätere Ebensee (1861) letzten, von Norden auf dem Landweg zu erreichenden Punkt.

Schon von weitem sieht der Ausguck auf dem Johannesberg die Salzschiffe nahen. Sieht die Ruder sich heben und senken, Schaumwellen spritzen, hört die Ruderschläge verhallen und verschallen an den steil abfallenden Felswänden des Kleinen und Großen Sonnsteins. Allmählich werden die geschäftigen Gestalten auf den Schiffen größer und deutlicher. Sie scheinen die Halbinsel zu meiden, halten sich eher an die Ostseite des Sees. Mit gutem Grund. In diesem Moment gibt der Ausguck den in der Bucht hinter der Halbinsel in Deckung liegenden Booten ein Zeichen: „Jetzt!" Die baumlangen Kerle darin legen sich mächtig in die Riemen, in Richtung auf die Seemitte zu. Wettergegerbte Gesichter, über die das Spritzwasser rieselt wie Regentropfen über eine alte, raue Wand. Als die oft Bärtigen den Schatten der Landzunge verlassen und auch nach Süden hin sichtbar werden,

erfasst auf den Plätten und Zillen selbst Fahrensmänner alten Stils Panik. Zuerst erhöhen sie noch die Schlagzahl und versuchen, an den auf sie zueilenden Piratenschiffen vorbeizumanövrieren. Doch vergebens. Sie werden eingeholt, gestellt und auf offenem See aufgebracht. Wer Widerstand leistet, landet an der mit 191 Meter tiefsten Stelle des Gewässers in eben diesem. Was einem Todesurteil gleichkommt: Zwar noch nicht mit solch salzamtlicher Herzlosigkeit wie in späteren Jahrhunderten, aber doch haben die Salzherren darauf geachtet, dass ihre Schiffer nur ja nicht schwimmen können, damit sie selbst im schwersten Unwetter bei ihrer Fracht ausharren.

Wie viele Tonnen Salz die Piraten vom Traunsee auf diese Weise geraubt und illegal verkauft oder getauscht haben, ist nicht zu beziffern. Sie konnten dies solange tun, bis zwei Männer, die zuvor an der Stelle eines Götzentempels eine Kirche errichten ließen, sich der Legende nach aufmachten, die Gegend von den heidnischen Räubern zu säubern:[8] die bayerisch-steirischen Grafen Otakar V.[9] von Chiemgau und Leotold II.[10] von Raschenberg-Reichenhall. Die Barbaren jedoch widerstanden in

Über dem Eingang zur – wohl zeitgleich mit dem Kloster um 1020 errichteten und später erweiterten – Johannesbergkapelle in Traunkirchen finden sich jene zwei Tafeln mit Inschriften, die die Existenz (mittelalterlicher) heidnischer Piraten am Traunsee bezeugen.   *Fotos: Hutter*

Zwei Tafeln über dem Portal der Kapelle künden davon, dass der Johannesberg in Traunkirchen „einst ein Schlupfwinkel heidnischer Seeräuber" war. Die untere, lateinische Inschrift wurde wohl 1622, die wortwörtliche deutsche Übersetzung darüber vielleicht 1729 (zusammen mit der Anlage der Serpentinenwege auf den Johannesberg) dort angebracht.

ihrem festen Schloss an den Gestaden des Traunsees, in dem sie sich verschanzt hatten, der Belagerung durch die gräflichen Truppen. Zermürbt beschlossen die Befehlshaber den Abzug. In der Nacht davor soll ihnen jedoch die Mutter Gottes erschienen sein und den Sieg versprochen haben. „Wohlgewaffnet und vorbereitet zogen die Markgrafen am nächsten Morgen ab und schlugen die verfolgenden Räuber vernichtend. Das eroberte Schloss wurde in ein Kloster umgewandelt."[11] Noch heute, so die Fama, künde der Name des kleinen, in der Nähe mündenden „Siegesbaches" vom großen Sieg.[12] Nach einer zweiten Erzählung befand sich am Johannesberg eine Höhle der Seeräuber: „Als das Kloster Traunkirchen gegründet wurde, schloss sich die Höhle und verschlang die Räuber.". An dieser Stelle, so die Sage, wurde das Johanneskirchlein gebaut.[13]

Ein Votivbild im Pfarrhaus von Traunkirchen, das Gründungsbild des Klosters, das die Äbtissin Barbara von Kirchberg 1532 von einem unbekannten Meister malen ließ, kündet vom Sieg des Kreuzes über das Heidentum. „Otaker und Leotold, die Markgrafen,", heißt es in der lateinischen Inschrift am unteren Bildrand, „haben, nachdem sie den heidnischen Götzendienst ausgerottet hatten, vor wenigen Jahren diese Gegend und das umliegende Land in Besitz genommen und dieses Kloster gegründet. Später hat der genannte Otaker seine Tochter Atha zur ersten Äbtissin in das Kloster ordiniert."[14] Womit die Pi-

Der Johannesberg in Traunkirchen (vorne, im „Schatten" des Traunsteins) war bis um das Jahr 1000 n. Chr. „ein Schlupfwinkel heidnischer Seeräuber", die von dort aus die Salztransporte auf dem See überfielen. Foto: Tourismusbüro Traunkirchen

raten vom Traunsee nun auch zeitlich, zwischen 955 und etwa 1000 nach Christus, dingfest gemacht werden können.

Danach, in habsburgischer Zeit, gab es im Salzkammergut zwar immer wieder Fälle von Schmuggel und illegalem Handel mit dem weißen Gold. Salzpiraten aber, die die Plätten auf dem Traunsee überfielen, gab es nie mehr.

---

1 Vgl. Traunkirchens heilige Stätten. Hg. Kath. Pfarramt Traunkirchen. 4. Aufl. 1991. S. 4, 8.

2 Nach Leo Kegele wurde die Johannesbergkapelle parallel zum Kloster am „Beginn des XI. Jahrhunderts" von Klostergründer Graf Wilhelm von Raschenberg-Reichenhall errichtet. Vgl. Das Salzkammergut nebst angrenzenden Gebieten in Wort und Bild. Wien, Pest, Leipzig: Hartleben, 1898. S. 136.

3 Das Kloster selbst verlegte später seine Gründungssage, ebenso absichtlich wie falsch, ins Jahr 632 zurück. Einige ältere Quellen datieren den Bau des Klosters ebenso falsch auf die Jahre 1115–1118 und geben als Gründer einen Markgrafen Ottokar VI. von Steyr an (Mathias Koch. Oberösterreich und das Salzkammergut. Wien: Sollinger, 1854. S. 440, 452) – den es jedoch nie gegeben hat, weil das Geschlecht mit Ottokar IV. ausstarb. Tatsächlich gemeint war Ottokar II., der aber keine angeblich 1116 verstorbene Tochter Atha als erste Äbtissin nachweislich hieß, hatte (Johann Steiner. Der Reisegefährte durch die Österreichische Schweiz oder das ob der ennsische Salzkammergut. Linz: Fink, 1820. S. 71).

4 Vgl. Gerhard Winkler. Die Römer in Oberösterreich. Linz: Oö. Landesverlag, 1975. S. 51.

5 Wien, Sollinger. S. 441.

6 Vgl. Fritz Felgenhauer. „Kultkontinuität von der Urzeit bis zur Gegenwart? Ein hallstattzeitlicher ‚Brand'-Opferplatz in Traunkirchen, Oberösterreich". In: Bayerische Vorgeschichtsblätter Jg. 51 (1986). S. 91–118, hier 112.

7 Salzschiffe aus dem Traungau werden aber auch schon in der „Raffelstetter Zollordnung" aus dem Jahre 904/906 erwähnt, woraus abgeleitet werden kann, dass bereits in der ausklingenden Karolingerzeit wieder eine Salzerzeugungsstätte an der oberen Traun bestand, die so ergiebig war, dass ganze Schiffsladungen ausgeführt wurden. Vgl. Carl Schraml. „Die Entwicklung des oberösterreichischen Salzbergbaues im 16. und 17. Jahrhundert". Sonderabdr. aus dem Jahrbuch des Oö. Museralvereines, Bd. 83. Linz 1930. S. 167.

8 Vgl. Sabine Hitzenberger. Sagen & Märchen vom Traunsee. Seewalchen: Secession, 1989. S. 61; und: Marie von Plazer. Traunkirchen – Aussee: Historische Wanderungen. Graz: Moser, 1907. S. 6–7.

9 Um welchen Grafen es sich genau handelte, verschweigen die Quellen. Gemeint ist wohl Ottokar V., Graf von Chiemgau (gestorben am 5. März 1020), Vater des Markgrafen Ottokar I. (gestorben 1075), mit dem sich die ursprünglich bayerischen Otakare dann zum steirischen Adelsgeschlecht wandelten; beide trugen auch den Titel eines „Vogts von Traunkirchen".
Vgl. zur Genealogie: Heinz Dopsch. „Die steirischen Otakare". In: Das Werden der Steiermark, Festschrift zur 800. Wiederkehr der Erhebung zum Herzogtum. Hg. Gerhard Pferschy. Graz: Styria, 1980; und: www.genealogie-mittelalter.de/otakare/.

10 Bei Leotold handelte es sich wohl um den Grafen Liutold II. von Raschenberg-Reichenhall, einen Verwandten des unmittelbaren Gründers des Klosters Traunkirchen, Graf Wilhelm III. von Raschenberg-Reichenhall. Liutold II., dessen Lebensdaten im Dunkeln liegen, lebte um 1000 und starb an einem 19. oder 25. Juli in Traunkirchen.

11 Hitzenberger, a. a. O., S. 61.

12 Vgl. Godfried Edmund Friess. Geschichte des ehemaligen Nonnenklosters O. S. B. zu Traunkirchen in Oberösterreich. Wien: Tempsky, 1895. S. 1.

13 Vgl. ebd.

14 Zit. nach Plazer, a. a. O., S. 11–12.
Atha (auch Ata oder Alta) ist als Tochter des 1020 verstorbenen Grafen Otakar V. wie auch als Äbtissin durch einen Eintrag in den Nekrolog des Klosters Traunkirchen historisch belegt.
Vgl. www.genealogie-mittelalter.de/otakare/ata_aebtissin_von_traunkirchen.html.

Johannes Ebner

Traunkirchen und eine kleine Kirchengeschichte des Salzkammergutes

Kirchliche Szenenbilder

Die oberösterreichische Landesausstellung in und mit der Region Salzkammergut drückt wohl auch aus, dass dieser Landesteil, bisweilen die heutigen Landesgrenzen überschreitend, in vielen Belangen eine regional akzentuierte Entwicklung genommen hat. Diese besonderen Rahmenbedingungen gelten auch für den kirchlich-religiösen Bereich. Zu den Fallbeispielen des Eigenlebens, sei es in kirchlicher Architektur oder in der Handhabung des Kirchenjahres, zählen die seltene Stiftung auf gleicher Augenhöhe (Knappen- und Bürgeraltar/ „Doppelhauptaltäre") etwa in Hallstatt, eine Höchstleistung der Spätgotik von Lienhart Astl und seiner Werkstatt; dem Zeitgeschmack fiel allerdings ein gotischer Altar zum Opfer, ein anderer dem Raub. St. Wolfgang erhielt wohl eines der besten gotischen Werke der „Firma" eines Konkurrenten, Michael Pachers (vom Stift Mondsee engagiert); wie eine barocke Insel in der Pfarrkirche wirkt der bedeutende Barockaltar von Meinrad Guggenbichler. Das barocke Kleid in der ehemaligen Klosterkirche Traunkirchen (Fischerkanzel), auch der Dreikönigsaltar in Gmunden sind vielleicht Stücke globalen katholischen Anspruchs. Doch auch die Wende im konfessionellen Sinn fand gerade in dieser Region seinen Ausdruck. Im Stiftungstext zum Allerheiligenaltar bzw. Benefizium (1518/1521) in Altmünster wurde der erste explizite Hinweis in Oberösterreich auf die möglicherweise bevorstehende „Reformation" formuliert (Es sei denn, dass „durch Schigkhung des allmechtigen gots in Christenlichen kirchen verendrung beschahe"). Der Allerheiligenaltar formuliert diese Botschaft der ‚Zeitenwende' auch plastisch. Die noch im gotischen Empfinden dargestellte Retabel wird in die neue Zeit hineingestellt, der Renaissance-Rahmen steht für diesen Kontext. Des Kommentars der Umbrüche entbehren die Dokumente aus Bad Goisern: das spätmittelalterliche (15. Jahrhundert), in deutscher Sprache überlieferte, letzte gemeinsame Glaubensbekenntnis in Oberösterreich und die unverblümte Darstellung der Realität im dortigen Pfarrhaus, in dem Ausgaben für die „Frau Pfarrerin" in Rechnung gestellt werden, wie die Kirchenrechnung von 1582 zeigt.

Die 1555 getroffene Regelung, wonach der Landesherr über die Konfession seiner Untertanen verfügen konnte, wurde in der Region mit deutlicher Verzögerung zu realisieren versucht. Insbesondere ist der enorme Einsatz der Jesuiten zu nennen, die in der Pastoral mit medial wirksamen Methoden überraschten und beeindruckten (etwa durch die Einführung der Fronleichnams-

prozessionen auf dem Traunsee und Hallstättersee). Erst mit dem Toleranzpatent (1781) wurde zur Kenntnis genommen, dass nicht alle katholisch sein wollten.

Das Kloster

Die Geschicke Traunkirchens spiegeln grosso modo die kirchliche Biografie der Region.

Die neuere Erforschung der Geschichte des Benediktinerinnenklosters Traunkirchen insbesondere hinsichtlich seiner kirchlichen, organisatorischen, obrigkeitlichen und pastoralen Strahlkraft auf das (Innere) Salzkammergut verdanken wir zum Gutteil den Studien, besser dem „Lebenswerk" von Karl Amon. Nicht leicht war es für den Experten, die bewegte Entwicklung dieser Stiftung, die das Gebiet der Traun aufwärts bis in das Quellgebiet des Flusses umfasste, „freizulegen".

Festzustehen scheint, dass mit der Gründung des Klosters (1. Hälfte des 11. Jahrhunderts) am Eingang zum Salzkammergut, in das bis ins 19. Jahrhundert eine durchgehende Straßenverbindung fehlte, von Salzburger Interessensträgern eine strategische Besitzregelung getroffen worden ist, die vom Salzburger Stift Nonnberg aus besiedelt worden sein dürfte und in den Einflussbereich der Otakare gelangte. Das Kloster „Traunsee", das am Beginn des 10. Jahrhunderts von Ludwig dem Kind vergeben wurde und an die Salzburger Kirche fallen sollte, lag wohl in Altmünster, wie archäologische Ausgrabungen (mit Datierungsvorschlag: 8. Jahrhundert) ergaben. Eine quellenmäßige Verbindung (Vorgängerkloster von Traunkirchen) ist nicht gegeben, wenngleich ein rechts- und besitzgeschichtlicher Zusammenhang mit dem Nonnenkloster Traunkirchen nicht auszuschließen ist.

Dieses Frauenkloster wurde hinsichtlich seines „Seelsorgebezirkes" im (spät)mittelalterlichen Land ob der Enns bzw. heutigen Oberösterreich weder vom Zisterzienserinnenkloster in Schlierbach (1355–1556) noch von den allerdings nicht recht erforschten „weiblichen Teilen" der Doppelklöster (z. B. der Augustiner-Orden am Inn) überflügelt.

Der Zugriff auf das (Innere) Salzkammergut war – wie es den Anschein hat – nicht wirklich den Klosterfrauen in Traunkirchen allein anvertraut. Landesfürstliche, d. h. wirtschaftliche Interessen und nicht zuletzt die Träger der Sonderrollen bei der Salzgewinnung rivalisierten sichtbar.

Die älteste Beurkundung von Traunkirchen (wahrscheinlich 1181) lässt den Schluss zu, dass das Kloster Traunkirchen an einer kleinen Siedlung mit einer Kirche (Pfarrkirche) errichtet wurde; die weithin sichtbare Johannes-Kirche könnte namensgebend gewesen sein. In der Folge wurden weitere Seelsorgebezirke im Zusammenhang mit dem Ausbau der Salzgewinnung entwickelt und ausgestattet. Einen herben äußeren Einbruch des Traunkirchner Klosters bedeutete ein verheerender Brand am Ende des 1. Viertels des 14. Jahrhunderts. Eine vor kurzem wieder aufgefundene Pergamenturkunde vom 10. November 1327, in der der Salzburger Erzbischof Friedrich die Geistlichen seiner Erzdiözese auffordert, in ihren Kirchen und Kapellen Almosen für den Wiederaufbau des zerstörten Benediktinerinnenklosters (zu Traunkirchen) zu sammeln (DAL, Urk. PA Nr. 2), bezeugt dies. Der Wiederaufbau gelang wohl aufgrund der nicht ungünstigen ökonomischen Grundlagen (Salz, Fisch, Wald) sowie durch Stiftungsgelder.

Eine strenge Klausur, welche die Nonnen nicht verlassen durften, scheint es bei den Benediktinerinnen im Mittelalter noch nicht gegeben zu haben, zumindest gab es in besonderen Fällen Ausnahmen. So konnte (durfte) eine Äbtissin Gertrud eine Wallfahrt nach Rom machen, die Äbtissin Diemund 1191 vor dem Herzog in Enns erscheinen, die neue Äbtissin zur Weihe nach Passau reiten. Mit anderen Klöstern war Traunkirchen durch Konföderationen / Gebets-„Verbrüderungen" verbunden, etwa mit Seckau, St. Florian, Kremsmünster, natürlich mit Mondsee, St. Peter / Salzburg, Nonnberg, aber auch mit St. Georgen am Längssee oder mit Seitenstetten im niederösterreichischen Mostviertel.

Seelsorgebezirke

Die eng mit dem Grundbesitz des Klosters in Zusammenhang stehenden Kirchen zeigen die Nennungen des Patronatsrechts Traunkirchens über Goisern, Aussee und Hallstatt; dass das Patronatsrecht auch auf die anderen Pfarren des Salzkammergutes überging, ist gewiss ein Zeichen alter Zusammengehörigkeit.

In Hallstatt entstand mit der Belebung der Salzgewinnung im 13. Jahrhundert eine von der Saline dotierte Pfarre. Zu ihrem Gebiet gehörte ab etwa 1400 auch das Gosautal, vormals von Abtenau aus besiedelt und pastoral betreut. Gosau erhielt um 1500 eine Sebastianskirche, an der 1541 formell eine von Hallstatt abgetrennte Pfarre gebildet wurde.

Von den in der Nähe Goiserns gelegenen Kirchen, die erst allmählich, ja unerwartet spät, volle pfarrliche Rechte erlangten, bestand die Nikolauskirche in Ischl schon in der 2. Hälfte des 13. Jahrhunderts, zur Pfarre erhoben wurde sie „in aller Form" erst 1554. Die beliebte Wallfahrtskirche „Maria im Schatten" in Lauffen bestand bereits 1344. Die Pfarrwerdung geschah auch hier allmählich, Lauffen wird erstmals 1544 von der Äbtissin von Traunkirchen als Pfarre bezeichnet. Weitere Kirchen hatte das Kloster auf seinen Besitzungen in Pinsdorf, Nußdorf am Attersee und vorübergehend im steirischen Trofaiach. Der Grundbesitz im Bereich der Pfarren Gmunden, Ohlstorf, Laakirchen und Gschwandt war im Urbaramt Hildprechting, dem ertragreichsten des Klosters, zusammengefasst. Die Rechte des

Grabstein der Äbtissin Barbara von Kirchberg (gest. 1543) im Pfarrhof Traunkirchen   *Foto: Schepe*

Fronleichnamsprozession am Traunsee im 19. Jahrhundert   *Foto: Schepe*

Klosters an den Kirchen und Pfarren, sämtliche aus dem Eigen-
kirchenrecht kommend, standen – wie schon angedeutet – in
starker Konkurrenz zu den örtlichen Führungskräften, vor allem
im Bereich der Salinenverwaltung. Die „geistliche Lehenschaft"
der Traunkirchner Äbtissin verkam immer mehr zur Formsa-
che. Schließlich wurden in der Reformationszeit – protestantischen Grundsätzen folgend – die Pfarren von den Gemeinden
selbst besetzt. Darin sah Karl Amon auch eine „schlimme Entwicklung" für beendet, denn schon „seit dem 14. Jahrhundert
verlieh man gerne sämtliche Kammergutspfarren einem Dom-
herrn in Passau, einem landesfürstlichen Günstling oder einem
Angehörigen der im Kloster vertretenen Adelsfamilien". Jener
Dotationsinhaber hatte dadurch ein überdurchschnittliches
Einkommen, aber die Pastoral vor Ort hatten Vikare zu leisten.
Vielleicht ist die späte pfarrliche Verselbstständigung der Seelsorgebezirke darin mitbegründet.

Reformationszeit
Die Reformationszeit in Traunkirchen markiert der Umstand,
dass die Nonnen selbst protestantisch wurden, „auch der Wegfall des Gebets für die Verstorbenen mag eine Marke der Refor-
mationsgeschichte auch für Traunkirchen gewesen sein". Von
der letzten im Nekrolog des Klosters verzeichneten Äbtissin,

Barbara von Kirchberg (1530–1543), ist noch der qualitätsvolle
Grabstein erhalten. Der negative Trend hinsichtlich der Anzahl
der Konventsmitglieder markiert, auch statistisch der allgemeinen Entwicklung entsprechend, das rasche Ende des Klosters

Fronleichnamsprozession in Traunkirchen. 1900
Foto: Diözesanarchiv Linz

Kirche in Pfandl (katholisch)   **Foto: DAL**

(Wahlberechtigte Nonnen bei der Äbtissinenwahl 1495: 12; 1534: 10; 1543: 7; 1551: 5; 1565: 2). Die letzte Äbtissin Magdalena Dietrichinger konnte somit nicht mehr „gewählt" werden, sie wurde 1566 vom Kaiser ernannt.

Die Ergebnisse der landesfürstlichen Klostervisitationen (Klosterrat) ab den späten 60er-Jahren des 16. Jahrhunderts führten dazu, dass Traunkirchen als „vazierend" erklärt, 1572 mit anderen Frauenklöstern dem Prälatenstand unter und ob der Enns als Pfand für ein Darlehen überlassen und 1573 die Äbtissin abgesetzt wurde. Selbst Kaiser Maximilian II., dem protestantische Affinitäten nachgesagt wurden, dürfte diese Lösung ohne Probleme abzuringen gewesen sein, da die letzte Äbtissin in den Hofrichter sehr verliebt war und die letzte Nonne das Kloster verlassen und geheiratet hatte.

Das Ende des Klosters Traunkirchen bedeutete dies alles keinesfalls; in der Frage, wem der kirchliche und wirtschaftliche Einflussbereich Traunkirchens zufallen sollte, überwog die Überzeugung, dass ein Männerorden hiefür in Frage kommen sollte.

Die Interimsadministration durch die Klöster Kremsmünster und Wilhering – wobei auch Konventualen aus dem bayerischen Tierhäupten herangezogen wurden, die sogar einen „Abt" von Traunkirchen gestellt haben – reichte bis in die Rekatholisierungsphase der Kammergutpfarren am Beginn des 17. Jahrhunderts. Seit 1614 war das Stiftsgut von Traunkirchen (von Daniel Hofmandl verwaltet) dem Bistum Wien inkorporiert; es diente lediglich als Basis für eine Verbesserung der persönlichen Dotation für Kardinal Melchior Khlesl, dem auch nach der Inkorporation des Stiftsgutes an die Jesuiten eine jährliche Pension aus diesem Titel in der Höhe von cirka 2.000 Gulden zu reichen war.

Jesuitenresidenz

In der Zwischenzeit hat sich Traunkirchen zu einem Faktor der Rekatholisierung entwickelt.

Von mehreren Überlegungen, wie und von welchem Orden das Kloster Traunkirchen neu besiedelt werden könne, hat sich mit dem Plan des Passauer Fürstbischofs Erzherzog Wilhelm, der für das von ihm 1612 gegründete Jesuitenkolleg eine entsprechende Dotation suchte, für Traunkirchen eine unerwartete Zukunft eröffnet. Die feierliche Übergabe Traunkirchens an die Jesuiten, der ein päpstliches Dekret hiezu vorausging, erfolgte am 14. Februar 1622. Die habsburgische Kirchenpolitik (Kaiser Ferdinand II.) hatte sich allerdings ausbedungen, dass das Passauer Jesuitenkolleg immer zur österreichischen Ordensprovinz gehören sollte. Eine Tafelbildserie im heutigen Pfarrhof hält das Geschehen fest.

Die Anfänge des Wirkens der Jesuiten in Traunkirchen waren extrem belastet: einerseits durch den großen Bauernkrieg 1626, der vor allem durch staatliche Zwangsmaßnahmen in konfessionellem Bereich eskaliert war und in deren Folge die Jesuiten flüchten mussten, andererseits durch den großen Klosterbrand am 10. Jänner 1632. Auch die ursprüngliche, vorrangige Funktion Traunkirchens als Dotation für das Passauer Kolleg trat wesentlich zurück, zumal die konfessionelle Situation des Salzkammergutes für den katholisch exponierten Jesuitenorden zumindest eine außerordentliche Herausforderung darstellte.

Kryptoprotestantismus trotzt den Zwangsmaßnahmen

Trotz beeindruckender öffentlicher katholischer Feiern (Die Fronleichnamsprozession am See ab 1632 ist ein regionales Exempel hiefür, ebenso sind es die Pflege und Anlage der Kalvarienberge sowie die Wallfahrten [St. Wolfgang, Lauffen u. a.].) gelang es im inneren Salzkammergut nicht, den „Kryptoprotestantismus" zu beenden. Trotz Zwangsaussiedlungen, Familientrennungen, Verhören und Überwachungen konnte der evangelische Glaube rund 150 Jahre auch ohne äußere Organisation oder Strukturen sozusagen im Untergrund weitergelebt werden. Etwa zeitgleich (am Beginn des 18. Jahrhunderts) standen sich die Exponenten der beiden Konfessionen gegenüber:

Josef Schaitberger (Sendbriefe) und P. Ignaz Querck SJ. Bei der Bewertung der Religionsfrage mag durchaus der Eindruck entstanden sein, dass die Protestanten von den Behörden in der Zahl und Verbreitung nie richtig erkannt wurden. Dies war z. B. der Fall, als sich im Jahr 1733 bei der Herrschaft Wildenstein mehr als 1.200 Personen als evangelisch bekannten und sich zur Ausreise bereit erklärten, desgleichen war die Überraschung groß, als sich nach der Verlautbarung des Toleranzpatents Josephs II. (1781) unerwartet viele zur Bildung neuer evangelischer Seelsorgesprengel, Kirchen und Schulen meldeten. Unter dem Passauer Fürstbischof Josephus Dominicus von Lamberg (1723–1761) bzw. unter Maria Theresia (1740–1780) wurden ein letztes Mal in einer kirchlich-staatlichen Aktion regelrechte Missionsstationen eingerichtet (1752), blieben aber ohne nachhaltigen Erfolg. Wohl zum Abschluss dieser Missionstätigkeit erlebte die Traunkirchner Stiftskirche 1752 ihren letzten Ausstattungsschub, in deren Mittelpunkt die berühmte „Fischerkanzel" steht, die über den lokalen Bezug hinaus Programm und Auftrag des Jesuitenordens versinnbildlicht.

Klosterkirche wird Pfarrkirche

Bereits zwei Jahrzehnte später schuf die (vor allem auf Drängen der Bourbonen erfolgte) Aufhebung des Jesuitenordens eine neue und abermals unerwartete Situation. Am 18. September 1773 wurde das diesbezügliche päpstliche Breve in Traunkirchen exekutiert, der Orden enteignet. Damit kam also das wirkliche Ende des Stiftes Traunkirchen. Träger der Patronatsrechte war dann die Klosterherrschaft Traunkirchen bzw. das Forstärar. Die ehemalige Pfarrkirche zum hl. Nikolaus wurde unter Joseph II. profaniert; ihre Funktion übernahm die Klosterkirche. Der Entfall öffentlicher Patronatsleistungen im NS-Regime betraf 1938/1939 die katholischen Pfarren, Stiftungen und Benefizien besonders massiv. Angesichts der Errichtung einer KZ-Industrieanlage in Ebensee, in der Menschenleben faktisch nichts bedeuteten, war 1940 die „Räumung" des katholischen Pfarrhofes Hallstatt während des Pfarrgottesdienstes nur ein symbolischer Akt der Verachtung der christlichen Religion durch die NS-Diktatur.

Toleranzpatent

Mit der Erlassung des Toleranzpatentes 1781 konnten u. a. die evangelischen Christen mit dem Aufbau von Kirchen- und Gemeindestrukturen beginnen, wenngleich noch massive Einschränkungen zu gewärtigen waren; erst mit dem Protestantenpatent von 1861 erfolgte ihre staatsbürgerliche Gleichstellung, die sich Kaiser Franz Joseph I. sozusagen zu einem „höchstpersönlichen" Anliegen gemacht hatte, als er mit eigenen Mitteln in seinem jahrzehntelangen Sommersitz Bad Ischl sowohl ein neues evangelisches Gotteshaus finanzierte als auch zum Ausbau der katholischen Pfarrkirche Mittel zur Verfügung stellte. In Oberösterreich entstanden neun Toleranzgemeinden („Ursprungsgemeinden"). Die in Bad Goisern und Gosau zählen

auch heute noch zu jenen Gemeinden im Salzkammergut mit einem starken evangelischen Bevölkerungsanteil. Im Jahre 2000 wurde das „Evangelische Museum Rutzenmoos" eröffnet, das die Geschichte des Protestantismus in Oberösterreich in vielfältiger Weise aufbereitet.

Literatur

Die obige Darstellung fußt grundsätzlich auf den Forschungsergebnissen Karl Amons über Traunkirchen.

Amon, Karl: Geschichte des Benediktinerinnenklosters Traunkirchen im Salzkammergut, Theol. Diss., Graz 1949; zuletzt zusammenfassend und mit ausführlicher Auflistung der Quellen und Literatur: Amon, Karl, Traunkirchen, in: Die Benediktinischen Mönchs- und Nonnenklöster in Österreich und Südtirol (Germania Benedictina III/3), St. Ottilien 2002, 703–737; ebenda: Traunsee, 738–748.

Das Salzkammergut (= Christliche Kunstblätter 3/1965, Sonderheft), Linz 1965.

Ebner, Johannes; Würthinger, Monika: Historische Dokumente für die Zukunft. Das Diözesanarchiv Linz (Neues Archiv für die Geschichte der Diözese Linz, 15/2), Linz 2002, Katalog des Pergamenturkundenbestandes (vor 1783), 25–140; hier: S. 26 (Urkunde vom 10. November 1327 für Traunkirchen), S. 51 f. (Urkunden für Altmünster, insbesondere vom 7. November 1521).

Ebner, Johannes: Die Konfirmation der Benefizienstiftung für Altmünster (1521) am Beginn der Reformation in Oberösterreich, in: NAGDL 3 (1984/85), 33–41.

Evangelisches Museum Rutzenmoos, Linz 2006.

Friess, Godfried E.: Geschichte des ehemaligen Nonnenklosters O.S.B. zu Traunkirchen in Oberösterreich, in: Archiv für die österreichische Geschichte 82/1895, 183–326.

Leeb, Rudolf; Liebmann, Maximilian; Scheibelreiter, Georg; Tropper, Peter G.: Geschichte des Christentums in Österreich. Von der Spätantike bis zur Gegenwart, Wien 2003.

Mayr, Margit: Evangelisch in Ständestaat und Nationalsozialismus, Linz 2005.

Remes, Wilhelm: Die Jesuiten in Oberösterreich zur Zeit von Reformation und Gegenreformation – ihr Wirken in der Residenz zu Traunkirchen und im Salzkammergut (1622–1773), freundliche Überlassung des Manuskriptes mit zahlreichen Bildhinweisen (20. 9. 2007).

Temmel, Leopold: Evangelisch in Oberösterreich. Werdegang und Bestand der Evangelischen Kirche, Linz 1982.

Würthinger, Monika; Hörmandinger, Josef (Hg.): Orden, Säkularinstitute und Geistliche Gemeinschaften in der Diözese Linz (= NAGDL 17), Linz 2005.

Zimmermann, Harald (Bearbeiter): Die evangelische Kirche A.B. und H.B. in Österreich, in: Austria sacra, Wien 1968, insbesondere 83–94.

Zinnhobler, Rudolf: Die Passauer Bistumsmatrikeln für das westliche Offizialat, Bd. II: Die Archidiakonate Lorch, Mattsee und Lambach, Passau 1972: Traunkirchen, 320–325.

Zinnhobler, Rudolf, unter Mitwirkung von Ebner, Johannes, und Würthinger, Monika: Kirche in Oberösterreich, Heft 4, Straßburg 1882–1888.

Zinnhobler, Rudolf: Zur Toleranzgesetzgebung Kaiser Josephs II., in: NAGDL 1, Linz 1981/82, 5–25.

Zinnhobler, Rudolf: Oberösterreich zwischen Reformation (1521) und Revolution (1848) – Erträge kirchengeschichtlicher Forschung seit 1932, in: OÖMV 128/1, Linz 1983, 109–167.

Ludwig Halauska (1827–1882), Ankunft eines Dampfschiffes in Ebensee mit wartenden Kutschen zur Weiterfahrt nach Bad Ischl.
Ölgemälde. 1846   Foto: Schepe

Bernd Kreuzer

Ins Salzkammergut fahren –
eine kleine Verkehrsgeschichte des Salzkammergutes

Das Salz und die Touristen, diese zwei wirtschaftlichen Faktoren, bestimmten wesentlich die Wirtschaft und den Verkehr im Salzkammergut. Als die Bedeutung des Salzes nachließ, kam der Tourismus gerade recht. Das Salz und noch viel mehr der Tourismus und die jeweils dahinter stehenden Interessen verhalfen dem eher abgelegenen Gebiet im Verlauf der Jahrhunderte zu einer im Vergleich mit anderen Regionen modernen und engmaschigen Verkehrsinfrastruktur. Diese war freilich besonders an die jeweiligen Bedürfnisse – Abtransport des Salzes und An- bzw. Abreise der Touristen – angepasst.

Salz und Wasser

Jahrhunderte lang prägte das Salzwesen die Wirtschaft und damit auch den Verkehr im Salzkammergut. Das in den Salinen von Hallstatt, später auch von Ischl und Ebensee gewonnene Salz wurde hauptsächlich über die Traun abtransportiert. Der Landweg war demgegenüber in der Regel zu umständlich, teuer, unbequem und unsicher. Zwischen Gosaumühle und Hallstatt gab es lange gar keinen Fahrweg und zwischen Traunkirchen und Ebensee nicht einmal einen Fußpfad. Es standen also kaum Alternativen zum Wasserweg zur Verfügung.

Der Schifffahrt stellten sich allerdings zahlreiche Schwierigkeiten entgegen. Nicht nur die steten Strömungswechsel und Veränderungen der Fahrrinne, auch die Wehranlagen der Mühlen und die von den Fischern angelegten Fächer, Flechtwerke und Reusen, mit deren Hilfe ruhige Stellen für Laichplätze geschaffen werden sollten, behinderten die Schifffahrt. Wenn selten, aber doch nach einem zerstörerischen Hochwasser die Schifffahrt unterbrochen werden musste, wie etwa in den Jahren 1572, 1598, 1661 und 1736, so konnte dies gefährliche Auswirkungen haben, denn die Lebensmittelversorgung des Inneren Salzkammergutes hing von den Getreidelieferungen ab, die als Gegenfracht zum Salz nach Gmunden kamen.

Um die beträchtlichen Mengen an Salz – in der zweiten Hälfte des 16. Jahrhunderts durchschnittlich 16.400 Tonnen pro Jahr – reibungslos auf dem Wasserweg abtransportieren zu können, bedurfte es von Anfang an künstlicher Wasserbauten. So hatte die 1511 erbaute Seeklause in Steeg am Ausgang des Hallstätter Sees die Aufgabe, das Wasser im See zu speichern, um dann durch zeitgerechtes Öffnen der Schleusen ausreichend Fahrwasser für die Salzschiffe bereitstellen zu können. Die Schiffe konnten so, von einem Wasserschwall getragen, über ansonsten zu seichte oder unbefahrbare Stellen hinweggleiten. Auch in Gmunden bestand von 1630 bis 1969 eine solche Seeklause.

Die weitaus gefährlichsten Hindernisse stellten jedoch der sogenannte „Wilde Lauffen" bei Lauffen und der Traunfall bei Roitham dar. In Lauffen wurde unter Maximilian I. eine gezimmerte Fahrrinne, ein schiffbarer Kanal, gebaut. Dennoch blieb dieser Abschnitt einer der gefährlichsten und konnte im Gegenzug nur mit Hilfe eines Windenwerkes überwunden werden. Drei Jahrhunderte später, als Ischl bereits zum Zentrum der Sommerfrische geworden war, zählte eine Fahrt über die Traunwehren von Steeg nach Ischl zu den beliebtesten Sommerausflügen mit einem gewissen Nervenkitzel – nur ein Beispiel für die touristische Vereinnahmung ehemals nicht ungefährlicher Alltagstätigkeiten. Eine ähnliche, aber weitaus aufwändigere Lösung fand man für den Traunfall: 1552 wurde nach Plänen von Thomas Seeauer ein innen mit Holz ausgekleidetes Gerinne von knapp 400 Metern Länge (!) gegraben bzw. aus dem Felsen herausgesprengt, um den Fall zu umgehen. Dieser sogenannte „fahrbare Fall" galt als ein technisches Wunderwerk.

Der Fluss wurde zur Hauptverkehrsader des Salzkammergutes, an ihm und auf ihm pulsierte das Wirtschaftsleben. Im Winter ruhte die Traunschifffahrt. Zu Beginn des 16. Jahrhunderts begann man, die Zillen am Endpunkt ihrer Fahrt nicht mehr wie bisher üblich zu zerlegen, sondern wieder flussaufwärts zu ziehen, um sie nochmals zu verwenden – eine Maßnahme, die den durch den Salinenbetrieb ohnehin gigantisch hohen Holzverbrauch eindämmen und gleichzeitig die Nahrungsmittelversorgung sicherstellen sollte. Für den Gegentrieb wurden eigene Treidelwege längs der Traunufer angelegt. Die Zillen wurden nun meist mit Lebensmitteln oder Holz beladen wieder flussaufwärts getreidelt, also gezogen.

Der Transport des Salzes von Hallstatt bis zur Donau teilte sich in mehrere Etappen: Zunächst wurde es über den See nach Steeg gebracht, dort umgeladen und mit eigenen Zillen auf der Traun nach Ebensee transportiert. Da die Schiffe schneller waren als der vom Öffnen der Seeklause ausgelöste Wasserschwall, musste die Seeklause bereits einige Zeit vor der Abfahrt der Schiffe von Hallstatt geöffnet werden. Über den Traunsee wurde dann teilweise gerudert, teilweise getreidelt. In Gmunden, dem Hauptort des Salzhandels, angelangt, wurden die Zillen entladen und wieder zurück nach Hallstatt gezogen. Von Gmunden ging es, am berüchtigten Traunfall vorbei, weiter bis Stadel bei Lambach (Stadl-Paura), einem wichtigen Stapel- und

Umladeplatz. Hier musste abermals umgeladen werden, denn das seichtere und unbeständige Fahrwasser der „äußeren" Traun erlaubte keinen so großen Tiefgang mehr und die Schiffe mussten daher entlastet werden. Wieder wurden die leeren Schiffe nach Gmunden zurückgetreidelt. Ein letztes Umladen erfolgte schließlich in Zizlau oder Enns, entweder auf größere Schiffe, die das Salz dann auf der Donau weiter transportierten, oder auf Pferdekarren für den Landtransport nach Böhmen.

Das oftmalige Umladen, der Gegentrieb und die Erhaltung des Schifffahrtsweges machten den Salztransport extrem teuer, sodass das Salzoberamt bzw. die Hofkammer immer wieder nach Alternativen und Möglichkeiten eines rascheren und günstigeren Transportes Ausschau hielten, wobei vor allem an den Bau eines Schifffahrtskanales gedacht war. War die Traunfahrt unterbrochen, musste man ohnehin auf den teureren Landweg von Gmunden nach Linz ausweichen. 1815 wies ein Beamter des Salzoberamtes erstmals auf die Kosteneinsparungen hin, die durch den Bau einer Pferdeeisenbahn nach englischem Vorbild erzielbar seien, vorerst freilich ohne Erfolg.[1]

Der Personenverkehr auf der Traun war vermutlich gering. Wer aus dem Salzkammergut etwa nach Wien reisen musste, tat dies auf dem Wasserweg und fuhr auf einer der zahlreichen Zillen mit. Aber auch dies war nur von April bis Oktober möglich. Nicht immer dürfte eine solche Schifffahrt ein Vergnügen gewesen sein: „So sanft und angenehm die Fahrt auf dem Hallstätter See war, so übel bekam mir die auf der Traun. [...] Da nun der Fluss sehr reißend ist, so wird oft das Schiff mit aller Gewalt an die Wehren angeworfen, daß es kracht, als ob es bersten wollte, und so geht es nun hinab über die Abschüsse in die Tiefe, und die Wellen schlagen in das Schiff", schreibt Franz Sartori noch 1811.[2] Vier Tage musste man um 1800 für die Fahrt von Gmunden bis Wien rechnen, zurück deutlich mehr. Allerdings war Frauen das Betreten der Salzschiffe verboten, damit sich die „Schiffer nicht verplauderten".[3] Umgekehrt gab es wohl außer für die Beamten der Hofkammer und kirchliche Visitatoren kaum Veranlassung, ins Salzkammergut zu reisen, zumal der „Salzwirtschaftsstaat", obschon ohnehin verkehrsmäßig isoliert, von der Behörde richtiggehend abgeschottet wurde. Immerhin aber waren die Schiffleute bereits im 15. Jahrhundert berechtigt, eigene Schiffe für den Personenverkehr, besonders für Wallfahrer, bereit zu halten.[4] Für die Mitglieder des Kaiserhauses war beim Salzoberamt in Gmunden seit 1814 ein eigenes Schiff stationiert.

An den Seen hingegen kam der Überfuhr eine große Bedeutung zu. Sie war an die „Urfahrsgerechtigkeit", also das Recht zur Beförderung von Tieren, Menschen und Gütern, gebunden und erfolgte mit den sogenannten Fischer- oder Waidzillen und mit den berühmten Einbäumen, diese vor allem am Mondsee, aber auch am Traunsee. Fast jedes Haus am Ufer besaß für den Privatgebrauch eine eigene Zille. Sie war das wichtigste Verkehrsmittel an den Seen, nicht nur im fast wegelosen Hallstatt, sondern zum Beispiel auch zwischen Traunkirchen und Ebensee.

An Sonntagen fuhren die Gläubigen aus Ebensee mit dem Schiff zur Messe nach Traunkirchen. Noch zu Beginn des 20. Jahrhunderts kamen die Weyregger mit dem Ruderboot über den See nach Attersee, um im Frühling frische Salatpflanzen aus der Gärtnerei zu holen. Das ganze Innere Salzkammergut war bis 1859 von Norden her nur auf dem Wasserweg erreichbar. Diese besondere Beziehung zum Wasser drückt sich bis heute im Brauchtum der Seeprozessionen aus.

Außerhalb des historischen Salz-Kammergutes kam St. Wolfgang lange insofern die Funktion eines „Verkehrszentrums" zu, als sich der Ort etwa ab der zweiten Hälfte des 12. Jahrhunderts zum bedeutendsten Wallfahrtsort des heutigen Oberösterreich entwickelte und der Zustrom der Pilger gewaltig war. Diese kamen auf traditionellen Pilgerwegen, zum Beispiel über Mondsee, nach St. Wolfgang oder wurden mit Schiffen über die Seen befördert. Um 1500 hatte die Zahl der Wallfahrten und der Strom der Pilger einen ersten Höhepunkt erreicht. Die Reformation brachte einen Einbruch. Das 18. Jahrhundert war die zweite Blütezeit der Wallfahrt nach St. Wolfgang, auch wenn der Ort seine Spitzenstellung mittlerweile an Adlwang verloren hatte. Aufklärung und Josephinismus brachten drastische obrigkeitliche Einschränkungen der Wallfahrt.

Das Salzkammergut entdecken: Zu Fuß und mit der Post

Die Pilgerreise zu Fuß wurde gegen Ende des 18. Jahrhunderts zunehmend vom Wandern und Spazierengehen abgelöst. Diese neue bürgerliche Gehkultur wurzelte in den Ideen der Aufklärung, dem Wunsch nach Bewegungsfreiheit und der ästhetischen Entdeckung der Natur („zurück zur Natur") und ihrer Schönheiten, vor allem der Alpen. Es war dies eine bewusste Gegenbewegung zur adeligen Vergnügungsreise zu Pferd oder mit der Kutsche, denn, so meinte man, nur zu Fuß könne man Land und Leute richtig kennen lernen. Damit begann auch die touristische Entdeckung des Salzkammerguts.

Obwohl es noch immer einer besonderen Anmeldung beim Salzoberamt bedurfte und jeder Besucher streng auf seinen Pass kontrolliert wurde, kamen im ausgehenden 18. Jahrhundert die ersten Touristen: 1792 die Wiener Salondame Caroline Pichler mit ihrer Familie, 1797 Alexander von Humboldt, auch die ersten Engländer. Josef August Schultes besuchte das Salzkammergut zwischen 1794 und 1808 nicht weniger als sechs Mal und hielt seine Eindrücke in seinen „Reisen durch Oberösterreich" fest. Sie machten die bislang unbekannte Gegend in Wien und anderswo bekannt. Die Zahl der Reiseführer und -beschreibungen nahm rasch zu.

Den aufgeklärten Bildungsreisenden folgten die Romantiker, die die Landschaft nicht nur erforschen, sondern erleben, erwandern wollten, die Literaten, die Maler: Franz Sartori, Johann Steiner, Nikolaus Lenau, Jakob Gauermann, Thomas Ender, Ferdinand Georg Waldmüller, Jakob und Rudolf Alt. Und viele, wenn schon nicht alle kamen zu Fuß und trugen durch ihre Werke dazu bei, das Interesse am Salzkammergut zu wecken oder noch weiter zu steigern.

Diese „Entdeckungsreisen" auf Schusters Rappen hatten eine Neubewertung des Weges zur Folge: Seine Bedeutung nahm zu, auch wenn für den einzelnen Reisenden die schlechten Wege kein Hindernis darstellten, sondern im Gegenteil zum ursprünglichen Charakter der Landschaft, derentwillen man ja hierher kam, quasi dazu gehörten. Als jedoch immer breitere Kreise die Salzkammergutlandschaft zu „erfahren", besser gesagt, zu „begehen" suchten, begann die bewusste Anlage und Ausgestaltung von Wegen im Hinblick auf diesen ersten Tourismus, zu dessen Zentrum sich Ischl entwickelte. Ehemals reine Wirtschaftsstraßen wie der Ischler Traunkai wurden zu Promenaden. Zu den neu angelegten Aussichts- und Ruheplätzen führten Spazierwege. Als kürzeste Verbindung der Grazer und Salzburger Straße in Ischl wurde die Wirerstraße angelegt, benannt nach dem nachhaltigen Förderer des Ischler Tourismus. Einen nennenswerten Personenverkehr gab es aber noch kaum. Zwar reisten vor allem die Maler auch von Salzburg her, doch kam Gmunden zweifellos die Rolle eines Einfallstores in das Salzkammergut zu: Jeden Mittwoch ging der Postwagen von Gmunden nach Linz ab und kehrte Donnerstag morgens wieder zurück. In Ischl wurde erst 1807 die erste Poststation errichtet, ab 1827 verkehrte zweimal in der Woche ein Eilwagen von Wien über Gmunden nach Ischl. Dieser musste allerdings zwischen Traunkirchen und Ebensee mit dem Schiff übersetzt werden.

Von Wien nach Ischl war es ein weiter Weg: „Man suchte im Mittelpunkt bis Linz irgend einen Ort, wo gutes Nachtquartier zu haben war; die zweite Nacht brachte man in Linz, die dritte in Gmunden zu. Von dort fuhr man in einer großen Plätte über den Traunsee und von Ebensee mit Extrapost, nach viertägiger Reise, nach Ischl. Minder Bemittelte machten diese letzte Strecke im sehr unbequemen Stellwagen, dessen Dreigespann sie genügend gerüttelt und geschüttelt, wenn's gut ging, in zwei Stunden im Posthof zu Ischl ablud."[5]

In die Sommerfrische: Mit Pferd und Dampf

1822 begann der Aufstieg Ischls als Kurort. 1823 kamen die ersten 40 Badegäste. Wenige Jahre später avancierte der ehemalige Salzort durch die Anwesenheit der Kaiserfamilie zum Modebad. In der Sommerfrische traf sich alles, was Rang und Namen hatte. Und dies, obwohl die Anreise weiterhin mehr als mühsam blieb. Eine spürbare Verbesserung und Beschleunigung brachte erst die Pferdeeisenbahn im Verein mit dem Dampfschiff.

1836 war die Fortsetzung der Budweis-Linzer Pferdeeisenbahn bis nach Gmunden eröffnet worden, nachdem erste Anläufe dazu in den 1820er-Jahren gescheitert waren. Dieser Südflügel war ursprünglich ausschließlich für den billigeren und schnelleren Transport des Salzes Richtung Böhmen konzipiert, eine reine Güterbahn als Ergänzung und Ersatz für die Traunschifffahrt. Die Konzession von 1832 enthielt keinerlei Bestimmungen über den Personenverkehr, auch wenn Franz Anton von Gerstner schon 1827 daran gedacht hatte. Der Betrieb wurde daher ohne besondere Genehmigung aufgenommen. Die Anfänge des Personenverkehrs auf der Pferdeeisenbahn liegen in den ab 1832 zwischen Linz und St. Magdalena veranstalteten Ausflugsfahrten, meist auf Bestellung. Ab 1834 gab es einen

Personenwagen der Pferdeeisenbahn auf der Strecke Linz–Gmunden. Lithographie um 1842

Foto: E. Grilnberger, OÖ. Landesmuseen

fahrplanmäßigen Ausflugsverkehr, der aber mit der schwindenden Beliebtheit der stadtnahen Ausflugsziele in den 1850er-Jahren stark zurückging. Der auf der Gesamtstrecke Budweis–Linz ab 1834 eingerichtete Personenverkehr erlangte nie größere Bedeutung, er trug nur zu 4–6 % zu den Gesamteinnahmen bei. Ganz anders auf dem Südflügel zwischen Linz und Gmunden: Hier übertraf der Personenverkehr alle Erwartungen. Bereits im ersten Betriebsjahr (1836) wurden fast 75.000 Personen transportiert, 1845 bereits 145.000. Diese günstige Entwicklung wird, abgesehen von den niedrigen Tarifen, meist auf den gleichzeitig erfolgenden Aufschwung des Fremdenverkehrs im Salzkammergut zurückgeführt, doch spricht einiges gegen eine solche monokausale Erklärung: Die meisten Fahrgäste frequentierten die Strecke Linz–Lambach, erst ab 1840 wurde eine durchgehende Verbindung Linz–Gmunden angeboten, und das lediglich zwei Mal täglich in jede Richtung. Gmunden war zwar nun von Linz aus in sechseinhalb, später fünfeinhalb Stunden erreichbar, immerhin um drei Stunden schneller als mit dem Eilwagen der Post. Mit der Landkutsche brauchte man noch einen ganzen Tag. Wenn man also den um 6.00 Uhr von Linz abgehenden Zug nahm, erreichte man Gmunden um 12.30 Uhr und hatte dann zwei Stunden Zeit, bis um 14.45 Uhr der letzte Zug zurück nach Linz abfuhr – insgesamt ausreichend für einen Tagesausflug, um das neue Reisen auszuprobieren und einen kurzen Eindruck von Gmunden und dem Traunsee zu erhalten.

Dennoch: Bei einer Gesamtreisezeit von drei Tagen von Wien nach Gmunden fiel dieser an sich deutliche Zeitgewinn nicht mehr allzu sehr ins Gewicht. Auch in der Zahl der Ischler Kurgäste ist zwar zwischen 1827 und 1839 eine merkliche Zunahme zu verzeichnen, aber auf so geringem Niveau (1827: 361, 1839: 1.320 Kurgäste), dass ein ursächlicher Zusammenhang kaum erkennbar ist. Das verbesserte Angebot hat zwar sehr wohl zu einer rascheren Anreise in die Sommerfrische und vermutlich zu einem Anstieg der Tagesausflüge beigetragen, übermäßig große Anreize zu einer Nachfragesteigerung im Fremdenverkehr dürften im Salzkammergut hingegen nicht von der Pferdeeisenbahn ausgegangen sein.

Im Güterverkehr vollzog sich der Umstieg von der Traunschifffahrt auf die Bahn relativ rasch, auch wenn etwa die solcherart allmählich arbeitslos gewordenen Schiffleute aus Stadel 1848 in ihrer Verzweiflung und Not die Schienen der Eisenbahn herausrissen. Widerstand gegen die doch beträchtlichen Eingriffe in das Landschaftsbild sind hingegen kaum bekannt.

Erst die Möglichkeit einer kombinierten Anreise mit Pferdeeisenbahn und Dampfschiff ab 1837 bzw. 1839, dann die Umstellung der Pferdeeisenbahn auf Dampfbetrieb 1855/56 und eine damit einhergehende weitere Beschleunigung brachten einen spürbaren Gewinn an Reisezeit und Bequemlichkeit und damit eine Förderung des Tourismus. Hallstatt und der Dachstein waren nun in knapp zehn Stunden von Linz aus erreichbar. Aber auch mit dieser geänderten Situation stellt sich zumindest

für Ischl die Frage, ob von der wesentlich erleichterten Anreise derart starke Impulse für den Fremdenverkehr ausgingen oder ob nicht die Anwesenheit der kaiserlichen Familie allein genug Anziehungskraft gehabt hätte.

An ein spontanes Reisen war jedoch anfangs nicht zu denken. Wie bei den Postwagenfahrten üblich, musste man sich auch bei der Pferdeeisenbahn vor Reiseantritt in ein Buch einschreiben, den Passierschein mitbringen und seinen Reisepass abgeben. Der Passzwang innerhalb der Monarchie fiel erst 1857.

Für die Anreise aus Wien kristallisierte sich in den 1840er-Jahren eine beliebteste, weil bequemste Variante heraus, eine intermodale Wegekette aus Schiff, Bahn und Pferdewagen, die bis zur Eröffnung der Salzkammergutbahn im Jahre 1877 Bestand hatte und für die man ungefähr 40 Stunden benötigte. „(Donnerstag, 28. August) In der Früh reisten wir mit dem Dampfschiff nach Linz. Wir brachten auf dem Dampfschiff auch die Nacht zu. (Freitag, 29. August) Um 10 Uhr in der Früh kamen wir in Linz an, fuhren von dort mit der Pferdeeisenbahn nach Gmunden, wo wir um 3 Uhr Nachmittag ankamen. Wir speisten dort, fuhren auf dem See nach Ebensee und dann nach Ischl zur guten Mama ...", notierte der damals zwölfjährige Erzherzog Carl Ludwig 1845 in sein Tagebuch.[6] Erstaunlich ist das offensichtlich gute und noch heute oft kaum erreichte Zusammenspiel der verschiedenen Verkehrsträger, das den Reisenden lange Wartezeiten beim Umsteigen ersparte. „Wie wir [in Ebensee] ankummen seyn, war's Dampfschiff von Gmunden a schon da, und i hab nit so viel Zeit g'habt, daß i das herrliche Sudhaus ang'schaut hätt. In zehn Minuten seyn wir abg'fahrn ...", schrieb Hans-Jörgel 1841 an seinen Schwager.[7]

Traditionelle und modernste Verkehrsmittel spielten hier ineinander: Seit 1837 wurde die Donau zwischen Wien und Linz fahrplanmäßig mit dem Dampfschiff befahren, seit 1839 auch der Traunsee zwischen Gmunden und Ebensee, während von Ebensee bis Ischl immer noch der Pferdewagen herhalten musste.

Die Dampfschifffahrt auf dem Traunsee war ganz eindeutig eine Folge der Pferdeeisenbahn, denn die beiden Engländer John Andrews und Joseph Prichard, auf deren Initiative auch die Gründung der Ersten Donau-Dampfschifffahrts-Gesellschaft zurückging, erkannten das Fahrgastpotenzial und erwarben ein Privileg für die Dampfschifffahrt auf den oberösterreichischen Seen.[8] Die in Ebensee zusammengebaute „Sophie" bediente ab 1839 von März bis Oktober ein bis vier Mal am Tag die Strecke Gmunden–Ebensee. In den Wintermonaten blieb das Innere Salzkammergut aber weiterhin nur mühsam erreichbar.

Zwar richtete sich die neue Verbindung primär an die steigende Zahl der Touristen, doch die Tatsache, dass Einheimische nur den halben Fahrpreis bezahlten und man sich auch um die Übernahme des Salztransportes bemühte, belegt, dass der Tourismus allein offensichtlich (noch) keine ausreichende Auslastung bot. Doch der Zwang zum Vorhalten teurer Transportkapazitäten für die Spitzenzeiten des Sommertourismus traf die Bahn gleichermaßen und gilt bis heute. Als die Pferdeeisenbahn

Dampfboot auf dem Traunsee. Kolorierter Stich von Alois Greil. 1878   *Foto: Kammerhofmuseum Gmunden*

auf Dampfbetrieb umstellte und ein noch höheres Fahrgastaufkommen zu erwarten war, wurde ein zweiter Dampfer, die „Elisabeth", in Auftrag gegeben.

Auf den übrigen Salzkammergutseen begann die Ära der Dampfschiffe erst mit einiger Verspätung: auf dem Hallstätter See 1862, auf dem Attersee 1869, auf dem Mondsee 1872 und auf dem Wolfgangsee 1873. Bereits im ersten Betriebsjahr wurden auf dem Attersee 12.500 Passagiere und 580 Tonnen Waren transportiert, 1871 bereits 38.000 Passagiere, obwohl der Fremdenverkehr damals noch eher unbedeutend war und sich auf Unterach konzentrierte. Nicht nur die Post, sondern viele Güter wie Kohle, Mehl und Bier, ja sogar lebendes Vieh wurden mit dem Dampfer befördert, und dies ganzjährig. Im Gegensatz dazu orientierte sich die Dampfschifffahrt auf dem Mondsee und Wolfgangsee überwiegend an den Bedürfnissen der Touristen.

Die Eröffnung der Kaiserin Elisabeth-Westbahn 1858/60 brachte als großen Vorteil neben einer weiteren ungeheuren Zeitersparnis auch die Möglichkeit eines durchgehenden Verkehrs von Wien bis Attnang-Puchheim, das sich als neuer Verkehrsknoten etablierte. Die 1877 fertig gestellte Kronprinz Rudolf-Bahn (Salzkammergutbahn) von Attnang-Puchheim über Gmunden, Ischl und Aussee nach Stainach-Irdning machte die bequeme Anreise per Bahn perfekt. Die bis heute bestehende Institution der direkten Kurswagen von Wien ins Salzkammergut steht symbolhaft dafür. Auch beim Bau dieser Bahn war neben dem Fremdenverkehr vor allem an den Güterverkehr gedacht worden (Kohle aus dem Hausruck, Salz).

Nun war die Region endlich adäquat in das europäische Verkehrsnetz eingebunden – spät, in Anbetracht der touristischen Bedeutung Ischls und des Salzkammerguts, andererseits durchaus zeitgleich mit vergleichbaren Schweizer Tourismusorten und -regionen wie Interlaken im Berner Oberland. Immerhin wurde das Salzkammergut seit Alexander von Humboldt ja immer wieder als „österreichische Schweiz" tituliert.

Die Initiativen der 1880er-Jahre zum Bau von Lokalbahnen bewirkten, dass auch die Gebiete abseits dieser Hauptachse – vor allem das westliche Seengebiet – an das Verkehrsnetz angeschlossen werden konnten. Das Salzkammergut war nun praktisch flächenhaft mit der Bahn, ergänzt durch das Schiff, erschlossen: 1882 Vöcklabruck–Kammer, 1893 Salzburg–Ischl mit Abzweigungen nach Mondsee und Richtung St. Wolfgang (Salzkammergut-Lokalbahn), 1894 Straßenbahn Gmunden, 1907 Unterach–See als Verbindung zwischen Mondsee und Attersee, 1913 Vöcklamarkt–Attersee. Ein überaus dichtes und modernes Verkehrsnetz war entstanden.

Eine bedeutende Rolle spielten dabei die Ingenieure Josef Stern und Franz Hafferl. Sie waren im Ausbau der Lokalbahnen und in der Schifffahrt mit Elektrobooten aktiv, gelten aber auch als die Pioniere der Elektrifizierung nicht nur des Salzkammerguts, sondern weit darüber hinaus. „Elektrisch reisen" bedeutete eine erhebliche Komfortsteigerung.

Eine Vielzahl weiterer Bahnlinien war geplant, gelangte aber vor allem wegen des Ersten Weltkrieges und seiner Auswirkungen nicht mehr zur Ausführung. Für Orte wie Goisern, Unterach oder St. Gilgen bedeutete der Anschluss an die Eisenbahn oder das Dampfschiff erst den Beginn des Fremdenverkehrs.[9]

Auch die Straßen erfuhren entscheidende Verbesserungen: 1833 wurde die Straße St. Gilgen–Scharfling gebaut und dadurch eine direkte Verbindung zwischen Wolfgangsee und Mondsee geschaffen. Im gleichen Jahrzehnt entstand eine Straße am Ostufer des Attersees und zwischen Gmunden und Traunkirchen. Ab 1859 stand dann endlich auch eine Fahrstraße zwischen Traunkirchen und Ebensee zur Verfügung, 1875 jene zwischen Gosaumühle und Hallstatt, als deren logische Folge wiederum 1890/91 die Seestraße durch den Ortskern von Hallstatt gebaut wurde. Dies kam einem Dammbruch gleich: Erstmals besaß Hallstatt eine Anbindung an die Straße. Knapp vor der Jahrhundertwende schließlich wurde die Kienbergwand am Südufer des Mondsees durchbrochen.

Im Tragsessel

In den Sommerfrischeorten hielt sich ein vormodernes Nahverkehrsmittel wesentlich länger als in den Großstädten: der Tragsessel. Während in Wien der Niedergang dieses seit 1677 nachweisbaren und vor allem bei den gehobeneren Schichten einst so beliebten Verkehrsmittels mit dem Ausbau der innerstädtischen Stellwagenlinien einherging, erlebte das Sesselträgergewerbe im Salzkammergut eine späte Blüte.

Ursprünglich dafür gedacht, auch den kranken Kurgästen die Möglichkeit zu eröffnen, zu den Kureinrichtungen zu gelangen, galt es insbesondere für Damen als unzumutbar, steilere oder anstrengendere Wegstücke zu Fuß zurückzulegen. Die größte Nachfrage nach Sesselträgern bestand natürlich in Ischl. Für viele Salzarbeiter, die ihre Arbeit mit dem Bedeutungsverlust der Salzwirtschaft verloren hatten, bot sich hier eine neue Einkommensquelle, auch wenn die Bezahlung schlecht war. Aber auch in Hallstatt standen zahlreiche Sesselträger etwa für die Besichtigung des Waldbachstrub bereit. Auch auf den Schafberg ließ man sich vor dem Bau der Bergbahn im Tragsessel hinauftragen.

Das Sesseltragen war nicht unumstritten. Die Kritik daran entzündete sich vor allem an der Tatsache, dass sich mit der Zeit nicht nur kranke, sondern auch völlig gesunde, junge Personen herumtragen ließen. „Was mich in Ischl ärgerte, das war, daß sich nicht nur schwache, kranke Frauen etwa in das Bad und aus demselben, sondern feste Frauen auf Spaziergängen, ja selbst auf der Esplanade von Sesselträgern tragen lassen und dabei mit Herren, welche neben ihnen gehen, kokettieren", monierte ein Kurgast.[10] Der Erste Weltkrieg bedeutete nicht nur das Ende der klassischen Sommerfrische, sondern auch das der Sesselträger.

Am Wochenende: Mit dem Fahrrad

Die Bedeutung des Fahrrades als billigstes Fortbewegungsmittel für die unteren sozialen Schichten, die dadurch ihre knapp bemessene Freizeit besser nutzen und der Stadt und der tristen Wohnsituation wenigstens am Wochenende leichter entfliehen konnten, kann gar nicht überschätzt werden. An warmen Sommerwochenenden verstopften Scharen von Radfahrern die Ausfallstraßen der Städte. Tagesleistungen von 100 Kilometern und mehr waren nicht außergewöhnlich, obwohl die Straßen oft in schlechtem Zustand waren. Die Radfahrer kamen jedoch nicht nur von außerhalb. So gründeten etwa auch in Hallstatt selbst Radfahrbegeisterte einen Radfahrer-Club.

Die zunehmende Zahl der sich auf der Straße drängelnden Radfahrer führte naturgemäß zu Problemen im Verkehrsablauf. Bereits um 1890 forderte man eigene Radwege für die Radfahrer. Den Anstoß gab aber hierzulande erst der überaus starke Radfahrverkehr, den man bei den Verkehrszählungen im Sommer 1936 feststellte. An einigen Zählstellen in den oberösterreichischen Fremdenverkehrsgebieten zählte man bis zu 2.000 Radfahrer innerhalb von 12 Stunden, wobei diese Zahlen in Gmunden und Bad Ischl sogar noch um das Doppelte übertroffen wurden.

Den Schwerpunkt der Bautätigkeit bildete das Salzkammergut. Die neu anzulegenden Radwege waren demnach weniger für die Benützung im Alltags- und Berufsverkehr als vielmehr für den Freizeitverkehr bestimmt. Als erster Radfahrweg wurde jener zwischen Bad Ischl und Lauffen im Zuge der Arbeitsbeschaffung erbaut. „Er dient einem regen Verkehrsbedürfnisse jener von Kur- und Sommergästen, Kraftfahrern und Radwanderern

TOURENREIFEN
SEMPERIT

Foto: Österreichische Nationalbibliothek.
Flugblätter-, Plakate- und Exlibris-Sammlung.
Um 1935

Erzherzogin Gisela mit ihrem Sohn Konrad beim
Radfahren in Bad Ischl,
Autotypie von Artur Lajos Halmi. Um 1890
Foto: Bildarchiv der Österreichischen
Nationalbibliothek

ganz besonders bevorzugten Gegend und bringt gleichzeitig eine Entlastung der Salzkammergut-Bundesstraße mit sich."[11] Der Radweg erfreute sich allgemeiner Beliebtheit. Zahlreiche weitere Radwege befanden sich vor dem Anschluss 1938 im Planungsstadium.

Ob eine durchgehende Radwegeverbindung von Linz über Wels und Lambach nach Gmunden, dem „Tor des Salzkammergutes", geplant war, lässt sich nicht definitiv feststellen, wäre aber naheliegend.

Auf die Berge

Die Erschließung der Bergwelt erfolgte Hand in Hand mit der Entwicklung des Tourismus. Der Touristenweg ergänzte die bestehenden Almwege und Jägersteige. Einer der ersten war der vom Touristenklub Gmunden 1878 errichtete Miesweg am Steilabfall des Traunsteins. Die Umstellung der Forstwirtschaft vom Triftbetrieb auf den Landtransport kam dieser Entwick-

lung entgegen. 1893 wurde nach dem Vorbild der schweizerischen Rigibahn die von Stern & Hafferl gebaute Zahnradbahn auf den Schafberg eröffnet und damit der „Rigi Österreichs" dem Tourismus erschlossen. Im gleichen Jahr erreichte die Salzkammergut-Lokalbahn St. Wolfgang. Um die Jahrhundertwende war der Bau von elektrischen Bergbahnen groß in Mode, die geplante Dachsteinbahn kam aber nicht zustande.

Erst in den guten Konjunkturjahren der späten 1920er-Jahre, als man nicht nur im Salzkammergut durch die Anlage von Berg- und Seilbahnen neue Tourismusattraktionen zu schaffen suchte, konnte 1927 die Seilbahn auf den Feuerkogel bei Ebensee als zweite Seilbahn Österreichs nach der Raxbahn eröffnet werden. Die meisten Bergbahnen (Dachstein, Grünberg, Kathrin, Gosaukamm, Kasberg) ebenso wie zahlreiche Sessel- und Schlepplifte entstanden jedoch erst nach 1950 im Zusammenhang mit dem Bemühen um den Aufbau einer zweiten Saison im Winter.

Organisiertes Reisen: Mit dem Autobus

Die erste dauerhaft betriebene Postautomobillinie Europas war 1905 in Bayern eingerichtet worden, die ersten österreichischen Linien verbanden Neumarkt mit Predazzo in Südtirol (1907) und Linz mit Eferding (1907). Bereits 1910 nahm eine private Linie zwischen Bad Ischl und Unterach mit täglich vier Fahrten den Betrieb auf und füllte damit eine Lücke im Verkehrsnetz. Ischl war nun besser in das an Atter- und Mondsee bestehende intermodale Verkehrsgeflecht aus Bahn und Schiff integriert. Der Bus benötigte für diese Strecke zwar eineinhalb Stunden, das war aber mit durchschnittlich knapp 20 km/h immer noch erheblich schneller als mit dem Pferdeomnibus. 1913 folgten die Linien Salzburg–Fuschl–St. Gilgen–Strobl (St. Wolfgang)–Ischl, Ischl–Langwies–Ebensee–Gmunden und Ischl–Lauffen–Goisern–Gosaumühle. Die Stellung Bad Ischls als Zentrum des Fremdenverkehrs im Salzkammergut kam dadurch gut zum Ausdruck, auch wenn diese Kurse – untypisch für diese frühe Phase – parallel zur Bahn verliefen und kaum neue Ziele erschlossen. Der weitere Ausbau des Automobilliniennetzes erfuhr jedoch durch den Ersten Weltkrieg ein jähe Unterbrechung. Die bestehenden Linien wurden eingestellt, die Fahrzeuge vom Militär beansprucht.

Die nach dem Krieg ab 1924 in ganz Oberösterreich voll einsetzende Erschließung durch Autobuslinien vollzog sich im bereits gut durch die Eisenbahn erschlossenen Salzkammergut eher schleppend. Die Post nahm den Kurs Bad Ischl–Unterach als Sommerlinie wieder auf und verlängerte ihn sogar bis Bad Aussee, neue Linien wurden aber fast ausschließlich als Sommerlinien geführt. Die landeseigene „Oberkraft", ansonsten führend in der Erschließung durch Autobuslinien, konzentrierte sich zunächst eher auf das Inn- und Mühlviertel. Als Antwort auf die zunehmende Konkurrenz gründeten die Bundesbahnen 1928 eine eigene Kraftwagenunternehmung und eröffneten in der Folge vor allem bahnparallele Linien, so auch im Salzkammergut. Die Ausrichtung auf den Tourismus ist deutlich: Ab 1928 wurde im Sommer eine Attersee-Rundfahrt angeboten, in Gmunden gab es sommers bei Schönwetter einen Pendelverkehr zwischen dem Bahnhof und dem neuen Strandbad und auch eine direkte Verbindung von Gmunden zur neuen Seilbahn auf den Feuerkogel.

Die Auswirkungen des neuen Verkehrsmittels dürften im Salzkammergut nicht so tiefgreifend gewesen sein wie anderswo, vor allem in bis dahin bahnfernen Gebieten. Zweifellos machte der Autobus auch hier das Reisen gegenüber dem Pferdewagen

Ausflugsbus der Gebrüder Reithmayr, Steyr. Am Traunsee. 1933
Foto: Stadtarchiv Steyr

Mit dem Postauto ins Salzkammergut. Plakatentwurf. 1951
Foto: Österreichische Nationalbibliothek.
Flugblätter-, Plakate- und Exlibris-Sammlung

schneller, bequemer und billiger, doch von einer „verspäteten Verkehrsrevolution" wie etwa im Innviertel, von einer erheblichen Erweiterung des Mobilitätsspielraumes der Einheimischen wie der anwesenden Touristen kann wohl weniger die Rede sein, da die Orte des Salzkammerguts verkehrstechnisch bereits gut vernetzt waren. Das Angebot wurde einfach größer. Genau deswegen aber bewirkte der Autobus eine weitere Förderung des Tourismus. Die zusätzlichen Möglichkeiten machten das Salzkammergut umso attraktiver. Besonders Bergstraßen übten einen großen Reiz auf den Reisenden aus, etwa die Linie zum Gosausee und weiter bis Abtenau. Gerade in den frühen 1920er-Jahren hatten Autobusfahrten wegen der anfangs hohen Fahrpreise durchwegs touristischen und gleichzeitig elitären Charakter. Nicht zuletzt erleichterte der Autobus ja auch die An- und Abreise der Gäste.

Unbestritten ist darüber hinaus, dass der Autobus wesentlich zur Popularisierung des Automobils beitrug, vor allem, wenn man bedenkt, dass die Landbevölkerung dem Automobil überwiegend ablehnend bis feindselig gegenüber stand, da sie nur Nachteile damit verband: Lärm, Staub, Gefährdungen und finanzielle Belastungen. Jeder, der einmal im Autobus gefahren war, fühlte sich als Teilnehmer am Kraftfahrzeugverkehr, hatte das Gefühl, modern zu sein. Die Werbung hatte keinen geringen Anteil an diesem allmählichen Umschwung: Die Postverwaltung ließ in den Zwanzigerjahren von Karl Köfinger sogar eigene Werbefilme produzieren, darunter zwei über das Salzkammergut.

Elitäres Reisen: Mit dem Flugzeug

Noch viel elitärer als selbst das Automobil, noch teurer, noch prestigeträchtiger, noch schneller, aber vielleicht nicht unbedingt bequemer war die Anreise mit dem Flugzeug. Sie blieb eine kurze Episode. Im Zuge der oberösterreichischen Bemühungen um eine Einbindung in das seit den frühen 1920er-Jahren entstehende Luftverkehrsnetz der Österreichischen Luftverkehrs-AG (OeLAG) hatte sich ein „Komitee zur Schaffung eines Saisonflugverkehrs Wien–Linz–Salzkammergut" gebildet. Ihm gehörten der Oö. Verein für Luftschiffahrt, die Oö. Industriellenvereinigung, die Oö. Kraftwagenverkehrs AG („Oberkraft") sowie die Gemeinden Linz, Attersee, Bad Ischl, Gmunden, Schörfling, St. Wolfgang und Unterach an. Der Flug von Wien ins Salzkammergut sollte eine Stunde und zehn Minuten dauern.[12] Offenbar sah man nur in der Einbeziehung der Fremdenverkehrsregion eine Chance auf Realisierung dieses Wunsches, da man auf zahlungskräftiges Publikum hoffte. Die seit 1921 am Wörther See angebotenen Rundflüge dürften hier Vorbildwirkung gehabt haben.

Anfang August 1925 wurde der regelmäßige Verkehr aufgenommen. Neben Verbindungsflügen von und nach Linz gab es Rundflüge über dem Traunsee, Attersee und Wolfgangsee, bald auch Flüge von Unterach nach Wien. „Am 1. Aug. 1925 landete ‚Junkers Wasserflugzeug D 206' ganz unerwartet zum ersten Mal in Attersee. Nach wenigen Minuten waren Hunderte von Menschen bei der Landungsstelle und das Ausfragen der Piloten durch Neugierige nahm kein Ende. [...] Am Donnerstag den 6. Aug. hatte der Hydroplan [...] einen 15 Minutenflug gemacht. Der Fahrpreis betrug pro Person 25 Schilling."[13] Das entsprach dem halben Wochenlohn eines Arbeiters.

Wegen der schlechten wirtschaftlichen Lage fanden erst 1931 wieder von Gmunden ausgehend Rundflüge über dem Salzkammergut statt. Eine Anbindung an das nationale oder internationale Flugnetz kam jedoch nicht mehr zustande. Diese übernahm nach dem Zweiten Weltkrieg der Flughafen Salzburg.

Massenhaft individuell motorisiert: Mit dem Automobil

Die ersten Autos kamen bald ins Salzkammergut. In Ischl war Alexander Girardi einer der ersten, der mit seinem Automobil die Straßen mit Lärm erfüllte. Im September 1900 sah sich die Bezirkshauptmannschaft Gmunden veranlasst, bis zu einer gesetzlichen Regelung eigene Sicherheitsvorschriften zu erlassen, nämlich eine Höchstgeschwindigkeit auf Reichsstraßen von 20 km/h und in Ortschaften Schrittgeschwindigkeit. Auch in Traunkirchen galt ab 1913 an zwei Engstellen Schrittgeschwindigkeit.

Nach dem Krieg kamen immer mehr Gäste mit dem eigenen Automobil angereist, nicht mehr ausschließlich für einen längeren Aufenthalt. Das neue Verkehrsmittel, das ein individuelles Reisen unabhängig von Fahrplänen ermöglichte, passte gut zu einem geänderten Urlaubs- und Freizeitverhalten. Tagesausflüge mit dem Automobil, Spritztouren in die Landschaft standen nun auf dem Programm.

„Der Kraftwagenverkehr in das Salzkammergut, der sonst mindestens schon Samstag einzusetzen pflegt, begann Sonntag mit einer Stärke, wie sie auch in verkehrsgewohnten Gegenden noch nicht da war. Die Zahl der durch Gmunden laufenden Autos wurde von Verkehrsfachmännern auf tausend geschätzt, von denen mindestens etwa 300 in Gmunden kurzen Aufenthalt nahmen", meldete das „Linzer Volksblatt" 1929 über den Pfingstreiseverkehr.[14]

Der Ausflugsverkehr hatte also bereits damals, zu einer Zeit als man kaum von einer nennenswerten Motorisierung sprechen konnte, für die einheimische Bevölkerung besorgniserregende Ausmaße angenommen. Offensichtlich war man es in Gmunden aber auch gewohnt, an den Wochenenden von einer Blechlawine gleichsam überschwemmt zu werden. Dabei gab es in der Stadt gerade 39 stolze Besitzer von privaten Personenkraftwagen, darunter den Herzog von Cumberland.[15]

Rasch erkannte man den Autotourismus als Zukunftsmarkt – in doppeltem Sinne: In Attersee beschloss der Gemeinderat 1923 eine Straßenverkehrsabgabe für Luxusautomobile. Auf der anderen Seite standen die Bemühungen Hallstatts um eine Anbindung an den Automobilverkehr, die schließlich 1933 mit

Attila Hörbiger und Paula Wessely mit Familie im offenen Auto am Grundlsee. Ende der 1930er-Jahre   Foto: Albert Rastl

der Errichtung eines Autoparkplatzes am Nordende des Marktes von Erfolg gekrönt waren.

Gute Straßen erwiesen sich als unabdingbar für den Autowanderer: Gerade die vermögenden, automobilbesitzenden In- und Ausländer trachtete man als Gäste zu gewinnen. Der Direktor des Österreichischen Verkehrsbüros brachte dies 1925 auf den Punkt, als er feststellte, „daß in erster Linie der vermögende Ausländer das uns besonders erwünschte Publikum darstellt. Dieser zahlungskräftige Ausländer aber macht seine Reisen vielfach nur mit dem Auto." [16] Als Antwort auf die Großglockner-Hochalpenstraße plante man eine Autostraße zu den Dachsteinhöhlen. Die Großalmstraße wurde ausgebaut und die bisher gesperrte Straße zu den Gosauseen für den Kraftfahrzeugverkehr geöffnet, wenn auch als Mautstraße. Dem Ausbau der Seeuferstraßen wurde große Aufmerksamkeit geschenkt, Engstellen beseitigt, Straßen begradigt. Die Eisenbahn geriet demgegenüber unter Druck, auch wenn die Salzkammergutbahn durch die sehr frühe Elektrifizierung (1922–1924) einen Modernisierungsschub erfuhr.

Die 1938 in Angriff genommene Reichsautobahn Salzburg–Wien war in ihrer Linienführung typisch für das Konzept des „Erfahrens der Landschaft". Der Umweg über Mondsee, Attersee und am Nordrand des Seengebietes entlang statt über Straßwalchen und Vöcklabruck bedurfte keiner Diskussion. Die Förderung des Fremdenverkehrs durch eine hochrangige Verkehrsanbindung des Salzkammergutes und der Blick in das Gebirge und auf die Seenlandschaft hatten Vorrang. Nachteile für den Schwerverkehr wurden bewusst in Kauf genommen. Überlegungen, das Salzkammergut als „Erholungsraum für den Gau Oberdonau", als Zentrum des Kraft-durch-Freude-Tourismus zu positionieren, fügen sich nahtlos in dieses Bild ein. Die organisierte Gruppenreise mit Bahn und Bus dominierte gegenüber dem Einzelreisenden.

Erst 1968 sollte die nunmehrige Westautobahn durchgehend von Wien bis ins Salzkammergut befahrbar sein, von Linz aus konnte man schon 1961 auf der Autobahn zumindest bis Regau fahren, von Salzburg aus bereits 1958 bis Mondsee. Damit war zumindest der Traunsee auf eine knappe Stunde an Linz herangerückt. Der Tagestourismus erfuhr dadurch zweifellos einen Aufschwung, andererseits lagen nun auch entferntere Ziele entsprechend näher. Die Salzkammergut-Lokalbahn (Ischlerbahn) wurde in der allgemeinen Motorisierungseuphorie 1957 eingestellt. Heute trauert man um sie, besonders an Regentagen, wenn die Sommergäste in ihren Autos nach Salzburg strömen und im Stau stehen.

Der wirtschaftliche und gesellschaftliche Wandel spiegelt sich im Verkehr wider: An die Stelle der mehrwöchigen oder gar monatelangen Sommerfrische der High Society und des Großbürgertums trat der Tages- oder Wochenendausflug und Kurzurlaub breiter Gesellschaftsschichten. Dies bedingt naturgemäß ein erhöhtes Verkehrsaufkommen, vor allem an den Wochenenden. Es ist schick geworden, von Linz aus für einen Nachmittag ins Salzkammergut zu fahren oder von Wien aus für das Wochenende zum Zweitwohnsitz mit Seeblick. Das attraktive kombinierte Angebot von Hochkultur und Naturerlebnis im Nahbereich der Stadt Salzburg sorgt darüber hinaus für regen Verkehr. Ebenso ruft die in hohem Maße arbeitsteilige Wirtschaft starke Pendlerströme hervor. Zahlreiche Salzkammergutgemeinden erhielten in den letzten Jahrzehnten eine Ortsumfahrung.

Aus der intermodalen Anreise mit verschiedenen, großteils aufeinander abgestimmten Verkehrsmitteln in der Mitte des 19. Jahrhunderts ist hundert Jahre später eine beinahe monomodale, nur mit dem privaten Auto erfolgende Anreise geworden. Das Auto löste in dieser Hinsicht die Eisenbahn ab. Die Massenmotorisierung der 1950er- und 1960er-Jahre brachte nicht nur eine Beschleunigung, Individualisierung und Flexibilisierung der Mobilität, sondern auch die leichtere Erreichbarkeit anderer Reiseziele auf Kosten des Salzkammerguts. Mit der Dominanz des Autos ging allerdings die Qualität und Dichte des öffentlichen Verkehrs erheblich zurück. Bus und Bahn spielen nur noch eine untergeordnete Rolle. Auch das Fahrrad fällt höchstens an autofreien Tagen rund um den Attersee zahlenmäßig ins Gewicht. Der dem frühen Aufschwung des Tourismus zu verdankende Vorsprung im Verkehrsangebot ist jedenfalls stark geschrumpft. Es liegt an den Nutzern, dies zu ändern.

1   Schraml, Carl, Das oberösterreichische Salinenwesen von 1750 bis zur Zeit nach den Franzosenkriegen, Wien 1934, S. 251–252.

2   Sartori, Franz, Neueste Reise durch Oesterreich ob und unter der Ens, Salzburg, Berchtesgaden, Kärnthen und Steyermark, Bd. 1, Wien 1811, S. 310 f.

3   Zit. n. Pfeffer, Franz, Salzkammergutfahrt zu Urgroßvaters Zeiten. In: Heimatland. Illustrierte Beilage zum „Linzer Volksblatt", 1930, Nr. 14, S. 213.

4   Krackowizer, Ferdinand, Geschichte der Stadt Gmunden in Ober-Oesterreich, Bd. 2, Gmunden 1899, S. 262.

5   Krupitz, Franziska, Aus Alt-Ischl, Wien 1909, S. 20.

6   Zit. n. Praschl-Bichler, Gabriele, Die Habsburger in Bad Ischl, Graz–Stuttgart 1997, S. 49–50.

7   Reiseabentheuer des Hans-Jörgels von Gumpoldskirchen ..., Wien 1841, S. 110.

8   Kurzel-Runtscheiner, Erich, Joseph J. Ruston und John J. Ruston. In: Beiträge zur Geschichte der Technik 21.1931/32, S. 97–102, hier 99.

9   Tauzher, Gothard, Die oberösterreichische Seenlandschaft. Eine wirtschaftsgeographische Untersuchung, Wien 1933, S. 65. – Steger, Martina, Die Entwicklung des Fremdenverkehrs im Salzkammergut, Diss. Univ. Innsbruck 1951.

10 Bindtner, Josef (Hg.); Memoiren meines Lebens. Erfundenes und Empfundenes, Erlebtes und Erstrebtes von I. F. Castelli, München 1914, 2. Bd., S. 345.

11 Neue Wege in Bad Ischl. In: Die Straße in Österreich, Nr. 12/1937, S. 16.

12 Eine Bahnfahrt von Wien nach Bad Ischl dauerte 1926 etwa fünfeinhalb Stunden (Amtliches österreichisches Kursbuch, Sommerdienst 1926, Wien 1926).

13 Schulchronik Attersee, zit. n. Göschl, Fritz A., Attersee. Wasser und Geschichte, Attersee 1996, S. 80–81.

14 Enormer Pfingstverkehr im Salzkammergut. In: Linzer Volksblatt, Nr. 118 vom 23. 5. 1929, S. 3.

15 Verzeichnis der Kraftfahrzeugbesitzer Oberösterreichs. In: Handbuch des Oberösterreichischen Automobil-Club. Jubiläums-Ausgabe 1929, Linz 1929, S. 142–274.

16 Strafella, Franz, Österreich und der Fremdenverkehr. Unsere Straßen und die Arbeitslosen, Graz 1925.

Literatur

Aschauer, Franz, Oberösterreichs Eisenbahnen. Geschichte des Schienenverkehrs im ältesten Eisenbahnland Österreichs, Wels 1964.

Berger, Monika, Die Entwicklungsgeschichte des Fremdenverkehrs in Bad Ischl von 1790 bis 1850, Diplomarbeit Univ. Wien 1994.

Demel-Freischmied, Hermann, Eisenbahnen im Salzkammergut, in: Bad Ischl Heimatbuch 2004, Bad Ischl 2004, S. 399–412.

Ebner, Wolfgang, 150 Jahre Traunsee-Schiffahrt 1839–1989. Die Traunseeschiffahrt in Tradition und Gegenwart, Gmunden 1989.

Hoffmann, Robert, Reisen unter Dampf. Die touristische Erschließung Salzburgs durch die Eisenbahn, in: Haas, Hanns/Hoffmann, Robert/Luger, Kurt (Hg.); Weltbühne und Naturkulisse. Zwei Jahrhunderte Salzburg-Tourismus, Salzburg 1994, S. 38–44.

Idam, Friedrich, Von Attnang-Puchheim bis Stainach-Irdning. Josef Stern und die Elektrifizierung der Salzkammergutbahn, in: Hellmuth, Thomas et al. (Hg.), Visionäre bewegen die Welt. Ein Lesebuch durch das Salzkammergut, Salzburg–München 2005, S. 187–193.

Kreuzer, Bernd, Straßen für den Fremdenverkehr. Das Salzkammergut in der Zwischenkriegszeit. In: Oberösterreichische Heimatblätter 1999, Heft 3/4, S. 195–211.

Kreuzer, Bernd, Tempo 130. Kultur- und Planungsgeschichte der Autobahnen in Oberösterreich, Linz 2005.

Kreuzer, Bernd, Verkehr und Straße in Oberösterreich 1918–1938, Diplomarbeit Univ. Wien 1997.

Kunze, Walter, Die kulturgeographische Wandlung des Salzkammergutes, Diss. Univ. Wien 1947.

Kutschera, Richard, Der Motorverkehr in Oberösterreich 1898–1938. In: Zur Geschichte des Motorverkehrs in Oberösterreich, Linz 1965, S. 23–50.

Slezak, Josef Otto, Von Salzburg nach Bad Ischl. Geschichte der Salzkammergut-Lokalbahn, Wien 3. Aufl. 1997.

Riehs, Wilhelm, Die Pferdeeisenbahn Budweis–Linz–Gmunden mit besonderer Berücksichtigung der Südstrecke Linz–Gmunden (1836–1859). In: 16. Jahrbuch des Musealvereines Wels 1969/70, S. 169–192.

Sandgruber, Roman, Fremdenverkehrsland Oberösterreich. In: Oberösterreichische Wirtschaftschronik, Wien 1994, Teil I, S. 125–144.

Umfahrer, Friedrich, Die Traun als Schiffahrtsstraße einst und jetzt. In: Österreichische Wochenschrift für den öffentlichen Baudienst, 9.1903, S. 486–490, 504–512.

Weidmann, Franz Carl, Die Budweis–Linz–Gmundner Eisenbahn, Wien 1842.

Winkler, Herbert, Die Schiffahrt auf dem Attersee, Mondsee, Wolfgangsee, Mistelbach 1980.

Winkler, Herbert, Die Schiffahrt auf dem Traunsee, Hallstätter See, Grundlsee, Mistelbach 1982.

Norbert Loidol

Geschichte der Wissenschaft im Salzkammergut

Das Salzkammergut ist eine Region, die durch ihre Landschaft, ihre Kunstschätze und ihre reiche Kulturgeschichte nicht nur eine große Faszination ausübt, sondern mit ihren Besonderheiten auch prägend für das Land Oberösterreich ist. Noch nie ist bisher der Versuch unternommen worden, das reichhaltige, geistige Leben, das sich im Salzkammergut und in dessen Umkreis entfaltet hat, zum Gegenstand einer Betrachtung zu machen. Wenn man dies versucht, kann man sich auf eine spannende und vielfältige Entdeckungsreise begeben.

Vom Mittelalter bis zum Ausklang der Barockzeit

Da das Salzkammergut, auch bedingt durch die Salzlagerstätten, eine reiche Geschichte seit prähistorischer und römischer Zeit aufzuweisen hat, ist es zunächst die eigene Vergangenheit, die im Mittelalter zum Gegenstand der Betrachtung und des gelehrten Interesses wurde.

Um das Jahr 1400 schrieb Koloman Mühlwanger († 8. 9. – vermutlich 1418) die so genannte „Chronik von Goisern". Der Autor war Angehöriger eines rittermäßigen Geschlechtes, das im 14. und 15. Jahrhundert das Schloss Mühlwang besaß und Gefolgsleute der Herrschaft Ort stellte, und ist 1386 und 1408 als Passauer Domherr und Pfarrer in Traunkirchen urkundlich bezeugt. Er studierte an der Universität Wien kanonisches Recht, wo er 1388 in der Matrikel aufscheint. Die Quellen seiner Chronik, die auch lokale Sagen verarbeitet und auch die Bergschätze Bad Goiserns aufzählt, sind nur teilweise fassbar. Parallelen finden sich in der in Latein verfassten Reisebeschreibung (1389) des Utrechter Priesters Johannes Witte de Hese und in der „Chronik von den 95 Herrschaften" des Leopold von Wien (* 1340, † ~ 1400).

An der Wiener Universität war der Philosoph und Jurist Konrad Lutz von Hallstatt († 1458) zwischen 1423 und 1458 fünfzehnmal Dekan und hatte zwischen 1426 und 1456 neunmal die Funktion eines Rektors inne. Die einzige erhaltene Schrift ist seine Vorlesung über das sechste Buch der Dekretalen (heute in der Handschriftensammlung der Österreichischen Nationalbibliothek).

Eine weit über seine eigene Lebenszeit hinaus weisende Forscherpersönlichkeit ist der berühmte Mathematiker und Astronom Johannes von Gmunden (* um 1384, † 1442), den man seit den Forschungen von Paul Uiblein mit Magister Johannes Krafft gleichsetzen kann und der mit Georg von Peuerbach und

Johannes Regiomontanus zum berühmten Dreigestirn der Wiener Astronomischen Schule zählt.

Die Familie von Johannes Krafft bewohnte am Ende des 14. Jahrhunderts die Wunderburg in Gmunden. Der Vater des Johannes von Gmunden, Friedrich Krafft,[1] war mehrere Male Bürgermeister von Passau und erst seit den 1380er-Jahren in Österreich ansässig, fungierte in der Folge 1395 als „obrister Amtmann" in Gmunden und hatte von 1398 bis zu seinem Tod im Jahr 1400 auch die Leitung des gesamtes landesfürstlichen Salinenwesens im Oberösterreichischen Salzkammergut inne. Johannes von Gmunden selbst begann mit seiner Zulassung als Magister artium an der Universität Wien seine wissenschaftliche Karriere. Als eines seiner ersten Werke erarbeitete er ein umfassendes astronomisches Tafelwerk auf der Basis der aus dem 13. Jahrhundert stammenden Alfonsinischen Tafeln, daneben beschäftigte er sich vor allem mit dem Bau von astronomischen Instrumenten wie dem Albion, einem scheibenförmigen Gerät, das die Bewegung der Planeten simuliert, dem Äquatorium, welches im Gegensatz zum Albion nicht aus einer einzigen, sondern aus sieben einzelnen Scheiben besteht, wobei jede den Lauf eines der (damals bekannten) Planeten simuliert, dem Astrolab, einem ebenfalls scheibenförmigen Messgerät zur Winkelmessung am Himmel, und wahrscheinlich auch einem Himmelsglobus. Besondere Bedeutung haben auch die von Johannes von Gmunden entworfenen Kalender, welche er in vier Auflagen für die Jahre 1415–1434, 1421–1439, 1425–1443 und 1439–1514 fertigte, wobei besonders die letzte Auflage große Verbreitung erfuhr. Seine einzig bisher bekannte deutsche Schrift war ein Flugblatt, indem er eine Vorhersage eines Magister Jakob von Erfurt, der behauptet hatte, dass im September 1432 alle Planeten im absteigenden Mondknoten zusammenkommen, sodass aufgrund dieser Himmelskonstellation auf der Erde großes Unglück geschehen müsse, mit astronomischen und theologischen Argumenten widerlegte.

Johannes von Gmunden hatte eine gesicherte Existenz auch in seiner Eigenschaft als Domherr von St. Stephan in Wien und er war auch Pfarrer (plebanus) an der St. Veits-Kirche in Laa an der Thaya, wo er aber seine Residenzpflicht nicht erfüllte. Beinahe 300 Handschriften seiner Werke haben sich erhalten und verweisen auf den nachhaltigen Einfluss seiner Lehre und deren große Bedeutung für die Astronomie seiner Zeit.

Mit astronomischen und mathematischen Studien scheint sich während seiner Zeit als Organist und Mesner an der Gmundner Stadtpfarrkirche (1585–1599) auch der aus Regensburg

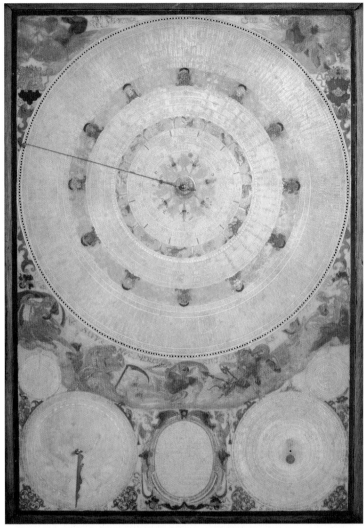

Andreas Pleninger (1555–1607). Astronomischer Tisch des Stiftes Kremsmünster. 1590

Sternwarte Kremsmünster. Foto: P. Amand Kraml

gelungen, durch einen kunstvoll angelegten Fahrkanal, ein von den Zeitgenossen als unerhörtes Wunder bestauntes Meisterwerk, die Hindernisse des Traunfalles weitgehend zu bezwingen. Er wurde von der Regierung auch mit dem Auftrag betraut, eine Schiffbarmachung der Moldau von Budweis bis Prag in Angriff zu nehmen, um bessere Voraussetzungen für den stark steigenden Salzhandel nach Böhmen zu schaffen. Thomas Seeauer († um 1586) konnte das 1547 projektierte Projekt 1555 zum Abschluss bringen, eine Leistung, die in seinem Wappenbrief von 1558 ausdrücklich genannt und damit auch in ihrer Bedeutung hervorgehoben wird. An eine direkte Verbindung der Donau mit der Moldau dachte man erst später, unter anderem entwarf der Erbauer des Schwarzenbergischen Schwemmkanales, Ingenieur Rosenauer, der aller Wahrscheinlichkeit nach ein Vorfahre des späteren Gmundener Stadtbaumeisters Michael Rosenauer d. Ä. und dessen noch berühmteren gleichnamigen Architektensohnes war, eine Karte für eine neue Verbindung der Moldau mit der Donau.

Konrad Eisvogl, der im Jahr 1586 auf einer jener Sensenschmieden aufscheint, die Helmhart Jörger (1530–1594), Präsident der niederösterreichischen Kammer, in seiner 1584 neu erworbenen Herrschaft Scharnstein errichtet hatte, verwendete den zuvor nur für die Herstellung der Sensenknüttel benützten Wasserhammer – anstelle des Fausthammers – auch zum Ausschmieden des Sensenblattes und erreichte damit nicht nur eine Produktionssteigerung, sondern auch eine ungleich bessere Qualität der Erzeugnisse.

Doch wir blenden noch einmal zurück ins Mittelalter: Mathematische Interessen hatte auch der Kirchenmann, Philosoph und Universalgelehrte Kardinal Nikolaus Cusanus, geboren als Nikolaus Chrifftz (Krebs) in Kues an der Mosel. Mit dessen Legationsreise nach Deutschland hängt auch die Visitation des Benediktinerklosters Mondsee im Zuge der so genannten Melker Reform durch Johannes Schlitpacher im Dezember 1451 zusammen. Nikolaus von Kues hat durch seine Trinitätstheologie und seine kunsttheoretischen Schriften, allen voran sein im 15. Jahrhunderts meistgelesenes Werk „De visione Die" (1451) auf das Schaffen Michael Pachers eingewirkt, der zwischen 1471 und 1481 im Auftrag des Mondseer Abtes Benedikt Eck aus Vilsbiburg den Doppelflügelaltar für die Wahlfahrtskirche in St. Wolfgang schuf.[2] Abt Benedikt Eck (1463–1499) ernannte als eine seiner ersten Amtshandlungen Pater Hieronymus (Magister Johann de Werdea), der ein Gelehrter war, der seine geistige Heimat an der Wiener Universität hatte,[3] zum Prior.

Unter Wolfgang Haberl (1499–1521), dem Nachfolger Abt Benedikts, wurde im Jahr 1514 in Mondsee ein Stiftsgymnasium begründet, das das erste in Oberösterreich war und bis zur Aufhebung des Klosters bestand. Die Epoche des Humanismus wird im Kloster Mondsee aber erst durch den Einfluss Kaiser Maximilians deutlicher spürbar. In dessen diplomatischem Dienst stand der Arzt und Humanist Johannes Cuspi-

stammende Steinätzer Andreas Pleninger auseinander gesetzt zu haben. Dieser schuf im Jahr 1590, wenige Jahre nach der Kalenderreform, mit dem Astronomischen Tisch des Stiftes Kremsmünster einen die Julianische und Gregorianische Zeitrechnung berücksichtigenden Immerwährenden Kalender. Für den mit dem Kremsmünsterer Exemplar vergleichbaren, großen, runden Kalendertisch des Stiftes Rein von 1607 zog Andreas Pleninger, der mit dem „Großen Eferdinger Liedertisch" (heute Schloss Starhemberg) bereits 1579/1580 ein Hauptwerk in Oberösterreich geschaffen hatte, Berechnungen von Johannes Kepler heran.

An der Epoche, in der Andreas Pleninger in Gmunden wirkte, zeigt sich, dass das Salzkammergut schon immer eine Region war, von der Innovationen ausgingen: Thomas Seeauer war es

nian (Spießheimer), der bei einem Besuch des Klosters diesem ein Frühwerk Lucas Cranachs des Älteren, den büßenden heiligen Hieronymus (von 1502 – heute im Kunsthistorischen Museum Wien), geschenkt haben dürfte. Johannes Cuspinian bestieg im Gefolge Kaiser Maximilians am November 1506 den Traunstein. Er hinterließ in seinem Nachlass ein Tafelgemälde der Heiligen Sippe (Wien, Kunsthistorisches Museum) mit den Portraits der kaiserlichen Familie, das in deren Hintergrund eine Seenlandschaft mit einem emporragenden Berg, vielleicht den Traunsee mit dem Traunstein oder den Wolfgangsee mit dem Falkenstein, zeigt.

Aufgrund der Nachwirkungen der Reformation[4] erhielt das geistige Leben im Stift Mondsee erst wieder durch die engen Beziehungen zu der zwischen 1617 und 1622 gegründeten Salzburger Benediktineruniversität entscheidendere Impulse. Elf Mondseer Patres bekleideten auch eine Professur in Salzburg, wobei diese allerdings zumeist nur kurzfristig ausgeübt wurde.[5] Einen besonders herausragenden Abt erhielt Mondsee in der Gestalt von Bernhard Lidl, der 1690 als Sohn eines Salzfertigers und Gastgebs in Ischl zur Welt kam. 1723 wurde er Prior, Bibliothekar und Professor der Theologie an der Hauslehranstalt des Stiftes Mondsee. Bereits während seiner Prioratszeit kam es zu einem Ausbau der Bibliothek des Benediktinerstiftes, deren Schätze bereits die Bewunderung der Brüder Pez bei deren Besuch im Jahr 1717 erregt hatten. Bernhard Lidl, der 1729 zum Abt gewählt wurde und dieses Amt bis zu seinem Tod bekleidete, hatte auch öffentliche Funktionen an der Salzburger Universität inne. 1732 verfasste er ein Buch über den heiligen Wolfgang („Gesegnetes Aberseeisches Gebürg") und im Zusammenhang mit dem 1.000-Jahr-Jubiläum des Stiftes Mondsee 1748 eine Klostergeschichte, das „Chronicon Lunaelacense", und als Ergänzung zu dieser die „Mantissa Chronici Lunaelacensis" (München und Regensburg 1749). Abt Lidl interessierte sich auch für Naturwissenschaften, er stand in Verbindung mit dem bis 1743 an der Universität Salzburg wirkenden Benediktiner Anselm Desing (1699–1772), auf dessen Initiative in den Jahren von 1748 bis 1758 der Bau des Astronomischen Turmes in Stift Kremsmünster erfolgte, und wahrscheinlich auch auf Veranlassung des Abtes Lidl wurden in Mondsee physikalische Instrumente wie die berühmten „Magdeburger Halbkugeln" des Otto von Guericke angeschafft. Noch in seiner letzten Lebenszeit protegierte Abt Bernhard Lidl P. Raphael (Andreas) Kleinsorg (1747–1821), der als Professor in Salzburg eine siebenbändige Bearbeitung der „Allgemeinen Kirchen- und Weltgeschichte" des französischen Benediktiners Antoine Augustin Calmet (1672–1757) herausgab und sich vor allem als Verfasser geographischer Werke einen Namen machte.

Eine gelehrte geistliche Persönlichkeit war auch der in Gmunden geborene Martin Resch OSB (1649–1709), der von 1682 bis 1685 die Professur des kanonischen Rechts an der Universität Salzburg bekleidete und 1704 zum Abt von Kremsmünster gewählt wurde.

Abt Bernhard Lidl (1690–1773)   *Foto: Norbert Loidol*

Wenn auch zum Beispiel P. Raphael A. Kleinsorg bereits ganz vom Gedankengut der Aufklärung durchdrungen war, so ist doch mit der Aufhebung des Benediktinerstiftes Mondsee eine Epoche zu Ende gegangen, deren Geistesleben noch ganz von mittelalterlichen und barocken Traditionen geprägt war.

Von der Aufklärung bis in die Anfänge des 20. Jahrhunderts

Im ausgehenden 18. Jahrhundert beginnt auch eine naturwissenschaftliche Auseinandersetzung mit der Landschaft des Salzkammergutes.

Der wahrscheinlich erste naturwissenschaftliche Bericht von einer Reise in das Salzkammergut stammt von Johann Baptist Bohadsch (1724–1768), seit 1753 außerordentlicher Professor

Ignaz Edler von Born (1742–1791), Mineraloge, Geologe, seit 1776 Kustos des kaiserlichen Naturalienkabinetts und seit 1782 Meister vom Stuhl der Wiener Loge „Zur Wahren Eintracht". Vorbild der Gestalt des Weisen „Sarastro" in Mozarts „Zauberflöte"   Foto: E. Grilnberger, OÖ. Landesmuseen

vierzehn Jahre nach dem Tod des Autors, von Ignaz Edlem von Born (1742–1791) in den „Abhandlungen einer Privatgesellschaft in Böhmen zur Aufnahme der Mathematik, der vaterländischen Geschichte und der Naturgeschichte" herausgegeben. Dieser war Mineraloge, Geologe, seit 1776 Kustos des kaiserlichen Naturalienkabinetts und seit 1782 Meister vom Stuhl der Wiener Loge „Zur Wahren Eintracht" und diente der Gestalt des Weisen „Sarastro" in Mozarts „Zauberflöte" als Vorbild.[6] Ignaz von Born selbst verfasste die erste Abhandlung über die Geologie des Inneren Salzkammergutes mit dem Titel „Versuch einer Mineralgeschichte des Oberösterreichischen Salzkammergutes (Prag 1777)".

Im Jahr 1793 erschien der Bericht „Nachricht von einer Reise nach den Salzwerken in Oberösterreich", dessen Autor der Geologe, Mineraloge, Montanist und Metallurge Benedikt Franz Josef Hermann[7] (1755–1815) war. Im Jahr 1802 erschien ein Bericht[8] von Christian Leopold Freiherr von Buch (1774–1853), in dem er seine geologischen Eindrücke des Salzkammerguts, die er bei einer gemeinsamen Reise mit Alexander von Humboldt gewann, schildert.

Der universelle Naturwissenschafter, Forschungsreisende und Geograph Alexander von Humboldt, der im Auftrag des Berliner Bergdepartements das Salzkammergut bereist hatte, soll in einem Brief (1797) geschrieben haben, „Ich gestehe, dass ich in der Schweiz keine solchen Naturszenen kenne, als diese österreichischen." – eine Aussage, die vielleicht einen wesentlichen Anlass für die Bezeichnung des Salzkammergutes als „Österreichische Schweiz" bot. Diese entwickelte sich zu einem derart geflügelten Wort und Qualitätsbegriff, dass sie zur Benennung von Reiseführern durch das Salzkammergut verwendet wurde (Johann Steiner, Der Reise-Gefährte durch die Österreichische Schweiz oder das obderennsische Salzkammergut, Linz 1820 und Auguste Marguillier, A travers le Salzkammergut. Voyage pittoresque dans la „Suisse Autrichienne", Paris 1896) und dass es zum Beispiel in Pierer's Universal-Lexikon (Altenburg[4] 1857–1865) ein eigenes Stichwort „Österreichische Schweiz" gab, das auf das Salzkammergut verwies.

Einen darüber noch hinausgehenden Lobpreis des Salzkammergutes formulierte auch Sir Humphry Davy (1778–1829), einer der Wegbereiter der modernen Elektrochemie und Präsident der Royal Society von 1820–1827, der sich, als er aufgrund seiner chemischen Versuche schwer erkrankt war, den Jugendtraum einer Reise nach Mitteleuropa erfüllte:[9] „Ich kenne kein schöneres Land. Die Abwechslung in den Partien, das herrliche Grün der Wiesen und Wälder, die Tiefe seiner Täler und die Höhen seiner Berge, die Klarheit und Größe seiner Flüsse und Seen geben ihm, nach meiner Meinung, einen entschiedenen Vorzug vor der Schweiz, welche es auch an Liebenswürdigkeit der Bewohner übertrifft."

Der Bruder Alexander von Humboldts, Wilhelm, bezeichnete das Salzkammergut als „die Gegend, die man wohl die schönste von Deutschland nennen kann."[10]

der Naturlehre in Prag, der im Jahre 1763 im Auftrag von Kaiser Franz Stephan I. von Lothringen eine Reise in das Salzkammergut unternahm.

Das Interesse von Johann Baptist Bohadsch richtete sich überwiegend auf botanische und geologische Fragen, bietet aber auch im Hinblick auf die Darstellung der Wirtschaftsformen und sozialhistorische Gegebenheiten Interessantes. Neues fand er über eine (fossile) Weichtiergruppe (Dentalium operculatum: „Elefantenzähner"), über eine Veronica-(„Ehrenpreis"-)Art und über das Ausseer Salz heraus. Der Bericht wurde erst posthum,

Joseph August Schultes (1773–1831), Mediziner, Naturforscher (Chemie, Botanik), von 1809 bis 1826 Professor an der Universität Landshut und Reiseschriftsteller, der mit seinen wissenschaftlichen Reisebeschreibungen präzise Schilderungen von Natur- und Kulturlandschaft hinterlassen hat, berichtet in seinen „Spaziergängen durch das Salzkammergut" von seiner Besteigung des Dachsteins, wobei er auch auf Grasbären zu sprechen kommt: „Erschrecken sie nicht vor diesen Grasbären! Sie sind keine Brüder oder Schwestern des „Ursus Aretos niger L.", sondern nur ungeheure Bündel Grases, die von den fleißigen Alpenbewohnern zum Winterfutter für ihre Rinder gesammelt werden. Die werden dann hinabgestoßen in den Abgrund und rollen mit furchtbar wachsender Gewalt in den Tiefen desselben fort über Stock und Felsen, ... Einem solchen Grasbären in den Weg zu kommen, ist nun freylich nicht minder angenehm, als einem Bären zu begegnen; allein, man hört sie von fernher donnern, und man hat Zeit, sich zu retten." und seine Erzählung mit folgenden Worten schließt: „Gewiß lässt diese kleine Alpenexpedition ewig unauslöschliche Bilder in Ihrer Seel zurück, und herzlich soll es mich noch im Grabe freuen, wenn ich Ihnen, Ihren Freunden und den Freunden des Großen und Erhabenen in der Natur, die sich durch mich zu einer Excursion auf den Hallstädter Schneeberg verführen ließen, nur den zehnten Theil des Vergnügens verschaffen kann, das mir diese Expedition gewährte. Ich umarme Sie und alle, die nach mir den Dachstein besteigen, im Geiste! ..." Als Botaniker interessierte ihn besonders auch die Pflanzenwelt des Salzkammergutes, als Technologen Salzgewinnung und Verhüttungsmethoden.

Am Beginn der Sommerfrische im Salzkammergut steht auch Franz Wirer, seit 1838 Ritter von Rettenbach (1771–1844), der der Medizinischen Fakultät der Universität Wien angehörte und 1836/1837 deren Rektorat innehatte: In Bad Ischl ließ er 1823 das erste Solebad errichten. Zu seiner Klientel gehörten auch Mitglieder des Kaiserhauses. Als sich bei Erzherzogin Sophie der ersehnte Nachwuchs lange nicht einstellen wollte, verordnete er ihr Mineralsolebäder und in dichter Reihenfolge (1830, 1832, 1833) kamen ihre Söhne Franz Joseph, Ferdinand Maximilan und Karl Ludwig zur Welt, die man ob dieses Umstandes auch leicht scherzhaft als „Salzprinzen" bezeichnete.

Nicht lange nach dem Bericht von Joseph August Schultes kamen weitere Gelehrte ins Salzkammergut, die mit ihren vor allem geologischen Untersuchungen Fortschritte erzielten: der in Hamburg geborene Geologe und Mediziner Ami Boué (1794–1881) (Geognostisches Gemälde von Deutschland, Frankfurt a. M. 1829), der Zoologe und Paläontologe Georg Heinrich Bronn (1800–1862), seit 1833 Professor der Natur- und Gewerbswissenschaften an der Universität Heidelberg (Ueber die Muschel-Versteinerungen des süd-Deutschen Steinsalzgebirges, 1830) und der Jurist, Mineraloge und Ethnograph Christian Keferstein (1784–1866) („Deutschland, geologisch-geognostisch dargestellt ..., 7 Bände, Weimar 1821–1831").

Franz de Paula Wirer Ritter von Rettenbach (1771–1884)
Foto: E. Grilnberger, OÖ. Landesmuseen

Als Kuriosum sei auch die Laufbahn von Leopold Laserer (1794–1864) erwähnt, der in Bad Goisern in einfachsten Verhältnissen aufwuchs und Kaiser Franz I. bei einer Überfahrt auf dem Traunsee von Ebensee nach Gmunden durch seinen Schirm vor den Folgen eines plötzlich einsetzenden Regens geschützt haben soll. Der Kaiser finanzierte in der Folge die Studien des jungen Mannes und Leopold Laserer beendete seine Laufbahn als Sektionsrat bei der „k. k. Hofkammer in Münz- und Bergwesen" und korrespondierendes Mitglied der Geologischen Reichsanstalt. In der Österreichischen Nationalbibliothek hat sich eine Handschrift (Cod. Ser. n. 3221) mit Gedichten von Leopold Laserer zu Ehren von Kaiser Franz (A Sua Imperiale Regia Maestà, Wien 1815) erhalten.

1832 bereiste der schottische Geologe Sir Roderick Impey Murchison (1792–1871) zusammen mit seinem englischen Fachkollegen Adam Sedgwick (1785–1873) die Westalpen und auch das Salzkammergut, um die stratigraphische Erforschung des Paläozoikums (Erdaltertums) voranzutreiben. Die beiden Gelehrten bestimmten die Gosauschichten mit ihren reichen Ammonitenvorkommen zuerst als eine intermediäre Formation zwischen der Kreide- und der Tertiär-Periode. Mit diesen Arbeiten begann eine Epoche, in der man sich immer wieder mit Ammoniten, einer heute ausgestorbenen Gruppe mariner Cephalopoden (Kopffüßer), im Salzkammergut beschäftigte. Fossilien wurden in dieser Epoche hauptsächlich auch von den Hallstätter Bergleuten, zeitlich allen voran von Johann Georg Ramsauer (1795–1874), später von Joseph Rastl senior (1812–1895) und junior (1858–1945) sowie Gottlieb Roth (1869–1969), gefördert und an Museen und private Sammler verkauft. Unter diesen waren auch Fürsten, wie Erzherzog Johann und Klemens Wenzel Lothar von Metternich, zu deren Ehren Arten die Namen „Ammonites Johannis Austriae" und „Ammonites Metternichii" erhielten.

Der Geologe Franz von Hauer (1822–1899) stellte sich die Aufgabe, ein geologisches Profil durch die ganze Breite der Alpen von Passau bis Duino zu ziehen. Mit der Bearbeitung der höchsten Strecke des Profils, über das Dachsteingebirge, betraute er Eduard Sueß. 1846 veröffentlichte von Hauer das kleine, mit einem Vorwort von Wilhelm Haidinger (1795–1871) versehene Werk „Die Cephalopoden des Salzkammergutes aus der Sammlung seiner Durchlaucht des Fürsten von Metternich. Ein Beitrag zur Paläontologie der Alpen" und 1850 die Abhandlung „Über neue Cephalopoden aus den Marmorschichten von Hallstatt und Aussee".

August Emanuel Reuss (1811–1873), Mediziner, Paläontologe und Professor für Mineralogie an den Universitäten Prag (1849) und Wien (1863), behandelte aufbauend auf den Studien von Murchison und Sedgwick die fossile Fauna der Gesteine der Gosau-Gruppe.[11]

Eduard Sueß (1831–1914), seit 1856 Professor für Paläontologie und seit 1861 für Geologie an der Universität Wien, war ein Gelehrter mit Weltgeltung: Auf ihn sind auch die paläogeographischen Entdeckungen des Superkontinentes Gondwana und des Tethysmeeres (Urozean) zurückzuführen und er projektierte die I. Wiener Hochquellenwasserleitung. 1851 wurde ihm die Aufgabe anvertraut, die umfangreichen Brachiopoden-(Armfüsser-)Bestände des Wiener Hofnaturalien-Cabinetts zu ordnen. Aus dieser Tätigkeit und umfangreichen und minutiösen Geländearbeiten im Salzkammergut, denen er einen wesentlichen Teil der ersten zwanzig Jahre seiner wissenschaftlichen Laufbahn widmete, resultierten seine Mitteilung „Ueber die Brachiopoden der Hierlatzer Schichten" (1852) und seine längeren Studien „Ueber die Brachiopoden der Kössener Schichten" (1854) sowie „Über die Brachiopoden der Hallstätter Schichten" (1855). In „Die Brachiopoden der Gosaubildungen" (1866) konnte er die seltenen Belege aus der tiefen Oberkreide dokumentieren. Im Laufe seiner Arbeiten am „Profil vom Hallstätter Salzberg über den Dachstein zum Hoch-Golling"

(1854) bestieg Eduard Sueß am 10. September 1853 auch „die höchste Spitze des Dachsteins".

Die mit Edmund von Mojsisovics gemeinsam durchgeführten „Studien über die Gliederung der Trias- und Jurabildungen in den östlichen Alpen. Nr. II. Die Gebirgsgruppe des Osterhornes" (1868) setzten neue Maßstäbe für künftige sedimentologische Profil-Bearbeitungen und dokumentierten die 179 insgesamt über 300 Meter hohen Schichtbänke des Kendlbachgraben-Profils. Im Rahmen seiner Studien am Dachstein-Plateau lieferte Eduard Sueß auch eine wenig beachtete Mitteilung über das Phänomen der Augensteine.[12] Auf seinen im Salzkammergut gewonnenen Erfahrungen beruhte auch das von Sueß in seinem Hauptwerken „Das Antlitz der Erde" (Band 1, 1883) vertretene „Tethys"-Konzept, in dem er die zyklische Sedimentation des Dachsteinkalks als Resultat von weltweiten Meeresspiegel-Schwankungen, die er als „eustatische Bewegungen" bezeichnet, erklärte.

Johann August Edmund Mojsisovics von Mojsvár (1839–1907), Geologe, Paläontologe und Alpinist, der 1862 mit Paul Grohmann und Guido Freiherr von Sommaruga den Österreichischen Alpenverein begründete, konnte in seiner wissenschaftlichen Abhandlung „Das Gebirge um Hallstatt – Die Cephalopoden der Hallstätter Kalke (1873/1893/1902)" mehr als 288 einzeln unterscheidbare Arten dieser ausgestorbenen Fossiliengattung anführen. Von Mojsisovics stammen auch die Untersuchungen „Die Hallstätter Entwicklung der Trias (1892)" und „Übersicht über die geologischen Verhältnisse des Salzkammergutes (1903)" in der von Carl Diener (1862–1928)[13] herausgegebenen Publikation „Bau und Bild der Ostalpen und des Karstgebietes".

Schüler von Eduard Sueß waren auch Georg Geyer (1857–1936), 1920–1923 Direktor der Geologischen Reichsanstalt Wien, der 1889 die Studie „Über die liasischen Brachiopoden des Hierlatz bei Hallstatt" veröffentlichen konnte, und Alexander Bittner (1850–1902), ein Spezialist der Alpengeologie (Brachiopoden, Lamellibranchiaten der alpinen Trias, 1890/1892/1895) und seit 1897 Chefgeologe an der Geologischen Reichsanstalt. Von letzterem erschien 1895 die Abhandlung „Ein von Dr. Boese neuentdeckter Fundpunkt von Brachiopoden in den norischen Hallstätter Kalken des Salzkammergutes zwischen Rossmoss- und Hütteneckalpe".

Friedrich Simony (1813–1896) ist eine Forscherpersönlichkeit, an deren Name man sich auch heute noch im breiten, öffentlichen Bewusstsein erinnert. Benennungen wie Simonyhütte und Simonyhöhle, Simonywarte und Simonyscharte sowie das „Hotel Simony", einen winzigen Unterstand im Wildkar unter der heutigen Simonyhütte. Es gibt natürlich einen Simony-Gedenkstein in Hallstatt und ein Mineral, ein seltenes Begleitmineral des Steinsalzes (Natrium-Magnesium-Sulfat), das „Simonyit" genannt wird, eine östliche und westliche Simonyspitze in der Venedigergruppe, eine Simonyschneide und ein Simonykees; einen Simonygletscher findet man auch im Nördlichen

Polarmeer (Franz-Josefs-Land). Ein noch heute gerühmtes Verdienst Friedrich Simonys ist die Erforschung und Beschreibung der Berg- und Gletscherwelt des Dachsteingebietes, es ist seine Vielseitigkeit, die beeindruckt. Er war Wissenschafter, Lehrer, Bergsteiger, Höhlenforscher, Schriftsteller, Maler, Zeichner und Fotograf. Seine Freundschaft mit Adalbert Stifter und ein gemeinsamer Spaziergang im Hallstätter Echerntal waren Anlass für eine der schönsten Stiftererzählungen, die Weihnachtsgeschichte „Bergkristall". Friedrich Simony bot auch das Vorbild für die Gestalt des Heinrich Drendorf in Stifters Roman „Der Nachsommer".

Simony war besonders durch den Naturforscher und Arzt Joseph Franz Freiherr von Jacquin (1766–1839), Professor der Botanik und Chemie an der Universität Wien, und durch Erzherzog Ludwig (1784–1864) gefördert worden. Auch zu Erzherzog Karl (1771–1847), dem Sieger von Aspern, der 1812 den Dachstein bis auf die Höhe des Hallstätter Gletschers bestieg, sodass dieser als größter Dachsteingletscher (3 Quadratkilometer) auch den Beinamen Erzherzog Karls-Eisfeld erhielt, bestanden Kontakte. Friedrich Simony schenkte dem Erzherzog eine Mappe mit wertvollen Aquarellen, die heute in der Fideikommisssammlung der Österreichischen Nationalbibliothek aufbewahrt werden. Förderung erfuhr Friedrich Simony auch durch den Staatskanzler Metternich, der seine Dachstein-Expeditionen kräftig subventionierte und in dessen Villa er eine Zeitlang wohnen durfte. Dort lernte er auch Adalbert Stifter kennen.

Im September 1840 bestieg er zusammen mit dem Bergführer Johann Wallner zum ersten Mal den Dachstein und vom 16. auf den 17. September 1843 gelang ihm endlich die Realisierung seiner Lieblingsidee, allein eine Nacht auf dem Gipfel des Dreitausenders zu verbringen. Im Alter von noch nicht einmal 38 Jahren ernannte ihn am 19. April 1859 Kaiser Franz Joseph I. zum ordentlichen Professor der Geographie an der Universität Wien: Diese Position sollte er 34 Jahre lang innehaben. Seine Beschäftigung mit dem Dachstein erfuhr ihre Krönung in der Dachstein-Monographie, deren Plan bereits 1846 veröffentlicht wurde. 1877 konnte Simony seine Durchforschung des Dachsteingebietes mit dem relativ neuen Medium der Photographie zum Abschluss bringen, 1889 lag die erste Lieferung des Dachsteinwerkes vor und im Oktober 1895, nur wenige Monate vor seinem Tod, sollte ihm die Vollendung seines Lebenswerkes gelingen. Die Publikationen Friedrich Simonys spiegeln die Vielfalt seiner Forschungsinteressen wider: Neben Abhandlungen zur Gletscher- und Seenkunde, zur Meteorologie und Hydrologie und sogar Astronomie erschienen „Pflanzengeographie des österreichischen Alpengebietes (1853)", „Das Pflanzenleben in den Alpen (1862)", „Kleiner Schulatlas zum Elementarunterricht (1854, 1867)", „Über Urgesteinsablagerungen im obersten Trauntale (1869)", „Schutz dem Walde (1878)" und „Der Kreislauf der oceanischen Gewässer (1882)".

Wenig bekannt dürfte sein, dass es von Friedrich Simony auch Veröffentlichungen über Wüsten, „Die Wüstengebiete der Erde

Der Herr mit dem Schnauzbart ist Franz Karl Ehrlich (1808–1886), 1841–1879 Kustos am OÖ. Landesmuseum und Pionier der geologischen Landesaufnahme von Oberösterreich. Unter dem Portrait steht: „Das beste Lehrbuch war mir die Natur". Foto: E. Grilnberger, OÖ. Landesmuseen

(1880)" und „Das Pflanzenleben der afrikanischen Wüsten (1881)", gibt.

Seine Freundschaft mit dem erst posthum zu Weltruhm gelangten Salinenbeamten Johann Georg Ramsauer (1795–1874) war auch Anlass der Schrift „Die Alterthümer vom Hallstätter Salzberg und dessen Umgebung (1850)", die – nach der Veröffentlichung des St. Florianer Chorherrn Josef Gaisberger (1792–1871), „Die Gräber bei Hallstatt (1848)" – an der Spitze der Literatur über die Ausgrabungen von Hallstatt steht.

Friedrich Simony konnte Johann Georg Ramsauer zum Verkauf seiner Sammlungen an staatliche Museen bewegen. Die Entdeckung Ramsauers, der bis 1863 980 Gräber öffnen und 19.497 Objekte bergen konnte und dessen besonderes Verdienst in der akribischen Dokumentation der Funde in Zusammenarbeit mit mit dem Bergmann Isidor Engl (1832–1918), der Skizzen des Grabungsbefundes anfertigte, liegt, war so bedeutend, dass der schwedische Kulturhistoriker Hans Olof Hildebrand (1842–1913) bereits im Todesjahre Ramsauers, 1874, von einer „Hallstattgruppe" sprach, worauf sich in der Folge bald die Begriffe Hallstattkultur und -zeit durchsetzten.

Simony untersuchte die Wasserversorgung von Wien (1865–1866) und Gmunden (1886). Aufgrund seiner Initiative stellte die kaiserliche Familie Mittel zur Errichtung des ersten Kindergartens in Hallstatt zur Verfügung, ein Engagement, das ihm die Gemeinde Hallstatt 1876 mit der Verleihung der Ehrenbürgerwürde dankte.

Im Inneren Salzkammergut kam es auch zu Begegnungen Friedrich Simonys mit bedeutenden Naturwissenschaftern seiner Zeit: 1845 in Hallstatt mit dem deutschen Alpenforscher und Geographen Ernst Adolf Schaubach (1800–1850), 1847 in Gosau mit dem französischen Paläontologen und Geologen Edouard de Verneuil (1805–1873) und dem schottischen Geologen und Paläontologen Sir Roderick Impey Murchison (1792–1871) und 1848 mit dem Geologen Bernhard Studer (1794–1887), Professor für Mineralogie an der Universität Bern.

Der Montanist Peter von Rittinger (1811–1872) entwickelte 1855 nach den Ergebnissen von Nicolas Léonard Sadi Carnot eine „Dampfpumpe", veröffentlichte noch im selben Jahr seine Erkenntnisse in der Schrift „Theoretisch-praktische Abhandlung über ein für alle Gattungen von Flüssigkeiten anwendbares neues Abdampfverfahren". Diese „Dampfpumpe", mit der die Temperatur des Brüdendampfes durch mechanische Kompression erhöht und dieser damit wieder zum Erhitzen der Sole genutzt werden sollte, kann als erster Vorläufer der Wärmepumpe angesehen werden. Peter von Rittinger setzte durch, dass bereits im Jahr 1857 in der Saline Ebensee erstmals eine solche Anlage in Betrieb ging, um damit auch eine Reduzierung des Brennstoffeinsatzes zur Eindampfung der Sole zu erreichen. Er hat zum Antrieb des Abdampfprozesses, der von ihm als offener Energiekreislauf konzipiert war, an Wasserkraft gedacht und errechnete eine jährliche Einsparung von 32.000 Kubik-Klaftern (circa 293.000 m^3) Holz bei Anwendung in allen österreichischen Salinen. In der Folge geriet dieses System in Vergessenheit, heute aber arbeitet die Saline Ebensee wieder mit Brüdendampfkompression (durch elektrisch angetriebene Turbokompressoren).

Auf dem Gebiet der Geisteswissenschaften gelang in der zweiten Hälfte des 19. Jahrhunderts an Attersee und Mondsee eine ganz andere Art der Entdeckung: 1863 war von dem Schweizer Geologen und Archäologen Adolf von Morlot (1820–1867)[14] die Anregung gegeben worden, in den österreichischen Seen nach Pfahlbauten zu suchen. 1865 erschien in den Sitzungsberichten der kaiserlichen Akademie der Wissenschaften (Band 50, 332–346) ein „Bericht über die Untersuchung der Seen Oberösterreichs bezüglich etwa vorhandener Pfahlbauten", den Rudolf Kner[15] (1810–1869), in Linz geborener Mediziner und Zoologe

und seit 1849 Inhaber der Lehrkanzel für Ichthyologie (Fischkunde) an der Universität Wien, herausgab.

Durch die Grabungen von Matthäus Much[16] (1832–1909) wurden 1872 bzw. 1874 die heute berühmten Pfahlfeld-Stationen „See" und „Scharfling" im Mondsee entdeckt. In den Jahren 1870–1871 fand Ladislaus Gundacker Graf Wurmbrand-Stuppach (1838–1901), steirischer Landeshauptmann und Minister, Pfahlbauten in Seewalchen am Attersee. Von ihm stammen auch die Abschnitte „Pfahlbauten" und die „Hallstätter Funde" im Band Oberösterreich der von Kronprinz Rudolf initiierten landeskundlichen Enzyklopädie „Die österreichisch-ungarische Monarchie in Wort und Bild".

Das Salzkammergut bot und bietet ein weites Feld für Spezialdisziplinen wie Paläobotanik, Eiszeit-, Gletscher-, Karst-, Hochmoor- und Höhlenforschung: Zum Beispiel veröffentlichten der Botaniker, Paläontologe und Professor für Pflanzenphysiologie an der Universität Wien Franz Unger (1800–1870) und der Chemiker Franz Hruschauer (1807–1853) im Jahre 1851 eine Untersuchung mit dem Titel „Über die im Salzberge zu Hallstatt im Salzkammergut vorkommenden Pflanzentrümmer".

In weiterem Sinne in der Nachfolge Friedrich Simonys stand Friedrich (von) Morton (1890–1969), dessen Vater ein hoher Offizier der k. u. k. Infanterie, der Fama nach auch ein unehelicher Spross des bayerischen Königs Ludwigs I., war und den Kaiser Karl I. noch kurz vor dem Ende des Ersten Weltkrieges in den Adelsstand erhob.

Morton, der spätere Regierungsrat, Professor und Inhaber eines Ehrendoktorates der Universität Innsbruck, kam 1915 als frischgebackener Doktor der Biologie nach Hallstatt, das sein Lebensschicksal werden sollte. 1922 wurde ihm als Fachreferent für Naturkunde und Naturschutz an der Fachschule Hallstatt die Verwaltung des staatlichen Dachsteinhöhlenbetriebes übertragen und 1925 wurde er Kustos des Hallstätter Museums. Er unternahm zahlreiche Forschungsreisen in Europa, aber auch nach Afrika und Lateinamerika. Es zeichnete ihn aus, dass er nicht nur vielseitig naturwissenschaftlich, sondern generell an allen kulturellen Erscheinungen interessiert war. Unter seiner Leitung fanden erfolgreiche Ausgrabungen im Salzbergtal, auf der Dammwiese, aber auch in der Lahn statt. Aufgrund des Umstandes, dass er der NSDAP beigetreten war, gelang Morton nach dem Zweiten Weltkrieg die Wiedererlangung seiner früheren Stellung nicht mehr. Als es aber darum ging, die geplante Seestraße zu verhindern, trat er hervor und seiner Initiative, den Bau eines Tunnels durchzusetzen, war Erfolg beschieden.

In seinem „Ruhestand" widmete er sich verstärkt seinen Studien. Als Kuriosum sei genannt, dass seine besondere Liebe auch der Beschäftigung mit einer unter Wasser lebenden, blühenden und fruchtenden Art des „Vergissmeinnichts", einzigartig in der Welt und nur vom Traunsee bekannt, galt. Er konnte durch die Publikation dieses seltenen Vorkommens die Pflanze als „Myosotis palustris L., forma submerse-florens mihi, MORTON" mit seinem Namen belegen. Als sein Lebenswerk hinterließ

Friedrich Morton 600 wissenschaftliche Beiträge, 4.000 Zeitungsartikel und 30 veröffentlichte wissenschaftliche und unterhaltende Bücher.

Der Erfinder Ludwig Hatschek (1856–1914), dem die maschinelle Herstellung des Asbestzementes, einer Mischung aus fein aufbereiteten Asbestfasern mit Portlandzement, gelang und der dieses Produkt im Jahr 1903 unter dem Namen „Eternit" patentieren ließ, errichtete in Gmunden in den Jahren 1907/1908 eine Zementfabrik, die ab 1920 eine Kapazität von 65.000 Jahrestonnen erreichte, und begann im Jahr 1910 mit der Gewinnung von Kalkstein in Ebensee. Beides diente ihm mit als Basis seiner Produktion in Maria Schöndorf bei Vöcklabruck.

Bedeutendes hat Carl Schraml (1862–1946), Salinenbeamter und in seiner Laufbahn zuletzt, von 1910 bis 1920, Salinenreferent an der Finanzlandesdirektion Linz, geleistet und sich in seinem Ruhestand zum Salinenhistoriker entwickelt, der – neben seiner Bearbeitung des 1768 verfassten „Salzkammergut-Lexikons" – in den Jahren 1932–1936 sein dreibändiges Hauptwerk über „Das oberösterreichische Salinenwesen" herausgeben konnte.

Gustav Adolf Koch (1846–1921), Mitglied einer Pastorenfamilie und selbst Naturwissenschafter, von 1899 bis 1914 Professor für Geologie, Mineralogie und Petrographie an der Hochschule für Bodenkultur, dessen praktische Arbeiten sich unter anderem auf die Projektierung des Tunnels Langen–St. Anton und die Trassierung der Arlbergbahn, auf die Trinkwasserversorgung und die Erschließung von Mineral- und Thermalquellen sowie die Bohrung nach Erdgas und Petroleum besonders im oberösterreichischen Raum erstreckten, ist in Gmunden verstorben.

In Bad Ischl beendeten ihr Leben: Leopold Hasner Ritter von Artha (1818–1891), Professor für Rechtsphilosophie und Nationalökonomie an den Universitäten Prag und Wien, dem man vor Ort auch ein Denkmal errichtete, Hermann Widerhofer (1832–1901), erster Ordinarius für Pädiatrie (Kinderheilkunde) im deutschsprachigen Raum, der Brucknerforscher und -biograph Maximilian Josef Auer (1880–1962), Alfred Hoffmann (1904–1983), Ordinarius für Sozial- und Wirtschaftsgeschichte an der Universität Wien, und Franz Carl Lipp (1913–2002), Volkskundler und Universitätsprofessor.

Sommerfrischler und Villenbesitzer

Damit der Kreis der hier besprochenen Persönlichkeiten aber nicht allzu unüberschaubar wird, erscheint es sinnvoll, vor allem auch einige bedeutende Vertreter der wissenschaftlichen Welt ins Auge zu fassen, die im Salzkammergut Villen zur Sommerfrische erwarben oder errichteten.

Der Chirurg Theodor Billroth, der 1883 – angeregt durch seinen ehemaligen Assistenten Anton von Frisch – nach St. Gilgen kam, um sich dessen Sommersitz „Brunnwinkl" anzusehen, war begeistert, erwarb von der Fürstin Wrede das Hödlgut, ließ das bestehende Haus aber abtragen, um nach seinen Plänen eine Villa zu errichten. Er pflegte in der Sommerfrische Kontakte

Dr. Friedrich Morton (1890–1969)   Foto: Museum Hallstatt

zu Johannes Brahms, zu Viktor von Miller-Aichholz und auch zu den Herzögen von Cumberland. Seine Aufenthalte in der Sommerfrische sind bis heute nicht in Vergessenheit geraten, während man sich aber an andere zu ihrer Zeit bedeutende Forscher, Gelehrte und Wissenschafter zu Unrecht kaum noch erinnert.

Bereits im Jahr 1830 hatte Erzherzog Maximilian Joseph von Österreich-Este (1782–1863) das Schloss Ebenzweier bei Altmünster erworben. Der Erzherzog, der durch die Errichtung der nach ihm benannten Befestigungsanlagen um Linz bekannt wurde, befasste sich aber auch mit der Entwicklung geeigneter Lafetten, das sind fahrbare Gestelle, auf welchen Waffen montiert werden konnten, der Modernisierung der Zündung der Geschütze und der Schrapnells für die von ihm geplanten Befestigungsbauten, und er erfand eine neue Ziegelart (Dippelziegel).

Im Jahr 1863 beginnen die Eintragungen in den Fremdenbüchern der „Grillenvilla" (Gmunden, Lannastraße 9) des Anton Graf Prokesch von Osten (1795–1876), damals Internuntius Österreichs beim Osmanischen Reich. In diesem Haus des Generals, Diplomaten und Schriftstellers sollten in den folgenden vier Jahrzehnten nicht nur wissenschaftliche Kapazitäten, sondern auch Könige, Fürsten sowie hohe Würdenträger verschiedener Höfe und Künstler aus- und eingehen. Anton Graf Prokesch war ab 1824 im Orient tätig, wurde 1834–1849 bevollmächtigter Minister am Hofe zu Athen, 1853–1854 Bundespräsidialgesandter Österreichs beim Deutschen Bund in Frankfurt am Main und in dieser Funktion Gegenspieler Otto von Bismarcks und – als Höhepunkt seiner Laufbahn – von 1855 bis 1871 Gesandter, seit 1867 offiziell Botschafter in Konstantinopel. Graf Prokesch war aber auch ein sehr gebildeter Mann. 1827 leistete er mit einem Aufsatz einen wichtigen Beitrag zur Erforschung der altägyptischen Chronologie und – indirekt – auch zur Entzifferung der Hieroglyphen. Er verfasste ein sechsbändiges Werk zur zeitgenössischen griechischen Geschichte. Als Archäologe beteiligte sich Prokesch an der Lokalisierung des antiken Troja (Begegnung mit Heinrich Schliemann) und ihm gelang der Verkauf einer berühmten hocharchaischen Skulptur, des Kouros von Tenea, an die Münchner Glyptothek. Einen bedeutenden Ruhm erwarb Anton Graf Prokesch auch als Epigraphiker und vor allem durch seine numismatischen Publikationen.[17] Während seiner Zeit als Botschafter konnte er eine bedeutende Sammlung von über 10.000 antiken, griechischen Münzen aufbauen, die er am Ende seines Lebens, 1875, an das Münzkabinett in Berlin verkaufte.

1871 besuchte Robert von Schlagintweit (1833–1885), Naturforscher, Reisender und Entdecker und seit 1864 erster Professor für Geographie in Gießen, 1872 Carl von Ransonnet-Villez, der Vater von Eugen von R.-V., den bereits von seinem Posten als Botschafter in Konstantinopel geschiedenen Anton Graf Prokesch von Osten. Auch nach dessen Tod führte sein gleichnamiger Sohn, Anton Graf Prokesch von Osten der Jüngere (1838–1919), der mit der Schauspielerin Friederike Gossmann (1838–1906) verehelicht war, die Grillenvilla als offenes und gastliches Haus weiter. In den Fremdenbüchern der Grillenvilla sind als – zum Teil wiederkehrende – Gäste bezeugt: Carl Ferdinand von Arlt (1812–1887), Chirurg und Ophthalmologe, Alfred von Arneth (1819–1897), Historiker, Direktor des Staatsarchivs und langjähriger Präsident der Akademie der Wissenschaften, der Literaturwissenschaftler Anton Bettelheim (1851–1930), Friedrich Wilhelm Freiherr von Bissing (1873–1956), Professor für Ägyptologie an den Universitäten München und Utrecht und ein Enkel Mathilde Wesendoncks, Gustav Braun (1829–1911), Professor der Gynäkologie und Geburtshilfe an der Universität Wien, Anton Breitner (1858–1928), Schriftsteller und Archäologe, Rudolf Brockhaus (1856–1932), Verleger, Karl von Chorinsky (1838–1897), Jurist und Präsident des Oberlandesgerichtes Wien, Felix Dahn (1834–1912), Professor der Rechtswissenschaften, Schriftsteller und Historiker, Jacob von Falke (1825–1897), Kultur-, Kunstkritiker, Ästhet und Direktor des Museums für Kunst und Industrie, Erzherzog Ludwig Salvator von Habsburg-Lothringen (1847–1915), Welt- und Forschungsreisender, Stephan Franz Ludwig (Lajos) Kardinal Haynald (1816–1891), Erzbischof von Kalocsa und Botaniker, Emanuel Hoffmann (1825–1900), Altphilologe, Hugo Kremer Freiherr von Auenrode (1828–1889), politischer Schriftsteller, Kirchenhistoriker und Bruder des Orientalisten Alfred Kremer Freiherr von Auenrode (1828–1889), Heinrich von Littrow (1820–1895), Kartograph, Schriftsteller und Vertrauter von Erzherzog Ludwig Salvator, Eusebius Mandyczewski (1857–1929), Musikwissenschaftler, Archivar der Gesellschaft für Musikfreunde und Komponist, Egon von Oppolzer (1867–1909), Astronom, Erzherzog Johann Salvator von Österreich-Toskana (Johann Orth) (1852–1890), Mitarbeiter am so genannten Kronprinzenwerk und Komponist, Dr. Anton Schlossar (1849–1942), Direktor der Universitätsbibliothek Graz, Gustav Franz Xaver von Schreiner (1793–1872), Staatswissenschaftler und Politiker, Otto Volger (1822–1897), Geologe, Mineraloge und Politiker, und Edmund Zichy (1811–1894), Gründer der Orientalischen Sammlung(en) in Wien und Sponsor der Expedition zum Franz-Josefs-Land.

Kein eigenes Sommerdomizil in Gmunden besaß Friedrich Theodor Vischer (* 1807, † 1887), Literaturwissenschafter, Philosoph auf dem Gebiet der Ästhetik, Schriftsteller und Politiker, aber er war durch lange Jahre hier Feriengast. Friedrich Theodor Vischer war seit 1844 ordentlicher Professor für Ästhetik und deutsche Literatur an der Universität Tübingen, allerdings führte sein in der Antrittsvorlesung vorgebrachtes Bekenntnis zum Pantheismus zu einer zweijährigen Suspendierung bei vollen Bezügen. 1848 zog er als Abgeordneter in die Frankfurter Nationalversammlung ein, 1855 ging er als Dozent für Literaturgeschichte an das Polytechnikum in Zürich, 1866 wurde er wieder an die Universität Tübingen berufen. In seinem systematischen Hauptwerk „Aesthetik oder Wissenschaft des Schönen" (1846–1857) versuchte Vischer eine Weiterführung und Vollendung der idealistischen Ästhetik Hegels als Metaphysik des Schönen. Friedrich Theodor Vischer war unter anderem mit Gottried Keller, Gottfried Semper, Mathilde Wesendonck und Richard Wagner befreundet. Am 14. September 1887 verstarb er, der nach Venedig weiterreisen wollte, in Gmunden in dem Haus Schiffslände 11, wo seit 1895 eine Gedenktafel an ihn erinnert.[18]

Im Juli 1883 besuchte Sigmund Freud (1856–1939), der „Vater der Psychoanalyse", auf Einladung des Internisten Josef Breuer (1842–1925) Gmunden und berichtete in Briefen von seinen Eindrücken vom Traunsee, von Grünberg, Traunstein und „Schlafender Griechin" sowie von der Villa der Erzherzogin Elisabeth (Franziska Maria) (1871–1903).[19]

Viktor von Miller zu Aichholz (1845–1910) war Großindustrieller und Mäzen und besaß seit 1885 in Gmunden eine Villa (Lindenstraße), die während seiner Anwesenheit auch zum Zentrum kulturellen Lebens wurde. Besonderen Ruhm erwarb er auch als Numismatiker: Er hinterließ ein Manuskript, das die Grundlage für das Werk „Österreichische Münzprägungen 1519–1918" bildete. Sein Sohn Eugen von Miller zu Aichholz (1835–1919) widmete die bedeutende Münzsammlung seines Vaters 1913 an das k. k. Münzkabinett in Wien.[20]

Wie Anton Graf Prokesch von Osten siedelte sich Leopold Schrötter Ritter von Kristelli (1837–1908), Sohn des Chemikers, Mineralogen und Mitbegründers der Österreichischen Akademie der Wissenschaften Anton Schrötter Ritter von Kristelli (1804–1875), am Traunsee an und ließ im Jahr 1890 in Ebensee eine bis heute seinen Namen tragende Villa errichten. Leopold Schrötter war Laryngologe (Facharzt für Kehlkopfleiden), der auch durch seine Teilnahme am Consilium von San Remo 1888 bekannt wurde, da er am Krankenbett des deutschen Thronfolgers Friedrich Wilhelm, des späteren Kurzzeit-Kaisers Friedrich III., die zutreffende Diagnose von dessen Kehlkopfkrebs stellte. Er erreichte im Jahr der Errichtung seiner Villa mit seiner Ernennung zum Ordentlichen Professor für das gesamte Gebiet der Inneren Medizin sowie zum Vorstand der neu errichteten III. Internen Universitätsklinik einen Höhepunkt seiner Laufbahn. Schrötter von Kristelli galt als hervorragender Chirurg und feiner und sicherer Diagnostiker; nach ihm ist auch das Paget-von-Schrötter-Syndrom, die Thrombose der tiefen Arm-, Achsel- oder Schlüsselbeinvene benannt. 1888 wurde er – in dieser Beziehung Eugen von Ransonnet-Villez vergleichbar – erster Obmann des eben neu gegründeten Zweigvereines Traunsee des Union-Yacht-Club und blieb durch zwölf Jahre in dieser Funktion.

In Gmunden siedelte sich Eduard von Wickenburg an: Er wurde als Sohn des gleichnamigen Generalmajors am 3. Juli 1866, dem Tag der Schlacht von Königgrätz, bei der sein Vater verwundet wurde, geboren.

Nachdem er 1893 aus dem Militärdienst ausgeschieden war, unternahm er in den Jahren 1893–1896 Forschungsreisen nach Indien, Ceylon (heute Sri Lanka), Australien, Siam (heute Thailand) und Indochina, auf die Malayische Halbinsel, nach Sumatra, Java, China und Japan sowie zum Nordamerikanischen Kontinent. In den Jahren 1897–1899 bereiste er Äthiopien, war dort Gast von Ras Makonnen, dem Vater des späteren Kaisers Haile Selassie, und weiter das heutige Somalia – Kenya, wo im Grenzgebiet zu Äthiopien ein Berg, Mount Wickenburg, nach ihm benannt wurde, sowie das heutige Tansania. Eine letzte große Reise vor dem Ersten Weltkrieg führte ihn nach Südamerika (Falkland-Inseln, Feuerland, Argentinien, Chile, Paraguay, Uruguay, Peru, Ecuador und Brasilien). Eduard von Wickenburg war Mitglied der Österreichischen Geographischen Gesellschaft und stand in engem Kontakt mit Wissenschaftlern wie Philipp Paulitschke Edler von Brügge (1854–1899), Dozent für Geographie und Ethnographie an der Universität Wien, Ludwig Lorenz Ritter von Liburnau (1856–1943), Sven

Hedin (1865–1952) und Eduard Paul Tratz (1888–1977), dem Gründer des Hauses der Natur in Salzburg, dem er seine umfangreiche Sammlung afrikanischer Trophäen zur Verfügung stellte. Die Sammlung an Präkolumbianischer Keramik und Textilien übergab er dem Museum für Völkerkunde und weitere Objekte dem Naturhistorischen Museum, beide in Wien. Nach seiner Teilnahme am Ersten Weltkrieg (Oberstleutnant, an der Isonzo-Front) nutzte er als leidenschaftlicher Bergsteiger die jährlichen Sommeraufenthalte in Gmunden zu zahlreichen Bergtouren. Im Juni 1936, knapp vor seinem siebzigsten Geburtstag, erlitt er bei einem Aufstieg in das Höllengebirge einen Herzanfall und kehrte nicht mehr zurück.

In Nußdorf am Attersee (Nr. 58) errichtete sich Eugen Freiherr von Ransonnet-Villez (* 1838, † 1926) im Jahr 1873 ein in einem 13.000 Quadratmeter großen Park gelegenes Sommerdomizil, die so genannte Villa Ransonnet.[21] Eugen von Ransonnet-Villez, der ab 1849 an den Akademien in Wien und München Malerei und von 1855 bis 1858 Rechtswissenschaften an der Universität Wien studierte, war in den ersten Jahren seiner Laufbahn Ministerialoffizial des kaiserlichen Hauses und des Äußeren. Bereits 1860 führte ihn eine Reise in den Orient (nach Griechenland und Kleinasien), 1862 unternahm er eine Forschungsreise nach Palästina, Oberägypten und ans Rote Meer, 1864/65 nach Indien und Ceylon und in den Jahren 1868 bis 1870 nahm er als Honorar-Gesandtschaftsattaché mit künstlerisch-naturwissenschaftlichen Auftrag an der österreichisch-ungarischen Ostasienexpedition teil. Von allen Reisen brachte er reiches wissenschaftliches Material und von ihm angefertigte Reiseskizzen und Gemälde nach Hause. In Anerkennung seiner Leistungen erhielt er von Kaiser Franz Joseph I. den Titel eines Legationssekretärs sowie hohe Orden und Auszeichnungen. Eugen von Ransonnet-Villez war Mitglied mehrerer wissenschaftlicher Gesellschaften, und es ist wahrscheinlich, dass er über Gundacker Graf Wurmbrand-Stuppach, mit dem er über die anthropologische Gesellschaft befreundet war, den Attersee für sich entdeckte. Seine Villa wurde Anlaufstelle von Künstlern (Ferdinand Matthias Zerlacher, Sigmund Walter Hampel und vielleicht auch Emanuel Oberhauser) und im Jahr 1886 gründete er selbst den Zweigverein „Attersee" des Union-Yacht-clubs. Der in Schörfling geborene Zoologe Friedrich Siebenrock (1853–1925) unternahm in den Jahren 1895 bis 1897, wie etwa 35 Jahre vor ihm Eugen von Ransonnet-Villez, eine Expedition ans Rote Meer. Die Herpetologische Sammlung (Lurche und Kriechtiere) am Naturhistorischen Museum in Wien, an der Siebenrock seit 1886 tätig war, verdankt seinen vergleichend anatomischen Studien eine weltweit einzigartige Sammlung an Skeletten, vor allem von Schildkröten. Siebenrock hatte dazu die Kollektionen von Victor Pietschmann (Mesopotamien, Kurdistan), Alfred Voeltzkow (Ostafrika) und Rudolf Grauer (Belgisch Kongo) bearbeitet. Nach der Pensionierung seines Vorgängers und Förderers Franz Steindachner im Jahre 1919 verwaltete Friedrich Siebenrock bis zu seiner Pensionierung gemeinsam mit Viktor Pietschmann und Otto von Wettstein Ritter von Westersheimb (1892–1967) die Ichthyologische und Herpetologische Sammlung.

Am Attersee, in Steinbach, ließ sich auch Arthur Biedl (1869–1933), seit 1902 ordentlicher Professor für Endokrinologie (Teilgebiet der inneren Medizin) an der Universität Prag, einen Sommersitz erbauen, und in Rettenbach (Bad Ischl) stand seit 1895 die Villa von Hermann Widerhofer (1832–1901), seit 1863 Leibarzt der kaiserlichen Kinder und seit 1884 ordentlicher Professor und Leiter der k. k. Universitäts-Kinder-Klinik. Ab der Jahrhundertwende hielt sich Edgar der Jüngere Spiegl von Thurnsee (1876–1931) immer wieder im Salzkammergut auf. Er pflegte Kontakt mit dem Brauchtumsforscher und Volkskundler Konrad Mauthner (1880–1924). 1918 erwarb Spiegl von Thurnsee eine Gutswirtschaft auf der Engleithen bei Bad Ischl, wohin er 1920 übersiedelte. Spiegl wirkte auch durch eine ländliche, dabei aber erlesene Art, sich zu kleiden, stilbildend und vorbildgebend. Vor allem aber tendierte er zur Bewahrung der letzten Zeugnisse und Dokumente traditionellen Lebens und legte eine bedeutende Sammlung von besonders wichtigen, vor allem volkskulturellen Objekten des gesamten Salzkammergutes an, mit deren Aufstellung im so genannten Riedlerhäusl er begann. Die Sammlung Spiegl ging 1961 an das Land Oberösterreich und bildet bis heute einen erlesenen und wesentlichen Bestand innerhalb der volkskundlichen Abteilung der OÖ. Landesmuseen.

1920 erwarb Viktor Kaplan den Landsitz Rochuspoint in Unterach am Attersee. Er war der Erfinder der nach ihm benannten Kaplan-Turbine und seit 1918 ordentlicher Professor am Institut für Theorie und Bau von Wasserturbinen an der Deutschen Technischen Hochschule in Brünn. Gäste Kaplans in Unterach waren unter anderen John Elov Englesson (1884–1962), Oberingenieur bei der Firma Karlstads Mekaniska Verkstad (Kristinehamm, Schweden) und Erfinder eines Verstellmechanismus der drehbaren Schaufeln der Kaplan-Turbine, Franz Karollus (1876–1936), Physiker und Mathematiker, Alfred Lechner, 1931 Universitätsprofessor für Allgemeine Mechanik und 1940 auch für Physik in Wien, und Siegfried Theiß (1882–1963), seit dem Jahr 1918 ordentlicher Professor für Architektur an der Technischen Hochschule in Wien. Eine besondere Beziehung des Wirkens von Viktor Kaplan zum Salzkammergut ist auch, dass im Wasserkraftwerk Siebenbrunn bei Gmunden die ersten beiden 1-MW-Kaplan-Turbinen installiert wurden. Sie erreichten eine zweieinhalbfache Leistung von dem, was den damals üblichen Francis-Turbinen möglich war.

Nobelpreisträger im Salzkammergut

Als im Jahr 1945 das Zoologische Institut der Universität München durch die Ereignisse des Zweiten Weltkrieges schwer beschädigt worden war, zog sich Karl von Frisch (1886–1982), der dieses Institut seit 1925 geleitet hatte, auf den Sommersitz Brunnwinkl bei St. Gilgen zurück. Dieser war von seinem Vater Anton von Frisch (1849–1917), Chirurg, Assistent Theodor Billroths und seit 1889 Ordinarius für das neubegründete Fach der Urologie an der Universität Wien, bereits im Jahr 1882 gekauft worden. In Brunnwinkl sollte Karl von Frisch der entscheidende Erfolg seiner Untersuchungen, die er schon lange zuvor über das Orientierungsvermögen der Westlichen Honigbiene (Apis mellifera carnica) begonnen hatte, gelingen: Er fand heraus, dass Bienen die gewünschten Himmelsrichtungen auf drei verschiedene Weisen erkennen können, wobei sie den Einfallswinkel des Sonnenlichtes, das Polarisationsmuster des blauen Himmels sowie das Erdmagnetfeld zu Hilfe nehmen. Mit Art, Geschwindigkeit und Drehrichtung ihrer „Tänze" können sie Artgenossen die Entfernung einer Nahrungsquelle anzeigen. Für seine Erkenntnisse wurde Karl von Frisch im Jahr 1973 mit dem Nobelpreis für Medizin und Physiologie ausgezeichnet. Im selben Jahr wurde auch Konrad Lorenz in Würdigung seiner „Entdeckungen betreffend den Aufbau und die Auslösung von individuellen und sozialen Verhaltensmustern" der Nobelpreis verliehen, und nach seiner Emeritierung vom Max Planck Institut in Seewiesen fand der Verhaltensforscher in der Herzog von Cumberland-Stiftung in Grünau im Almtal Aufnahme, wo er seine Langzeituntersuchungen an Graugänsen fortsetzen konnte. Heute wird die Forschungsstelle Grünau von Dr. Kurt Kotrschal, Assistenzprofessor für Zoologie an der Universität in Wien, geleitet, der mit seinen Mitarbeitern an das Lebenswerk von Konrad Lorenz anknüpfende Forschungen betreibt. Auch in der Gegenwart werden im Salzkammergut international beachtete Studien durchgeführt und der Pflege von Wissenschaft, Forschung sowie Innovation und der Vermittlung von deren Ergebnissen wird Raum gegeben.

In Hallstatt führen in der Nachfolge von Ferdinand von Hochstetter (1829–1884), Josef Szombathy (1853–1943), Karl Kromer (1924–2003) und Fritz Eckart Barth (*1939) Anton Kern (*1957), Direktor der Prähistorischen Abteilung des Naturhistorischen Museums, und sein Grabungsteam mit oft spektakulären Ergebnissen die mehr als eineinhalb Jahrhunderte andauernde Tradition wissenschaftlicher Ausgrabungen fort. Mit Hilfe der experimentellen Archäologie kann in eindrucksvoller Weise das Leben und der Alltag unserer Vorfahren rekonstruiert werden, obwohl uns diese keine schriftlichen Zeugnisse hinterlassen haben. Bei den Festwochen Gmunden 2007 diskutierten renommierte Gelehrte, der Mathematiker Rudolf Taschner (*1953) und der Kultur- und Geisteswissenschafter Martin Wagner (*1944) über das Unendliche. Der Experimentalphysiker Anton Zeilinger (*1945) hält sich gerne in seinem Sommerdomizil am Traunsee auf und viele andere, weithin bekannte oder auch eher im Verborgenen wirkende Gelehrte fühlen sich mit dem Salzkammergut verbunden und setzen eine lange Tradition von Wissenschaft und Gelehrsamkeit fort, die mit ihren auch in der Atmosphäre der Sommerfrische gefundenen Entdeckungen und Erfindungen zum Fortschritt und zur Verbesserung der Welt beiträgt.

1 Diese Erkenntnis vertrat als erster Helmuth Grössing, Johannes von Gmunden, ein Lehrer des Georg von Peuerbach. In: (Hg.) Idem: Der die Sterne liebte. Georg von Peuerbach und seine Zeit, Wien 2002, 77–88.

2 Ignaz Zibermayr, Johann Schlitpachers Aufzeichnungen als Visitator der Benediktinerklöster in der Salzburger Kirchenprovinz. In: MIÖG 30 (1909) 269 und 272. Manfred Koller, Der Flügelaltar von Michael Pacher in St. Wolfgang. Wien 1998 (Studien zu Denkmalschutz und Denkmalpflege 18), 51–54. Richard Newald, Beiträge zur Geschichte des Humanismus in Oberösterreich. In: Jahrbuch des OÖ. Musealvereines 81 (1926) 180. Peter Thurmann, Symbolsprache und Bildstruktur. Michael Pacher, der Trinitätsgedanke und die Schriften des Nikolaus von Kues, Frankfurt/Main 1987 (Bochumer Schriften zur Kunstgeschichte; 9).

3 Ludwig Glückert, Hieronymus von Mondsee (Magister Johannes de Werdea), in: SMOB 48 (1930) und Georg Heilingsetzer, Das Mondseeland als historische Landschaft und seine Zentren Kloster und Markt. In: Das Mondseeland. Geschichte und Kultur. Katalog zur Ausstellung des Landes Oberösterreich, Linz, 1981.

4 Der gelehrte Mondseer Pater Leonhard Schilling (1474–1540) hatte am Beginn der Reformation an seinen ebenfalls geistlichen Bruder Kaspar in Gmunden dringende Ermahnungen gerichtet, der Lehre Luthers nicht zu folgen.

5 Die einzelnen Professoren und ihre Werke nennt Renate Neubert, Beziehungen zwischen dem Stift Mondsee und der Salzburger Benediktineruniversität, phil Diss. Wien 1967.

6 Einen Bezug des Salzkammergutes zu Wolfgang Amadeus Mozart gibt es auch über den gelehrten und kunstsinnigen Abt von St. Peter, Beda Seeauer (* 1716 Hallstatt, † 1785 Salzburg), einen Sohn des Johann Sigmund Seeauer, Salzfertigers in Hallstatt, und der Maria Elisabeth geborene Zaller. Anna Maria Walburga Pertl (* 1720 St. Gilgen, † Paris 1778), die Mutter Wolfgang Amadeus Mozarts, war eine Kusine dritten Grades von Abt Beda Seeauer, auf den die Barockisierung des Stiftes und unter anderem auch die Erneuerung der Zellenbibliothek im Stile des Rokoko zurückgeht. Das Epitaph Johann Sigismund Seeauers, des Vater des nachmaligen Abtes, hat sich bis heute in der Pfarrkirche von Bad Goisern erhalten.

7 Dieser wurde als Bauernsohn in Mariahof bei Neumarkt in der Steiermark geboren und stieg vom subalternen Angestellten des Fürsten Schwarzenberg zum General-Intendant der russischen Bergwerke und Ritter des St. Anna-Ordens auf, der von zahlreichen wissenschaftlichen Akademien und Gesellschaften Europas geehrt wurde.

8 Diese Schilderung trägt den Titel „Geognostische Uebersicht des Oesterreichischen Salzkammerguts" und ist in dem zweibändigen Werk „Geognostische Beobachtungen auf Reisen durch Deutschland und Italien" (Berlin 1802 und 1807) (Band 1, Abschnitt 2) erschienen. Leopold von Buch erkannte, dass der Hallstättersee auch von aus der Tiefe kommenden, zum Teil warmen Quellen gespeist wurde, aber fälschlicherweise ging er von einer vulkanischen Entstehung der Salzlager aus.

9 John James Tobin, Journal of a tour made in the years 1828–1829 through Styria, Carniola, and Italy, whilst accompanying the late Sir Humphry Davy, London 1832. Über das Fliegenfischen im Traunfluss schreibt Sir Humphry Davy in seinem Buch "Salmonia: Or Days of Fly Fishing, London 1828".

10 Katharina Hammer, Vom Salzmarkt zum Kurort (Ischl 1800–1850). In: (Hg.) Ischler Heimatverein: Bad Ischl Heimatbuch 2004, Bad Ischl 2004, 125–154, hier 130 mit Anm. 32.

11 Seine diesbezüglich wichtigste Veröffentlichung erschien unter dem Titel „Beiträge zur Charakteristik der Kreideschichten in den Ostalpen, besonders im Gosauthale und am Wolfgangsee (Wien 1854)". Auch der Sohn seiner Schwester Carolina Reuss, Carl Ferdinand Peters (1825–1881), der erste an der Universität Graz ernannte Professor für Mineralogie und Geologie (1864), schloss sich mit einer selbständigen Veröffentlichung 1852 an die Studien seines Onkels im Salzkammergut an.

12 In „Alte Quellenbildungen in den Hochalpen" (1854) diskutierte er auch die „Anhäufungen eigenthümlich polirter Quarzkörner und dunkelrother Thone", unter denen sich auch „Granat-Krystalle … und wahre Bohnerze" finden.

13 Carl Diener, der bei Eduard Sueß und Friedrich Simony studiert und sich bei letzterem habilitiert hatte, wurde 1906 zum ordentlichen Professor der Paläontologie ernannt und war 1922/23 Rektor der Universität Wien. Im Jahr 1900 erschien seine kleine Studie „Die triadische Cephalopoden-Fauna der Schiechling-Höhle bei Hallstatt".

14 Adolf von Morlot stand unter dem Schutz von Erzherzog Johann. Auf seine Kritik hinsichtlich des mangelnden Stellenwertes von geologischen Sammlungen gründete der Erzherzog den „Geognostisch-montanistischen Verein für Innerösterreich", dessen „Commissär" von Morlot wurde. Auf Empfehlung Adolfs von Morlot erhielt Franz Karl Ehrlich (1808–1886), 1841–1879 Kustos am OÖ. Landesmuseum und Pionier der geologischen Landesaufnahme von Oberösterreich, Budget für seine Reisen ins Kammergut sowie für den Ankauf von Fossilien für die Sammlungen am Museum Francisco-Carolinum.

15 Rudolf Kner zog übrigens im Jahr 1859, als er Material aus der Expedition der Fregatte „Novara" zur Aufarbeitung erhielt, den jungen Zoologen Franz Steindachner (1834–1919) heran, der eine Laufbahn am Naturhistorischen Museum einschlagen sollte und Mentor und Vorgänger Friedrich Siebenrocks, eines am Attersee gebürtigen Zoologen, wurde.

16 Wenig bekannt ist, dass Matthäus Much (1832–1909) während seiner Studiums der Rechtswissenschaften an der Universität Wien auch Vorlesungen bei Univ.-Prof. Dr. Friedrich Simony besuchte, dessen Vorbild möglicherweise Muchs archäologische Neigungen geweckt hat.

17 In das Jahr 1827 datiert eine Veröffentlichung zur Chronologie der Königsringe: „Ueber die Ringe auf den Monumenten Aegyptens und Nubiens", ein Hauptwerk stellt die „Geschichte des Abfalls der Griechen vom Türkischen Reiche im Jahre 1821 und der Gründung des Hellenischen Königreiches aus diplomatischen Standpunkte" dar, und in seinem höchsten Alter gelang Anton Graf Prokesch noch die Veröffentlichung der „Les monnaies des rois Parthes" (1874/1875).

18 Drei Jahre vor Friedrich Theodor Vischer war in Bad Goisern Konrad Deubler (* 1814, † 1884), der oft als „Bauernphilosoph" bezeichnet wird, verstorben. Deubler, der als Sohn eines armen Bergarbeiters geboren war, war ausschließlich Autodidakt, er pflegte aber brieflichen Kontakt unter anderem mit dem Schriftsteller, Philosoph und Theologen David Friedrich Strauß (* 1808, † 1874), dem Zoologen Ernst Heinrich Philipp August Haeckel (* 1834, † 1919) und dem Philosophen und Religionskritiker Ludwig Andreas Feuerbach (* 1804, † 1872), der im Jahr 1867 sogar Deubler in Bad Goisern besuchte. Als bekannte, aber gleichwohl äußerst umstrittene Persönlichkeit ist Viktor Schauberger (1885–1958), der zunächst innovative Holzschwemmanlagen, unter anderem auch bei Bad Ischl (Rettenbachwildnis), die ihn bekannt machten, errichtet hatte. Über diese Leistungen hinaus gelangte Schauberger, dessen Ziel es war, einen Ersatz für die Energiegewinnung aus fossilen Brennstoffen zu finden, zu wissenschaftlich nicht anerkannten Erkenntnissen („Implosionstechnologie", „Doppeldrallrohr", „Repulsine"). Sein Sohn Walter Schauberger (1914–1994), seit 1946 wohnhaft in der Villa Rothsein in Engleithen bei Bad Ischl, machte es sich zur Aufgabe, Lebenswerk und -philosophie seines Vaters fortzuführen. Autodidakt war auch Erich Wilhelm Ricek (* 1915, † 1991), der in St. Georgen im Attergau lebte, als Mykologe („Pilzkundler") Bedeutendes leistete und sich auch mit Flechten, Moosen und der Flora seines Heimatlandes beschäftigte.

19 1880 fuhr Bertha Pappenheim (1859–1936) mit ihrer Familie auf Sommerfrische nach Ischl. Dort zeigten sich Symptome, die eine Behandlung mit leichter Hypnose durch Josef Breuer, den Hausarzt der Familie, erforderlich machten. Die Krankengeschichte der Bertha Pappenheim wurde 1895 von Breuer und Freud in den „Studien über Hysterie" als Fall der Patientin „Anna O" publiziert und erlangte eine internationale Bekanntheit, weil sie einen Ausgangspunkt zur Entwicklung der Psychoanalyse bildete.

20 Für die Zeit, in der Gmunden die Residenz des Königshauses von Hannover war, befand sich auf Schloss Cumberland auch die jahrhundertealte Münzsammlung des Welfenhauses, zu der mehr als 40.000 Einzelstücke gehören. Einen Großteil dieser Sammlung verkauften die Welfen 1983 an die Deutsche Bank, die die erworbenen Objekte seither in ihrem Niedersächsischen Münzkabinett am Georgsplatz in Hannover aufbewahrt. Auch Franz Graf Folliot de Crenneville (1815–1888), der 1867 eine Villa („Bergschlössl") in der Gmundener Wunderburgstraße erwarb, war numismatisch interessiert und Eigentümer einer bedeutenden Sammlung.

21 Diese kam nach dem Tod von Eugenie Caroline von Ransonnet-Villez (* 1880, † 1971) endgültig in den Besitz der Diözese Linz, die das Gebäude auch heute im Sinne des Sommerfrischegedankens unter dem neuen Namen „Seminarhotel Grafengut" führt.

Literatur (in Auswahl)

Bachner, Margit, Die Keramik der Seeuferstation Mondsee. Sammlung Much, Institut für Ur- und Frühgeschichte Wien, 3 Bände, Wien Univ. Diss. 2002

Bertsch, Daniel, Anton Prokesch von Osten (1795–1876). Ein Diplomat Österreichs in Athen und an der Hohen Pforte. Beiträge zur Wahrnehmung des Orients im Europa des 19. Jahrhunderts, Südosteuropäische Arbeiten 123, München 2005

Frisch, Karl von, Erinnerungen eines Biologen, Berlin 1957

Grill, Friederike, Die Chronik von Goisern – ein Beitrag zur Historiographie des Landes Oberösterreich, Wien Univ. Diss. 1957

Gschwandtner, Martin, Rochuspoint. Der Landsitz des berühmten Erfinders Viktor Kaplan in Unterach. Geschichte und Gäste des „kleinen Paradieses hoch über dem Attersee", 2. Aufl., Hof bei Salzburg 2007

Haas, Felicitas, Johann Baptist Bohadsch und die naturgeschichtlichen Ergebnisse seiner Forschungsreise ins Salzkammergut im Jahre 1762, Dissertation 2007

Lobitzer, Harald, Die frühe geologische Erforschung des Weltkultur- und Naturerbe-Gebietes Hallstatt-Dachstein-Salzkammergut (Johann Bohadsch bis Carl Ferdinand Peters). In: (Hg.) Bernhard Hubmann, Geschichte der Erdwissenschaften in Österreich. 2. Symposium. Abstracts. Berichte des Institutes für Geologie und Paläontologie der Karl-Franzens-Universität Graz, Band 1, Graz 2000

Lobitzer, Harald, Bohadsch, Hauer & Co. – Das Innere Salzkammergut im Spiegel von 240 Jahren geologischer Forschung. In (Hg.) Weidinger, Johannes: Beiträge zur Geologie des Gmundner Bezirks – aus der Praxis der Geologen im Salzkammergut. Gmundner Geo-Studien 3, Gmunden 2005, 95–108

Österreichische Akademie der Wissenschaften (Hg.): Österreichisches Biographisches Lexikon 1815–1950, Wien, Lfg. 1 (1954)

Reischer, Helmuth, Union Yacht-Club Traunsee 1888–1988, Gmunden 1988

Stelzer, Winfried, Mühlwanger, Koloman. In: Die deutsche Literatur des Mittelalters, Verfasserlexikon, 2., völlig neu bearb. Auflage, hg. von Kurt Ruh 6 (1987) Sp. 723 f.

Uiblein, Paul, Die Universität im Mittelalter. Beiträge und Forschungen. Herausgegeben von Kurt Mühlberger und Karl Kadletz. Schriftenreihe des Universitätsarchivs, Band 11, Wien 1999

Walterskirchen, Gerhard, W. A. Mozart – ein Verwandter von Abt Beda. In: Salzburger Museumsblätter 46 (1985), Nr. 1.

Wirobal, Karl (Red.), Friedrich Morton. 1. 11. 1890 bis 10. 7. 1969. Gedenkschrift zum 100. Geburtstag. Herausgegeben im Musealverein Hallstatt, 1990

Ungedruckte Quellen

Fremdenbücher der Grillenvilla in Gmunden (1863–1906)

Gunter Bittermann

Unternehme(ns)rlustiges Salzkammergut

Wäre es uns Menschen möglich, durch ein Vergrößerungsglas, über die Zeiten hinweg, einen Blick auf das Salzkammergut zu richten, so würden wir in dieser kleinen Welt all jene wirtschaftlichen und gesellschaftlichen Veränderungen erblicken, die auch die „große Welt" bewegen, jedoch sicherlich mit einer größeren Prise Salz! 2.800 Jahre ist es schon her, dass dieses Gebiet sich in unser Bewusstsein drängte! Der früheisenzeitliche Fundort Hallstatt stand mit seinem Namen Pate für eine ganze Epoche.

Schon ab dieser Zeit war es das „weiße Gold", das Salz, das in diesem kleinen Kosmos die Sonne bildete. Alles menschliche Streben drängte danach, es zu gewinnen. Dieser Schatz, aus den Felsen bei Bad Ischl und Hallstatt geholt, inspirierte die Menschen lange zu technischen Höchstleistungen, verlor jedoch im Laufe der jüngeren Vergangenheit seine Vorrangigkeit.

Zwei Strukturwandel formten das Leben der Menschen neu. Der erste führte das Salzkammergut im Verlauf des 19. Jahrhunderts weg von der Salzwirtschaft hin zum Tourismus. Um 1800 begann man, diese Region zu entdecken. Die „österreichische Schweiz" nannte man sie aufgrund ihrer bergigen Landschaft. Die Sommerfrischegesellschaft etablierte sich in St. Gilgen, Ischl, Gmunden. Es gehörte bald zum guten Ton, ins Salzkammergut zu menagieren, was bedeutet, sich mit Sack und Pack und selbstverständlich den Dienstboten auf die Reise zu machen.[1]

Der zweite Strukturwandel beruhte hingegen nicht auf der Veränderung des Freizeitverhaltens. Meist begleitet von „Rauch und Dampf", drang die industrielle Moderne sukzessive in das Leben des Menschen ein. Technische Erneuerungen änderten die Arbeitsmethoden und Mobilität des Menschen! Das große Symbol für diese Entwicklungen war die Eisenbahn, die in das Salzkammergut, bis Gmunden, von Pferden gezogen wurde. Im Jahre 1877 wurden mit der Salzkammergutbahn die Schienen in Richtung große Veränderungen gelegt.

Die Menschen fügten sich den neu entstandenen Rahmenbedingungen, der eine mehr, der andere weniger geschickt.

Im 19. Jahrhundert begann man seine Arbeitswelt neu zu definieren. Die Sonne begann nun kräftig für die Interessen der Unternehmer zu scheinen. Sie zogen ihre Kraft aus dem Prozess der Modernisierung und der technischen Innovationen. Mit ihren Strahlen bedachte sie auch das Salzkammergut großzügig.[2]

Unternehmer gab es schon weit vor dem 19. Jahrhundert, aber der wirtschaftliche Aufschwung in der zweiten Hälfte dieses Jahrhunderts bedingte eine neue Generation von Wirtschaftstreibenden. Es handelte sich hierbei um risikofreudige Männer, die betrieblich verwertbare technische Erfindungen gemacht hatten. Im Salzkammergut standen Menschen mit diesen Anforderungen zur Verfügung.[3]

Der Wirtschaftstreibende fand im Salzkammergut eine Reihe von entscheidenden Faktoren, die sich besonders günstig auf diese wirtschaftliche Entwicklung auswirkten. Die Region bot dem „Neuen Unternehmer" als Nährboden die Eisenbahn, Netzwerke mit wichtigen Finanzgebern (Sommerfrischlern) und Elektrizität. Es war hiermit die Grundlage für den wachsenden unternehmerischen Geist vorhanden.

Adalbert Lanna (1805–1866) beteiligte sich 1831 am Bau der Pferdeeisenbahn Linz–Budweis–Gmunden. Portraitbüste des Bildhauers Emanuel Max Ritter von Wachstein (1810–1901). Marmor. 1871   *Foto: Norbert Loidol*

Rudolf Ippisch (1878–1953) wurde vom Schuster zum Eigentümer der Traunseeschifffahrt und Bauherrn der Feuerkogel-Seilbahn. Ebensee, Dezember 1926 (Kat.-Nr. 13.2.1)

Foto: Rudolf Ippisch

Innovativer Geist, der sich im Erfindungsreichtum in der Salz- und Holzwirtschaft wieder findet, hatte im Salzkammergut Tradition.

Eindrucksvolle Beispiele sind der Oberbergrat Peter Ritter von Rittinger, der um 1854 mittels einer Wärmepumpe die weltweit erste Anlage zur Wärmerückgewinnung bei der Salzerzeugung in der Saline von Ebensee konstruierte. Auch der Ebenseer Schuster Rudolf Ippisch ist ein Beispiel. Er realisierte das mutige Seilbahnprojekt auf den Feuerkogel.

Als bedeutend für unternehmerisches Wirken erwies sich das „geistige Milieu" im Salzkammergut. Die steigende Mobilität brachte nicht nur mehr Menschen in diese Region („Neue Eliten"), sondern gleichzeitig mit ihnen neue Ideen und Möglichkeiten!

Die Machbarkeit wirtschaftlicher Bestrebungen erfuhr durch wichtige Gesellschaftsschichten, die hierher kamen, wie die bürgerliche Sommerfrische-Gesellschaft, Kreative und Künstler und der Geld- und Geburtsadel, eine besondere Begünstigung.

Somit standen dieser Region drei Bedingungen zur Verfügung, die sich als essentiell für das unternehmerische „Know How" herausstellten! Es war das intellektuelle Grundgerüst für die Entwicklung von Ideen gegeben, die Verfügbarkeit über Geldmittel vorhanden und weiters war der *„Zugang zu den für die Realisierung oft wesentlichen politisch-administrativen Institutionen und Entscheidungsinstanzen"*[4], gegeben.

Der Satz *„Alle Wirtschaft ist Menschenwerk"*[5] erfährt im Salzkammergut eine zusätzliche Dimension, da sich innovativer Charakter der Einwohner plus „neues wirtschaftliches Wissen" der Gäste mit der besonders inspirierend wirkenden Landschaft steigerten![6]

Beispielhaft anhand der folgenden Personen soll gezeigt werden, wie diese Unternehmer im Salzkammergut das wirtschaftliche Gedeihen der Region auf ihren Schultern trugen!

Das Salzkammergut – Heimat bedeutender Unternehmer

Als verkehrsmäßig schlecht erschlossen galt Oberösterreich bis hinein in die Gründerjahre, die um 1850 anzusetzen sind. So lag mit dem ganzen Oberösterreich auch das Salzkammergut abseits des wirtschaftlichen Aufschwungs der Donaumonarchie. Diese Situation fand jedoch dank des Ausbaus der Westbahn (1860/61) und wichtiger Nebenstrecken ihr Ende.

Licht und Dampf aus dem Salzkammergut

Großartige Arbeit leistete Josef Stern (1849–1924) mit seinem Unternehmenspartner Franz Hafferl (1857–1925). Ihre Namen sind eng mit dem Salzkammergut verbunden. Der Sitz des Unternehmens liegt in Gmunden.

Der Ausbau des lokalen Bahnnetzes ist ihrer Tatkraft zu verdanken und beispielhaft steht dieses Unternehmen für die Elektrifizierung der Region.[7] Im Jahre 1887 entstand die offene Handelsgesellschaft Stern & Hafferl.[8] 1894 riefen sie die „Gmundner Elektrizitäts-AG" ins Leben. Ihre Aufgabe lag im Bau und Betrieb elektrischer Beleuchtungs- und Kraftanlagen. Zu umfangreich sind die Tätigkeiten, die im Namen des Unternehmens getätigt wurden, um hier angeführt zu werden. Neunundzwanzig Lokalbahnen errichtete das Unternehmen „Stern & Hafferl". Die gewaltige Summe von 150 Bauprojekten beschreibt den großen Fleiß dieser Unternehmer.

Im Jahre 1924 verstarb Josef Stern, ein Jahr darauf Franz Hafferl, mit ihnen Pioniere der oberösterreichischen Elektrizitätswirtschaft. Sie erkannten die Bedeutung der Verbundwirtschaft und die gewaltigen Energiereserven, die in der Wasserkraft der Alpenländer ruhten.[9]

Das Salzkammergut als Mittelpunkt der Grundstoffindustrie

Ein weiterer erfolgreicher Unternehmer ist Ludwig Hatschek. Er wurde 1856 in Olmütz in Mähren geboren. 1889 heiratete er die Bankierstochter Rosa Würzburger. 1893 erwarb er

Ing. Josef Stern (1849–1924). Portrait von Rudolf Wernicke (1898–1963) nach einer alten Vorlage. 1947 (Kat.-Nr. 13.4.1)
Foto: Schepe

Maschinen samt Fabrikskonzession der „Ersten österreichisch-ungarischen Asbestwarenfabrik", im Jahre 1894 übernahm Ludwig Hatschek die „Kochmühle" (Erzeugung von Hadernpapier, Pappe und später Asbestpappe) in Schöndorf bei Vöcklabruck. Der Unternehmer führte diese Firma unter dem Namen „Erste österreichisch-ungarische Asbestwarenfabrik Ludwig Hatschek". Dort gelang es ihm, ein Dachdeckungsmaterial zu entwickeln, „das ewig hält". Das Material wird im Jahre 1903 mit dem uns bekannten Namen Eternit patentiert und die Fabrik erhält den neuen Namen „ETERNIT-Werke Ludwig Hatschek".

Ludwig Hatschek als Gründer dieser Firma hat es geschafft, ein Unternehmen aufzubauen, das jetzt seit mehr als hundert Jahren erfolgreich arbeitet. Ludwig Hatschek verstarb 1914 im Alter von 57 Jahren. Mit ihm ging eine wichtige Persönlichkeit der Wirtschaft, der es möglich war, mit ihrer Erfindung von Vöcklabruck aus einen Weltkonzern zu errichten. [10]

Heute zählt das Eternit-Werk Ludwig Hatschek AG Firmen in Ungarn und Rumänien zu seinem Firmenimperium und ist mit der Dansk Eternit Holding zur Eternit South Eastern Europe GmbH verbunden. Weitere Töchter der Eternit-Werke Ludwig Hatschek AG sind die „Dach und Wand" Handels GmbH & Co KG und die Hatschek Betondachstein GmbH. [11] Sie stehen für den erfolgreichen Werdegang des innovativen Unternehmers Ludwig Hatschek!

Die Wiege eines weiteren weltweiten Konzerns liegt ebenfalls im Salzkammergut. Franz Mitterbauer gründete im Jahre 1927 21-jährig die „Miba". Heute ist der Laakirchner Fahrzeugzulieferer unter der Leitung von Peter Mitterbauer eine boomende Branche in ihren drei Kerngeschäften Sinterformteile, Gleitlager und Reibbeläge. Die Eröffnung des neuen Werkes in Vráble / Slowakei am 20. September 2007 zeigt die Größenordnung des Betriebes. Hierfür tätigte die Miba eine Investition von zwanzig Millionen Euro und gibt 230 Menschen Arbeit. Insgesamt beschäftigt „Miba" 2.500 Menschen. [12]

Meist liegt das Unternehmertum in männlicher Hand. Oft wirkten aber Frauen in den Unternehmen ihrer Männer wesentlich mit und brachten sich erfolgreich in die Betriebe ein, die sie oft durch ihre Kreativität bedeutend mitgestalteten. Emilie Simandl-Schleiss steht Pate für solche Frauen.

Kreatives Unternehmen

Vier Jahre ist es her, dass das Unternehmen „Gmundner Keramik" sein hundertjähriges Bestehen (2003) feierte. Franz Schleiß begründete dieses mit dem Erwerb des seit 1500 bestehenden Hafnerhauses am Graben in Gmunden im Jahr 1843. Am 24. März 1903 errichtete Leopold Schleiss (1884–1968) den Unternehmensstandort an der Traunleiten in Gmunden und gründete die „Gmundner Tonwarenfabrik". Im Jahre 1909 wurde sie von Franz Schleiss II. übernommen, der durch die Heirat mit der Bildhauerin Emilie Simandl (1880–1962) eine kreative Partnerin in das Gmundner Unternehmen holte. Sie stellte ihr Schaffen in den Dienst des Unternehmens, der „Gmundner Keramik". Internationale Mitarbeit bei großen Projekten wie dem Stoclet-Palais und der Wiener Kunstschau (1908) bestätigen ihr großes künstlerisches Können!

Emilie Simandl-Schleiss entschied sich durch ihre Heirat für Gmunden und prägte hier das künstlerische Klima, das ab nun in der Schleiss-Werkstätte herrschte, mit. Diese Verbindung leitete den zu internationalem Weltruhm reichenden Begriff „Gmundner Keramik" ein. Unter diesem Titel arbeiteten Franz und Emilie Schleiss in ihrem Atelier. Im Jahre 1917 kam zu ihrer bedeutenden Funktion im Unternehmen die der Lehrerin in der neugegründeten „Keramischen Schule Schleiss" hinzu. Währenddessen zog sie ihre drei Töchter Margarete, Getrude und Marianne groß. Ihr großes Verdienst für das Unternehmen „Gmundner Keramik" ist ihre schöpferische Kraft, die dazu beitrug, dass viele Künstler aus der Wiener Szene in Gmunden aus- und eingingen. Sie war bis zu ihrem Ende die Seele und der künstlerische Motor des Unternehmens. [13]

Unternehmerisches Fazit für das Salzkammergut

Es gäbe hier noch viel mehr Unternehmer und Unternehmen zu präsentieren. Zu erkennen ist, dass im Salzkammergut viele innovative Menschen ihre Ideen entwickeln konnten. Die Schaffenskraft einiger, die mit kleinen Unternehmen anfingen, legte den Grundstein für mächtige Konzerne wie die „Miba" oder das „Eternit-Werk Ludwig Hatschek AG". In dieser Region war ein großzügiger „genius loci" vorhanden. Hier schufen Erfindergeist, Risikobereitschaft und weltmännischer Einfluss von außen die Basis für wirtschaftliches Denken, das besonders in der Gründerzeit in dieser Region starke Blüten trieb.

Bedeutende Männer wie Josef Stern und Franz Hafferl waren bereit, die Zeichen der Zeit zu erkennen. Sie setzten sie um, indem sie maßgeblich die Energieversorgung und den Ausbau des Schienennetzes forcierten.

Josef I. Dierzer, der im Jahre 1832 nördlich von Gmunden (Theresienthal) eine mechanische Kammgarnspinnerei aufbaute, gelang es in kürzester Zeit, zum größten Unternehmer in dieser Branche zu werden, zum zweitgrößten innerhalb der Monarchie. Dank seiner Verdienste um die oberösterreichische Wirtschaft wurde er im Jahre 1849 in den erblichen Ritterstand, zum „Ritter von Traunthal", erhoben. So lautete es im kaiserlichen Adelsbrief:

„Josef Dierzer hat sich vielfach Verdienste um die vaterländische Industrie, die Hebung des Wohlstandes der arbeitenden Klasse, insbesondere aber um die Versorgung der vielen brotlosen Arbeiter in unserem Salzkammergute sowie um die Förderung wohltätiger und gemeinnütziger Anstalten erworben."[14]

Es ist von großer Wichtigkeit für eine Region, Unternehmer und Unternehmen mit Verantwortung zu beherbergen, die mit Visionen in die Zukunft blicken und auch das Wohl ihrer Mitarbeiter im Auge haben! Davon gibt es und gab es einige in diesem Gebiet!

Das Salzkammergut ist ein wirtschaftlicher Raum, in dem Innovation Tradition hat!

1 Vgl. Gottfried Heindl, Das Salzkammergut und seine Gäste, 11 f.

2 Vgl. Visionäre der Machbarkeit, aus: Visionäre bewegen die Welt, Hrsg. Netzwerk Salzkammergut, 162 ff.

3 Vgl. Hans Jürgen Zauner, Oberösterreichische Unternehmer; Leben und Werk, Bd. 19, 69.

4 Vgl. Visionäre der Machbarkeit, aus: Visionäre bewegen die Welt, Hrsg. Netzwerk Salzkammergut, 165 f.

5 Erich Mario Meixner, Wirtschaftsgeschichte des Landes Oberösterreich, Band 2 – Männer, Mächte, Betriebe, Salzburg 1952, 28, und Hans Jürgen Zauner, Oberösterreichische Unternehmer; Leben und Werk, 7.

6 Vgl. Zauner, Oberösterreichische Unternehmer, 7.

7 Vgl. Zauner, Oberösterreichische Unternehmer, 213.

8 Vgl. Heinrich Marchetti, Stern & Hafferl, Visionen mit Tradition 1883–2003, 23.

9 Vgl. Zauner, Oberösterreichische Unternehmer, 213 ff.

10 Vgl. 50 Jahre Asbestzement-Industrie; 50 Jahre – Werke Ludwig Hatschek, 11 ff. und vgl. Zauner, Oberösterreichische Unternehmer, 100 ff.

11 Vgl. http://www.eternit.at/11328.0.html [Stand: 21. Sept. 2007].

12 Vgl. (2007): Miba baut im „Detroit Mitteleuropas" kräftig aus, in: OÖ. Nachrichten, 21. 9. 2007, S. 11 und vgl. http://www.miba.com/ [Stand: 21. Sept. 2007].

13 Vgl. Irmgard Gollner, Gmundner Keramik; Kunst aus Ton, Feuer & Farbe, 2003, 61 ff.

14 Adelsakt vom 17. Dezember 1849 und Zauner, Oberösterreichische Unternehmer, 147.

Das Firmengelände der MIBA Gleitlager AG in Laakirchen. 2007

Foto: MIBA AG

„Bad Ischl – Österreichs ältestes Solebad". Der Bildentwurf stammt vom Maler und Graphiker Franz Xaver Weidinger (1890–1972).   *Foto: OÖ. Landesarchiv*

Martin Schumacher / Roman Sandgruber

Eine kleine Tourismusgeschichte des Salzkammergutes

Am Anfang steht die Kunst: Die „Entdeckung" des Salzkammerguts

Bis zum Ende des 18. Jahrhunderts lag das Salzkammergut noch völlig abgeschieden von jedem Welt- und Fremdenverkehr. Die Lebensader der Gegend war die Traun, auf der Salzschiffe von Steeg über Bad Ischl ihre kostbare Ladung bis ins Schwarze Meer transportierten.[1] Zu dieser Zeit bereiste die Wiener Salondame Karoline Pichler das noch ganz unbekannte Bad Ischl und machte die Gegend in den noblen Kreisen der Wiener Gesellschaft erstmals bekannt. Zeitgleich waren auch Reisebuchautoren auf das Salzkammergut aufmerksam geworden: Ein berühmter Vertreter dieses Genres war Alexander von Humboldt, der das Salzkammergut 1797 als „zweite Schweiz" rühmte – ein in der damaligen Zeit sehr werbewirksamer Vergleich.[2]

Zur Jahrhundertwende wurde die Region dann erstmals von zahlreichen Literaten besucht, ihnen folgten Maler und Aquarellisten. Unter diesen Persönlichkeiten ihrer Zeit befanden sich Ludwig Richter, Jakob Gauermann, Adalbert Stifter oder Johann Nestroy. Sie alle haben durch ihre Werke dazu beigetragen, den Ruf der Region als österreichische Schweiz zu festigen.[3] Die Orte im Salzkammergut waren freilich noch nicht zur Unterbringung von Fremden ausgerichtet, die Verkehrswege galten als sehr schlecht und die Berge wurden in ihren höheren Regionen noch nicht bestiegen.[4]

Die Anfänge des Tourismus: Die „Geburt" des mondänen Kur- und Badeortes Bad Ischl

Das Salzkammergut und Bad Ischl hatten ihre aufsteigende Popularität allen voran zwei Ärzten zu verdanken: Der Salinenarzt Josef Götz entwickelte in Bad Ischl eine wirksame Therapie zur Heilung von an Rheumatismus und Hautkrankheiten leidenden Salinenarbeitern mit heißer Sole.[5] Zudem erkundete der damals in Wien sehr bekannte Hof- und Prominentenarzt Franz Wirer auf seinen Vergnügungsreisen durch das Salzkammergut auch den Salinenort Bad Ischl. Von den erzielten Heilerfolgen des Arztes Josef Götz überzeugt, sendete Wirer 1823 die ersten 40 Badegäste in den Salzort. Zum Sommer dieses Jahres wurden für Kurgäste bereits die ersten Bäder erbaut.[6] Alsbald folgten die Adeligen des Landes, Staatskanzler Metternich und Erzherzog Rudolf, der Bruder des Kaisers. 1827 kam schließlich der bis dahin kinderlose Neffe des Kaisers, Franz Karl, mit seiner Gattin Sophie. Bald darauf stellte sich für das Ehepaar mit den „Salzprinzen" Franz Joseph (1830), Ferdinand Maximilian (1832) und Karl Ludwig (1833) reicher Kindersegen ein. Nun war „die Welt" überzeugt von der außergewöhnlichen Heilkraft der Bad Ischler Sole- und Salzdampfbäder und der krisengeschüttelte Industrieort war auf dem Weg zum Luxuskurort von Weltruf:[7] Bad Ischl war plötzlich mit rund 24.000 Kurgästen auf der Liste der meistbesuchten Bäder der Monarchie nach Baden auf dem zweiten Platz angelangt.[8]

In dieser Zeit wurden im Salzkammergut emsig Villen als Sommerquartiere gebaut, die sich einer kaum zu stillenden Nachfrage erfreuten. Im Jahr 1828 tauchte in Bad Ischl schließlich eine gänzlich neue Wohnform auf: das Hotel.[9] Kaffeesieder und Friseure siedelten sich an und die neue Berufsklasse der Sänften- und Sesselträger formierte sich. Das Cafe Ramsauer und die Konditorei Zauner (1832) nutzten die Gunst der Stunde und boten der wachsenden Gästeschar ihr aus den Städten gewohntes „Kaffeehaus". Die damaligen Gästelisten der Region waren voll von berühmten Namen: von Nikolaus Lenau und Wilhelm Raabe über Johannes Brahms und Oscar Strauss.[10]

Das „Besondere" an Bad Ischl war aber zweifelsfrei die intensive Bindung des Kaiserhauses zur Stadt: Kaiser Franz Joseph I. verbrachte annähernd 70 Sommer in Bad Ischl, 1853 verlobte er sich dort mit seiner Cousine Elisabeth, Herzogin in Bayern, besser bekannt als Sissi. Im Jahr 1854 ließ Kaiser Franz Joseph durch einen Umbau hier „seine" Kaiservilla gestalten.[11] Dort hat er über Jahrzehnte die Monarchen beinahe aller europäischen Staaten empfangen.[12] Der Weltruhm von Bad Ischl war damit endgültig begründet.

Das Aufblühen des Salzkammerguts im 19. Jahrhundert

Bald begann – inspiriert vom Zentrum Bad Ischl – das gesamte Salzkammergut touristisch zu erwachen. Wer etwas auf sich hielt, übersiedelte in der warmen Jahreszeit in seine Sommerresidenz nach Bad Ischl und Gmunden. Der mittlere und niedere Adel verweilte gerne in Goisern, Aussee, am Wolfgangsee, Attersee oder Mondsee. Die Familie des Großherzogs Leopold II. von Toscana kaufte 1868 die Halbinsel Ort samt See- und Landschloss und errichtete die Villa Toscana. Auch die Dynastien der Württemberger und Bourbon-Parma bevorzugten das Salzkammergut zum Sommeraufenthalt.[13]

Der Attersee erlebte seinen Aufschwung erst gegen Ende des 19. Jahrhunderts, er war beliebter Sommersitz bei Dichtern, Wissenschaftern, Komponisten und Malern. Gerne verweilten dort Hugo Wolf, er war – wie vor ihm Franz Schubert – der bedeutendste Liederkomponist seiner Zeit und Gustav Mahler,

Kaiserliches Ischl   Foto: Kaisertherme Bad Ischl

welcher sich in Steinbach am Attersee gar ein bis heute existierendes „Komponierhäuschen" errichten ließ. Am Attersee komponierte er seine zweite und dritte Symphonie. Auch Rudolf Steiner, der Begründer der Anthroposophie („Weisheit vom Menschen"), Gustav Klimt und Viktor Adler verbrachten mit Vorliebe die warmen Tage am Attersee.[14]

Das Mondseeland war im 19. Jahrhundert noch am wenigsten bereist und in dieser Zeit auch die „natürlichste" Gegend im Salzkammergut: Es verfügte zwar über reichlich bürgerlich-ländliche Gasthäuser, 1868 verbrachten aber erst etwa 200 Fremde, alle aus Wien, den Sommer in Mondsee (1911 waren es dann bereits 3.348 Sommergäste), die vor allem das künstlerische Unterhaltungsangebot durch (Wiener) Theater und Konzerte schätzten.[15]

Eine Reise
ins Salzkammergut zu Kaisers Zeiten

Zu Anfang des 19. Jahrhunderts dauerte eine Fahrt mit der Postkutsche von Wien nach Bad Ischl noch dreieinhalb Tage. Ab 1826 verkürzte bereits ein direkter Eilwagen, der zweimal die Woche verkehrte, die Reisezeit erheblich. Ein nächster Meilenstein im Reisekomfort bestand in der Verlängerung der Pferdeeisenbahn-Linie „Budweis–Linz" bis Gmunden im Jahre 1836, was die Anreise weiter verkürzte. 1839 wurde zudem das erste Dampfschiff auf dem Traunsee in Betrieb genommen, 1872 am Mondsee.[16]

Die Verkehrserschließung durch die Eisenbahn begünstigte die Entwicklung des Reiseverkehrs in das Salzkammergut. Da man den Fremdenverkehr als förderlich für die Wirtschaft erkannte, wurde 1855 auch die Erbauung der Westbahn vor allem mit freizeitwirtschaftlichen Argumenten befürwortet. Man erwartete sich durch ihren Bau eine wahre Pilgerfahrt an erholungsbedürftigen Touristen. Dank der Fertigstellung der Westbahn in den Jahren 1858/60 und der Salzkammergutbahn von Attnang über Bad Ischl nach Bad Aussee wurde die Region endgültig in das europäische Verkehrsnetz eingebunden.[17]

Der Tourismus als „neuer Wirtschaftszweig" des Salzkammerguts am Ende des 19. Jahrhunderts

Der Tourismus kam der Region als neuer Wirtschaftszweig wie gerufen, denn die Salzerzeugung verlor zusehends an Bedeutung und führte zu großen wirtschaftlichen Problemen. Ausgehend von der touristischen Entwicklung veränderten sich auch die Sozialstrukturen im Salzkammergut zusehends – es entstanden eine neue bürgerliche Oberschicht, neue Berufe und Geschäfte, die das Landschaftsbild und die Gesellschaft veränderten. Die wirtschaftliche Entwicklung war geprägt durch ein Aufblühen von Gasthäusern, Trägern und Kutschern, Köchinnen, Barbieren, Bergführern und einer stark ausgeprägten Andenkenindustrie.[18] Der Wirtschaftsaufschwung aus dem Fremdenverkehr beendete die Bevölkerungsabwanderung, es kamen nun sogar ortsfremde Gewerbetreibende ins Salzkammergut, um sich dort eine Existenz aufzubauen.[19]

Im „Kur- und Badetourismus" schritt in Konsequenz die Entwicklung rasant voran. Neben Bad Ischl entwickelten auch Gmunden, Bad Aussee und Mondsee Kurzentren. Entlang der Seeufer entstanden Kurpromenaden. Wanderwege wurden angelegt, Seebäder gebaut, Ausflugsmöglichkeiten arrangiert, Sportgelegenheiten errichtet. Bald formierten sich Verschönerungsvereine und Trachtenverbände, was zum einen die Fremdenverkehrsentwicklung förderte und zum anderen der Unterhaltung der Gäste diente.[20]

Die Gäste lernten nun ein modernes, weltoffenes Salzkammergut kennen. Die noblen Städter wollten während ihrer Sommerfrische auch nicht mehr auf Komfort verzichten, für Hotels bedeutete der Verweis „Elektrisches Licht" große Werbewirksamkeit. Einst noch eine Rarität, wurden die beleuchteten Kurpromenaden, die sich spiegelnden Lichter der Seeuferwege, die Beleuchtung von Wasserfällen und Kirchtürmen rasch zu Attraktionen des Tourismus. Eine steigende Nachfrage nach Beleuchtung zeichnete sich in den großen Hotels und Sommervillen ab. Gleichzeitig bot das Salzkammergut mit einer großen Zahl leicht ausbaubarer Wasserkräfte genügend Spielraum, um diesen „neuen" Bedürfnissen leicht gerecht werden zu können.[21]

In diese Zeit der „Technologisierung" des Salzkammerguts fällt auch die Geburtsstunde des Unternehmens Stern & Hafferl, welches in St. Wolfgang eine kleine Dampfzentrale errichtete, um damit das Schafberg-Hotel und die Wetterlochhöhlen elektrisch zu beleuchten. Mit weiteren derartigen Projekten wurde das Unternehmen zum Pionier der Elektrifizierung des ganzen Landes.[22] Bis heute zählt die Unternehmensgruppe Stern & Hafferl mit über 450 Beschäftigten zu einem der wichtigsten Arbeitgeber im Raum Gmunden.[23]

Auf „Sommerfrische" ins Salzkammergut

Die Sommerfrische war ursprünglich ein Privileg des Adels. Erst mit der Erfindung der Dampfmaschine durch James Watt und der Lokomotive durch George Stephenson wurde das Reisen einer breiteren Masse zugänglich gemacht.[24] Im 19. Jahrhundert begannen auch Bürgerliche damit, sich zu den adeligen Sommerfrischlern zu gesellen. Man „musste" einfach reisen oder in die Sommerfrische fahren, wenn man einen gewissen sozialen Standard vorzeigen wollte.[25]

Die Fahrt in die Sommerfrische bedeutete eine Verlegung des gesamten Haushalts von der Stadt aufs Land. Das gewohnte städtische Leben wurde in ländlicher Umgebung fortgesetzt – man war „an der frischen Luft und doch wie zu Hause". Der Städter fuhr mit „Sack und Pack" und selbstverständlich auch mit allen Dienstboten in das Salzkammergut. In die dort gemietete „Residenz" wurde der ganze Hausrat, vom Kaffeehäferl über Küchengeschirr bis hin zur Matratze, mittransportiert. Diesen Umzug nannte man „menagieren". Da mittlerweile Eisenbahn und Dampfschiff einen komfortablen Transport ermöglichten, wurde das Salzkammergut rasch zu Österreichs prominentester Sommerfrische.[26]

Viele Gäste errichteten sich entlang der Seeufer ihre Villen, andere bevorzugten es, weiterhin bei den Einheimischen in Miete zu wohnen.[27] Allein in Bad Ischl stieg die Zahl der Nächtigungen zwischen 1876 und 1886 von 4.628 auf 14.846 um das Dreifache. Der Fremdenverkehr beschränkte sich dabei nicht nur auf den Sommersitz des Kaisers, sondern dehnte sich auf das gesamte Salzkammergut aus.

Das alpine innere Salzkammergut und Gosau erfuhren nach dem Bau der Bahn und dank der Heilkraft seiner Jodschwefelquellen, welche 1874 entdeckt wurden, einen bemerkenswerten touristischen Aufschwung.[28] St. Wolfgang erlebte ebenfalls einen „Boom" – die Gemeinde war aufgrund ihrer langen Geschichte als Wallfahrtsort dafür bereits sehr gut gerüstet. Auch Mondsee profitierte vom Anschluss an den Verkehr.

Die Anfänge des Alpinismus und des Wassersports im Salzkammergut

Ergänzend zur Sommerfrische trat gleichzeitig eine neue Form des Fremdenverkehrs im Salzkammergut auf: die Hochgebirgstouristik. Die Erschließung der Bergwelt begann in den 80er-Jahren des 19. Jahrhunderts. Auf Betreiben von Alpenverein und Bergsteigervereinigungen entstanden im Hochgebirge erste Unterkünfte und Wege.[29] 1877 wurde auf Initiative des Alpenforschers Friedrich Simony eine der ersten Schutzhütten auf dem Hallstatt-Gletscher errichtet.[30] Parallel erfreuten sich erste (wasser-)sportliche Betätigungen steigender Beliebtheit – rasch entwickelte sich ein Wassersportangebot mit Schwimmanstalten und Booten an den Seen: Die Bauern- und Fischerdörfer wurden zunehmend zu Sommer-Badeorten.[31]

Im Unterschied zu kurärztlicher Tradition hatte der Sommerfrische- und Alpintourismus einen wesentlich höheren Einfluss auf Handel und Gewerbe des Salzkammerguts. So stieg die Anzahl der Gewerbebetriebe in Bad Aussee zwischen 1880 und 1890 von 167 auf 229. Im gesamten Gerichtsbezirk Aussee wuchs die Zahl der Betriebe im gleichen Zeitraum um 63,3 Prozent an. In Gebieten mit geringerem Fremdenverkehr war dieser Trend nicht anzutreffen: Irdning verzeichnete im Vergleichszeitraum zum Beispiel einen Rückgang von 14,7 Prozent an Gewerbebetrieben.[32]

Der Fremdenverkehr wird landesweit „organisiert"

Auf Bestreben des damaligen Landeshauptmanns von Oberösterreich, Alfred Ebenhoch, wird der Fremdenverkehr schließlich in Würdigung seiner stetigen Bedeutung für das Salzkammergut und das gesamte Bundesland institutionalisiert. Ebenhoch erkannte, dass für den jungen Wirtschaftszweig eine gewisse Struktur und gezielte Pflege notwendig waren: Dazu sollte – in Ergänzung zum sich ebenfalls formierenden Salzkammergutverband – eine oberösterreichische Landesorganisation für Fremdenverkehr ins Leben gerufen werden.[33] Am 10. Juni 1901 wurde der „Landes-Fremdenverkehrsverband Oberösterreich"

Sommer am Traunsee vor dem Seeschloss Ort. 1950er-Jahre
Foto: OÖ. Landesarchiv

auf Vereinsbasis gegründet. Die Mindesthöhe des Jahresbeitrages für Mitgliedsgemeinden betrug 20 Kronen.[34] Dieser Verein verfolgte das Ziel, wirkungsvoll Werbung für die oberösterreichischen Fremdenverkehrsgebiete zu betreiben, und besteht in angepasster Form bis zum heutigen Tage.[35]

Das Ende der K. u. k. Monarchie: Der Weg des Salzkammerguts zum internationalen Massen-Tourismus

Der Erste Weltkrieg und seine Folgen brachten für den Fremdenverkehr im Salzkammergut zunächst dramatische Einschnitte: Im Ersten Weltkrieg kam der Fremdenverkehr zunächst praktisch völlig zum Erliegen. Zudem wurde die Versorgung mit Lebensmitteln knapp, infolgedessen gab es sogar ein „amtliches" Verbot des Fremdenverkehrs.[36]

Mit dem Ende der Monarchie verlor das Salzkammergut schließlich zunächst viel von seiner Bekanntheit und Exklusivität: Hochadel und High Society gab es mit dem Ende der Monarchie und des Ersten Weltkrieges in der bis dahin gewohnten Form nicht mehr. Die „Aristokratie" als „Kerngästeschicht" des Salzkammerguts war verschwunden und so musste sich die Region in der Ausrichtung ihres Fremdenverkehrs „neu orientieren". „Die Herrschaften gab es nicht mehr. Man sprach ungern davon, wohin die Herrschaften gekommen waren. Ein älteres Paar, Herrschaften von früher, kam auch nach dem Zusammenbruch jedes Jahr im Sommer nach Ischl und stieg dann im Hotel Post ab. Sie hießen Landauer und wohnten jetzt in Südafrika."[37]

Die veränderten wirtschaftlichen Gegebenheiten bewirkten eine erste Internationalisierungswelle – die Inflation ermöglichte ausländischen Gästen einen finanziell preiswerten Aufenthalt im Salzkammergut. Die ehemals zahlreichen Wiener Touristen wurden nach Kriegsende sukzessive durch mehr ausländische Gäste ersetzt. Diese nutzten die Möglichkeit, sich billig in Luxushotels einzumieten: Das bewirkte ab 1922 für Bad Ischl und das Salzkammergut eine zunehmende Stabilisierung des Fremdenverkehrs. Eine „neue Schicht an Neureichen und Kriegsgewinnlern" wurde nunmehr heftig umworben – die Republik befand sich in einer wirtschaftlich und politisch sehr instabilen und geschwächten Lage und erklärte den (devisenbringenden) Tourismus zur „Lebens- und Überlebensfrage".[38] Zahlreiche für die Bevölkerung unverzichtbare Güter wie Nahrungsmittel und Kohle mussten vom jetzt kleinen Österreich (teuer) importiert werden – der Fremdenverkehr war demzufolge als einfaches und schnelles Exportgeschäft angesehen, um die stark defizitäre Handelsbilanz zu entlasten.[39]

Die Zwischenkriegszeit: Mit dem Automobil ins Salzkammergut

In der Zwischenkriegszeit tätigten Republik und Land erneut zahlreiche Investitionen in die Infrastruktur. Neben nunmehr elektrisch betriebenen Bahnstrecken wurde auch der Straßenausbau vorangetrieben, da man den Autotouristen als Zukunfts-

Der Attersee: Salzkammergut-Werbeplakat aus der Zeit des Wirtschaftswunders nach dem Ende des Zweiten Weltkrieges   *Foto: OÖ. Landesarchiv*

markt erkannte.[40] Nach dem Zweiten Weltkrieg überholte das Auto sogar die Eisenbahn an Bedeutung und brachte die entscheidende Neuerung mit sich, dass der Fremde nicht mehr an einen Ort gebunden war. Allmählich konnten alle Orte im Salzkammergut in den Fremdenverkehr mit eingebunden werden und Omnibuslinien wurden zwischen den einzelnen Gemeinden eingerichtet. Diese Entwicklung war Auslöser für steigende Fremdenzahlen, wobei sich die Aufenthaltsdauer jedoch bereits damals aufgrund der gestiegenen Mobilität verkürzte.[41]

Die Entwicklung der mechanischen Aufstiegshilfen war zwar schon früher mit dem Bau der Schafbergbahn im Jahre 1893 eingeleitet worden. Ende der 1920er-Jahre galt im Salzkammergut und im Rest Österreichs aber das Bestreben, mit der Erbauung von Berg- und Seilbahnen die Attraktivität der Fremdenverkehrsorte weiter zu erhöhen. So wurde im Salzkammergut 1927 der Feuerkogel bei Ebensee mit der zweiten Personenseilbahn Österreichs erschlossen.[42]

Der gerade erst wieder erstarkte Fremdenverkehr erfuhr durch die Weltwirtschaftskrise ein neuerliches, jähes Ende. Die Folgen der Depression, also des anhaltend negativen Wirtschaftswachstums, zeigten sich überdeutlich im Rückgang der Übernachtungen und der Deviseneingänge.[43] Als Konsequenz der Krise waren die ohnehin weniger gewordenen Reisenden auch noch zu erhöhter Sparsamkeit gezwungen. Der größte Anteil an Fremden in dieser Zeit kam aus Deutschland, welches ebenfalls stark unter der Krise litt, daher stieg in ganz Österreich die Zahl der so genannten „Rucksacktouristen". Sie mussten mit sehr kleinen Budgets ihr Auslangen finden, kamen aber trotzdem gerne nach Österreich.[44]

Die Folgen der Weltwirtschaftskrise verschärften sich für den Fremdenverkehr durch das im Mai 1933 verhängte Gesetz der 1.000-Mark-Sperre weiter. Nach offizieller Diktion diente diese Maßnahme zwar dem Schutz reichsdeutscher Urlauber, da sie bei ihrem Aufenthalt in Österreich in Gefahr kommen könnten.[45] Wahres Ziel dieser vom Deutschen Reich verhängten Devisensperre für Reisen Deutscher nach Österreich war es jedoch, die österreichische Wirtschaft, die sehr stark vom Fremdenverkehr abhing, noch weiter zu schwächen und das Gesamtsystem in Österreich zu destabilisieren. Während die westlichen österreichischen Bundesländer von Gästeausfällen bis zu 80 Prozent getroffen wurden, waren in Oberösterreich die Konsequenzen mit Rückgängen von rund 20 Prozent geringer.[46]

Mit dem Anschluss an das Deutsche Reich und der „Kraft durch Freude"-Organisation kamen zahlreiche Gruppenreisende ins Salzkammergut, was den Tourismus in den ersten Kriegsjahren im nunmehrigen „Gau Oberdonau" sogar steigen ließ. Ab 1942 kam dann allerdings der Fremdenverkehr im Salzkammergut völlig zum Erliegen. Verfügbare Betten wurden für die Unterbringung der Wehrmacht und von Flüchtlingen verwendet.[47]

Die lange „Boom-Phase" des Salzkammergut-Tourismus zwischen 1950 und 1990

In den ersten Jahren der Nachkriegszeit war das Tourismus-Angebot in ganz Oberösterreich sowohl qualitativ als auch quantitativ auf einem Tiefpunkt angelangt. Dennoch – der „lange Weg zurück nach oben" begann: Von 1948 bis 1958 verdoppelte sich die Zahl der Fremdenbetten, 1965 hatte sie sich bereits verdreifacht. In der gleichen Periode stieg der Ausländeranteil von 5,5 Prozent (1948) auf ein Drittel (1959–1969) der Nächtigungen.

Ab diesem Zeitraum trat eine rasche Zunahme der Gästezahlen ein, die bis in die 1980er-Jahre unverändert anhielt und das Salzkammergut zu einem der frequenzstärksten Tourismusgebiete Mitteleuropas aufsteigen ließ.[48]

Der Tourismus im Salzkammergut war allerdings von Anbeginn durch eine starke Sommersaison und eine gering ausgeprägte Wintersaison gekennzeichnet: Aufgrund der geringen Seehöhe und der geologischen Formationen war der Wintertourismus im Salzkammergut wenig attraktiv, im Sommerhalbjahr ergaben sich Probleme durch die niedrige Wassertemperatur der Seen in Verbindung mit dem instabilen Wetter. Der Großteil der Betriebe hatte in Konsequenz mit gravierenden Auslastungspro-

blemen zu kämpfen. Die Ertragslage verschlechterte sich außerdem durch die Einsaisonstruktur der meisten Anbieter, weiters durch das Billigimage des Salzkammerguts, das viel zu große Angebot und den geringen Komfort der Unterkünfte.[49]

Durch Investitionen in die touristische Infrastruktur versuchte man bereits in den Nachkriegsjahren die Ganzjahres-Attraktivität des Salzkammerguts zu steigern. Nach einer langen Pause im Bau von Seilbahnen wurde auch deren Errichtung Ende der 1940er-Jahre wieder aufgenommen. Zusätzlich zu den Bergstationen entstanden Hotels, Restaurants, Wanderwege und Lifte.[50] 1950 bis 1970 wurden zahlreiche Bergbahnen eröffnet, wie die Dachsteinbahn, die Gründbergbahn bei Gmunden, die Kathrinbahn in Bad Ischl, die Gosaukammbahn in Gosau, die Wurzeralmbahn in Spital, die Kasbergbahn in Grünau sowie zahlreiche Sessel- und Schlepplifte. Durch diese massive Erschließung der Bergwelt des Salzkammerguts begann man eine Wintersaison als wirtschaftliche Stütze und „zweites Standbein" für den Fremdenverkehr zu entwickeln.[51] Zur qualitativen Abrundung des natürlichen Angebotes der Region fielen in diesen Zeitraum auch massive Investitionen in Wanderwege, Hallenschwimmbäder, Loipen, Rodelbahnen, Eislaufplätze, Tennis- und Golfplätze, Schi-, Segel- und Surfschulen, Tennishallen Reitschulen, Kegelbahnen etc.[52]

Der volkswirtschaftliche Bedeutung des Tourismus als elementarer Wirtschaftsfaktor im Salzkammergut seit Ende des Zweiten Weltkrieges

Die wirtschaftliche Dynamik des Fremdenverkehrs dieser Jahre wird deutlich, wenn man die Entwicklung der Übernachtungszahlen in diesen Jahren betrachtet: Zwischen 1954/55 und 1965/66 steigen die Übernachtungszahlen im gesamten Salzkammergut von 1.205.900 auf 3.874.869. Im Vergleich zum Rest Österreichs kann sich das Salzkammergut in den Nachkriegsjahren bis 1966 damit über eine überdurchschnittliche Fremdenverkehrsentwicklung freuen.[53]

Tourismuskennzahlen 1954/55			
	Sommer	Winter	Gesamt
Nächtigungen	1.102.033	102.643	1.204.676
Betten	19.116	19.116	19.116
Ankünfte	177.504	22.444	199.948
Betriebe	380	380	380
Bettenauslastung	31,33 %	2,92 %	17,27 %
Vollbelegstage	58	5	63
Ø Aufenthaltsdauer	6,21	4,57	6,02
Ø Bettenanzahl	50	50	50

Tabelle 1: Tourismuskennzahlen 1954/55
Quelle: Statistik Abteilung Land OÖ. (1955)
(obige Werte ohne Berücksichtigung der Steiermark und von Salzburg)

Das Anwachsen der Gästezahlen ging einher mit einer zunehmenden Internationalisierung der Herkunftsmärkte: Vor dem Zweiten Weltkrieg war der Fremdenverkehr inländerdominiert (allerdings wurden statistisch seit jeher auch alle Angehörigen der Donaumonarchieländer als Österreicher gezählt). Nach Kriegsende wird das Salzkammergut mehrheitlich von ausländischen Gästen bereist, in erster Linie von Deutschen. In den zwölf Jahren zwischen dem Berichtszeitraum 1952/53 und 1964/65 stieg im Salzkammergut der Anteil an ausländischen Gästen von 42,5 Prozent auf 62 Prozent.[54] Ausschlaggebend dafür waren nicht zuletzt stetig vereinfachte Einreiseformalitäten und Steuerungs-Maßnahmen im Bereich der österreichischen Währungspolitik, die Österreich zu einem für Ausländer gleichermaßen einfach zu bereisenden und dazu noch eher günstigen Reiseland machten.

Die zahlreichen Investitionen dieser Zeit in die Angebotsverbesserung bewirkten eine Erhöhung der durchschnittlichen Aufenthaltsdauer der Fremden in Oberösterreich auf 8,1 Tage und außerdem eine schrittweise „Entzerrung" der Reisezeiten zugunsten des Winterhalbjahres durch die beginnende Attraktivität des alpinen Wintertourismus.[55]

Lag 1960 das Verhältnis „Sommer- zu Wintersaison" im Salzkammergut noch bei 90,3 zu 9,7 Prozent – mit einer Konzentration der Nächtigungen von über 50 Prozent der Jahresnächtigungen nur in den Monaten Juli und August, konnte durch einen weiteren Ausbau der Wintersportmöglichkeiten in Tauplitz, Mitterndorf und auf dem Dachstein für das Berichtsjahr 1964/65 eine leichte Steigerung des Winteranteils auf 11,3 Prozent erzielt werden.[56]

Die Zunahme der Nächtigungszahlen zog auch eine Ausweitung der Anzahl und Kapazitäten der Beherbergungsbetriebe nach sich. Das Angebot der privaten Betriebe entwickelte sich dabei in diesen Aufbaujahren stärker als jenes der gewerblichen. Viele Familien investierten in den Neu- oder Umbau ihres Hauses mit „Privatzimmer-Vermietung" in der Erwartung auf Einnahmen durch Zimmervermietung zur Finanzierung ihrer Hausbauten. Allgemein stiegen die Nächtigungszahlen in dieser Periode aber langsamer als die Bettenkapazitäten, was trotz des Nachfragebooms zu einer Verschärfung der wirtschaftlichen Situation vieler, insbesondere gewerblicher Beherbergungsbetriebe führte.[57]

Der starke Anstieg im Fremdenverkehr hinterließ auch seine Spuren in einer Verschiebung der Erwerbsgrundlagen der Bevölkerung: Die Land- und Forstwirtschaft, welche 1934 noch dem Großteil der Bevölkerung als Erwerbsquelle diente, verlor zusehends an Bedeutung. Zum einen lag der Grund dafür in der geringen Produktivität der landwirtschaftlichen Betriebe, zum anderen erkannte man die besseren Verdienstmöglichkeiten in der gewerblichen Wirtschaft, im Handel, im Verkehr und im Fremdenverkehr.[58]

Im Bereich der gewerblichen Wirtschaft konnten das Hotel-, Gast-, und Schankgewerbe wenig überraschend die stärksten Zuwächse an Beschäftigungsanteilen verzeichnen. Alleine in den drei Jahren von 1961 bis 1964 stieg die Anzahl der Beschäftigten im Fremdenverkehr um 40,5 Prozent. Wie weit reichend der Aufschwung im Fremdenverkehr damals war, zeigte sich auch daran, dass die Getränkesteuereinnahmen schneller wuchsen als die Gesamtsteuereinnahmen.[59]

1972 entwickelte das Land Oberösterreich erstmals ein koordiniertes „OÖ Fremdenverkehrskonzept". Dieses Vorhaben war ausgerichtet auf eine qualitative Steigerung des Angebots, verstärkte Umweltschutzmaßnahmen (!!) sowie die Ausarbeitung eines oberösterreichischen Heilbäder- und Kurortekonzeptes.[60] Programmpunkte, die darin speziell für das Salzkammergut fixiert wurden, beinhalteten die Förderung der Winter- und Nebensaison, den Ausbau von Schlechtwettereinrichtungen, Wanderwegen und des Kurwesens sowie – erstmals – die Förderung von Kongresseinrichtungen. In der Folge gelang der

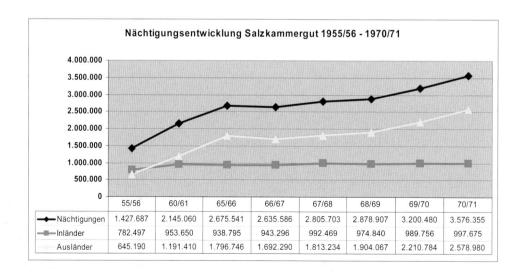

	55/56	60/61	65/66	66/67	67/68	68/69	69/70	70/71
Nächtigungen	1.427.687	2.145.060	2.675.541	2.635.586	2.805.703	2.878.907	3.200.480	3.576.355
Inländer	782.497	953.650	938.795	943.296	992.469	974.840	989.756	997.675
Ausländer	645.190	1.191.410	1.796.746	1.692.290	1.813.234	1.904.067	2.210.784	2.578.980

Nächtigungsentwicklung Salzkammergut 1955/56 - 1970/71

Attersee. 1970er-Jahre   Fotos: OÖ. Landesarchiv   St. Wolfgang am Wolfgangsee. 1970er-Jahre

Ausbau des Dachsteingebietes durch weitere Skiabfahrten und Aufstiegshilfen. Zusätzliche Schwerpunktförderungen wurden in der Erneuerung der Seilbahn auf den Feuerkogel, der Schaffung eines Kongresszentrums in Gmunden und der Erbauung von weiteren Fremdenverkehrseinrichtungen im Traunsee- und Atterseegebiet gesetzt.[61]

1991 erreichte das Salzkammergut mit rund 4,2 Millionen Übernachtungen den vorläufigen Höhepunkt der quantitativen Entwicklung des Tourismus: Mehr als 50 Prozent der in diesem Jahr im gesamten Bundesland Oberösterreich erzielten Nächtigungen entfielen dabei auf das Salzkammergut. Eine Begründung für dieses bis dato beste Tourismusjahr in der Geschichte des Salzkammerguts liegt im zeitlichen Zusammenfall verschiedener politischer und wirtschaftlicher Phänomene in Europa: Die Wiedervereinigung Deutschlands, der „Fall des eisernen Vorhanges" und das dadurch bewirkte Reiseaufkommen aus „neuen" Ländern auf der einen Seite, sowie eine „auf vollen

Touren laufende" österreichische Volkswirtschaft mit daraus resultierender stark wachsender, touristischer Inlandsnachfrage bewirkten eine Dynamisierung des gesamten Reiseaufkommens mit Höchstwerten des Tourismus in Österreich insgesamt. Gerade „bekannte" Tourismus-Destinationen – wie eben das Salzkammergut – profitierten von dieser Entwicklung in besonderem Maße.

Das Salzkammergut als Tourismus-Destination heute: Die Entwicklung seit 1991

Österreichweit war 1991 das bislang nächtigungsintensivste Tourismusjahr, was maßgeblich durch die deutsche Einheit und die sich damit ergebenden neuen Reisemöglichkeiten zuerst der Ostdeutschen und in rascher, weiterer Folge auch anderer ehemaliger „Ostblock"-Reisender begründet war.

Diese Entwicklung konnte aber eine sich abzeichnende Reduktion der Gästeaufkommens aus den traditionell starken Her-

Gosausee mit Dachstein. 1980er-Jahre   *Imagewerbung. 1980er-Jahre*   *Fotos: OÖ. Landesarchiv*

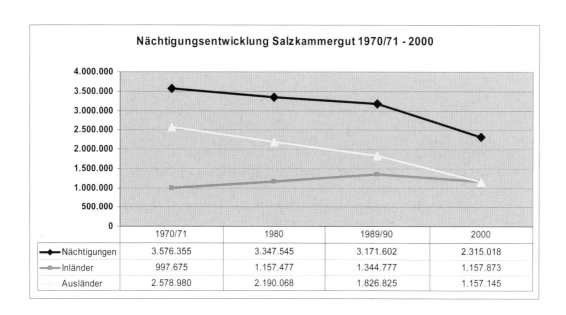

Nächtigungsentwicklung Salzkammergut 1970/71 - 2000

	1970/71	1980	1989/90	2000
Nächtigungen	3.576.355	3.347.545	3.171.602	2.315.018
Inländer	997.675	1.157.477	1.344.777	1.157.873
Ausländer	2.578.980	2.190.068	1.826.825	1.157.145

kunftsgebieten nicht kompensieren, die ihrerseits auf geänderte Reisemöglichkeiten, neu aufkommende touristische Reiseziele, verkürzte Aufenthaltsdauer und sich reduzierende Stammgästeanteile zurückzuführen waren.

Per Saldo bedeutete diese Entwicklung für das Salzkammergut eine deutliche – ja dramatische – Reduktion der Tourismusaufkommen in den 1990er-Jahren mit Rückgängen von über einer Million Gästenächtigungen im Vergleich zum Bestjahr, was einer Reduktion von beinahe 30 Prozent gleichkommt.

Diese Entwicklung bedurfte einer massiven strukturellen und inhaltlichen Gegensteuerung, die insbesondere seit dem Beginn dieses Jahrtausends wieder ansetzt „zu greifen" und das Salzkammergut für die Zukunft wieder als „aktiven Player" auf der Tourismuslandkarte (Ober-)Österreichs positioniert.

Gekennzeichnet ist diese Entwicklung einerseits durch eine begonnene marktkonforme Veränderung der Beherbergungsstrukturen (Trend zu Qualitätsbetrieben; starker Rückgang von 1- und 2-Sterne-Betrieben), massive Investitionen in die touristische Angebotsqualität (Skigebiete; Thermen) sowie eine komplette Reorganisation der touristischen Organisation und des regionalen und landesweiten touristischen Marketings.

2001 wurden durch Beschlussfassung und Inkraftsetzung eines völlig neuen touristischen Entwicklungsleitbildes für das Bundesland Oberösterreich („Kursbuch Tourismus- und Freizeitwirtschaft Oberösterreich") veränderte Grundlagen für die Tourismusentwicklung geschaffen:[62] Touristisches Themen-Marketing statt Destinations-Marketing charakterisieren diese Neuorientierung ebenso wie starke Eingriffe und Veränderungen der den örtlichen und regionalen Tourismusverbänden zugewiesenen Aufgaben.[63] So wurde im Zuge dieser Entwicklung der ehemalige Tourismusverband „Tourismusregion Salzkammergut" strukturell und inhaltlich im Jahre 2002 reformiert zur

heutigen „Salzkammergut Tourismus-Marketing GmbH". Die Organisation definiert heute ihre Aufgaben als „… bundesländerübergreifende Holdingorganisation für die 10 Regionen im Salzkammergut, welches zu den größten Tourismusregionen in Österreich zählt". Die wesentlichen *Aufgaben* der Salzkammergut Tourismus-Marketing GmbH umfassen klassische Consulting-Leistungen, Destinationsentwicklung sowie strategische Positionierung der Marke Salzkammergut als Ganzjahresdestination. Neben der beschriebenen Leistungserbringung für die angeführten Partner leitet und betreut die STMG auch unterschiedliche *Beratungs- und Forschungsprojekte* für verschiedene Auftraggeber."[64]

In Zahlen stellt sich die Tourismuswirtschaft im Salzkammergut heute wie folgt dar:

Salzkammergut-Tourismus in Zahlen 2005					
Kategorie	4/5 Sterne	3 Sterne	2/1 Sterne	Gesamt	+/– zu 2001
Nächtigungen	811.828	956.382	423.040	2.191.250	+1,0 %
Bettenkapazität	5.890	9.346	6.967	22.203	+0,9 %
Ankünfte	245.692	273.961	113.646	633.299	+2,2 %
Betriebe	66	243	322	631	–1,3 %
Bettenauslastung	37,80 %	28,00 %	16,60 %	27,04 %	+0,4 %
Vollbelegstage	138	102	61	99	+0,1 %
Ø Aufenthaltsdauer	3,3	3,5	3,7	3,5	–1,2 %
Ø Bettenanzahl	89	38	22	35	+2,2 %

Tabelle 2: Salzkammergut-Tourismus in Zahlen 2005
Modifiziert nach TourismusManagerAustria – Wissen für die Praxis (2007), S. 66.

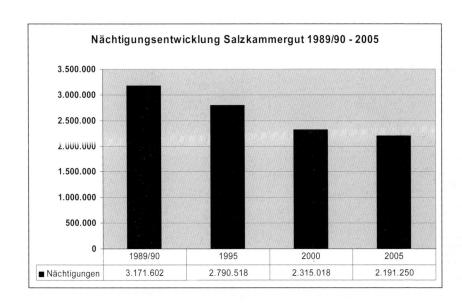

Nächtigungsentwicklung Salzkammergut 1989/90 - 2005

	1989/90	1995	2000	2005
■ Nächtigungen	3.171.602	2.790.518	2.315.018	2.191.250

Foto: © *Ferienregion Attersee-Salzkammergut*

Im Vergleichszeitraum 2001 bis 2005 ist für das Salzkammergut wieder ein leichter Aufwärtstrend feststellbar: Die Nächtigungen sind um 1,0 Prozent gestiegen, die Bettenkapazität wurde um 0,9 Prozent auf rund 22.000 Betten erweitert, wobei die Anzahl der Betriebe um 1,3 Prozent gesunken ist. Der struktureller Umbruch zu größeren Qualitätsbetrieben spiegelt sich statistisch auch in der leicht gestiegenen, durchschnittlichen Bettenanzahl pro Betrieb wider.

Die Tatsache, dass die Zahl der Ankünfte mit einem Wachstum von 2,2 Prozent stärker ansteigt als die Zahl der Nächtigungen und sich somit die Aufenthaltsdauer stetig verkürzt („kürzer bleiben, aber in besseren Betrieben absteigen"), ist Spiegel einer allgemeinen, europäischen Tourismus-Entwicklung und zeigt, dass in Zukunft einer entsprechenden Marketingkraft einer Destination entscheidende Bedeutung für ihren wirtschaftlichen Erfolg im Tourismus zukommen wird.

Kaum eine Tourismusregion in Österreich hat eine so wechselvolle Geschichte hinter sich wie das Salzkammergut: Von der „Sommerfrische des Kaisers" und dem „Kur- und Bade-Mekka" der österreichischen (adeligen) Oberschicht über die „Weisse Rössl Aufbruch-Ära" der 1950er-Jahre bis zur heutigen Positionierung als „touristische Themen-Welt" in der Mitte Österreichs hat das Salzkammergut stets seine Wandlungs- und Anpassungsfähigkeit bewiesen.

So bleibt die Tourismuswirtschaft im Salzkammergut auch in Zukunft – so wie in ihrer wechselvollen Geschichte seit ihren Anfängen – stetig gefordert, „ihr" Tourismusprodukt den sich stetig wandelnden Markt- und Wettbewerbsanforderungen durch kontinuierliche Veränderung anzupassen und die traditionelle, hohe „Marken-Bekanntheit" auch in Zukunft in Wertschöpfung aus diesem Sektor umzusetzen.

Foto: © *Inneres Salzkammergut*

1 Vgl. Prochaska, Heinrich (1924). S. 5.

2 Vgl. Sandgruber, Roman (1994).

3 Vgl. Sandgruber, Roman (1994).

4 Vgl. Heller, Wilfried (1979). S. 64.

5 Vgl. Neiß, Herta (2007). S. 452.

6 Vgl. Prochaska, Heinrich (1924). 8.

7 Vgl. Sandgruber, Roman (1994).

8 Vgl. Neiß, Herta (2007). S. 453.

9 Vgl. Heller, Willfried (1979). S. 65.

10 Vgl. Sandgruber, Roman (1994).

11 Vgl. Neiß, Herta (2007). S. 453.

12 Vgl. Heindl, Gottfried (1993). S. 33 f.

13 Vgl. Sandgruber, Roman (1994).

14 Vgl. Sandgruber, Roman (1994).

15 Vgl. Sandgruber, Roman (1994).

16 Vgl. Sandgruber, Roman (1994).

17 Vgl. Sandgruber, Roman (1994).

18 Vgl. Sandgruber, Roman (1994).

19 Vgl. Kunze, Walter (1947). S. 130.

20 Vgl. Sandgruber, Roman (1994).

21 Vgl. Sandgruber, Roman (1994).

22 Vgl. Sandgruber, Roman (1994).

23 Vgl. Stern & Hafferl Baugesellschaft mbH. (2007).

24 Vgl. Ploch, Christine (2001). S. 13.

25 Vgl. Brusatti, Alois (1984). S. 82.

26 Vgl. Heindl, Gottfried (1993). S. 12 f.

27 Vgl. Heindl, Gottfried (1993). S. 14.

28 Vgl. Kunze, Walter (1947). S. 88.

29 Vgl. Heller, Wilfried (1979). S. 68.

30 Vgl. Ploch, Christine (2001). S. 16.

31 Vgl. Heller, Wilfried (1979). S. 68.

32 Vgl. Kunze, Walter (1947). S. 113.

33 Vgl. Tagespost Nr. 114 (1901), S. 4.

34 Vgl. Tagespost Nr. 160 (1901), S. 6.

35 Vgl. Scheuba, Hugo (1974). S. 61.

36 Vgl. Sandgruber, Roman (1994).

37 Vgl. Reiter, Wolfgang (1984).

38 Vgl. Sandgruber, Roman (1994).

39 Vgl. Brusatti, Alois (1984) S. 109.

40 Vgl. Sandgruber, Roman (1994).

41 Vgl. Heller, Wilfried (1979). S. 72.

42 Vgl. Sandgruber, Roman (1994).

43 Vgl. Sandgruber, Roman (1994).

44 Vgl. Brusatti, Alois (1984). S. 117.

45 Vgl. Brusatti, Alois (1984). S. 120.

46 Vgl. Sandgruber, Roman (1994).

47 Vgl. Sandgruber, Roman (1994).

48 Vgl. Sandgruber, Roman (1994).

49 Vgl. Sandgruber, Roman (1994).

50 Vgl. Heller, Wilfried (1979). S. 73.

51 Vgl. Platzer, Rudolf (1975). S. 48.

52 Vgl. Sandgruber, Roman (1994).

53 Vgl. Heller, Wilfried (1979). S. 73 f.

54 Vgl. Heller, Wilfried (1979). S. 75 f.

55 Vgl. Heller, Wilfried (1979). S. 76.

56 Vgl. Heller, Wilfried (1979). S. 76.

57 Vgl. Heller, Wilfried (1979). S. 77.

58 Vgl. Heller, Wilfried (1979). S. 78.

59 Vgl. Heller, Wilfried (1979). S. 79.

60 Vgl. Ploch, Christine (2001). S. 62.

61 Vgl. Ploch, Christine (2001). S. 65.

62 Vgl. Oö. Tourismus-Gesetz (2003).

63 Vgl. Kursbuch Tourismus und Freizeitwirtschaft (2002).

64 Vgl. Statuten der Salzkammergut Tourismus-Marketing GmbH (2002).

Literatur

Brusatti, Alois (1984): 100 Jahre österreichischer Fremdenverkehr – Historische Entwicklung 1884–1984, Wiener Verlag, Wien

Heindl, Gottfried (1993): Das Salzkammergut und seine Gäste – Die Geschichte einer Sommerfrische, Landesverlag, Linz

Heller, Wilfried (1979): Der Fremdenverkehr im Salzkammergut – Studie aus geographischer Sicht, Selbstverlag des Geographischen Instituts der Universität Heidelberg

Kunze, Walter (1947): Die kulturgeographische Wandlung des Salzkammergutes, Wien

Kursbuch Tourismus- und Freizeitwirtschaft 2003–2010: Grundsätze – Ziele – Strategie – Maßnahmen (2002): OÖ. Touristik GmbH (Hrsg.), Linz

Neiß, Herta (2007): Landschaften für Leidenschaften: Vom Landesverband für Fremdenverkehr zu Oberösterreich Tourismus, in: Pammer, M. / Neiß, H. / John, M. (Hrsg.): Erfahrung der Moderne – Festschrift für Roman Sandgruber zum 60. Geburtstag, Franz Steiner Verlag, Stuttgart

Oö. Tourismus-Gesetz (2003): Landesgesetzblatt für Oberösterreich, Oö. Tourismus-Gesetz 1990, idF. Oö. Tourismus-Gesetz-Novelle 2003 (LGBl. Nr. 12/2003)

Platzer, Rudolf (1975): Die Entwicklung des oberösterreichischen Fremdenverkehrs im allgemeinen Wirtschaftswachstum von 1918 bis zur Gegenwart (unter besonderer Berücksichtigung volks- und betriebswirtschaftlicher Aspekte), Dissertation, Linz

Ploch, Christine (2001): Die Entwicklung des Fremdenverkehrs in Oberösterreich seit 1945, unter besonderer Berücksichtigung von Betrieben im Mühlviertel, Diplomarbeit, Linz

Prochaska, Heinrich (1924): Ischls Chronik – Geschichte des Badeortes Ischl 1823–1923, Linz

Reiter, Wolfgang (1984): Ischler Herzen. In: Fremdenverkehr – Kritische Texte über den Tourismus. Franz Schuh (Hrsg.), Klagenfurt

Sandgruber, Roman (1994): Fremdenverkehrsland Oberösterreich, in: Oberösterreichische Wirtschaftschronik, Wien, 125–144

Scheuba, Hugo (1974): 75 Jahre Landes-Fremdenverkehrsverband Oberösterreich. In: OÖ. Festschrift zur 75-Jahr-Feier des Landes-Fremdenverkehrsverbandes

Stern & Hafferl Baugesellschaft mbH. (2007): http://www.stern-bau.at, Zugriff am: 30. Juli 2007

Tagespost Nr. 31 (1901): 37. Jahrgang, 7. Februar 1901, Linz

Tagespost Nr. 160 (1901): 37. Jahrgang, 18. Mai 1901, Linz

TourismusManagerAustria – Wissen für die Praxis (2007): Ablinger.Garber, Management Center Innsbruck – MCI Tourismus, Österreich Werbung (Hrsg.), Hall in Tirol

Roland Girtler

„Tritt ein und vergiss deine Sorgen!"
Kellnerinnen und Kellner im Salzkammergut

Inhalt

Prolog: Mein Interesse an den Kellnerinnen und Kellnern des Salzkammergutes

Die Welt der Kellnerinnen und Kellner im Salzkammergut interessiert mich schon lange. Zum Salzkammergut habe ich eine enge Beziehung. Ich bin in Spital am Pyhrn, einem Dorf am Fuße des Toten Gebirges, dem schönen Gebirgsstock des Salzkammergutes, als Kind eines Landärzteehepaares aufgewachsen. Auch durch meine gütige Frau Gemahlin habe ich eine Beziehung zum Salzkammergut, denn sie hat in Altaussee auf der anderen Seite des Toten Gebirges das Licht der Welt erblickt.

Mein Vater, der ehrenwerte Landarzt, pflegte mit meinen Geschwistern und mir an seinen freien Donnerstagen während des Sommers zum Traunsee, zum Grundlsee, nach Bad Ischl, nach Hallstatt oder nach Bad Aussee zu fahren. In diesen Orten gingen wir spazieren, manchmal badeten wir in einem der Salzkammergutseen und wir genossen damals, in den Fünfzigerjahren, die Küche der Gasthäuser des Salzkammergutes.

Mit dem Beruf des Kellners – ich werde aus Gründen der Einfachheit lediglich den geschlechtsneutralen Ausdruck Kellner verwenden – verbinden mich einige Erinnerungen auch an meine Studentenzeit. Damals verdiente ich mir mein Geld unter anderem als Ausführer von Bier für eine bekannte österreichische Bierbrauerei und als Kellner in einem kleinen Restaurant, das man im Wienerischen als Beisl bezeichnete. Als Bierausführer – damals hatte ich noch schwere Holzfässer vom Wagen in das Gasthaus zu rollen – kam ich mit Wirtsleuten, Kellnern und Gästen in Kontakt. Besonders angetan hatten es mir die damaligen Kellner in den „Sechzigerjahren". Sie hatten einen guten Witz und wussten mit ihren Gästen herzlich umzugehen. Diese Kellner gab und gibt es auch heute noch, vor allem im Salzkammergut, zu dem ich auch das Gebiet auf der anderen Seite des Toten Gebirges – um Hinterstoder, Windischgarsten und Spital

am Pyhrn – kulturell rechne. Dieses wurde und wird auch bisweilen als das „östliche Salzkammergut" bezeichnet.

Bei meiner Forschung bediente ich mich der klassischen Form der „teilnehmenden Beobachtung", das heißt, ich suchte Gasthäuser und Kaffeehäuser in den verschiedenen Orten des Salzkammergutes auf. Dabei entstanden Beobachtungsprotokolle: Sie liegen dieser Studie zugrunde. Dazu kommen lange freie Gespräche mit Kellnern. Diese Gespräche sind nicht strukturiert im Sinne eines Fragebogens, sondern freie Dispute, bei denen auch ich von mir erzähle. Ich meine, dass die üblichen Befragungen, bei denen jeweils einer fragt und einer antwortet, wenig erfolgreich sind. Ich halte mich da an Rousseau, der in seinen „Bekenntnissen" dies schreibt: „Sobald man einen Menschen ausfragt, beginnt er schon auf seiner Hut zu sein, und wenn er gar glaubt, man wolle ihn zum Schwatzen bringen, ohne wirklich Teilnahme für ihn zu empfinden, so lügt er oder schweigt oder verdoppelt seine Vorsicht und will lieber für einen Dummkopf gelten, als zum Narren fremder Neugierde werden. *Jedenfalls gibt es keinen schlechteren Weg, in den Herzen anderer zu lesen, als den Versuch, das seine dabei verschlossen zu halten."* Ich habe mir daher auch gestattet, ein neues Wort anstelle des alten Wortes „Interview" einzuführen, nämlich das „ero-epische Gespräch" (siehe dazu mein Buch „Methoden der Feldforschung" im Böhlau-Verlag). Bei diesem arbeitet man nicht mit einem Fragebogen, sondern man unterhält sich, am besten bei Bier und Most, mit den betreffenden Menschen. Am Gasthaustisch erfährt man mitunter mehr als bei langweiligen Interviews in langweiligen Räumen.

Übrigens hat mich zu dieser Arbeit auch die Operette „Das weiße Rössl vom Wolfgangsee" animiert, dessen Verfilmung mit Peter Alexander ihren besonderen Charme hat.

In gewisser Weise verkörpert in diesem Stück der Kellner, den Peter Alexander prächtig darstellt, einen idealen Kellner, dessen Witz und heitere Schlagfertigkeit die Gäste erfreut, der sich aber auch nicht alles gefallen lässt.

Das Wort Kellner leitet sich von dem mittellateinischen Wort „cellenarius" ab: Das entspricht dem lateinischen „cellarius", was so viel heißt wie „Vorsteher der cella, Vorratskammer". Im Althochdeutschen entwickelt sich daraus das Wort „kelnari" und im Mittelhochdeutschen das Wort „kelnare", nämlich der „Kellermeister".

Wahre Meister sind die Kellner im Salzkammergut, denn sie sind es, die den Gästen auf deren Wunsch alles das bringen,

„Im Weißen Rössl", Filmszene (v. l.) mit Peter Alexander (Ober-
kellner Anton) und Frithjof Vierock (Piccolo Franzl). Regie:
Werner Jacobs (1960)
Foto: KÖVESDI Presseagentur, Wiener Redaktion der KIPPA

„Das Trinkgeld erfreut den Ober sehr" – Der klassische Kellner

Unter dem klassischen Kellner verstehe ich jene Experten im Gastgewerbe, die gleichgültig, ob sie eine Berufsschule oder eine ähnliche Ausbildung hinter sich haben, mit ihren Gästen auf elegante und für diese zufrieden stellende Weise auskommen. Das in Schulen erworbene Wissen kann hilfreich sein, ist jedoch, wie manche Damen und Herren im Gastgewerbe meinen, nicht unbedingt erforderlich, um als Kellner Ansehen zu erwerben. Eine frühere Wirtin in einem Landgasthaus, die zunächst Kellnerin gewesen ist, meinte daher zu mir: „Ich würde in keine Berufsschule mehr gehen, das war verlorene Zeit für mich. Man muss diese Arbeit gerne tun und man muss die Gabe haben, mit Leuten zu reden. Das kann man ohnehin nicht lernen." Gewisse Techniken, die für den Beruf des Kellners notwendig sind, die lassen sich auch selbständig erlernen. So erzählte mir ein Kellner – er ist heute um die fünfzig – er habe sich die Kunst des Servierens selbst beigebracht. Am Ufer des Altausseersees habe er in seiner freien Zeit ein Tablett, auf dem schwere Steine lagen, elegant zu tragen gelernt. Auch er hat keine Berufsschule besucht, brachte es aber zu einem Kellner, der mit Gefühl, Witz und Können seine Gäste erfreute.

Wichtig für das Leben als Kellner ist, dass der Gast seine Zufriedenheit auch dadurch zeigt, dass er dem Kellner etwas Trinkgeld als Belohnung für seine Kunst des Servierens gibt. In diesem Sinn singt der Herr Leopold, der Oberkellner im „Weißen Rössl": „Trinkgeld, das hat jeder Ober gern!"

Die Bezeichnung Ober für den Kellner hat sich aus dem Wort „Oberkellner" entwickelt. Als Oberkellner ist jener Kellner zu bezeichnen, der auf Wunsch des Wirtes oder der Wirtin eine gewisse Befehlsgewalt über die anderen Kellner hat, ähnlich wie am Bauernhof der Moarknecht es war, den der Bauer über die anderen Knechte und Mägde eingesetzt hat. Mit „Ober" wird der Einfachheit halber jeder Kellner tituliert, egal ob er Oberkellner ist oder nicht. Für die Kellnerin gebraucht man für gewöhnlich das nette Wort „Fräulein" oder scherzend den Ausdruck „Schwester Oberin".

Als Kellnerin, also als „Fräulein", aber nur während der Sommermonate, war in den Fünfzigerjahren eine heute über 60 Jahre alte Dame in Altaussee tätig, Birgitt ist ihr Vorname. Wie es auch heute noch ist, arbeiteten während der Sommermonate Studentinnen und Schülerinnen aus Linz und Wien im Salzkammergut als Kellnerinnen. Heute sind dort ebenso Mädchen aus dem Osten Europas beschäftigt. Birgitt erzählte mir, dass sie als 14 und 15 Jahre altes Mädchen im Juli und im August in Altaussee, ihrem Geburtsort, in einem noblem Gasthaus, dem „Gasthaus zum Hirschen", das gerne von Sommergästen besucht wurde, tätig war. Sie erzählt über ihren Ferialjob, wie sie ihren Einsatz bezeichnet:

„Zwei Sommer lang war ich Kellnerin. In der Zeit habe ich ordentlich gehackelt (gearbeitet). Ruhetage hatte ich keine.

was „Keller und Küche" zu bieten haben. Im Folgenden will ich unter anderem zeigen, wie Kellner ihre Gäste psychologisch beraten und unterhalten, aber auch wie sie mit üblen Gästen, zu denen die so genannten Grabscher gehören, umzugehen wissen. Kellner können aber auch Verbündete der Wirte und Wirtinnen sein, wie eben der Herr Leopold, Kellner im „Weißen Rössl". Der Film „Im Weißen Rössl am Wolfgangsee" mit Peter Alexander und Gunther Philipp beginnt übrigens damit, dass die Angestellten des Hotels „Weißes Rössl" das Hotel für die zu erwartenden Fremden aus anderen Ländern Europas sauber machen. Dabei bringt der Kellnerlehrling, der Pikkolo, eine Tafel am Hotel an, auf der zu lesen ist: „Hier war der Kaiser zu Gast. Hier ist der Gast König!"

Und der Herr Leopold, der Oberkellner im „Weißen Rössl", singt: „Tritt ein und vergiss deine Sorgen!"

Damals um 1958 erhielt ich 300 Schilling für zwei Monate. Hauptsächlich im Service habe ich gearbeitet, als Getränkekellnerin. Die Getränke brachte ich auf einem Tablett. Manchmal servierte ich Speisen. Bald konnte ich drei Teller in einer Hand tragen. Ich habe damals perfekt servieren gelernt, ich konnte bald alles. Man hat das abgeschaut, man hat gesehen, wie die anderen, die Kollegen, es machen. Man hat es trainiert und übernommen. Die Oberkellnerin, die Hanni, hat dann einmal zu mir gesagt: ‚Dann probierst du es einmal.' Daraufhin hat sie mir drei Teller in die Hände gedrückt. Sie hat geschaut, wie ich sie nehme und hat gesagt: ‚So machst du es.' Der Gastgarten beim ‚Hirschen' war nicht nach Tischen eingeteilt, sondern es war so: Alle mussten sich um alles kümmern. Ich war für die Getränke zuständig. Meine freundliche Art gefiel den Gästen. Daher bekam ich auch etwas Trinkgeld. Wenn die Gäste gegangen sind, wurde abserviert. Ich habe mich bemüht, schnell beim verlassenen Tisch zu sein, um abservieren zu können, aber auch um eventuelles Trinkgeld, das auf dem Tisch lag, einzustecken. Sonst hätte es jemand anderer von uns genommen. Ich entwickelte also eine große Geschwindigkeit beim Abservieren. Damals wurde als Getränk Himbeer-Soda serviert. Dazu wurde ein Schnapsglas mit Himbeersaft gefüllt, in ein Glas geleert und mit Sodawasser aufgespritzt. Damals liebte ich Himbeersaft. Wenn niemand mich beobachtete, trank ich schnell ein Stamperl vom Himbeersaft. Am Ende des Sommers war der Altausseer Kirtag, bei dem ich im Gasthaus die gebrachten Getränke, da so ein Wirbel war, sogar kassieren durfte. Daher gehörte nur an diesem Tag das Trinkgeld, das ich kassierte, mir. Mir wurde vom Wirt eingebläut, auf die Kellnerbrieftasche aufzupassen und sie nicht liegen zu lassen, denn sonst müsste ich die von den Gästen bestellten Getränke, die boniert wurden, zahlen. Irgendwann an diesem hektischen Tag passierte es mir doch: Die Brieftasche war weg. Ich war ganz verzweifelt und weinte bitterlich. Doch die Wirtsleute hatten sie bereits gefunden und mich ein wenig ‚dunsten' lassen. Ich war überglücklich, dass das mühsam kassierte Geld wieder da war. Mir hat die Arbeit sehr gut gefallen. Gearbeitet habe ich den ganzen Tag. Es gab aber eine längere Pause, die nach dem Essen um 2 Uhr begann und bis 6 Uhr am Abend dauerte. Während einer dieser Pausen durchschwamm ich mehrere Male alleine den Altaussersee, um meine Freunde zu besuchen, die sich ohne Arbeit vergnügten. Aus Dankbarkeit für meine Arbeit erhielt ich außer dem Lohn am Ende des Sommers von den Wirtsleuten als Draufgabe ein Dirndl geschenkt." Der jungen Dame gefiel ihre Arbeit im Gastgewerbe. Als Schülerin konnte sie so etwas Geld erwerben, um zum Beispiel Kleider zu kaufen. Sie hatte Glück mit ihren Wirtsleuten.

Der Kellner als Psychologe und Berater

Ähnlich wie Friseure und andere Damen und Herren, die von ihrem Beruf her mit Menschen zu tun haben, werden auch Kellner mitunter mit Problemen und alltäglichen Unstimmigkeiten konfrontiert und auch um Rat gefragt. Für manche Gäste bietet der Kellner – oder eben die Kellnerin – einen Ansprechpartner, mit dem über die Schwierigkeiten, in denen man steckt, geredet werden kann. Aber auch seelisches Unwohlsein lässt sich mit dem Kellner besprechen. Der Kellner ersetzt in solchen Fällen den Psychiater und den Beichtvater. Mein Vater war ein biederer Landarzt in Spital am Pyhrn, das ich dem östlichen Salzkammergut zurechne. Er pflegte Patienten, die unter Depressionen zu leiden hatten und die keine Alkoholabhängigkeit aufwiesen, zu raten, in ein Gasthaus zu gehen und dort ein Glas mit Wein, Bier oder Most zu leeren. Mein Vater behauptete, eine solche Kur würde mehr zur seelischen Gesundheit beitragen als diverse psychopharmazeutische Medikamente. Denn im Gasthaus beim Wein hätte der Leidende die Möglichkeit, mit dem Wirt oder dem Kellner zu reden und sich durch den Austausch von seinen persönlichen Problemen zu lösen. Genau dies ist es auch, das den klassischen Kellner im Salzkammergut ausmacht. Seine Nähe zum Gast und dem Urlauber, der dem Alltag entflieht und die Kultur des Salzkammergutes sucht, vermögen diese zu erfreuen.

In aller Kühnheit meinte ich zu Frau Renate, einer früheren Kellnerin und Wirtin im Salzkammergut, dass eine gute Kellnerin auch so etwas wie eine gute Psychologin ist, die seelisch bedrückten Männern durch Gespräche zu helfen vermag. Frau Renate erwiderte: „Das hat etwas auf sich. Manche Leute kommen in das Gasthaus wegen des Redens. Wenn jemand Sorgen hat, kommt er. Auch wenn er seine Ruhe haben will, kommt er und liest seine Zeitung. Man muss als Kellnerin ein Gespür haben für seine Gäste, man darf nur positive Sachen weiter geben."

Wie wichtig in den klassischen Gasthäusern Wirte und Kellner sind, die den Gästen auch zuzuhören wissen, erfahre ich auch von Willi Kerbl, dem Wirt des Gasthauses zur Steyrerbrücke, bei dem auch unser Wilderermuseum untergebracht ist. Sein Gasthaus liegt an einer uralten Durchzugsstraße, die auch in das Zentrum des Salzkammergutes führt. Willi Kerbl, mit dem ich im Gastgarten des „Schwarzen Rössls" in Windischgarsten sitze, schwärmt geradezu von seinem Leben als Wirt, der sich auch als Psychologe, als Seelentröster, sieht: „Ich bin in den Beruf des Wirten und Kellners hineingewachsen, von Kind auf. Ich habe schon als Kind im Gasthaus Steyrerbruck mitgearbeitet. Mit 18 Jahren habe ich den Betrieb übernommen. 32 Jahre bin ich jetzt schon Wirt. Mit Leuten aus vielen Schichten bin ich zusammen gekommen. Wir sind kein Dorfwirtshaus, ich habe es immer mit fahrenden Vagabunden zu tun gehabt. Wir sind ein Durchzugswirtshaus. Immer schon gewesen. Unser Gasthaus hat einmal zum Stift Spital am Pyhrn gehört. Es ist ein paar Mal niedergebrannt, daher gibt es auch keine Chroniken. Das Haus dürfte schon immer ein Umschlagplatz gewesen sein, mit Rössern und dem Vieh kamen sie hier vorbei. Mit 18 Jahren stellte sich die Frage, ob ich Wirt werden soll. Gelernt habe ich etwas anderes, zuvor habe ich die Handelsschule gemacht, dann erst die Lehre für Koch und Kellner. Beim Wirtshaus war früher auch eine Landwirtschaft dabei. Es war ein klassisches, altes Wirtshaus. Für mich war die Gastronomie vorrangig, die Landwirtschaft habe ich aufgegeben. Ich habe das Gasthaus verändert, auch das Publikum hat sich verändert. Wir sind das Wirtshaus der Durchziehenden, wir müssen mit allen Mentalitäten von Menschen uns befassen. Der Unterschied zum Dorfwirtshaus liegt im Wirten und im Aufgabenbereich. Das Dorfwirtshaus hat im Wesentlichen jeden Tag dieselben Kundschaften. Bei uns wechselt es, aber trotzdem ist der Umgang mit den Gästen sehr sensibel. Es kann sein, dass der eine Gast einen Stress auf der Straße gehabt hat, der andere Strafe zahlen musste, ein anderer mit der Frau im Auto Streit gehabt hat, beim anderen die Kinder lästig waren, usw. Manche Gäste kommen herein und sind gereizt. Wir kennen das, wenn die Kundschaft Stress gehabt hat, so muss man bei ihr Dampf ablassen. Das ist so. Oder du merkst, die Gäste sind gelassen und locker. Das ist gut so. Manchen Gast muss man immer wieder aufrichten. Hierin ist kein Unterschied zwischen Kellner und Wirt." Herr Willi ist stolz auf seine Fähigkeiten als eine Art Psychologe in seinem Wirtshaus. Interessant ist bei ihm, dass er sein eigener Lehrherr war. Vom Gasthaus, wo er schon als junger Wirt tätig war, fuhr er in die Berufsschule, wo er auch den Beruf des Kellners erlernt hat. Herr Willi meint: „Ich war Kellner, Wirt und Lehrbub in einem." Sein Wissen und seine Erfahrungen im Leben des Wirtshauses sind also umfassend. Als ich ihn nach den Aufgaben eines „guten Kellners" frage, antwortet er: „Für den Kellner und auch für den Wirt ist es wichtig, dass er nicht alles hört und, wenn er etwas hört, es nicht so aufnimmt, wie der Gast es bringt. Das ist Grundbedingung. Unsere Aufgabe ist es, den Gast wieder aufzurichten. Als Kellner muss man die Stimmungslage erkennen."

Für Willi ist also die Beziehung zum Gast wesentlich, wobei der Kellner und der Wirt sich zu bemühen haben, die Seele des Gastes zu erkunden.

Auch Mirko, der frühere Kellner aus Bosnien, der heute Wirt ist, sieht im guten Kellner einen guten Psychologen. Mirko erzählt dazu spannend aus seinem Leben: „Zuerst war ich am Linzerhaus auf der Wurzeralm im Toten Gebirge. Ich glaube, dass ich dort meine Arbeit gut gemacht habe. Dabei habe ich die deutsche Sprache erlernt, auch einen guten Schmäh hatte ich. Ich wirkte sympathisch mit meinen dunklen Haaren. Ich habe in meiner Tätigkeit als Kellner nicht nur eine Arbeit gesehen. Das war möglich, weil mich die Familie gut aufgenommen hat. Der Sohn, der Robert, war so etwas wie ein Chef für mich, er war mein Ansprechpartner. Wir haben unsere Arbeit ganz gut geteilt. Es war eine physische Anstrengung als Kellner, weil man den ganzen Tag auf den Beinen steht und läuft: acht, neun Stunden. Auch psychisch war und ist es eine Anstrengung. Daher muss man als Kellner auch ein guter Psychologe sein. Die Gäste sind dann Kinder. Wie in der Schule. Man muss richtig mit ihnen umgehen können,

wie mit den Kindern in der Schule. Nicht auf alles darf man gleich reagieren. Man muss wissen, wie man reagiert, damit man den Gast gewinnen kann. Täuschung ist immer drinnen. Wenn jemand grantig ist, sehe ich das nicht persönlich. Deswegen braucht dieser Job auch seine Intelligenz. Man muss eigene Kräfte entwickeln. Darauf kann man stolz sein. Wenn der Gast aufsteht und geht, und er sagt trotzdem: ‚Bleib so, wie du bist.', dann weißt du, dass du es gut gemacht hast. Wenn er aufsteht und geht grantig weg, dann hast du etwas falsch gemacht. Wenn alles geklappt hat und du dem Gast Verständnis gezeigt hast, dann bist du belohnt durch sein Lachen oder er gibt sein Trinkgeld oder sagt: ‚Bleib so!'"

Diese Aussage von Mirko scheint mir typisch für die Kellnerinnen und Kellner gerade in der Gegend des Salzkammergutes zu sein, in dem der Gast erfreut werden will und eine Distanz zum Ärger und den Streitigkeiten des Alltags sucht.

In diesem Sinn singt der Herr Leopold, der Oberkellner im „Weißen Rössl" – er ist ein blendender Psychologe: „Immer friedlich sein – der Sonnenschein leuchtet ins Herz hinein."

Die freundliche Frau Wirtin vom Gasthof König beim Bahnhof in Kremsmünster, einem Ort, in dem ich das Gymnasium besucht habe und das am Rande des Salzkammergutes liegt, meint Ähnliches: „Wenn ein ganz ein einfacher Mann kommt, ein einfacher Gast, mit dem geht man genauso um wie mit einem Geschäftspartner der Firma Greiner, der größten Firma in Kremsmünster." Ich beobachte die Frau Wirtin, während ich meinen Tee trinke. Sie ist beliebt bei den Gästen, sie redet und scherzt gerne mit ihnen. Ich sage ihr, dass es mir gefällt, wie sie auf die Leute zugeht und mit ihnen plaudert. Sie meint dazu: „Ja, das tue ich immer. Das ist meine Hauptbeschäftigung am Tag. Etwas anderes als freundlich zu sein, würde es bei mir nicht geben. Gestern ist ein alter Jäger gekommen, aus Schlierbach. Der ist lieb, er kommt mit dem Zug um 9 Uhr an, dann geht er in das Ledergeschäft zur Gusti Lechner, bringt ein Fuchsfell hin, wenn er einen Fuchs geschossen hat. Die Gusti übernimmt das Fell und gibt es weiter zum Gerben. Der Jäger hat kein Auto. Er trägt einen großen Rucksack. Wenn er beim Lechner war, kommt er hierher und trinkt ein paar Bier. Dann fährt er mit dem Zug wieder heim. Wenn er bei uns in der Gaststube ist, sitzt er alleine da und möchte immer reden, aber er hat niemanden zum Reden. Daher setze ich mich, wenn ich Zeit habe, zu ihm. Ich schaue also, dass er nicht alleine beim Tisch sitzt."

Der Kellner als Unterhalter

Der gute Kellner ist nicht nur ein guter Psychologe, sondern auch ein guter Unterhalter: Er weiß den Gast zu amüsieren, entweder durch heitere Gespräche oder vergnügliche Gesten. Der Herr Leopold im „Weißen Rössl" ist ein Meister darin. Ihm ist es wichtig, den Gast zu unterhalten und ihm das Gefühl zu geben, er würde in einer Welt der heiteren Gelassenheit leben. Der Gast sieht sich also vom Kellner nicht bloß betreut, sondern auch zum Lächeln gebracht. Bestens exerziert dies der Kellner im „Weißen Rössl", der Operette, vor. Der Kellner braucht einen guten Schmäh, wie man auch im Salzkammergut meint.

Das Wort Schmäh, das wohl von Wien den Weg in das Salzkammergut gefunden hat und das vom jiddischen „schmuoh" für „erzählen" kommt, lässt sich nicht leicht erklären. Unter einem guten Schmäh versteht man ein heiteres Gespräch, einen Witz und eine freundliche Lüge, die nicht ganz ernst gemeint ist und durch die man jemanden erfreuen kann. Der schlechte Schmäh ist ganz einfach eine meist lügenhafte Erzählung oder ein schlechter Witz, der dazu angetan ist, andere Menschen zu verärgern oder zu erniedrigen, wie die Feststellung, jemand wäre dümmer als sein Hund.

Zu diesem Thema des freundlichen und unterhaltsamen Kellners sprach ich auch mit einer Wirtin. Sie erzählte mit einigem Stolz von ihrem Kellner Thomas, einem Kellner, der auch mir mit Eleganz das Bier – ganz in der Art des Herrn Leopold im „Weißen Rößl" – gebracht hat: „Dem Thomas ist die freundliche Art, mit Gästen umzugehen, angeboren." Der Herr Wirt, der bei diesem Gespräch anwesend war, ergänzt: „Es ist phänomenal, wie der Thomas das macht. Er hat die alten Tabernakelwanzen, also die alten frommen Damen, genau so im Griff wie die jungen Damen, die finden ihn sexy. Er hat einen guten Schmäh. Sein Vorteil ist, er hat eine Freude, mit Menschen umzugehen, und er freut sich, wenn die Leute, also die Gäste, sich freuen. Er ist zufrieden, wenn ein Tisch, also die Gäste an einem solchen, zu ihm sagen: ‚Es ist ein Wahnsinn, wie du es machst.' Weil er einen guten Schmäh hat, mag ihn jung und alt." Die Wirtin mischt sich ein und bestätigt, was der Herr Wirt andeutete: „Es gibt für Thomas nichts Schöneres, wenn die Gäste zufrieden sind und sagen: ‚Es war super beim Thomas!' Die Leute gehen hinaus und sagen: ‚Es war super!' Sie haben einen schönen Abend gehabt und das ist für ihn das Wichtigste."

Ein nettes, unterhaltsames Erlebnis habe ich in einem alten Kaffeehaus mit einem Kellner, der die Gaststätten des Salzkammergutes kennt. Herr Rudi heißt er – er weist mir einen Tisch bei einem Fenster „seines Kaffeehauses" zu. Dieser Tisch gehört zu seinem Rayon. Hier ist er der Herr, hier nimmt er die Bestellung auf, serviert und kassiert. Als ich „Wuchteln", wie der Oberösterreicher die so genannten Buchteln bezeichnet, bestelle, meint Herr Rudi mit gespielter Ernsthaftigkeit: „Es heißt Buchtl, so steht es in der Speisekarte. Man kann eine Wuchtl schieben, aber die Buchtl wird serviert." Der Hinweis auf die österreichische Redewendung „eine Wuchtel schieben" erheitert die mich begleitende Dame, in deren vornehmem Lächeln Herr Rudi sich sonnt. Als ich Rudi erkläre, dass ich in der Speisekarte das „B" im Wort Buchtel durch den Buchstaben „W" ausgebessert habe, lacht er herzhaft. Tatsächlich gibt es beide Bezeichnungen im Wienerischen für eine typische Mehlspeise der böhmischen Küche. In klassischer Weise sind die Buchteln oder Wuchteln mit Powidlmarmelade, also mit Zwetschkenmarmelade, gefüllt. Ich halte noch einmal fest, dass die Österreicher grundsätzlich die Wuchtel der Buchtel vorziehen würden. Er müsse das wis-

„Im Weißen Rössl", Filmszene (v. l.) mit Adrian Hoven (Dr. Siedler), Waltraud Haas (Josepha Vogelhuber) und Peter Alexander (Oberkellner Anton). Regie: Werner Jacobs (1960) Foto: KÖVESDI Presseagentur, Wiener Redaktion der KIPPA

sen, denn die Kellner sollten immer die Wahrheit sagen. Rudi lacht und meint: „Natürlich sage ich immer die Wahrheit." Und als ich sage: „Der Gast ist der König.", erwidert er mit dem bekannten Spruch: „Der Gast ist der König, aber ich bin der Kaiser." Nun spreche ich Herrn Rudi mit „Kaiserliche Hoheit" an. Rudi lacht schallend. Als er sieht, dass ich das Gespräch mit ihm auf einer kleinen Cassette aufnehme, meint er heiter und mit gespieltem Ernst: „Sie schneiden alles mit. Innerhalb von 24 Stunden müssen die Bänder zerstört werden."

Meine Begleiterin lacht, auch ich lache. Sie lädt mich zu meinem Tee ein. Darauf scherzt Herr Rudi: „Ich bin sprachlos." Ich frage, warum dies so sei. Er antwortet mit spitzem Lächeln: „Wir sind hier ein altes Kaffeehaus; in dem ist es nicht üblich, dass die Dame für den Herrn bezahlt. Mir fehlen die Worte. Das kommt selten vor." Ich werfe scherzend ein, dass diese Situation für mich nun sehr unangenehm wäre.

Darauf Herr Rudi: „Nein, überhaupt nicht. Sie genießen und schweigen!" Und als ich meine, dass ich als Klosterschüler im Kloster den Spruch gelernt habe: „Der Kavalier genießt und schweigt.", lacht Herr Rudi herzlich. Darauf sagt meine Begleiterin: „Du genießt nun meine Anwesenheit und schweigst." Ich bedanke mich und frage Rudi, was er zu dem Spruch sage: ‚Der Kavalier genießt und schweigt.' Er antwortet lächelnd: „Da sieht man, dass die Mönche es faustdick hinter den Ohren hatten." Er kassiert und geht mit den Worten: „Ich wünsche einen schönen Freitag!"

Der Umgang mit dem schwierigen Gast

Es ist allerdings oft schwierig, Gäste nicht zu verärgern, wenn sie sich übergangen fühlen. In diesem Sinn fragte ich Herrn Waggerl, einen klassischen Kellner in einem renommierten Restaurant, wie er es mache, wenn mehrere Gäste gleichzeitig rufen: „Ober zahlen!". Ob da nicht die Gefahr bestehe, dass sich ein Gast beleidigt sieht, wenn er, der Kellner, einen anderen Gast bevorzugt. Herr Waggerl versucht – ähnlich dem Kellner in der Operette – dem Gast heiter und mit Witz zu antworten, wie er erzählt: „Man sagt in einem solchen Fall zum Beispiel: ‚Ich grüß Sie, Herr Professor, ich komme sofort zu Ihnen, ein Augenblickerl. Ich bin gleich bei Ihnen, lassen Sie sich doch Zeit.' Und zum nächsten Tisch sage ich: ‚Ich bin gleich bei Ihnen.' Ich habe fast 80 Prozent Stammgäste. Wenn ich sechs Tische habe, weiß ich bald von jedem, was er zu trinken bekommt. Ich habe einen Doktor, der will ein Achtel Apfelsaft, Wasser, ein Viertel Hühnerhaxl mit Reis, zwei Semmerln, einen kleinen Mokka. Und das Geld liegt am Tisch. Das macht er seit sechs Jahren. Der isst sonst nichts anderes. Oder ich habe eine ältere Frau, zu der sage ich: ‚Grüß Sie, Frau Professor, Sie sind ja heute rüstig.' Sagt sie: ‚Heute nur ein Glas Mineralwasser.' Die Leute sollen sich wohl fühlen. Ihnen muss es gefallen." Herr Waggerl versteht, mit seinen Gästen auf noble Art zu scherzen. Im Scherz erweist er dem Gast seine Reverenz. Dieser erfreut sich an der heiteren Vornehmheit des Herrn Waggerl.

Kellner und Wirt als Verbündete des Gastes

Kellner und Wirt sind, wie es auch der Herr Leopold im „Weißen Rössl" demonstriert, daran interessiert, den Gast, vor allem den Stammgast, in seinen Aktivitäten zu unterstützen. In diesem Sinn erzählt mir ein alter Kellner: „Man braucht einen Schmäh, man muss sogar seine Gäste anlügen, um sie bei Laune zu halten. Oft fragen mich die Leute im Gasthaus etwas über die Gegend und die Berge. Alles weiß ich natürlich nicht, ich kann nicht auf jedem Berg gewesen sein. Dennoch erwartet man von mir eine glaubhafte Antwort. Man muss glaubhaft lügen können. Annähernd muss es stimmen. Ich kann nicht immer bestätigen, ob das alles stimmt, was ich sage. Aber, wenn ich nichts sage und nichts weiß, ist das nicht gut. Man muss als Wirt und Kellner kompetent erscheinen, und vor allem vertrauenswürdig." Der Herr Wirt weiß auch eine Begebenheit dazu: „Da habe ich eine ernst-lustige Geschichte: Ein Großindustrieller aus der Region, ich will keinen Namen nennen, es ist eine heikle Sache. Er ist heute nicht mehr Chef, es gibt schon einen Nachfolger. Die Firma hat sich verändert. Er hatte oft Geschäftsbesuche aus der ganzen Welt, einmal sogar aus Japan. Er hatte schon zwei Tage mit den Japanern verhandelt, er hat dies gerne bei Tisch und einem Glasl Wein gemacht. Diesmal ist er nicht weiter gekommen. Dann hat er zu mir gesagt: ‚Ich habe ein Riesenproblem, einen Riesenauftrag könnte ich bekommen, aber ich schaff es nicht. Es fehlt nicht mehr viel zum Abschluss des Vertrages. Heute müssen wir zusammenhelfen.' Sage ich: ‚Ich helfe dir, wenn du willst.' Wir haben gutes Verhältnis zueinander gehabt. Ich war jetzt besonders freundlich und habe mich von der besten Seite gezeigt. Das hat den Japanern gefallen. Wir haben die Japaner so weit hingebracht, bis sie gefügig waren. Es war eine nette Stimmung. Das Essen hat gepasst, die Getränke haben gepasst. Er ist nüchtern geblieben, aber die Japaner waren etwas betrunken. Es ging da um einen mehrstelligen Millionenbetrag. Der Vertrag wurde abgeschlossen. Der Mann ist am nächsten Tag gekommen und hat sich herzlich bedankt und gesagt: ‚Das war so wichtig für die Firma: Du hast etwas Wesentliches dazu beigetragen.' Der hat das Vertrauen in mich gehabt. Von da an war er mein Stammgast."

Der Kellner als Verbündeter des Wirtes

Eine Form des klassischen Kellners ist jener Kellner, der zum Freund und Verbündeten des Wirtes wird, der am Schicksal des eigenen Gasthauses Anteil nimmt und bereit ist, darauf zu achten, dass auch genügend Gäste erscheinen. Ihm ist es – genauso wie dem Kellner im „Weißen Rössl" – im Sinne des Wirtes nicht egal, wenn zu wenig Gäste erscheinen.

Irgendwie ist jeder Kellner daran interessiert, dass Gäste nicht ausbleiben, schließlich profitiert er an den Gästen. Dennoch gibt es Kellner und Kellnerinnen, die über ihre Pflichten hinaus Tätigkeiten setzen, um dem Wirt zu helfen, dass sein Betrieb auch frequentiert wird. Eine solche Kellnerin, die den Wirt trefflich unterstützte, war die Schülerin Birgitt in Altaussee. Sie erzählt dazu aus ihrer Zeit als junge Kellnerin, die während der Ferien in einem Gasthaus die Gäste bediente. Sie wird für ihren Wirt sogar zur Spionin: „Ich war im ‚Goldenen Hirschen'. Täglich zu Mittag musste ich die Gäste im Gastgarten des gegenüberliegenden Gasthauses zählen. Ich tat dies versteckt hinter einer grünen Hecke, die den Gastgarten von der Straße getrennt hat. Ich musste möglichst verdeckt schauen, damit der Wirt wusste, ob der andere Wirt – er war sein Bruder – ein besseres Geschäft macht als er. Das andere Gasthaus war das Gasthaus ‚Zum Loser'. Hat der Wirt zum Beispiel gesehen, dass es seinem Bruder besser geht als ihm, er also mehr Gäste hat als er, hat er gewusst, dass er etwas machen muss, damit es bei ihm besser geht. Mein Wirt selbst hat jeden Tag akribisch gezählt, wie viele Essensportionen aus der Küche gegangen sind. Und wehe, es war nicht eine gewisse Anzahl. Da waren die Gesichter in der Küche sehr lang. Es war eine Katastrophe, wenn einmal weniger Gäste als sonst gekommen sind. Da hat der Wirt gelitten." Auf Grund der Angaben der jungen Kellnerin konnte der Wirt Strategien ergreifen, um wirkungsvoll Gäste anzulocken.

Der gute Kellner und die gute Kellnerin leiden mit ihrem Wirt und unterstützen ihn im Kampf um Gäste bestens.

Die furchtlose Kellnerin und die Grabscher

Zu den schlechten und lästigen Gästen gehören die so genannten Grabscher, jene Herren, denen es offensichtlich Freude macht, Kellnerinnen, vor allem jene, deren körperliche For-

Hotel „Grüner Baum" in Hallstatt, Personal vor Haupteingang. Um 1900

Foto: Museum Hallstatt

men sie zu reizen scheinen, zu betasten. Zu diesen Körperteilen gehören der verlängerte Rücken und der Busen. In einem von Wilhelm Buschs Zeichengeschichten wird vom Hang des Gastes zum Küchenpersonal geschrieben und ein Gast gezeigt, der einer drallen Kellnerin auf die hintere Auswölbung greift.

Für Kellnerinnen sind derartige Belästigungen grundsätzlich ärgerlich und stören sie bei ihrer Arbeit.

Ich sprach darüber auch mit einer früheren, freundlichen Kellnerin. Anni ist ihr Name. Sie ist um die 35. Ich habe sie kennen gelernt, als ich im Innviertel einen Vortrag gehalten habe. Sie bewohnt mit ihrem Mann und ihren Kindern ein schmuckes, von einem schönen Garten umgebenes Haus, das sie liebevoll eingerichtet hat. Ich hatte die Ehre, in diesem zu nächtigen. Beim Frühstück kam das Gespräch auf ihre Arbeit als Kellnerin – heute ist sie nicht mehr berufstätig – und jene Herren, die ihr bei ihrer Tätigkeit des Servierens zu nahe gekommen sind.

Sie erzählt: „Ich war in einem Fernfahrerlokal im Salzkammergut Kellnerin. Ich war damals noch sehr jung, 18 oder 19 Jahre alt. Kellnerin wurde ich, weil ich einen Job gesucht habe. Ich bin eine Pongauerin, eine gelernte Verkäuferin. Als Kellnerin bin ich nur angelernt. Wegen meines Mannes bin ich Kellnerin geworden. Mein Mann, den ich damals schon kannte, war in der Stadt tätig. Als Kellnerin habe ich in der Stadt einen Job bekommen, und zwar in einem Fernfahrerlokal. Bei diesem habe ich schlafen können, habe mein Essen gehabt und war da Kellnerin. Ich war also schon in festen Händen; ich war resolut auf diesem Gebiet, dass mir keiner zuwi (zu nahe) kommt. Einige Fernfahrer – nicht viele davon, die anderen muss ich in Schutz nehmen – haben geglaubt, eine Kellnerin ist Allgemeingut. Mit so etwas war ich nicht einverstanden. Mit Schmäh kann ich gut leben, damit habe ich kein Problem, aber man muss auf Distanz bleiben. Ich habe ein gutes Mundwerk, deswegen war ich auch sehr beliebt. Das kann aber auch missverstanden werden. Insgesamt habe ich nur zwei Watschen wegen Grabschens ausgeteilt. Einer, der eine von mir bekam, war ein besonderes Erlebnis. Der war berüchtigt, weil er gerne jede Kellnerin vernascht hätte. Der hat jeder auf den Hintern gegrabscht. Mir genauso. Ich habe ihm gesagt, dass, wenn er das noch einmal macht, dann so eine Tetschen (Ohrfeige) bekommt, dass er sich nicht mehr kennt. Ich habe schon gewusst, dass er so ein Typ ist. Er hat es bei mir auch probiert. Ich habe ihn schon verwarnt. Ich habe ihm gesagt: ‚Helli, wenn du das noch einmal machst, schmier ich dir eine solche, dass du dich nicht mehr kennst. (Sie lacht.)‘ Er hat nur gelacht. Das Lokal war gesteckt voll mit Fernfahrern. Es war ein Tag, an dem viel los war. Er hat es dann wieder probiert, nachdem ich ihn schon verwarnt gehabt habe. Ich habe mich umgedreht und habe ihm, richtig reflexartig, eine geschmiert. Das war zu fest, das war nicht beabsichtigt – das muss ich schon sagen. Ich habe ihm alle 5 Finger in das Gesicht gedrückt. Meine ganze Hand hat er eine Woche im Gesicht herum getragen. Er war furchtbar böse auf mich. Er hat sich bei der Wirtin, meiner Chefin, beschwert. Die hat mich zu sich zitiert;

er hat vielleicht geglaubt, er kann ein Essen und ein Bier bekommen, weil er von mir so misshandelt wurde. Der Mann war damals sicher schon 40 Jahre alt, ‚Helli‘ hat er geheißen. Ich war damals ein Dirndl. Ich habe auch nicht gewusst, wie die Chefin reagiert. Ich habe keine Angst gehabt, denn die Chefin war super auf diesem Gebiet. Wie mich die Chefin zu sich geholt hat, habe ich mir gedacht: ‚Was ist denn jetzt los?‘ Ich habe mich nicht gefürchtet, weil ich wusste, ich war im Recht. Ich hätte mein Handeln verteidigt, denn ich habe es ihm vorher gesagt und ihn gewarnt. Die Chefin hat eh gewusst, was er für einer ist. Sie hat dann zu mir gesagt: ‚Schmierst ihm noch eine, dann passt es wieder.‘ Man hat ja sein Gesicht gesehen, das war dementsprechend. Die Sache hat noch ein Nachspiel gehabt: Etwas Lustiges, das mir gefällt. Es ist die Geschichte mit den beiden Holländern. Die Kommunikation hat nämlich gut funktioniert. Viele Fernfahrer haben gesehen, dass der verschriene Helli eine Fotze von der Anni bekommen hat. Das ist durch die ganzen Lokale zwischen Salzburg und Holland gegangen. Nach zwei Wochen sitzen zwei Holländer da und sagen zu mir: ‚Du bist die Anni. Wir sind extra einen Umweg gefahren, um dich zu sehen. Hast du dem Helli die Watsche verpasst?‘ Sie haben die fünf Finger im Gesicht vom Helli gesehen. Sie wollten die Frau sehen, die das gemacht hat. Das ist die ganze Geschichte. Sie gefällt mir.“

Mir auch, meine ich. Für mich ist Frau Anni eine klassische Kellnerin, die ihr Gewerbe an Ort und Stelle erlernt hat. Lediglich eine Woche lang hat sie im Wirtschaftsförderungsinstitut einen Servierkurs absolviert.

Epilog: „Im Salzkammergut kann man gut lustig sein!"

Ich habe versucht zu zeigen, wie gerade im Salzkammergut, in einer Gegend des Fremdenverkehrs, Kellnerinnen und Kellner arbeiten, um mit Witz und Schmäh ihre Gäste zu beraten und zu unterhalten. Es ist eine bunte, sehr bewegliche Welt, in der Kellner und Kellnerinnen leben, in der hart gearbeitet wird, in der aber ebenso der „Schmäh rennt", wie man heute auch im Salzkammergut meint.

In dieser Richtung ist auch der Herr Leopold vom „Weißen Rössl" zu verstehen, wenn er singt: „Im Salzkammergut kann man gut lustig sein!"

Quellen

Roland Girtler, Methoden der Feldforschung, Böhlau – UtB (Universitätstaschenbuch), Wien – Köln – Weimar 2001

Operette und Film „Im Weißen Rössl am Wolfgangsee"

Marie-Theres Arnbom

„Juden ist das öffentliche Tragen von alpenländischen Trachten verboten."
Sommerfrische im Salzkammergut

Sommerfrische – Zeit der Muße

Die Sommerfrische ist ein zentraler Punkt im Leben des Wiener Bürgertums. Wurden in der Biedermeier-Zeit den Städten nahe gelegene Ziele für den Sommeraufenthalt gewählt, erweiterten die bürgerlichen Familien durch den Ausbau der Eisenbahn ihren Radius: Man fuhr entweder in die Kurorte südlich von Wien wie Baden und Bad Vöslau, ins Semmeringgebiet, nach Reichenau und Payerbach oder natürlich ins westlich gelegene Salzkammergut – meist also dorthin, wo auch der kaiserliche Hof die Sommermonate verbrachte.

Die Familien bewohnten Sommerwohnungen oder erbauten eigene Sommervillen als Symbol für Wohlstand und die Zugehörigkeit zum Großbürgertum. Ein Großteil des gesellschaftlichen Lebens verlagerte sich in den Sommermonaten in die Sommerfrische: Die Familien verbrachten dort oft Monate, die Männer pendelten von Wien aus dorthin, Geschäfte wurden in entspannter Atmosphäre angebahnt, man unternahm Landpartien, musizierte viel, gab Einladungen, und die Kinder spielten gemeinsam mit den Kindern des Dorfes und verbrachten eine unbeschwerte Zeit.

Für diesen mehrmonatigen Aufenthalt reiste man „mit Wirtschaft", denn für die Führung eines voll ausgerüsteten Haushalts durfte es an nichts fehlen: Wäsche, Mobiliar und Personal. „Menagieren" nannte man diese Art des Reisens. Je nach Anzahl und Anspruch der weiblichen Familienmitglieder kam eine mehr oder minder reichhaltige Garderobe hinzu: Wäsche und Kleidung für sonniges und regnerisches Wetter, Spielzeug für die Kinder, Studienmaterial für die Ältesten, Tennis-, Bade- und Wanderausrüstung und was es eben an vermeintlich Unentbehrlichem geben mochte.

Die Sommermonate verbrachte man in Dirndl und Trachtenanzug. Heute wird das vielfach als Verkleidung der Städter belächelt, doch gerade das jüdische assimilierte Bürgertum trug die Tracht mit Stolz, fühlte es sich doch in besonderem Maße Österreich und der Habsburger-Monarchie verbunden. Man muss nur die vielen Photos dieser Familien von Herzl bis Freud betrachten, um den Stellenwert dieser Kleidung als Zeichen der Integration zu erkennen. Bis 1938. Im Sommer dieses Jahres ordnete die Salzburger Polizeidirektion an: *„Juden ist das öffentliche Tragen von alpenländischen Trachten wie Lederhosen, Joppen, Dirndlkleidern, weißen Wadenstutzen usw. verboten."* Keine lebensbedrohliche Maßnahme, doch ein bedeutendes Zeichen der Ausgrenzung und der Wegnahme eines integrierenden und selbstverständlichen Bestandteiles des Lebens.

Der Begriff „jüdisches Bürgertum" ist überaus diffizil. Worauf gründet sich diese Zuordnung? Auf die Religion? Nur ein geringer Teil war wirklich noch religiös. Auf die Abstammung? Dies wäre eine Übernahme der nationalsozialistischen Diktion, derer sich dieser Artikel klarerweise nicht bedienen möchte. Auf die Selbsteinschätzung? Sie kann wohl nur von Familie zu Familie, von Generation zu Generation, ja von Person zu Person bestimmt werden und bietet ebenfalls keinen Anhaltspunkt zur Verallgemeinerung. Wissenschaft und Kultur in allen Facetten waren jedenfalls grundlegende Elemente im Leben des assimilierten Judentums – und dazu zählte auch die Sommerfrische. Den großen Stellenwert der Kultur zeigt beispielsweise das Vorwort zum Gästebuch der Familie Herz in St. Gilgen. Eugen Herz stellt das Motto voran:

Was wir zu bauen uns bemüh'n seit Jahren
Das ist: Ein Haus gewidmet der Kultur
Der Menschlichkeit, dem Streben nach dem Wahren
Der Liebe für die Kunst und die Natur.
In diesem Buch soll seinen Namen schreiben
Wer solchen Sinnes unser Haus betritt
Und wer's verlässt, soll wohlgeneigt uns bleiben
– bis zu der Parzen unheilvollem Schnitt.

Künstler in der Sommerfrische

Die Sommerfrischegesellschaft glänzte durch ihre Vielfalt: Komponisten verkehrten mit Wirtschaftsmagnaten, Politiker mit Soubretten, Ärzte mit Librettisten. Gerade die unzähligen Künstler, die den Sommer im Salzkammergut verbrachten, konzentrisch um Bad Ischl angeordnet, prägten die Atmosphäre in besonderem Maße. Bad Ischl galt als Hauptstadt der Operette: Komponisten, Librettisten, Schriftsteller, Theaterunternehmer, Interpreten und Verleger bevölkerten die Kaffeehäuser, die Esplanade und viele Villen, in denen an den neuen Werken gearbeitet wurde. Karl Farkas griff dies in einer seiner Revuen auf und dichtete: *„Ischl, Ischl, Ischl – Ein Klavier hinter jedem Gebüsch."* Nicht zu vergessen sind auch die unzähligen Maler, die die Schönheiten des Salzkammerguts auf Leinwand gebannt haben.

Es würde den Rahmen sprengen, all die Künstler aufzuzählen, die im Salzkammergut eine zweite Heimat, Erholung und Inspirati-

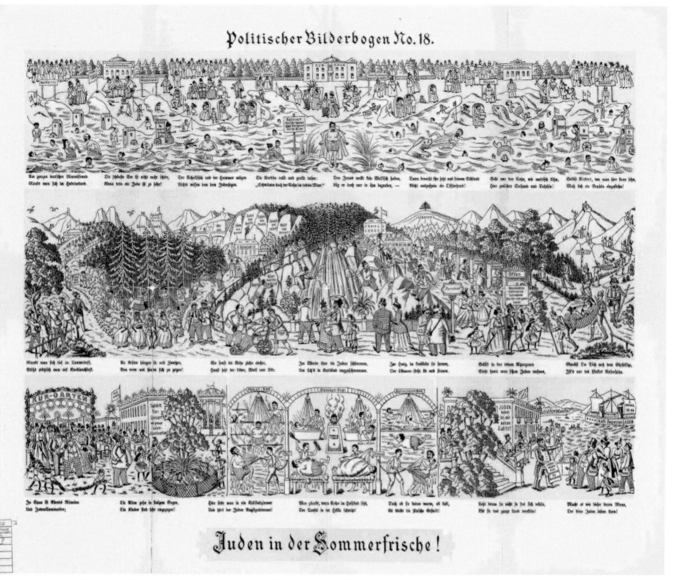

Bereits Ende des 19. Jahrhunderts wurde die „jüdische Sommerfrische" zwischen Ostsee und Alpen in der deutschen Karikatur in antisemitischem Sinne thematisiert.
Foto: Copyright Gedenkstätte Wannseekonferenz

on gefunden haben. Einige wenige seien genannt: Komponisten wie Leo Ascher, Ralph Benatzky, Ignaz Brüll, Karl Goldmark, Emmerich Kálmán, Erich Wolfgang Korngold, Gustav Mahler, Arnold Schönberg, Oscar Straus, Librettisten und Schriftsteller wie Raoul Auernheimer, Julius Brammer, Alfred Grünwald, Fritz Herzmanovsky-Orlando, Hugo von Hofmannsthal, Gina Kaus, Fritz Löhner-Beda, Leo Perutz, Arthur Schnitzler, Hilde Spiel, Friedrich Torberg, Berthold Viertel, Jakob Wassermann, Sänger wie Maria Jeritza, Pauline Lucca, Richard Tauber. Viele dieser Künstler waren Juden – ein Umstand, der von Künstlerkollegen auch immer wieder liebevoll betont wurde. So schrieb Fritz Grünbaum in „Die Schöpfung":

Wenn man so näher betrachtet die Welt,
Die ganze Schöpfung: den Wald und das Feld,
Die Ochsen am Land und im Wasser die Fischl,
Die Christen in Linz und die Juden in Ischl,
Die Sonn', die bei Tag ist. Und den Mond, der bei Nacht ist …
Kurz, wenn man bedenkt, wie schön das gemacht ist,
Da kann man nur sagen, bewundernd die Pracht:
„Besser, pardon, hätt' ich's auch nicht gemacht!"[1]

Und auch der große Kabarettist und Schriftsteller Armin Berg wusste um diesen Umstand: „Es gibt 500 Millionen Chinesen auf der Welt und nur 15 Millionen Juden. Wieso sieht man in Ischl nicht *einen* Chinesen?" So berichtet Friedrich Torberg in

*Wiener Jugend in St. Gilgen. Maria Jehle, zwei Unbekannte und ihr Cousin
Stefan Herz, natürlich in Tracht. Um 1933*   *Fotos: Arnbom*

*Auch St. Gilgen deklarierte sich 1938 sogar mit Verkehrszeichen als
„judenfreie" Sommerfrische.*

seiner unerschöpflichen Tante Jolesch. Bad Ischl kann sicherlich als Kulminationspunkt gelten, doch bevölkerten viele Sommerfrischler und Kurgäste – jüdisch oder nichtjüdisch – auch Gmunden, das nicht nur auf Grund seines Theaters den Sommergästen einiges bieten konnte, und die Seen.

„Judenfreie Sommerfrische" – ein frühes Phänomen

1922 widmete Hugo Bettauer in seinem erschreckenden und visionären Roman *Stadt ohne Juden* der Sommerfrische ein ganzes Kapitel. In der Umkehrung der tatsächlichen Situation der 1920er-Jahre rütteln die – noch – hypothetischen Auswirkungen den Leser auf: *„Das ganze herrliche Salzkammergut, das Semmeringgebiet, sogar Tirol, soweit es einigen Komfort bot, waren von österreichischen, tschechoslowakischen und ungarischen Juden überflutet gewesen; in Ischl, Gmunden, Wolfgang, Gilgen, Strobl, am Attersee und in Aussee erregte es direkt Aufsehen, wenn Leute auftauchten, die im Verdacht standen, Arier zu sein. Die christliche Bevölkerung, zum Teil weniger im Überfluss schwelgend, zum Teil auch großen Geldausgaben konservativer gegenüberstehend, fühlte sich nicht ohne Unrecht verdrängt und musste mit den billigeren, aber auch weniger schönen Gegenden in Niederösterreich, Steiermark oder in entlegenen Tiroler Dörfern vorliebnehmen. Das war seit der Judenvertreibung anders geworden."*

Bettauers Vision wurde nur wenige Jahre später schreckliche Realität, die Anfeindungen der jüdischen Gäste bahnten sich jedoch schon länger an: Alle Sommerfrischler waren oberflächlich betrachtet gleich – doch nur ein Teil war vom rasant wachsenden und erschreckend früh sich manifestierenden Antisemitismus betroffen. Schon am 23. Juni 1921 berichtete „Die Wahrheit" (Unabhängige Zeitschrift für jüdische Interessen) unter dem Titel *Judenreinheit der Sommerfrischen:*
„Die antisemitischen Blätter in Stadt und Land können sich nicht genug tun in der Verhetzung der Bauernschaft gegen Aufnahme von Juden. Besonders großer Anstrengung bedarf es nicht. Wer gerne tanzt, dem ist leicht gegeigt. Wir haben bereits eine recht stattliche Reihe von Sommerfrischen, deren eingeborene Bevölkerung zum judenreinen Programm schwört. Sie können sich's ja leisten. Das österreichische Repertoirestück ist ,Der Bauer als Millionär' und der hat es nicht notwendig, auf ein paar lumpige Kronen aus der Judenhand warten. Das war einmal. Heute aber – ja Bauer, das ist was anderes! Und so machen die biederen Landsleute nicht aus der Not, sondern im Gegenteil, aus dem Reichtum eine Tugend der Judenreinheit. Nichtsdestoweniger verspritzen die Wiener Antisemitenblätter das Gift ihrer schändlichen Gesinnung."
Am 17. Juli 1925 informierte „Die Wahrheit" ihre Leser über *Judenfreie Sommerfrischen: „Wir bringen unseren Lesern abermals eine Anzahl judenreiner Sommerfrischen zur Kenntnis und teilen*

gleichzeitig mit, dass sich in diesen Orten gut organisierte Ortsgruppen des Antisemitenbundes befinden:
Matt[er]see: Laut einstimmigem Gemeinderatsbeschluss vollkommen judenrein.
Neumarkt am Wallersee
Seekirchen
Seeham bei Matt[er]see
Mittersill im Pinzgau: Laut Gemeinderatsbeschluss judenrein.
Tamsweg im Lungau: Laut Gemeinderatsbeschluss judenrein."

Und am 7. August 1925 ist in dieser Zeitschrift zu lesen: „*Vorige Woche hat das Wiener Montagsblatt ‚Der Morgen' von dem schlechten Besuche der österreichischen Sommerfrischen gesprochen und die gerade katastrophalen Folgen geschildert, welche diese Erscheinung für alle am Fremdenverkehr interessierten Kreise nach sich ziehen muss. ‚Der Morgen' hat auch die Ursachen für das fast vollständige Ausbleiben der Sommergäste in den österreichischen Kurorten eingehend besprochen, welche in den hohen Preisen, den schlechten hygienischen Zuständen und den sonstigen Schikanen, welchen die Fremden ausgesetzt sind, gesucht werden müssen und hat das in den österreichischen Alpenländern leider vorhandene Hakenkreuzunwesen als einen Hauptgrund dafür angeführt, dass zahlreiche österreichische Sommerfrischen leer stehen, während die italienischen und schweizerischen Erholungsstätten derart überfüllt sind, dass in vielen buchstäblich kein Bett aufzutreiben ist. Womit widerlegt nun die in Gmunden erscheinende ‚Neueste Post' die Ausführungen des Wiener Montagsblatts, welches sind die Argumente der Zeitung, deren Redakteur der Gmundner Bürgermeister Dr. Thomas selbst ist? Die Antwort, welche dem Berichterstatter des ‚Morgen' erteilt wird, lautet: ‚Judenbengel!' So spricht der Bürgermeister eines Ortes, dessen Kurgäste zum größten Teil Juden sind.*"

1938 – Enteignung und Vertreibung

Und doch blieb die scheinbare Idylle bis 1938 aufrecht. Erst dann zeigte sich das wahre Gesicht – die Enteignungen des jüdischen Besitzes wurden im Salzkammergut mit erschreckender Akkuratesse und menschenverachtenden Methoden durchgeführt. Der Samen hiezu war bereits seit langem gelegt und konnte nun in voller Blüte aufgehen. Circa 250 Villen wurden enteignet, davon allein in Bad Ischl 68, in Gmunden 25, in Alt- und Bad Aussee 55.

Auch der (etwaige) Aufenthalt jüdischer Kurgäste erhielt strikte Regeln. So verlautbarte die Kurkommission Bad Ischl im Juni 1938: „*Jüdische Kurgäste werden getrennt von den übrigen Kurgästen in jüdischen Hotels, Pensionen, Fremdenheimen etc. untergebracht. Voraussetzung ist dabei, dass in diesen Betrieben deutschblütiges weibliches Personal unter 45 Jahren nicht beschäftigt wird. Unterschiede zwischen aus- und inländischen Juden werden nicht gemacht. Der Kurgast hat die Tatsache, dass er Jude ist, mit der vorgeschriebenen Meldung bekanntzugeben. Jüdische Kurgäste erhalten eine gelbe Kurkarte, die wohl zur Benützung der Kurmittel, die Heilzwecken dienen, berechtigen, aber den Zutritt zu den Kurkonzerten und sonstigen Gemeinschafts-Veranstaltungen*

nicht gestatten. Auch auf der Esplanade dürfen sich während des Kurkonzerts keine Juden aufhalten, wie ihnen auch der Eintritt und Aufenthalt im Lese- und Musikzimmer des Kurhauses, der Kurhausrestauration, auf den Kinderspielplätzen, Tennis- und anderen Sportplätzen, sowie in der Schwimmschule und den übrigen Flussbädern untersagt ist. Jüdische Kurgäste werden ausnahmslos in die erste Klasse der Kurtaxe eingeteilt und genießen keine Ermäßigungen. Zuwiderhandelnde werden mit Geldbußen und Verbot des weiteren Aufenthalts im Kurrayon bestraft. Im übrigen sind Juden unerwünscht."

Trotz dieser und vieler anderer Verletzungen waren die Sehnsucht und die intensive Erinnerung derjenigen, die den Todeslagern entkommen konnten und ein Leben als Emigranten in der Ferne führten, immer wieder auf die selbst erlebte Sommerfrische, auf die frohe und unbeschwerte Zeit des Sommers, der Ferien und der Sonne gerichtet. Friedrich Torberg schrieb 1942 im kalifornischen Exil *Sehnsucht nach Alt-Aussee:*

Wieder ist es Sommer worden,
dritter, vierter Sommer schon.
Ist es Süden, ist es Norden
wo ich von der Heimat wohn?
Gelten noch die alten Strecken?
Streben Gipfel in die Höh?
Ruht im bergumhegten Becken
noch der Altauseer See?
Treibt's mich heut zum See? Zur Klause?
Treibt's mich auf die Blaa-Alm hin?
Wird's beim Fischer eine Jause?
Wird's ein Gang zur Wasnerin?
Ach, wo hat's mich hingetrieben!
Pötschen weiß ich, und Plateau.
Aber welcher Hang ist drüben?
Aber die Zyklamen – wo?[2]

---

1 Fritz Grünbaum, Die Schöpfung. In: Grünbaum contra Grünbaum. Neues und Altes. (Wien – Leipzig 1930)

2 Miguel Herz-Kestranek / Konstantin Kaiser / Daniela Strigl (Hg.), In welcher Sprache träumen Sie? Österreichische Exillyrik (Wien 2007)

Literatur

Hugo Bettauer, Die Stadt ohne Juden. Ein Roman von übermorgen (Wien 1980)

Daniela Ellmauer / Michael John / Regina Thumser, „Arisierungen", beschlagnahmte Vermögen, Rückstellungen und Entschädigungen in Oberösterreich (Wien 2004)

Gottfried Heindl, Das Salzkammergut und seine Gäste. Die Geschichte einer Sommerfrische (Linz 1993)

Miguel Herz-Kestranek / Marie-Theres Arnbom, … also hab ich nur mich selbst! (Wien 1997)

Miguel Herz-Kestranek / Konstantin Kaiser / Daniela Strigl (Hg), In welcher Sprache träumen Sie? Österreichische Exillyrik (Wien 2007)

Robert Kriechbaumer (Hg.), Der Geschmack der Vergänglichkeit. Jüdische Sommerfrische in Salzburg (Wien 2002)

Albert Lichtblau (Hg.), Als hätten wir dazugehört (Wien 1999)

Friedrich Torberg, Die Tante Jolesch (Dießen 1975)

Susanne Heilingbrunner / Petra Weiss

Sommerfrische-Architektur am Traunsee

„Hier ist auch der Ort, wo der Körper durch die Ertüchtigung zu Fuß oder zu Pferde leichter seine Gesundheit und Widerstandsfähigkeit erhält und wo schließlich die von den Geschäften der Stadt ermüdete Seele Erfrischung und Trost findet …".[1] Der Architekt Andrea Palladio (1508–1580) beschreibt mit „Ort" jene Häuser der Städter auf dem Land, die hier den Sommer über die Landschaft genießen, Natur erleben und sich vom Stadtleben erholen. Diese Häuser werden in der Architekturterminologie seit der Antike als Villa bezeichnet, wobei jedoch mit diesem Begriff auch immer die Bewirtschaftung des Landes verbunden war.[2]

Die Villen, die nun im Folgenden vorgestellt werden, konnten als Typus des ländlichen Herrenhauses nicht überleben. Ihre Loslösung vom ökonomischen Aspekt der Bewirtschaftung des Grundbesitzes ging eng mit einer zunehmenden Demokratisierung der Gesellschaftsschichten und der sich ändernden Wahrnehmung von Natur und Landschaft um 1800 bis 1830 einher. Die gesellschaftlichen Umbrüche durch die Industrialisierung führten zur Entwicklung einer neuen kulturgeschichtlichen Epoche, einer Geistesbewegung, die ganz Europa erfasste – der Romantik. Es änderten sich nicht nur die Wertvorstellungen der Menschen, sondern auch ihre Gefühle. Durch die Sensibilisierung der Sinne und das dadurch neu entstandene Bedürfnis der Menschen, der Wirklichkeit zu entfliehen, neue Wahrnehmungen zu erleben und die Natur zu spüren, drängte die Gesellschaft aus der Enge der Großstadt hinaus in die Umgebung. So entstand in dieser Zeitspanne jenes soziologische Phänomen im Bereich des Bürgertums der europäischen Großstädte, das der Begriff „Sommerfrische" definiert. Es wurde Mode, den Sommer über auf das Land zu übersiedeln. Das bürgerliche Wien etwa eroberte zuerst die Vorstädte, um schließlich nach dem Vorbild des Adels und des Kaiserhauses den Sommeraufenthalt unter anderem im Salzkammergut zu verbringen.

Das Salzkammergut wurde um 1830 als die „oberösterreichische Schweiz" gepriesen. Die Schweiz galt zu dieser Zeit als das Synonym für die Schönheit der Natur, für das erhabene Erlebnis im Zuge ihrer Betrachtung und für das glückliche Leben in der Abgeschiedenheit.[3]

Um die Landschaft in dieser beschriebenen Beschaulichkeit genießen zu können, war es notwendig, Villen zu schaffen, die aufgrund ihrer Konzeption sowohl einen Sommer lang Familie samt Personal beherbergen als auch das Naturerlebnis möglich machen konnten. Die unter diesen Vorgaben an den malerischsten Plätzen entstandenen Villen wurden auf Idealblicke hin konzipiert. Die Fenster dienten als Rahmung für die Landschaft. Balkone und Terrassen ließen Sonnenauf- und Sonnenuntergänge und die Landschaftsbetrachtung an sich bequem genießen. Gleichzeitig schufen Balustraden und Geländer die notwendige Distanz zur eigentlichen Natur. Veranda und Pergola transferierten einerseits das Wohnen nach draußen und boten andererseits doch einen Rest an Geborgenheit.[4]

Das malerische Naturerlebnis ermöglichten aber nicht nur die Villen des Adels und des Bürgertums, sondern auch – bedingt durch den immer breitere Gesellschaftsschichten ansprechenden Fremdenverkehr – diverse Freizeitarchitekturen. Musikpavillons, Restaurants, Terrassencafés, Hotelbauten, Schwimmbäder und Bootshäuser schufen der ab Mitte des 19. Jahrhunderts einsetzenden Tourismuswirtschaft das notwendige Ambiente. Die Natur wurde von eigens angelegten Spazierwegen mit Ruhe- und Aussichtsplätzen distanziert betrachtet. Der Bau von Esplanaden bot den Sommerfrischlern die Bühne für das gesellschaftliche Leben.

Beim Versuch, Sommerfrische-Architektur am Traunsee zu charakterisieren, richtet sich der Fokus zwangsläufig zuerst auf Gmunden. Die Stadt konnte als Umschlag- und Lagerplatz des aus den Bergbaugebieten angelieferten Salzes über die Jahrhunderte ihren historischen Status entwickeln. Als Sitz des landesfürstlichen Salzoberamtes entstand so auch eine Art Hofleben. Dieses sowie die wirtschaftliche Blüte in Kombination mit seiner außergewöhnlichen Lage am Traunsee machten Gmunden und das angrenzende Altmünster zuerst für den Adel anziehend.[5] Am Beginn einer Serie von Ansiedlungen bedeutender Adliger stand Erzherzog Maximilian d'Este, der 1830 Schloss Ebenzweier in Altmünster erwarb. Adlige und im Folgenden die Beamten des Kaiserreichs und schließlich das Großbürgertum brachten auch die berühmtesten Architekten ihrer Zeit in das Salzkammergut. Die Schlösser und Villen Theophil Hansens, Heinrich von Ferstels, Karl Tietz' oder Karl von Hasenauers begannen die Architekturlandschaft rund um den Traunsee zu prägen.

Vorerst fehlte jedoch noch die entsprechende Infrastruktur, um die neuen Gäste in die Region zu bringen. Bis ins erste Drittel des 19. Jahrhunderts blieb das Salzkammergut vom Verkehr fast unerschlossen. Darum begann man, die ursprünglich ausschließlich für wirtschaftliche Zwecke errichteten Transportwege nun auch für den Fremdenverkehr zu nutzen.

So wurde die zum Salztransport gebaute Pferdeeisenbahn von Linz nach Budweis ab 1834 bis nach Gmunden verlängert. Die Konzession für das Bahnprojekt von Linz nach Gmun-

Nachdem nun die nötige Infrastruktur geschaffen war, die Gäste in das Salzkammergut zu bringen, war es auch notwendig, entsprechende Einrichtungen zu bauen, um ihnen den Aufenthalt hier so angenehm wie möglich zu machen. Aus diesem Grund wurden ab der Mitte des 19. Jahrhunderts neben zahlreichen privaten Villen auch Hotels und kommunale Bauten errichtet. Vor allem im 1862 zur Kurstadt ernannten Gmunden entstanden eine Reihe von Hotelbauten wie das Hotel Austria und das Seehotel Schwan, die beide den Formen des Historismus verpflichtet sind.[8] Aus kommunaler Sicht waren der Ausbau der Gmundener Esplanade 1853 bis 1861 sowie die Eröffnung der Straßenbahn 1894 wichtige Schritte zur Weiterentwicklung des lokalen Tourismus. Die Anwesenheit zahlreicher Künstler und Kulturinteressierter am Traunsee inspirierte zum Bau eines Theaters. Das nach Plänen des Architekten Franz Schuppler in Formen des strengen Historismus gebaute Theater von Gmunden wurde 1872 eröffnet.[9] Für sportlich aktive Gäste eignete sich am naheliegendsten der See, sodass mehrere Badeanlagen rund um den Traunsee entstanden. Den bereits bestehenden Badebetrieb bei der Traunbrücke und die Solebäder in Gmunden ergänzte man zu Beginn des 20. Jahrhunderts durch das Seebad in Altmünster und das Strandbad in Gmunden. Die damals bereits bekannten Architekten Johannes Spalt und Franz Gessner lieferten die Pläne dafür.

Der hier nur rudimentär beschriebene, ab der Mitte des 19. Jahrhunderts einsetzende Bauboom schuf also die Basis dafür, dass das Salzkammergut zu einer der wichtigsten Tourismusregionen Österreichs wurde. Im Anschluss wird nun ein repräsentativer Bogen über die vielfältige Bautypologie der Sommerfrische-Architektur dieser Region, interessante Architekten und Bauherren vom Beginn der Sommerfrische um 1830 bis in die zweite Hälfte des 20. Jahrhunderts gespannt.

Als Sommerresidenz des Hochadels kommt *Schloss Ebenzweier*, Altmünster, eine privilegierte Position in der Sommerfrischearchitektur des Traunsees zu. Das urkundlich bereits 1292 als Herrschaftssitz genannte Schloss kam 1830 in den Besitz von Erzherzog Maximilian Joseph Habsburg-Este, der es mehrfach umbauen und erweitern ließ. Dieser hatte das Anwesen von den Erben Florian Maximilian Clodis, einem Mäzen und Gönner Franz Schuberts, der hier in den Jahren 1823–1825 seine Sommer verbrachte, erworben.[10] Das mächtige Renaissanceschloss wurde um die Mitte des 19. Jahrhunderts in historistisch-klassizistischen Formen verändert. Die repräsentative Hauptfassade gegen den See wird von einem mittig vorgestellten, klassizistischen Säulenportikus dominiert, als Rest der renaissancezeitlichen Gliederung ist das Mittelfenster durch Serliana – eine Verbindung von mittiger Rundbogenöffnung und flankierenden kleineren Öffnungen, getrennt durch Säulen – akzentuiert. Spolien der Renaissance finden sich an allen Fassadenseiten. Diese Kombination von Elementen unterschiedlicher Bauphasen führt zu einer sehr lebendigen Wirkung der Oberfläche. Auch im Inneren wird die frühe Neuzeit anhand zahlreicher

Villa Wisgrill. Gmunden, Tastelberg 1. Heinrich von Ferstel (1828–1883). Nach 1859. Gartenansicht   Foto: BDA 1962

den hatte der Ingenieur Franz Zola, Vater des berühmten Romanciers Émile Zola. Mathias Ritter von Schönerer führte das Projekt aus.[6] Ab 1855 erfolgte die Umrüstung der Strecke auf Dampfbetrieb, wodurch die Fahrzeit erheblich verkürzt und mehr Transportkapazität erreicht wurde. Nach der Ankunft in Gmunden konnten die Gäste ihre Reise auf dem Seeweg fortsetzen. Die schon früh institutionalisierte Traunseeschifffahrt, gegründet von den Engländern John Andrews und Joseph John Ruston, ermöglichte ein rasches Weiterkommen von Gmunden Richtung Süden. 1839 befuhr der erste, von Ruston entworfene Schaufelraddampfer „Sophie" den Traunsee, 1871 lief die heute noch in Betrieb stehende „Gisela" vom Stapel, der weltweit älteste Schaufelraddampfer.[7] Der rasch ausgebaute Eisenbahnverkehr und die Entwicklung des Dampfschiffes machten das Reisen für die Gäste einfacher und vor allem unbeschwerter.

Villa Lanna. Gmunden, Pensionatsstraße 24. Gustav Gugitz (1836–1882). 1872. Gartenansicht   Foto: BDA 2004

Bauteile spürbar, so in der mehrschiffigen, gewölbten Kelleranlage oder im Saal mit Holztramdecken aus der Zeit um 1600. Ein typisches Renaissancemotiv stellt auch der repräsentative Innenhof mit mehrgeschoßigen Arkadengängen dar. Bei der Anlage von Park und Allee um das Schloss im Jahr 1842 bediente man sich ebenfalls Vorbildern des 16. Jahrhunderts. So verbrachte der Hochadel seine Sommerfrische in historischen Gemäuern, die dem Zeitgeschmack entsprechend in historisch-klassizistischen Formen angepasst wurden.

Bauherr der bedauerlicherweise nicht mehr erhaltenen *Villa Wisgrill* – Gmunden Tastelberg, nach 1859, 1962 Abbruchgenehmigung – war der Wiener Zimmermeister Carl Wisgrill.[11] Auf Wien scheint auch die Bekanntschaft zu Architekt Heinrich von Ferstel (1828–1883) zurückzugehen. Ferstel war nicht nur maßgeblich an der Gestaltung der Wiener Ringstraße beteiligt, sondern entwarf unter anderem auch die Wiener Votivkirche (1856–1879), die Wiener Universität (1873–1884) und einige Villen im östlichen Pendant zur Sommerfrische Salzkammergut dem Semmering.

Bereits die Lage der Villa auf einem von Wald umgebenen, zum See sanft abfallenden Grundstück und ihre Konzeption – Salon, Veranda und Terrasse sind auf das Panorama des Sees, des Traunsteins und des Höllengebirges hin orientiert – lässt das eingangs erwähnte, präzis kalkulierte „Naturerleben" nachempfinden. Die bewegte Dachlandschaft mit ihren Türmchen und Gaupen soll sich stimmig und zugleich malerisch in die Umgebung integrieren. Das Fachwerk des Dachgeschosses, die Giebel aus Lärchenholz und die Schindeldeckung stellen eine Konzession an die damalige Architekturmode dar, als der „Schweizer Stil" verbunden mit der Verehrung der Landschaft dieses

Villa Klusemann. Gmunden, Traundorf. Hermann Wehrenfennig (1822–1881). Ab 1873. Ansicht

Hotel und Café Katharinenhof. Altmünster, Marktstraße 1. Lois Stelzer (1907–1980). 1930. Historische Ansicht

Landes die Architekturen stimmungsmäßig überformte. Vor allem Holzbauteile, Balkone und Veranden aus reichen Laubsägeornamenten, Fensterfaschen, Giebel, Sparren und Pfetten aus Holz typisieren den lediglich dekorativen „Schweizer Stil". Unverzichtbar für diese Villa und deutlich ablesbar ist der Bauteil Veranda, als eine Art Salon der Sommerfrische.

Bereits an der Anzahl der Geschoße, Keller, Souterrain, Erdgeschoß, Obergeschoß und Dachgeschoß, lässt sich die Größe der Haushalte, die den Sommer über am Land verbrachten, nachvollziehen. Die Grundrissgestaltung muss nicht nur den Raumansprüchen der bürgerlichen Großstadtfamilie, sondern auch den verschiedenen Aufgaben der Architektur gerecht werden, kontemplativem Landschaftsgenuss und Repräsentationsaufgaben, verbunden mit der temporären Beherbergung von Gästen.

Die *Villa Maria Theresia*, Altmünster, 1872–1875,[12] nimmt unter den angeführten Objekten einen Sonderstatus ein, kann doch ihre Architektur und schlosshafte Gestaltung nicht mehr als Villa bezeichnet werden. Der Bezug zur Sommerfrische stellt sich aber dadurch her, dass Bauherr Herzog Philipp von Württemberg die Villa Maria Theresia ausschließlich als Sommerresidenz nutzte. Mit Heinrich Adam (1839–1905), der zuvor schon für die Innengestaltung des Württembergischen Palais, Wien (heutiges Hotel Imperial), verantwortlich zeichnete, war ein Architekt gefunden, der die durch die Bauaufgabe bedingte Monumentalität der Villa in eine dekorative Vielfalt auflöste. Auch hier zeichnet sich das Grundstück durch seine besondere Lage – auf einer Anhöhe über dem Traunsee – aus. Die Villa selbst wird perspektivisch auf Landschaft und Park abgestimmt situiert.

Der Industrielle Adalbert Freiherr von *Lanna* beauftragte 1872 den Architekten Gustav Gugitz (1836–1882), der an der Entstehung der bedeutenden Wiener Ringstraßenarchitektur, insbesondere dem Bau der Wiener Staatsoper, beteiligt war, eine *Villenanlage* in Gmunden zu errichten.[13] Aus dem Streben nach stilistischer und formaler Einheit von Architektur, Plastik, Malerei, Ornamentik, Kunsthandwerk und Gartenkunst entstand ein Gesamtkunstwerk des 19. Jahrhunderts. Auch hier umgibt nach Vorbild der italienischen Hochrenaissance ein architektonisch gestalteter Garten auf mehreren Terrassen einen herrschaftlichen Ansitz, sodass eine enge Wechselbeziehung zwischen Architektur und Natur entsteht. Der zweigeschossige Bau der Villa bezieht seinen besonderen Charakter aus der malerischen Auflockerung der streng zentralisierten Grundstruktur. Diese Disposition erhält durch die dem Garten zugewandte Hauptfront mit der vorgelagerten Treppenanlage ihr Gegengewicht. An der Südwestecke ragt als charakteristisches Villenmotiv ein polygonaler, pilastergegliederter Eckturm vor. Im Osten befindet sich der Gartenpavillon mit hölzernen Arkaden in Laubsägestil. Die Wände sind mit ornamentalen Wandmalereien verziert. Ein breiter Friesstreifen in Grisaille-Technik zeigt See- und Flusstiere. Heute zählt die Villenanlage zu den bedeutendsten des österreichischen Historismus.

Carl Klusemann, ein Mitbegründer der Papierfabrik Steyrermühl, errichtete nach Plänen des Architekten Hermann Wehrenfennig aus Wien ab 1873 die in der Gmundener Vorstadt Traundorf stehende *Villa Klusemann*.[14] Wehrenfennig profilierte sich vor allem im evangelischen Kirchenbau, wie die historisch geprägten Entwürfe für Gmunden und Vöcklabruck zeigen. Die in klassizistischer Tradition erbaute Villa steht ebenfalls inmitten eines Parks in prominenter Lage auf den Gründen des ehemaligen Schlosses Mühlwang. Die herrschaftlich anmutende Bauform vermittelt unverkennbar den hohen Anspruch des Bauherrn. So sind stilistische Parallelen zur Umgestaltung des Schlosses Ebenzweier mit seinem repräsentativen Säulenportikus an der Seeseite nicht ungewöhnlich. Der streng symmetrisch gegliederte Bau wird von Seitentrakten mit von Balustraden umschlossenen Dachterrassen flankiert. Der übergiebelte Mitteltrakt an der Nordseite ist als Risalit vorgeschoben, an der Südseite zwischen den Seitentrakten zurückgenommen und als Panoramafront zum See mit Säulenloggia im Erdgeschoß und Aussichtsterrasse im Obergeschoß ausgebildet. Die Fassaden zeigen neorenaissanceartige Formen. Der elegante, wohl proportionierte Bau stellt einen Musterbau des strengen Historismus dar.[15]

Mit dem *Gmundner Strandbad*, 1927 von Architekt Franz Gessner (1879–1975) entworfen,[16] leitet der architekturgeschichtliche Überblick jene Phase der Sommerfrische ein, die nach den Höhepunkten der Pionierphase im Vormärz und der gründerzeitlichen Sommerfrische-Gesellschaft zwischen Villen und Grand-Hotels nun ein anderes Weltbild vertritt.[17] Neue und auch ärmere Schichten von Massenausflüglern werden in der Zwischenkriegszeit die Träger des Fremdenverkehrs. All jenen, die in einfachen Pensionen und Gasthöfen ohne Seezugang untergebracht sind, steht das Strandbad zur Verfügung.

Vom überhöht ausgebildeten Baukörper der Eingangshalle ausgehend ordnen sich, streng symmetrisch und in geometrischem Bezug zueinander, die Seitentrakte mit Garderoben und Sonnenterrassen an. Das kommunale Strandbad tritt mit seiner Typologie, seinem Baumaterial – Stahlbeton – und seiner Gestaltung – expressive Details – in einen spannungsvollen architektonischen Dialog mit der exklusiven Sommerfrische-Architektur des Adels und des Bürgertums.

Das *Hotel und Café Katharinenhof*[18] in Altmünster, 1930 nach der Planung von Lois Stelzer errichtet, behandelt nun auch den Bautyp Hotel. Beim Katharinenhof handelt es sich nicht um eines jener noblen Alpenhotels der Gründerzeit, von deren Terrasse aus man das Alpenpanorama in Abendkleidung und Sekt trinkend genießen konnte. Seine Entwurfsidee orientiert sich vielmehr an der Ausnutzung der schwierigen städtebaulichen Vorgaben, an der Mündung zweier Straßen. An der schlichten Fassadengestaltung mit den trichterförmigen Laibungen der Fenster und des Eingangsportals im Erdgeschoß ist die neue Sachlichkeit in der architektonischen Formensprache der 1930er-Jahre zu erkennen. Die Gebäudetrakte des Cafés, des

Eingangsportals und des Nebentraktes sind als jeweilige Baumasse aneinander gereiht. Ein Flachdach schließt zeitgemäß den Baukörper des Eingangsbereichs nach oben hin ab. Die um die Gebäudeecke geführten Balkone und Geländer sowie die teilweise noch erhaltenen Rundfenster lassen trotz bereits starker geschmäcklerischer Überformung die einstige architektonische Qualität dieses Hotelbaus nachempfinden.

Das *Haus Glanzenbichl*, Traunkirchen-Mitterndorf, 1962–1964,[19] führt die Architekturtradition der Salzkammergutvilla in die zweite Hälfte des 20. Jahrhunderts. Die Architekten der Arbeitsgruppe 4, Wilhelm Holzbauer, Friedrich Kurrent und Johannes Spalt, interpretieren hier einzelne Charakteristika der Sommerfrische-Architektur neu. Nah am Ufer des Traunsees situiert, greifen Terrasse und Freitreppe des Hauses stark in dessen Richtung aus. Die längliche Konzeption nimmt die Begrenzung des Grundstücks, die Uferlinie des Sees, gestalterisch auf, und die Räume mit ihren großen Fensteröffnungen schaffen einen starken Naturbezug.

1   Andreas Beyer, Ulrich Schütte (Hrsg.), Andrea Palladio – Die Vier Bücher zur Architektur – nach der Ausgabe Venedig 1570 „I Quattro Libri Dell' Architettura", Zürich–München 1993, S. 161.

2   Andreas Tönnesmann (Hrsg.), Freiräume – Häuser, die Geschichte machten 1920–1940, München 1998, S. 13.

3   Monika Oberhammer, Sommervillen im Salzkammergut, Salzburg 1983, S. 32.

4   Wolfgang Kos, Riten der Geborgenheit. In: Eva Pusch, Mario Schwarz (Hrsg.), Architektur der Sommerfrische, St. Pölten–Wien 1995, S. 17.

5   Monika Oberhammer, 1983, S. 20.

6   Elmar Oberegger, Der Eiserne Weg nach Böhmen. Von der Pferdeeisenbahn zur Summerauer Bahn. In: Anita Kuisle (Hrsg.), Kohle und Dampf, Ausstellungskatalog Oberösterreichische Landesausstellung Ampflwang 2006, Linz 2006, S. 247–257.

7   Wolfgang Ebner, 125 Jahre Raddampfer Gisela. Zeugnis vergangener Schiffbaukunst, Gmunden 1996, S. 18.

8   Verein der Herausgabe eines Bezirksbuches Gmunden (Hrsg.), Der Bezirk Gmunden und seine Gemeinden. Von den Anfängen bis zur Gegenwart, Gmunden o. J., S. 867.

9   Ebenda.

10   Monika Oberhammer, 1983, S. 19.

11   Monika Oberhammer, 1983, S. 66/67.

12   Walter Krause, Katalogbeitrag Villa Maria Theresia. In: Gerbert Frodl (Hrsg.): Geschichte der bildenden Kunst in Österreich. Band V. 19. Jahrhundert, München–Berlin–London–New York 2002, S. 212.

13   Therese Pechböck, Die Villa Lanna in Gmunden. Architektur – Ausstattung – Restaurierung. Ein Beitrag zur personalen Inszenierung der Villenarchitektur im Historismus (Dipl.-Arb.), Salzburg 1992, S. 10/11.

14   Monika Oberhammer, 1983, S. 80.

15   Walter Krause, Katalogbeitrag Villa Klusemann. In: Gerbert Frodl (Hrsg.), 2002, S. 214.

16   Friedrich Achleitner, Österreichische Architektur im 20. Jahrhundert, Band I, Salzburg–Wien 1980, S. 53.

17   Wolfgang Kos, einheimische zweiheimische halbheimische. Wenn Fremde Heimatrecht beanspruchen oder Die Sommerfrische als Übungsgelände bürgerlicher Sentimentalität. In: Moritz Csáky, Peter Stachel (Hrsg.), Die Verortung von Gedächtnis, Wien 2001, S. 101.

18   Friedrich Achleitner, 1980, S. 23.

19   Friedrich Achleitner, 1980, S. 120.

Villa Castiglione in Grundlsee am Grundlsee. Im fernen Hintergrund die Villa Roth in Gössl   Foto: Karbus

Heinz Karbus
Villenlandschaft Salzkammergut

Villenlandschaft Salzkammergut – der Begriff umschreibt Bauten in einer Umgebung, in denen ebenso entspannt wie bewusst gelebt werden kann – in Harmonie mit der Landschaft, die durch ihr Klima und ihre Schönheit dem Körper Wohlbefinden und Erholung schenkt, den Geist erfrischt und die Kreativität fördert. Dass das Salzkammergut mit seinen Bergen, Tälern und Seen um die Mitte des 19. Jahrhunderts als eine solche besondere Landschaft erkannt wurde, deren Anziehungskraft bis heute ungebrochen ist, hat außer den genannten Vorzügen noch viele andere Ursachen.

Mit Entstehen der Industrien und Verdichtung der Städte folgten Adelige und wohlhabende Bürger ihrer wachsenden Sehnsucht nach Natur, Romantik und zeitweisem Wohnen auf dem Lande, Lebensgefühlen, die von den zeitgenössischen Künstlern in Musik, Malerei und Literatur so eindrucksvoll nahe gebracht wurden. Ärzte entdeckten, nun auf wissenschaftlicher Grundlage, in dem uralten Salzabbaugebiet erneut die Heilkraft der Sole und ließen wirksame Kureinrichtungen erstehen.

Dass der nach einer Ischler Kur seiner Mutter geborene, einstige „Salzprinz", Kaiser Franz Joseph I. (*1830, †1916), den zentralen Ort Ischl dann für Jahrzehnte zu seiner Sommerresidenz wählte, wurde zu einer besonderen Triebkraft für die Region, die sich noch heute positiv auf Tourismus und andere Bereiche auswirkt. Bedeutende Persönlichkeiten aus Kultur, Wissenschaft, Politik und Wirtschaft hatten sich, um dem Hofe nahe zu sein, hier eigene Villen gebaut oder nahmen zumindest Sommerquartier in der Gegend. Viele davon blieben auch nach dem Zusammenbruch der Monarchie und neue, klingende Namen kamen in der Zwischenkriegszeit dazu.

Die Jahre des „Anschlusses" an Hitlers Reich 1938 bis 1945 setzten eine gewaltige Zäsur. Jüdische Villen wurden enteignet, „arisiert" und fallweise von den Machthabern persönlich in Beschlag genommen. Ihre Bewohner, denen die Flucht nicht mehr gelungen war, kamen in Konzentrationslagern um. Der 1939 begonnene, Europa verwüstende Zweite Weltkrieg brachte persönliches Leid in fast jede Familie des Landes. Viele Sommervillen wurden nun ganzjährig von Flüchtlingen aus dem Chaos bombardierter Städte bewohnt. Führende Hotels, besonders in Bad Ischl, hatte man in Kriegslazarette umfunktioniert. Sie konnten sich davon nie mehr erholen, wurden später abgerissen, in Apartmenthäuser umgebaut oder stückchenweise verkauft.

Nachdem sich Ende der Fünfzigerjahre des 20. Jahrhunderts die Lebensverhältnisse wieder normalisiert hatten und sich Wohlstand einstellte, gab es erneut Bauherren, welche die Tradition des Villenbaues in der Region fortsetzten. Doch nur wenige davon können einige Monate des Jahres Urlaub machen. So handelt es sich bei den neueren „Villen" zumeist um – in zeitgemäßer Architektursprache errichtete – ganzjährige Wohnsitze.

In diesem Querschnitt kann nur über einige Objekte aus den verschiedenen Epochen und Teilen des Salzkammergutes, vorwiegend aus seinem Zentralraum, berichtet werden. Eine vollständige Auflistung würde den Rahmen des Beitrages sprengen.

Nobelstes Beispiel ist sicher die Kaiservilla in Bad Ischl – eine Bezeichnung, die etwas tiefstapelt für das anmutige Sommerpalais des Herrscherhauses, das von einem landschaftlich wunderbaren englischen Park umgeben wird.

Erzherzogin Sophie (*1805, †1872), die Mutter Kaiser Franz Josephs I., kaufte nach dessen Hochzeit mit Prinzessin Elisabeth von Bayern (*1837, †1898) im Jahre 1854 vom Ischler Salinenarzt Dr. Mastalier eine um 1835 für den Wiener Notar Dr. Eltz am Fuße des Jainzenberges errichtete Villa und schenkte diese dem jungen Ehepaar.

Jenes bewohnte das Haus erstmals im selben Sommer, noch vor dem 1855 begonnenen Umbau, der bis 1861, mit Schaffung der Parkanlage und Errichtung aller Nebengebäude bis 1873, dauerte.

Dabei wurde die ehemalige Villa Eltz als Haupthaus so erweitert, dass der Grundriss einem „E" entspricht. Das einstöckige Gebäude zeigt an der Nordseite gegen den Park drei Giebelfronten mit plastisch gestalteten Jagdmotiven in den Giebelfeldern. Dazwischen liegen zwei Atriumhöfe, die vom Park nur durch schlanke Eisensäulen mit darauf gelagerten Verbindungsbalkonen getrennt sind. An der dem Ischlfluss zugewandten Südseite beeindruckt die Länge der nur von einem wenig vorspringenden Mittelteil mit Giebel und Balkon akzentuierten Baufront und an allen Fassaden besticht die gute Proportionierung ihrer Einteilung. Planung und Bauaufsicht vertraute der Kaiser seinem aus Venedig stammenden und in Architektur gebildeten Leibkammerdiener Antonio Legrenzi und dem Hofgärtner Franz Rauch an.

Mit dem Hauptgebäude entstanden das Marmorschlössl als Tee- und Gästehaus der Kaiserin, das Office-Gebäude, Gärtnerei, Meierei, die Kaserne für die Wache, mehrere Gartenpavillons, die Schwimmschule sowie das Hofstall- und Remisengebäude. Bisher wurde nur ein Teil des letzteren, durch Umbau in eine Landesmusikschule 1986–1988, vor dem Verfall gerettet. In dieser zeigt seither auch die Kunstgalerie Rytmogram ihre monatlichen Ausstellungen. Das im Tudorstil erbaute Mar-

Villa Blumenthal in Bad Ischl an der Lauffener Waldstraße

Villa Paulick in Seewalchen am Attersee   *Fotos: Karbus*

morschlössl war vor und nach dem Zweiten Weltkrieg ein Restaurant und beherbergt seit 1978 das Fotomuseum des Landes Oberösterreich. Ein Wachhaus am Parkeingang mit elegant-graziöser, grün überwachsener Gusseisen-Veranda wurde leider abgetragen.

Die Kaiservilla blieb 60 Jahre lang, auch nach der Ermordung Kaiserin Elisabeths 1898, der von höfischem und politischem Leben erfüllte Sommersitz Franz Josephs I., der hier Ende Juli 1914 noch das Ultimatum an Serbien unterzeichnete. Sie befindet sich nach wie vor im Besitze der Familie Habsburg und ist im Sommer zu besichtigen.

Historische Bedeutung erlangte die am westlichen Stadtrand Ischls, in einem Garten an der jetzt verkehrsreichen Salzburgerstraße gelegene Villa Felicitas, die der Kurarzt Dr. Mastalier vom Maurer- und Zimmermeister Karl Drechsler 1855–56 bauen ließ. Sie ist ein im Salzkammergut oft vorkommender Schweizerhaus-Typ, zweigeschossig mit ausgebautem Dach auf quad-

ratischem Grundriss. Weit vorspringende Dachgiebel schützen die Holzbalkons an der Nord- und Südseite. Die Schauspielerin Katharina Schratt, verheiratete Kiss (*1853, †1940) und langjährige enge Freundin von Kaiser Franz Joseph I., wohnte viele Sommer in diesem Hause, wo er sie während seiner Ischler Aufenthalte in seinen späteren Jahren beinahe täglich besuchte. In dem seither „Schrattvilla" genannten Bau findet man heute ein Hauben-Restaurant.

Schon früher entstanden in Ischl im Zuge eines ersten Baubooms von 1830 bis 1850 eine Reihe von Villen, darunter 1829 das Schlössl am Wolfsbühel, umgebaut 1833 in das Schloss des Ministers Graf Anton von Kolowrat (*1778, †1861), heute adaptiert zu einem Gästehaus der Familie Hrovat. Westseitig daneben lag das 1835 errichtete, damals hochmoderne zweitürmige Kolowrat-Sudhaus, von dem heute noch Teile bestehen. 1833 ließ Graf Sickingen-Hohenberg oberhalb des Ortsteiles Gries auf einem parkähnlichen Areal an der Grazerstraße seine repräsentative Empire-Villa mit separatem Stallgebäude errichten. Fürst Ernst Rüdiger von Starhemberg (*1899, †1956), in der Ersten Republik Heimwehrführer, Chef der Vaterländischen Front, Innenminister und zuletzt Vizekanzler, besaß den Bau in den Jahren zwischen den zwei Weltkriegen. Nach Kriegsende provisorischer Sitz des neu gegründeten Gymnasiums, wurde die Villa 1970 abgetragen und an ihrer Stelle der definitive Bau desselben errichtet.

Das ehemalige Schlössl im Grübl an der Grazerstraße ließ die Gräfin Wrbna ab 1840 im Tudorstil umbauen. Es besteht noch heute. Der quadratische Baukörper mit Stützpfeilern an den vier Ecken und hohen Spitzbogenfenstern hat ein zentrales Turmzimmer mit vierseitig umlaufendem Aussichtsbalkon aufgesetzt. Später als Besitz der jüdischen, katholischen Familie Dr. Landauer ein Zentrum gesellschaftlichen Lebens, wurde die Villa 1938 enteignet, 1945 zurückgestellt und gehört heute Frau Elfriede Malaschofsky.

Ihr benachbart liegt die Villa Ugarte, welche Erzherzogin Sophie 1856 für ihren zweiten Sohn, den Statthalter von Tirol Erzherzog Karl Ludwig, kaufte. Ab 1881 bewohnten die Villa auch Kronprinz Rudolf (*1858, †1889) und seine Gattin, Kronprinzessin Stephanie. Später wurde sie Sommerresidenz der Erherzogin Gisela (*1856, †1932) und heißt seither Gisela-Villa. Sie gehört nun schon seit Jahrzehnten der Arztfamilie Dr. Huemer.

An der Wirerstraße erbaute Dr. Josef Brenner von Felsach (*1807, †1876) um 1840 seine wohlproportionierte eingeschossige Empire-Villa, die noch über das Jahr 2000 hinaus als Forstamt in Verwendung stand. Ischl verdankte Brenner sein zweites, 1841 im Eglmoos eröffnete Spital, das erst 1910 vom Kaiserin-Elisabeth-Krankenhaus im Gries abgelöst wurde.

Südseitig am Ischler Kurpark liegt in einem Garten das bezaubernde Rosenschlössl des Ferdinand Lidl von Lidlsheim, geschaffen um 1840 von einem unbekannten Baumeister. Franz Lehar war Mieter von 1903 bis 1910 und schrieb darin mehrere seiner Werke. Giacomo Meyerbeer (*1791, †1864) überarbeitete hier 1846 bis 1848 mit dem polnischen Pianisten Theodor Leschetizky (*1830, †1915) seine „Hugenotten". Dieser international gesuchte Musikpädagoge, Professor in Sankt Petersburg, besaß später seine eigene, nach 1950 wiederholt veränderte Sommervilla in der Leschetizkygasse.

Franz Lehar (*1870, †1948) kaufte 1912 die um 1845 errichtete, 1891 durch Baumeister Franz Huber für den Herzog von Sabran aufgestockte und in seine heutige Gestalt gebrachte Lehar-Villa an der Traun (Lehar-Kai). Er lebte und arbeitete in dieser, mit Unterbrechungen, bis zum Lebensende und vererbte das Haus der Stadt Bad Ischl mit der Auflage, dasselbe als öffentliches Lehar-Museum zu führen und erhalten.

Nur wenige Minuten flussaufwärts steht am selben Ufer die Villa Tauber, vormals Berkowitz, aus dem letzten Viertel des 19. Jahrhunderts, welche der legendäre Sänger Richard Tauber (*1891, †1948) im Jahre 1924 erworben hatte. Sie blieb sein

Haus Gamerith in Unterpuchberg bei Seewalchen am Attersee
Foto: Karbus

Domizil, bis er als Jude 1938 nach England emigrieren musste, wo er auch starb.

Die Villa Vielweib, welche der Messerschmied gleichen Namens an der Wiesingerstraße 1861 erbauen ließ, bewohnte der aus der Emigration nach 1945 wieder zurückgekehrte Oskar Straus (*1870, †1954) während seiner letzten drei Lebensjahre.

Eine der großen Sommervillen errichtete Baumeister Wilhelm Pils anno 1881 für die Gräfin Seilern westseitig neben dem Ischler Kurpark in neo-barockem Stil. Ab 1907 wurde diese Sommerresidenz für Erzherzog Friedrich (*1856, †1936) und Erzherzogin Isabella und in dieser Zeit, reich ausgestattet, ein Ort für private Konzerte und Theaterabende, bei denen u. a. der Schauspielstar Alexander Girardi (*1850, †1918) mitwirkte.

Nach dem Ersten Weltkrieg im Besitze des ungarischen Barons von Erös und später der Familie Inwald diente sie ab 1952 als Kurheim der OÖ. Lehrer-Krankenfürsorge. Umbauten im Inneren durch Architekt Helmut Ortner und die Errichtung eines zusätzlichen Bettenhauses im Park durch Architekt Erwin Dworschak erfolgten in den 1970er-Jahren.

Unter geänderten Besitzverhältnissen wurde das Nebengebäude wieder entfernt und 2006 auf dem Parkgrundstück der Bau eines modernen, mit der alten Villa in Verbindung stehenden Kurhotels nach Planung der Architekten Scheicher begonnen.

Vor 1900 sind im Ischler Raum unter vielen anderen Villen weiters entstanden:

die mit Turm, Steildächern und Balkons weithin sichtbare Villa Hohenegg, welche Architekt Drobny für Altbürgermeister Koch am sogenannten Postbühel 1895–1897 plante, die Villen Albrecht und Schodterer, Kurhausstraße, beide 1887 von Architekt Hochecker, die Obere Sarsteiner-Villa, Kalmanstraße, 1894, von Müller, Ziebland und Kollmus, die Untere Sarsteinervilla, Bauerstraße, 1897 und die Villa Pfandl beim Oberen Traunsteg,1899, beide von Baumeister Michele Treu, die Dumba-Villa, Kaltenbachstraße, 1857, von Baumeister Franz Huber, das Traunschlössl des Grafen Kinsky am Traunkai um 1865, die Villa Westend-Bristol, Kaltenbachstraße, in der zeitweise auch

ein Spielcasino untergebracht war, heute Sitz einer Höheren Bundeslehranstalt, die Villa Erdödi, später Sommersitz des Walzerkönigs Johann Strauss (*1825, †1899), welche um 1965 leider dem Neubau eines Apartmenthauses geopfert wurde, und die einem norwegischen Blockhaus nachempfundene Villa des k. k. Leibarztes, Universitätsprofessors und Herrenhausmitgliedes Dr. Hermann Widerhofer (*1832, †1901) in Rettenbach, eine Arbeit der Architekten Schönthaler und Söhne aus 1895. Ihr romantischer Garten hinter dichtem, lebendem Zaun besteht heute nicht mehr.

1912–1914 schuf Baumeister Hans Brandl für Anna Huemer die heutige Villa Traunkai durch Umbau eines vom Baumeister Franz Huber 1873 errichteten Hauses. Sie war zuletzt Besitz des Zahnarztes Dr. Czech und gehört nun seiner Tochter. Auffallend an dem Bau ist die ausgewogene, asymmetrische Fassade gegen die Traun.

Aus der Zwischenkriegszeit stammt die Villa Wittmann in der Brucknerstraße, welche der Otto-Wagner-Schüler Architekt Hans Fritz 1932–1933 für den Rechtsanwalt Dr. Wittmann

Villa Biedl in Steinbach am Attersee. Gustav Schöler. 1929–1931

Foto: Karbus

baute. Auch hier ist die asymmetrische Fassadengestaltung unter weit vorspringendem Dachgesimse bemerkenswert. Die Villa hat südliches Flair und ist doch dem alpinen Klima des Salzkammergutes angepasst. Architekt Christian Neureither veränderte den Bau 2005 geringfügig für den heutigen Besitzer Dr. Grohsmann.

Nach dem Zweiten Weltkrieg baute 1951–1952 ein anderer Otto-Wagner-Schüler, Architekt Karl Vornehm aus Linz, am Ischler Sterzweg seinen eigenen Alterssitz, an dessen Straßenfront die dunklen Steinparapete und das streng geometrische Giebeldekor aus verschiedenfarbigen Natursteinen ins Auge springen. Ende der 1950er-Jahre entstand die Villa Taubinger, Dumbastraße 10, ein nobles Atriumhaus mit flachem Walmdach, geplant von Architekt Viktor Hufnagl (*1922, †2007).

Sie wurde später Sommersitz des Filmproduzenten Ingo Preminger (*1911, †2006) aus Hollywood, der dieselbe von Architekt Heinz Karbus 1973–1974 innen neu gestalten und um ein Gartenzimmer, Sauna und Bad erweitern ließ. Herbert Enzners Acrylbild „Entstehung eines Kreises" in der Schwimmhalle blieb auch nach Verkauf der Villa an den heutigen Besitzer Dr. Kucera erhalten. Ingo Preminger, u. a. Produzent des Film-Welterfolges M-A-S-H (gegen den Vietnamkrieg der USA) hatte hier wiederholt bedeutende Filmregisseure Hollywoods mit österreichischem Ursprung wie seinen Bruder Otto Preminger (*1905, †1986) oder Billy Wilder (*1906, †2002) zu Gast.

Die modern-alpine Jagdvilla Franz Hoffmann (* 1893, † 1972) am Fuße der Schrott, Hinterstein 18, ließ der deutsche Industrielle in den Jahren 1963–1964 von Architekt Heinz Karbus errichten. Das Hauptgeschoß des Hanghauses mit Pultdach ist eine weiß verputzte, gegen Süden weit geöffnete Schachtel mit den Räumen der Eltern. Es ruht auf dem Untergeschoß aus grob gestocktem Beton, welches die Kinder- und Gästezimmer mit Nebenräumen enthält. Nach Familie Hoffmann-Pistorius bewohnt nun als Eigentümerin die Ärztin Dr. Bliem das noch unveränderte Haus mit dem originalen Interieur.

Am Wege ins südliche Salzkammergut liegt an der Lauffener Waldstraße die aus Holz vorfabrizierte Villa Blumenthal. Hergestellt 1890 in Berlin, ein Glanzstück der Weltausstellung Chicago 1893, schließlich nach Lauffen gebracht, wurde sie hier 1895 montiert. Ihr Erstbesitzer, Theaterdirektor Blumenthal (*1852, †1917) war der Autor des als Theaterstück in Berlin 1897 uraufgeführten „Weißen Rössels". 1930 wurde es, mit nach St. Wolfgang verlegter Handlung, als Operette von Ralph Benatzky (*1884, †1957) in Berlin erneut ein auch mehrmals verfilmter Welterfolg. Die außergewöhnliche Villa mit steilen Satteldächern und spitzem Turm war später das Heim des Bildhauers Alfred Brandel (*1889, †1973) und beherbergt jetzt den Sitz eines österreichisches Kontakt-Magazines.

Daneben in der Engleithen entstand 1896–1898 auf einem großem Areal die von Architekt Johannes Langer für Direktor Adolf Rothstein aus St. Petersburg großzügig geplante Villa Rothstein mit ihrem mächtigen Turm. In der Ersten Republik

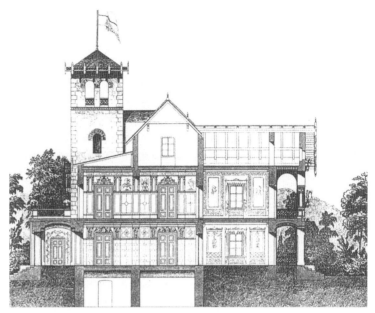

Villa Pandchoulidzeff in Traunkirchen am Traunsee. Theophil von Hansen (1813–1891). 1857

Fotos: Aus der „Allgemeinen Bauzeitung", Jg. 1857, S. 342 ff.

war sie Sommerresidenz der aus dem Hause Rothschild stammenden Baronin Spiegel. Diese lebte während der Hitlerzeit in der Schweiz. Nach ihrer Rückkehr vererbte und verkaufte sie den Besitz in Teilen. Die Villa selbst erwarb um 1955 der Biologe und Forscher auf dem Gebiete der Mathematik und des Wassers, Walter Schauberger (*1914, †1994). Er begründete hier seine wissenschaftlichen Kurse, die heute von seinem Sohn fortgeführt werden (PKS, die Pythagoras-Kepler-Schule).

Im Gosautal, am Fuße des Passes Gschütt, ließ der Direktor der Liesinger Actien-Brauerei Moritz Faber seine Villa errichten und verbrachte erstmals 1883 den Sommer darin. 1894 bis 1904 erfolgte der Umbau in ein herrschaftliches Jagdhaus, in dem auch Kaiser Franz Joseph I. Jagdgast der Familie war. Nach dem Ersten Weltkrieg und der folgenden Inflation musste Moritz Faber die Jagdvilla verkaufen.

Während des Zweiten Weltkrieges war der weibliche Deutsche Arbeitsdienst im Hause untergebracht. Anschließend diente die Villa Faber der amerikanischen Besatzung als Quartier.

Der letzte rechtmäßige Besitzer war in der Emigration verstorben. Sein Sohn und Erbe verkaufte die Villa 1951 dem Sägewerksbesitzer Alois Wohlmuther.

Dessen Schwiegersohn Gottfried Koller renovierte sie bis 1961 und eröffnete darin einen Pensionsbetrieb. 1991 erfolgte ein weiterer Umbau durch die nächste Generation der Familie. Die äußere Gestalt mit dem Turm und den Loggien, welche die Villa Faber seit 1904 charakterisierten, blieb dabei weitgehend erhalten.

Jenseits des Pötschenpasses seien einige Villen am Altausseer-See genannt, von dem aus der Blick auf den Dachsteingletscher so beeindruckend ist: Die Villa Torberg (ehemals Königsgarten-Villa), in welcher der österreichische Dichter Friedrich Torberg (*1908, †1979) lebte und arbeitete (u. a. Autor von „Die Tante Jolesch"), dann abseits vom Ort, an der Andrian-Werbung-Promenade, in einem großen, stillen Garten unter dem Loser-Massiv, die Wassermann-Villa (früher Andrian-Villa), die dem deutschen Romancier Jakob Wassermann von 1873 bis 1934 ein Heim war, und hoch oben am Arneth-Weg das Haus mit der prächtigen Aussicht über das Ausseerland, in dem die Malerin Christ Kerry (*1889, †1978) arbeitete.

Unten, an der Seeklause, wo heute das Hotel Seevilla steht, hob einst der das Salzkammergut liebende Johannes Brahms (*1833, †1897) in der jetzt nicht mehr bestehenden „alten" Seevilla sein „Klaviertrio in C-Dur" aus der Taufe.

Von Altaussee über den Bergrücken, vorbei an der Villa Miramonti mit dem freien Blick auf den nahen Dachstein, liegt im nächsten Tal der Grundlsee, in großer Ruhe, umrahmt von Wäldern und den Felswänden des Toten Gebirges.

Am westlichen Seeanfang, gegenüber dem Ort Grundlsee, steht hier direkt am Ufer die Villa Castiglione. Sie hatte noch ein anderes Aussehen, als Erich Jurie Edler von Lavandal sie 1904 als Schenkung erhielt. Camillo Castiglione, ein italienischer Geschäftsmann, ließ sie 1920 umbauen und schenkte sie dann

1926 seiner Frau Iphigenie. Diese verkaufte die Villa 1937 an Heinrich Hardmeyer. Ab 1941 gehörte sie der Industrie- und Handelskammer Linz, nach dem Kriege deren Nachfolger. Heute befindet sie sich im Privatbesitz der Familie Weinmann.

Am ostseitigen See-Ende, vor dem Ort Gössl, baute der Munitionsfabrikant Emil Roth aus Oberlaa bei Wien in einem schönen Park vor beeindruckender Bergkulisse seine geräumige Villa, die während des Zweiten Weltkrieges wiederholt von Hitlers Propagandaminister Dr. Josef Goebbels (*1897, †1945) und nach diesem von der österreichischen Schauspielerfamilie Hörbiger bewohnt wurde. Heute ist sie Besitz der Familie Fritz.

Die beiden Villen, jede mit einem Turm versehen und zum See hin orientiert, setzen besondere Akzente in die Landschaft und sind eine von der jeweils anderen gut zu sehen.

Im westlichen Salzkammergut, im Ortsbereich von Sankt Wolfgang, findet man den als Gut oder Schloss Schwarzenbach bezeichneten Landsitz, welcher schon 1860 bestand und Eigentum der Adelsfamilie Windischgrätz war.

Um 1930 kam er in den Besitz des Amsterdamer Bankiers Hans Wolf von Goerschen, der als Beschützer jüdischer Mitbürger von Hitlers Machtapparat während der Okkupationszeit hingerichtet wurde. Seine Frau, die später den amerikanischen Rechtsanwalt Cronen heiratete, erbte das Gut. Sie übergab es um 1965 ihrem Sohn, Petrus von Goerschen (* 1928, † 1997), ebenfalls Bankier und Geschäftsmann. Er und seine Gattin Judith ließen es 1974 bis 1989 durch Architekt Heinz Karbus vollständig renovieren und adaptieren. Das Nebengebäude wurde abgetragen, das Haupthaus eingerichtet, ein Turm für den Aufzug und eine Schwimmhalle angefügt, der Carport gebaut und der weitläufige Park mit neuer Toranlage versehen. Alte Kunst und antike Möbel im Wohnbereich sowie moderne Kunst in der Schwimmhalle spiegeln Anspruch und Verständnis der Bauherren.

In einem großen Garten an der Einfahrt nach Sankt Wolfgang liegt die stattliche Villa Auhof mit wunderbarem Panoramablick. Baumeister Hans Brandl baute diese 1930–1932 für die Familie Mayer-Weissflug. Seit 2006 gehört sie zu den Besitzungen des „Red-Bull" Herstellers Mateschitz.

Direkt im Ort, Margarethenstraße 117, steht die im Vergleich sehr bescheidene Villa aus dem Ende 19. Jahrhunderts, mit welcher der Dichter Alexander Lernet-Holenia (*1897, †1976) sein Leben lang eng verbunden war.

Und am gegenüberliegenden Seeufer befindet sich das Chalet mit Bootshaus des Schauspielers und Filmstars Emil Jannings (*1884, †1950), der ab 1930 immer wieder hier wohnte und am Friedhof von Sankt Wolfgang auch seine letzte Ruhestätte hat. Sein Besitznachfolger wurde der deutsche Industrielle Wolf von Amerongen.

Am westlichen Ende des Sees – im romantischen Brunnwinkl St. Gilgens – liegt das alte, bäuerliche Haus des Professors für Urologie und einstigen Assistenten Theodor Billroths, Anton von Frisch (*1849, †1917). Sein Sohn, Karl von Frisch (*1886,

†1982), Professor in München, erhielt 1973 für die Erforschung der Bienensprache den Nobelpreis.

Theodor Billroth (*1829, †1894), der große Chirurg, Erfinder der Äther-Chloroform-Narkose, Professor in Zürich und Wien, ließ nahe dem Brunnwinkel seine geräumige Villa mit schönem See- und Bergblick errichten, in der er ab 1884 zehn Sommer verbrachte und besonders gerne Musik pflegte. Johannes Brahms (*1833, †1897), wie Billroth aus dem Norden Deutschlands stammend, besuchte ihn hier zu Hauskonzerten. Von der ursprünglichen Villa besteht nur mehr ein kleiner Kern, der – wesentlich erweitert – zum heutigen Hotel Billroth wurde. Dieses befindet sich im Besitz des Österreichischen Roten Kreuzes, und alljährlich kommen viele Ärzte bewusst an jenen Ort, der seinerzeit ihren bedeutenden Lehrer so angezogen hat.

Auch das nördliche Salzkammergut rund um den Attersee ist reich an Villen aus den verschiedenen Epochen. Beispiele sind: die Paulick-Villa in Seewalchen, welche der k. k. Hoftischlermeister Friedrich Paulick aus Wien in den Jahren 1876–1877 samt Bootshaus bauen ließ. Das Erscheinungsbild des zweigeschossigen Baues ist geprägt von den bewegten Formen seines steilen Daches, seinen Erkern, Loggien und Balkons und seinem vieleckigen spitzen Turm.

Der Innenausbau zeigt das hohe handwerkliche Niveau des Bauherrn. Paulick hatte viele Künstler zu Gast. Besonders Gustav Klimt (*1862, †1918), der große Maler, verbrachte hier mit seiner Lebensgefährtin Emilie Flöge viele Sommer, in denen er seine Atterseebilder schuf. Die heute Frau Erika Messner gehörende Villa ist fallweise bei kulturellen Veranstaltungen öffentlich zugänglich.

Ebenfalls in Seewalchen, Ortsteil Litzlberg, liegt die Curzon-Villa, welche 1927–1928 für die Cembalistin Lucille Wallace errichtet wurde. Diese heiratete später den englischen Pianisten Clifford Curzon (*1907, †1982). Seither trägt die Villa seinen Namen.

1938 von den Nationalsozialisten und nach Kriegsende bis zur Rückstellung von der amerikanischen Besatzungsmacht beschlagnahmt, wurde das Haus dann wieder von der Familie bewohnt. Clifford Curzon gab in diesen Jahren wiederholt Konzerte bei den Salzburger Festspielen. Nach dem Tode seiner Frau Lucille verkaufte er 1977 die Villa. Der geräumige, in englischer Landhaustradition gestaltete Bau ist von einem stimmungsvollen Garten mit südlichem Flair umgeben.

Das für den Maler und Fotografen Walther Gamerith (*1903, †1949) in Unterbuchberg bei Seewalchen 1933–1934 von Architekt Ernst Anton Plischke (*1903, †1992) errichtete Haus wurde zu einer Ikone der modernen Architektur in Österreich. Der Holzskelettbau des „Plischke-Hauses" mit weißer Außenhaut und schlanken Säulen war der erste Bau mit Flachdach am Attersee. Sein eingeschossiger Baukörper, auf kurzen Standsäulen über dem Boden schwebend, steht in harmonischem Dialog mit der Landschaft. Plischke emigrierte wegen Hitlers Einmarsch und schuf dann besonders in Neuseeland einen wesentlichen Teil seines Werkes. Nach dem Kriege zurückgeholt, diente er der Jugend als Professor und Rektor an der Akademie der Bildenden Künste in Wien.

Ein weiterer interessanter Bau ist die Villa Biedl, Gmauret 9, in Steinbach am Attersee, den Architekt Gustav Schöler 1929–1931 für den in Prag Medizin lehrenden Professor Arthur Biedl

Villa von Goerschen / Gut Schwarzenbach in Sankt Wolfgang / Skgt. Foto: Karbus

(*1869, †1933) gestaltet hat. Das weit vorspringende Pultdach, gestützt von hoher Holzsäule, die halbrunde Terrasse mit gemauerter Brüstung, die verschieden großen, in die Mauerflächen des zweigeschossigen Baues verteilten Öffnungen – all diese Details charakterisieren den kraftvoll-alpinen Bau, der sich ohne „Lederhosenallüren" zwischen dem See und Steilwänden des Höllengebirges einfügt.

Natürlich entstanden auch am Traunsee, am ostseitigen Tor zum Salzkammergut, das schon früher eine bessere Verkehrsanbindung hatte als sein Kern, viele bedeutende, teils hochherrschaftliche Villen.

Das schönste Beispiel davon ist die Villa Toscana in Gmunden, welche die Großherzogin der Toskana, Maria Antonie von Neapel-Sizilien, 1870–1877 auf einem fast 90.000 m² großen Grundstück nach Planung ihres Sohnes Johann Salvator von Österreich-Toskana als Exilsitz der Familie errichten ließ.

1912 kam sie in den Besitz von Margaret Stonborough-Wittgenstein, der Tochter Karl Wittgensteins und Gattin des amerikanischen Chemikers Jerome Stonborough, der 1938 hier Selbstmord verübte. Nach dem Tode von Frau Stonborough-Wittgenstein 1958 verkauften die Erben 1975 die Villa und zogen in die „Kleine Villa Toscana" des Freiherrn von Pittel aus 1849 am selben Grundstück. Diese hatte schon Großherzog Leopold II. von Toskana nach dem Tode Pittels erworben. Heute befinden sich beide Villen im Besitz des Landes Oberösterreich, die große davon genutzt als Verwaltung und Restaurant des im Park errichteten Kongresshauses und die kleine als Thomas Bernhard-Archiv.

Im benachbarten Altmünster steht die Villa Wesendonck (früher Traunblick) aus 1868, Sommersitz der Dichterin Mathilde Wesendonck (*1828, †1902), der Gönnerin, Muse und Geliebten Richard Wagners (*1813, †1883). Wagner vertonte u. a. fünf Liedertexte von ihr, die Wesendoncklieder. Ihr Gatte war ein wohlhabender Bankier in Zürich. Mathilde starb überraschend 1902 bei einem Aufenthalt in der Villa Traunblick.

Etwas höher – mit Aussicht auf See und Traunstein – errichtete 1865 der Architekt Karl Hasenauer (*1833, †1894), bekannt durch seine mit Gottfried Semper geplanten Ringstraßenbauten wie die Neue Hofburg, das Burgtheater, die Hofmuseen sowie die Hermesvilla für Kaiserin Elisabeth, sein eigenes, eher bescheidenes Feriendomizil. Es ist schützend umgeben von Bäumen und einem dichten lebenden Zaun.

Daneben, in der Pichlhofstraße zeigt Architekt Lukas Lang in zwei kleinen Schüttkästen (Troadkästen aus Holz, 1769 und 1775), die er in einen zauberhaften Garten stellte und mit altem bäuerlichem Hausrat einrichtete, seine persönliche Lösung für das Leben auf dem Lande. Der in seinen eigenen Bauten absolut der Moderne verpflichtete Architekt zeigt hier Respekt, Emotion und Verständnis für alte Baukultur der Gegend.

Abschließend sei noch ein Blick auf die Villa Pandchoulidzeff getan. Sie befindet sich auf dem schönsten Platz über dem Orte Traunkirchen, von dem die Bewohner das weite, den See einfassende alpine Panorama genießen können.

Ab 1852 für zwei wohlhabende Schwestern aus einem vornehmen Hause Russlands erbaut, beliefen sich die Kosten auf rund 19.000 Gulden ohne Interieur. Seine noble Gestaltung mit Aussichtsturm, Loggien, Balkons und die gediegene Innenausstattung bis hin zur Warmluftheizung erlangten seinerzeit Vorbildwirkung. Architekt war Theophil Hansen (*1813, †1891) aus Dänemark, der in Wien u. a. Parlament, Börse, Akademie und Musikverein plante und auch in anderen Ländern Europas tätig war.

Die Villa befindet sich jetzt im Besitz des Geschäftsmannes Leopold Köck.

Sie könnte noch lange weitergeführt werden, die Reihe gebauter Beispiele aus der Villenlandschaft Salzkammergut, …

Lothar Schultes

Kunstlandschaft Salzkammergut – ein Streifzug[1]

Obwohl das Salzkammergut zu den großen Touristenzentren Europas gehört, wurde bisher noch nie eine Kunstgeschichte dieses Gebiets versucht. Wie lohnend es wäre, dies nachzuholen, soll dieser kurze Überblick zeigen. Bereits um 800 gehörte das Stift St. Michael in Mondsee zu den großen kulturellen Zentren Europas. Davon zeugen noch die erhaltenen, wenn auch in alle Welt zerstreuten Buchmalereien, darunter der noch vor der Absetzung Herzog Tassilos im Jahr 788 entstandene Psalter von Montpellier, das so genannte Ingolstädter Evangeliar und der Codex Millenarius Maior im Stift Kremsmünster. Diese Handschrift enthält acht ganzseitige Miniaturen mit den Evangelisten und ihren Symbolen, jeweils in einer Art Arkadenrahmung. Wir dürfen die Prachthandschrift wohl mit Abt Hildebald in Zusammenhang bringen, der Hofkaplan Kaiser Karls des Großen und später Erzbischof von Köln war. Damals entstand in Mondsee auch die älteste deutsche Bibelübersetzung.

Arkaden sind auch auf einem heute in der Vorhalle der Kirche eingemauerten Relief zu sehen, dessen Zweck ebenso unklar ist wie die Datierung. Ähnliches gilt für die erst 1980 in der Sakristei der Dörflkirche in Vöcklabruck gefundenen, gravierten Kupferplatten, die von einem Tragaltar oder Bucheinband stammen. Man hat sie zunächst in die Zeit Herzog Tassilos datiert, doch sind sie sicher viel später entstanden. Wie lange sich frühmittelalterliche Formen hierzulande gehalten haben, belegt das wohl erst um 1300 geschaffene Taufbecken der Pfarrkirche von Altmünster.

Wohl ebenfalls aus Mondsee stammt ein heute in Baltimore befindlicher Bucheinband des 11. Jahrhunderts, dessen filigran verzierte Vorderseite drei Elfenbeinreliefs der schreibenden Evangelisten zeigt (das vierte ist ergänzt). Ein Hauptwerk der Buchmalerei des 12. Jahrhunderts ist das nach dem Mönch Liutold benannte Evangeliar (heute Wien, Nationalbibliothek). Die teilweise ganzseitigen, mit Gold unterlegten Miniaturen erzählen in einprägsamer Weise das Leben Christi, von der Verkündigung an Maria bis zur Bekehrung des ungläubigen Thomas. Ein ebenfalls aus Mondsee nach Wien gelangtes Zeremoniale enthält eine bemerkenswerte Kreuzigungsszene im Zackenstil der Jahre um 1280. Damals dürften auch jene Wandmalereien entstanden sein, die 1967 als Fragmente in der einstigen Benediktkapelle des Stiftes entdeckt wurden.

In St. Wolfgang hat sich der einstige Abtstab von Mondsee, die so genannte „Wolfgang-Krümme", erhalten, eine jener Emailarbeiten des 13. Jahrhunderts, die aus Limoges in alle Welt geliefert wurden. Der Engel, aus dessen Krone die Krümme

entspringt, ist vielleicht der hl. Michael, der Patron des Stiftes. Gleicher Herkunft ist wohl auch ein aus einer Bauernkapelle in Angern stammender Kruzifix-Corpus in Privatbesitz (früher als Leihgabe im Linzer Schlossmuseum), der vielleicht zu einem Vortragekreuz gehörte. Das sind die verbliebenen Schätze eines Stiftes, dessen Kirche nach Kriegen und Bränden 1338 als verfallen bezeichnet wird.

Das Gebiet brauchte lange, um sich zu erholen. Die älteste erhaltene Holzplastik ist wohl die thronende Madonna von etwa 1380/1390 in Unterach, deren verlorenes Kind leider falsch ergänzt wurde. Ein etwas später entstandener hl. Wolfgang (?) hat sich im Museum von Mondsee erhalten.

In Bad Ischl befand sich einst eine wertvolle Steinfigur des Heiligen. Sie zeigt Beziehungen zum Statuenzyklus von Steyr, einem Hauptwerk der Plastik des Schönen Stils.[2] Nicht weniger bedeutend ist eine Gussstein-Madonna aus Hallstatt, die aus einer Kapelle in den Handel kam und 1925 für die Prager Nationalgalerie erworben wurde. Die Figur besitzt in der Pfarrkirche von Bad Aussee eine Art Zwillingsschwester. Eine weitere, aus dem Salzburgischen ins Germanische Nationalmuseum in Nürnberg gelangte Statue entspricht ihr seitenverkehrt. Alle drei bestehen aus Gussstein, dessen Erfindung dem Salzburger Erzbischof Thiemo zugeschrieben wurde. Sie gleichen der Krumauer Madonna, doch dürften sie nicht auf diese, sondern auf ein ähnliches, verlorenes Vorbild zurückgehen, das vielleicht im Salzburger Dom stand. Zwei weitere „Schwesternfiguren" haben sich in der Marienkapelle von Köppach und in der Wallfahrtskirche von Lauffen erhalten. Auch sie folgen einem böhmischen Vorbild, nämlich der Madonna von Pilsen.

Die Feinheit des Schönen Stils wird auch am Grabmal des 1406 verstorbenen Abtes Chunrad III. wie auch in den Miniaturen des Mondseer Urbars von 1416 deutlich. Um 1430/1440 tritt der Stil in seine Endphase, etwa beim hl. Leonhard in Gmundener Privatbesitz, aber auch beim hl. Nikolaus in der Pfarrkirche von Bad Ischl, der schon Züge des frühen Realismus trägt. Ähnliches gilt für die leider abgelaugte Sitzmadonna im Pfarrhof von Altmünster. Ein Hauptwerk dieser Zeit ist die 1846 in die Kapelle von Schloss Ort gelangte Madonna. Sie stammt ursprünglich aus der 1788 abgebrochenen Maria-Anger-Kirche in Enns-Lorch, wo sich im Museum Lauriacum vielleicht der zugehörige, 1444 datierte Sockel erhalten hat.

Zu den wenigen gleichzeitigen Glasmalereien gehören ein Erzengel Michael als Seelenwäger in der Michaelskapelle und eine Mondsichelmadonna im Strahlenkranz im Benefiziatenhaus

Liutold-Evangeliar. Um 1150/75
Foto: Bildarchiv der Österreichischen
Nationalbibliothek Wien

Der Pacher-Altar von
St. Wolfgang,
Rudolf von Alt
(1812–1905). 1855
Foto:
OÖ. Landesmuseen

Bad Aussee,
Pfarrkirche,
Schöne Madonna.
Um 1400
Foto: Archiv des
Autors

in Hallstatt.[3] Dieser Stilphase gehört auch der 1449 datierte und mit der Devise Kaiser Friedrichs III. „AEIOV" versehene Flügelaltar in der Spitalskirche von Bad Aussee an. Die Hauptszene zeigt die von Aposteln und Engeln begleitete Dreifaltigkeit, einen westlichen Typus, der in Österreich bereits durch den Londoner Gnadenstuhl[4] bekannt war. Auf den Flügeln sind Gruppen von Heiligen, aber auch – in Anspielung auf den kaiserlichen Auftraggeber – weltliche Gerechte dargestellt. Bei geschlossenen Flügeln sieht man in der Mitte das Marienleben und außen je zwei Heiligenpaare.

Die zu beobachtende Blockhaftigkeit der Figuren ist eine Salzburger Eigenart und findet sich auch am Kanonbild des Missales von 1453 aus der Mondseer Ulrichskapelle, der späteren Mariahilf-Kirche (Wien, Nationalbibliothek). Diesem Stil ist auch noch der Grabstein des Abtes Benedikt Eck (1463–1499) in der Stiftskirche von Mondsee verpflichtet.

Einen sehr drastischen Realismus vertritt hingegen der Kreuzaltar in Hallstatt, dessen Flügel 1987 gestohlen wurden. Er stand einst in der Häuerhauskapelle am Salzberg, wurde um 1750 von einem Knappen vor dem Verheizen gerettet und später in die Pfarrkirche übertragen. Der Mittelteil zeigt eine Kreuzigung „im Gedräng" mit seltenen Motiven wie dem Zerschlagen der Beine der Mitgekreuzigten oder der Mutter mit dem Kind rechts unten. Bei geschlossenen Flügeln wird das Leben der Großeltern Christi erzählt, von der Verkündigung an Joachim und Anna bis zur Erwartung der Geburt Mariens.

Eine ähnlich ungewöhnliche Szene ist auf einem aus Stift Mondsee stammenden Täfelchen im Linzer Schlossmuseum zu sehen, nämlich die Erwartung der Geburt Christi. Das seltene, von den Visionen der hl. Birgitta von Schweden geprägte Thema taucht etwas früher in der Regensburger Buchmalerei auf. Bedeutende Altarbilder mit Heiligen und Szenen aus dem Marienleben haben sich in der Pfarrkirche von Bad Goisern und im Linzer Schlossmuseum erhalten. Die um 1460 entstandenen Bilder spiegeln bereits den Einfluss der Graphik des Meisters E. S. und vielleicht sogar des Columba-Altars von Rogier van der Weyden. Dazu kommen ausgesprochen modische Details wie etwa die Wulsthaube der hl. Elisabeth.

Aus Hallstatt stammt ein auferstandener Christus im OÖ. Landesmuseum, eine Schwebefigur, die wohl während der Osterliturgie in der Kirche hochgezogen wurde.[5] Derselben Stilstufe gehören auch zwei Figuren der hll. Florian und Sebastian im Linzer Schlossmuseum an. Erstere stammt aus Steinbach am Attersee und wiederholt einen Salzburger Typus. Beim hl. Sebastian, dessen Gesicht ähnliche Züge trägt, ist die Herkunft unbekannt. Die labile Haltung entspricht seitenverkehrt einem Stich des erwähnten Meisters E. S. 1464 signierte Erhard Cholb jenes großformatige Antiphonar, das heute zu den Schätzen der OÖ. Landesmuseen gehört. Der Schreiber ist wohl kaum mit dem Mondseer Frater Erhard gleichzusetzen. Eine der Initialen zeigt die Geistsendung, und zwar in einem Gebäude mit den Wappen von Steiermark und Ungarn, dem Reichsadler und

dem Bindenschild. Die Kombination soll wohl an den Vertrag von Wiener Neustadt erinnern, mit dem 1463/64 die Erbfolge in Ungarn geregelt wurde. Weitere Initialen stellen Szenen aus dem Leben Christi dar, aber auch die Jakobsleiter und das Pfingstfest, während die Randleisten aus reichen, von Tieren bewohnten Ranken bestehen.

Für Mondsee gesichert sind die in die Linzer Landesbibliothek gelangten, um 1475 entstandenen Inkunabeln (Frühdrucke), deren Einband und Schmuck der bekannte Salzburger Miniator Ulrich Schreier schuf. Einige Bände tragen noch Spuren der Haken, mit denen sie an den Pulten der Stiftsbibliothek angekettet waren. Der prächtige, fast unverändert erhaltene Raum zeugt ebenso vom einstigen Reichtum des Stiftes wie das prachtvolle, auf der Tür mit 1482 datierte Sakristeiportal, das einst den Kirchenschatz sicherte. Die Konsolfiguren des von Maria, Johannes und weiteren Heiligen begleiteten Auferstandenen stammen vom selben Meister wie zwei Heilige in der Pfarrkirche von Zell am Moos. Ein ähnliches Sakristeiportal hat sich auch in der vom Stift betreuten Wallfahrtskirche von St. Wolfgang erhalten. Dort befindet sich im Tympanon ein Tafelbild mit dem Jüngsten Gericht. Die nicht auf die Konsolen passenden Figuren stammen vielleicht von den 1477 geweihten Altären, ebenso die Figuren des hl. Wolfgang in der so genannten Zelle des Heiligen und im Doppelaltar von Thomas Schwanthaler.

1476 wurde in Seewalchen am Attersee der Hochaltar der Pfarrkirche geweiht, von dem sich noch die Schreinfiguren der Madonna und der hll. Barbara und Margarethe erhalten haben. Sie zeigen Beziehungen zur Kunst Bayerns, was auch für zwei ähnliche Figuren in der Filialkirche von Aurachkirchen und für einen Altarschrein mit der Krönung Mariens gilt, der 1837 aus Schloss Ebenzweier in die Kirche von Altmünster gelangte.

Von zwei Altarflügeln mit dem Apostelcredo und den Werken der Barmherzigkeit im Linzer Schlossmuseum wird eine Herkunft aus der Seeauer Kapelle der Pfarrkirche von Altmünster vermerkt. Da sich die Tafeln aber zuvor im Stift St. Florian befunden haben, gehören sie eigentlich nicht zur Kunst des Salzkammerguts. Die Apostel gehen auf Stichvorlagen Martin Schongauers zurück, zum Teil auf dieselben, die auch der Meister des Nothelferaltars der Spitalskirche von Bad Aussee herangezogen hat. Dieser zeigt auf den Flügeln eine der frühesten Darstellungen des hl. Rochus. Von einem ähnlichen Altar dürfte auch das Bild der Vierzehn Nothelfer in Oberhofen am Irrsee stammen.

All diese Werke sind noch unberührt von der Kunst Michael Pachers, der 1471 den Auftrag für den Altar von St. Wolfgang erhielt, kurz nachdem ihm die Ausführung des Altars von Gries bei Bozen übertragen wurde. Dieser sollte in vier Jahren vollendet sein, sodass Pacher wohl erst 1475 mit den Arbeiten für St. Wolfgang begonnen hat. Beide Male war der Bozener Altar des Hans von Judenburg vorbildlich. Wie dort krönt Christus die etwas unter ihm kniende Maria, beiderseits flankiert von Heiligen. In St. Wolfgang sind es der Ordensgründer und Pa-

Astl-Altar in der Pfarrkirche Hallstatt. Um 1510/15

Foto: Diözesanarchiv Linz

tron des Auftraggebers, der hl. Benedikt, und der Kirchenpatron.

Die vom Meister des Braunauer Bäckeraltars stammenden Rückseitenmalereien sind 1479, die Flügel mit der Künstlerinschrift Pachers jedoch 1481 datiert. An der Predella mit der Anbetung der Könige sowie an den Gesprengefiguren waren Gesellen beteiligt. Hingegen verpflichtete sich Pacher, die Hauptgruppe *„nach dem chöstlichen und pesten, so er das gemachen mag"* auszuführen. Die Bilder des inneren Flügelpaares zeigen Szenen aus dem Marienleben. Bei einmal geschlossenen Flügeln wird eine eindrucksvolle Bilderwand sichtbar, auf der das irdische Wirken Christi erzählt wird, von der Taufe im Jordan bis zur großartigen, auf eine Zeichnung Jacopo Bellinis zurückgehenden Auferweckung des Lazarus. Im Mittelalter war der Altar meist völlig geschlossen, sodass nur die Außenseiten mit der Legende des hl. Wolfgang zu sehen waren, darunter jene Szene, wo er vor der Kulisse des Abersees die Kirche von St. Wolfgang baut. Der 1.200 Gulden teure Altar ist ein Juwel, an das nur wenig heranreicht, darunter ein hl. König aus der Gegend von Hallstatt (?), der sich heute im Wiener Belvedere befindet.

Pachers Auftraggeber, Abt Benedikt Eck, hat für Stift Mondsee noch einen kleineren Altar in Auftrag gegeben, dessen Flügel sich heute ebenfalls im Belvedere, in Vaduz, im Linzer Schlossmuseum und in Privatbesitz befinden, während die Skulpturen verloren sind. Ein Predellenbild zeigt den Abt vor der Strahlenkranzmadonna kniend. Die Tafeln mit der Darbringung, Beschneidung und dem zwölfjährigen Jesus im Tempel sind sichtlich von Pacher geprägt. Bei der Anbetung der Könige fällt das reiche Gefolge auf, darunter fünf Mohren. Der älteste König trägt wohl die Züge Friedrichs III. Der um seinen Begleiter geschlungene Mantel könnte auf den 1492 erfolgten Friedensschluss des Kaisers mit den Bayernherzögen deuten. Der bedeutende Meister ist wohl mit dem in Salzburg und Mondsee tätigen Ruprecht Pichler zu identifizieren.

Als einziges Glasfenster dieser Zeit hat sich in Lauffen eine von Hans III. Herzheimer gestiftete Verkündigung Christi erhalten. An den kaiserlichen Salzamtmann erinnert auch ein Gedenkstein von 1494 an der Pfarrkirche von Traunkirchen, wo er in voller Rüstung vor der Madonna kniet. Die Komposition mit den renaissancehaften Putten entspricht Sebald Bocksdorfers Grabstein des Christoph Truchsess im Kloster Neustift bei Brixen.[6] Eine bedeutende aus St. Agatha stammende Predellengruppe der Beweinung Christi (in Bad Goisern) darf wohl dem Meister SW zugeschrieben werden. Wie die verwandte Gruppe aus Weißkirchen bei Wels (im Linzer Schlossmuseum) zeigt sie den Einfluss Nürnberger Werke, vor allem der Schreingruppe des Peringsdörffer-Altars.

In Goisern haben sich aber auch Figuren erhalten, die aus der so genannten Astl-Werkstatt stammen. Ausgehend von der Gmundener Kapuziner-Madonna findet sich ihr Stil voll ausgeprägt am Altar von Gampern und in den Altarfragmenten von Gschwandt. Neben den beiden Kreuzigungsgruppen in

Hochaltar in der Stiftskirche Mondsee. Hans Waldburger (um 1570–1630). 1626　　　　*Fotos: Lothar Schultes*

Doppelaltar in der Wallfahrtskirche St. Wolfgang. Thomas Schwanthaler (1634–1707). 1675/76

Hallstatt haben sich im Salzkammergut auch noch Einzelfiguren wie die Madonna und der hl. Rochus von Schörfling, die Anna Selbdritt von Aurachkirchen oder das Pfingstrelief in Zell am Moos erhalten.

Das Hauptwerk des Astl-Stils ist zweifellos der Doppelflügelaltar von Hallstatt. Er zeigt im Schrein die von Heiligen begleitete Madonna, deren Leben in den Flügelreliefs und -bildern erzählt wird. Bei völlig geschlossenem Altar ist das Leben Christi vom ersten Auftritt des Zwölfjährigen bis zur Auferstehung dargestellt. Mit den kaum bekannten Flügelbildern des Altars hat man auch das große, vermutlich aus Mondsee stammende Bild des Abschieds der Apostel im Linzer Bischofshof in Zusammenhang gebracht. Der am Beschneidungsrelief genannte (Le)onhard Astl wurde mit dem Bergschaffer Linhard

Aster identifiziert. Allerdings kommen auch der in Gmunden-Traundorf erwähnte Bildschnitzer Lienhard und der 1508–1511 in Rottenmann tätige Meister Leonhardt in Frage. Jedenfalls lieferte ein Gmundener Bildhauer den 1507 geweihten Hochaltar der Pfarrkirche von Vorchdorf, dessen erhaltene Teile Arbeiten der Astl-Werkstatt sind.

Die Flügelgemälde des erwähnten Altars von Gampern gehen großteils auf Stiche Martin Schongauers zurück. Das gilt auch für die mehrmals renovierten Wandmalereien über dem Portal der Pfarrkirche von Hallstatt. Sie zeigen, wie Christus sein Kreuz trägt und daneben auf dem Kreuz sitzt und meditiert, beides vor der Kulisse einer Salzkammergut-Landschaft.

Bereits 1502 malte Lucas Cranach das wohl aus Mondsee stammende, jetzt im Kunsthistorischen Museum in Wien befindliche Gemälde des hl. Hieronymus, ein Gründungswerk der Donauschule. Kurz darauf schuf Albrecht Altdorfer für das Stift eine Serie kleiner Holzschnitte. 1510 folgte Wolf Hubers berühmte Zeichnung des Mondsees mit dem Schafberg (Nürnberg, Germanisches Nationalmuseum). Wie die Ansicht von Traunkirchen mit dem Gmundner See aus dem Jahr 1519 ist sie Zeugnis jenes neu erwachten Naturempfindens, das sich gleichzeitig auch in den Werken der Humanisten niederschlug. Ein ganz anderer Geist spricht hingegen aus dem 1515 datierten Jüngsten Gericht auf der Rückseite des Altars von Gampern. Eine ähnliche Darstellung befindet sich an der Außenseite der Pfarrkirche von Gmunden, zusammen mit einem riesigen hl. Christophorus – dem Patron gegen einen unvorbereiteten Tod.

Ein bedeutender Maler der Donauschule hat die Kapelle zum Hohen Kreuz an der Straße von Mondsee nach Zell am Moos mit Szenen aus der Passion Christi versehen, die erst 1967/68 aufgedeckt wurden. Das zugehörige (?) Holzkruzifix dürfte eine gleichzeitige Augsburger Arbeit sein. Der Bau ist 1516 datiert und mit dem Monogramm des Abtes Wolfgang Haberl versehen, das sich auch auf dem Wallfahrerbrunnen vor der Kirche von St. Wolfgang befindet. Das 1515 *zu nutz und frumen der armen pilhgrumb" (= Pilger)* beim Passauer Büchsenmacher und Glockengießer Leonhard Rännacher bestellte Werk wird von einer Wolfgangfigur bekrönt, darunter aber herrscht sinnenfrohes Treiben, das auch Volksbräuche wie das *"Luderziehen"* darstellt. Der Renaissancebaldachin ist 1518 datiert.

Im selben Jahr vollendete der Meister Andre Lackner aus Hallein einen Altar für die Kirche von Abtenau, dessen Gemälde *Utalricus Pocksberger Lunelacensis* – also ein Maler aus Mondsee – schuf. Mit ihm wurde das große Rosenkranzbild in der Pfarrkirche von Zell am Moos in Verbindung gebracht, das aber im Kern aus der Pacher-Werkstatt stammen dürfte.[7] In Oberhofen befindet sich ein 1517 datiertes Gemälde der Beweinung Christi, dessen Maler auch eine Heilige Sippe in der Sammlung Pierer sowie die hll. Koloman und Alexius im Linzer Schlossmuseum (derzeit als Leihgaben im Museum in Mondsee) zugeschrieben wurden.

1518 entstand der bedeutende, um 1860 übermalte und ergänzte Steinaltar der Allerheiligenkapelle der Pfarrkirche von Altmünster, der eng mit dem Altar von Mauer bei Melk und der Gruppe von Werken um den Wiener Annenaltar verbunden ist. Der in Renaissanceformen gehaltene Entwurf wird dem Augsburger Maler Jörg Breu zugeschrieben. Bei den porträthaften Köpfen hinter den Heiligen könnte es sich um Bildnisse der ausführenden Bildhauer handeln.

Seit 1512 plante Kaiser Maximilian, auf dem Falkenstein[8] bei St. Wolfgang eine vom Georgsorden betreute Grabeskirche zu errichten, zu deren Ausstattung sich in Innsbruck ein Entwurf erhalten hat. Der Bau war aber beim Tod des Kaisers (1519) erst begonnen, weshalb die dafür vorgesehenen monumentalen Bronzestatuen schließlich 1583 in der Innsbrucker Hofkirche

aufgestellt wurden. 1521 starb auch der Mondseer Abt Wolfgang Haberl (Herbelinus), dessen Grabmal wohl schon zu Lebzeiten ausgeführt wurde.

1524 taucht erstmals der Name *"Camergut des Salzs"* auf, im Jahr darauf brach der Bauernaufstand los. Trotzdem lieferte 1531 der "Phidias Nürnbergs", Johann Peisser, einen Altar für Kremsmünster, der später durch Hans Degler verändert wurde und heute in Grünau im Almtal steht. Aus der Folgezeit haben sich fast nur Reliefs und Epitaphe erhalten, darunter ein Letztes Abendmahl und eine Grablegung an der Pfarrkirche von Gmunden. Dort lebte von 1585 bis 1598 der Steinätzer Andreas Pleninger, dem wir den großartigen "Astronomischen Tisch" des Stiftes Kremsmünster verdanken.[9] Wie Gmunden damals aussah, wissen wir aus einem Stich Georg Hoefnagels nach einem verschollenen Gemälde Lucas van Valckenborchs. Auch das 1630–1634 entstandene Waldbuch des Salzamtes Gmunden und das Traun-Panorama des Wolf Haydn zeugen vom damaligen topographischen Interesse.

Nach dem Sieg der Gegenreformation legte in Mondsee der neue, 1626 unter Abt Mauritius Faber errichtete Hochaltar Hans Waldburgers den Grundstock jener Barockisierung der Stiftskirche, die unter Abt Coelestin Kolb mit den prachtvollen Altären Meinrad Guggenbichlers ihren Abschluss fand. Waldburger schuf auch das Orgelgehäuse der Wallfahrtskirche von St. Wolfgang, die 1625 und 1636 ihre jetzigen Wand- und Deckenmalereien erhielt. Im selben Jahr malte Joachim von Sandrart das Altarbild mit dem Tod des hl. Benedikt für die Kirche von Altmünster, deren Chor der berüchtigte Graf Herberstorff für sich als Grablege umgestalten ließ.[10] Um diese Zeit dürfte auch die mächtige Madonnenstatue am Fronbogen der Pfarrkirche von Gmunden entstanden sein, die auch einen bemerkenswerten Marmoraltar von 1673 birgt. 1653 ist ein Kreuztragungsbild in der Pfarrkirche von Hallstatt datiert. Vier Jahre später stiftete Christoph von Eiselsberg einen Altar mit gegenreformatorischer Thematik für die dortige Gruftkapelle.[11]

Seit 1676 beherrscht der prachtvolle Doppelaltar Thomas Schwanthalers das Innere der Wallfahrtskirche von St. Wolfgang. Er zeigt links die irdische und darüber die himmlische Heilige Familie und rechts den Kirchenpatron sowie seitlich die hll. Benedikt und Scholastika. Die kurze Lieferzeit war nicht ohne Mitarbeiter zu bewältigen, darunter wohl Simon Fries und Meinrad Guggenbichler, dem in der Folge die weitere Ausstattung der Kirche übertragen wurde. Ein Hauptwerk Thomas Schwanthalers ist auch der 1679 gelieferte, später veränderte Hochaltar der Pfarrkirche von Gmunden mit der zentralen Gruppe der Anbetung der Könige.

Meinrad Guggenbichlers Tätigkeit für Stift Mondsee begann 1678 mit den Orgelfiguren, gefolgt von der Kanzel und dem Wolfgang- sowie Heiliggeistaltar mit den hll. Placidus und Maurus bzw. Benedikt und Bernhard. Zu den originellsten Werken des Meisters gehört der Corpus-Christi-Altar, dessen

Schmerzensmann in der Wallfahrtskirche St. Wolfgang.
Meinrad Guggenbichler (1649–1723). Um 1706

Foto: Lothar Schultes

Fischerkanzel in der Pfarr- und ehemaligen Klosterkirche
Traunkirchen. 1753   *Foto: Diözesanarchiv Linz*

Säulen von Gruppen stehender Engelsputti getragen werden. Weitere Altäre folgten, zuletzt 1714/15 der Sebastiansaltar, der bereits den Spätstil des Meisters zeigt. Der abgetragene Maria Coeli-Altar steht jetzt als Fragment im Museum.

Dazwischen entstanden die Altäre von St. Wolfgang, darunter der Rosenkranzaltar mit den herrlichen Figurengruppen von Abraham und Isaak sowie Raphael und Tobias. Zu den erschütterndsten Werken Guggenbichlers gehört der Schmerzensmann zwischen dem Antonius- und Kreuzaltar. Geradezu unglaublich ist das Arbeitspensum des Meisters. So stattete er zwischen 1707 und 1712 auch die zu Mondsee gehörigen Kirchen von Oberwang und Oberhofen am Irrsee mit neuen Altären aus. Die in der brutalen Ermordung des hl. Kilian anklingende Expressivität findet sich auch bei den um 1718 entstandenen Kreuzigungsgruppen der Kalvarienberge von St. Agatha bei Bad Goisern und Hallstatt. Die ähnliche, später erweiterte Gruppe in Bad Ischl dürfte hingegen von Guggenbichlers Schüler Jo-

hann Georg Kammersdorfer stammen, der 1704–1707 dort ein Haus besaß.

Michael Zürn der Jüngere, der 1681–1692 im Freisitz Mühlwang bei Gmunden arbeitete, schuf die später veränderte Ausstattung der Pfarrkirche von Vorchdorf, den als Fragment erhaltenen Hochaltar von Altmünster, den linken Seitenaltar in Grünau im Almtal sowie Einzelfiguren in Gmunden, wo sich darüber hinaus eine bedeutende Christusfigur von Bonaventura Schwanthaler erhalten hat. Auch die Kirchen von Ohlsdorf und Lindach besitzen wertvolle Barockausstattungen. 1713 und 1721 wurden im Chor der Wallfahrtskirche von St. Wolfgang neue Marmoraltäre mit Gemälden des Salzburgers Jacob Zanusi aufgestellt. Die 1744 vom Salzfertiger Etzinger und seiner Frau gestiftete Dreifaltigkeitssäule in Hallstatt dürfte ein Werk des Salzburgers Josef Anton Pfaffinger sein.[12]

Überaus originell ist die Fischerkanzel von 1753 in Traunkirchen, die den wunderbaren Fischzug und am Schalldeckel die

Predigt des hl. Franz Xaver darstellt. Sie ist Teil der prachtvollen Ausstattung der Kirche, deren Altarbilder von Johann Georg Morzer, Johann Georg Schmidt und Johann Josef Krall ebenso bemerkenswert sind wie die großen Passionsbilder von Cajetan Rabl in der Kalvarienbergkirche von Gmunden. Hier wirkten außer Morzer, der bis 1740 Stadtmaler war, seit 1765 auch der durch seine Krippen bekannte Johann Georg Schwanthaler und sein Sohn Franz.

1790 ist die erste bekannte Ansicht des damals noch Schneeberg genannten Dachstein-Gletschers entstanden, gleichzeitig mit den Zeichnungen Johann Engleitners, auf denen bereits viele der Lieblingsmotive des Wiener Biedermeier zu sehen sind, darunter der Waldbachstrub. Innerhalb weniger Jahre wurden nun Ansichten aus dem Salzkammergut salonfähig und fanden in gedruckten Serien weite Verbreitung. Überaus duftig sind Ferdinand Runks Aquarelle Gmundens und des Hallstätter Sees. Oft zeigen diese Blätter dieselben „romantischen" Gegenden, die auch in den Reisebeschreibungen von Joseph August Schultes empfohlen werden.

Ein Hauptwerk der romantischen Landschaftsmalerei ist Johann Nepomuk Schödlbergers riesige Ansicht des Traunfalls bei Gmunden (Wien, Belvedere). Das tosende Wasser wird hier zum beherrschenden Bildmotiv, das beinahe wie eine Illustration zu Goethes bekanntem Gedicht erscheint. 1811 hielt sich Carl Friedrich Schinkel in Gmunden auf und verarbeitete seine Eindrücke in einer Ideallandschaft. Es folgten Jakob Alt, Ernst Welker, die Brüder Reinhold und Johann Christoph Erhard, dem wir die früheste Ansicht des Friedhofs von Hallstatt verdanken. Carl Schubert zeichnete in und um Gmunden, wo sein Bruder Franz 1825 einige Wochen verbrachte und wo sich auch Johann Maria Monsorno, der Kammermaler von Maximilian d'Este, aufhielt.

Wie viele Maler sich damals bereits auf den Dachsteiner Gletscher wagten, zeigt ein Blatt von Julius Schoppe und Carl Wilhelm Gropius, das in Berlin im Rahmen einer Ansichtenserie erschien. Seit 1823 hielt sich auch Friedrich Gauermann immer wieder im Salzkammergut auf, ebenso Thomas Ender, dem wir unter anderem ein Album mit Ischl-Ansichten verdanken. Franz Steinfeld malte eine Reihe von Hallstatt-Ansichten, die zu den Hauptwerken des Wiener Biedermeier gehören. Franz Eybl hat seinen Malerkollegen 1837 auf der Kahnfahrt über den Gosausee gemalt und ihm damit ein Denkmal gesetzt.

Auch Rudolf von Alt liebte das Salzkammergut, ebenso Ferdinand Georg Waldmüller, dem wir das prächtige, 1835 datierte Bild der Notarsfamilie Eltz vor der späteren Kaiservilla in Ischl und zahlreiche Landschaften aus der Umgebung von Hallstatt und Ischl verdanken. Die steigende Nachfrage veranlasste auch Joseph Höger, Johann Fischbach, Friedrich Loos, Josef Kriehuber, Josef Feid, Anton Schiffer, Anton Hansch, Wilhelm Steinfeld, Joseph Thoma, Anton Schrödl, Adolf Obermüllner, August Schaeffer von Wienwald, Emil Jakob Schindler und viele andere, hier zu malen. Unter den Ausländern wären ins-

besondere der Ungar Károly Lajos Libay und der Engländer Edward Theodore Compton zu nennen. Auch Friedrich Simony, der Erforscher des Dachsteingebietes, für den Vater und Sohn Elßenwenger arbeiteten, war ein hervorragender Zeichner. Der mit ihm befreundete Adalbert Stifter malte unter anderem den Friedhof von Hallstatt. Er äußerte sich aber auch ironisch über die damalige Malwut und Johann Nestroy spöttelte: *„Das ganze Salzkammergut existiert in Öl."*

Dieser Flut von Landschaftsbildern stehen nur wenige religiöse Gemälde gegenüber. So malte der Nazarener Josef Sutter 1811/12 einen „Christus in Gethsemane" für die evangelische Kirche in Bad Goisern. Den Auftrag verdankte er seinem Freund Overbeck, dessen Onkel dort Pfarrer war. Für die katholische Kirche entstand 1845 ein neuer, inzwischen wieder entfernter Hochaltar mit einem Bild von Leopold Kupelwieser und Figuren von Franz Schneider. 1850–1853 folgten drei vom Kaiserhaus gestiftete Altarbilder Kupelwiesers für die Pfarrkirche von Bad Ischl, die 1877 durch Georg Mader auch neue Wandmalereien erhielt. In Gmunden schuf die Werkstatt Josef Untersbergers etwa 170 Altäre, darunter jenen der dortigen Spitalskirche. 1873 wurde die Holzfachschule in Hallstatt gegründet, deren Hauptwerk der große Kreuzaltar von 1890 in der Pfarrkirche ist. 1883 gründete Hans Greil, dem wir den Franz Carl-Brunnen in Ischl verdanken, die Schnitzfachschule in Ebensee.

Nachdem in Ischl bereits 1839 das Erzherzog Rudolfs- und im Jahr darauf das Wirer-Denkmal errichtet wurden, schuf der in Wien und Gmunden ansässige Heinrich Natter Denkmäler in ganz Europa, darunter für Zwingli in Zürich, für Andreas Hofer am Berg Isel bei Innsbruck und für Walther von der Vogelweide in Bozen. Viktor Tilgner verdanken wir den schönen Brunnen vor der Kaiservilla in Ischl, wo auch eine von Königin Viktoria an Kaiserin Elisabeth geschenkte Jagdgruppe und – am Lauffener Waldweg – ein Jagdstandbild des Kaisers von Georg Leisek stehen.

1873–1876 schuf Christian Griepenkerl den großen Bilderzyklus „Das eleusische Fest" für die Villa Toskana in Gmunden. Durch die berühmten Attersee-Landschaften Gustav Klimts und Michael Powolnys Entwürfe für die Gmundener Keramik wurde das Salzkammergut nach 1900 ein Zentrum des Jugendstils. Später arbeiteten auch Franz von Zülow, Ernst Huber und die Keramikerin Gudrun Baudisch für Gmunden. Gemeinsam mit Ferdinand Kitt, Josef Dobrowsky, Sergius Pauser, Ernst August von Mandelsloh und dem Bildhauer Georg Ehrlich bildeten sie auch den Kern des *„Zinkenbacher Malschiffs"*, einer über mehrere Sommer und Winter zwischen den beiden Weltkriegen am Wolfgangsee bestehenden Künstlerkolonie. Mit Lydia Roppolts Glasfenstern der Kirche von Pfandl bei Bad Ischl und den Skulpturen von Sepp Moser sei dieser kurze Streifzug beendet.

1 Leider erlaubte der zur Verfügung stehende Rahmen weder eine Bearbeitung der Architektur noch ausführliche Anmerkungen, wofür der Autor um Verständnis ersucht.

2 Freundlicher Hinweis von Mag. Norbert Loidol.

3 Freundlicher Hinweis von Mag. Norbert Loidol.

4 London, National Gallery.

5 Diesen Zweck hatte wohl auch eine spätere Statue in der Kalverienberg-kapelle in Bad Ischl.

6 Beide Hinweise von Mag. Norbert Loidol.

7 Eine genaue Untersuchung könnte darüber Klarheit bringen.

8 Neuere Untersuchungen schlagen den Bürglstein vor, doch nennt Hans Herzheimer, der es wissen musste, ausdrücklich den *Valkenstein*.

9 Freundlicher Hinweis von Mag. Norbert Loidol.

10 Die erhaltene Grabplatte befindet sich jetzt in der Allerheiligenkapelle.

11 Freundlicher Hinweis von Mag. Norbert Loidol.

12 Freundlicher Hinweis von Mag. Norbert Loidol.

Literatur (Auswahl)

Aigner, Josef, u. a. (Red.): Kunst im Salzkammergut. Künstlergilde Salzkammergut 1928–1988, Gmunden 1988

Ausstellungskatalog »Vom Biedermeier bis zur Jahrhundertwende«. Malerei und Graphik des XIX. Jahrhunderts im Salzkammergut, Kurhaus Bad Ischl 1966

Ausstellungskatalog Das Mondseeland. Geschichte und Kultur, Linz 1981

Ausstellungskatalog Spätgotik in Salzburg. Die Malerei, Salzburg 1972

Barta, Bernhard: Das Malschiff. Österreichische Künstler der Zwischenkriegszeit, Wien 2007

Fillitz, Hermann und Pippal, Martina: Schatzkunst. Die Goldschmiede- und Elfenbeinarbeiten aus österreichischen Schatzkammern des Hochmittelalters, Salzburg – Wien 1987, Kat. Nr. 10, 87, 94, 105

Glaser, Birgit-Charlotte: Das Antiphonar von Erhard Cholb, Diss. Wien 2004

Heinzl, Brigitte: Johann Meinrad Guggenbichler (1649–1723). Der Bildhauer des Stiftes Mondsee, Passau 1999

Heinzl, Brigitte: Der Bildhauer Thomas Schwanthaler (1634–1707), Ried im Innkreis o. J.

Heiser, Sabine: Das Frühwerk Lucas Cranachs des Älteren, Berlin 2002

Holter, Kurt: Die kunstgeschichtliche Entwicklung im Bezirk Gmunden, in: Der Bezirk Gmunden und seine Gemeinden. Von den Anfängen bis zur Gegenwart, Linz o. J., S. 635 ff.

Koller, Manfred: Der Flügelaltar von Michael Pacher in St. Wolfgang, Wien – Köln – Weimar 1998

Kunze, Walter: Mondsee. 5000 Jahre Geschichte und Kultur, Mondsee 1986

Lehr, Rudolf: Hallstatt, Linz 1979

Loidol, Norbert und Schultes, Lothar: Gotikrouten Oberösterreich. Reiseführer, Linz o. J.

Ludig, Günther: Studien zu einer Monographie über den Barockbildhauer Michael Zürn d. J., Diss. Frankfurt am Main 1969

Pfaff, Carl: Scriptorium und Bibliothek des Klosters Mondsee im hohen Mittelalter, Österr. Akademie der Wissenschaften, Wien 1967

Pfarl, Peter: Pfarrkirche St. Wolfgang, Linz o. J.

Pömer, Karl: Kunst in Oberösterreich, 1: Salzburg, Alm- und Kremstal, Eisenwurzen, Linz 1983

Reichenauer, Berta: Der Altar zu St. Wolfgang von Michael Pacher, Thaur 1998

Reisinger, Anton: Geschichte und Kunst in Wort und Bild. Eine kunst-historische Reise durch das Mondseeland, Ried im Innkreis 2000

Rosenauer, Artur (Hrsg.): Spätmittelalter und Renaissance (Geschichte der bildenden Kunst in Österreich, Bd. 3), München – Berlin – London – New York – Wien 2003

Sauser, Ekkehart: Der Hallstätter Marienaltar, 1956

Schultes, Lothar: Die gotischen Flügelaltäre Oberösterreichs, 2 Bände, Linz 2002 und 2005

Schultes, Lothar: Zeichnung in Oberösterreich vom Mittelalter bis zum Zweiten Weltkrieg, in: Die Kunst der Linie. Möglichkeiten des Graphischen, Linz 1999, S. 45 ff.

Schwarz, Heinrich: Salzburg und das Salzkammergut, 3. Aufl., Wien – München o. J.

Sotriffer, Kristian: Das Salzkammergut, 2. Aufl. Linz 1978

Stögner, August: R.-K. Pfarrkirche Hallstatt (Kirchenführer), Linz o. J.

Vancsa-Tieroniek, Eva Maria: Spätgotischer Marienaltar in Hallstatt, Ried 1986

Wibiral, Norbert und Ulm, Benno: Die Wegkapelle „Hohes Kreuz" in Mondsee und ihre künstlerische Ausstattung, in: Österr. Zeitschrift für Kunst u. Denkmalpflege 24, 1970, S. 1 ff.

Widder, Erich: Flügelalter in Gampern, Ried 1991

Widder, Erich: Pacher-Altar in St. Wolfgang am Abersee, Ried im Innkreis 1995

Georg Kugler

Dr. Emil Kuglers Gmundener Künstlerkreis

Im Jahre 1898 wurde Dr. Emil Kugler[1] an die neugegründete Cur-Anstalt in Gmunden, das „Sanatorium", als ärztlicher Leiter berufen. Er hatte 1893 an der Universität Innsbruck sub auspiciis promoviert und danach in Jenesien, hoch über Bozen, eine Landpraxis begonnen, 1899 heiratete er Anna von Pfeiffersberg aus Bozen-Gries.

Das Sanatorium, auf dem Terrain des alten Kogl-Hotels errichtet, hatte bald mit finanziellen Schwierigkeiten zu kämpfen, aber 1903 gelang ein Neustart mit Herrn Hermann Ulrich, der als neuer kaufmännischer Leiter auch das mit dem Sanatorium verbundene Kurhotel zu wirtschaftlicher und gesellschaftlicher Höhe führte. Die Heilerfolge des vielfältigen Kur- und Badebetriebes wurden von einem internationalen Publikum geschätzt und Dr. Kugler erwarb sich einen ausgezeichneten Ruf.

Darüber hinaus war es seine Intention, den Patienten seiner ärztlichen Praxis und den Kurgästen des noblen Hotels ein anregendes, aber auch anspruchsvolles künstlerisches Programm zu bieten. In den Gesellschaftsräumen des Hotels fanden vor allem Lesungen sowie Lieder- und Kammermusikabende statt. So konzertierte seit 1903 jährlich mindestens einmal das berühmte Fitzner-Quartett.[2] Es galt als das zweitbeste Wiens nach dem Rosé-Quartett und wurde regelmäßig von der Herzogin Thyra von Cumberland nach Gmunden eingeladen. Fitzner musizierte auch oft mit den Pianisten Burmeister, Epstein, Gallico Reitzes und Tilly Wiederkehr, meist im großen Wartesaal der Ordination Kuglers im Sanatorium.

Neben der vor dem Kurhotel liegenden Terrasse war auch die 52 Meter lange überdachte sogenannte Wandelbahn ein geeigneter Veranstaltungsraum. Dort organisierte Kugler Ausstellungen von Werken bildender Künstler, die er fördern wollte, oder von Kurgästen, unter denen sich auch renommierte Maler befanden, wie Ludwig Michalek, Luigi Kasimir oder Max Liebenwein. Einige kehrten alljährlich wieder und zählten zum persönlichen Freundeskreis Kuglers. Da sind Leopold Krakauer und Grete Wolf-Krakauer aus Wien zu nennen, die ab 1935 in Jerusalem lebten, dann Armin und Nika Horovitz, die von 1910 an nach Gmunden kamen. Nika Horovitz porträtierte u. a. auch Rudolf Fitzner und stellte zuletzt 1930 im Sanatorium aus.

Primär galt Kuglers Interesse aber der Dichtung, der Sprache als einem Kunstwerk an sich, im Sinne Goethes und – Karl Kraus'. Kugler war Fackel-Leser von Anfang an, besaß alle Hefte, und lernte den großen Satiriker um 1910 durch den Maler Gustav Jagerspacher auch kennen.

Der erste Künstlerkreis, der ihm erschlossen wurde, waren Gäste im Hause von Ottilie Natter, der Witwe Heinrich Natters, der die Freunde des schon 1892 verstorbenen Tiroler Bildhauers weiterhin verbunden blieben.

Hier verkehrten der Wiener Novellist J. J. David, der Feuilletonist der Neuen Freien Presse Ludwig Speidel, der Turiner Literaturhistoriker und Goethespezialist Arturo Farinelli, Schwiegersohn Heinrich Natters, der zu einem jährlich wiederkehrenden Vortragenden und Vorleser in Kuglers Familie oder im Sanatorium wurde. Durch die Fürsprache dieses einflussreichen Mannes unterstützte Kugler u. a. auch Kubin bei der Vorbereitung von Ausstellungen in Italien.

Emil Kugler selbst war sprachlich durchaus begabt, schrieb Kurzgeschichten und in den Kriegsjahren Weihnachtsspiele zur Aufführung im Lazarett des Roten Kreuzes. Seine vier Kinder mussten als streng erprobte Schauspieler herhalten. Während des Ersten Weltkriegs schrieb er die im Laufe der Jahre ex tempore entstandenen *Hausmärchen der Kuglerkinder* nieder, deren Buchausgabe dem kaum zwanzigjährigen Karl Rössing 1917 den ersten Illustrationsauftrag brachte.[3]

Kugler war im Jahre 1915 auf Arbeiten des begabten Schülers aufmerksam geworden, die in einer Ausstellung der Zeichenklasse des Gmundener Gymnasiums gezeigt wurden. Karl Rössing hatte die Schule damals bereits verlassen und studierte bis 1917 an der königlichen Kunstgewerbeschule in München. Nach kurzem Garnisonsdienst kehrte er 1919 nach Gmunden zu seinen Eltern zurück.

Im Jahre 1920 konnte Rössing erstmals auch in der Wandelhalle des Sanatoriums ausstellen, zusammen mit Ernst Wagner und dem Gmundener Karl Puxkandl, und schnitt den Holzstock für die gedruckte Einladung. Im August 1924 hängen dort Kugler und Rössing gemeinsam für eine Ausstellung mit Werken von E. Wagner, F. X. Weidinger und C. A. Reichl. Für Rössing war und blieb Kugler der kritische väterliche Freund bis zu dessen Tod, die Familienfreundschaft währte durch drei Generationen.

Für Emil Kugler eröffnete diese Freundschaft den Blick auf die zeitgenössische Malerei und Graphik, in besonderer Weise aber auch auf die Literatur, denn Rössing war einer der bedeutendsten deutschen Illustratoren der Zwischenkriegszeit und hatte große Wirkung auf seinen Schülerkreis an der Folkwangschule in Essen, an der er von 1922 bis 1931 wirkte. Im Frühjahr 1927 besuchte ihn Kugler dort und im November reisten sie gemeinsam nach Paris, um Ausstellungen zu besuchen.

Alfred Kubin, Selbstbildnis im Krankenbett – „Hypochonder".
Mit Widmung „Unsererm verehrten Freund und Doktor Emil
Kugler in Gmunden". Bezeichnet und signiert. Aquarellierte
Federzeichnung. 21,4 x 15 cm (Bildgröße 14,6 x 9,9 cm)
Foto: Kunsthistorisches Museum, Wien

Nur wenige Werke hat Karl Rössing illustriert, ohne sich darüber mit Kugler bei seinen häufigen Besuchen in Gmunden oder brieflich auseinander zu setzen. In intensiven Gesprächen näherten sie sich den Themen, die sie gemeinsam verwirklichen wollten. Für den Zyklus „Die Heimkehrer" gab Kuglers Weihnachtsspiel von 1918 die Vorlage, für die Arbeit an der Selbstbiographie Benvenuto Cellinis erbat Rössing Illustrationen aus Kunstbüchern Kuglers, und als er sich im Sommer 1927 eine Holzschnittreihe vornimmt, der er den Titel „contre la journaille" gibt, schickt oder bringt er Blatt für Blatt Kugler zur Beurteilung.[4] Um ungehindert in Gmunden arbeiten zu können, bittet er um die Vermittlung eines Arbeitszimmers im Gymnasium.

Für ein „Vaterunser" verfasste Kugler Texte, woran Alfred Kubin lebhaften Anteil nahm, sich Texte und Probedrucke zuschicken ließ und das fertige Werk mit großem Lob auszeichnete.

Vermutlich im Jahre 1928 stellte Kugler Rössing seinem Patienten und Freund Alfred Kubin vor, der großes Gefallen an seinem jungen Kollegen fand, dessen Entwicklung stets verfolgte und in Briefen an „seinen Freund und Doktor" kommentierte. 1931 publiziert Kugler einen Aufsatz über Rössing in den „Graphischen Künsten", den Kubin begierig erwartet. Im Herbst 1937 besuchen Kugler und Rössing gemeinsam Kubin in Passau.

Erst die unerwartete Aussöhnung Rössings, der als „Linker", ja als Kommunist galt, mit den Nationalsozialisten verstörte Kubin, ebenso das parteipolitische Engagement Ernst August von Mandelslohs. Zu diesem hatte Emil Kugler eine primär nachbarliche Beziehung. Seinem geselligen Künstlerkreis gehörte der herrische, arrogante Maler nicht an, obwohl er – wie Rössing – mit Kubin in regem Briefwechsel stand. Baron Mandelsloh war wie sein Vater österreichischer Offizier, aber wie alle Hannoveranischen Exilanten in Gmunden Reichsdeutscher.[5] Nach dem Ersten Weltkrieg bildete er sich als Maler in Deutschland aus und kehrte erst 1930 nach Gmunden zurück. Sein Engagement für die Innviertler Künstlergilde brachte ihn in Kontakt mit Kubin.

Kuglers Interesse an der zeitgenössischen Literatur, z. B. am Werk Peter Altenbergs, wird schon durch Karl Kraus angeregt worden sein, in persönlichen Kontakt kam er mit dem extravaganten Dichter aber durch den Gmundener Maler Gustav Jagerspacher (1879–1929), von dem das bekannte Porträt Altenbergs in der von Adolf Loos 1908 entworfenen American Bar nächst der Kärntnerstraße in Wien stammt.

Eine schwungvolle Karikatur Peter Altenbergs und Helga Malenbergs, während eines Gmundener Aufenthaltes im Jahre 1909 gezeichnet, widmete Jagerspacher seinem ärztlichen Freund. Denn Kugler war ihm zunächst als Arzt verbunden. Der Sohn des Hofphotographen Karl Jagerspacher, der an der Esplanade, im Hause neben dem Hotel Bellevue, sein Atelier hatte, war seit seiner Kindheit lungenkrank. Von Kugler zu ärztlicher Konsultation nach München empfohlen, blieb er an der Isar, und studierte bei Simon Hollósy.

Gustav Jagerspacher, Peter Altenberg und Helga Malerberg.
Gmunden, 1909. Bleistift. 53 x 35 cm
Foto: Kunsthistorisches Museum, Wien

Karl Rössing, Titelblatt der „Hausmärchen der Kuglerkinder".
1917/1920. Holzschnitt. 15 x 10 cm
Foto: Kunsthistorisches Museum, Wien

Ludwig Michalek, Das Brahms-
häuschen in Gmunden. Be-
zeichnet und signiert.
30. August 1901. Bleistift.
25 x 31,6 cm
Foto: Kunsthistorisches
Museum, Wien

Nika Horowitz, Der Geiger Rudolf Fitzner. Signiert und datiert „N.H. 1918". Bleistift. 25 x 31,6 cm

Fotos: Kunsthistorisches Museum, Wien

Anton Hanak, Brief an Dr. Emil Kugler. Datiert „Gmunden, 3. Mai 1922". Tinte. 29 x 20 cm

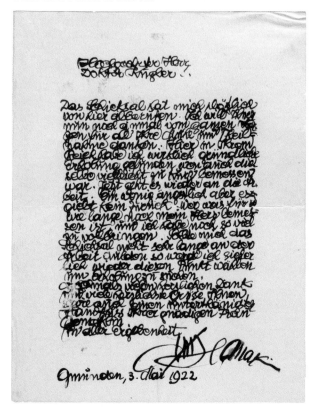

Seit 1913 war er der führende Maler der Münchener Neuen Sezession, mit Künstlern aus dem Simplicissimus-Kreis und Wedekind befreundet, dessen Werke er Emil Kugler vermittelte. Das Ende der kritischen Zeitschrift und das Schicksal ihres Herausgebers, Thomas Theodor Heine, im Jahre 1933 erörterte Kubin ausführlich in Briefen an Kugler.

Jagerspacher kehrte 1923, zutiefst getroffen vom Tod seiner Frau und selbst todkrank, nach Gmunden zurück und starb hier 1929. Kugler hatte ihm seine „Hausmärchen" gewidmet und schrieb einen Nachruf.

Über Jagerspacher, den er mehrmals in München aufsuchte – u. a. um dort Möbel für ein Speisezimmer zu kaufen, das 1902 in Gmunden also im Münchner Jugendstil eingerichtet wurde –, lernte er zahlreiche Maler kennen, die damals einen Teil des Jahres im Salzkammergut verbrachten oder hier lebten. Einige von ihnen, heute alle fast unbekannt, zählten später zu den Begründern der Künstlergilde Salzkammergut.

Da ist vor allem der Bildhauer, Maler und Philosoph Ernst Wagner[6] zu nennen, der vom Gedankengut Nietzsches und des Anthroposophen Rudolf Steiner beeinflusst war. Wagner lebte Anfang der Zwanzigerjahre in Viechtwang bei Scharnstein, war mehr Seelenfreund als Patient Kuglers und widmete diesem zahlreiche seiner visionären Aquarelle und Graphikfolgen. Kugler erwarb einige seiner Gemälde und eine große weibliche Aktfigur aus schneeweißer Keramik, nach Wagners Modell von Schleiß gebrannt.

Damals erschien Wagners bekenntnishaftes Werk „Verwandlung der Erde – Kunstwerk und Menschentum"[7] und Kugler erhielt ein Widmungsexemplar zu Weihnachten 1925. In dieser Zeit wendete er sich, auch brieflich, mehrmals an den vertrauten Arzt, aber auch mit der Bitte, ihm bei Verkäufen behilflich zu sein. Er ist von Mandelsloh enttäuscht, der kein Interesse an seinen Werken zeigt. Endlich erhielt er 1929 einen Lehrauftrag in Dresden und blieb dort bis 1936. Von Dresden aus besuchte er Rössing in Berlin, worüber dieser brieflich Kugler berichtet, zumal auch Wagner in den Entstehungsprozess des „Vaterunser" einbezogen wird.

Ein Sorgenkind Kuglers war Franz von Jackowski, der zu den Gründungsmitgliedern der Künstlergilde Salzkammergut zählt, dessen Lebensweg sich aber verliert.[8] Auch von ihm erwarb Kugler Gemälde, und seiner Anregung folgend, empfahl Alfred Kubin ihm im Jahre 1927 die Mitgliedschaft in der Innviertler Künstlergilde. Eines ihrer Mitglieder, Marianne Woitsch,[9] war seit etwa 1910 Gast der Abende bei Kugler, die künstlerischen Betrachtungen und Gesprächen gewidmet waren. Die Künstler brachten dazu ihre jüngsten Arbeiten mit und Kugler holte Blätter aus seiner Graphiksammlung; in seiner Bibliothek befanden sich die Zeitschriften „Pan", „Kunst und Künstler" und Jahresgaben der Gesellschaft für vervielfältigende Kunst.

Den tiefsten Eindruck auf Emil Kugler machte aber der Künstler und Mensch Alfred Kubin. Aus einer Begegnung in der Villa Almfried, dem Hause Fritz von Herzmanovsky-Orlandos in

Rindbach, in das er durch den Ebenseer Salinen- und Gemeindearzt Anton Rössler, einen Bozner Jugendfreund, kam, wurde eine wahre Freundschaft.

In rund 50 Briefen Kubins aus den Jahren 1924–1941 nehmen noch vor den gesundheitlichen Problemen die künstlerischen den ersten Platz ein, um die auch bei den alljährlichen Besuchen Kubins in Gmunden und den viel selteneren Kuglers in Zwickledt, die Gespräche kreisen. Kubin bereitet seine Besuche in Gmunden brieflich sorgfältig vor, wünscht sich z. B. von Emil Kugler ein Zusammentreffen mit „Kollegen" *an unserem Abend, dem künstlerischen!*[10]

Am Wirken von Franz und Emilie Schleiß, die 1909 ihre Werkstatt in Gmunden eröffneten und 1913 die „Vereinigte Wiener und Gmundner Keramik" gründeten, nahm Emil Kugler naturgemäß großen Anteil.

Die Wiener Künstler, die in der keramischen Schule bei Schleiß in den Jahren 1917–1922 arbeiteten und lehrten, schufen eine künstlerische Atmosphäre in der Stadt, die dem eher nach München orientierten Emil Kugler neu war. Franz von Zülow, vielseitig begabt und offen für jeden ihm begegnenden Menschen, war jahrelang Gast in Kuglers Haus. Seine Schülerin Erika Glöckner kam nach einer Ausbildung in Wien und Linz 1921 zu Schleiß nach Gmunden.[11] In der Familie Kugler mit Zülow zu Gast, lernte sie Karl Rössing kennen. Die beiden heirateten 1922 und blieben „Kinder" im Haus.

Auch der junge Jan Gauguin kam aus Kopenhagen zu Schleiß. Für Kugler entwarf er keramische Fliesen mit Tierdarstellungen für ein Gartenhaus. Die bei Schleiß tätigen Wiener Künstler brachten Jahr für Jahr Freunde nach Gmunden. Auch der Bildhauer Anton Hanak kam so in Kontakt mit Emil Kugler und lernte in dessen Haus 1922 oder 1923 Alfred Kubin kennen, der diese erste Begegnung noch Jahre später als für ihn bedeutsam erwähnt.

1 Geb. 1868 in Brixen, gest. 1941 in Gmunden. Neben seiner Tätigkeit als Hausarzt des Sanatoriums widmete Kugler einen Großteil seines Lebens dem Kampf gegen die Volkskrankheit TBC. Er baute 1917/18 die Tuberkulosefürsorge an den Bezirkshauptmannschaften auf und begründete 1919 die Oberösterreichischen Kinder-Sonnenheilstätten (vgl. Österr. Biogr. Lexikon).

2 Rudolf Fitzner, geb. 1868 in Ernstbrunn, gest. 1934 in Salzburg; er liegt am Evangelischen Friedhof in Gmunden begraben. Die Mitglieder seines 1894 gegründeten Streichquartetts waren M. Weissgärber, J. Czerny, und A. Walter.

3 Furche-Verlag, Berlin 1920. Karl Rössing, geb. in Gmunden 1897 als Sohn eines hannoveranischen Hofbeamten, gest. 1987 in Wels.

4 Das Werk wuchs auf 100 Blätter an und erschien 1932 unter dem Titel „Mein Vorurteil gegen diese Zeit" im Verlag Büchergilde Gutenberg in Berlin. Es machte Rössing mit einem Schlag bekannt.

5 Mandelsloh ist keineswegs aus dem Rheinland zugezogen, wie Schlögl (a. a. Ort S. 33) meint. Sein Briefwechsel mit Kubin auszugsweise im Katalog „E. A. Freih. v. Mandelsloh", Graph. Kabinett Stift Göttweig, 1978.

6 Ernst Wagner, geb.1877 im untersteirischen Cilli, gest. 1957 am Starnbergersee. Dr. iur. Graz, Bildhauerausbildung in Wien und München (Kreis um Adolf von Hildebrand), seit 1918 Maler visionärer Darstellungen.

7 Eugen Diederichs Verlag 1925.

8 Für Auskünfte über Franz von Jackowski, geb. 1885 in Niedziejów/Posen, gest. 1974 in Amtzell/Württemberg, danke ich herzlich Dr. Lothar Schultes, OÖ. Landesmuseen.

9 Marianne Woitsch, geb. 1873 in Ottensheim, gest. 1945 in Linz.

10 Kubin an Kugler am 8. 9. 1932.

11 1903 als Tochter eines österreichischen Offiziers in Nasko am San geboren, verbrachte sie ihre Kindheit in Sarajewo und Wien. Erika war selbst Malerin, ein Teil ihres Werkes befindet sich als Stiftung im Lentos. Sie starb 1977 bei einem Besuch in Wien.

Bernhard Prokisch

Das Salzkammergut als Symbol
Medaillen – Abzeichen – Notgeld

Zahlungsmittel, also Münzen, Marken und Geldscheine, waren zu allen Zeiten neben ihrer Primärfunktion als Geld auch Transportmittel bildlicher wie textlicher Botschaften. Dies gilt ebenso für jene Objekte, die zwar in der Form Münzen gleichen, jedoch niemals Geldcharakter trugen und von Anbeginn an als Schaustücke konzipiert waren, nämlich die Medaillen und ihre Abkömmlinge, wie beispielsweise Abzeichen und Anstecknadeln.

Die prinzipielle Kleinheit der Objekte zwang zwar zu Vereinfachung von Botschaft und gestalterischer Umsetzung, die mit der Miniaturhaftigkeit in Verbindung stehende leichte Verbreitungsmöglichkeit bot jedoch andererseits die Möglichkeit, ein breites Publikum anzusprechen. So gehören numismatische Objekte ohne Zweifel zu den bedeutendsten „Massenkommunikationsmitteln" der Geschichte. In der Folge soll daher die Geschichte der Medaille und ihrer Derivate sowie des Notgeldes nach dem Ersten Weltkrieg im Raum des oberösterreichischen Salzkammergutes kurz umrissen werden.

Medaille und Abzeichen

Die entwicklungsgeschichtlich ältesten heimischen Medaillen entstammen dem Wallfahrtswesen, haben ihre Vorläufer in den Pilgerzeichen des späten Mittelalters und der frühen Neuzeit[1] und wurden vermutlich ab dem späteren 17. Jahrhundert an den Wallfahrtsorten an die Pilger verkauft. Das Salzkammergut verfügt hier mit St. Wolfgang über eines der großen religiösen Ziele von internationaler Bedeutung, als Wallfahrtszeichen dienten unter anderem die so genannten „Wolfgangi-Hackeln", geprägte Anhänger in Form des Attributes des hl. Wolfgang, die in großen Quantitäten hergestellt worden sein müssen.[2] Die Form einer Medaille im engeren Sinn des Wortes hat ein Stück (Abb. 1a), das nach der Erneuerung der Wallfahrtsbruderschaft im Jahr 1719 entstand und als besonders schönes Beispiel eines religiösen „Pfennigs" der Barockzeit gelten darf. Es zeigt Pilger am Wallfahrtsziel und darüber den hl. Wolfgang auf der einen, sowie die bildliche und textliche Wiedergabe der vier Hauptziele der Bruderschaft auf der anderen: Kampf gegen die Ketzerei, Hilfe im Tod, Streben nach Friedfertigkeit und Schutz vor Unwetter.[3]

Das Stück aus St. Wolfgang blieb jedoch eine Einzelerscheinung, die im Salzkammergut keine Nachfolge gefunden hat. Erst um die Mitte des 19. Jahrhunderts erreichte das Medium Medaille diesen Raum, nun jedoch unter ganz anderen Voraussetzungen.

Seit dem frühen 19. Jahrhundert lässt sich auch in Österreich ein Aufschwung der Medaillenproduktion feststellen, der – als stark urban geprägtes Phänomen – vorerst fast ausschließlich in Wien beheimatet ist. Im Gefolge der Entdeckung des Salzkammergutes als „Freizeitlandschaft" des Adels und des Großbürgertums entstanden nun auch Gedenkprägungen, die mit dem Salzkammergut in Verbindung stehen. Dass sie allesamt in Wien hergestellt und gleichsam „importiert" wurden, liegt auf der Hand. Das aus heutiger Sicht älteste Gepräge ist die Medaille auf den „Gründer" des Kurortes Bad Ischl, den kaiserlichen Leibarzt Franz de Paula Wirer von Rettenbach (1771–1844), die Konrad Lange ein Jahr vor dem Tod des Geehrten schuf. Das noch ganz dem Spätklassizismus verhaftete Werk zeigt den Kopf Wirers am Avers und eine Allegorie mit Hygieia, Concordia und Liberalitas (oder Fortuna?) auf der Rückseite, die sich vielleicht auf die Gründung der Wiener Medizinischen Gesellschaft bezieht. Die Medaille stellt also gleichsam ein numismatisches Seitenstück zum Wirer-Denkmal im Kurpark in Ischl dar, das die dankbare Gemeinde bereits 1839 errichten lassen hatte.[4]

Etwa ab den 1870er-Jahren setzt dann ein – zumindest bis 1914 stetig anwachsender – Zustrom an Medaillen ein, von denen eine bedeutende Anzahl unmittelbar mit dem Kaiserhaus in Verbindung steht. So entstand zu der am 18. August 1881 vorgenommenen Enthüllung des Franz-Karls-Brunnens in Ischl eine Medaille[5] mit der Ansicht des Monuments, und zur Vermählungsfeier der Erzherzogin Marie Valerie mit Erzherzog Franz Salvator, die am 31. Juli 1890 ebenfalls in Ischl stattfand, wurden Gepräge in unterschiedlichen Größen aufgelegt. Das große Stück (Abb. 1b) schuf Anton Scharff, der damals führende Medailleur Wiens, ganz im Stil eines barockisierenden Späthistorismus, mit dem fein modellierten, gestaffelten Doppelportrait der Neuvermählten auf der Vorder- und einer reich dekorierten, bewegten Allegorie auf der Rückseite. Für die kleineren Prägungen – sie tragen teils Ösen, konnten also an der Kleidung oder an einer Uhrkette getragen werden – übernahm man das Scharffsche Bildnis in leicht vereinfachter Form und ersetzte den ikonographisch anspruchsvollen Revers durch eine einfache Schriftseite, die auf den Anlass Bezug nimmt. Die Enthüllung des Kaiser-Jagdstandbildes in Ischl am 24. August 1908 fand ebenfalls ihren Niederschlag in Form einer Medaille und einer Plakette. Erstere, von Josef Tautenhayn d. J. geschaffen, zeigt die Büste des Jubilars in heimischer Tracht als Jäger und wurde wie-

Abb. 1a–e: Beispiele von Medaillen aus dem Salzkammergut: a) St. Wolfgang, Bruderschaftsmedaille o. J. (nach 1719)
b) Medaille 1890, auf die Vermählung von Erzherzogin Marie Valerie mit Erzherzog Franz Salvator, von Anton Scharff (Kat.-Nr. 10.2.1)
c) Medaille 1879, auf die Kunstindustrie-Ausstellung in Ischl, von Josef Christlbauer
d) Hallstatt, Medaille 1911, auf das 600jährige Bestandsjubiläum des Bergwerkes, von Richard Placht und Franz Kounitzky
e) Neujahrsplakette 1907 der Familie Faber, von Hans Schäfer, Revers mit Darstellung der Villa in Gosau (Kat.-Nr. 10.2.13)

Foto: A. Bruckböck, OÖ. Landesmuseen

derum in einer großen Version als Gussstück und einer kleinen als Prägung ausgeführt, beide Male als einseitige Arbeiten. Die Plakette, die anlässlich desselben Ereignisses ausgegeben wurde, ein Werk der Medailleure Georg Leisek und Ludwig Hujer, liegt ebenfalls in mehreren Größen vor und zeigt auf der Vorderseite das Denkmal, das auf der Rückseite mittels einer formschönen, seitenfüllenden Legende erläutert wird.[6] Vereinzelt widmeten sich auch ausländische Medaillen dem Ort Ischl, wie das Stück auf den Besuch des rumänischen Königs Carol I. im Jahr 1903, das der bedeutende ungarische Medailleur Tony Szirmai schuf und das die Büsten der beiden Herrscher auf der einen und Personifikationen der beiden Monarchien mit der Legende *Signum memoriae / Ischl MCMIII* auf der anderen zeigt.

Doch nicht nur in Verbindung mit dem Kaiserhaus entstanden Medaillen; in den größeren Orten des Salzkammergutes wurde die Erinnerung an gesellschaftliche Ereignisse mit Hilfe von Gedenkprägungen festgehalten, ebenso dienten Medaillen als Objekte der Ehrung und des Dankes, vor allem im Zusammenhang mit dem reichen Vereinsleben der Jahrzehnte vor dem Ersten Weltkrieg. Aus der Fülle seien einige Beispiele erwähnt: So legte etwa die Sektion Gmunden des Österreichischen Touristen-Klubs eine Verdienstmedaille[7] auf, die der vielbeschäftigte Wiener Medailleur Friedrich Leisek schuf; auch anlässlich des Gmundner Blumen-Corsos verlieh man einen „Ehrenpreis", und im Jahr 1879 widmete man der „Kunstindustrie-Ausstellung" in Ischl eine Medaille, die vom Atelier Josef Christlbauer, dem wohl größten Unternehmen seiner Art in der österreichisch-ungarischen Monarchie, geliefert wurde und das Stadtwappen auf der Vorder- mit einem Stillleben aus kunstgewerblichen Gegenständen auf der Rückseite kombiniert (Abb. 1c).

Alle diese Prägungen sind schlichte Schöpfungen mit einem beschränkten ikonographischen Repertoire, das sich aus heraldischen Elementen, einfachen Personifikationen und Schriftkompositionen rekrutiert und wohl fast ausschließlich von den – teils bereits erwähnten – großen Wiener Ateliers geliefert wurde. Doch mitunter entstanden auch künstlerisch anspruchsvollere Werke, wie etwa die Neujahrsplakette[8] der Wiener Großindustriellenfamilie Faber auf das Jahr 1907, die man bei Hans Schäfer bestellte. Der Avers mit den „einheimisch" staffierten Bildnissen dreier Generationen der Familie und dem Wappen ist ganz der Repräsentation gewidmet, wohingegen der Revers (Abb. 1e) mit einer Ansicht der Faberschen Villa in Gosau und zwei Mädchen in Tracht im Vordergrund stärker genrehafte Elemente aufweist.

Verwandte Züge zeigt die Medaille[9] auf das 600jährige Bestandsjubiläum des Bergwerkes in Hallstatt (Abb. 1d) aus dem Jahr 1911, eine Gemeinschaftsarbeit der Medailleure Richard Placht (Avers) und Franz Kounitzky (Revers). Ersterer setzte eine fein detaillierte Ansicht des Rudolfsturmes ins Bild und drängte die gesamte Schrift in den Abschnitt zusammen, letzterer zeigt die Bergwerkslandschaft des Mühltales mit dem Massiv des Plassen

als Abschluss, die Definition des Ortes erfolgt über das Marktwappen im Abschnitt. Hier entstand kurz vor dem Weltkrieg noch einmal ein Werk, das die Landschaft des Salzkammergutes zu seinem eigentlichen Thema macht.

Der Ausbruch des Weltkrieges 1914 bedeutete auch für die Medaille eine wesentliche Zäsur, auf eine kurze, heftige Scheinblüte als Propagandamedium des Krieges folgte eine Depression, von der sich dieser Kunstzweig nie mehr ganz erholt hat. Aus dem Raum des Salzkammergutes existieren nur ganz vereinzelte Medaillen der Zwischenkriegszeit, wie beispielsweise die Preismedaille für die Ausstellung in Gmunden aus dem Jahr 1927, wiederum eine Arbeit des Ateliers Christlbauer, die das Dilemma der Zeit eindrucksvoll illustriert: Das Stück ist ganz konservativ in der Bilderfindung, Wappen und Preistafel entstammen der gängigen Typologie des 19. Jahrhunderts, lediglich die künstlerische Handschrift bemüht sich, ein wenig auf die Zeitstimmung Rücksicht zu nehmen. Auch die Jahrzehnte seit dem Zweiten Weltkrieg haben eine schüttere Spur der Medaille in der Region hinterlassen, etwa die vom Oberösterreicher Hans Köttenstorfer geschaffene Medaille auf das große Pfadfinderjamboree, das 1951 in Bad Ischl stattfand, mit einem Portrait des Gründers der Pfadfinder, Buden Powell, die große Prägemedaille auf die Österreichischen Berufsschul-Schimeisterschaften des Jahres 1962 in Ischl und Goisern, ein Werk des Ennsers Fritz Mayr, oder die – leider unsignierte – Medaille auf die 1966 erfolgte Fertigstellung der Ortsumfahrung von Hallstatt, deren sehr zurückgenommene Landschaftsdarstellung auf der Rückseite die künstlerische Haltung dieser Zeit – Strenge, Sachlichkeit, Formreduktion – recht gut wiedergibt. Einen Einzelfall stellen schließlich die Medaillen dar, die der Gmundner Mittelschullehrer Johann Eisner in den Jahren 1968 und 1975, jedoch beide Male unter der Jahreszahl 1964 bei Hans Köttenstorfer bestellte und im Wiener Hauptmünzamt ausprägen ließ, wenn auch ihre konservative Grundhaltung vorzüglich in das zuvor skizzierte Bild passt. Der wirtschaftliche Aufschwung seit den 1970er-Jahren hat schließlich einem weiteren Phänomen den Weg geebnet, nämlich der kommerziellen Ortsmedaille; von Spezialfirmen hergestellt und vertrieben, haben sie ausschließlich gewinnorientierten Charakter und zielen auf den Wunsch des Käuferpublikums, regionale bzw. lokale Bezugnahme mit der Möglichkeit rentabler Geldanlage zu verbinden. Vom kulturhistorischen Standpunkt aus stellen diese Objekte aufschlussreiche Dokumente ihrer Entstehungszeit dar, vom künstlerischen hingegen bieten sie ein Bild fast mechanischer Repetition bekannter Motive ohne weitergehenden kreativen Anspruch.

Abzeichen

Das Abzeichen – mitunter auch als Anstecknadel bezeichnet – kommt im ausgehenden 19. Jahrhundert als preiswerte und optisch attraktive Alternative zur Medaille in Mode. Es ist prinzipiell tragbar gestaltet und gleicht damit den erwähnten, mit

Abb. 2a–d: Beispiele von Abzeichen aus dem Salzkammergut: a) 1. Gebirgstrachten-Erhaltungsverein „Traunseer", Abzeichen mit der Jahreszahl 1904; b) 6. Landes-Verbandsschießen in Gmunden 1909, Abzeichen, von Deschler & Sohn, München; c) 1. Athletik-Klub „Siegfried" in Gmunden, Abzeichen 1925, von Adolf Belada, Wien; d) Heimwehraufmarsch vom 26. Mai 1929 in Gmunden, unsigniertes Abzeichen

Foto: A. Bruckböck, OÖ. Landesmuseen

Ösen versehen Reduktionsformen älterer Medaillen. Zudem bietet es in seiner Materialität – beispielsweise der Möglichkeit zur Kombination mit farbigen Stoffbändern oder der Ausstattung mit farbiger Emaillierung bzw. Lackierung – einen zusätzlichen Anreiz für ein schlichteres Käuferpublikum. Das älteste, bislang festgestellte Exemplar aus dem Salzkammergut stammt aus dem Jahr 1898 und entstand zum „Radfahrer-Huldigungsfest" für das Kaiserpaar anlässlich des 50jährigen Regierungsjubiläums Kaiser Franz Josefs I.[10]

Es sind jedoch meist die zahlreichen Vereine, die sich des neuen Mediums bedienen, wie beispielsweise der 1. Gebirgstrachten-Erhaltungsverein „Traunseer" in Gmunden mit einem 1904 datierten und sorgfältig emaillierten Stück der Firma Schwerdtner & Cie. in Graz-Eggenberg, das ein Trachtenpaar in einer Zille vor dem Seeschloss Ort zeigt (Abb. 2a). Die Firma Deschler & Sohn in München lieferte eine andere Art von Abzeichen, die durch hohe Plastizität sowie die Kombination von silberfarbenem Metall und Stoff charakterisiert sind, wie beispielsweise die

Anstecknadel auf das 6. Landes-Verbandsschießen in Gmunden im Frühsommer 1909 (Abb. 2b). Ein wiederum anderes Erscheinungsbild zeigen Abzeichen, die einen emaillierten Fond mit einer plastischen Metallapplik kombinieren, wie etwa ein von der Firma Adolf Belada in Wien gefertigtes Abzeichen des 1. Athletik-Klubs „Siegfried" in Gmunden aus dem Jahr 1925 (Abb. 2c), das einen Gewichtheber zeigt.

In der Zwischenkriegszeit mutiert das Abzeichen teils zu einem Medium der politischen Propaganda – auch hier liegt entwicklungsgeschichtlich der ausufernde Einsatz des „Kappenabzeichens" im Weltkrieg zu Grunde –, das meist von der konservativen Seite zur Verwendung gelangt, wie auch Beispiele aus dem Salzkammergut belegen, z. B. anlässlich des Heimwehraufmarsches vom 26. Mai 1929 mit der Darstellung eines Fahnenträgers vor einer Gebirgslandschaft (Abb. 2d) oder anlässlich der Gautagung von „Reichsbund" und „Vaterländischer Front" am 8. Oktober 1933 mit den Symbolen der Organisationen und einer Ansicht von Gmunden vor der Kulisse des Traunsees mit

Grünberg, Traunstein und Erlakogel. Auch die Abzeichen und Anstecknadeln, wozu noch die zahllosen Stocknägel der Touristenorte zu zählen sind, behielten ihre Beliebtheit in den letzten Jahrzehnten des 20. Jahrhunderts unverändert bei; trotz der sich wandelnden Materialien – vorerst Aluminium, später Kunststoff und Plastik treten vielfach an die Stelle der herkömmlichen Metalle Silber, Bronze, Messing, Zinn – bleiben die Sujets bis in jüngste Zeit erstaunlich konsistent. Erst in letzter Zeit beginnen neue Formen wie der „sticker" und der „button" das traditionelle Abzeichen abzulösen.

Notgeld[11]

Der schwierigen wirtschaftlichen Situation nach dem Ende des Ersten Weltkrieges, die unter anderem den Verfall der Kronenwährung mit sich brachte, verdanken wir das Phänomen der „Notgeldscheine", die in den Jahren 1919/20 von den Bundesländern der jungen Republik, in beschränktem Ausmaß auch von Privaten, meist Geschäftsleuten, vor allem aber von den Gemeinden, ausgegeben wurden. Anfangs zur Deckung des Kleingeldmangels bestimmt, wandelte sich das Notgeld bald zu einem beliebten Sammelobjekt, worauf man von Seiten der Emittenten auch prompt reagierte und in teils großem Stil nur mehr für die Sammlerschaft bestimmte Serien herstellen ließ, die kaum jemals in den Geldumlauf gelangten. Aus kulturhistorischer Sicht stellen diese Werke der Druckgraphik aufgrund ihrer flächendeckenden Verbreitung – auch noch die kleinste Gemeinde ließ oft mehrere Ausgaben herstellen – gleichsam eine Momentaufnahme des ikonographischen wie künstlerischen Selbstverständnisses der Bevölkerung in der frühen Zwischenkriegszeit dar, wurden sie doch oftmals von lokalen Dilettanten, teils jedoch auch von durchaus renommierten Künstlern entworfen und meist von heimischen Druckereien – im Salzkammergut vor allem durch E. Prietzel in Steyr und durch die Salzkammergutdruckerei in Gmunden – hergestellt. Ein wesentliches Merkmal der Scheine ist das enge Miteinander von Schrift und Bild, wobei erstere zum einen die erforderlichen Mitteilungen, wie Nominalwert, emittierende Organe, Gültigkeitszeitraum, Angaben zu Haftung und Bedeckung, Fälschungswarnungen etc., enthält, zum anderen aber auch Platz für Zusatzinformation, etwa Erläuterungen zu den Bildern, Sinnsprüche o. ä. bot.

So setzte etwa die Gemeinde Berg folgenden, die Not der Zeit und zugleich die Hoffnung auf weite Verbreitung (und damit Gewinn für die Gemeinde!) thematisierenden Reim auf ihr Geld: *„Nun flieg' von Berg hinaus ins Land / Der Not als Zeug' und Unterpfand! / Dort weile künftig von uns fern', / Dann hab'n wir dich besonders gern!"* Die Hoffnung auf einen durch die Geldscheinausgabe zu lukrierenden Gewinn spricht die Gemeinde Rüstorf ganz unverblümt aus, und zwar in der Mundart auf dem 10 Heller-Schein (*„Mir ham iatzt viel Geld g'macht, / Geh' b'stöll da na gnua; / Zehntausend so Flöck brauchst / Heut für a paar* (sic!) *Schuah!"*) und auf Hochdeutsch auf dem 20 Heller-

Schein (*„Flieg hinaus und bringe Glück / Wo du immer kehrest ein, / Wenn du nicht mehr kehrst zurück / Wirst du uns am liebsten sein."*).

Die bedrückte Zeitstimmung nach dem Ende des Krieges wird in Gschwandt bei Gmunden poetisch beschrieben: *„Ein Hangen und Bangen in schwebender Pein / Ist unser jetziges Leben. / Wann wird dies einmal zu Ende sein, / Wer kann uns Auskunft geben?"*, während man in Kirchham bei Gmunden den das Paternoster abwandelnden Vers *„Gib, o Herr, / Uns täglich Brot / In dieser Zeit / Der schwersten Not."* auf die Scheine setzte. Politisch prononcierter äußerte man sich in St. Georgen im Attergau, wo das Bild des Naturdenkmals *St. Georgner Linde* auf dem 50 Heller-Schein mit dem Vers: *„Stumm bin ich Zeuge 1200 Jahr / Von grosser Not, von bitteren Klagen / Bei deutschen* (sic!) *Volk, bei deutschen / Wesen, sah ich nie zagen"* kommentiert wird.

Aber auch „volksbildnerische" Sentenzen tauchen auf. So wählte P. Adalbero Marschalter für den 50 Heller-Schein der Gemeinde Rüstorf, der als Bild einen Blick aus einem spätgotischen Portal auf die Kirche des Ortes zeigt, den Kommentar: *„Was Meister der Gotik geformt und gebaut / Nicht immer drangs in die Runde, / Unsern Schatz, wir haben den Scheinen vertraut / Sie tragen nun weithin die Kunde."* Dieses Plädoyer für die Gotik kann auch als Beitrag zur aktuellen Kunstdiskussion zwischen Historismus und Moderne verstanden wissen, die man in der Diözese kurz vor Vollendung des Linzer Mariae-Empfängnis-Domes führte.

Das Hauptelement fast aller Notgeldscheine stellen jedoch die Bilder dar, und sie machten diese wohl auch für die Sammler besonders attraktiv. Auch die Gemeinden des Salzkammergutes und seines unmittelbaren Umfeldes benützten die Gelegenheit, ihr Gemeinwesen einer weiteren Öffentlichkeit vorzustellen. Dies geschah zum einen durch das „hoheitliche" Medium des Gemeindewappens, das auf vielen Serien (z. B. Bad Ischl, St. Georgen i. A., Schörfling) erscheint, sofern der Ort damals bereits ein Wappen führte.[12] Zum anderen wurde das Gemeindegebiet mittels einer Vielzahl von Veduten dem Betrachter vor Augen geführt. Dies konnte durch ein sich auf allen Werten einer Serie wiederholendes Sujet erfolgen (z. B. in Altmünster, Gschwandt, Ohlsdorf) oder durch wechselnde Ansichten (z. B. Bad Goisern, Gmunden, St. Wolfgang), historische Abbildungen, wie z. B. ein Pfahlbaudorf auf dem 10 Heller-Schein der Gemeinde Schörfling, eine „1500" datierte Ansicht des Marktes St. Georgen im Attergau mit der Burg Kogl (50 Heller-Schein) oder die Wiedergabe der Ansicht von Schörfling aus der Topographie des Matthäus Merian (50 Heller-Schein), stehen neben aktuellen Bildern. Meist erscheint eine Gesamt- oder Teilansicht des Ortes oder ein charakteristischer Bau, oftmals die Pfarrkirche oder ein prominenter Profanbau (z. B. Kurhaus in Bad Ischl, Schloss Litzlberg in Seewalchen), seltener das Rathaus (z. B. Gmunden, 1. Serie vom 1. 12. 1919) oder Gemeindeamt, die Schule (Volksschule Loibichl auf dem 10 Heller-Schein der Gemeinde Innerschwandt), einmal sogar das Dorfwirtshaus („Schachingers Gasthaus in Baum" auf dem 10 Heller-Schein der Gemeinde Berg). Öfters bildet man bäuerliche Architektur ab, wie etwa ein Mondseer Rauchhaus (Innerschwandt, 20 Heller-Schein) oder traditionelle Häuser in Bad Goisern (20, 50 Heller, Abb. 3a). Auch ein bedeutendes Kunstwerk kann für den Ort stehen, wie beispielsweise die Fischerkanzel auf dem 30 Heller-Schein in Traunkirchen. Manche dieser Darstellungen gehen stark ins Gemüthafte, wie beispielsweise der 10 Heller-Schein der Gemeinde Unterach am Attersee (Abb. 3i), der das Motiv des Winters nicht auf die tief verschneite Ortsansicht beschränkt, sondern auch den Medaillons mit der Wertangabe eine Schneehaube gibt.

Aber auch die Landschaft an sich wird immer wieder zum Thema der Notgeldscheine: Auf dem 30 Heller-Schein der Gemeinde Seewalchen (Abb. 3g) steht die Rückenfigur eines auf seinen Stock gestützten Jägers oder Wanderers, der auf die zu seinen Füßen liegende Attersee-Landschaft hinabblickt, ein durchaus romantischer Topos, der hier in zeitgemäßer künstlerischer Umsetzung wiederkehrt. Besonders reizvoll und für das Salzkammergut typisch sind die mehrfach wiederkehrenden Ansichten der Seen und ihrer Ufer, etwa der norwegische Pavillon am Mondseeufer auf dem 50 Heller-Schein der Gemeinde Innerschwandt, die Schiffsanlegestelle in Nussdorf (10 Heller-Schein, Abb. 3d) mit einem Dampfschiff, oder zwei Scheine aus Ebensee mit Seeansichten, einer davon mit der Abbildung eines modernen Motorschiffes vor der dramatischen Berglandschaft am östlichen Traunseeufer.

Neben dem dominanten Thema der Salzkammergut-Vedute treten andere Sujets auf den Notgeldscheinen zwar zurück, runden das Bild jedoch ab. Es handelt sich zum einen um volkskundliche Motive, die das Leben der Bevölkerung schildern. Wir finden Darstellungen von Feiertagen und Festen (z. B. Seeprozession auf dem 50 Heller-Schein in Traunkirchen, festlich gekleidete Bevölkerung auf dem 10 Heller-Schein in St. Lorenz am Mondsee (Abb. 3e), Volksfest-Szene auf dem 10 Heller-Schein in Mondsee) ebenso wie solche aus der Arbeitswelt. So setzte man beispielsweise in Gmunden auf den 20 Heller-Schein der Serie vom 31. März 1920 einen Bergmann, in St. Georgen im Attergau werden Fischfang und Holzarbeit thematisiert, und in Mondsee zieht sich das Thema der Arbeit über die gesamte dreiteilige Serie: Die Forstarbeit erscheint auf dem 10 Heller-, die Bauernarbeit (Abb. 3c) auf dem 20 Heller- und die Tätigkeit des Fischers auf dem 50 Heller-Schein. Dieselbe Wertstufe in Bad Goisern (Abb. 3a) schließlich bringt mit den zu Seiten des Hauptbildes stehenden „Assistenzfiguren" eines Jägers und eines Bergmanns das Thema der Arbeit in indirekter Weise ins Bild, während in Ungenach „Gerätestillleben" in Verbindung mit Volkstypen dieselbe Thematik anklingen lassen. Dagegen ist auf den Notgeldscheinen des Salzkammergutes der Tourismus so gut wie kein Thema gewesen, lediglich auf dem 50 Heller-Schein der Gemeinde Ebensee (Abb. 3b) tritt uns ein Kletterer mit Seil und Pickel vor dem Hintergrund des Sonnsteins mit dem Traunsee entgegen.

Die Gemeinde Pinsdorf schließlich stellte ihr Notgeld in das Zeichen der Bauernkriegsthematik, gleichsam eine Vorahnung der 1926 kulminierenden Erinnerung an das Jahr 1626. Pappenheim und Herberstorff erscheinen in effigie, dazu das Pappenheim-Stöckl, das Denkmal und die „heilige Fichte" als topographische Bezugspunkte, schließlich Waffenstillleben als weiterer Hinweis auf den Bauernkrieg, in dessen Verlauf im Gemeindegebiet eine der entscheidenden Schlachten stattfand. Neben den unterschiedlichen Bildsujets ist die jeweilige künstlerische Umsetzung der Kleingraphiken sehr aufschlussreich, bietet sie doch einen Überblick über die aktuellen stilistischen Positionen dieser Jahre. Der Bogen spannt sich hier qualitativ von ganz anspruchslosen Schöpfungen bis zu künstlerisch durchaus bemerkenswerten Lösungen und ebenso von stark retrospektiven, noch im 19. Jahrhundert verhafteten Haltungen bis hin zu aktuelle Entwicklungen rezipierenden Werken.

Eine erste Gruppe bilden schlichte Arbeiten ohne weiterreichenden künstlerischen Anspruch, einfache Zeichnungen, wie etwa die Serie der Gemeinde Ohlsdorf mit einer in allen Wertstufen identischen Ortsansicht im Ovalkranz, oder diejenige der Gemeinde Berg, die das jeweilige, „realistisch" wiedergegebene Bild in eine Rahmung aus Himbeerzweigen stellt. Anklänge an den Zeitstil, beispielsweise an das damals bereits ubiquitäre Jugendstilornament, bleiben vage. Die Serie der Gemeinde Gschwandt setzt ein ähnlich anspruchsloses Bild in einen einfachen Gitterdekor, der seine Abkunft von sezessionistischen Erfindungen nicht ganz leugnen kann. Einer der „prominentesten" Vertreter dieser Richtung, der in ganz Oberösterreich tätig war, ist der Linzer Maler Ludwig Haase, der für den zur Diskussion stehenden Raum eine Serie für St. Georgen im Attergau schuf.

Eine noch betonter konservative Grundhaltung zeigen einige Serien, die noch fast ganz der Kunst des ausgehenden 19. Jahrhunderts verpflichtet sind, etwa diejenigen der Gemeinde (Bad) Goisern mit fast „impressionistisch" anmutenden Aquarellveduten in reich dekorierten und mit Figuren versehenen Rahmungen (Abb. 3a), die Buchillustrationen des Historismus nachempfunden sind. Auch an weiteren Serien, etwa derjenigen aus Hallstatt, oder an zwei Scheinen der erwähnten „neugotischen" aus Rüstorf ist ein ähnlicher Konservativismus ablesbar. Wie sehr jedoch die stilistische Haltung plötzlich brechen kann, zeigt der dritte Schein zu 10 Heller der Rüstorfer Serie, der zwar vom selben Entwerfer – eben P. Adalbero Marschalter – stammt, nun jedoch – sieht man von einer gotisierenden Rahmung ab – in dezidierten Jugendstilformen gehalten ist.

Die Mehrzahl der Serien ist jedoch einer zeitgemäßen künstlerischen Haltung verpflichtet, rezipiert die Kunst der Sezession, die oftmals mit Elementen des Heimatstils kombiniert wird. Ein charakteristisches Beispiel hiefür stellt die Serie der Gemeinde Ebensee dar, die künstlerisch überzeugend auch konventionelle Bildungen aufnimmt und umformt, wie etwa die Jagdtrophäen. Etwas derber in der Zeichnung sind die Arbeiten des „Monogrammisten" ETA für die Gemeinden Traunkirchen

Abb. 3a–i: Beispiele von Notgeldscheinen aus dem Salzkammergut: a) (Bad) Goisern, 50 Heller (Kat-Nr. 2.5.13);
b) Ebensee, 50 Heller (Kat-Nr. 2.5.7); c) Mondsee, 20 Heller; d) Nussdorf, 10 Heller (Kat-Nr. 2.5.20); e) St. Lorenz am Mondsee,
10 Heller, von Alfred Gerstenbrand; f) St. Wolfgang, 10 Heller, von Karl Reisenbichler (Kat-Nr. 2.5.26); g) Seewalchen, 30 Heller,
Atelier Matejko-Vertès, Wien (Kat-Nr. 2.5.28); h) Traunkirchen, 10 Heller (Kat-Nr. 2.5.30); i) Unterach, 10 Heller
Foto: A. Bruckböck, OÖ. Landesmuseen

und Gmunden (Emission vom 31. 3. 1920). Auch sie verbinden Sezession und Heimatkunst, was zu mitunter eigenwilligen Bildungen führt, wie den beiden gegenständigen, einen Kranz mit der Wertzahl haltenden Goldhaubenträgerinnen, die wie ins Regionale umgedeutete Viktorien wirken, auf dem Traunkirchner 10 Heller-Schein (Abb. 3h). Die künstlerisch bedeutsamsten Notgeldserien des Salzkammergutes hat schließlich der aus Attersee gebürtige und in Salzburg tätige Maler und Graphiker Karl Reisenbichler (1885–1962) geschaffen: für Mondsee eine Serie mit drei Werten, die auf der einen Seite die bereits erwähnten Arbeitsdarstellungen (Abb. 3c) in stark expressiver Manier zeigt, wohingegen die Gegenseiten mit Veduten ausgestattet sind, vor allem aber die ebenfalls aus drei Werten bestehende Serie für St. Wolfgang (Abb. 3f), die auf beiden Seiten der Scheine farbig wiedergegebene, verschiedene Ansichten des Ortes zeigt. Die Qualität der künstlerischen Arbeiten in Verbindung mit dem sorgfältigen Druck durch die Firma Kiesel in Salzburg lässt diese Serie zu einer Einzelerscheinung unter dem Notgeld des Salzkammergutes werden.

Einige Serien verlassen schließlich den regionalen Kontext und stellen gleichsam „Importe" aus Wien dar. Es sind dies die Scheine der Gemeinde Seewalchen am Attersee (Abb. 3g), die Theo Matejko und Marcel Vertès während ihrer nur 1920 fassbaren, offenbar kurzen Ateliergemeinschaft (Wien VI, Mariahilferstraße 13) entwarfen und die auch in einer Wiener Druckerei hergestellt wurden, und diejenigen der Gemeinde St. Lorenz am Mondsee (Abb. 3e). Diese auffallend kleinformatigen Scheine schuf niemand geringerer als Alfred Gerstenbrand (1881–1977), der auch hier seine karikierenden Darstellungen von Volkstypen ins Bild rückte. Eben der Vergleich dieser Schöpfungen mit den Arbeiten lokaler und regionaler Kräfte zeigt die große künstlerische Spannweite, die sich in der Formgelegenheit „Notgeldschein" niederschlug.

1 Vgl. dazu für St. Wolfgang: G. Wacha, Wallfahrerzeichen von St. Wolfgang, in: alte und moderne kunst 21 (1976), H. 146, S. 16–19; ders., Der hl. Wolfgang auf Wallfahrtszeichen, in: Österreichische Zeitschrift für Volkskunde 81 (1978), S. 263–273.

2 F. Lipp, Das Beil des hl. Wolfgang, in: Jahrbuch des OÖ. Musealvereins 117 (1972), S. 159–180, bes. 173–175; Ausstellungskatalog Der heilige Wolfgang in Geschichte, Kunst und Kult, Linz 1976, S. 139–140, Kat.-Nr. 148, 149, 151; H. Dimt, „Wunderzaichen des h. Bischoffs Wolffgangi in dem Aberseeischen Gebürg", in: Ausstellungskatalog Volksfrömmigkeit in Oberösterreich, Linz 1985, S. 33–54, bes. S. 52.

3 J. v. Kolb, Die Münzen, Medaillen und Jetone des Erzherzogthums Oesterreich ob der Enns, Linz 1882, S. 134, Nr. 396; H. Dimt, Heiligenverehrung auf Münzen und Medaillen, in: P. Dinzelbacher – D. R. Bauer (ed.), Heiligenverehrung in Geschichte und Gegenwart, Ostfildern 1990, S. 226–228 und Abb. 20. – Im OÖLM befinden sich Exemplare in Silber, Messing und einer Blei-Zinn(?)-Legierung.

4 Zur Medaille: E. Holzmair, Katalog der Sammlung Dr. Josef Brettauer. Medicina in nummis, Wien 1937, Nr. 1329; P. Hauser, Katalog meiner Sammlung von Medaillen, Plaketten und Jetons aus der Regierungszeit der Kaiser Ferdinand I. und Franz Josef I., Horn 2006, Bd. 1, S. 28, Nr. 202. – Zum Denkmal: H. Peters, Denkmäler und Gedenktafeln in Bad Ischl, in: F. Stüger (ed.), Bad Ischl. Ein Heimatbuch, Bad Ischl 1966, S. 495–496.

5 Sie trägt die Signatur eines sonst nicht bekannten Medailleurs E. Lerch, bei dem es sich vielleicht um einen Verwandten (Sohn?) des bekannten, in Prag und Wien tätigen Stempelschneiders Joseph Lerch handeln könnte.

6 W. v. Wurzbach-Tannenberg, Katalog meiner Sammlung von Medaillen, Plaketten und Jetons, Zürich – Leipzig – Wien 1943, Bd. 1, S. 419, Nr. 2663; L. Hujer, Mein Leben und Streben, Wien o. J. (1954), S. 44, Nr. 62.

7 Hauser (zit. Anm. 4), Bd. 1, S. 433, Nr. 3504. Ein mit Zusatzgravur versehenes Exemplar in den Sammlungen des OÖ. Landesmuseums.

8 Wurzbach (zit. Anm. 4), Bd. 1, S. 315, Nr. 1964; Hauser (zit. Anm. 3), Bd. 2, S. 907, Nr. 7339.

9 Wurzbach (zit. Anm. 4), Bd. 1, S. 548, Nr. 3514; Hauser (zit. Anm. 3), Bd. 1, S. 249, Nr. 1967.

10 Man kann jedoch davon ausgehen, dass es frühere Beispiele dieses Genres geben muss. Einen Überblick über das Material wird erst der entsprechende Teil des in Arbeit befindlichen Projektes der „Numismata Obderennsia" bieten, das sich die möglichst vollständige Erfassung der numismatischen Objekte Oberösterreichs zum Ziel gesetzt hat.

11 Zum Thema vgl.: K. Jaksch – A. Pick, Katalog des österreichischen Notgeldes 1916–1921, Berlin 1972; (H. und G. Dimt), Notgeld aus Oberösterreich. Katalog der Sonderausstellung im Linzer Schlossmuseum, Linz 1982. – Herr Anton Schwarz, Linz, arbeitet derzeit an einer umfassenden Neukatalogisierung des österreichischen Notgeldes, deren erster Band (Mühlviertel) in Bälde erscheinen wird.

12 Bis 1965 führten nur Städte und Märkte ein heraldisches Zeichen, erst mit der „Oberösterreichischen Gemeindeordnung 1965" wurde die rechtliche Grundlage für die Verleihung von Wappen an Ortsgemeinden geschaffen, vgl. H. E. Baumert, Oberösterreichische Gemeindewappen (Ergänzungsband zu den Mitteilungen des Oberösterreichischen Landesarchivs 8), Linz 1996, S. XIV.

Marie-Theres Arnbom

Ich reise aus, meine Heimat zu entdecken.
Musik am Traunsee

Was verbindet Franz Schubert mit Ernst Krenek, Johannes Brahms mit Béla Bartók, Erich Wolfgang Korngold mit Arnold Schönberg, Karl Goldmark mit Hugo Wolf, Leo Slezak mit Pauline Lucca? Sie – und viele andere – verbrachten viel Zeit am Traunsee und ließen sich von See und Bergpanorama zu höchst unterschiedlichen Werken inspirieren: ein Zeichen für die enorme Anziehungskraft der Landschaft und die Bandbreite der Ausdrucksformen, um Gefühle aller Schattierungen zu Musik werden zu lassen.

Die Musik hat bis heute einen wichtigen Stellenwert am Traunsee, Komponisten fühlen sich wie eh und je von der Atmosphäre fasziniert und sorgen dafür, dass die Tradition nicht abreißt. Das Gmundner Stadttheater, das 1872 seine Pforten öffnete, ist nach wie vor ein Treffpunkt großer Künstler und junger Talente. Eröffnet wurde das Theater am 22. Juni 1872 mit Franz von Suppés Operette *Die schöne Galathée*. Das Theater etablierte sich rasch als Fixpunkt der Sommer-Gesellschaft, die Königin von Hannover zählte zu den häufigen Besuchern, auch die Könige von Dänemark und Griechenland beehrten das Theater. 1897, zum 25. Bestandsjubiläum, stand eine kleine Sensation auf dem Programm: Die österreichische Erstaufführung von Arthur Schnitzlers *Freiwild*. Das Gmundner Wochenblatt war sich der Bedeutung dieses Ereignisses bewusst, *„insoferne dieses Stück, welches im vorigen Winter in ganz Deutschland Aufsehen erregte und von meisterlicher Beobachtung und tiefster Menschenkenntnis zeugt, hier die überhaupt erste Aufführung an einer österreichischen Bühne erlebt.“* Der Erfolg war enorm, das Haus ausverkauft und auch die ansässige Prinzessin Mary von Hannover ließ es sich nicht nehmen, dem „Skandalstück“ ihre Reverenz zu erweisen.

Komponisten aller Arten ...
Im Sommer 1825 trat **Franz Schubert** (31. 1. 1797 Wien – 19. 11. 1828 Wien) seine dritte Reise nach Oberösterreich an, Besuche in Linz, Steyregg, Salzburg und Gastein mündeten in einem längeren Aufenthalt in Gmunden, wo er im Haus Badgasse 2 einige Wochen verbrachte. Ende Juli 1825 berichtete Schubert: *„... war aber 6 Wochen in Gmunden, dessen Umgebungen wahrhaftig himmlisch sind, und mich, so wie ihre Einwohner, innigst rührten und mir sehr wohl taten.“* Wer waren denn nun diese „Einwohner“, die ihm so wohl taten? Einer war der von Schubert genannte *Monarch des ganzen Salzkammergutes,* der k. k. Salzoberamtmann Hofrat von Schiller. Er residierte im Kammerhof, in dem auch etliche Schubertiaden stattfanden.

Weitere „Einwohner“ waren der Lehrer Johann Nepomuk Wolf und seine Tochter Nanette, mit der Schubert vierhändig zu musizieren pflegte, und Schuberts Gastgeber Ferdinand Traweger darf natürlich nicht unerwähnt bleiben. Der Komponist scheint sich in deren Gesellschaft sehr wohl gefühlt zu haben, die heitere und unbeschwerte Atmosphäre dieser Sommerwochen ist aus seiner Großen C-Dur Symphonie ohne Schwierigkeiten herauszuspüren.

Johann Orth (25. 11. 1852 Florenz; seit 12. 7. 1890 vermisst bei Kap Tres Puntas, 1911 für tot erklärt) ist nicht in erster Linie als Komponist bekannt, doch wandte sich dieser vielfältige und offene Habsburger-Spross auch der Musik zu. Unter dem Pseudonym Johann Traunwart schrieb er die drei Walzer *Gruß an Linz, Stimme aus dem Süden* und *Am Traunsee*. Letzteren widmete er am 28. Februar 1886 in „aufrichtiger Verehrung“ dem großen Johann Strauß. Dieser gehörte eigentlich zum großen Bad Ischler Kreis rund um **Johannes Brahms** (7. 5. 1833 Hamburg – 3. 4. 1897 Wien), der diesen Ort als Sommerfri-

Johannes Brahms genoss die Gastfreundschaft Victor von Millers zu Aichholz in Gmunden.   Foto: Copyright ÖNB

sche gewählt hatte, um bequem all seine Freunde, die an den Seen weilten, besuchen zu können. 1880, 1882, 1889 bis 1896 genoss er die Atmosphäre des Salzkammergutes und die anregende Gesellschaft interessanter und vertrauter Personen wie eben von Johann Strauß in Bad Ischl, von Dr. Theodor Billroth in St. Gilgen und von Dr. Victor und Olga von Miller-Aichholz in Gmunden. Diese hatten 1885 eine Villa mit großem Park in Gmunden erworben, wo nun Freunde, darunter viele Künstler, ein- und ausgingen – ein Hort der Musik sozusagen: Die Komponisten Ignaz Brüll und Karl Goldmark zählten ebenso dazu wie der Geiger und Brahms-Freund Joseph Joachim, der Pianist Julius Epstein, der Musikwissenschafter Eusebius Mandyczewski, der spitzzüngige und gefürchtete Kritiker Dr. Eduard Hanslick und der erste Brahms-Biograph Max Kalbeck. Die Sommermonate waren erfüllt von Hausmusik, bei der Johannes Brahms oftmals den Klavierpart übernahm oder auch seine neueste Komposition einem interessierten und neugierigen Publikum vortrug.

Nach dem Tod von Johannes Brahms verschrieb sich Victor Miller-Aichholz der Pflege des Andenkens seines Freundes; er scheute keine Kosten und Mühen, zahlreiche Erinnerungen zusammenzustellen und diese in einem eigenen Brahms-Museum der Öffentlichkeit zu präsentieren. 1939 schenkten die Erben Miller-Aichholz die Sammlung der Stadtgemeinde Gmunden, die sie in das Kammerhofmuseum integrierte.

Die Königin von Saba

Karl Goldmark (18. 5. 1830 Keszthely/Ungarn – 2. 1. 1915 Wien), zu Unrecht heute fast vergessen, war zu Ende des 19. Jahrhunderts sehr populär; der Kritiker Julius Korngold, Nachfolger Eduard Hanslicks und Vater des Komponisten Erich Wolfgang Korngold, sprach sogar vom „Goldmark-Kultus". Karl Kraus bescheinigte ihm, seit Richard Wagners Tod der größte lebende Musikdramatiker zu sein. Und er stand in einer Reihe mit Johannes Brahms: Nach dessen Tod galt er als der letzte Vertreter der Spätromantik. Sein bekanntestes Werk ist die 1875 uraufgeführte Oper *Die Königin von Saba,* mit der er über Nacht berühmt wurde, die ihn aber auch als Wagner-Epigonen stigmatisierte und bei der Kritik nicht nur positive Reaktionen hervorrief. Bis 1936 zählte *Die Königin von Saba* zum oft gespielten Repertoire der Wiener Staatsoper, 1938 wurde sie als Werk eines jüdischen Komponisten vom Spielplan genommen. Nach 1945 erinnerte sich kaum jemand an das ehemals so populäre Werk. Alle Werke Goldmarks, die er zwischen 1870 und 1915 komponierte, entstanden in seiner Sommerfrische, im „Hampel-Gütel" in Gmunden (Herakhstraße 15), woran er sich immer gern erinnerte: *„1870 ging ich zur Erholung nach dem mir noch fremden Gmunden in Oberösterreich, da meine Freunde [Ignaz] Brüll und Karoline, jetzt schon verheiratete Frau von Gomperz, über den Sommer dahin gezogen waren. Ich blieb vierzehn Tage, kam aber im nächsten Jahre wieder zu längerem Aufenthalte – in der vorläufigen Dauer von vierzig Jahren. Diese*

Am 18. Mai 1900 fand in Gmunden ein Festessen zu Ehren des Komponisten Karl Goldmark statt, der hier über viele Jahre Inspiration für seine Werke fand. Foto: Copyright ÖNB

Zahl genügt, um zu sagen, wie lieb mir der Ort wurde, wie förderlich meiner Arbeit. Gmunden hat sich im Laufe der Jahre und dank der durchs ganze Salzkammergut fahrenden Eisenbahn zu einem stark besuchten Kurort mit internationalem Publikum und ebensolchen Kurtaxen entwickelt. Vor vierzig Jahren war das anders. Heute herrscht Toilettenluxus, Tennisdreß usw. Damals ging man in der heimatlichen Gebirgslodenjoppe, und so alles übrige. Indessen, die liebliche, reizumflossene Landschaft, der Aufenthalt am dem erquickenden, von hohen Bergen umschlossenen See übten ihren Zauber, ihre Anziehung, und die Menschen kamen mehr und mehr."[1]

Die Karriere des großen Tenors **Leo Slezak,** eines großen Interpreten des Assad in der *Königin von Saba,* begann am Traunsee, jedoch in einer völlig anderen Branche: *„Als ich mit 14 Jahren aus der Realschule in Brünn demissioniert wurde, kam ich nach*

Der gefeierte Leo Slezak als Assad in Karl Goldmarks
„Die Königin von Saba".   Foto: Copyright ÖNB

Pauline Lucca gewährt Einblicke in ihre Villa Traunblick in
Gmunden.   Foto: Arnbom

Gmunden am Traunsee zum Hofgärtner der Erzherzogin Elisabeth als Gärtnerlehrling. Der erzherzogliche Besitz lag auf einer Anhöhe von einem großen Park umgeben, das Wirtschaftsgebäude und die Gärtnerei waren unten am See, in der Bucht von Ebenzweiher. ... Da ich betont und übertrieben ältlerischen Dialekt redete und mit ,Söll koost da denka' und ,dös glabst' nur so herumwarf, scheine ich den Eindruck einer Art von Dorftrottel gemacht zu haben. Man hielt mich für blöd und ungefährlich, redete alles vor mir und so bekam ich einen köstlichen Einblick in diese Hofdomestikenatmosphäre."[2]
Karl Goldmark zählte selbstverständlich ebenso zu den Gästen des Hauses Miller-Aichholz wie **Béla Bartók** (25. 3. 1881 Nagyszentmiklós/Rumänien – 26. 9. 1945 New York), der sich zur Vertiefung seiner pianistischen Tätigkeit im Sommer 1903 nach Gmunden begeben hatte – auf Einladung seines Freundes und Kollegen Ernst von Dohnányi, der sich bei der Familie

Miller-Aichholz aufhielt. In Gmunden stellte Bartók die Instrumentierung seiner symphonischen Dichtung Kossuth fertig und arbeitete an der Sonate für Violine und Klavier e-moll und einem neuen Scherzo für Klavier.
Pauline Lucca (25. 4. 1842 Wien – 28. 2. 1908 Zürich) war eine der berühmtesten Opernsängerinnen ihrer Zeit. Ihr Biograph Adolph Kohut lobte sie in höchsten Tönen: „Die anmuthige und zierliche Diva mit den leuchtenden blauen Augen ist der Typus der feschen Wienerin, der Soubrette comme il faut."[3]
Lucca, verheiratete Baronin Wallhofen, residierte in der Villa Hohenbruck in Bad Ischl, wo sich 1865 eine merkwürdige Episode begab. Die Sängerin traf auf den deutschen Kanzler Otto von Bismarck, einen großen Bewunderer ihres Talentes. Sie überredete den Staatsmann zu einem gemeinsamen Besuch beim Photographen – und dieses Photo löste fast einen Skandal aus: Der verheiratete Staatsmann und die lebenslustige Sängerin

Der Karikaturist Alfred Gerstenbrand, selbst in St. Gilgen ansässig, porträtierte die Komponisten der Silbernen Operette, Edmund Eysler, Franz Lehár, Leo Ascher und Oscar Straus, auf der Ischler Esplanade. **Fotos: Copyright ÖNB**

Arnold Schönberg im Jahr 1921 am Traunsee, wo er die Erlebnisse in Mattsee hinter sich lassen konnte.

auf ein Bild gebannt – welche Spekulationsmöglichkeiten ergaben sich daraus! Pauline Lucca war Bad Ischl viele Jahre lang verbunden und gab alljährlich ein Benefizkonzert. In späteren Jahren verlegte sie ihren Sommersitz nach Gmunden und erwarb die Villa Fernblick. Im dortigen Theatersaal gab sie in den Sommermonaten Gesangsunterricht: *„Die Bühne, nun die ist ja freilich sehr schön, ein wahres Schmuckkästchen: die hat mir der Baron Hasenauer zum Dank dafür, dass ich seine Tochter unterrichtet habe, so wunderschön hergerichtet.“* So berichtet Pauline Lucca in einem Gespräch mit Eugen Löwen für die Zeitschrift „Moderne Kunst".

Hugo Wolf und die Familie Köchert

Auch eine zweite Familie ist für die Förderung des Musiklebens am Traunsee von großer Bedeutung: Familie Köchert in Traunkirchen, wo **Hugo Wolf** (13. 3. 1860 Windischgrätz/Slowenien – 22. 2. 1903 Wien) den vielleicht einzigen wirklichen Fix- und Heimatpunkt seines Lebens fand. Wolf war im September 1888 als Freund Friedrich Ecksteins Gast in der Villa der Industriellenfamilie Eckstein in Unterach am Attersee gewesen. Dort entstanden die berühmtesten Lieder des Komponisten, die zwölf Eichendorff- und zehn Mörike-Lieder. Doch hielt sich der Komponist in den Jahren bis 1898 häufig auch in Traunkirchen und Ebensee auf. Am 27. Juni 1891 beklagte sich Wolf bitter über den Lärm des Landlebens: *„Mein jetziges Domizil, eine halbe Stunde vom Traunsee entfernt, liegt, Gott sei's geklagt, in nächster Nähe eines Steinbruchs, darin von ½ 4 Uhr früh bis zum späten Abend ununterbrochen gearbeitet wird, und zwar abwechselnd geklopft und gesprengt. Außerdem wimmelt diese Gegend von Hühnern und Hähnen, deren unentwegtes Gegacker und Gekrächze mich schon halb irrsinnig machen.“* Zwei Jahre später konnte er der Geräuschkulisse des Salzkammergutes noch immer nichts abgewinnen und schrieb am 10. Juli 1893: *„Werden Sie's glauben, dass mir Traunkirchen und zumal der Pfarrhof geradezu verhasst geworden ist wegen des Vogelgesangs? Sie können sich es gar nicht vorstellen, was ich unter diesem vermaledeiten eintönigen, in stets wohlgezählten Pausen sich wiederholenden Gezwitscher der Finken zumal zu leiden habe.“*

Die Hofjuweliersfamilie Köchert bemühte sich nach Kräften, Hugo Wolf zu unterstützen und ihm ideale Voraussetzungen zum Komponieren zu bieten. Vor allem mit Melanie Köchert verband Wolf eine innige Freundschaft, wie auch 300 Briefe, die er seiner Freundin und Förderin schrieb, und den drei Schwestern Köchert gewidmete Werke bestätigen. Und doch war sein psychischer Zustand labil: Nach einem Selbstmordversuch im Traunsee wurde der Komponist im Oktober 1898 in die niederösterreichische Landesirrenanstalt eingeliefert.

Operetten – nicht nur in Bad Ischl

Edmund Eyslers (12. 3. 1874 Wien – 4. 10. 1949 Wien) berühmtestes Werk ist zweifellos die Operette *Die goldn'e Meisterin,* die er in Gmunden im Häuserl am See komponierte. Das

Libretto stammte vom bewährten Duo Julius Brammer und Alfred Grünwald, die bereits 1913 für Eysler den Erfolg von *Der lachende Ehemann* mitgetragen hatten. Die beiden verbrachten jeden Sommer in Bad Ischl und waren für alle Operettenmeister sehr erfolgreich tätig. So schrieben sie unter anderem für Leo Ascher *Hoheit tanzt Walzer,* für Leo Fall *Die Rose von Stambul,* für Emmerich Kálmán *Gräfin Mariza,* für Franz Lehár *Die ideale Gattin.* Eines war diesen Operettenkomponisten gemeinsam: Sie alle hatten ihren Sommersitz nach Bad Ischl verlegt – nur Edmund Eysler hielt Gmunden die Treue. Eigentlich hätte er Ingenieur werden sollen, doch überredete ihn Leo Fall zum Musikstudium am Wiener Konservatorium. Am Beginn seiner höchst erfolgreichen Karriere stand eine Tätigkeit als Klavierbegleiter im Salon Bertha von Suttners. Am 7. Oktober 1927, drei Wochen nach der Uraufführung von *Die goldn'e Meisterin,* wurde Eysler zum „Bürger ehrenhalber der Stadt Wien" ernannt – ein sperriger Titel, der ihm offenbar nach der Machtergreifung durch die Nationalsozialisten einen gewissen Schutz bot. Seine Werke wurden verboten – da half auch nicht, dass *Die goldn'e Meisterin* zu den Lieblingsoperetten Adolf Hitlers zählte.

Zwei völlig vergessene Operetten wurden ebenfalls am Traunsee komponiert: **Robert Freistadtl** (2. 2. 1889 Wien – ?), dessen Schwiegerfamilie Cohn in Altmünster eine Villa besaß, schrieb dort *Die Wirtin von Venedig.* Die Villa wurde 1938 enteignet und von verschiedenen NS-Organisationen in Anspruch genommen. Und auch der Volksschauspieler **Rudolf Carl** (19. 6. 1899 Lundenburg/Mähren – 15. 1. 1987 Graz) hatte einmal das Metier gewechselt und das Libretto zur Operette *Liebe am Traunsee* von Peter Schwarz am Traunsee verfasst.

Leo Fall mietete sich vorerst in Oberwang ein, wo er in der Person eines Bauern das Vorbild für seinen „Fidelen Bauer" fand. Später ließ sich Fall in der Operettenmetropole Bad Ischl nieder. **Foto: Copyright ÖNB**

Die Moderne

Der Traunsee symbolisiert dramatische Situationen im Leben **Arnold Schönbergs** (13. 9. 1874 Wien – 13. 7. 1951 Los Angeles): 1907 verbrachte Familie Schönberg den Sommer am Traunsee, mit dabei war auch der Maler Richard Gerstl, mit dem Mathilde Schönberg eine Affäre hatte. Das Ende war tragisch: Gerstl reiste plötzlich ab und beging in Wien Selbstmord. Als Folge dieser Ereignisse komponierte Schönberg 1908 das Zweite Streichquartett: Erstmals befreite er sich von den Fesseln der Tonalität. Bereits 1905 hatte er in Gmunden sein Erstes Streichquartett fertig gestellt – dieses jedoch noch ganz in der Tradition der Spätromantik. 1921 kehrte Schönberg an den Traunsee zurück, jedoch unter Umständen, die in ganz anderer Weise ebenfalls nichts an Dramatik vermissen ließen. Im Juni war er zusammen mit seiner Familie und einigen Schülern in die Sommerfrische nach Mattsee gereist. Berta Schönberg, die Frau seines Bruders Heinrich, besaß dort ein Haus und hatte die Familie ihres Schwagers eingeladen, den Sommer dort zu verbringen. Diese „Ansammlung" von angeblich jüdischen Sommergästen rief in Mattsee Unmut hervor und es wurde auf radikale Art und Weise versucht, die Gäste loszuwerden. In einem öffentlichen Aufruf wurden die Vermieter aufgefordert,

ihre Ferienwohnungen nicht an Juden zu vermieten: *„Die gefertigte Gemeindevertretung richtet daher an die gesamte Bevölkerung das dringende Ersuchen, dem Beschluß der freigewählten Gemeindevertretung willig Folge zu leisten, damit unserem schönen Orte Mattsee die Folgen einer etwaigen Verjudung, den Mietern und Vermietern Schikanen jeder Art durch die deutsch-arische Bevölkerung erspart bleibe. Mattsee, am 20. Juni 1921."*[4] Ein weiterer Aufenthalt wurde für Schönberg, seine Familie und Freunde unerträglich. Zeitungsberichte hatten das Ihrige dazu getan, die „Affäre" an die weitere Öffentlichkeit zu tragen und die Wogen immer höher gehen zu lassen. Durch Vermittlung Eugenie Schwarzwalds, in deren fortschrittlicher Schule Schönberg in Wien unterrichtete, wurde die Villa Josef in Traunkirchen gefunden, die sich im Besitz von Baronin Anka Löwenthal befand. Am 14. Juli erfolgte die Übersiedlung. Seinem Verleger Emil Hertzka schrieb Schönberg: *„Liebster Freund, nun sind wir seit 14. hier. Es war zum Schluß sehr hässlich in Mattsee. Die Leute dort haben mich scheinbar so verachtet, wie wenn sie meine Noten kannten. Geschehen ist uns sonst nichts."* Bis spät in den Herbst blieb Schönberg in Traunkirchen und konnte sich in Ruhe der Arbeit an Präludium und Intermezzo der Suite für Klavier op. 25 widmen.

Der weltbekannte Komponist **Erich Wolfgang Korngold** (29. 5. 1897 Brünn/Mähren – 29. 11. 1957 Los Angeles) verbrachte in Gschwandt bei Gmunden auf dem Gut Höselberg die Sommermonate 1933 bis 1937. Hier schuf er seine letzte

Oper *Die Kathrin,* die 1939 in der Königlichen Oper in Stockholm uraufgeführt wurde. Korngolds Frau Luise (genannt Luzi) erinnerte sich: *„Wir genossen die wenigen Sommermonate auf unserem Höselberg mit einer Inbrunst, die seherischer Voraussicht gleichkam. Wir tranken mit den Augen das saftige Grün der Felder, die wildwachsenden Blumen entzückten und bewegten unser Herz, ein Bach war für uns eine Sehenswürdigkeit. Wo immer unser Blick hinfiel, sagten wir uns: ‚Einprägen! Nichts vergessen!'"* 1936 befand sich das Ehepaar Decsey zu Gast bei den Korngolds: Ernst Decsey schrieb das Libretto zu Korngolds Oper *Die Kathrin* – ursprünglich Jurist, machte er sich vor allem durch Musikerbiographien über Hugo Wolf, Anton Bruckner, Johann Strauß, Franz Lehár und Maria Jeritza einen Namen. Auffallend ist, dass all diese ebenfalls rund um den Traunsee beheimatet waren. Im Frühling 1937 nahm Korngold auf dem Höselberg die letzten Korrekturen an *Die Kathrin* vor und hatte im Sommer einige Male Besuch von Bruno Walter, um mit ihm das Werk zu studieren. Es sollte der letzte Sommer im geliebten Haus sein. Im Jänner 1938 hatte Korngold das Glück, rechtzeitig vor dem Einmarsch der Nationalsozialisten in Österreich nach Hollywood gerufen zu werden. Das Gut Höselberg wurde sofort enteignet, war es doch ein besonders schönes und somit begehrtes Objekt für die Nationalsozialisten. Interne Streitigkeiten zwischen verschiedenen NS-Organisationen und NS-Funktionären führten zu einem langen Streit, wem das Gut zufallen würde. Erst am 18. April 1941 wurde das Anwesen für das „Deutsche Reich – Reichsarbeitsdienst" einverleibt. 1949 betrat die Familie Korngold erstmals wieder europäischen Boden – und der erste Weg in Österreich galt dem Höselberg, wie Luzi Korngold berichtete: *„Da lag das liebe, alte Gmunden vor uns: der große Platz, die Schwäne am Seeufer, der Traunstein, der seine Spitzen in das hier so seltene Blau des Himmels zackte. Jedes Geschäft noch auf dem alten Platz, im Kaffeehaus noch der alte Ober – alles unverändert. Nur mussten wir im Hotel absteigen, denn in unserem Haus am Höselberg wohnten 40 DP's (Displaced Persons), arme, vertriebene, heimatlose Menschen, die darauf warteten, nach Amerika, Kanada, Australien verschifft zu werden. So war das Wiedersehen mit dem verwahrlosten und heruntergekommenen Höselberg anfänglich sehr traurig."*[5] Erich Wolfgang und Luzi Korngold erhielten ihren Besitz wieder zurück, verkauften ihn jedoch 1955 der Gemeinde Gschwandt.

Auch **Ernst Krenek** (23. 8. 1900 Wien – 22. 12. 1991 Palm Springs/Kalifornien) zählte zum Kreise der modernen Komponisten. Mit seiner Oper *Jonny spielt auf* hatte er 1927 in Wien einen Skandal provoziert, der die Nationalsozialisten Plakate gegen Komponist und Werk affichieren ließen. Krenek fühlte sich seiner österreichischen Heimat in besonderem Maße verbunden und unternahm zahlreiche Reisen in die Alpen, wo er unter anderem zu seinem *Reisebuch aus den österreichischen Alpen* Inspiration fand. Das Motto *Ich reise aus, meine Heimat zu entdecken* zeigt seine Liebe zur Bergkulisse – immer wieder war

Krenek auch in Gmunden, wo er unter anderem an seiner Oper *Karl V.* arbeitete.

Die Tradition der Musik wird auch heute am Traunsee hochgehalten. Neben den musikalischen Vereinen der Region erweisen auch die Salzkammergut-Festwochen Gmunden und die engagierten Konzertreihen in Traunkirchen den Komponisten, die vom Traunsee geprägt wurden und zahlreiche Spuren hinterlassen haben, ihre Reverenz.

1 Karl Goldmark, Erinnerungen aus meinem Leben (Wien 1922) S. 104 f.

2 Leo Slezak, Mein Lebensmärchen (München 1948) S. 9 ff.

3 Adolph Kohut, Die größten und berühmtesten Soubretten des 19. Jahrhunderts (Düsseldorf 1890) S. 135 ff.

4 Heinrich Waitzbauer, Arnold Schönberg ist in Mattsee unerwünscht. In: Robert Kriechbaumer (Hg.), Der Geschmack der Vergänglichkeit. Jüdische Sommerfrische in Salzburg (Wien 2002) S. 153 ff.

5 Zit. nach Josef Moser, Erich Wolfgang Korngold – Seine Beziehungen zu Höselberg/Gschwandt und Gmunden. In: Salzkammergut-Zeitung, 1. 3. 1979, S. 19

Literatur

Karl Goldmark, Erinnerungen aus meinem Leben (Wien 1922)

Gottfried Heindl, Das Salzkammergut und seine Gäste (Wien 1993)

Adolph Kohut, Die größten und berühmtesten Soubretten des 19. Jahrhunderts (Düsseldorf 1890)

Robert Kriechbaumer (Hg.), Der Geschmack der Vergänglichkeit. Jüdische Sommerfrische in Salzburg (Wien 2002)

Josef Moser, Erich Wolfgang Korngold – Seine Beziehungen zu Höselberg/Gschwandt und Gmunden. In: Salzkammergut-Zeitung, 1. 3. 1979, S. 19

Leo Slezak, Mein Lebensmärchen (München 1948)

Friedrich Weissensteiner

Johann Orth: Rebell im Kaiserhaus

Erzherzog Johann Salvator war eine der begabtesten, vielseitigsten, aber auch unkonventionellsten Persönlichkeiten des österreichischen Kaiserhauses.

Johann Salvator entstammte der toskanischen Linie des Hauses Habsburg-Lothringen. Er wurde am 25. November 1852 als zehntes und jüngstes Kind des Großherzogs Leopold II. und seiner Gemahlin Maria Antonia in Florenz geboren. Er verbrachte im Palazzo Pitti, der Residenz seiner Eltern und seiner Geburtsstätte, eine sorglose, unbekümmerte Kindheit. Im April 1859 musste die großherzogliche Familie im Zuge der nationalstaatlichen Einigung Italiens Florenz jedoch verlassen. Leopold II. und seine Familie kehrten in den Schoß des Hauses Habsburg-Lothringen zurück. Der Kaiser nahm die Toskaner, die im Erzhaus als bunte Vögel galten, gastlich auf. Der Großherzog erwarb die böhmischen Schlösser Brandeis (heute: Brandýs) an der Elbe und Schlackenwerth bei Karlsbad, wo der hochintelligente kleine Johann seine erste Ausbildung in den verschiedensten Unterrichtsgegenständen erhielt. Im Alter von zwölf Jahren wurde die Erziehung des Erzherzogs, der zeitlebens das Italienische als seine Muttersprache betrachtete, auf Weisung des Kaisers am Wiener Hof fortgesetzt. Der schwer zähmbare Knabe sollte, so wollte es Franz Joseph, zu einem „nützlichen Staatsbürger" herangebildet und problemlos in das Kaiserhaus integriert werden. Das klappte zunächst ganz gut. Johann verbrachte die Festtage im Kreise der kaiserlichen Familie, besuchte mit dem um sechs Jahre jüngeren Kronprinzen Paraden und Manöver und fügte sich in das Reglement des Hofes. Der Kaiser brachte ihm Wohlwollen entgegen und förderte seine Interessen und Neigungen, die ungewöhnlich breit gestreut waren.

Johann Salvator malte, komponierte, interessierte sich für die Naturwissenschaften und für alles technisch Neue. Vor allem aber hatte er eine Vorliebe für Kunst und Literatur, was für ein Mitglied der Hofgesellschaft eher unüblich war. Die Jagd, die große Leidenschaft der Hocharistokratie, fand er reizlos. Auch Tanzveranstaltungen, Bälle und Diners bereiteten ihm wenig Vergnügen. Hingegen bekundete er für militärische und politische Fragen schon in jungen Jahren ein reges Interesse.

Die Offizierslaufbahn als Beruf wurde dem Erzherzog vom Kaiser vorgegeben. Johann Salvator erkletterte in der militärischen Hierarchie rasch eine Sprosse nach der anderen. Bereits im Alter von zwanzig Jahren wurde er zum Major befördert, mit zweiundzwanzig war er Oberstleutnant. Er hatte sich, was höchst ungewöhnlich war, nicht für den Dienst in der Kavallerie, sondern für die Artillerie entschieden. Zum Wohlverhalten war der

Erzherzog Johann Salvator (1852–1890) in Uniform. Ca. 1880.
Fotografie: Victor Angerer, Wien (Kat.-Nr. 16.5.3)
Foto: Wienbibliothek im Rathaus, Handschriftensammlung

temperamentvolle Toskaner allerdings nicht geboren. Er übte Kritik an seinen Vorgesetzten, ließ sich Disziplinlosigkeiten zuschulden kommen und geriet sehr bald mit dem militärischen Establishment und dem Kaiser in Konflikt, der sich gezwungen sah, den aufmüpfigen Erzherzog mehrere Male strafzuversetzen, nach Lemberg, Temesvár und zuletzt nach Krakau. Aber diese Maßnahmen fruchteten wenig.

Johann Salvator hatte ein scharfes Auge. Er sah die vielen Unzulänglichkeiten, die es in der k. u. k. Armee gab: den sinnlosen Kasernenhofdrill, den unnötigen, bürokratischen Formelkram, die niedrige Bezahlung der Offiziere, die schlechte Ausstattung mit modernen Waffen und Geräten. All das brachte er in einer Schrift mit dem Titel „Betrachtungen über die Organisation der österreichischen Artillerie" zur Sprache, um keinen neuerlichen Anstoß zu erregen, unter einem Pseudonym. Johanns Autorenschaft blieb natürlich nicht unentdeckt. Der Kaiser versetzte ihn nach Komorn. Seiner militärischen Karriere schadete seine Offenherzigkeit auch jetzt (noch) nicht. Nach dem Okkupationsfeldzug in Bosnien-Herzegowina (1878), in dem sich der Erzherzog durch Mut, Tapferkeit und Umsicht ausgezeichnet hatte, wurde der hervorragende Militär zum Kommandanten der Stabsoffizierskurse in Wien ernannt.

Die Rückkehr in die kaiserliche Hauptstadt erfüllte den systemkritischen Nörgler mit Genugtuung. In der Weltstadt Wien herrschte jenes geistige Klima, das dem künstlerisch vielseitigen Erzherzog behagte. Konfliktlos konnte der Toskaner aber offenbar nicht leben. Anfang November 1886 hielt er im Militärcasino vor illustrem Publikum einen Vortrag mit dem Titel: „Drill oder Erziehung", in welchem er in scharfen Worten den Kadavergehorsam in der k. u. k. Armee anprangerte, für eine humane Behandlung der Soldaten und deren Erziehung zu selbständigem Denken und Handeln eintrat. Aus heutiger Sicht waren das durchaus fortschrittliche Reformvorschläge. Damals wurden sie als Provokation empfunden. Als Johanns Vortrag in Druck erschien, wurde die „Demokratisierung der Armee" vom allgewaltigen Erzherzog Albrecht sogleich scharf zurückgewiesen, und auch der Kronprinz reagierte mit einer Gegenschrift ablehnend.

Der liberal gesinnte Sohn des Kaisers und der rebellische Prinz aus der Toskana hätten eigentlich dieselbe Sprache sprechen müssen. Sie waren miteinander nicht nur bluts-, sondern auch geistesverwandt. Der labile Rudolf und der ehrgeizzerfressene Johann waren weit über den Durchschnitt begabt, gebildet, künstlerisch interessiert und literarisch gewandt. Beide waren für fortschrittliche Ideen und Strömungen offen, beide standen dem monarchischen Herrschaftssystem kritisch gegenüber. Sie betätigten sich wissenschaftlich, schrieben Artikel für Zeitungen und hatten ein positives Verhältnis zum Journalismus, dessen immense Einflussmöglichkeiten in der entstehenden Massen- und Kommunikationsgesellschaft sie frühzeitig erkannten. Rudolf und Johann standen dem Freimaurertum nahe – ihre Mitgliedschaft in einer ungarischen Loge ist allerdings nie nach-

gewiesen worden, und es ist durchaus denkbar, dass sie Pläne für eine Regierungszeit Rudolfs schmiedeten. Gleichwohl war das persönliche Verhältnis zwischen den beiden erheblichen Schwankungen unterworfen. Der Erzherzog neidete dem Kronprinzen dessen privilegierte Position und fühlte sich, vor allem auf militärischem Gebiet, ihm gegenüber zurückgesetzt. Auch im literarischen wie im politischen Bereich kam es zwischen ihnen zu ernsthaften Verstimmungen.

Nach der Kontroverse um die Heeresreform wurde das Enfant terrible des Kaiserhauses Ende 1883 nach Linz transferiert, wo er das Kommando der 33. Infanterie-Truppendivision übernahm. Johann Salvator kam die Versetzung nicht ungelegen. Er konnte von Linz aus seine Mutter besuchen, die ihren Alterswohnsitz im Landschloss Ort am Traunsee aufgeschlagen hatte. Der Erzherzog, der das Schloss 1876 angekauft hatte, ließ es unter seiner kunstsinnigen Anleitung grundlegend um- und ausbauen. Zwei Jahre später erwarb er auch das Seeschloss Ort, das in seiner Bauform unverändert blieb.

Johann Salvator fühlte sich in Linz sichtlich wohl. Er verlieh der Liebe zu seiner letzten Garnisonsstadt mit dem Walzer „Gruß an Linz", den er unter einem Pseudonym komponierte und von Johann Strauß orchestrieren ließ, sogar musikalischen Ausdruck. In den vier Jahren, die er als Divisionär in der Stadt verbrachte, entfaltete er eine Fülle von Aktivitäten. Er empfing häufig Gäste, besuchte Opernaufführungen in der Hofloge des Landestheaters und schrieb das Textbuch zum Ballett „Die Assassinen", das im Wiener Hofburgtheater uraufgeführt wurde. Die Bewohner von Linz brachten ihm Achtung und Sympathie entgegen. Sie schätzten seine liberale Gesinnung, seine Leutseligkeit und schmunzelten darüber, dass er mit einer Frau, die in seinem Haushalt offiziell als Beschließerin galt, in wilder Ehe lebte. Der unkonventionelle, heißblütige Erzherzog war seit vielen Jahren mit der Balletteuse Ludmilla Stubel liiert, die er in die verschiedenen Garnisonsstädte mitnahm, was in Hofkreisen natürlich Missfallen erregte. Die mehrmaligen Aufforderungen, sich von ihr zu trennen, blieben unbeachtet.

Linz war stolz darauf, ein Mitglied des Kaiserhauses in seinen Mauern zu haben. Der Gemeinderat der Stadt verlieh dem vielseitigen Erzherzog am 2. Oktober 1887 die Ehrenbürgerschaft, die er auf Weisung des Kaisers jedoch nicht annehmen durfte. Zu diesem Zeitpunkt hatte Johann bei seinem obersten Kriegsherrn endgültig seinen Kredit verspielt, nachdem sich der Erzherzog, der nach Ruhm und Anerkennung strebte, hinter dem Rücken Franz Josephs und seines Außenministers in das Intrigenspiel um den vakanten bulgarischen Fürstenthron eingemischt hatte. Auf eigene Faust Politik zu machen, das ging entschieden zu weit. Als die amateurhaften Machenschaften des Politikintriganten aufflogen, war Feuer am Dach. Der Kronprinz war zutiefst verstimmt, der Außenminister indigniert, der Kaiser wütend.

Johann Salvator zog nun persönlich die Konsequenzen. Er bat den Kaiser, ihn von seinem Kommando zu entheben, verließ

Linz und trat einen mehrwöchigen Urlaub an. Franz Joseph, der dem ungestümen Neuerer seine Eskapaden oft genug verziehen hatte, kam der Bitte des Erzherzogs unverzüglich nach.

Das Leben Johann Salvators hatte eine entscheidende Wendung genommen. Seiner militärischen Funktion enthoben, begab sich der Erzherzog eilends nach England, kaufte eine Yacht und unternahm damit Fahrten im Mittelmeer. Seine große Liebe gehörte der See. Er nahm auf Befehl des Kaisers vorübergehend Aufenthalt in Schloss Ort. Franz Joseph gewährte ihm eine Audienz, bei der es Johann jedoch nicht gelang, das Vertrauen des Monarchen wieder zu gewinnen. Da die Chancen auf eine Wiederaufnahme in die Armee, auf die er gehofft hatte, damit endgültig geschwunden waren, reifte in Johann der Entschluss, sein weiteres Schicksal selbst in die Hand zu nehmen. Nach monatelangem, emsigem Studium erwarb der Erzherzog in Fiume ein Handelskapitänspatent, das ihn zum Kommando eines Schiffes berechtigte, und tat dann den entscheidendsten Schritt seines Lebens. In einem Schreiben mit Datum vom 8. Oktober 1889 an den Kaiser verzichtete er auf „Rang und Stand", auf den Titel, die Würde und das Ansehen eines Mitglieds des Kaiserhauses. „Zu jung, um für immer zu ruhen, zu stolz, um als bezahlter Nichtstuer zu leben … stand ich vor der Alternative: entweder das unwürdige Dasein eines fürstlichen Müßiggängers weiter zu führen oder als gewöhnlicher Mensch eine neue Existenz, einen neuen Beruf zu wählen", formulierte er so kühn wie provokant. Der Kaiser nahm den ungewöhnlichen Schritt zur Kenntnis und veranlasste unverzüglich alle nötigen Maßnahmen. Der Erzherzog, der sich von nun an Johann Orth nannte, fasste den Entschluss, fürderhin seinen Lebensunterhalt als freier Schiffseigentümer zu bestreiten. Der Neounternehmer kaufte um einen namhaften Betrag den Dreimaster „St. Margaret", heuerte eine Mannschaft an und fuhr am 26. März 1890 mit einer Ladung Zement, die er nach Chile bringen wollte, von London los. Zwei Monate später lief das Schiff wohlbehalten in La Plata ein. Nach etwa zweimonatigem Aufenthalt ging die Fahrt weiter. Auch Ludmilla Stubel, die ihrem Ehegatten nachgereist war, war mit an Bord. Das Schiff hat den chilenischen Zielhafen nicht erreicht. Es geriet bei dem Versuch der Umsegelung von Kap Hoorn in einen schweren Sturm und ging mit Mann und Maus unter.

Ludmilla („Milli") Stubel (1852–1890) stehend im Festkleid.
Fotografie: Rudolf Krziwanek, Wien (Kat.-Nr. 16.5.1)
Foto: Wienbibliothek im Rathaus, Handschriftensammlung

Literatur

Friedrich Weissensteiner: Ein Aussteiger aus dem Kaiserhaus: Johann Orth. Das eskapadenreiche Leben des Erzherzogs Johann Salvator. Wien 1985

Irene Andessner, Projekt Milli Stubel-Orth, 2000

Foto: Alex Majewski

Irene Suchy

Leuchtende Lappalie

Die kulturgeschichtliche Bedeutung der Milli Stubel

Königin des Lichts

Im Sommer des Jahres 2000 hat Hildegard Milli Stubel in Gmunden ihren letzten Auftritt. Irene Andessner, bildende Künstlerin, verschafft ihn ihr in einer Performance am Traunsee. Andessner macht aus ihr eine Königin der Helligkeit, eine Königin des Lichts. Das hat historische Wurzeln. Milli Stubel war Tänzerin im Corps de Ballets der Wiener Hofoper und wirkte möglicherweise im Stück ihres Liebhabers Johann Orth mit, vielleicht geschmückt mit einem Kostüm von Dutzenden Glühbirnen. Milli Stubel sticht aus dem Meer der anonymen Geliebten ihrer Branche heraus, nicht nur durch ihr markantes Kostüm in einer kulturgeschichtlich markanten Inszenierung, sondern auch durch ihre Ehe. Die beiden heirateten kurz vor der gemeinsamen letzten Reise, bei der sie vor Kap Hoorn im Juli des Jahres 1890 untergingen. Würden wir die Ungewöhnlichkeit und Besonderheit dieser Beziehung nicht in ihrer Besonderheit, in ihrer gesellschaftspolitischen wie kulturgeschichtlichen Bedeutung, wahrnehmen, hätten wir den hierarchischen, dynastieerhaltenden, endlich auch menschenverachtenden Blick des Kaiserhauses angenommen.

Kulturgeschichtlich leuchtet die Liebesgeschichte eine neue Epoche ein, sie markiert – mit dem im Rückblick durchaus lächerlichen Kostüm – die Wendezeit zum Leben mit elektrischem Strom, zur größten Umwälzung im Leben der Menschen des Abendlandes. Die Vorstellung, dass Brahms als einer der ersten – da er mit der Familie des Siemens & Halske-Direktors Dr. Richard Fellinger befreundet war – in den Genuss elektrischen Lichts gekommen war und seine Arbeitszeit auf die Zeit der Dunkelheit ausdehnen konnte, ist eine Umwälzung von epochalem Ausmaß – verglichen mit Bach und Händel, die mit tränenden Augen bis zur Erblindung vor beißenden, unzulänglichen Lichtquellen arbeiteten. Die Hoffnung, die in die Elektrizität gesetzt wurde, ist Jahrhunderte vorher von Dichtern und Dichterinnen ausgedrückt: „Elektrisch" bedeutet von Goethe bis Bettina von Brentano die höchste Stufe der Emotion. E. T. A. Hoffmann sieht elektrisches Feuer durch die Fingerspritzen in die Tasten fahren, wenn sein Kapellmeister Kreisler die Goldberg-Variationen spielt. Von nun an aber gab es auch eine elektrische Musikgeschichte, die mit Theremin, Trautonium und der Erfindung des Synthesizers neue Klänge hinzufügte: Von nun an waren Aktlängen nicht mehr von der Länge der Kerzen abhängig, von nun an wurde auch – von Kurt Weill – „Berlin im Licht" besungen, Rachmaninoff präsentierte sein

Prelude aus op. 3 bei der Elektrischen Ausstellung in Moskau, die Pariser Weltausstellung 1900 war ein Fest der Elektrizität. Elektrischer Strom, die Poesie der einfachen Menschen, wurde zum Allheilmittel. Das künstliche Licht ließ die Stadt ganz neu erscheinen, die Elektrizität – die so unvorstellbar und neu gewonnene Energie – ließ die Menschen auf den Pariser Bürgersteigen mit bis zu 20 km/h von Attraktion zu Attraktion rollen. „Sozialismus ist Sowjetmacht plus Elektrizität" brachte Lenin die politische Bedeutung auf den Punkt. Die Welt hatte sich verändert, sie sah nun anders aus, sie hörte sich anders an.

Irene Andessner hat mit ihrem Team die historische Bedeutsamkeit klar gemacht sowie das Mitgefühl für die Protagonistin spüren lassen: Wissenschaftlichkeit und Empathie – von der Kunst angeregt. Milli Stubel beim fiktiven Hochzeitsfest im Schloss Ort in Gmunden und Milli Stubel am Traunsee in der Zille – die Bilder, die die Künstlerin zeichnet, weisen den Weg zu einer unterschätzten Biographie. Bildnerische Ergebnisse aus Andessners Kunstprojekt waren in weiteren Stationen in der Gmundener Galerie 422, in der Hamburger Galerie Borchardt und im damals noch unfertigen, aber besonders reizvollen Museumsquartier zu erleben.

Ballett-Leben

Ludmilla Hildegard Stubel wurde am 11. September 1852 in Wien geboren und ist seit 1890 verschollen, 1911 wurde sie für tot erklärt. Sie war die dritte von vier Töchtern, der Vater war Gutsverwalter. Sie musste auf Grund seines frühen Todes zum Familieneinkommen beitragen. Mit 19 Jahren, 1871, lernt Milli Stubel Erzherzog Johann Nepomuk Salvator von Habsburg kennen. Eigene Stiegenaufgänge, die Zugänge zu den Logen, waren inszenierte Treffpunkte von aristokratischen Liebhabern mit Tänzerinnen. Der Liebhaber wird Mäzen, die Geförderte ihm verpflichtet. Johann verschafft ihr Gesangs-, Klavier- und Sprachunterricht in Italienisch und Französisch. Eine Verbindung der Erniedrigungen und Demütigungen beginnt. Johann gibt dem Druck seiner Familie nach und trennt sich mehrmals, verletzt Milli mit einem Verhältnis zu ihrer ältesten Schwester Lory und zur Gräfin Caroline von Attems, der Hofdame der Erzherzogin Maria Immakulata.

Der Briefwechsel, den die beiden seit 1874 miteinander führen, zeigt trotzdem eine Innigkeit und gefühlvolle Liebe, die beide auszeichnet: Erhalten in der Handschriftenabteilung der Wienbibliothek sind nur die Briefe Johanns in seiner unhierarchi-

Irene Andessner, Projekt Milli Stubel-Orth, 2000

Fotos: Alex Majewski

schen Hingabe, geschrieben teilweise in einer Geheimschrift, in deutscher Sprache, aber in kyrillischer Schrift. Er nennt sie „Teuerste Milli", „Meine Teuerste", „Meine teuerste Einzige", „Innigst geliebte Milli!", „Liebe Muzzu!", „Meine Einzige!" Er versichert ihr seine Liebe: „Milli, ich denke, du kennst mich doch zu gut … du kennst mich zu gut, sage ich, als dass du dir denken könntest, ich hätte auf dich vergessen … meine wache tiefverwurzelte Liebe, die harmonisch gefühlt … Siehe ich habe keine Anverwandten, um welche mich ein inniges Band knüpft. Keine … mit welchen ich durch das Leben gehen könnte – du Milli bist mir alles." „Du kannst dir denken, wie viel ich an dich gedacht, am meisten in jenen seltenen Momenten, wo mein Leben förmlich an einem Haar gehangen." Er drückt seine Sehnsucht aus: „Muss ich wohl damit rechnen, ein volles Vierteljahr ohne dich zu sein!"

Johann ist als Offizier am Balkan stationiert; er berichtet in den Briefen tagebuchartig von Märschen, Rasttagen und Kämpfen. Er schreibt: „Die Türken kämpfen unter dem wilden Schlachtruf Allah! Allah! Fantastisch", er erzählt von der neuen Villa in Gmunden und von seiner Arbeit: „Am meinem Werke arbeite ich sehr fleißig." „Ich kann dir nur wünschen, dass du dich in deinem ‚Selbstgenügen' und ‚Selbstvergnügen' finden mögest. Mir wird es wohl schwerer ankommen. Was ich tue und lasse – und wiederhole: Ich bin krampfhaft fleißig – ist doch nur eine Seite vom Verzweiflungsreden, um die Verlassenheit zu vergessen, ein weniges gewaltsames Voltigieren über die Einsamkeit." Er dankt herzlich für den zum Brief beigelegten Zeitungsausschnitt „Intime Beziehungen". „Der Christabend und das gestrige Christfest sind glücklich überstanden." Er berichtet Milli von seinen Plänen: „Zu der am 20. stattfindenden Jagd komme ich nach Wien und wohne in der Burg." Er schreibt von Theaterbesuchen „… bin ich in die italienische Vorstellung des Rigoletto gegangen, um dort einmal die gefeierte Patti zu hören. Nach dem Theater bin ich … nicht ins Haus deiner Mutter gegangen, weil ich dir dieses schon in Lemberg mit aller Entschiedenheit gesagt hatte." „Bis Mitternacht bin ich so dagestanden und habe gewartet, ob du nicht vielleicht beim Fenster erscheinen würdest, dass ich dir noch gute Nacht sagen kann." Er vermeidet ihre Familie: „Deine Mutter hat von mir, was sie verlangt hat – wir sind quitt!", macht Vorschläge für Spaziergänge von St. Pölten über Kritzendorf nach Kierling: „Soll ich nach Kirling kommen oder willst du, dass wir uns anderswo treffen, etwa in Tulln?" Er schmiedet Zukunftspläne mit der in Aussicht gestellten „Abfertigung. Ich bekäme dann 472.500 Gulden auf einmal! Das wäre eine Nummero, dann könnten wir sofort auf und davon und unter angenehmen Verhältnissen glücklich zusammenleben." Er denkt an den Wechsel der Staatsbürgerschaft und will Preuße werden. Er verabschiedet sich mit „Dein dich innig liebender Johann", mit „Millionen Küsse", „Nun Milli lebe wohl, schreibe recht bald und glaube an den Traum." „Ohne Dir könnte ich nicht sein!" „Nicht ohne Prüfung stehe ich endlich vor dem Hause und bleibe auch dort …" „Es küsst dich tausendfach dein treuer Johann". „Schreibe mir, wenn du willst." „Schließe mich in Gedanken, sowie mein Sinn fest bei dir ist. – 1000 Küsse von deinem treuen alten Johann." Und von der signifikanten Adresse: „Schiff Saint Margaret, Port La Plata Süd-Amerika": „Bleibe meinem Andenken auch über das Grab hinaus treu."

1887 wird Johann vom Kaiser auf eigenen Wunsch seines Kommandos enthoben, als Folge seiner schriftstellerischen und politischen Aktivitäten muss er am Ende auch auf seine Offiziers-Charge verzichten. Der Kaiser hat ihm eine Eheschließung mit der Gräfin von Attems verboten. Losgelöst von den familiären Bindungen verzichtet Johann 1889 auf seine Apanage und heiratet im selben Jahr Milli „per Prokration", das heißt, er wird von einem Stellvertreter ersetzt. Millis Leben ist von Auslandsengagements in Lemberg, von Einsamkeit und Verantwortung für ihre Mutter sowie von Krankheiten geprägt. „Teueres Mutterl! Ich übersende dir dein Monatsgeld und bedanke mich zugleich für deinen letzten Brief." Auch ihre Briefe sind in der Wien-Bibliothek bewahrt. 1878 bedenkt Johann Milli in seinem Testament. 1879 erwirbt Johann Schloss Ort und nennt sich 1889 nach diesem Ort. Johann und Milli haben sich in ihrer Liebe zur Kunst und Musik getroffen. Schiffsreisen im Mittelmeer und im Atlantik verbinden das Paar, letztlich im Tod. Johann hat 1889 ein Kapitänspatent erworben. Der Frachter „St. Margret" bricht 1890 nach La Plata auf, Johann hat nach Streitigkeiten mit dem Kapitän selbst das Kommando übernommen. Ob der Aristokrat an Überheblichkeit und Dilettantismus scheiterte oder der Sturm um Kap Hoorn unüberwindbar war, bleibt offen. Wahrscheinlich ist das Paar in der Nacht vom 20. auf den 21. Juli untergegangen.

Das gemeinsame Stück

Am 19. November 1883 wurden das Ballett „Die Assassinen" erstmals aufgeführt, Tag der Premiere war der Namenstag der Kaiserin. Bis 1884 erlebte das Stück dreizehn Aufführungen. Das Libretto stammt von Erzherzog Johann Salvator von Toskana, aus Bescheidenheit oder Diskretion erschien sein Name nicht am Theaterzettel, das Publikum – wie Ruth Matzinger in ihrer Dissertation herausfand – war aber über den Autor nicht im Unklaren. Matzinger hat recherchiert, dass ein Großteil des Publikums aus dem Hochadel kam, Leute, die sonst nicht das Ballett besuchten.

Der Erzherzog hat sich an der Inszenierung des Stückes nicht beteiligt. Überliefert ist ein Kostenvoranschlag, der nach dreimaliger Reduktion folgende Posten auflistet:

Dekorationen	6.000 Gulden
Kostüme	8.300 Gulden
Requisiten	500 Gulden
Versteifungen	500 Gulden

In den Endabrechnungen scheinen 9.524 Gulden für Kostüme und 1.802 Gulden für Requisiten auf. Die Dekorationen steuerten Carlo Brioschi, Johann Kautsky und Hermann Burghart bei. Johann Forster bekam für seine Musik 500 Gulden, der Choreograph und Regisseur Carl Telle 500 Gulden und der Kostümbildner Franz Gaul für seine Entwürfe 250 Gulden. Die für die Kulturgeschichte so bedeutsamen Glühlampen waren mehr wert als die Musik: 20 Garnituren „Irrlichter" für die Damen des Corps de Ballets kosteten 600 Gulden, 50 hängende Glühlampen samt dazugehörigen Drähten 100 Gulden.

Der Komponist Forster

Als Komponist ist der in der Steiermark gebürtige Johann Forster (1838–1917) – gefördert durch Eduard Hanslick und Brahms-Freund Felix Otto Dessoff – vermerkt. Forsters komische Oper „Die Wallfahrt der Königin" wurde 1878 am Ringtheater aufgeführt, die Zusammenarbeit mit dem Erzherzog brachte ihm die Verleihung des Toskanischen Ritterkreuzes für zivile Verdienste 1883 ein. Eine Bewerbung als Kapellmeister am Burgtheater blieb – trotzdem – erfolglos. Forster hatte mit Orth die Liebe zur Technik gemeinsam, als Erfinder meldete er mehrere Patente optischer Geräte sowie Innovationen in der Geschütz- und Motorenentwicklung an. Er starb verarmt und verstiegen in mathematische Nachweise – auf der Suche nach der Beweisführung für den Fermatschen Satz – in Wien. Mit dem Erzherzog – Johann spielte Klavier, Zither und Waldhorn – verband Forster das Verständnis für das Komponieren, Orth hinterließ ein op. 5 „Stimmen aus dem Süden", ein op. 6 „Gruß an Linz", ein op. 7. „Am Traunsee", jeweils unter seinem Pseudonym Johann Traunwart in der k. k. Hof-, Buch- und Musikalienhandlung Fink publiziert. Auf dem Titelblatt des op. 6 ist handschriftlich hinzugefügt „… corrigiert von Johann Strauß u. dirigiert u. orchestriert im Musikvereinssaal." Die Kompositionen Forsters und Orths sind in der Musiksammlung der

Unter dem Pseudonym „Johann Traunwart" komponierte der Erzherzog einen Walzer, op. 6, „Gruß an Linz".
Foto: Wienbibliothek im Rathaus, Musiksammlung

Österreichischen Nationalbibliothek verwahrt, wo sie bis heute der Einspielung harren.

Die Geschichte der Assassinen

Das gemeinsame Stück „Die Assassinen" – von dem das Particell eines „Irrlichter Tanzes" und Motive der Melodien erhalten sind – spielt in Palästina zur Zeit der Kreuzzüge im Jahr 1193. Assassinen lauern auf die Kreuzfahrer. Otto Graf von Andechs und Meran und sein Knappe Kofler laufen in die ihnen gestellte Falle, werden gefangen genommen und auf die Burg Alamat geschleppt. Den dortigen Herrscher Hassan umtanzen Sklaven anmutig und ihm die Pfeife anzündend. Im Gegensatz zum grausamen Thema stehen leichtfüßige Tänze: Sklaven tanzen einen „Danse de la Pipe", Kreuzfahrer einen „Danse aux Aguets". Als die Gefangenen dem Herrscher Hassan vorgeführt werden und Mut beweisen, bietet dieser – davon beeindruckt – seine Freundschaft an. Darauf wird angestoßen, der dem Gefangenen Otto kredenzte Trunk erweckt chauvinistische Visionen. Es erscheint eine weibliche Schönheit namens Fatimeh, tanzt eine Walzerkette aus vier Walzern und ein Solo, bevor sie verschwindet. Die Vision ist dem Herrscher nicht verborgen geblieben; als

sie verschwindet, verspricht dieser dem Gefangenen eine Wiederholung seiner Vision, wenn er den eigenen Freund Leopold Babenberg, Herzog von Österreich, tötet.

Der zweite Akt spielt im Lager der Kreuzfahrer, Barbarossa erwartet die Sultane von Akko, Kairo und Maskat. Die Sultane ergeben sich und legen die Waffen nieder: „La soumission" erfordert einen Walzer in Des-Dur. Geschenke werden ausgetauscht, Sklavinnen und indische Mädchen, schwarze, braune und weiße Mädchen tanzen. Das verfrühte Ergeben der Sultane erbost Saladin und er erklärt Barbarossa die Fortsetzung des Krieges. Barbarossa reagiert höchst unkonventionell – er lässt die Sultane in Frieden ziehen, das Ballett dankt es ihm mit einem „Danse des Esclaves". Postwendend wird Otto gefangen genommen. Sein Freund Leopold, den er töten sollte, wird ihm zu Hilfe kommen. Die Nacht bricht an und damit der Auftritt der Irrlichter. Man hört „Les feux follets". Die Vision tritt auf – Frauen sind in diesem Ballett nur tanzende Mädchen oder Visionen. Sie verführt Otto, Leopold zu töten, was immerhin im Ballett zu einer 6/8-Sicilienne führt: „La Tentation". Otto lässt sich von der weiblichen Vision nicht verführen, er mordet den schlafenden Leopold nicht, seine Waffe entgleitet ihm, er flieht. Der glücklich Überlebende erwacht. Der zweite Akt schließt, wenn die Ritter gegen die Festung Alamath aufbrechen.

Folgerichtig spielt der dritte Akt vor der Wallmauer vor Alamath. Otto erkennt in der Verwirrung seine Freunde nicht, klopft verzweifelt ans verschlossene Tor; er möchte unbedingt Fatimeh wieder sehen. Zerstört vom Traume sinkt Otto erschöpft vor dem Tor nieder, Genien des Wachens und Träumens führen ihn ins Reich des Traumes. Auch wenn er im Traum unbedingt die verführerische Fatimeh wiedersehen wollte, jetzt siegt die Moral: Es erscheint seine Verlobte Agnes auf ihrem Schloss Runkelstein. Agnes verhält sich den zeitgemäßen, von Frauen gewünschten Verhaltensregeln entsprechend: Sie küsst voll Sehnsucht sein Bild. Mehr noch, sie lehnt einen Antrag des Herzogs von Mantua ab. Und verletzt nicht nur den Herzog, sondern zeigt sich auch unbotmäßig ihrem Vater Beral von Wange, dem Herren auf Runkelstein, gegenüber. Sie wird belohnt – wenigstens im Traum: Otto umarmt Agnes. Das Duell, das der Herzog von Mantua nun fordert, gewinnt Otto. Ein „Danse Allemande" leitet das Fest ein, in das Otto als Bräutigam zieht. Eine „Tyrolienne" muss getanzt werden, Orgeltöne rufen zur Trauung. Die letzte Versuchung: Otto wird von der Vision Fatimeh zurückgehalten, er nimmt all seine Kraft zusammen und weist sie von sich. Sie verschwindet mit Donnerschlag, Szene und Traum verblassen, Otto erwacht.

Es muss gut ausgehen. Die letzte Szene zeigt den Sturm der Kreuzfahrer auf die Burg. Otto rettet Leopold das Leben und tötet den Herrscher Hassan. Dieser hat gerade noch die Burg in Brand gesteckt, was die Bühnenwirksamkeit des Schlussbildes steigert. Die Kritik reagierte positiv. Gerühmt wurde die Freiheit des Werks von den alten Ballettstereotypen. In vernünftiger Handlung würde die sittliche Idee des Kampfes zwischen sinnlicher und seelischer Liebe dargestellt, schrieben männliche – was sonst? – Kritiker. Fatimeh und Agnes wurden nicht als Akteurinnen, sondern als Sinnbilder männlicher Liebessehnsüchte aufgefasst. Besonders gefiel der „Irrlichtertanz" und die Tänze der Sklavinnen, bei denen die Tänzerinnen Glühbirnen in den Haaren trugen. Trotz der üppigen Ausstattung blieb das Werk nur zwei Jahre im Repertoire.

Das Ende vom Lied

Als im Jahre 1913 der Nachlass des Johann Orth alias Erzherzog Salvator versteigert wurde, ließ die Hofoper den das Erbe verwaltenden Rechtsanwalt wissen, sie reflektiere sowieso nicht mehr auf das Stück. Ob das Werk – wie geplant – versteigert wurde, ist unbekannt; es galt als hoffnungslos veraltet. In der durchaus mediokren Lappalie der Kulturgeschichte erkennen wir erst jetzt die kulturgeschichtliche Bedeutung.

Unglaublicher Anhang

Am 9. Juni 2007 meldet die österreichische Tageszeitung „Der Standard" Erbansprüche zweier Norweger auf Schloss Ort. Die beiden berufen sich darauf, dass Johann Orth nicht untergegangen sei und sich unter dem Namen Hugo Köhler in Norwegen niedergelassen habe, sogar Kinder gezeugt und erst am 6. Mai 1945 gestorben sei. Henrik Danielsen und Johan Köhler-Nilsen verfügen nach eigenen Angaben über ein Gerichtsurteil, das die Behauptungen stützt. Trotz aller Zweifel werden die beiden Herren vom Infanterieregiment „Herzog von Cumberland" zu einer Schlossbesichtigung geleitet; der Tourismusdirektor erlebt die Ankunft als „sehr emotionalen Moment".

Literatur

Ruth Matzinger: Die Geschichte des Balletts der Wiener Hofoper 1869–1918. Dissertation Universität Wien 1982.

Karl Nemeth: Josef Forster. Leben und Werk. Dissertation Universität Wien 1949.

Hannes Scheutz

… åft låchans, dę nåån – das Salzkammergut als Dialektlandschaft

Die Dialekte, die sprachlichen Eigenheiten eines Ortes und einer Region, sind die kommunikative „Visitenkarte" einer Kulturlandschaft und ihrer Bewohner. Die gebietstypische Sprache ist es, die jedem Besucher von außerhalb als Erstes auffällt, die sein Bild und seine Wahrnehmung dieser Landschaft wesentlich prägt. „Das Salzkammergut hat einen ganz eigenen Dialekt" – diesem Urteil würden wohl die meisten Besucher des Salzkammergutes zustimmen: Die Sprache ist symbolisches Abbild und Ausdruck der inneren Zusammengehörigkeit einer Region.

Während ein Besucher von außen in den Dialekten des Salzkammergutes vor allem die Gemeinsamkeiten wahrnimmt, ist die Innenperspektive der Einheimischen deutlich differenzierter: Die Unterschiede und nicht die Ähnlichkeiten sind es, die einem im Nachbarort auffallen. Häufig werden solche sprachlichen Auffälligkeiten in Spottsprüche verpackt: *d ischla, dę nåån, dę fåån mid da gåån – zwigitst dę gåån, åft låchans, dę nåån*[1] (‚Die Ischler, die Narren, die fahren mit der Karre – quietscht die Karre, dann lachen sie, die Narren') – so charakterisieren die Bewohner des westlichen Salzkammergutes um St. Wolfgang und Strobl den Dialekt des Inneren Salzkammergutes um Bad Ischl. Ganz locker werden in diesem Spruch eine Reihe von Dialektmerkmalen aus dem Ärmel geschüttelt – amüsant für den Zuhörer, aufschlussreich für den Dialektologen. Ein vergleichbarer Spottspruch auf Ischler Seite existiert zwar nicht, die Dialekte des Wolfgangsee-Gebietes werden jedoch ebenso als unterschiedlich empfunden und als „oberlandlerisch" von den „eigentlichen" Salzkammergut-Dialekten getrennt. Trotz der engen Verbundenheit und Nachbarschaft zieht sich ganz offenkundig zwischen diesen Orten eine Dialektgrenze durch, die sich als direktes Abbild historischer Verhältnisse interpretieren lässt: St. Wolfgang war bis 1504 über das Mondseeland mit seinem Mutterland Bayern verbunden; es war vor dem Innviertel das letzte bayerische Gebiet, das zu Oberösterreich kam. Dass dies schon Hunderte von Jahren zurückliegt, hat sich ganz offenkundig in den Dialekten „noch nicht durchgesprochen" – sie fungieren als „kollektives Gedächtnis" einer Kulturlandschaft, das die historischen Zusammenhänge bis in unsere Tage tradiert.

Dialektgrenzen wie die eben genannten finden wir noch des Öfteren in unserem Gebiet. So fallen etwa die südlichen Gemeinden Gosau und Bad Aussee ebenfalls durch ausgeprägte Eigenheiten auf – auch hier sehen wir den historischen Zusammenhang dieser Orte mit dem Fürstbistum Salzburg deutlich widergespiegelt. Noch wesentlich älter ist eine Dialektgrenze, die sich in Nord-Süd-Richtung durch ganz Oberösterreich zieht und auch das Salzkammergut einschließt: Sie lässt sich auf die ehemalige Grenze zwischen den Siedelgebieten Altbaierns und Österreichs zurückführen.

Dialekte sind also ein Wissensspeicher der besonderen Art: In ihnen findet sich der Erfahrungsschatz vieler Generationen sprachlich dokumentiert und aufbewahrt. Zudem lässt sich an ihnen mustergültig beobachten, wie „ungestörter", durch keine äußeren Zwänge oder Schriftsprache-Normen gesteuerter Sprachwandel über lange Zeiträume hinweg funktioniert. Dass uns die Dialekte so viel Aufschlussreiches über eine Region, ihre inneren Zusammenhänge und Unterschiede „erzählen" können, hat mit ihrer ureigensten kommunikativen Funktion zu tun: Sie sind die „Sprache der Nähe" – die Sprache des Alltags, der engeren Umgebung, der lokal-regional gebundenen Verständigung, des familiären und freundschaftlich-vertrauten Umgangs.

Das Salzkammergut – eine dialektologische Schnittstelle

Wenn man das Salzkammergut in größeren Dialektzusammenhängen verorten möchte, so muss man sich zunächst klar machen, dass unsere Dialekte – wie fast alle österreichischen Dialekte – zum großen Dialektverband des „Bairischen" gehören; dies ist eine Sprachbezeichnung, die auf den germanischen Stammesverband der Baiern zurückgeht und strikt von der politischen Bezeichnung einer Zugehörigkeit zum Freistaat Bayern zu trennen ist. Dieses Gesamtbairische kann man weiter in drei verschiedene, große Untergruppen teilen, die in nord-südlicher Richtung aufeinander folgen: Nord-, Mittel- und Südbairisch. Das Salzkammergut (und Oberösterreich insgesamt) ist dem „Mittelbairischen" zuzurechnen, das den Isar-Donau-Raum und das Alpenvorland umfasst. Die Verkehrsoffenheit dieses Gebietes hat dazu geführt, dass sich hier seit dem Mittelalter viele sprachliche Neuerungen durchsetzen konnten, wogegen die daran anschließenden südbairischen Dialekte des inneralpinen Raums infolge ihrer Verkehrsabgeschiedenheit sprachlich weitaus beharrsamer und „konservativer" sind. Das Salzkammergut zeigt allerdings im Nord-Süd-Verlauf bereits eine Zunahme von südbairischen Merkmalen, sodass man hier auch von einem Übergangsgebiet zwischen dem Mittel- und dem Südbairischen sprechen könnte.

Auch eine andere Schnittstelle ist präsent: der Übergang vom salzburgisch dominierten westlichen Mittelbairischen zum

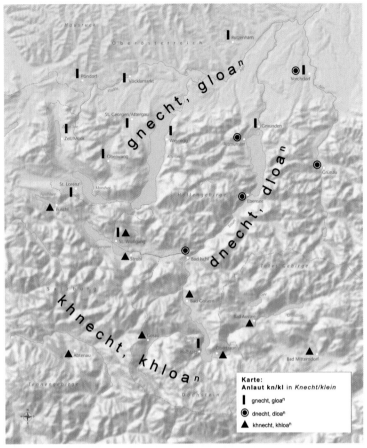

Während im Süden noch die ursprünglichen Starklaute khn / khl *bewahrt sind, finden wir im Norden die abgeschwächten Formen mit* gn / gl; *ab etwa Bad Ischl auch die Sonderformen mit anlautendem* dn / dl. Grafik: A. Bachmayr, S. Aitzetmüller

östlichen Mittelbairischen ostösterreichischer Prägung. Genau diese Gemengelage von sprachlichen Merkmalen aus unterschiedlichen Richtungen macht die sprachliche Eigenart des Salzkammergutes aus.

Vom Norden nach Süden ...

Der nördliche Teil des Salzkammergutes ist stark mittelbairisch geprägt. Eine der hervorstechendsten Neuerungen des Mittelbairischen seit dem Mittelalter ist die „Schwächung" von Konsonanten (Mitlauten) – so werden beispielsweise die „harten" bzw. „starken" Verschlusslaute *p, t, k* vielfach zu den „weichen" Verschlusslauten *b, d, g* abgeschwächt. Wir sehen das in den folgenden Wortpaaren, in denen zwar die Schreibung noch die alten Verhältnisse wiedergibt, die dialektale Aussprache jedoch keine Unterschiede zwischen starken und schwachen Verschlusslauten macht: *Tag – Dach, Wetter – Feder, Zeit – Schneid, backen – packen, Krug – Grube, klein – gleich, Knie – Genick,*

Speck – Weg. Das Südbairische hat diese Abschwächungen nicht durchgeführt. Im Salzkammergut sehen wir eine nord-südlich gestaffelte Abnahme einzelner Schwächungsprozesse: Bereits ab dem Goiserer Gebiet finden wir ungeschwächte Formen für den alten Starklaut *kh* in Wörtern wie *khloa^n, schdękha ‚klein, Stecken [= Stab]'* gegenüber nördlicherem *gloa^n, schdęgga*; gleiches gilt auch für südlicheres *khnia ‚Knie'* gegenüber nördlicherem *gnia*. Eine gebietstypische Besonderheit im nördlichen Salzkammergut ab Bad Ischl (vgl. Sprachkarte) ist die Ersetzung des anlautenden *gl, kl, kn* durch *dl, dn*: Die Wörter *klein, glauben, klauben, Knie, Knecht, Genick* lauten hier *dloa^n, dlaum, dnia, dnecht, dnak.*

In die Reihe der Schwächungsprozesse gehört auch eines der charakteristischsten Merkmale des Mittelbairischen: Der Konsonant *l* wird im Wortauslaut oder vor einem nachfolgenden Konsonanten zu einem Vokal (Selbstlaut) verändert (geschwächt), vgl. *Gold → goid, Schuld → schuid, Fall → fåi.* Diese Vokalisierung des *l* tritt zwar im gesamten Salzkammergut auf, allerdings können wir in einzelnen Orten ganz unterschiedliche Resultate dieses Vorgangs feststellen: Während die meisten Orte z. B. für die Lautfolgen *il, el* Umlaute zeigen (z. B. *viel → füü, stellen → schdöön*), finden wir in St. Wolfgang, Strobl, Gosau und Obertraun dafür die nicht umgelauteten Formen *fii, schdęen.* Diese räumliche Verteilung weist jedoch darauf hin, dass wir es hier bereits mit einem Gegensatz zwischen älteren, westlichen – salzburgisch oder bayerisch geprägten Formen – gegenüber östlichen, österreichisch geprägten Lautungen zu tun haben.

... und von Westen nach Osten

Als charakteristisches Beispiel einer west-östlichen Gliederung, die auch den gesamten übrigen oberösterreichischen Raum prägt, kann die Entwicklung des mittelhochdeutschen langen *ô* in Wörtern wie *groß, Rose, tot* gelten: Während der oberösterreichische Zentralraum dafür die urtümliche Lautung *eo (oe)* zeigt (*greos/groes, reosn/roesn, deod/doed*), weist der bayerisch beeinflusste Westen *ou* auf (*grous, rousn, doud*), im Osten schließt das von Wien aus vorrückende österreichische *å* an (*gråås, rååsn, dååd*), das heute etwa bis zur Krems reicht. Der Großteil des Salzkammergutes geht mit dem bayerischen Westen konform und hat die *ou*-Lautungen angenommen. Den Transport des neuen *ou* besorgte von Salzburg aus die wichtige Straße über Ischl und Aussee ins Ennstal und weiter.

Einen ähnlichen West-Ost-Gegensatz zeigen die Pluralformen des Verbs *sein* (*[wir] sind – [ihr] seid – [sie] sind*), die entweder mit anlautendem *h* (*han – hats – han*) oder mit anlautendem *s* (*san – sats – san*) gebildet werden. Die sprachlich konservativeren, altbairischen *h*-Formen enden im Osten an einem Grenzsaum an Traun und Krems, anschließend beginnen die neueren Formen mit anlautendem *s*. Das Salzkammergut setzt den Widerstreit der beiden Formen fort, wobei in diesem Fall jedoch der südlichere Teil ab etwa Ischl die östlichen *s*-Formen übernommen hat.

Ein weiteres altertümliches Merkmal ist die Einfügung von Vokalen zwischen bestimmte Konsonantenverbindungen – z. B. bei *rb, rf, rg, lk, lch* – zum Zwecke der Ausspracheerleichterung. So lauten die sprachlich konservativen, westlichen Formen für *Herbst, Farbe, sterben, Dorf, Berg, Kalk, Milch* jeweils mit eingefügtem Vokal *hiaręst, foaręb, schdęaręm, doaręf, bęaręg, khǎlę, mülę.* Diese Formen finden wir ebenfalls bis zur Traun-Krems-Linie; östlich davon treten keine Sprossvokale mehr auf. Ein schmales Band, das sich in der Mitte Oberösterreichs vom äußersten Norden bis zum äußersten Süden durchzieht, zeigt nun, anstatt der Diphthonge (Zwielaute) vor dem *r* wie in den zitierten Beispielen, die besonders altertümlichen Formen mit Monophthongen (Einlauten): *hiarest* und *foaręb* lauten somit im zentralen Salzkammergut *hęręst, fǎręb;* Wörter wie *er, der, wer, her* werden als *ęę, dęę, węę, hęę* realisiert. Genau diese Merkmale sind es, die auch im eingangs zitierten Sprachspott beschworen werden – die monophthongischen Formen *nǎǎn, gǎǎn* ‚Narren, Karre' des Inneren Salzkammergutes werden gegen die umgebenden neueren diphthongischen Formen *noan, goan* „aufs Korn genommen".

In allen diesen Dialektmerkmalen finden wir einen sprachlichen Grenzsaum quer durch Oberösterreich; das Salzkammergut verhält sich dabei durchaus unterschiedlich – es zeigt sich manchmal vom Westen, manchmal vom Osten beeinflusst und weist auch gebietsinterne Differenzierungen auf. Für diesen sprachlichen Grenzsaum gibt es eine ebenso einfache wie überraschende Erklärung: Es handelt sich um die alte – mittelalterliche – Territorialgrenze zwischen dem altbairischen Siedelland und dem östlich angrenzenden „österreichischen" Territorium, wie sie im 8. Jahrhundert existierte; die heutigen Dialektgrenzen spiegeln also immer noch frühmittelalterliche Territorial- und Siedelgrenzen wider – gerade in diesem Grenzsaum konnten sich besonders gut alte, sprachlich konservative Lautungen halten.

Zu solchen lautlichen Merkmalen gesellen sich viele weitere sprachliche Eigenheiten – besonders „ohrenfällig" sind dabei die Unterschiede im lexikalischen Bereich, im Wortschatz. Dies sehen wir etwa am Beispiel der Heidelbeeren, die im salzburgisch beeinflussten Westen *Zetbeeren, Zechbeeren (tsętbian, tsękbian, tsębban, tsęchban),* im engeren Salzkammergut dagegen *Schwarzbeeren (schwǎchtsbęn, schwoatsbean)* genannt werden (vgl. Sprachkarte).

Ist der Dialekt vom Aussterben bedroht?

Die hier präsentierte dialektgeographische Situation wird jüngeren Sprechern vielleicht eher vom Hörensagen als aus der eigenen alltäglichen Spracherfahrung geläufig sein: Einige der erwähnten Dialektmerkmale finden sich nur noch im dörflichen Bereich bzw. nur in spezifischen Sprechergruppen wie der bäuerlichen Bevölkerung. Die gesellschaftlichen und kulturellen Veränderungen der letzten Jahrzehnte haben zu gravierenden Umgestaltungen der gesamten Lebenswelt geführt. Die Sprache als wesentlicher Bestandteil unserer Alltags- und Lebenskultur

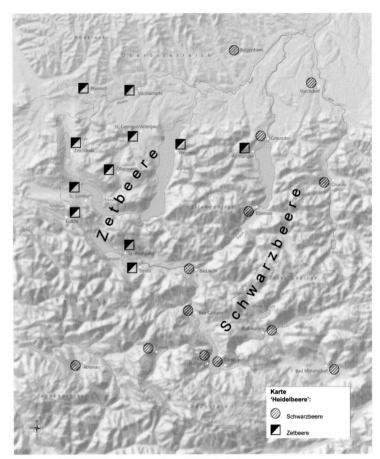

Die Heidelbeeren werden im größten Teil des Salzkammergutes als Schwarzbeeren *bezeichnet. Der Ausdruck* Zetbeere / Zechbeere *findet sich westlich davon.*

Grafik: A. Bachmayr, S. Aitzetmüller

macht dabei natürlich keine Ausnahme – gerade die Sprache spiegelt die Veränderungen der Lebensformen in unmittelbarer Weise wider. Die kleinräumig variierenden und differierenden Ortsmundarten (Ortsteil-, vielfach sogar „Dorf"-Mundarten), erfragt bei den klassischen Gewährsleuten der Dialektologie, den dialektfesten Bauern, sind tatsächlich immer weniger greifbar und können vielfach nicht mehr als repräsentativ für den gegenwärtigen Sprachstand angesehen werden.

Eine oftmals geäußerte Klage über den Sprach- und Dialektverfall lautet, dass heutzutage kein „richtiger" Dialekt mehr gesprochen werde. Für unsere Aufnahmen des Ischler Stadtdialekts fiel es dem entsprechend auch gar nicht so leicht, Gewährspersonen zu finden – einige lehnten mit dem Hinweis ab, sie sprächen keinen „eigentlichen" Ischler Dialekt mehr, das seien alles „unechte", ja „verhunzte" Dialekte.

So sehr es zutreffen mag, dass die kleinräumig gebundenen Dialektformen abgebaut wurden und werden, so wenig ist jener kulturpessimistischen Haltung beizupflichten, die die Dialekte (wie auch die Hochsprache und die gesamte Geisteskultur) vom Untergang bedroht sieht. Zu einem solch negativen Urteil kann man nur kommen, wenn man jede sprachliche Veränderung grundsätzlich als „Sprachverfall" (ab)qualifiziert. Akzeptiert man hingegen die Realität unserer veränderten Lebenswelt und riskiert einen unvoreingenommenen Blick auf Sprachen und Dialekte insgesamt, dann sieht man in den gegenwärtigen Sprachveränderungen genau das, was sie tatsächlich sind: eine Anpassung an die Kommunikationserfordernisse der Gegenwart, die sich eben meist nicht mehr nur auf den kleinsträumigen Dorfverband beschränken. Die vorhandenen Sprachformen sind grundsätzlich immer die Resultate von Versuchen, gesellschaftlichen Ansprüchen und Erfordernissen gerecht zu werden. Die Sprecher passen sich den realen Kommunikationsbedingungen an und orientieren sich in ihrem Sprachgebrauch am sozialen Prestigewert einzelner Sprachformen. Es gibt keine „besseren" oder „schlechteren" Sprachformen oder Dialekte – sie sind nur jeweils „anders". Die Unterschiedlichkeit der Sprecher, ihre jeweils ganz spezifische soziale und regionale Herkunft, spiegelt sich in der Differenziertheit der „Sprachlandschaft" wider – und so lange es unterschiedliche Sprecher gibt, wird es auch unterschiedliche Sprachformen und damit auch Dialekte geben.

Es wäre zudem verfehlt anzunehmen, dass frühere Sprachgemeinschaften „einheitlich" gewesen seien bzw. im jeweiligen Ortsverband ein einheitlicher Dialekt gesprochen worden wäre:

Ohne Sprachvariation ist eine lebendige Sprache mit all ihren unterschiedlichen Sprechern nicht zu denken – schließlich wäre ja in einer solchen homogenen Sprachsituation auch völlig unerklärlich, wie es überhaupt zu Sprachwandel und damit zur hochdifferenzierten Ausformung unserer heutigen Dialektlandschaft hätte kommen können.

[1] Für die Zitierung von Dialektbeispielen verwende ich der besseren Lesbarkeit wegen eine Mischung aus „literarischer Umschrift" und – wo notwendig – zusätzlichen lautschriftlichen Zeichen. Die Länge von Konsonanten und Vokalen wird durch Doppelschreibung angedeutet. Die wichtigsten verwendeten Lautzeichen:
å – ein tiefer hinterer Vokal wie in *håås* ‚Hase'
ẹ – ein hoher e-Laut wie in *bẹssa* ‚besser'
ę – ein tiefer e-Laut wie in *bęęs* ‚böse'
ou – ein Zwielaut wie in *grous* ‚groß'
*oa*ⁿ – das hochgestellte *n* nach dem Vokal bezeichnet einen nasalen Vokal wie in *gloa*ⁿ ‚klein' (vgl. im Gegensatz dazu den „normalen", unnasalierten Vokal *oa* in *gloa* ‚klar').

Literatur

Scheuringer, Hermann (2005): Über verschiedene Arten sprachgeografischer Grenzen. In: Sabine Krämer-Neubert und Norbert R. Wolf (Hgg.), Bayerische Dialektologie. Heidelberg, S. 239–259.

Sprachatlas von Oberösterreich (1998 ff.): Bearb. von Stephan Gaisbauer und Hermann Scheuringer unter Mitarbeit von Jakob Ebner, Franz Patocka und Herbert Tatzreiter. Hg. vom Adalbert-Stifter-Institut des Landes Oberösterreich. Linz.

Wiesinger, Peter (2005): Die Dialektgeographie Oberösterreichs und ihre Geschichte. In: Stefan Gaisbauer und Hermann Scheuringer (Hgg.), Linzerschnitten. Beiträge zur 8. bayerisch-österreichischen Dialektologentagung. Linz, S. 15–61 (= Schriften zur Literatur und Sprache in Oberösterreich 8).

Der Dialekt ist die Sprache der Nähe, der Familie, der Region. Tonaufnahmen wie die beim Bachzelter-Bauern in Oberwang bilden die Grundlage für den „sprechenden" Dialektatlas des Salzkammergutes, der Dialekt- und Generationsunterschiede in 25 Orten „hörbar" macht.   *Foto: Scheutz*

Gunter Dimt

Vom Hausrat zur Volkskunst – 450 Jahre Viechtauer Hausindustrie

Seit über hundert Jahren wird über die Viechtauer Hausindustrie nicht nur in amtlichen Protokollen, sondern auch in Publikationen berichtet, die das Phänomen dieser kleinräumigen Kulturlandschaft aus den unterschiedlichsten Blickwinkeln betrachten. Zunächst standen ökonomisch-statistische Untersuchungen im Vordergrund,[1, 2] die nach dem Entdecken der Volkskunde als Wissenschaft und dem zeitgleichen Entstehen der volkskundlichen Museologie eine überwiegend „sachvolkskundliche" Orientierung mit starker Betonung der volkskünstlerischen Aspekte bekamen.[3] Das voraussehbare Ende der meisten aus Holz gefertigten Produkte führte schon in der Zwischenkriegszeit und noch bis in das letzte Drittel des 20. Jahrhunderts zu Bestrebungen, die eine Renaissance der Viechtauer Holzwaren zum Ziele hatten, diesbezügliche Publikationen[4, 5] unterstreichen diese gut gemeinten Versuche. Zuletzt war es Gertraud Liesenfeld vorbehalten, in einer breit angelegten Zusammenschau der Viechtauer Hausindustrie eine abschließende Darstellung zu widmen.[6] Eine die wesentlichsten Produkte umfassende bildliche Dokumentation durch den Verfasser ist in Arbeit und soll anlässlich der Landesausstellung 2008 erscheinen. Der vorliegende Beitrag kann und soll nur eine kurze Einführung in die kleine Welt der Viechtau sein, die längst vergangen ist.

Das seit dem ausgehenden Mittelalter entlang der Aurach besiedelte Gebiet zwischen dem Höllengebirge im Süden und dem Hongar im Norden war von Anfang an kein Bauernland. Im Gegensatz zu den seit der hochmittelalterlichen Besiedlung rein agrarisch strukturierten, flacheren und klimatisch begünstigten Flächen unmittelbar westlich des Traunsees konnte auf den geomorphologisch stark strukturierten Hanglagen entlang des Aurachtales und auf den Abhängen des Gras- und Gmundnerberges keine vollwertige Landwirtschaft entstehen.

Vor allem auf den „Schattenhängen" und im Bereich der auch heute noch von dichten Wäldern bedeckten Flächen nördlich und westlich der Aurach entstand eine Kleinlandwirtschafts- und Kleinhauszone, die einerseits durch die um 1500 einsetzende Klimaverschlechterung („Kleine Eiszeit"), andererseits durch die Bedeutung der ärarischen Wälder für das Salinenwesen an weiterem Wachstum gehindert wurde. Wie im Inneren Salzkammergut wurden „Infänge", also neu angelegte Rodungen, nur sporadisch bewilligt, weshalb die Zahl der Kleinstlandwirtschaften über Jahrhunderte hinweg nur unerheblich angestiegen ist.

Obwohl uns keine direkten, datierten Nachrichten über die Wirtschafts- und Sozialverhältnisse jener Zeit vorliegen, erlau-

ben die ältesten Hinweise aus dem frühen 16. Jahrhundert[7] doch gewisse Rückschlüsse auf das Entstehen eines von agrarischen Strukturen abgesonderten und bereits spezialisierten Holzgewerbes. So werden im „Libell (= Amtsordnung) der neuen Reformation unnd Ordnung des Siedens Hallstatt unnd Gmunden, auffgericht im 1524 Jar" jene Holzhandwerker genannt, die zum Missfallen der Obrigkeit in den herrschaftlichen Wäldern durch „Ankosten" (= Anschneiden, Anhacken) und Fällen der schönsten Bäume erheblichen Schaden anrichten: Drechsler, Schüssel- und Scatel(= Schachtel, Spanschachtel)-macher sowie Rechenmacher. Es kann davon ausgegangen werden, dass die genannten Handwerker zu jener Zeit bereits „eingesessen" waren und die Anfänge dieser Holzverarbeitung zumindest in das 15. Jahrhundert vorverlegt werden müssen.

In einem Waldbeschauprotokoll aus 1605 findet sich der Hinweis, dass die Viechtauer Löffelschnitzer durch Unvorsichtigkeit einen großen Waldbrand verursacht haben, der ungeheuren Schaden anrichtete. Auch hier kann man annehmen, dass das spezialisierte Gewerbe der Löffelschnitzer in der Viechtau schon wesentlich länger bestanden hat, noch dazu, wo der Gebrauch von Löffeln aus anderen Materialien – vornehmlich Silber – den

Scheibtrüherlmacher am Gmundnerberg. 1910
Foto: OÖ. Landesmuseen (siehe Anmerkung 14)

Viechtauer Lacklöffel in Löffelrehm aus dem Ausseerland.
Ca. Mitte 19. Jahrhundert   *Fotos: G. Dimt*

Viechtauer Spielzeug: Docken. Ca. 1930

Viechtauer Spielzeug: Puppenmöbel. Ca. 1930

gehobenen Ständen vorbehalten war. Die überwiegende Mehrzahl des Volkes aß bis weit in das 19. Jahrhundert hinein mit Holzlöffeln, wie das unter anderen Peter Rosegger mit der Beschreibung von Hochzeitsgaben überliefert:

… „Der Schwammelfuchs, ein altes, verhöckertes und verknorpeltes Männlein, schleppt eine großmächtige Tonschüssel heran, einen rechten Familientopf, wohl für ein ganzes Dutzend Esser. Andere bringen hölzerne Löffel dazu."[8]

Weder über die Anzahl der Holzhandwerker noch über die Absatzmärkte liegen uns für das 16. Jahrhundert Berichte vor. Tatsächlich hat aber das um 1694 erlassene Verbot des Hausierhandels in der gesamten Monarchie die Viechtauer Holzhandwerker schwer getroffen, weil das Verhandeln der Produkte in der näheren Umgebung unterbunden wurde. Vermutlich wurde dadurch aber der Fernhandel mit Viechtauer Waren schon zu dieser Zeit – auf dem Wasserwege über die Traun und die Donau – in entferntere Gebiete zusätzlich angeregt. Neben dieser Erschwernis führten über Jahrhunderte andauernde Einschränkungen des Holzbezuges durch die Herrschaft einerseits und illegale Holzentnahmen durch die Holzhandwerker andererseits zu ständigen Konflikten. Die wachsende Bevölkerungszahl nach den kriegerischen Wirren in der ersten Hälfte des 17. Jahrhunderts verlangte nach gesteigerten Produktionsmöglichkeiten, die auf den Erhalt der Wälder zur Salzproduktion ausgerichtete Wirtschaftspolitik der Herrschaft hingegen wollte bis weit in das 19. Jahrhundert die Reduzierung, ja womöglich „Abschaffung" der Holz verarbeitenden Handwerksbetriebe. Mit dem Hausierverbot entwickelte sich auch ein Verlagswesen, das bis zum Ende der Monarchie einen entscheidenden Einfluss auf die sozio-ökonomische Situation der Handwerker hatte.

Spätestens ab dieser Zeit, dem beginnenden 18. Jahrhundert, wandelte sich die Produktion von Holzwaren aller Art zur Hausindustrie in ihrer klassischen Definition: „Hausindustrie ist diejenige gewerbliche Betriebsform, bei der die Arbeiter mit oder ohne Hilfspersonal in eigenen Räumen (Wohnung, eigene Werkstätte) handwerksartig mit der Herstellung von Waren beschäftigt sind, die von Vermittlern (Großhändlern) übernommen und im Großen vertrieben werden. Die hausindustrielle Tätigkeit kann ausschließlich Berufsarbeit oder nur ein Nebenerwerb sein, der dann zumeist mit der Landwirtschaft verbunden ist."[9]

Die Herstellung von Gerätschaften und Objekten aus Holz war primär Haupterwerb für die Kleinhäusler, deren Grundbesitz kaum für die Ernährung einer Familie ausreichte. Im Nebenerwerb konnten in der weniger arbeitsintensiven Winterzeit auch größere Landwirtschaften produzieren, die somit gegenüber den Kleinhäuslern im Vorteil waren. Erst nach Inkrafttreten des Grundentlastungspatentes 1852 wurde versucht, den Holzbezug nicht als bloßen Gnadenakt der Herrschaft, sondern auch auf einer gerechten, ökonomisch-kommerziellen Ebene zu regeln. Im Jahre 1863 erfolgte neuerlich eine „Consignierung" aller Holzschnitzer und Spielwarenverfertiger und die daraus folgenden „Grundsätze für die Holzverabfolgung an die Holzwarenarbeiter" sahen unter anderem vor, dass „sich die Holzabgabe auf diejenigen Insassen zu beschränken hatte, welche schon bisher im Genusse dieses Bezuges waren und nicht Bauern- oder Söldnergüter-Besitzer sind, auf deren Gründen Futter für die Ernährung von drei und mehreren Rindern erzeugt werden kann, so dass die Holzbeteilung bei den Grundstücklern und Häuslern beginnt, welche aus dem Ertrage ihres Grundbesitzes nur drei oder noch weniger Rinder ernähren können oder gar keinen Grundbesitz haben."[10] Überdies wurden die Holzpreise an die „Rentierlichkeit" der Holzwaren gebunden und hier wird ersichtlich, dass Binderwaren, landwirtschaftliche Geräte und Haushaltsartikel zu den „rentierlichsten", Holzlöffel und einfaches Spielzeug zu den am wenigsten „rentierlichen" zählten. Dementsprechend war auch die soziale Lage der jeweiligen Berufsgruppe. So zählten beispielsweise die Löffelmacher im 19. Jahrhundert zu jenen Holzwarenarbeitern, deren Situation als die „mißlichste und trostloseste" beschrieben wird.[11] Obwohl der Niedergang der Löffelmacherei infolge der industrialisierten Blechlöffelerzeugung bereits in der ersten Hälfte des 19. Jahrhunderts einsetzte, wuchs die Zahl der Löffelmacher sogar noch an. Man versuchte, den Mangel an Dauerhaftigkeit gegenüber dem Metall durch bunte Bemalung wettzumachen. Die triste soziale Lage der „Löffler" beschreibt Nekola mit drastischen Worten: „... die Ursache der ‚Unsterblichkeit der Löffler' ist in der stetigen milden Gewährung und Begünstigung des Rohholzbezuges aus den Aerarialforsten zu erblicken; denn das Löffelmachergewerbe wird dadurch nur zu einem wohlfeilen allgemeinen Armenversorgungszweig für sämtliche wie immer herabgekommenen Individuen, und da die Rohholzbezugsbegünstigung von vornherein als gesichert angesehen wird, so mehren sich die Löffler wie die Pfründner eines Armeninstitutes."[12]

Wie schon erwähnt, gab es neben den Blankholz-Löffeln in den verschiedensten Dimensionen bemalte Löffel, die primär für den Export in die Balkanländer bestimmt waren. Neben den Löffelschnitzern bildeten sich die Löffelmaler – vielfach Malerinnen – als eigene Berufsgruppe heraus. Da die Löffel durchwegs undatiert sind, kann eine Zuordnung der sich wandelnden Muster zu bestimmten Epochen nur ansatzweise versucht werden. Die vor allem in Schwarz-Gold gehaltenen Löffel mit Sprüchen auf den Laffen und Lorbeerkränzchen am Stielende werden wohl zu den ältesten erhaltenen, noch aus der Mitte des 19. Jahrhunderts stammenden gehören. „Silberart"- und „Rundmaulet"-Löffel mit schwarz-rot-goldener Bemalung und figürlichen Darstellungen sind eher der zweiten Hälfte des 19. Jahrhunderts zuzuordnen, einer Zeit, da das Salzkammergut für den Fremdenverkehr entdeckt wurde und alles, was mit dem Jagd- und Almwesen zu tun hatte, als besonders romantisch empfunden wurde. Auch die kunstvoll ausgeschnittenen und mit einschlägigen Szenen bemalten „Löffelrehme", also kleine Wandgestelle zum Einstecken der Löffel, stammen aus der zweiten Hälfte des 19. Jahrhunderts – allerdings wurden

Viechtauer Spielzeug: Pfeifrössel. Um 1930   *Fotos: G. Dimt*

Viechtauer Krösendose mit „Krösengeld". Ca. 1915

Viechtauer Spanschachtel mit religiöser Darstellung und „Zwiebelmuster". Mitte 19. Jahrhundert

sie nicht in der Viechtau, sondern überwiegend im steirischen Salzkammergut, im Ausseerland, hergestellt. Noch zu Beginn des 20. Jahrhunderts wurden schwarz grundierte und mit abstrakten, bunten Blüten bemalte Löffel sowie „Pfeiflöffel" für den Export hergestellt.

In den meisten Familien mussten alle nur halbwegs tauglichen Mitglieder, von den halbwüchsigen Kindern bis zu den Alten, bei der Produktion mitarbeiten. Kinderarbeit war die Regel und Adalbert Stifter hielt in seiner Eigenschaft als Schulinspektor fest, dass die Kinder in Neukirchen nur sporadisch die Schule besuchen, weil sie zu Hause mitarbeiten müssen.[13] Eine fotografische Aufnahme aus dem Jahr 1910, die eine Spielzeugmacherfamilie am Gmundnerberg bei der Arbeit zeigt, belegt diese Situation eindrucksvoll.[14]

Eine aus demselben Jahr stammende Fotografie zeigt eine Zusammenstellung der Viechtauer Waren, die kurz vor dem Ersten Weltkrieg noch hergestellt wurden. Hier sehen wir neben den bereits erwähnten Löffeln diverses Kinderspielzeug, das zumindest seit dem 18. Jahrhundert ein wichtiger Produktionszweig in der Viechtau war. Die bisherige Forschung geht davon aus, dass die Herstellung von Kinderspielzeug durch das Theresianische Verbot von 1752, Spielwaren aus Berchtesgaden einzuführen, besonders angeregt wurde.[15] Tatsächlich ähneln die Typen einander sehr stark und sind oft nur an der unterschiedlichen Bemalung oder Musterung erkennbar. Die allgemein gebräuchliche Bezeichnung „Berchtesgadener oder Bertholdsgadener Ware" für das Spielzeug – auch für das in der Viechtau hergestellte – erinnert an diese ursprünglichen Zusammenhänge, die auch zu einem tatsächlichen Warenaustausch geführt haben. Noch bis in die Dreißigerjahre des 20. Jahrhunderts wurden gedrechselte „Docken" (= einfache Holz-Puppenfiguren), Puppenmöbel, Pfeifvögel, Pfeifrössel, Nachziehpferdchen und Ähnliches hergestellt. Eine Besonderheit stellen zweifellos die mit den Spielzeugfiguren verwandten, mit wenigen Schnitten in immer gleich bleibenden Posen hergestellten Krippenfiguren dar, die noch zu Beginn des 20. Jahrhunderts körbeweise auf den Weihnachtsmärkten zu finden waren und die, gemeinsam mit den aus Spaltholz, Pappe und Papier angefertigten Eckkrippen und Krippenhäuschen, heute zu den Raritäten für Sammler zählen.

Auch die bereits zu Beginn des 16. Jahrhunderts erwähnten Schachtelmacher produzierten noch zu Beginn des 20. Jahrhunderts Spanschachteln für verschiedenste Zwecke. Während die roh belassenen Schachteln in unterschiedlichen Größen, die als Aufbewahrungs- und Transportbehälter dienten, nur in Ausnahmefällen den Weg in eine museale Aufbewahrung fanden, erfreuten sich die bunt bemalten Spanschachteln als Sammelobjekte von Anfang an großer Beliebtheit. Widmungen und Sinnsprüche belegen, dass sie schon im 19. Jahrhundert zu Geschenkzwecken angefertigt und verhandelt wurden. Trotz dieser Beachtung haben sich keine Objekte erhalten, die nachweislich bis in das 18. Jahrhundert zurückreichen. Die ältesten der wenigen erhaltenen und datierten Stücke stammen aus der Zeit des Biedermeier und der Mitte des 19. Jahrhunderts. In dieser Zeit wurde auch das in Sammlerkreisen so geschätzte „Viechtauer Zwiebelmuster" zu besonderer Entfaltung gebracht: ein in den dominierenden Farben Blau und Weiß gehaltenes florales Zierelement, das die Seiten der Spanschachtel bedeckt, während am Deckel häufig religiöse Symbole zu finden sind. Gegen Ende des 19. Jahrhunderts wurde dieses frei erfundene Pflanzenornament durch eher naturalistisch gehaltene, florale Elemente abgelöst, die Grundfarbe der Spanschachteln wandelte sich von überwiegendem Braun zu kräftigem Orangerot oder Hellgrün. Diese Bemalung wurde bis zum Auslaufen der Produktion gegen Mitte des 20. Jahrhunderts im Wesentlichen beibehalten.

Zu den begehrten Drechslerwaren aus der Viechtau zählten die „Krösendosen". Der Name leitet sich offensichtlich von „Chrisam", dem Salböl bei der Taufe, ab und weist schon auf den ursprünglichen Zweck dieser mit einem Steck- oder Schraubdeckel versehenen Holzdosen hin; sie dienten der Aufbewahrung des Krösengeldes, also jener Münzen, die der Pate dem Täufling übergibt. Vor allem in älteren Dosen finden sich auch entsprechende Widmungen in Form von Aufschriften auf der Deckelunterseite oder in Form eingelegter Zettel mit Angabe des Namens, des Geburtstages und der Geburtsstunde samt zugehörigem astrologischem Aspekt.

Diese Dosen, die fast ausnahmslos undatiert sind, können mit Hilfe dieser Angaben doch chronologisch eingeordnet werden: Die ältesten bemalten Dosen ab der Mitte des 18. Jahrhunderts haben ein einfaches Ringelmuster auf hellem Grund, in der Mitte des 19. Jahrhunderts, der Hochblüte der Dosenmalerei, entstanden Dosen mit aufwändiger Bemalung des Deckels und des Dosenkörpers. Das von den Spanschachteln her bereits bekannte „Viechtauer Zwiebelmuster" findet sich auch wieder in verkleinerter Form. Gegen Ende des 19. und am Beginn des 20. Jahrhunderts wurden die Dosen kaum noch als Patengeschenke benützt, dementsprechend abgewandelt präsentiert sich die Bemalung: Profane Darstellungen von Scherz- und Alltagsszenen oder einem von Alpenblumen umgebenen Traunseedampfer dominieren die in kräftigem Orangerot gehaltenen Dosen, die heute als begehrte Sammelstücke gelten.

Die Abkehr von den Traditionen des 19. Jahrhunderts, die mit dem Verlust der Absatzmärkte an der unteren Donau nach 1918 einherging, und die Notwendigkeit, einen von „Almrausch- und Gamserlromantik" geprägten Tourismus zu bedienen, führten zu neuen Motiven, mit denen Schachteln und Dosen, Haushalts- und Alltagsgegenstände verziert wurden. In Brandmalerei mit alpinen Motiven geschmückte Zierteller und Holzschachteln, bunt lackierte Salzstreuer und Eierbecher wurden auch für Fremdenverkehrsorte außerhalb des Salzkammergutes hergestellt und über eine von den Holzhandwerkern gegründete Produktions- und Verkaufsgenossenschaft vertrieben. Nach 1945 führte die Zusammenarbeit mit dem OÖ. Heimatwerk zumindest für begrenzte Zeit zu einer zusätzlichen Verbreitung der rezenten Viechtauer Waren im städtisch-bürgerlichen Milieu.

Gleichzeitig setzte aber, unabhängig vom „offiziellen" Museumswesen, die „Nostalgiewelle" ein, die vornehmlich in den Sechziger- und Siebzigerjahren des 20. Jahrhunderts eine Sammelleidenschaft entfachte, die sich primär auf die „Volkskunst" konzentrierte. So konnte es schon vorkommen, dass ein bunt bemalter Viechtauer Lacklöffel aus der Zeit der Jahrhundertwende, der in der Herstellung nahezu nichts gekostet hatte (im letzten Viertel des 19. Jahrhunderts wurden für das Lackieren von 100 Dutzend Löffeln 4–5 Gulden bezahlt!) bei einer Versteigerung das Tausendfache seines ursprünglichen Wertes erbrachte.

Mit dem Abebben des Interesses an alter und neuer „Volkskunst" und dem Mangel an geeigneten Nachfolgern in vielen Betrieben beschloss die nach 1945 wieder gegründete, zweite Genossenschaft der Holzhandwerker ihre Auflösung zu Ende des Jahres 1979.

Eine über 450 Jahre nachweisbare und vermutlich um einiges ältere Handwerkstradition, die Hunderten kinderreichen Familien im Berg- und Waldland westlich des Traunsees einen zwar dürftigen, aber doch verlässlichen Broterwerb sicherte, ging unwiderruflich zu Ende. Das Viechtauer Heimathaus mit dem Hausnamen „Rabenwies" in Neukirchen bei Altmünster ist der letzte stumme Zeuge der Wirtschafts- und Sozialgeschichte im einstigen Zentrum der Viechtauer Hausindustrie.

1   Nekola, Rudolf: Die Holz- und Spielwaaren-Hausindustrie in der Viechtau bei Gmunden. Separatabdruck aus dem 23. Hefte der von L. Dimitz redigierten „Berichte des Forstvereins für Österreich o. d. Enns". Gmunden 1882.

2   Exner, Wilhelm: Die Hausindustrie Österreichs. Commentar zur hausindustriellen Abteilung auf der allgemeinen land- und forstwirtschaftlichen Ausstellung, Wien 1890.

3   Haberlandt, Michael: Österreichische Volkskunst. Aus den Sammlungen des Österreichischen Museums für Volkskunde in Wien. 2 Bände, Wien 1911.

4   Lipp, Franz: Was will das Heimatwerk Oberdonau? Linz 1941.

5   Huemer, Helmut: Lebendige Volkskunst in Oberösterreich. In: Oberösterreich, 16. Jg., Heft 3/4, Linz 1966/67.

6   Liesenfeld, Gertraud: Viechtauer Ware. Studien zum Strukturwandel einer Hausindustrie in Oberösterreich mit besonderer Berücksichtigung der letzten 100 Jahre. Mitt. des Institut. für Gegenwartsvolkskunde Nr. 17 (= Österr. Akademie der Wissenschaften, Phil.-Hist. Klasse. Sitzungsberichte, 479. Bd.), Wien 1987. Mit umfangreichem Literaturverzeichnis!

7   Eine Publikation der wichtigsten, die Viechtau betreffenden Hinweise in den Akten des Herrschaftsarchivs Ort findet sich bei Koller, Engelbert: Forstgeschichte des Salzkammergutes. Wien 1970.

8   Rosegger, Peter: Die Schriften des Waldschulmeisters. Kap. „Auf der Himmelsleiter", S. 104. Wien o. J.

9   Meyers Großes Konversationslexikon, 6. Aufl., 8. Band, S. 890, Leipzig u. Wien 1904.

10 Nekola, wie Anm. 1, Anhang.

11 Nekola, wie Anm. 1, S. 21.

12 Nekola, wie Anm. 1, S. 24.

13 Mitteilung HR. Dr. Johann Lachinger, Direktor des Adalbert Stifter-Institutes i. R.

14 Plattenaufnahme im Format 9 x 13 cm, Scheibtrüherlmacher Familie Bruderhofer, Gmundnerberg 118, vulgo Müllerwiesl. OÖ. Landesmuseen, Volkskunde-Abteilung.

15 Liesenfeld, wie Anm. 6, S. 51.

Fronleichnam am Hallstättersee

Foto: Knoll

Michael Kurz

Geigen, Gwand und Goiserer

Der Beitrag Bad Goiserns für die Landesausstellung 2008 ist die reichhaltige Tradition von Handwerk, Brauchtum und Volkskultur im Salzkammergut. Der Titel verkörpert sinnbildlich die Ausstellungsinhalte:

„Geigen" steht für tief verwurzelte, echte Volksmusik, für die die Region weithin bekannt ist, aber auch für das Handwerk des Geigenbaues, das im 18. Jahrhundert eine Blüte erlebte und heute noch (vor allem durch den Instrumentenbau der Fachschule Hallstatt) weiterlebt.

„Gwand" verdeutlicht die Tracht, die im Salzkammergut oft noch immer als Alltagsgewand getragen wird, grundlegender Teil der Identität ist, und die damit verbundene Herstellung.

„Goiserer" versinnbildlicht einerseits die weltbekannte Marke eines speziellen Bergschuhs, andererseits steht er für die Menschen selbst. Über den weltbekannten Zwiegenähten errang Goisern und somit das Handwerk des Salzkammergutes Weltruf. Dies ist auch der Grund, warum er zentrales Element, ja Logo für die Landesausstellung 2008 in Goisern wird. Was könnte hier besser passen, als ein Objekt, das international bekannt ist, noch immer als „Geheimtipp" gilt, dabei regional und lokal verwurzelt ist und mit dem Namen eindeutig auf den Ursprung hinweist?

Im neuen Ausstellungshaus erzählt jedes Stockwerk eine abgeschlossene Geschichte: Im Erdgeschoß wird dem Betrachter das Handwerk, im 1. Stock die Volkskultur näher gebracht, im Dachgeschoß wird der Jahreskreislauf des Brauchtums dokumentiert.

Vom Inhaltlichen her spannt sich ein breiter Bogen rund um das Wesen der Salzkammergütler, wie kaum in einer anderen Ausstellung geht es hier um die Menschen selbst und ihre Identität. Aus Landschaft, Volkskultur, Handwerk, Tracht, Musik und Brauchtum formt(e) sich der Bewohner des Salzkammergutes. Das Handwerk wird exemplarisch dargestellt und soll die Brücke schlagen zur heutigen (Wieder-)Entdeckung echter Meister-Qualität. In einer Zeit, wo der Massenkonsum zunehmend abgelehnt und der Zug zum Individuellen, Einzigartigen forciert wird, hat das Handwerk wieder Konjunktur. Auf dem Boden der Tradition, mit dem nötigen Fundament an Echtheit kann man auch künftige Kunden begeistern.

Handwerk

Der Goisererschuh

Der Schöpfer des ersten zwiegenähten Paares Goiserer war in den 1870er-Jahren der Schustergeselle Franz Neubacher. Den Anstoß dazu gab eine persönliche, tragische Geschichte: Neubacher ging auf die Alm. Er kannte die Gegend gut und bewegte sich mit seinem Bergstock leichtfüßig im Gelände, als er plötzlich den Boden verlor: *„… Mir kam vor, dass ich sehr tief gestürzt war, … … Ich arbeitete mich aufwärts, der Bergstock war mir Hilfe dabei. Es war das allerschwerste Stück Kletterei, und wenn jetzt noch ein Versagen eingetreten wäre, würde es um mich aus und geschehen gewesen sein. Gegen 10 Uhr abends stürzte ich ins Loch und gegen 9 Uhr vormittags des nächsten Tages gelangte ich nach vielen Stunden wieder glücklich ins Freie.* "[1]
Neubacher war in eine unbekannte Doline gefallen, die über neun Meter tief war. Die Doline hieß fortan das „Schusterloch" und Neubacher wurde im Volksmund als der „Höhlen-Schuster" bezeichnet.

Durch diese Begebenheit erkannte Neubacher die Wichtigkeit eines guten Bergschuhs und „erfand" den „Goiserer". In der Werkstatt des Meisters Georg Petter stellte er versuchsweise den neuen Schuh her. Meister Petter erkannte den innovativen Wert des neuen Produktes und förderte dessen Erzeugung. Bald verschrieben sich mehrere örtliche Werkstätten der Erzeugung des „Zwiegenähten", auch Neubacher gründete später seinen eigenen Betrieb.

Der Tragekomfort und die gute Sohle für Bergtouren und Jagdausflüge bescherten dem trittsicheren „Goiserer" bald eine Hochkonjunktur. Dies lag vor allem daran, dass die Schuster mit ihren Schuhen auf viele österreichische Märkte zogen und dass der kaiserliche Hof für Jagdzwecke auf die Fußbekleidung aufmerksam wurde. Als Kaiser und Kaiserin Kunde wurden, kam der Schuh in adeligen Kreisen in Mode und der „Goiserer" wurde zur Marke. Die Alpinbegeisterung ab 1880 mit der Einrichtung zahlreicher Alpenvereine tat ein Übriges.

Ein Reiseführer 1910 schildert Bad Goisern: *„An Gewerben ist insbesondere das Schuhmachergewerbe hervorzuheben, … In zahlreichen größeren und kleineren Einzelbetrieben werden genagelte Bergschuhe erzeugt, die sich großer Beliebtheit erfreuen und weit und breit unter der Spezialbezeichnung ,Goiserer Bergschuhe' bekannt und ihrer vorzüglichen Qualität halber geradezu berühmt sind.* "[2]

Der Goisererschuh　　　　　　　　　*Foto: Greunz*

Geigenbauwerkzeug　　　　　　　　*Foto: Kurz*

Im aufkommenden Massenmarkt nach dem Zweiten Weltkrieg hatte der „Goiserer" gegenüber den industriell gefertigten Schuhen keine Chance mehr. Zunehmend tat sich aber in der Massenware eine Nische für individuell hergestellte Maßschuhe auf, mit denen man einen neuen Weg einschlagen konnte. Noch heute schätzen ihn zahlreiche Prominente und weniger Prominente: den individuell gefertigen Goiserer-Schuh. Der heutige Meister, Rudolf Steflitsch-Hackl, gibt aus Diskretion nur ungern Auskunft über seine erlauchte Kundschaft, doch zählen unter anderem Arnold Schwarzenegger oder Hubert von Goisern dazu, ebenso wie Industrietycoon und Salzbaron Hannes Androsch oder ehedem der bayrische Ministerpräsident Franz Josef Strauß.

Geigen aus dem Salzkammergut[3]

Ähnlich wie die Goisererschuhe hatte der Geigenbau auch ein kurze Blütephase: etwa von 1740 bis 1780. Das Salzkammergut besitzt eine lange Tradition der Volksmusik, die noch heute in zahlreichen Musikgruppen und Ensembles fortlebt. Vielleicht war ein Anstoß dazu die heimische Erzeugung von Geigen und Instrumenten, die im 18. Jahrhundert ihre Wurzeln hat.

Schlagartig um 1735 begann der Geigenbau im Salzkammergut. Die Familien Gandl, Kefer und Peer übten dieses Gewerbe über mehrere Generationen von Ischl bis Aussee mit wechselndem Erfolg bis gegen Ende des 19. Jahrhunderts aus.

Wer letztendlich den Anstoß zur Erzeugung der Geigen gab, muss offen bleiben. Sicherlich kam Know-how von außerhalb hinzu, denn dieses Gewerbe gab es bis dato im Salzkammergut nicht und somit konnte sich niemand auf Erfahrungswerte stützen. Der Einfluss des aus dem Salzkammergut gebürtigen bekannten Wiener Instrumentenerzeugers Daniel Achaz Stadlmann (1680–1744) ist nicht zu übersehen, doch schwer zu quantifizieren.

Wieweit die Geigen gehandelt wurden, beweisen die Währungen, die im Nachlass von Johann Gandl aufscheinen: französische Gulden und cremonesische Dukaten. Innerhalb weniger Jahrzehnte brachten es die Familien zu Wohlstand, zwischen 1750 und 1777 verdreifachte sich das Vermögen von Josef Kefer beinahe. Bei seinem Ableben 1772 hinterließ er seinen Erben den unglaublichen Betrag von 3.655 Gulden, mehr als doppelt soviel, als ein Sproß derer von Seeau im selben Jahr angab. Sein vor ihm verstorbener Schwager Johann Gandl († 1769) vererbte immerhin noch 2.200 Gulden.

Die Prosperität des Gewerbes dauerte ca. bis 1780. Der Geigenbau dehnte sich von Goisern auch auf Ischl, Hallstatt und Aussee aus. Nach 1780 stagnierte die Herstellung, die Gandl gaben das Handwerk auf, von den Peer sind um 1790 die letzten Geigen bekannt.

Der Einfluss dieser regionalen Instrumentenerzeugung lebt noch heute fort durch seine spezielle Ausprägung in der heimischen Volksmusik und in der Einrichtung einer Abteilung Instrumentenbau an der HTL Hallstatt.

Brauchtum und Volkskultur

Tracht

Die Tracht unterlag immer der Mode und dem jeweiligen Zeitgeschmack. Die „Tracht" im Sinne eines verbindlichen Kanons gibt es genauso wenig wie den „Ur-Dialekt" oder „die" Volksmusik. Mit einer kurzen Lederhose ist man auch im Sommer immer stilgerecht und „bürotauglich" angezogen.

Der Arzt Dr. Wirer, der Förderer des Bades in Ischl, beschreibt um 1840 die Tracht: „*Die Volkstracht besteht bei den Männern in einem dunkelfarbigen langen Rocke, kurzen Beinkleidern aus schwarzem Leder, Loden oder Halbwollenzeugen, einer bunten Weste unter dem grünen Hosenträger, weißen oder blauen Strümpfen und einem großen schwarzen runden Filzhute. … Die weibliche Tracht besteht meistens aus einem Spencer und einem dunklen Rocke, der länger, aber faltenärmer als in Tirol ist; den Kopf deckt eine Haube oder ein gefärbtes Tuch, die runden Hüte aus weißem Filz, deren breite Krempen grün oder schwarz gefüttert sind, tragen viel zur malerischen Tracht der hübschen Mädchen bei, deren, besonders unter den Gmundner Schifferinnen, eine große Zahl zu finden ist.*"[4]

Etwa um 1880 hatte sich im Groben die Tracht herauskristallisiert, die wir auch heute noch kennen: „*Die Nationaltracht jüngerer Mode, die auch von den Fremden, welche hier ihre Sommerfrische genießen, mit Vorliebe getragen wird, besteht in sogenannten grobgenähten, stark genagelten Schuhen ohne Absätzen, … grünen Wollstrümpfen, schwarz gefärbten, oft sehr reich mit grüner Seide ausgenähten kurzen Lederhosen (Pistolenhosen), die das Knie frei lassen; die meist jüngeren Burschen tragen wohl weisse Leinenunterhosen, so dass (namentlich im Winter) die nackten Knie immer seltener werden. …*"[5]

Dieses bewusste Imitieren der urtümlichen Ländlichkeit stieß manchem Sommergast, wie z. B. Oskar Blumenthal, sauer auf: „*… zum Besteigen der Esplanade („Boulevard" in Ischl, Anm.) aber sind meines Erachtens keine Nagelschuhe und keine Lederhosen nötig, die Knie und Schenkel freilassen.*"[6]

Heute hingegen hat sich die Tracht aus der kanonisierten Umklammerung wieder befreien können und feiert einen fröhlichen Aufschwung und eine Weiterentwicklung, wie sie immer üblich war.

Wilderei und Wilderer

Im Salzkammergut ist es das Wildern sicherlich ein Thema, das sehr weit greift und die Gemüter immer wieder hochgehen ließ. Über die Jahrhunderte sind immer wieder spektakuläre Fälle vorgekommen, die z. T. noch immer ungehoben und unvergessen in den Gerichtsprotokollen der verschiedensten Archive schlummern.

In schwierigen Zeiten, z. B. in den 1930er-Jahren oder in der Napoleonischen Zeit, kam es zur Häufung von Wilderei. In den 1860er-Jahren wurden ein Ebenseer und ein Goiserer Jäger Opfer von Wilderern.

Hie und da kam es auch zu Unglücken oder heimtückischen Gegenaktionen, wovon das Ischler „Klackl-Lied" zu berichten weiß, wo anscheinend ein Wilderer von einem Jäger ermordet wurde.

Jahr für Jahr meldeten die heimischen Blätter, wie z. B. das Ischler Wochenblatt, Wildererfälle. „*Kein Verbrechen als das der Wilddieberei scheint des Menschen so schnell Herr zu werden, denn selbst Bemittelte scheuen vor demselben und dessen schwerer Bestrafung nicht zurück.*", leitete die Zeitung einen Zwischenfall von 1876 ein. Die Jagdleidenschaft hatte einige wohlhabende Strobler Bauern zu einem Pirschgang verleitet, wobei einer davon, als er dem fliehenden Wild nacheilte, im Gestrüpp hängenblieb und in der Folge sich ein Schuss so unglücklich löste, dass er ihn tödlich traf.

Heute gehört das romantisch-verklärte Bild des Wilderers längst der Vergangenheit an. Für das Wildern fehlt der damals allgemeine Konsens, der die Tat oft deckte. Die Art und Weise fasziniert aber trotzdem, denn „Wilderer-Bälle" sind meist gut besucht.

Schützenwesen

„*Das uralte adelige Bolz- und Pallester-Schießen mit Bogen und Pfeil oder Bolz auf kleine Scheiben ist auch hier üblich und gewährt eine angenehme Unterhaltung.*", stellt ein Reiseführer 1829 fest.

Das Schießen findet über den Sommer statt, im Herbst feiern die Schützenvereine ihr Schützenmahl, wo es meist hoch hergeht. Hier kann man die urtümliche Freude und sportliche Begeisterung „live" miterleben.

Als „*eine sonderbare Janitscharen-Musik von Schallmayen, Trommeln und Paucken*" bezeichnete es ein Gast 1807.

In vielen Schützenheimen haben sich sehr alte Schützenscheiben erhalten. Auf diesen wurden so genannte „Scheibenstücke" erzählt, Missgeschicke von Mitmenschen, aber auch interessante historische Erinnerungen, wie z. B. der Einfall der Franzosen um 1800 oder die Sonnenfinsternis von 1842. Als historische Quelle wurden die Scheiben bisher aber noch nicht betrachtet.

Vogelfang

In den letzten Jahren wurde das Thema „Vogelfang" im Salzkammergut und darüber hinaus heiß diskutiert und auch in der Landesausstellung soll es, gerade wegen der aktuellen Brisanz, einen Stellenwert haben.

Es geht darum, ob jahrhundertelanges Brauchtum – die ersten Nachrichten datieren von um 1580 – nun als Tierquälerei apostrophiert werden soll bzw. kann.

Alljährlich im Herbst rücken die Vogelfänger in die Wälder aus und versuchen mit Fallen, Kreuzschnäbel oder andere Vögel einzufangen, die sie dann über den Winter halten und im Frühjahr wieder freilassen.

2005 wurde ein Verbot ausgesprochen, das aber später revidiert wurde.

Dialekt und Identität

Noch heute kann man im Salzkammergut einem Sprecher seine Herkunft zuordnen. In der abgeschlossenen Region und den verstreuten einzelnen Talschaften konnten sich viele lokale Dialekte herausbilden und bis heute bewahren.

„Wer von Ebensee anfangend eine Fußtour aufwärts der Traun machen und sich auf seinem Wege bisweilen mit den Einwohnern in ein kurzes Gespräch einlassen wollte, würde sehr bald bemerken können, dass der den Ebenseern eigene, singende Tonfall am Ende der gesprochenen Worte und Sätze, je weiter er gegen Ischl kommt, immer mehr abnimmt. Von Ort zu Ort aufwärts der grünen Traun, können wir in jeder Gemeinde kleine Unterschiede des Dialects wahrnehmen.", meldet ein Unbekannter 1887.[7]

Anders als in manchen anderen Gegenden wurde und wird die Mundart als Teil der Identität gesehen. Der Salzkammergütler ist stolz auf seinen Dialekt.

Volksmusik und Volkstanz

„Die Lieblingsunterhaltung ist Tanz; er wird von dem Gebirgsbewohner für die einzige Würze seines einförmigen Lebens gehalten. … sie kennen keine anderen Bedürfnisse, als die der Natur und Sehnsucht nach Zeitvertreib an arbeitslosen Tagen, Sehnsucht nach den jährlichen Alpentänzen, Hochzeiten, Frei- und Schützentänzen …", stellt ein Reiseführer fest.[8]

Dem Einheimischen kribbelt es meist unter der Haut, wenn er erst die Melodie eines „Gstanzls" hört oder die Takte eines Landlers; doch aufgepasst: Das dazugehörige „Paschen" hat nichts mit Klatschen zu tun, der Unkundige kann sich bei dem rhythmischen Stakkato durch „Eini-Paschen" leicht blamieren. Die Geschwindigkeit variiert von Ort zu Ort. Der umtriebige Hubert von Goisern bemerkt dazu ironisch treffend: *„In Aussee spielen s' so langsam, dass dir als Goiserer fad wird, in Ebensee aber so schnell, dass d' fast einen Herzinfarkt kriegst. So wie mir spiel'n, is' es genau richtig!"*

Jahreskreislauf des Brauchtums

Kennen Sie die „Lieblingswoche" im Salzkammergut? Liabstattlsonntag, Liachtbratlmontag, Faschingdienstag, Aschermittwoch, Fronleichnam (immer Donnerstag), Karfreitag, Karsamstag.

Wem einige dieser Sitten und Tage nicht geläufig sind, der wird im Folgenden mehr über die Herkunft und die heutige Form erfahren.

Glöckler

Am Vorabend der Heiligen Drei Könige, am 5. Jänner, laufen weiß gekleidete Individuen mit großen Kuhglocken durch die Orte. Markant sind die großen, oft meterlangen Kopfbedeckungen aus einer verstrebten Konstruktion, darüber buntes Papier geklebt, das verschiedene Gegenstände darstellt, und von innen beleuchtet. Sie laufen dabei in „Passen" und vollführen verschiedene Figuren. Wie kam es zur Entstehung der Glöckler?

Hier verschmolzen vermutlich zwischen 1870 und 1890 zwei verschiedene Sitten zu einer. 1898 erlebte ein Beobachter seine heute übliche Form: *„… kommt an dem genannten Tage alljährlich kurz nach Einbruch der Dämmerung eine Anzahl Burschen, jeder in ein weißes Gewand, das um die Taille ein Gürtel kleidsam bindet, gehüllt. Eine Kuhglocke um den Hals, eine transparente, innen beleuchtete Figur, auf dem Kopfe tragend und einen Stock in der Rechten, bilden die weitere Ausrüstung des ‚Glöcklers'. Die Teilnehmer eines solchen Glöcklerzuges ziehen im Gänsemarsche, meistens in einem gleichförmigen Laufschritte, allerlei Spiralen und Windungen bildend auf. …"* Das Ischler Wochenblatt berichtet erstmals ausführlich 1893 über den Umzug, was ebenfalls auf eine Neuerung hindeutet. Der Name „Glöckler" kommt übrigens nicht von der Glocke, sondern vom „anglöckeln", dem Anklopfen an ein Haus. Unter diesem Ausdruck gibt es den Brauch auch anderswo.

Fasching

Der Fasching war früher der Zeitraum zwischen zwei Fastenperioden (Weihnachten – Ostern) und wurde ausgiebig gefeiert. Obrigkeit und Kirche achteten darauf, dass sich die Feierlichkeiten in Grenzen hielten. Schon 1656 wurde der Hofschreiber in Hallstatt angewiesen, er solle *„mit Ernst verhüten, dass der gemeine Pövel weder heimbliche noch öffentliche Zusammenkünfte in großer Anzahl oder sonst Versammlungen fürnemme, sonderlich aber sollen sie das Herumgehen mit dem Spiel und den Fahnen, dass sich etwa das Bergvolk auf einen und das andere Bürgergesindt andern Theils auf zwey Partheyen zu Fastnachtzeiten gebraucht, daraus dann wie vorkommt, vor zeiten ein wilder Rumor und Todschlag erfolgt."*

Im Salzkammergut kam es in den sehr sensiblen 1730er-Jahren zur sogenannten „Faschingsdienstagsrevolte": Seit alters her gab man den Arbeitern am Faschingsdienstag um zwölf Uhr frei und bezahlte den ganzen Tag, damit sie feiern konnten. In übertriebenem Spareifer wollte man sich diese Kosten sparen. Die Arbeiter verließen daraufhin am Faschingssamstag früher die Arbeit, rotteten sich vor dem Amtshaus am Wolfsbühel zusammen und forderten *„mit ungestimb"* die Beibehaltung des althergebrachten Zustandes. Der Salzamtmann Seeau in Gmunden bekam Wind von der Angelegenheit, und weil der Aufstand zu einem ungünstigen Zeitpunkt kam, wo ein religiöse Rebellion drohte, setzte er die kleinliche Anordnung außer Kraft und wie bisher war am Faschingsdienstag-Nachmittag frei.

Eine besonderer Typus sind die Ausseer Flinserln, die auf das Jahr 1768 zurückgeführt werden und vermutlich venezianischen Ursprungs sind, und die Ebenseer Fetzen, deren erstes Auftreten noch umstritten ist.

Liebstattsonntag

Am vierten Sonntag in der Fastenzeit vor Ostern (laetare) geschah es in den 1640er-Jahren, dass eine fromme Gemeinschaft die Armen der Stadt Gmunden zu einem Mahl lud. In brüderlicher Eintracht saßen Arm und Reich beisammen und versicherten sich ihrer Verbundenheit, „bestätigten" sich ihrer Liebe. Aus diesem „Liab b'statten" (= bestätigen) wandelte sich der Begriff zu „Liab abstatten", wie wir es heute verstehen. In Gmunden ziehen an diesem Tag die Bürger in festlicher alter Tracht durch den Ort. Zahlreiche „Liebstattl-Herzen" aus Lebkuchen finden ihre Abnehmer.

An diesem Tag war es üblich, dass ein junger Bursch seinem Mädchen die Lieb' abstattete und sie auf ein Lebkuchenherz einlud.

Auch in Goisern feiert man den Liebstattl-Sonntag, wo man sich gegenseitig Herzen aus Lebkuchen schenkt.

Fronleichnam

Im Jahr 1622 übernahm der Orden das Kloster Traunkirchen und richtete dort seine Residenz ein. Im Jahr der Rückgabe des Salzkammergutes an den Kaiser Ferdinand II., 1628, inszenierten sie das erste Mal die Seeprozession in Hallstatt. Die Idee wurde aus der Not geboren, denn auf dem Land war nicht genug Platz für einen feierlichen Umzug. 1632 verwirklichten sie in Traunkirchen das Gleiche.

Die erste Erwähnung in der Literatur ist aber erst gegen Ende des 18. Jahrhunderts: *„Den 22. Juni (1791) am Vorabend des hl. Fronleichnams Fest, ist der Regierungs President Herr Graf von Auersperg, zu Linz, hirher von Aussee durch den Koppen herab kommen, und den Tag der Umgangs Prozession an See beygewohnet. ..."*

Am einfühlsamsten beschrieb es in den 1860er-Jahren der unermüdliche Forscher und „Wahl-Hallstätter" Prof. Friedrich Simony: *„Wenn am Fronleichnamstage ein freundlicher Himmel sich über Hallstatt wölbt, dann herrscht schon vom frühen Morgen an ein bewegtes Leben im Ort. ... Die drei großen festlich geschmückten Schiffe, dicht mit Menschen befüllt, stoßen vom Land ab, ihnen folgt eine Unzahl kleinerer Nachen, denen von allen Seiten immer wieder neue zuströmen, alle mit Andächtigen besetzt. Wieder rollen donnerähnlich die Salven längs den Talwänden hin, wieder ertönt Musik, und fort, nun seeaufwärts, zieht die Prozession über den schwarzen Wassergrund hin. Es ist ein wunderbar ergreifender Anblick. ..."[9]*

Heute ist das jährliche Fronleichnamfest in Traunkirchen und Hallstatt eine von nah und fern gern besuchte Veranstaltung.

Pfeifertag

Einer der schönsten Brauchtumstage findet alljährlich am 15. August statt: der Pfeifertag.

1925 wurden auf Anregung des Ischler Bergmeisters und Volksmusikanten Leopold Khals Pfeifer, Trommler und Maultrommler aus dem Salzkammergut auf die Blaa-Alm bei Altaussee versammelt. Beim ersten Treffen waren es zirka 15 Musikanten.

Den Stab übernahm nach Khals' Tod der legendäre „Bla(n) Lois" – Lois Blamberger aus Ischl. Die Brüder Kurt und Thomas Simentschitsch aus Altaussee sind heute die Ausrichter. Bis-

Glöcklerlauf   Fotos: Knoll

Fasching in Ebensee

her fand der Festtag der Volksmusik sechsundsiebzigmal (2007 Weißenbachalm Bad Aussee) statt, 2008 wird er passend zum Thema der Landesausstellung auf der Rossmoos-Alm in Bad Goisern abgehalten.

Gamsbartolympiade

Der Gamsbart als Zierde auf dem Hut wird von den Männern schon lange getragen. 1960 lud der damalige Kurdirektor von Bad Goisern Karl Pilz einige Gamsbartträger der Umgebung zu einem Heimatabend ein, um den Kurgästen diesen Brauch zu zeigen. Dabei sollten die Gäste eine Gruppe markiger Gamsbartträger bewundern können. Am Festtag bevölkerten schon in aller Frühe einige hundert stolze Gamsbartbesitzer den Kurort. Stundenlang musterte daraufhin ein fachkundiges Team die eingereichten Bärte. Nachdem sich die Spezialisten so lange Zeit gelassen hatten, wurde der Kurdirektor ungeduldig und monierte: „Hier geht es ja zu wie bei einer Olympiade!", in Anlehnung an die jüngst stattgefundene in Rom. Dies fanden die Journalisten sehr originell und verbreiteten den Namen von der „Gamsbartolympiade" in ihren Zeitungen. Eine kleine Kontroverse ergab sich, als der Generalsekretär des olympischen Komitees von der Sache Wind bekam und die Verwendung des Namens untersagte, der auch durch ein österreichisches Bundesgesetz geschützt war. Dann konnte man wieder eine richtige Gamsbartolympiade feiern, die auch heute noch bei den jährlichen Gamsjaga-Tagen Ende August in Goisern abgehalten wird.[10]

Liachtbratl-Montag

Anfang Oktober, am Montag nach dem alten Dienstbotenwechseltag Michaeli (29. September), findet im Salzkammergut der „Liachtbratl-Montag" statt, den man außerhalb der Region kaum kennt.

Ein „Liachtbratl" erhielten die Bediensteten früher von ihrem Arbeitgeber, wenn der Jahreszeit folgend abends das erste Mal mit Licht gearbeitet wurde.

Seit wann dies praktiziert wurde, ist völlig „im Dunkeln", doch schon aus den 1870er-Jahren kennt man den Ausdruck, wie ein Chronist dieser Zeit meldet: *„Der Lichtbratlmontag, der regelmäßig blau gehalten wurde, an dem es in den Gasthäusern lustig zuging, war der Beginn der abendlichen Lichtarbeit, die den Herbst und Winter über anhielt, wo oft, je nach Bedarf, auch in die Nacht hinein gearbeitet wurde."*[11]

Im Zeitalter der Elektrizität ist es natürlich längst nicht mehr nötig, sich im kargen Kerzenlicht bei der Arbeit die Augen zu verderben. In Ischl jedoch interpretierte man diesen Tag völlig neu und verlegte seit ca. 1900 die Jahrgangsfeiern der 50er, 60er usw. auf dieses Datum. Die Feiern von runden Jubilaren werden im ganzen Salzkammergut begangen, doch nur in Ischl ist es ein derart großes Fest mit Umzug und Feier.

Aus der ganzen Welt kommen oft ehemalige Ischler, um sich mit ihren Jahrgangskollegen zu treffen und zu feiern. Der „Jahr-gang" spielt überhaupt in der Tradition und Gesellschaft des Salzkammergutes eine große Rolle. Das „Liachtbratln" hat sich hier regelrecht zu einem Synonym für das Alter einer Person entwickelt. Wenn man sich fragt, wie alt jemand ist, versucht man sich zu erinnern, wann er/sie das letzte Mal und wie oft schon „liachtbratlt" hat.

Beim Liachtbratl-Umzug, bei dem die ganze Stadt auf den Beinen ist, defilieren die Jubilare durch die Straße, umringt von Freunden und Angehörigen, die sie mit kleinen Aufmerksamkeiten bekränzen. Mancher „Liachtbratler" sieht vor lauter umgehängten Schnapserl, Blumen, Lebkuchen usw. wie eine Almkuh beim Almabtrieb aus. Der Tag klingt im Gasthaus aus. Meist unternehmen die Jahrgangs-Kollegen auch noch einen ein- bis mehrtägigen Ausflug miteinander.

Weihnachten

Das Salzkammergut gehört zu den größten Krippenlandschaften Europas. In dieser Gegend, wo handwerkliches Geschick und Volksfrömmigkeit gepaart sind, konnte sich diese Sitte zur Blüte entwickeln.

Im Salzkammergut förderten vor allem die Traunkirchner Jesuiten, die für die gesamte Region zuständig waren, die Aufstellung von Krippen.

Wie bedeutend das „Kripperl" für die Bevölkerung einzustufen war und ist, kann man schon in einer lokalen Zeitung um 1900 lesen: *„Schon zu Allerheiligen denkt der Gebirgler des Weihnachtsfestes, da beginnt er schon mit den Vorbereitungen, indem er ,Krippelmies' (Waldmoos) holt. Während der Adventzeit werden die Vorbereitungen immer intensiver, es werden Krippenlieder eingeübt, für das Krippel allerlei Sachen angefertigt, Häuschen, Bäume und Hirten geschnitzt, Gebirge, Landschaften und die heilige Stadt werden nach und nach hergerichtet … Es gibt Familien im Salzkammergut, namentlich Salinenarbeiter-Familien, die haben das halbe Wohnzimmer mit dem Krippel angefüllt und schlafen unter dem Krippel am Boden. … "*[12].

Ischl und Ebensee gelten heute als Hochburgen des Krippenwesens, wo alljährlich Ausstellungen („Khalß"-Kripp im Ischler Stadtmuseum; auch im Gmundner Stadtmuseum) und vor allem die beliebten „Kripperlroasen" stattfinden, organisierte Besuche der verschiedenen Krippen in Privathäusern. Die oft über Generationen vererbten und liebevoll gepflegten Krippen sind der ganze Stolz der Familie.

1 Laimer, Franz, 1952: Ortsgeschichte von Bad Goisern Band 2. – Bad Goisern, S. 56 f.

2 Reiseführer Geuter Salzburg und Salzkammergut 1910.

3 Vgl. hiezu: Kurz, Michael, 2002: Geigen aus dem Salzkammergut, In: Oberösterreichische Heimatblätter 1/2 (2002).

4 Wirer, F., 1842: Ischl und seine Solenbäder. – Wien, S. 31.

5 Konschegg, Victor, 1883: Führer in Aussee, Grundlsee, Altaussee und Hallstatt. – Wien, S. 68.

6 Blumenthal, Oscar, 1910: Ischler Frühgespräche – Berlin, S. 121.

7 „Über den im inneren Salzkammergut, speciell in Goisern gesprochenen Dialect", In: Ischler Woche 17. 4. 1887.

8 Steiner, J., 1829: Der Reisegefährte durch die österreichische Schweiz oder das obderennsische Salzkammergut. – Linz, 2. Auflage, S. 77.

9 Österreichische Revue, 1866, S. 126.

10 Pilz, Karl, 1976: Geschichte der Marktgemeinde Bad Goisern (= Schriftenreihe des Heimatvereines Bad Goisern), S. 55.

11 Chronik Laimer, 1952 (Anm. 1), S. 57.

12 Ischler Wochenblatt 5. 1. 1902.

Literatur

Galatz, Sandra, 1999: Volksmusik im Salzkammergut. Der Pfeifertag – Gmunden.

Grieshofer, Franz, 1977: Das Schützenwesen im Salzkammergut. – Linz.

Heimat Goisern. Hrsg. von der Marktgemeinde Bad Goisern, 1993.

Hammer, Katharina und Gangl F., 1997: Ischler Krippen. – Ischl.

Janisch, Peter, 1996[6]: Gehst mir aufs Leben, Schütz. Wildererkämpfe und Jägermorde in den Alpen. – Bad Ischl.

Hörmandinger, Reinhard und Rieder, Walter, 2000: „A Stegga, a weiß Gwånd, a Kåppm und Glock'n!". – Linz.

Konschegg, Victor, 1883: Führer in Aussee, Grundlsee, Altaussee und Hallstatt. – Wien.

Laimer, Franz, 1952: Ortsgeschichte von Bad Goisern, Band 2. – Bad Goisern.

Pilz, Karl, 1976: Geschichte der Marktgemeinde Bad Goisern (= Schriftenreihe des Heimatvereines Bad Goisern). – Bad Goisern.

Rieder, Walter, 2002: Schnåbö Heil! Singvogelfang und Singvogelhaltung im Salzkammergut. – Gmunden.

Stadler, Franz, 1971: Brauchtum im Salzkammergut – Bad Aussee.

„… ich sehne mich nach dem lieben, lieben Ischl"
Kaiser Franz Joseph

Michael Kurz / Katrin Unterreiner
Menschen – Mythen – Monarchen

Die Landesausstellung 2008 mit dem Titel *„Menschen – Mythen – Monarchen"* verfolgt die Entwicklung von Bad Ischl zur zweiten Residenz der österreichischen Monarchie, einen Aufschwung, der die ganze Region mit sich zog und das Salzkammergut in eine „Seelenlandschaft" für zahlreiche Künstler und Gelehrte machte.

Menschen

In der sommerlichen Idylle traf sich die Haute-Volée des Habsburgerreiches, die „Auszeit" von mehreren Monaten während des Sommers gehörte zum fixen Repertoire einer ganzen Gesellschaft. Der Sommerfrischler wurde zum *„Sommer-Ischler".*
Der Atmosphäre von lockerem, gesellschaftlichem Umgang auf engem Raum, entspanntem Urlaubsgefühl außerhalb des Alltages und der Erholung in der Natur und in den Bädern verdanken zahlreiche musikalische, literarische oder malerische Werke ihre Entstehung.
Die Ausstellung thematisiert die Menschen, die das Salzkammergut und Ischl besuchten, und verfolgt die fruchtbare Wirkung der Region auf ihr Schaffen.

Mythen

„… im Ort nennt man ihn den Prinzen aus dem Salz", schreibt Erzherzogin Sophie 1831 an ihre Mutter. Ischl war für die Habsburger ein Mythos, dem sie den Weiterbestand der Dynastie verdankten. Erst durch die Badekur in Ischl konnte die pathologische Kinderlosigkeit der Erzherzogin geheilt werden, sodass Sophie Österreich jenen Monarchen schenkte, der wie kein anderer dem Ort sein Leben lang verbunden blieb: Kaiser Franz Joseph.
Die zauberhafte Sisi bzw. „Sissi", die sich mit dem Kaiser in Ischl verlobte, wurde ein Mythos, der durch zahlreiche Filme zum österreichischen Kulturgut geworden ist.
Die „gute alte Zeit" des langregierenden Kaisers Franz Joseph, verkörpert durch die Leutseligkeit und Greifbarkeit des Monarchen in der Lederhose in Bad Ischl, entwickelte sich zu einem Mythos, nach dem sich die kriegsgeschlagenen Generationen sehnten.

Monarchen

Das Salzkammergut und Ischl fungierten als Parkett der internationalen Diplomatie, als Schaltzentrale der Monarchie während des Sommers. Zum Geburtstag des Kaisers trafen oft gekrönte Häupter zahlreicher Nationen ein. Ihre Besuche erfolgten nicht nur aus Höflichkeit, sondern es wurde handfeste Politik gemacht.
Kaum ein europäischer Fürst des 19. Jahrhunderts stellte sich nicht für kürzere oder längere Zeit im Urlaubsdomizil der österreichischen Monarchie ein. Exemplarisch werden einige Herrscher und die Auswirkung ihrer Anwesenheit beleuchtet.
Ischl und die Monarchie; der Kaiser einer europäischen Großmacht war in Ischl greifbar, sein Aufenthalt war praktisch institutionalisiert. Durch die Anwesenheit des Kaisers veränderte sich in Ischl und im Salzkammergut vieles.
Den architektonischen Vorgaben des Baukörpers der neu gestalteten „Trinkhalle" folgend, teilt sich die Ausstellung harmonisch in zwei Bereiche, wobei im linken Flügel die „MENSCHEN", im rechten Flügel die „MONARCHEN" thematisiert sind.
Menschen und Monarchen wurden vom Mythos angezogen, interpretierten und erfanden ihn immer wieder neu.

Der Ischler Regen

Der sprichwörtliche „Ischler Regen" verdarb manchem Sommergast die Laune. Ferdinand Raimund, Franz Grillparzer und viele andere beklagten sich über das beständige Schlechtwetter, Kaiser Franz Joseph trug das Wetter schicksalsergeben, wie er seiner Gattin im Sommer 1894 lapidar mitteilte, *„heute regnet es ischlerisch".*
Andererseits gab es auch Liebhaber dieser Witterung: Johann Strauß lief beim Klang der Tropfen zur Höchstform auf und ein Literat hielt fest: *„Die wochenlangen Regenperioden … wiesen uns allenthalben auf uns selbst zurück und steigerten die literarische Betriebsamkeit. Der Regen, der die Waldwege vermurte, segnete unsere Felder …".*[1]

Die Esplanade als „Ischler Ringstraße"

Die linke Achse bildet die Esplanade, die „Ischler Ringstraße", jenes kurze Parkstück zwischen Stadtbrücke und heutigem Esplanadencafé Zauner, wo sich die **Menschen** früher trafen und promenierten: Sehen und gesehen werden, ein Symbol für das gesellschaftliche Leben in der Sommerfrische, das es sogar bis in „*Die letzten Tage der Menschheit*" von Karl Kraus geschafft hat: „*Mir ist in Ischl immer, als ob die Berge ringsum nur eine Art Decoration wären, die man auf die Wiener Ringstraße gestellt hat … kein bewährtes Mitglied der Esplanade fehlt und man beginnt wieder saisonmäßig ländliche Einfalt zu posieren, ohne sich an der Fortsetzung der Ringstraße stören zu lassen.*"[2]

Das Kurwesen

Ischl war bis in das 19. Jahrhundert ein Salzmarkt, der von der und für die Saline lebte. Ein „Nebenprodukt" der Salzerzeugung – die Sole – bestimmte ab den 1820er-Jahren das weitere Geschick. Nachdem im 18. Jahrhundert die positive Wirkung des Salzwassers für verschiedene Krankheiten nachgewiesen wurde, experimentierten folgerichtig Mediziner im Inneren des Kontinents – abseits der Meere – mit künstlichem Salzwasser in den Salinen. In rascher Folge entstanden um die europäischen Salinen Solebäder, was in den damaligen Fachjournalen eifrig diskutiert wurde. Österreich ermangelte, nachdem 1820 auch Bayern ein Solebad in Rosenheim eröffnete, noch immer einer entsprechenden Anstalt. Die Salinen-Ärzte Wolff in Gmunden und Goetz in Ischl wandten die Sole bereits für die Arbeiter segensreich an, als führende Ärzte der Monarchie das Salzkammergut auf der Suche nach einem Standort für ein Solebad besuchten. Der günstige Zufall brachte den Prominenten-Arzt Dr. Wirer nach Ischl, der die Anwendungen umfangreich förderte und zahlreiche seiner Patienten nach Ischl schickte, was den Beginn des Kurbades Ischl markierte.

Wirer verstand es, bis in die Hofkreise hinein das neue Bad zu vermarkten. Schon 1823 kurierte sich der Sekretär von Staatskanzler Metternich, Friedrich von Gentz, im Folgejahr kam der Kanzler selbst und schon 1825 folgte der erste Vertreter des Hauses Habsburg. Der Hochadel Österreichs gefiel sich in dem neuen Bad: Ein kometenhafter Aufstieg begann.

Um 1830 hatte sich das Aussehen Ischls völlig gewandelt, bürgerliche Bauten zierten die Straßen, es gab ein Theater, eine Trinkhalle und viele Neuerungen mehr. Aus dem Salzmarkt war ein Modebad geworden, das mit alten Bädern wie Marienbad oder Karlsbad wetteifern konnte.

Das Kurwesen entwickelte sich rasch weiter, viele neue Methoden kamen zur Anwendung: Kaltbäder, Warmbäder, Wechselduschen usw. Den Leidenden verordneten die Ärzte Trinkkuren von Molke oder Mineralwasser, Spaziergänge und vieles mehr. Aus den bloßen Krankheitsbehandlungen kristallisierte sich eine regelrechte „Wellness-Bewegung", durchaus vergleichbar mit heutigen Maßstäben. Die schönste literarische Beschreibung des Ischler Badewesens übermittelt uns Adalbert Stifter, der den Ort – ohne Namensnennung – in seiner 1844 erschienenen Erzählung „Der Waldsteig" skizziert. Der reiche Hypochonder Tiburius Kneigt dürfte wohl auch einige betuchte Kurgäste zum

Vorbild gehabt haben. „*Es waren allerlei Menschen und Familien in dem Bade. Da war ein alter hinkender Graf, der überall gesehen wurde, und in dessen verwittertes Angesicht fast ein Schimmer von der sehr großen Schönheit seiner Tochter floss, die ihn überall mit Geduld begleitete und ruhig neben ihm her ging. … Dann waren manche einsame Greise, die hier ihre Gesundheit suchten und niemand als einen Diener hatten; dann manche Hagestolze, die über den Sommer des Lebens hinüber ohne Gefährtin herum gingen. …*"[3]

Die Sommerfrische

Aus der Kombination von Kurwesen in Verbindung mit einer atemberaubender Naturlandschaft und dem Status als Sommerresidenz des Kaisers entwickelte sich in der 2. Hälfte des 19. Jahrhunderts einer neuer „Urlaubs-Typ": die Sommerfrische.

Aus einem eher verklärt-nostalgischen Blickwinkel schildert der spätere Burgtheaterdirektor Alfred Freiherr von Berger (1853–1912) den Fortschritt Ischls in der 2. Hälfte des 19. Jahrhunderts: „*Das Ischl meiner Jugendzeit war längst auch nicht mehr das alte, echte Ischl. Das haben nur jene gekannt und genossen, welche die Reise dahin noch mit Postpferden machten mussten, wie Lenau oder Bauernfeld. … Seit aber die Bahn in die Stille des Ischler Tales eingedrungen ist, hat sich die Umwandlung des alten Marktes in den modernen Weltkurort mit fieberhafter Geschwindigkeit vollzogen. …*"[4]

Wer im 19. Jahrhundert Rang und Namen hatte, kam ins Salzkammergut. Auffallend ist, dass verschiedene Gesellschaftsgruppen einzelne Epochen der Bäder- oder Tourismusgeschichte dominierten, sich dann zurückzogen oder von anderen überlagert wurden.

Wissenschaftler und Denker

Die zaghafte Entdeckung, die Berger als „Ur-Ischl" bezeichnet, fand durch Wissenschaftler und Gelehrte statt. Vor allem Josef August Schultes ist es zu danken, dass die Region bekannt wurde. Sein Werk „Reisen durch Oberösterreich in den Jahren 1794, 1795, 1802, 1803, 1804 und 1808", erschienen in Tübingen 1809, erschloss ein bisher weitestgehend unbekanntes Land. Besonders unter Geologen und Naturforschern galt die „Österreichische Schweiz" als Geheimtipp. Alexander von Humboldt bereiste zusammen mit dem Geologen Leopold von Buch das Ländchen schon 1797. Der Präsident der englischen Royal Society und Erfinder der Karbid-Lampe Humphrey Davy erschloss das Salzkammergut auf seiner schwermütigen Suche am Ende seines Lebens dem englischen Publikum. Die Wissenschaftler traten ab den 1820er-Jahren in den Hintergrund, wenn es auch noch viele Forscher gab, die im Sommer im Salzkammergut waren. Stellvertretend für viele sei hier Sigmund Freud genannt, der in der Atmosphäre der Region wertvolle Anregungen für seine Traumdeutung erfuhr und dessen Familie mit Ischl über Jahrzehnte verbunden war.

Die Maler

Nach den Wissenschaftlern entdeckten die Maler die Region für sich. Kaum ein Biedermeiermaler, der sich nicht am Salzkammergut probierte: Ferdinand Waldmüller, Jakob Alt, Franz Steinfeld, Thomas Ender, Friedrich Gauermann, Franz Eybl; sie alle arbeiteten seit Mitte der 1820er-Jahre regelmäßig hier und bildeten die Naturschönheiten ab. Die künstlerische Entdeckung löste eine regelrechte Modewelle aus. Die Menge an Motiven geriet zur Inflation, die Flut an Bildern wuchs zeitweise so an, dass Kritiker der Akademieausstellung 1835 monierten: *„Es wäre zu wünschen, dass sich die Künstler bei ihren Studien nicht immer an gewisse Gegenden bänden, es würde dadurch nicht ein und derselbe Gegenstand so oft zur Anschauung gebracht werden. Österreich hat außer Ischl und Hallstatt der Naturschönheiten in Fülle …“.*[5]

Die Dichter

Nikolaus Lenau verlebte in Ischl glückliche Stunden mit seiner unerreichbaren Liebe Sophie von Löwenthal, genoss die Schönheiten der Natur, ärgerte sich über die „Erzherzogereien" und freute sich „wie ein Kind nach Ischl". Eduard Bauernfeld – ein heute kaum mehr bekannter Lustspielautor – war von den 1820er-Jahren bis kurz vor seinem Tode 1890 einer der treuesten und ältesten Sommergäste.

Arthur Schnitzler war der Region über 60 Jahre treu und radelte gerne. Im Ischler Stadttheater wurde 1893 ein Teil seines Anatol-Zyklus uraufgeführt. Oskar Blumenthal ließ sich in der Nähe von Ischl eine eigene Villa bauen und schrieb bissige Kommentare zum Ischler Leben, wie auch Karl Kraus, der sich schon nach seiner Matura hier erholte und mit spitzer Feder unbarmherzig Missstände, Heuchelei und Dekadenz aufzeigte. Sogar noch in der Zwischenkriegszeit verbrachten Schriftsteller längere Zeit in Ischl, wie Robert Musil oder Franz Werfel sowie John Galsworthy, der Autor der Forsythe-Saga.

Hauptstadt der Musik

Kurz vor der Jahrhundertwende schwang sich Ischl mehr und mehr zu einer Hauptstadt der Musik empor. Johann Strauß und Johannes Brahms verlebten regelmäßig ihre Sommer hier, ihnen folgten die Operettenkomponisten Franz Lehar, Leo Fall und Emmerich Kálmán. Neben Gustav Mahler und Theodor Leschetizky konnte man noch auf Anton von Webern und Carl Michael Ziehrer treffen, um nur die wichtigsten zu nennen. Bis kurz vor 1938 war die „Operettenbörse" in Ischl lebendig, wo Librettisten wie Fritz Beda-Löhner oder Alfred Grünwald sich gegenseitig übertrafen.

Eine Drehscheibe der Kultur war dabei das Ischler Stadttheater, das man gerne die *„kleine Burg"* nannte, weil hier viele Burgtheater-Darsteller auftraten. Viele Stars, die das Badepublikum von Wien her kannte, traten hier für Gastspiele oder Benefizveranstaltungen auf. Andere benutzten Ischl als Sprungbrett und hofften vielleicht dem einen oder anderen, eventuell sogar dem

Johann Strauß und Johannes Brahms in Ischl
Foto: Bildarchiv der Österreichischen Nationalbibliothek

Kaiser, aufzufallen und ein Engagement zu erhalten. Johann Nepomuk Nestroy gastierte gerne in Ischl, Alexander Girardi und natürlich die Schratt könnte man auf der Bühne sehen. Damals gefeierte Divas wie Charlotte Wolter oder Pauline Lucca kennt man heute kaum noch. Für Maria Jeritza schlug die große Stunde in der Gala-Vorstellung zum 80. Geburtstag seiner Majestät 1910, wo sie als Rosalinde in der Fledermaus begeisterte.

Im Übergang zur linken Querachse **„Monarchen"** wird die Begegnung des kaiserlichen Hauses mit Ischl erläutert.

Bad Ischl und die Habsburger-Salzprinzen

Das Salzkammergut war kaiserliche Domäne, also im privaten Besitz des Monarchen. Um 1800 jedoch rückte das Salzkammergut in einem geänderten Gefühl der Umweltwahrnehmung auch für die Herrscher und das Herrscherhaus verstärkt als Erholungsgebiet in den Mittelpunkt des Interesses.

Kaiser Franz I. selbst bereiste die Region schon 1808 und 1814, der Thronfolger Ferdinand 1811 und 1823, Erzherzog Franz Karl 1818. Die Landschaft war also dem höchsten Herrscherhaus persönlich bekannt. Erzbischof Rudolf von Olmütz, Bruder des Kaisers, kurte in Ischl von 1825 bis 1827. 1827 erkrankte er bei seinem Aufenthalt schwer und man bangte um sein Leben. Sein Tod im Salzkammergut hätte das junge Kurwesen wahrscheinlich höchst ungünstig getroffen, seine Genesung wurde propagandistisch ausgeschlachtet und ganz dem Erfolg Ischls zugesprochen. Wahrscheinlich kam noch im selben Jahr Erzherzog Franz Karl erneut hierher, um Anwendungsmöglichkeiten der Kur für seine Gattin Sophie zu suchen. Die 1824 geschlossene Ehe war noch immer kinderlos, Sophie hatte mehrere Fehlgeburten erlitten. An ihre Nachkommen war der Fortbestand der Monarchie geknüpft, weshalb alles medizinisch Notwendige und Mögliche unternommen wurde. Viele Gründe sprachen für das Solebad Ischl und so entschloss sich das Paar erstmals zur Kur 1828, der Erfolg zeitigte sich schon nach zweimaligem Gebrauch, denn im August 1830 kam der spätere Kaiser Franz Joseph zur Welt. Ihn und seine Brüder nannte man deshalb auch die „Salzprinzen", ein Hinweis auf ihre durch die Salzbäder begünstigte Geburt.

Ischl als Drehscheibe der internationalen Politik

Oft trafen auch gekrönte Häupter, Staatsmänner oder Politiker in der Bade-Metropole ein. Bei diesen Gipfeltreffen – meist zum „Kaisergeburtstag" – kamen am Rande auch wichtige Themen zur Sprache, die die europäische Politik nachhaltig beeinflussten und prägten. Der preußische König und spätere deutsche Kaiser Wilhelm kurte gerne in Gastein und besuchte den Kaiser in Ischl fast zehnmal. Der ewige Thronfolger Eduard VII. von England kam von seinem Kuraufenthalt in Marienbad wiederholt zum Kaiser in seine Sommerresidenz, um wichtige politische Sachthemen zu diskutieren, sowie auch Carol von Rumänien. Die Könige oder Herrscher von Brasilien, Dänemark, Griechenland, Portugal, Schweden, Spanien, Serbien, Sachsen, Bayern und andere waren persönlich anwesend, von vielen weiteren Nationen waren Spitzendiplomaten aus höchsten Adelskreisen in Ischl. Für extravaganten Glanz sorgte der Besuch des Königs von Siam, Rama V. Tschulalongkorn, 1897. Otto Fürst von Bismarck verbrachte schon einen Teil seiner Flitterwochen im Salzkammergut und blamierte sich 1865 international, als sich der gewiefte Diplomat und Intrigant völlig unbedarft mit der Opernsängerin Pauline Lucca fotografieren ließ. Der Besuch der Londoner Stadtregierung 1911 motivierte die Ischler Stadtväter im Jahr darauf, gemeinsam mit ihren Amtskollegen in Wien und Prag in die britische Metropole zu reisen: Ischl, Wien und Prag, ein bemerkenswertes Dreigespann, das die Bedeutung des Ortes damals eindrucksvoll belegt.

Der Rote Teppich beim Thema „**Monarchen**" führt den Ausstellungsbesucher weiter auf den Spuren des kaiserlichen Paares Franz Joseph und Elisabeth und widmet sich den Mythen, die sich rund um deren Aufenthalt in Ischl und die rätselhafte Kaiserin rankten.

Kaiserin Elisabeth – Entstehung eines Mythos

Die historische Tatsache, dass Elisabeth zu ihren Lebzeiten nicht die allseits beliebte, umjubelte schöne Kaiserin war, die die Titelseiten füllte, ist nach wie vor wenig bekannt. Da sich Elisabeth sehr früh ihrer öffentlichen Rolle als Kaiserin entzog und repräsentative Auftritte mied, stand sie auch nicht im Mittelpunkt des öffentlichen Interesses. Kaiser Franz Joseph nahm hier eine weitaus wichtigere Rolle ein. Der „gute alte Kaiser" war in den Herzen der Bevölkerung verankert – ihm galten die Sympathien. Das zeigte auch die öffentliche Reaktion nach dem Tod der Kaiserin, in der das Mitgefühl vor allem dem Kaiser galt, der einen neuerlichen, schweren Schicksalsschlag zu verkraften hatte.

Die Situation änderte sich jedoch schlagartig, als man nach Elisabeths Ermordung durch den italienischen Anarchisten Luigi Luccheni im Jahre 1898 das wirtschaftliche Potential der schönen, zurückgezogenen und vor allem tragisch ums Leben gekommenen Kaiserin erkannte. So wurde Elisabeth posthum zur verehrten, selbstlosen und volksnahen Kaiserin stilisiert. Eine kritische Auseinandersetzung mit ihrer ambivalenten Persönlichkeit, ihrer Egozentrik und Egomanie wurde völlig ausgeklammert und damit ein verfälschtes Bild weitergegeben.

Mit der „Sissi"-Trilogie Ernst Marischkas in den 1950er-Jahren wurde Elisabeth schließlich zur weltweit bekannten und verehrten „Sissi". Dazu trug vor allem Romy Schneider bei, die bis heute das Bild der jungen, herzlichen und ungezwungenen „Sissi" prägt, das jedoch nur wenig mit der tatsächlichen Persönlichkeit der Kaiserin Elisabeth übereinstimmt. Die Gegenüberstellung von Mythos und historischer Person[6] sowie die zentralen Themen Körperkult, Schönheitskult und das Verhältnis zwischen Franz Joseph und Elisabeth abseits gängiger Klischees sollen ein differenzierteres Bild der Kaiserin vermitteln.

Verlobung in Ischl

Im Sommer 1853 fand im Hause Habsburg eine Begegnung statt, die für Ischl große Bedeutung haben sollte. Zum 23. Geburtstag Franz Josephs, den er wie jedes Jahr in Ischl feierte, war auch seine Tante Ludovika in Bayern mit ihren Töchtern Helene, genannt Néné, und Elisabeth, im Familienkreis „Sisi" genannt, eingeladen.

Der eigentliche Grund dieser Reise waren allerdings Hochzeitspläne, die die Mütter der beiden geschmiedet hatten. Franz Joseph sollte sich mit Néné verloben – so hatten es sich jedenfalls die Mütter ausgedacht; aber es sollte anders kommen. Franz Joseph verliebte sich auf den ersten Blick in Sisi. Dem mit dem

Kaiserin Elisabeth im Jahr ihrer Verlobung. Lithographie von Franz Hanfstaengl (1804–1877). 1853
Foto: © Bundesmobilienverwaltung – Hofmobiliendepot. Möbel Museum Wien. Foto: Leutner

Kaiser engstens verwandten und vertrauten Flügeladjutanten Hugo Freiherr von Weckbecker, der ihn nach Ischl begleitet hatte, fiel der verliebte Kaiser als erstem auf, und er notierte in seinem Tagebuch, dass Franz Joseph bei seinem Tanz mit Sisi, um den ihn Sophie gebeten hatte, da die schüchterne Sisi für ihr Debüt eines sicheren Führers bedurfte, nur Augen für die entzückende Prinzessin Elisabeth gehabt hätte. Nach dem Tanz flüsterte er Flügeladjutant O'Donnell daher auch zu, *„mir scheint, ich habe jetzt mit unserer künftigen Kaiserin getanzt".*[7] O'Donnell, der die eindeutigen Blicke des Kaisers ebenfalls bemerkt hatte, antwortete Weckbecker: *„Ich glaube das auch beinahe mit Gewissheit."*[8] Am 19. August fand bereits die feierliche Verlobung statt. Sisi war von der großen Aufmerksamkeit, die man ihr entgegenbrachte, eingeschüchtert und still – Franz Joseph hingegen überglücklich.

Seine Mutter war zwar von seiner Wahl überrascht, hatte aber Verständnis für die verschreckte Sisi und war auch nicht, wie oft dargestellt, gegen die Wahl ihres Sohnes. Im Gegenteil, anlässlich des ersten öffentlichen Auftritts beim Geburtstagsball Franz Josephs schwärmte sie von ihr und beschrieb Sisi als *„so anmutsvoll, so bescheiden, so untadelig, so graziös … "*[9] und freute sich vor allem, ihren Sohn so glücklich zu sehen.

„Im Geschirr"

Elisabeth fühlte sich vom ersten Tag an unwohl in ihrer neuen Rolle als Kaiserin von Österreich, versuchte jedoch zu Beginn noch die in sie gesetzten Erwartungen zu erfüllen. Ihre Pflichten als Kaiserin waren ihr von Beginn an unangenehm, Repräsentation sowie das strenge Hofzeremoniell zunehmend lästig, sie verabscheute die starren hierarchischen Strukturen und Intrigen des Wiener Hofes. Bei repräsentativen Auftritten fühlte sie sich nach eigenen Worten vorgeführt wie ein Pferd „im Geschirr". Ihre Reaktion darauf war Flucht – in erster Linie in Körperkult, Schönheitskult und Sport. Nach ihrer ersten Kurreise, die sie bewusst auf beinahe zwei Jahre ausdehnte und die sie unter anderem nach Madeira und Korfu führte, kehrte Elisabeth als selbstbewusste, stolze Schönheit zurück. In dieser Zeit hatte sie auch erstmals die Macht ihrer Schönheit erkannt, die sie nun ganz bewusst für ihre Interessen einsetzte – und intensiv pflegte.

„Eine kühnere und gleichzeitig wahrhaft anmutigere Parforcereiterin hat es niemals gegeben!"

Die Reiterei war seit ihrer Kindheit eine der größten Leidenschaften Elisabeths. Als junge Kaiserin begann sie hart zu trainieren und hatte den Ehrgeiz, sich als eine der besten und mutigsten Reiterinnen Europas zu profilieren. Zunächst nahm sie an den Reitjagden in Gödöllö in Ungarn teil, doch die Jagdsaison war kurz und bald bot ihr auch das Terrain zu wenig sportliche Herausforderung. Wilde Reitjagden waren ihr größtes Vergnügen und so zog es sie nach England, wo sie unbeschwerte

Wochen mit ihrer Lieblingsbeschäftigung verbringen konnte. Als Pilot, der die Funktion des Reitführers und -lehrers hatte, wurde ihr einer der besten Reiter Englands, der schottische Offizier William George „Bay" Middleton, zur Seite gestellt. Middleton, der anfangs wenig begeistert war, auf eine Kaiserin aufpassen zu müssen, war jedoch bald vom Mut und der Ausdauer der Kaiserin beeindruckt und mit seiner Hilfe gelang es ihr bei Jagdrennen von manchmal bis zu hundert Reitern, von denen meist nur eine Hand voll durchkamen, als einzige Frau das Ziel zu erreichen.

Ein Jagdberichterstatter des Baily's Magazine schwärmte, dass es niemals „eine kühnere und gleichzeitig wahrhaft anmutigere Parforcereiterin" gegeben hätte. Man lobte ihre gute Hand, ihren Sitz, ihren Mut und nicht zuletzt ihre für Damen unübliche Kondition – Ergebnis ihres jahrelangen Trainings. Nicht zu vergessen sei dabei, dass sie nicht nur die besten und besttrainiertesten Pferde hatte, sondern auch nur jene Pferde ritt, zu denen sie Vertrauen hatte. Ende der 1870er-Jahre hörte Elisabeth, dass die technisch anspruchsvollsten Reitjagden in Irland stattfänden. Die kleineren Gehege, die größeren kompakten Wälle, die breiten und offenen Gräben waren eine willkommene Herausforderung, ihr Können zu beweisen.

Die Parforcejagden – ausgedehnte Meutejagden durchs freie Gelände mit Überspringen von Hindernissen wie Hecken, Mauern oder Gräben – gingen dabei oft an die Grenzen des Machbaren, doch Elisabeth suchte die Herausforderung. Während ihrer Reitaufenthalte war die Kaiserin stets glänzender Laune – nie melancholisch, kränklich oder launisch. Von einem Tag auf den anderen gab Elisabeth die Reiterei auf und kompensierte ihren Bewegungsdrang mit stundenlangen Gewaltmärschen bei Hitze ebenso wie bei Wind und Wetter und stellte die Hofdamen, die in der Zeit bereits auf ihre Marschfähigkeit getestet wurden, bevor sie eingestellt wurden, auf eine harte Probe. In Ischl standen vor allem Bergtouren auf dem Programm, die bis zu neun Stunden dauerten.

„Wie schön sie ist!"

…, rief der Schah von Persien gegen jede Etikette aus, als ihn Elisabeth 1873 empfing. Männer und Frauen ihrer Zeit schwärmten von Elisabeths Schönheit, wobei sie von ihrer Anmut, Ausstrahlung und der geheimnisvollen Aura, die die Kaiserin umgab, noch mehr angezogen waren. Die Kaiserin kannte die Macht ihrer Schönheit, und deren Pflege nahm einen Großteil ihres Tagesablaufes ein. Um ihre vielbewunderte Schönheit zu erhalten, probierte sie unzählige Schönheitsrezepte. Ihre Tagescreme war meist die so genannte Crème Céleste, die aus weißem Wachs, Walrat, süßem Mandelöl und Rosenwasser bestand. Ausgefallenere Rezepte waren die so genannte „Wilson Salbe" – die erste Sonnencreme auf mineralischer Basis – sowie Gesichtsmasken aus rohem Kalbfleisch, die als Radikalfänger wirkten. Ihr Schönheitskult wurde zur Lebensaufgabe und nahm schließlich Ausmaße an, zu denen sich ihre Nichte Marie

Originalrezepte für Wilson Crème der Kaiserin Elisabeth. 1875
Foto: © Bundesmobilienverwaltung –
Hofmobiliendepot. Möbel Museum Wien

Kaiser Franz Joseph I. als Jäger
Foto: © Bundesmobilienverwaltung – Hofmobiliendepot.
Möbel Museum Wien. Foto: Fritz Simak

Larisch eher negativ äußerte: „Sie betete ihre Schönheit an wie ein Heide seinen Götzen und lag vor ihr auf den Knien." Der Anblick der Vollkommenheit ihres Körpers bereitete ihr einen ästhetischen Genuss; alles, was diese Vollkommenheit trübte, war ihr unkünstlerisch und zuwider."[10] Da Elisabeth ihr Selbstwertgefühl scheinbar ausschließlich aus ihrer Schönheit bezog, hatte sie auch panische Angst vor dem Alter. Sie fühlte sich als Frau nicht mehr begehrt, nutzlos und verfiel in deprimierte Stimmungen. Schirme und Fächer sollten aber nicht nur ihre ihrer Meinung nach entschwundene Schönheit verbergen, sondern wurden immer mehr auch zu einer symbolischen Barriere zwischen ihr und ihrer Umwelt.

„Mein lieber Engel"

Franz Joseph liebte seine Frau sein Leben lang über alles und erfüllte ihr jeden Wunsch. Nur mit seiner Unterstützung – auch in finanzieller Hinsicht – konnte sie ihr unabhängiges Leben führen und ihre kostspieligen Reisen und Refugien finanzieren.

Franz Joseph fühlte sich zuerst als Kaiser und erst in zweiter Linie als Ehemann. Pflichterfüllung hatte oberste Priorität, Persönliches stand immer an zweiter Stelle. Elisabeth empfand genau umgekehrt. Da er sie jedoch über alles liebte, ermöglichte er ihr die Realisierung eines eigenständigen, unabhängigen Lebens – auch wenn das bedeutete, dass er ohne sie leben musste, da sich Elisabeth nicht im Stande fühlte, ihm zur Seite zu stehen. Elisabeth schätzte und achtete Franz Joseph und wurde nach dem Tod Erzherzogin Sophies im Mai 1872 sogar seine Vertraute, mit der er auch politische Belange besprach.

Wenn Elisabeth auf Reisen war, schrieben sie einander beinahe täglich. Es handelte sich dabei durchaus nicht – wie manchmal behauptet – um oberflächliche Pflichtbriefe, sondern Elisabeth schilderte detailliert ihre Eindrücke, Begebenheiten und Gedanken. Franz Joseph drückte ihr in allen Briefen seine Sehnsucht nach ihr aus, erzählte vom politischen Alltag und von der Familie. Seine Briefe begannen immer mit *„Meine liebste Engels-Sisi"*, *„Meine lieber Engel"* oder *„Heißgeliebte Sisi"*. Das

Bonjour-Rock Kaiser Franz Josephs I.
Foto: Heeresgeschichtliches Museum, Wien

Ischl – „Irdischer Himmel"

Das einzige Vergnügen, das sich Franz Joseph als Privatmann leistete, war die Jagd, bei der er richtiggehend aufblühte. Er liebte es, auf die Pirsch zu gehen, die Natur zu genießen, Ruhe und Abwechslung vom eintönigen Alltagsleben bei Hof zu finden. Er war vor allem passionierter Schwarz- sowie Hochwildjäger: Hirsch-, Gams- und Saujagden interessierten ihn mehr als Rebhühner oder Hasen. Bis ins hohe Alter bewältigte Franz Joseph den Anstieg zu hochgelegenen Ständen, der oft bis zu eineinhalb Stunden dauerte, wobei er auch immer sein Gewehr selbst trug.

Auf der Jagd trug er stets die Tracht eines steirischen Hochwildjägers, bestehend aus grauer Lodenjoppe mit grünem Stehkragen, Umhängschnur und grüner Weste, Gamslederhose, grauen Wollstrümpfen, einem grauen Filzhut mit Gamsbart oder Birkhahnstoß sowie derben, genagelten Schuhen (Goiserer), die nicht alt genug sein konnten, um zünftig auszusehen. Wenn der Kaiser auf die Pirsch ging, fehlte auch niemals der lange Jagd- oder Bergstock. Wichtig war dem Kaiser, dass, wie es sich für einen echten Waidmann gehörte, bei jedem Wetter die Knie frei und nicht etwa bei Kälte durch lange Unterhosen geschützt waren. Je älter und speckiger die „Gamslederne" war, desto besser.

Franz Josephs Leibkammerdiener Eugen Ketterl erzählte in seinen Memoiren: *„Mit der Zeit speckig und blank gewetzt, sahen sie wie die „echtesten" Hosen des nächstbesten Holzknechts aus. Doch zur Anschaffung neuer „Lederner" konnte sich der Kaiser stets nur nach hartem Kampfe entschließen, aber auch dann mussten diese, ehe er sie anlegte, erst durch Auf- und Abreiben auf den Treppenstufen und auf alle mögliche andere Art und Weise künstlich alt und abgetragen gemacht werden – sonst erschienen sie dem hohen Herrn zu stutzerhaft".*[11]

Der „Opapa"

Franz Joseph wird meist als phantasielos und bürokratisch dargestellt. Da er sich selten als Privatmann gab, war auch wenig von seinem Privatleben bekannt. Seine Kinder Gisela, Rudolf und Marie Valerie hatten ihn zum vierzehnfachen Großvater gemacht, und die Enkelkinder hatten ein weitaus weniger distanziertes Verhältnis zu ihm als seine eigenen Kinder. Er verbrachte vor allem viel Zeit mit den Kindern seiner Tochter Marie Valerie auf Schloss Wallsee in Niederösterreich, feierte mit ihnen Ostern und Weihnachten, kam aber auch gern zwischendurch ein paar Tage und genoss das harmonische und fröhliche Familienleben.

Vor allem aber liebte er die Rolle des „Opapas", wie ihn die Kinder nannten, spielte stundenlang mit den Kleinen, krabbelte mit ihnen auf dem Boden, spielte Verstecken oder „Hoppa, hoppa, Reiter" und aß gehorsam in der Puppenküche fabrizierte Phantasiegerichte. Valerie schrieb in ihr Tagebuch: *„Die Kinder sind seine größte Freude – er rollte sich sogar am Boden, Ella zulieb."*[12] Valerie war beinahe eifersüchtig, da sie sich immer so

Paar sah sich auch öfter, als zumeist dargestellt. Im Frühjahr trafen sie sich gemeinsam mit den Töchtern regelmäßig einige Tage in der Hermesvilla in Wien, einige Tage in Ungarn und im Sommer immer in Ischl. Im Frühsommer verbrachten sie außerdem einige Tage ganz privat an der Côte d'Azur. Elisabeth freute sich auf diese Treffen, reiste immer schon lange vorher an, um alles für Franz Joseph vorzubereiten, suchte neue, schöne Spazierwege, organisierte Ausflüge und gemütliche Abende, die sie ausnahmsweise ganz alleine verbrachten. Nach diesen harmonischen Tagen gingen sie wieder getrennte Wege …

einen Vater gewünscht hatte, der er damals aber noch nicht sein konnte. Ihre Kinder hatten keine Scheu oder übergroßen Respekt vor ihrem kaiserlichen Großvater – sie waren ausgelassen, kommandierten ihn herum und Valerie merkte, dass ihm genau das großen Spaß machte. In ihrem Tagebuch notierte Valerie: *„Es macht mich so traurig und doch vermag ich es nicht zu ändern, dass das Beisammensein mit Papa mir ein Zwang ist wie mit dem fremdesten Menschen. Die Kinder scheinen dies viel weniger zu empfinden und sind mit ihm vertrauter, als ich es jemals war. "*[13]

Franz Joseph hatte es unter dem Einfluss seiner Mutter verabsäumt, ein inniges Verhältnis zu seinen Kindern aufzubauen. Bei seinen Enkelkindern bemühte er sich nun, Versäumtes nachzuholen. So schweigsam und gedrückt Franz Joseph vor allem nach Elisabeths Tod im Beisein seiner Töchter war, so unbeschwert und fröhlich war er in Gesellschaft der Enkel, die ihm für ein paar Stunden ein spätes „Familienleben" ermöglichten.[14]

Das Ende einer Epoche

Die Ermordung des Thronfolgers Franz Ferdinand im Juni des Jahres 1914 führte in Ischl zur Unterzeichnung des Ultimatums, dann der Kriegserklärung an Serbien, womit Franz Joseph sein Reich in einen Weltkrieg führte, der den Zusammenbruch der Monarchie bringen und beinahe zehn Millionen Menschen das Leben kosten sollte. Kaiser Franz Joseph starb 86-jährig am 21. November 1916 in Schönbrunn. Sein Tod bedeutete das Ende einer Epoche.

Mit dem Untergang der Monarchie büßte Ischl seinen Rang als zweite Residenz des Habsburgerreiches ein, doch konnte es Teile des alten Glanzes bewahren, der in einer neuen Zeit zu neuen Höhen führte. Ausgerechnet die Neue Freie Presse, Lieblingsfeind des Ischler Betriebes, widmete sich diesem 1922 in einem Feuilleton „Ischl, ein Symbol" und interpretierte den Mythos neu: *„Ischl war ein Symbol des alten Österreich … Und Symbol ist Ischl auch nach dem Umsturz geblieben. Grundfalsch war die Prophezeiung, dass der Ort, der seit vielen Jahrzehnten die Sommerfrische der kaiserlichen Familie gewesen, nunmehr dem Untergang verfallen sei … "*

In den 1920er- und 1930er-Jahren konnte Ischl nochmals an die alte Zeit anschließen und wurde zur Operetten- und Musikhauptstadt Österreichs.

Nach 1938 war es mit dem Großteil des durch jüdische oder oppositionelle Künstler getragenen Kulturlebens unwiederbringlich vorbei. 1938 zerbrach – wie Friedrich Torberg anmerkte – die Monarchie endgültig und in den späten 1940er-Jahren verschwand ein Gutteil der Herkunftsländer des Ischler Publikums hinter dem Eisernen Vorhang.

Nun – über 50 Jahre später – haben sich die Umstände erneut dramatisch gewandelt und es besteht die Chance für Ischl und das Salzkammergut, in einem vereinten Europa von der Mitte des Kontinents aus zu agieren. Ausgehend von der Zugkraft der historischen Tradition und gepaart mit der Kompetenz des

21. Jahrhunderts besteht die Vision der Anknüpfung an eine Zeit, wo Ischl eine Größe im internationalen Orchester war.

Das „Kaiserwetter", das prächtige Sommerwetter als Pendant zum „Ischler Regen", entlässt den Besucher aus der Ausstellung.

1   Auernheimer, R., 1948: Das Wirtshaus zur verlorenen Zeit. – Wien, S. 139.

2   Braakenburg, J, 1979, (Hrsg.): Karl Kraus frühe Schriften 1892–1896. – München, S. 25.

3   Matz, W., (Hrsg.), 2005: Adalbert Stifter. Sämtliche Erzählungen nach den Erstdrucken. – München. Der Waldsteig, S. 750.

4   Berger, A., 1901: Buch der Heimat. – Wien, S. 125.

5   Schwarz, H., 1977: Salzburg und das Salzkammergut. – Wien, Salzburg, S. 40.

6   Vgl. Unterreiner, K., 2005: Sisi – Mythos und Wahrheit. – Wien.

7   Tagebuch Hugo Freiherr von Weckbecker, Archiv Wilhelm Weckbecker und Ergglelet.

8   Ebenda.

9   Conte Corti, E., 1952: Mensch und Herrscher. – Wien, S. 121.

10 Wallersee Larisch, Marie Louise von, 1935: Kaiserin Elisabeth und ich. – Leipzig, S. 27.

11 Ketterl, E., 1980: Der Alte Kaiser wie nur einer ihn sah. – Wien.

12 Schad, H. u. M., 2005: Marie Valerie von Österreich. Das Tagebuch der Lieblingstochter von Kaiserin Elisabeth. – München, S. 273.

13 Ebenda, S. 307

14 Vgl. Unterreiner, K., 2006: Kaiser Franz Joseph 1830–1916 – Mythos und Wahrheit. – Wien.

Literatur

Amery, J., 1980: Örtlichkeiten – Wien.

Auernheimer, R., 1948: Das Wirtshaus zur verlorenen Zeit. – Wien.

Berger, A., 1901: Buch der Heimat. – Wien.

Braakenburg, J, 1979 (Hrsg.): Karl Kraus frühe Schriften 1892–1896. – München.

Conte Corti, E., 1952: Mensch und Herrscher. – Wien. Berger, A., 1901: Buch der Heimat. – Wien.

Ketterl, E., 1980: Der Alte Kaiser wie nur einer ihn sah. – Wien.

Larisch-Wallersee, Marie Louise von, 1935: Kaiserin Elisabeth und ich, – Leipzig

Matz, W., (Hrsg.), 2005: Adalbert Stifter. Sämtliche Erzählungen nach den Erstdrucken. – München.

Neue Freie Presse, 1. 10. 1922.

Nostritz-Rieneck, G. (Hrsg.), 1967: Briefe Kaiser Franz Josephs an Kaiserin Elisabeth. – Wien.

Oellers, N. (Hrsg.), 1990: Nikolaus Lenau, Werke und Briefe. Bd. 6,1. – Wien.

Schad, H. u. M., 2005: Marie Valerie von Österreich. Das Tagebuch der Lieblingstochter von Kaiserin Elisabeth. – München.

Schwarz, H., 1977: Salzburg und das Salzkammergut. – Wien, Salzburg.

Unterreiner, K., 2005: Sisi – Mythos und Wahrheit. – Wien.

Unterreiner, K., 2006: Kaiser Franz Joseph 1830–1916 – Mythos und Wahrheit. – Wien.

Franz Gillesberger / Martina König / Michael Kurz / Wolfgang Quatember / Regina Reiz / Walter Rieder / Klaus Wallinger

Heimat – Himmel & Hölle

Migrationsgeschichte des Salzkammergutes – Eine europäische Wanderung vom 18. Jahrhundert bis heute

„Oft wurden auf die Frage nach der Heimat Erinnerungen genannt und dazu etwa der Ort beschrieben, an dem die Großmutter noch lebt, oder der am früh verlassenen Geburtsort (…) gerochene Duft von Zimt, Ingwer und Pfeffer oder der vom Geburts- und Wohnort vertraute Geruch von trockenem Straßenstaub nach einem Sommergewitter, wenn die Amseln zwitschern. Immer wieder ist Heimat ein Geruch, diese flüchtigste aller Sensationen. Immer wieder ist sie die Erinnerung an die unwiederbringliche Kindheit oder an andere Lebensabschnitte unwiederbringlichen Glücks. Und immer wieder klingt, was die Befragten über ihre Heimat sagen, als sagten sie es voller Heimweh."

Bernhard Schlink, Heimat als Utopie, 2000

Ebensee – Geschichte längs der Traun

Die Geschichte des Ortes Ebensee ist untrennbar mit „Salz" verbunden.

Wer Salz produzieren konnte, besaß Macht! „Weißes Gold" wurde und wird das Salz genannt. In den Habsburger Ländern waren es die Herrscher selbst, die die Salzgewinnung fest in ihren Händen hielten. Und dieses Faktum prägte die Orte des Salzkammergutes und ihre BewohnerInnen.

Doch kehren wir zu den Anfängen Ebensees zurück.

Die Entstehung und der Werdegang Ebensees bilden eine untrennbare Symbiose mit der Salzindustrie. Als im 16. Jahrhundert Böhmen, Ungarn und ihre Nebenländer aufgrund geheimer Erbschaftsverträge habsburgisch wurden, war plötzlich ein riesiggroßer Markt mit „kaiserlichem Salz" zu versorgen. Man suchte daher nach neuen Abbaustätten. 1591 ordnete Kaiser Rudolf II. an, man solle untersuchen, wie die Salzerzeugung auf das „höchste Ausmaß" gesteigert und so der immer mehr anwachsende Salzbedarf „auf dauernd gesichert" werden könnte. Eine zu diesem Zweck eingesetzte Kommission machte den Vorschlag, die Sole vom Hallstätter Salzberg nach Ischl und noch weiter bis zum Südufer des Traunsees zu leiten, wo ein neues Sudhaus errichtet werden sollte. Es sprach einiges für diesen Ort, der später „Ebensee" werden sollte:

1. Der große Waldreichtum dieser Gegend – Holz war ja zur Salzproduktion enorm wichtig – „Ohne Holz kein Salz",
2. die Ersparung der hohen Lieferkosten für das Sudholz aus dem Weißenbachtal traunaufwärts bis Hallstatt – dies war notwendig geworden, da die Wälder um Hallstatt bereits stark gelichtet waren,
3. die Rationalisierung der Salztransportkosten und

4. der wahrscheinlich entscheidende Vorteil, den Salztransport auf die sehr gefahrvollen oberen Traun zu vermeiden: Hier war es immer wieder zu Unglücksfällen gekommen und dabei eine nicht unbeträchtliche Menge Salz verlorengegangen (Der neuralgische Punkt dieses gefährlichen Abschnittes war der so genannte „Wilde Lauf(f)en".).

Der Vorschlag der Kommission fand bei Hof eine günstige Aufnahme. Rudolf II. ordnete am 15. August 1596 von seiner Residenz in Prag aus an, in Ebensee *mit Verleihung Göttlicher Gnaden ein Pfannen Sudt zu unserem sowol unseren Land und Leutten auch gemainen nutz zum besten an und aufzurichten* und die Sole von Hallstatt aus hin zu leiten. Diese Soleleitung stellt mit beinahe vierzig Kilometern die älteste Pipeline zumindest Europas dar! Dreizehntausend Bäume mit ziemlich gleichmäßiger Stärke wurden dazu verwendet. Diese Leitung wird von uns allen heute noch „Strähn" (von „Strang") genannt und ist ein beliebter Spazierweg.

Als sich zeigte, dass alles zur Zufriedenheit funktionierte, begann man *„Anno Ain Tausendt Sechshundert und Vier / under Kayser Rudolphi Secundi … Regierungszeitten"* mit dem Bau des Ebenseer Sudgeländes.

Nach nur dreijähriger Bauzeit wurde am 8. Februar 1607 das erste Salz gesotten! Die Geburtsstunde Ebensees!

Zur Zeit des Salinenbaus war Ebensee noch keine geschlossene Ortschaft. Es war *von lauter wildem Gepürg allseits umfangen* und es sind *nit mehrers' als kleine achtsame Häußl allhier gewesen.* Grund und Boden gehörten den Herrschaften Ort (Gmunden), Wildenstein (Ischl) und zum Großteil dem Benediktinerinnenkloster Traunkirchen (seit 1280), woran heute noch lokale Ortsbezeichnungen wie „Frauenweißenbach" erinnern.

Im Großen und Ganzen war der Flecken jedoch nur von ein paar Fischern und Holzarbeitern bewohnt. Aus diesem Grund holte man als Facharbeiter für das neue Werk die *maisten Phannhauser auß Haalstatt, sondern* (= besonders; Anm. F. G.) *auch vill Holtzknecht auß Aussee herüber.* Auch die Bewohner der weiteren Umgebung nahmen die neue Verdienstmöglichkeit bald wahr und ließen sich in Ebensee nieder. Es handelte sich also um die erste „Migration", die Ebensee betrifft, weshalb dieses Thema bei der Landesausstellung 2008 für unseren Ort passend ist. Das Ebenseer „Verwesamt" („verwesen" = verwalten; Anm. F. G.) förderte naturgemäß diese Entwicklung der Neuansiedlung und überließ den Zugezogenen Bauplätze, enthob sie von den verschiedenen Grundlasten und genehmigte

*Das 1970 abgetragene Metternich-Lobkowitz-Sudhaus. 1967
Foto: Sammlung Hans Loidl, Ebensee (Fotograf: Hans Vogl)*

ihnen, Holz zum Eigenbedarf, in erster Linie zu Heizzwecken, zu schlägern. Dieses „Servituts-Recht" hielt sich zum Teil bis heute. Jetzt noch gehen zahlreiche Ebenseer „ins Holz", um ihr Hausholz „zu machen".

Von Beginn an waren die Saline und damit der Ort von starkem Wachstum geprägt.

Dennoch kam es immer wieder zu extremen Notzeiten, etwa im Jahr 1774, als sich hundert Holzknechte, *mit ihren Familien zweihundertzwanzig Köpfe zählend, … aus dem oberösterreichischen Salzkammergut …, fast die Hälfte (vierzig Familien) stammt aus Langbath* (= Ebensee; Anm. F. G.), freiwillig zur Auswanderung in die Waldkarpaten (Ukraine) meldeten, um dort das Forstwesen für die damals ungarischen Salinen aufzubauen. Schlechter konnte es ihnen, so fern von der Heimat, ja auch nicht gehen!

Ein psychologisch sehr interessantes Licht auf die Lage der Ebenseer Salinenarbeiter wirft auch die so genannte „Faschingdienstagrevolte" des Jahres 1733. Seit „alters her" gab man den Ebenseer Arbeitern am Faschingdienstag-Nachmittag frei, bezahlte jedoch den Lohn für den ganzen Tag. Im Zuge großer

Sparmaßnahmen ließ man die Arbeiter nicht nach Hause, und das, um insgesamt sechzig Gulden zu sparen. Die Ebenseer verließen dennoch früher die Arbeit, versammelten sich vor dem Verwesamt, protestierten laut und drohten mit Gewalt! Es wurde ihnen nachgegeben und der Faschingdienstag-Nachmittag war wieder frei! Ist hier die Liebe der EbenseerInnen zum Fasching begründet?

Immer wieder kam es zu Hungersnöten, denn es war im Salzkammergut zu einem unumstößlichen Grundsatz geworden, dass am (ohnehin niedrigen) Lohngefüge nichts verändert werden darf. Man nahm lieber Zuflucht zu allen möglichen Aushilfen in Notzeiten, als die Bezahlung hinaufzusetzen.

Für die EbenseerInnen war der Bau der katholischen Kirche von großer Bedeutung. Am Beginn des 18. Jahrhunderts hatte Ebensee zirka zweitausend Einwohner, die in rund dreihundert Häusern lebten. Sie wurden seelsorgerisch vom Kloster Traunkirchen betreut, welches seit 1622 den Jesuiten gehörte. Es bestand zwar im Verwesamtsgebäude seit 1633 eine kleine Kapelle (heute noch zu besichtigen), in der an Sonntagen eine Messe gelesen wurde. Sie war jedoch viel zu klein und außerdem mussten die EbenseerInnen an hohen Feiertagen sowie zu Taufen, Trauungen, Begräbnissen etc. die beschwerliche Fahrt über den Traunsee nach Traunkirchen auf sich nehmen. Dabei war es immer wieder zu Unglücksfällen sogar mit Todesopfern gekommen. Die Johannesstatue an der Straße nach Traunkirchen erinnert zum Beispiel an diese Zustände. Nach einem länger als hundert Jahre dauernden „Kampf" mit Traunkirchen, das auf die pfarrlichen Einnahmen und Pfründen keineswegs verzichten wollte, und nach zahlreichen Bittschriften an den Kaiserhof war es endlich soweit: Am 20. September 1726 verständigte das Salzoberamt Gmunden das Ebenseer Verwesamt, dass Kaiser Karl VI. den Kirchenbau genehmigt habe. Als Baumeister wurde Johann Michael Prunner aus Linz verpflichtet. Nach dreijähriger Bauzeit nahm der Gmundner Dechant und Stadtpfarrer Josef Ehrenreich Graf von Seeau die Einweihung vor, und zwar am 4. November 1729, dem *Namenstage Kaiser Karls VI., des Stifters der Kirche.* Erst 1786 wurde Ebensee im Zuge der Pfarrneueinteilung Josephs II. zur selbstständigen Pfarre erhoben. Von der ursprünglich barocken Kirche ist heute, bedingt durch den Neubau des Turmes – der alte war 1835 bei einem Brand zerstört worden – und durch den völligen Umbau und die Vergrößerung 1910/11 beinahe nichts mehr erhalten.

Nach dem erwähnten Großbrand wurde die Saline am gleichen Ort wieder aufgebaut. An die beiden das Ortsbild stark prägenden Industriebauten an der Hauptstraße (Metternich-Lobkowitz-Werk; Schiller-Werk) können sich die älteren EbenseerInnen noch gut erinnern, wurden sie doch erst 1970 bzw. ab 1963 geschleift.

Ebensee war jahrhundertelang aufgrund seiner geographischen Lage nach Norden, also nach Gmunden, abgeschnitten. Es war trotz eines 1809 gebauten Weges entlang des Traunsees von Traunkirchen aus eigentlich nur über den See her erreichbar.

Jakob Alt (1789–1872), Ansicht des Ortes Ebensee. Ölgemälde. 2. Viertel des 19. Jahrhunderts   *Foto: OÖ. Landesmuseen*

Dass es dabei immer wieder zu schlimmen Unglücksfällen gekommen war, wurde schon erwähnt. Dies änderte sich erst mit dem Bau einer sogenannten „Kunststraße" zwischen Ebensee und Traunkirchen. Am 3. August 1861, nach fünfjähriger Bauzeit, wurde sie dem Verkehr übergeben. Ein Heer von Arbeitern, darunter auch zahlreiche Ebenseer, fand bei diesem Bau eine Verdienstmöglichkeit.

In diese Zeit fiel auch eine entscheidende Verbesserung der Transportmöglichkeiten, das Ebenseer Salzwesen betreffend: der Bau der „Kronprinz-Rudolf-Bahn". Sie war in erster Linie für den Transport des weißen Goldes konzipiert, erst in zweiter Linie als Fremdenverkehrsbahn. Der Bahnbau in unserem Bereich war ziemlich aufwändig durch zahlreiche Talübergänge und Tunnels, sodass sehr viele Arbeiter beschäftigt wurden. Es waren bis zu fünftausend, davon ein großer Teil Italiener, vor allem aus Friaul, die seinerzeit als wahre Pioniere des Straßen- und Bahnbaus in schwierigem Gelände galten. Zum Teil hatten sie auch ihre Familien mit, wie anhand alter Fotografien ersicht-

lich ist, die dokumentieren, wie ihnen ihre Frauen und auch Kinder das Essen auf die Baustelle bringen.

Am 18. Oktober 1877 wurde die neue Bahn ihrer Bestimmung übergeben und sie brachte für das Salinenwesen eine geradezu revolutionäre Umstellung, war es doch durch die günstige Transportmöglichkeit nun ökonomisch, den Salzsud gänzlich auf Kohlenfeuerung umzustellen. Die Kohle kam aus dem Hausrucker Braunkohlerevier. Diese Umstellung bedeutete allerdings für Hunderte Ebenseer Holz- und Waldarbeiter den Ruin! Sie waren mit einem Schlag ohne Arbeit und damit ohne Einkommen! Jetzt rächte sich die einseitige wirtschaftliche Ausrichtung, die über Jahrhunderte das Kammergut geprägt hatte, bitter. Auch der Salztransport über den See war nun überflüssig, sodass zahlreiche „Schöffleute" ebenfalls arbeitslos wurden. Das gesamte Salzkammergut, aber ganz besonders Ebensee, war nun ein *wirtschaftliches Notgebiet* geworden!

Neben zynischen und menschenverachtenden Vorschlägen – wie: „Die arbeitslosen Ebenseer Holzknechte sollen doch So-

Typisches Siedlerhaus in Deutsch-Mokra   Foto: O. Moser

Skizze eines Koliwn (Holzhauerhütte). Aus: Schmid-Egger,
Hans: Deutsch-Mokra – Königsfeld, 1973

cken stricken und sie am Gmundner Wochenmarkt verkaufen!" – gab es auch ernsthafte Überlegungen, Ersatzarbeitsplätze nach Ebensee zu bekommen. Es gelang nur langsam und zögerlich. Vorausschauend war bereits 1872 die Uhrenfabrik der Gebrüder Resch errichtet worden, die tatsächlich viele Arbeiter einstellte. Ab 1885 war sie im Besitz der Wiener Firma Junghans.

Für den Ort und seine Bewohner wichtiger war aber die Gründung der „Ammoniak-Soda-Fabrik" durch die Brüder Solvay im Jahre 1883. Die „Ebenseer-Solvay-Werke" wurden als Arbeitgeber für die ganze Region von großer Bedeutung! Umso kräftiger fiel der Schlag aus, als die „Sodafabrik" 2005 die Sodaproduktion einstellte! Wieder waren zahlreiche Familien ohne Einkommen: Ein Schock, von dem sich unser Ort erst langsam erholt!

Die Jahre 1868 bis 1912 brachten die Konstituierung zahlreicher politischer Vereine, Gewerkschaftsgruppen und Sozialvorsorgeeinrichtungen, *die Ebensee schon vor der Jahrhundertwende (zum) Zentrum der Arbeiterbewegung, sowohl der sozialdemokratischen als auch der christlichen,* machten. Zum Beispiel entstanden bereits 1868/73 der „Konsumverein", der später auch einige Filialen besaß, und 1883 der „Katholische Arbeiterverein Roith".

Am Ende des 19. Jahrhunderts (1897–1899) begann durch den Bau des „Ritter von Biliński-Sudwerks" – Leon Biliński war Finanzminister – die Verlegung des Salinen-Betriebes auf die rechte Traunseite, und zwar auf das 1894 von der Saline erworbene „Kochfeld". Im Jahre 1907 wurde am Frauenweißenbach ein „Elektrizitätswerk" (Kraftwerk) eröffnet, das heute noch in Betrieb ist. Von 1906 bis 1953 diente eine „forstärarische Schmalspurbahn" vom Offenseegebiet bis zur Haltestelle Steinkogel der „Kronprinz-Rudolf-Bahn" (später „Salzkammergut-Bahn") vor allem zum Transport von Holz.

In den Jahren 1909/10 wurde am rechten Traunufer ein weiteres Sudhaus, das „Dr. Meyer-Werk", errichtet (Auch Dr. Robert Meyer war Finanzminister.).

1910 begann eine Spinnerei, gegründet von Anton von Porak aus Trautenau, mit der Einstellung von Arbeitern.

An der Wende vom 19. zum 20. Jahrhundert war aus dem ehemaligen „Flecken" ein recht ansehnlicher Ort mit 7.659 Einwohnern geworden. Der Erste Weltkrieg brachte dann auch für Ebensee große Umwälzungen mit sich! Mit der Fortdauer des Krieges wandelte sich jedoch der anfängliche Hurra-Patriotismus in eine Tristesse. Für viele EbenseerInnen waren Hunger und Not wieder einmal zum Alltäglichen geworden. Vor allem das Jahr 1917 brachte eine große Hungersnot.

Die Erste Republik und die Zeit der Nazi-Herrschaft werden in einem gesonderten Kapitel behandelt.

Ein Ort im Wandel

Nach 1945 veränderte der Ort ziemlich schnell sein Aussehen, und vor allem die Sechziger- und Siebzigerjahre des vorigen Jahrhunderts brachten einen völligen Wandel des Ortsbildes.

An der Stelle der alten Sudhäuser „Metternich-Lobkowitz-Werk" und „Schiller-Werk" entstand das Gemeindezentrum mit Marktgemeindeamt, Rathaussaal, Hallenbad und Rathauspark. Zur gleichen Zeit wurde die Umfahrungsstraße gebaut, die den Ortskern vom immer stärker werdenden Durchzugsverkehr befreite.

Am 31. August 1979 wurde im Ortsteil Steinkogel die neue Großsaline eröffnet. Die Anlagen am rechten Traunufer waren somit „überflüssig" geworden und wurden 1985 abgebrochen. An ihrer Stelle wurde das neue Bezirksseniorenheim errichtet, das im April 2002 bezogen wurde.

Durch zahlreiche ehrgeizige Initiativen ist es der Marktgemeinde Ebensee in der letzten Zeit gelungen, eine Trendwende einzuleiten und den Strukturwandel positiv zu gestalten. Vor allem mit dem Projekt „Feuerkogel Neu" kann sich Ebensee als Tourismusgemeinde neu positionieren, die Salinen Austria haben mit ihren engagierten Investitionen in die Ebenseer Fabrikation einen entscheidenden Impuls für die heimische Wirtschaft gesetzt und der Industriepark Solvay hat sich als Standort für unterschiedlichste Betriebe etabliert.

Das Salinenverwesamt als Ausstellungsstandort

Das Gebäude, das den Ebenseer Beitrag zur Oberösterreichischen Landesausstellung 2008 beherbergt, wurde 1604 als „Verwesamt" der neu gegründeten Saline errichtet. Bis zur Auflösung des Gmundner „Salzamtes" und der angeschlossenen Verwesämter (1850) diente es als Sitz des Salinen-Verwesers (= Verwalters). Der Verweser war ein mächtiger Mann: Gerichtsherr, Grundherr, Religionsherr, Arbeitgeber. Diese Macht symbolisierte das Gebäude durch sein weithin sichtbares Vollwalmdach, das damals nur bestimmten Häusern vorbehalten war.

Heute noch klingt die einstige Bedeutung durch, denn die alten EbenseerInnen bezeichnen die Stiege, die zum Verwesamt führt, als „Hofratsstiege".

Ab 1850 war es Wohnhaus vor allem des Salinendirektors.

1979 wurde das Heimatmuseum als Vorläufer des heutigen museum.ebensee in seinen Räumen installiert. Erster Kustos war Franz Stadler. Nach der Adaptierung für die Landesausstellung eröffnet es im Haus 1 Jänn

HEIMAT – Himmel & Hölle

Einleitung

Die Ausstellung zum Thema Heimat – Himmel & Hölle in Ebensee gibt einen Einblick in das Migrationsgeschehen im oberösterreichischen Salzkammergut über eine Zeitspanne von mehreren Hundert Jahren. In dieser Zeit sind viele Menschen ausgewandert, um anderswo eine neue Heimat zu finden. Andererseits sind Leute aus den unterschiedlichsten Gründen hierher gekommen, um sich niederzulassen.

Zum besseren Verständnis werden einige Begriffe erklärt, um Licht auf mögliche Ursachen und Hintergründe der Migration zu werfen.

Heimat und Fremde

Zu Beginn steht die Frage, was *Heimat* bedeutet. Historisch gesehen hat Heimat eine sehr existentielle Bedeutung. Im 19. Jahrhundert zählte die „Heimatberechtigung" neben der Staatsbürgerschaft zu den wichtigsten juridischen Eigenschaften einer Person. Der „Einheimische" unterschied sich vom „Fremden" durch gewisse Rechte in der Heimatgemeinde (z. B. Aufenthalts- und Bleiberecht, Versorgung im Armutsfall). Der „Fremde" konnte im Fall von Kleinkriminalität oder bei Verarmung aus der Aufenthaltsgemeinde abgeschoben werden. Erst ab 1902 konnte man nach langjährigem Aufenthalt das Heimatrecht in einer Gemeinde erwerben. (Vgl. John in: Böhler 1996: 198 f.)

Heute trennt das Staatsbürgerschaftsrecht den „Einheimischen" vom „Fremden" zumindest in juristischer Sicht, denn für viele Migranten ist Heimat nicht der „gewöhnliche Aufenthaltsort".

Heimat bezeichnet zunächst nicht einen konkreten Ort (Landschaft, Gemeinde …), sondern die Identifikation mit und die individuelle Einstellung zu einem solchen und der dort ansässigen Gesellschaft. Gegenüber der *Fremde* wird *Heimat* im utopischen Sinne auch als der noch herzustellende Ort in einer Welt jenseits der Entfremdung verstanden.

Gegen das „Fremdsein" in der neuen Heimat organisieren sich manche Zuwanderer zum Beispiel in Vereinen, um weiterhin ihre Kultur und Sprache zu pflegen, was das Wohlfühlen in der neuen Situation bestärkt.

Bei der Identifikation mit *Heimat* spielen auch Faktoren, die die Aufnahmegesellschaft selbst betreffen, eine wesentliche Rolle. Stößt der Migrant auf Fremdenfeindlichkeit, kann er keine positive Einstellung zur Aufnahmegesellschaft entwickeln. Reagiert diese aber positiv auf den Zuwanderer, so ist dieser motivierter bei der Eingliederung in die neue Gesellschaft.

Darüber hinaus beeinflussen auch die Umstände, die zum Verlassen des Vaterlandes geführt haben, die Assimilations- oder Integrationsbereitschaft des Migranten.

Dabei reicht die Spannweite von Assimilation, wobei der Immigrant sich sowohl Sprache als auch Kultur und Wertorientierung der Aufnahmegesellschaft aneignet, über Akkulturation (einer Anpassung, die auch nur oberflächlich sein kann) bis hin zu Integration (Eingliederung in die Gesellschaft ohne der Notwendigkeit, die eigene Sprache oder Kultur aufzugeben).

Ob ein Migrant seine neue Heimat als Himmel oder Hölle erlebt, hängt auch davon ab, wie sehr seine Vorstellungen, die er von der neuen Situation hatte, und die Ziele, die er erreichen wollte, sich von der Realität unterscheiden.

Migration

Das Wort *„migrare"* stammt aus dem Lateinischen und bedeutet soviel wie wandern, wegziehen, Wanderung (Emigration = Auswanderung, Immigration = Einwanderung).

Bei internationalen statistischen Erhebungen wird erst von Migration gesprochen, wenn der Wohnortwechsel sich auf einen Zeitraum von mehr als fünf Jahren erstreckt. (Han 2000: 7) Zu unterscheiden sind Binnenwanderung (innerhalb eines Nationalstaates, von einer politischen Gemeinde in eine andere) und internationale Wanderung (zwischen zwei Nationalstaaten). (Han 2000: 9 f.)

Nicht erfasst wird, ob jemand freiwillig oder unfreiwillig migriert. Zu den unfreiwilligen Migranten zählen die Vertriebenen und Flüchtlinge.

Flüchtlinge

Das sind Menschen, die aufgrund tatsächlicher oder vermeintlicher Bedrohung für Leib und Leben (Kriege mit anderen Staaten, Bürgerkriege, religiöse, politische oder rassenbedingte Verfolgung) ihren ursprünglichen Wohnsitz vorübergehend oder dauerhaft verlassen und anderswo Zuflucht suchen. (Art. 1 Kapitel A Nr. 2 der GFK in: Han 2000: 78)

Ursachen von Migration

Die Ursachen für Migration werden mit Hilfe verschiedener Theorien untersucht. Die bekanntesten sind die Push- und Pull-Modelle, die „Community"-Theorien, der Weltsystemansatz und Theorien über Kettenmigration.

Der **Weltsystemansatz** von Immanuel Wallerstein sieht die Gründe für internationale Migration in der Globalisierung der kapitalistischen Wirtschaft.

Die Welt ist in wirtschaftlich hochentwickelte Zentren und wirtschaftlich relativ unterentwickelte Peripherien geteilt. Durch die Investition von Kapitalüberschüssen der Zentren in die peripheren Regionen findet dort ein struktureller Umbruch statt. Zuvor ländliche Gebiete mit rückständiger Agrarwirtschaft werden von einer Welle der Mechanisierung und Massenproduktion überrollt. Die Sozialbeziehungen, die auf gegenseitige Hilfe ausgelegt waren, werden von ökonomischen Tauschbeziehungen abgelöst.

Menschen und Arbeitskräfte werden dadurch von ihren traditionellen Lebensformen und sozialen Bindungen freigesetzt. Diese Freisetzung bildet den Hintergrund zur regionalen und internationalen Migration. (Han 2006: 210 f.)

Die **Push- und Pull-Modelle** befassen sich mit den Faktoren des Herkunfts- beziehungsweise des Ziellandes des Migranten. Sogenannte „Push-Faktoren" (Druckfaktoren) oder abstoßende Momente des Herkunftslandes können sein: Verfolgung aus politischen, religiösen oder rassisch bedingten Gründen, wirtschaftliche Krisen, zwischenstaatliche Kriege, Bürgerkriege, Umwelt- und Naturkatastrophen, Überbevölkerung, drohende Arbeitslosigkeit usw.

Zu den „Pull-Faktoren" (Sogfaktoren) zählen die Bedingungen des Aufnahmelandes, die die Migranten zur Einwanderung motivieren oder anreizen, wie: politische Stabilität, demokratische Sozialstruktur, religiöse Glaubensfreiheit, wirtschaftliche Prosperität und bessere Ausbildungs- und Verdienstmöglichkeiten usw.

Migration ist ein komplexer Prozess, der es schwierig macht, zwischen freiwilliger und unfreiwilliger Migration zu unterscheiden. Meist ist eine Mischung aus objektiv zwingenden, exogenen Faktoren und subjektiv unterschiedlich begründeten Entscheidungen Ursache von Migration. Wie aussagekräftig die Push- und Pull-Theorie ist, bleibt für den Einzelfall zu prüfen, da Migranten ihre Migrationsentscheidungen nicht immer rational treffen, sondern sich von sozialen und emotionalen Bindungen (Verwandte, Freunde) leiten lassen. Für Migranten sind soziale und emotionale Sicherheit oft wichtiger als der ökonomische Vorteil. (Han 2000: 14 f.)

Unter **Kettenmigration** wird eine besondere Art der Migration verstanden, die dadurch hervorgerufen wird, dass bereits Ausgewanderte persönlich oder durch Informationen, Erfolgsberichte, Erzählungen in Briefen Familienangehörige oder Bekannte dazu motivieren, ebenfalls auszuwandern, und dabei sogar Hilfestellungen (Information, Geld) leisten. (Han 2000: 12 f.)

Auswanderung von Fachleuten im 18. Jahrhundert in viele Länder der Monarchie

Gründe der Auswanderung im 18. Jahrhundert

Eine der Ursachen waren die Reformen des Salzwesens durch den Salzamtmann Johann Georg Freiherr von Sternbach.

Sternbach – er war Salzamtmann von Dezember 1743 bis 1765 – hat die Gesamtkosten der Salzproduktion von jährlich 471.226 Gulden (fl) im Zeitraum 1738 bis 1740 auf 360.956 fl in dem Zeitraum von 1750 bis 1752 gesenkt. (Schraml: 1934) Das ist rund um ein Viertel. Und er senkte die Kosten, so wie man heute Kosten senkt, durch Personalabbau! Die zweite Variante heutiger Senkung von Produktionskosten, die Auslagerung von einfachen Arbeitsvorgängen in Niedriglohnländer, war zu seiner Zeit noch nicht üblich. Sie ist eine „Errungenschaft" der gegenwärtigen Globalisierung.

Viele Arbeiter, die durch Sternbachs Reformen arbeitslos geworden waren, blieben das für längere Zeit. Einige fanden Beschäftigung beim (Salz-)Straßenbau zwischen Linz und Budweis, andere versuchten durch Wollspinnerei zu (geringem) Verdienst zu kommen. Junge Männer wurden zum Militär eingezogen, da die bis dahin übliche Befreiung aufgehoben worden war. Die Stimmung bei der Bevölkerung war schlecht!

Weitere Auswanderungsgründe

Es gab natürlich auch noch weitere Gründe, die Teile der Bevölkerung des Kammergutes auswanderungsbereit machten. Klemens Ludwig fasst die Auswanderungsgründe recht prägnant

Deutsch-Mokra, 2000

zusammen, er schreibt, *dass Auswanderungswellen aufgrund wirtschaftlicher Verelendung oder Verfolgung oder gezielter Anwerbung zur Kolonisierung bestimmter Landstriche stattfinden.* (Ludwig 1981: 24) Das waren und das sind Ursachen von Bevölkerungsbewegungen. Nur sehr wenige Menschen verlassen ihre Heimat aus Abenteuerlust, für alle anderen gelten recht triftige Gründe. Die gab es auch für die Salzkammergutauswanderer des 18. Jahrhunderts.

Im Verlaufe des 17. Jahrhunderts erfolgte im Kammergut eine positive Bevölkerungsentwicklung, was dazu führte, dass im 18. Jahrhundert ein beträchtlicher Arbeitskräfteüberschuss aufzuweisen war. Eine der Ursachen dieser Überbevölkerung beschreibt Steiner so: *Die zu große Vermehrung der Population lag aber auch größtentheils darin, daß ehemals Alles heurathen durfte, wenn es auch nicht Vermögen, Haus oder Feldgründe hatte, und mit ihrer Lebensmöglichkeit nur auf den Bezug des ärarialischen Familienkorns und Schmalzes hinweisen konnte; ...*

Nicht alle arbeitsfähigen Männer konnten weiterhin am Salzberg, in der Saline, im Wald, als Flusszimmerleute, im Schiffsbau oder bei der Salzfertigung (= Salzverpackung und -verschiffung) Beschäftigung finden, denn dort bestand schon ein ansehnlicher Mitarbeiterüberhang. (Schraml 1932: 395 u. 455) Der Salzamtmann, Baron Johann Georg Sternbach, stellte das Gleichgewicht zwischen Arbeitskräftebedarf und Bedarfsdeckung wieder her, was zu einer erheblichen Mannschaftsverringerung (= Arbeitslosigkeit) führte.

Nun war aber schon die wirtschaftliche Lage der beim Salzwesen direkt Beschäftigten (Bergleute und Pfannhauser) sowie der indirekt Beschäftigten (Holzknechte sowie Bedienstete beim Schiffsbau, in der Fertigung) nicht gerade rosig und in Zeiten von periodisch eintretenden Teuerungen zeitweise katastrophal, weil die Löhne nicht oder nur ungenügend den Teuerungen angepasst wurden. Der Mannschaftsabbau steigerte die Not vieler, teilweise in unvorstellbare Zustände.

So schreibt Jakob A. Weber 1789 über einen Besuch in der Saline Ebensee: *Vom Schiffe aus bis zur Herberge trug mich der Weg an dem Siede=Hause hart vorbei. Ich konnte aber durch die Thüre hinein, wegen der Menge der Dünste auf 5–6 Schritte nichts erkennen. Der Dunst=Kreis war ohnehin von Dünsten Angefült, und diß mag wohl die Ursache seyn, daß die Luft um das Gebäude herum voll sichtbarer Dünste blieb. Aber nun will ich meinen Lesern erzählen, was ich da gehört, und gesehen habe.*

… Im Eintritt kamen mir schon von aussen und innen des Gebäudes Menschen für die Augen, denen Krankheit und Tod auf den eingefallenen Wangen gemalt war.

… Der Hunger und das Elend schaute diesen armen Menschen so zu sagen, aus den Augen heraus.

Wie kann es auch anders seyn? Ihr Lohn ist täglich zwölf Kreuzer, und dafür arbeiten sie des Tages sechs Stunden und des Nachts eben so lange Zeit. Dabei sind sie immer in einem Dunst=Kreis, der einem ewigen Nebel gleicht. Und wo kann der Mann, der Weib und Kinder zu ernähren hat, und der zuweilen mit einer Krankheit heimgesucht wird, mit dieser Löhnung, wo zumalen in dieser Gegend alles theuer ist und im hohen Preis steht, genug essen? Vom Trinken will ich nicht sprechen.

… Kömt ein Fremder, das aber selten geschiehet, alsdann haben sie einen besseren Tag, alsdann können sie auch eine gute Suppe essen, und noch eine Kanne Bier, oder gar eine halbe Wein trinken; wenn anders der Fremde grosmüthig genug ist, seinen Beutel zu öfnen.
(Weber 1789: 11–14)

Wie weit Webers Beschreibung zutreffend und zu generalisieren ist, bleibt dahingestellt.

Das Elend derer, die keine direkte oder indirekte Beschäftigung im Salzwesen fanden, ist uns Heutigen unvorstellbar. Es kam immer wieder zu Hungersnöten, denen das Salzamt mit Lebensmittelabgaben (zum Beispiel Hofkorn und Hofschmalz) zu begegnen versuchte, nur um die Löhne nicht erhöhen und dadurch die Einkünfte des Herrscherhauses durch das Salzregal schmälern zu müssen.

Das ist der Hintergrund dafür, dass einerseits sich ein deutlicher Überhang von Dienstnehmern in allen Betriebsteilen entwickelte. Jeder trachtete, in den „ärarischen" Dienst zu kommen, denn dort erhielt man zwar nicht viel, das aber relativ sicher, wenn oft auch nach wochenlangen Verzögerungen! Andererseits waren aus diesem Grunde auch viele bereit, ihr Brot anderswo zu suchen, wenn die „Bedingnisse" (= Bedingungen) auch nur annähernd ein Auskommen versprachen. Zumeist wurde auch, und das zuweilen schriftlich, mehr versprochen, als hinterher eingehalten wurde, was anhand der Auswanderer nach Deutsch-Mokra belegt werden kann. (Schmid-Egger 1973: 35)

Im vielen Teilen der Monarchie waren Holz- und Salinenfachleute gefragt. Durch günstige Arbeitsverträge wurden Hunderte verlockt, ihre angestammte Heimat zu verlassen. Besonders die an Kenntnissen und Erfahrungen reichen Forstleute des Salzkammergutes waren begehrte Wald- und Holzmeister, Holzknechte, Köhler und Flößer im Waldwesen anderer Kronländer.

Über jeden Besuch von Mitgliedern des Kaiserhauses hat man ganz genau „Buch geführt"! Die Geschichtsdarstellungen des Kammergutes sind davon voll. Leider fühlte man sich bei der Abwanderung von Hundertschaften nicht bemüßigt, genaue Aufzeichnungen zu erstellen. Es handelte sich ja nur um Untertanen, um niederes Volk! Diesbezügliche Unterlagen sind sehr verstreut und oft kaum oder nur zufällig aufzufinden, sie haben keinen Eingang in die Geschichtsbücher gefunden.

Alle, die einzeln oder in kleinen Gruppen weggingen, waren spätestens in der zweiten Generation assimiliert. Es wanderten aber auch größere Gruppen aus, die in ihrer neuen Heimat in geschlossenen Siedlungen lebten, Religion, Sprache und Kultur bis zur Katastrophe der Vertreibung 1944/45 bewahrten, so etwa in Deutsch-Mokra und Königsfeld (Ukraine), in Oberwischau, Steierdorf und in Franzdorf (Rumänien).

In einigen der Aussiedlerorte leben Nachkommen der Auswanderer aus dem 18. Jahrhundert bis zum heutigen Tag, wie zum Beispiel in Deutsch-Mokra und Franzdorf, oder wenn die Neusiedlungen mit anderen deutschsprachigen Ansiedlern gemeinsam gebildet wurde, wie in Steierdorf-Anina und Oberwischau, in den Traditionen ihrer alten Heimat oder kaum assimiliert. Die meisten der einzeln oder in kleinen Gruppen Auswandernden aber waren spätestens in der dritten Generation von der Mehrheitsbevölkerung assimiliert und es finden sich heute kaum noch Spuren von ihnen.

Vertreibung der jüdischen Bevölkerung des Salzkammerguts (1938–1945)

Juden im Salzkammergut

Im Salzkammergut leben im Jahr 1938 zahlreiche, seit Jahrzehnten ansässige jüdische Familien. Viele sind katholisch getauft. In den städtischen Zentren Gmunden, Bad Ischl und in der Region um Bad Aussee bilden sich zu Beginn des 20. Jahrhunderts kleinere jüdische Gemeinden. Neben den permanent Ansässigen erwerben auch Juden aus Wien im Salzkammergut Sommerdomizile. Unter ihnen sind viele Künstler, beispielsweise die Lehár- und Kálmán-Librettisten Julius Brammer, Alfred Grünwald und Fritz Beda-Löhner.

Jüdisches Schicksal ab 1938

Unmittelbar nach der Machtübernahme der NSDAP (Nationalsozialistische Deutsche Arbeiter Partei) in Österreich, setzt die Verhaftung, Diskriminierung und Ausschaltung der Juden aus dem sozialen und wirtschaftlichen Leben ein. Viele männliche Juden, die bis zum Frühjahr 1940 nicht auswandern können oder sich in Sicherheit glauben, werden in eines der 30 Zwangsarbeitslager für Juden innerhalb der „Ostmark" eingewiesen, zum Beispiel in das „Lager Traunsee" in Traunkirchen. Die Juden werden hier als billige Arbeitskräfte im Straßenbau eingesetzt.

Ab Herbst 1941 beginnen die großen Massentransporte in Ghettos, Konzentrations- und Vernichtungslager. Die Zahlen sprechen eine erschütternde Sprache:
– 90 Prozent aller österreichischen Emigranten zwischen 1938 und 1945 sind Juden
– 1938 leben in Österreich etwas mehr als 200.000 Juden:
  130.000 können emigrieren
  5.000 überleben zum Teil als „U-Boote" in der Heimat
  65.000 werden ermordet

„Arisierung"

Nach dem „Anschluss" am 12. März 1938 erfolgen die so genannten „wilden Arisierungen". Jüdisches Eigentum wird geplündert und Anhänger der NSDAP bereichern sich am jüdischen Besitz. Um das jüdische Vermögen für den NS-Staat zu sichern, wird in Bad Ischl ein „Verwalter für den Jüdischen Besitz" eingesetzt. Die jüdischen Eigentümer werden mit Drohungen unter Druck gesetzt und zum Verkauf ihrer Liegenschaften weit unter dem wahren Wert gezwungen. Über den Verkaufserlös können die Enteigneten nicht frei verfügen. Nach Abzug von Abgaben und Steuern reduziert sich die Summe auf ein Minimum. Für viele jüdische Familien fehlt somit das Geld für die erhoffte Emigration ins sichere Ausland.
In Bad Ischl sind es mehr als 80 Liegenschaften, in Bad Aussee rund 60 und mindestens ebenso viele in Gmunden, die auf diese Weise den rechtmäßigen Eigentümern entzogen werden.

Wiedergutmachung nach 1945?

Alle in der NS-Zeit zustande gekommenen Rechtsgeschäfte werden per Gesetz im Mai 1946 für nichtig erklärt. Von der Republik Österreich wird durch Rückstellungsgesetze versucht, die enteigneten jüdischen Eigentümer wenigstens materiell zu entschädigen und entzogenes Vermögen rückzuerstatten. Bürokratische Hürden und hohe Kosten für Anträge aus dem Ausland führen in den meisten Fällen zu Vergleichen. Oft ist eine Rückstellung nicht mehr möglich, da die früheren jüdischen Eigentümer und ihre Angehörigen ermordet wurden. Nur wenige überlebende Juden kehren in ihre österreichische Heimat zurück. Einladungen seitens der österreichischen Regierung werden lange Jahre nicht ausgesprochen.
Bis heute ist nicht das gesamte geraubte jüdische Vermögen an die Leben rückerstattet.

Jüdische Flüchtlinge im Salzkammergut (1945–1948)

Jüdische Flüchtlinge in Österreich

Nach dem Verbrechen der Nationalsozialisten am jüdischen Volk, das sechs Millionen Menschen das Leben gekostet hat, sind die überlebenden Juden völlig entwurzelt und heimatlos. Die judenfeindliche Haltung ist auch nach dem Zweiten Weltkrieg noch deutlich spürbar und so sehen viele Juden die einzige

Sigmund Berger, jüdischer Apotheker in Ebensee, emigrierte 1939 nach England. Er kam auf der Überfahrt von Australien nach England durch Torpedobeschuss um.

Fotos: Archiv M. Daxner

Sigmund Berger (re.) war begeisterter Schachspieler.

Chance darin, in Palästina, den USA oder Kanada ein neues Leben zu beginnen. Das hat eine Fluchtbewegung Richtung Westen zur Folge. Mehr als 200.000 Juden stehen vor der paradoxen Situation, in Deutschland und Österreich, jenen Ländern, die die Verbrechen an den Juden zu verantworten haben, in Camps auf ihre Ausreise zu warten oder illegal über die Grenze nach Italien zu fliehen. Die bloße Anwesenheit der Juden konfrontiert die deutsche und österreichische Bevölkerung mit den begangenen Verbrechen am jüdischen Volk und verhärtet die Fronten. In den von der UNRRA betreuten Lagern leben die Juden mehrere Jahre in einer Übergangssituation. Sie werden von den US-Behörden „Displaced Persons" („vertriebene, heimatlose Personen") genannt.

Die Internationale Hilfsorganisation **United Nations Relief and Rehabilitation Administration (UNRRA)** war während des Zweiten Weltkrieges auf Initiative der USA, der Sowjetunion, Großbritanniens und Chinas gegründet worden. Nach Kriegsende wurde sie von der UNO übernommen. Hauptaufgabe der UNRRA war die Unterstützung der Militäradministration bei der Rückführung der „Displaced Persons" in ihre Heimatländer.

120.000 „landfremde Personen" im Bezirk Gmunden

Weite Teile Oberösterreichs werden auch wegen der zahlreichen Standorte früherer KZ-Lager zum Zentrum der Fluchtbewegung. Nach Kriegsende befinden sich kurzfristig rund 1.000.000 Nicht-Oberösterreicher im Bundesland, 280.000 von ihnen sind überlebende Zwangsarbeiter und KZ-Häftlinge. Im Bezirk Gmunden werden im Sommer 1945 120.000 „landfremde Personen" gezählt, alleine in Bad Ischl fast 40.000.

Dazu kommen 1946 und 1947 noch tausende vor Pogromen in Polen fliehende Juden. Sie alle werden von der UNRRA, die jüdischen Camps auch vom „American Jewish Joint Distribution Committee" (AJDC), einer jüdischen Hilfsorganisation, betreut. Jüdische „Displaced Persons" bringen die US-Militärbehörden von den übrigen Flüchtlingen getrennt unter.

Aus dem Salzkammergut nach Nordamerika

In der Mitte des vorvorigen Jahrhunderts verließen viele Familien ihre Heimat und zogen nach Nordamerika. Meist war es wirtschaftliche Not, die sie zwang, ihr angestammtes Tal zu verlassen. Vor allem die Strukturkrise der Saline anfangs des Jahrhunderts, wo zahlreiche Arbeitsplätze abgebaut wurden (Wie sich die Zeiten doch gleichen!), brachte manchen an den Bettelstab.

Bevor es in unserer Gegend Fremdenverkehr gab, war die gesamte Wirtschaft auf die Saline ausgerichtet. Das Salzkammergut wurde wie eine Firma geführt. Die Leitung oblag dem Salzoberamt in Gmunden, das dem Kaiser unterstellt war. Die Gewinnung des Salzes war ein gutes Geschäft und füllte die sonst chronisch leeren Taschen der Habsburger, dementsprechend schaute der jeweilige Souverän auf sein Kammergut.

Zu Anfang des 19. Jahrhunderts herrschte Hochkonjunktur bei der Saline. Pfarrer Kästner schreibt dazu in seiner Chronik im Jahre 1804: „Alles, was Hände hatte und Arbeit suchte, fand sie bei der Saline. Das Salz wurde immer mehr und mehr gesucht. Angelegenheit, etwas zu verdienen, fehlte es keinen Tag. Mancher Sonn- und Feiertag musste zu Hilfe genommen werden, um nur mit den vielen Geschäften fertig zu werden."

In dieser Zeit stieg die Bevölkerung enorm an. Waren es um 1800 beispielsweise 3.200 Personen, die in Goisern lebten, wuchs die Kopfzahl bis zum Jahre 1840 auf über 4.000 an. Innerhalb von vier Jahrzehnten um ein Drittel mehr Menschen zu versorgen! Die Geburten waren hoch, die Sterbefälle zufolge besserer Ernährung und Medizin geringer.

Viele fanden danach nicht mehr den erhofften Arbeitsplatz in den Salinenbetrieben. In den 1820er-Jahren übernahm ein neuer „Chef" das Kommando der „Firma". Franz Ferdinand Freiherr von Schiller reorganisierte die personalüberstockte Produktion: Viele verloren ihre Stelle. In der Leopold-Scheutz-Chronik ist hiezu zu lesen: „Nun wurden die Personale verringert und fast die Hälfte der Arbeiter wurden abgedankt. Die Jungen mussten sich auf die Reise machen, da sie hier kein Verdienst mehr hatten ..."

In den 1840er-Jahren kamen schlechte Ernten, Teuerung und eine wirtschaftliche Depression hinzu, die lange nachwirkten. Manch einer wusste nicht mehr, wo er das tägliche Brot hernehmen sollte. Die letzte Hoffnung setzte man auf die Auswanderung nach Nordamerika.

Die ersten wanderten im Jahre 1851 aus. Ihre Nachrichten von drüben waren sehr positiv, ein Brief machte „aufmerksame Augen" und löste vermutlich den eigentlichen Beginn der Emigrationswelle 1852 aus. Insgesamt waren es knapp 380 Personen aus allen Orten des Inneren Salzkammergutes, die den Wanderstab ergriffen.

Wie anstrengend die Reise in die USA war, zeigt das Beispiel der Familie Johann Laimer aus Primesberg (Bad Goisern). Mit fünf Kindern wurde die Heimat verlassen, doch nur drei Kinder überlebten die Reise.

Die Salzkammergütler zog es meist in die Staaten des Mittleren Westens, der zu dieser Zeit noch spärlich besiedelt war. Zielstaaten waren hauptsächlich Missouri, Wisconsin, Minnesota und West Virginia, wo regelrechte „Österreicher-Kolonien" entstanden. Oft sind es Gegenden, die vom äußeren Erscheinungsbild dem Salzkammergut sehr ähnlich sind. Vor allem rund um den kleinen Ort Pocahontas wuchsen die Häuser aus dem Boden. Auch Steirer, vor allem aus Schladming, fanden dort ihr neues Zuhause. Durch Fleiß und Ausdauer waren die Jahre der Not bald überwunden. 1870 errichteten sie ihre erste evangelische Kirche.

In Missouri findet ebenso wie in Minnesota alle paar Jahre ein Lichtenegger-Treffen statt, andernorts ein Putz-Treffen. Jetzt ist die fünfte Generation der Ausgewanderten schon im Erwachsenenalter und sie sprechen kein Deutsch mehr. Nur die Alten verstehen noch einige Brocken. Sehr stolz sind sie allerdings auf ihren „Grandpa", der die Auswanderung wagte.

Volksdeutsche zwischen Vertreibungshölle und neuer Heimat Österreich

Ansiedelung und Vertreibung

Der Sieg über die Türken im Jahre 1683 bildete den Auftakt für die Offensive der Habsburger im Südosten. Die Friedensverträge von Karlowitz 1699 und Passarowitz 1718 ermöglichten den Habsburgern durch Gebiets- und Machtzuwachs (Ungarn, Siebenbürgen, Banat, Batschka, Syrmien, Slawonien, Schwäbische Türkei) den Aufstieg zur Großmacht. Den rechtlichen Rahmen für die erste Kolonisation bildete das Impopulationspatent von Kaiser Leopold I. (1689), das den Siedlern günstige Grundstückspreise, Steuerfreiheit, Mautfreiheit für den Import von Baumaterialien, Förderungen von Handwerk und Industrie sowie zahlreiche andere Vorteile versprach.

Die Auswanderungsgründe sind vor allem in den allgemeinen wirtschaftlichen, sozialen und demographischen Lebensbedingungen des 18. Jahrhunderts zu suchen. Das „Fußfassen" in der fremden Umgebung war zwar anfangs eine Belastung, die Lebensbedingungen besserten sich jedoch ständig.

Aufgrund der ideologiebedingten Überzeugung Hitlers, auch über sämtliche Volksdeutsche verfügen zu dürfen, wurde in Berlin im Jahre 1936 das Amt der Volksdeutschen Mittelstelle mit dem Ziel, die politische Einflussnahme auf die deutschen Volksgruppen in Südosteuropa zu verstärken, gegründet.

Durch den AVNOJ-Beschluss (AVNOJ = Antifaschistischer Rat für die Volksbefreiung Jugoslawiens) vom 21. November 1944 kam es zur Konfiszierung sämtlichen Vermögens von Personen deutscher Volkszugehörigkeit sowie zur Aberkennung ihrer Bürgerrechte und damit zu einer Legalisierung der Ausbürgerung.

Die kollektive Verurteilung der Deutschen als Volksfeinde, ihre Entrechtung und völlige Enteignung sowie die damit verbundene Überführung ihres Eigentums in den Besitz des neuen Staates waren wesentliche Motive für die Vertreibung und trafen vor allem die Zivilbevölkerung, die im Herbst 1944 in der Heimat geblieben war.

Flucht und Ankunft

Da die jugoslawische Führung nicht wusste, wie die Deutschenfrage zu lösen sei, duldete man ab Sommer 1946 die von den Lagerleuten so bezeichnete „Schwarze Flucht" aus den Lagern Gakowa und Kruschiwl nach Ungarn und aus dem Lager Molidorf nach Rumänien. Von Ende 1946 bis Spätherbst 1947 setzte auch – gewissermaßen fast legal – eine „Weiße Flucht" ein. Oberösterreich war nach Kriegsende das Bundesland mit der größten Anzahl an Flüchtlingen und somit auch Drehscheibe von permanenten Migrationsströmen. Schätzungen zufolge sollen sich nach Beendigung des Zweiten Weltkrieges zusätzlich

zur Wohnbevölkerung kurzfristig mehr als eine Million Menschen im Bundesland aufgehalten haben.

Da die volksdeutschen Flüchtlinge aus wirtschaftlichen, sozialen und politischen Gründen in der unmittelbaren Nachkriegszeit zunächst als Belastungs- und Destabilisierungsfaktor eingestuft wurden, stand der Gedanke ihrer Umsiedlung bzw. Auswanderung in andere Länder deutlich im Vordergrund.

Barackennot und Flüchtlingslager

Im Jahre 1945 waren in Oberösterreich 340 Lager mit 900.000 Insassen vorhanden, was zu Recht zur Bezeichnung „Flüchtlings- und Barackenland" führte. Bedingt durch neue Flüchtlingsströme von Volksdeutschen aus dem Osten und Südosten, vor allem zwischen 1947 und 1949, wurde die Belegungsdichte in den Lagern immer höher. Die Lebensbedingungen und Wohnverhältnisse in den Barackenlagern waren auch fünf Jahre nach Kriegsende besonders trist.

Nachdem Fürsorgemaßnahmen von Bund und Land Oberösterreich getroffen wurden, setzten sich auch unzählige freiwillige Hilfsorganisationen in großem Maße für eine Linderung der Flüchtlingsnot ein.

Integration und neue Heimat Österreich / Oberösterreich / Salzkammergut

Die volksdeutschen Flüchtlinge waren – wegen der Ausfälle von Arbeitskräften durch den Krieg – trotz der vielen Probleme, die ihre Anwesenheit, vor allem im Ernährungs- und Wohnungssektor, hervorrief, für den wirtschaftlichen Wiederaufbau von großer Bedeutung.

Als ausländische Arbeitskräfte benötigten die volksdeutschen Flüchtlinge ab 1. Jänner 1948 eine Beschäftigungsgenehmigung des Arbeitsamtes. Die arbeitsrechtliche Gleichstellung der Volksdeutschen mit den inländischen Arbeitskräften erfolgte 1951 mit der Befreiung von Beschäftigungsbewilligungen und 1952 mit dem Gleichstellungsgesetz zur selbständigen Ausübung eines Gewerbes.

Die rechtliche Gleichstellung mit den österreichischen Staatsbürgern wurde durch das Optionsgesetz des Jahres 1954 ermöglicht, das den Erwerb der österreichischen Staatsbürgerschaft erleichterte. Fast 25 Jahre nach dem Ende des Zweiten Weltkrieges wurde die Integration der volksdeutschen Flüchtlinge in Oberösterreich mit der Auflassung der letzten Barackenlager und der Übersiedlung ihrer Bewohner in adäquate Wohnungen offiziell abgeschlossen.

Migration von 1955 bis zur Gegenwart

Einleitung

Österreich hat eine reichhaltige Tradition sowohl als Ein- als auch als Auswanderungsland. Auch in der jüngeren Geschichte Österreichs – seit dem Staatsvertrag von 1955 – gibt es Emigranten und Immigranten mit den unterschiedlichsten Motiven.

Gastarbeiter

Zu den Einwanderern zählen unter anderem Gastarbeiter (z. B. aus der Türkei und dem ehemaligen Jugoslawien), die zwischen 1960 und Mitte der 1970er-Jahre – als die Vollbeschäftigung der inländischen Arbeitskräfte zu einer Liberalisierung der Ausländerbeschäftigung führte – in Österreich für eine bestimmte Zeit einer Arbeit nachgegangen sind, um Geld zu verdienen und um dann in ihrem Heimatland einen besseren Lebensstandard zu haben, oder solche, die sich entschlossen haben, in Österreich eine neue Heimat zu gründen.

Flüchtlinge aus Osteuropa

Zwischen 1955 und 1989 sind mehrere Gruppen von Ostflüchtlingen nach Österreich oder über Österreich in den Westen gekommen. Ihre Gründe waren meist politische, wirtschaftliche oder ethnische Konflikte in ihrem Herkunftsland. Nach dem Zweiten Weltkrieg waren sie im sowjetischen Einflussbereich. An der Spitze der Regierung stand die kommunistische Landespartei. In Ungarn, der ČSSR und Polen kam es zu Krisen, als diese Staaten sich mehr und mehr vom Einfluss Moskaus befreien wollten. Jugoslawien hingegen ging schon unter Tito seinen eigenen Weg. Dort führten die Konflikte zwischen den dort lebenden Volksgruppen zum Bürgerkrieg:

– 1956/1957 kamen rund 180.000 Flüchtlinge aus Ungarn nach Österreich,

– 1968 immigrierten ca. 162.000 Tschechen nach Österreich,

– 1980/81 und in den Jahren davor suchten 120.000 bis 150.000 Polen in Österreich Schutz vor Verfolgung,

– 1991/92 kamen rund 95.000 Kriegsflüchtlinge aus dem ehemaligen Jugoslawien in unser Land.

Auswanderer

Die Beschäftigungsstruktur in Österreich ist nicht homogen und so existieren in verschiedenen Regionen nicht genug Arbeitsplätze oder nur solche, die nicht den Qualifikationen der Arbeitnehmer entsprechen. Das betrifft auch Teile des Salzkammerguts, was dort dazu führt, dass Leute abwandern.

Viele Menschen schaffen es, als (Tages- oder Wochen-)Pendler in einem Ballungsraum Arbeit zu finden.

Zahlreiche Österreicher sind ins Ausland gewandert, um dort zu arbeiten. Sie treffen im Vergleich zu den Ostflüchtlingen und Gastarbeitern in Österreich dort jedoch wesentlich bessere Bedingungen an. Während Fremdarbeiter hier in Österreich meist unqualifizierten Beschäftigungen mit niedrigem Lohnniveau nachgehen, werden Österreicher im Ausland überwiegend als Fachkräfte oder sogar für gutbezahlte Führungspositionen gesucht.

Zweitwohnungsbesitzer

Im Salzkammergut existiert wegen seiner landschaftlichen Schönheit noch eine Gruppe von „Zuwanderern", die jedoch nicht wirklich der Wohnbevölkerung zuzurechnen ist: Es handelt sich um Zweitwohnungsbesitzer, die wie viele Touristen die Region regelmäßig besuchen, aber nicht in Hotels wohnen.

Literatur

Michael Böhler: Trilateraler Forschungsschwerpunkt „Differenzierung und Integration". Sprache und Literatur deutschsprachiger Länder im Prozeß der Modernisierung. Züricher Gesamtsymposion, Boldern, 23.–26. März 1995, Zürich 1996

Petrus Han: Theorien zur internationalen Migration: ausgewählte interdisziplinäre Migrationstheorien und deren zentrale Aussagen, Stuttgart 2006

Karl-Heinz Ludwig: Bergbau, Migration und Protestantismus. In: Friederike Zaisberger (Redaktion): Protestanten in Salzburg. Ausstellung 21. 5.–26. 10. 1981. Schloss Goldegg, Pongau, Land Salzburg. Salzburg 1981

Carl Schraml: Das oberösterreichische Salinenwesen vom Beginne des 16. bis zur Mitte des 18. Jahrhunderts, Wien 1932

Carl Schraml: Das oberösterreichische Salinenwesen von 1750 bis zur Zeit nach den Franzosenkriegen, Wien 1934

Jakob A. Weber: Beschreibung der großen Saline in Oberösterreich und einige Gedanken über andere Salinen, Tübingen 1789

Anton F. Zauner – Hans Schmid-Egger (Hrsg.): Deutsch-Mokra-Königsfeld: eine deutsche Siedlung in den Waldkarpaten, München 1973

Hannes Etzlstorfer / Christian Feichtinger / Ingrid Spitzbart / Johannes Thomas Weidinger

Kosmographen, Krippen und Keramik im K'*Hof*
Das Gmundener Kammerhofmuseum im neuen Kleid

Stadtmuseen als Phänomen der Jahrhundertwende

„… *überall bedroht ist das, was nicht in den Handbüchern der Kunstgeschichte hundertfach abgebildet und in den Reiseführern mit einem Stern versehen ist.*" Was hier Max Dvořák in seinem Katechismus der Denkmalpflege (Wien, 1915) konstatiert, spiegelt zugleich die Schattenseite jener Aufbruchsstimmung wieder, die von der gründerzeitlichen Residenzstadt Wien ausgehend auch in Kleinstädten der Monarchie zu massiven, baulichen Veränderungen, Verlusten an historischer Bausubstanz und in der Folge zu einer Anhäufung historischer Relikte führte. Allerorts trug man diesem Umstand durch Gründung von Musealvereinen und Museen Rechnung, um den Erhalt dieser materiellen Zeugnisse der Vergangenheit zu sichern. So gründete etwa die Stadt Wien 1887 ihr Historisches Museum, das anfänglich im Wiener Rathaus untergebracht war und für viele Stadtmuseen Vorbildcharakter hatte. Im Jahr 1911 erwarb auch Linz ein eigenes Gebäude (das Nordico), um dort die städtischen Sammlungen zu verorten (62 Jahre sollte es jedoch dauern, bis 1973 hier das Linzer Stadtmuseum eröffnet werden konnte.). Die Stadt Wels hatte bereits 1892 beschlossen, ein eigenes Stadtmuseum zu gründen, wenngleich die museale Aufstellung erst 1904 realisiert werden konnte. Auch hier fehlte das Geld für einen eigenen Bau, weshalb man in der Sparkasse in zwei Zimmern „gastierte" und daran ging, die an das Landesmuseum in Linz verborgten Exponate wieder zurückzuholen. In diese Umbruchphase fällt auch die Gründung des Stadtmuseum Gmundens, das 1907 aus der Taufe gehoben wurde und erst 1942 in den Kammerhof übersiedelte, dessen Geschichte eng mit Kaiser Maximilian I. verbunden ist: In diesem ehemaligen Verwaltungssitz des kaiserlichen Salzamtes unterschrieb er am 24. Juni 1493 den Ehevertrag mit seiner zweiten Gemahlin Bianca Sforza. Aus einem *Haus für Kaiser und Kommerz* wurde eben ein vielbeachtetes Stadtmuseum für Kunst und Kultur, das jedoch mit der Zeit aus allen Nähten platzte und jene Annehmlichkeiten vermissen ließ, die anderswo bereits Standard sind. Im Zuge der Vorbereitungen für die Oberösterreichische Landesausstellung 2008 ergriff man die Chance, auch dieses Haus einem äußeren und inneren Facelifting zu unterziehen. Im Jahr 2007 wurde das denkmalgeschützte Gebäude samt der angegliederten Spitalskirche den Anforderungen eines modernen Museums entsprechend umgebaut, räumlich erweitert, neu strukturiert sowie fachlich neu konzipiert. Das Haus bietet ab seiner Neueröffnung zur Oberösterreichischen Landesausstellung 2008 einen abwechslungsreichen, chronologischen Querschnitt durch die Geschichte der Stadt und des Traunseegebiets von den erdgeschichtlichen Anfängen bis ins 21. Jahrhundert. Um die Position Gmundens als Keramikstadt zu unterstreichen, wurde zudem von wissenschaftlicher und inszenatorischer Seite Wert darauf gelegt, die Kulturgeschichte dieses Werkstoffes als „roten Faden" zu den Ausstellungsthemen zu legen. Den Besucher erwarten nun auf drei Stockwerksebenen des modern adaptierten historischen Kammerhofes (mit mehr als 2.000 m² Ausstellungsfläche) faszinierende Einblicke in die Erd-, Natur-, Wirtschafts-, Kultur- und Kunstgeschichte des Gmundner Raumes. *Das Beste, was wir von der Geschichte haben, ist der Enthusiasmus, den sie erregt* – entsprechend dieser Maxime Johann Wolfgang von Goethes wurde ein Auswahl der kostbarsten wie aussagekräftigsten Exponate gleichsam „neu ins Rennen geschickt" – und nicht nur mit modernem, museumstechnologischem Aufwand präsentiert, sondern auch von Johannes Thomas Weidinger und Ingrid Spitzbart mit den wichtigsten Informationen versehen. Die mit Augenmaß von Christian Feichtinger inszenierte Neuaufstellung garantiert eine optimale Lesart, indem sich der historische Bogen von den urgeschichtlichen Zeugnissen bis ins Heute erstreckt: *Geschichte ist nicht nur Geschehenes, sondern Geschichtetes – also der Boden, auf dem wir stehen und bauen* (Hans von Keler).

Landschaft als Museumserlebnis

Der Schauraum „Landschaft und Bodenschätze", in dem die Bedeutung der „geologischen Elemente" Stein-Wasser-Salz für die kulturgeschichtliche Entwicklung des Lebensraumes rund um Gmunden behandelt wird, eröffnet den Rundgang. Einen ersten inszenatorischen Höhepunkt bildet das „*Fossilien-Aquarium*", ein durch spezielle Lichteffekte erlebbarer Blick ins Meer der Urzeit mit den weltbekannten Versteinerungen aus dem Gschliefgraben. Das Landschafts-Großmodell vom Traunsteinmassiv mit Gesteinen wie dem weitum bekannten „*Traunsee-Marmor*" und daraus gefertigte Gebrauchs- und Kunstgegenstände erklären die „kultur-geologische" Geschichte. Den wertvollsten Rohstoff im Kammergut, das Salz (Abb. 1), begleitet man von seiner Entstehung im Urmeer und seiner Lagerung im Berg über den Schifftransport entlang der Lebensadern Traun und Traunsee bis hin zu seiner Verarbeitung in der Salzhandelsstadt Gmunden. Der einzigartige Weitertransport des

Abb. 1: Salz – über Jahrhunderte der Lebensmittelpunkt von Gmunden   Fotos: Kammerhofmuseum Gmunden

Abb. 2: Der Stadtplatz von Gmunden als Salzumschlagplatz im Jahre 1866

Produkts auf der Pferdeeisenbahn Gmunden–Linz–Budweis ist durch wertvolles historisches Bildmaterial dokumentiert (Abb. 2).

Bronzezeitliche Fürsten von Gmunden

Schon zur Zeit der frühen Besiedlung stand Gmunden im Mittelpunkt der Handelsbeziehungen in Europa. Durch den Tauschhandel mit Salz kamen unter anderem wertvolle Metalle ins Land und ließen am Nordufer des Traunsees vor 3.500 Jahren eine bronzezeitliche Siedlung entstehen. Der Entdeckung des gleich alten, für Oberösterreich so bedeutenden Gmundener Gräberfeldes ist der Schauraum „Frühgeschichte" des neuen Stadtmuseums gewidmet. Ein vom Besucher begehbares, an Beigaben reiches Hügelgrab eines Fürsten beleuchtet anschaulich den Jenseitskult der Bronzezeit. Aus anderen Gräbern stammen Waffen, Schmuckstücke und auch eine schön verzierte

Keramikschale. Die für die Keramikherstellung wichtigen Tonvorkommen Gmundens sind nämlich schon seit der Jungsteinzeit bekannt und durch repräsentative Steinbeilfunde (Abb. 3) in der Tongrube von Waldbach am Rande der eiszeitlichen Moränen belegt.

Die erste Töpferei Gmundens

Gmunden als Keramikstadt ist stolz auf seine lange Tradition des Hafnerhandwerks. Bei der Freilegung eines großen römischen Gutshofs samt anliegendem Badehaus, der „*Villa rustica von Engelhof*", entdeckte man im Jahre 1955 neben vielen Kleinfunden die Reste einer Werkstätte mit der Spindel einer Töpferscheibe, verschiedene Werkzeuge und die Grundmauern eines Brennofens. Dieser Schauraum führt den Besucher daher in einen kleinen Keramikbetrieb mit römerzeitlichem Ambiente. Anhand der Scherbenfunde bei den Ausgrabungen ließen sich die in Gmunden bis ins 3. Jahrhundert unserer Zeitrechnung hergestellten Gefäßtypen rekonstruieren und von jenen unterscheiden, die bereits damals in großen Manufakturen des römischen Weltreiches gefertigt und nach Gmunden importiert wurden. Zudem gelangen aus der Sammlung römischer Streufunde in und um das Stadtgebiet ausgewählte Stücke zur Ausstellung, in denen sich unsere Vorstellung vom Alltag im römischen Reich verdichtet (Abb. 4).

Der Gmundner Star-Astronom des Mittelalters

Im Zuge der Neuaufstellung des Museums wird nun auch des international wohl berühmtesten Sohnes der Stadt, Johannes von Gmunden, ausführlich gedacht: Der Mathematiker, Kosmograph und Astronom war Kalendermacher, Instrumentenbauer, Magister der Universität Wien und Vorreiter modernen wissenschaftlichen Denkens. So berechnete er etwa den Verlauf der totalen Sonnenfinsternis von 1433 über Österreich ein Jahr im Voraus und konnte damit die Weltuntergangstheorien eines Jakobus von Clusa widerlegen. Heute ist unter anderem ein Planetoid des Asteroidengürtels zwischen den Planeten Mars und Jupiter nach ihm benannt. Um Johannes auch als Priester und Kirchenmann gerecht zu werden, stellt das Stadtmuseum in diesem Schauraum zudem gotische Sakralkunst aus der hauseigenen Gustav-Poll-Stiftung zur Schau (Abb. 5).

Die mittelalterliche Handelsstadt Gmunden

Unter dem Thema „*Handel und Zünfte*" gewährt dieser Abschnitt Einblick in die wirtschaftliche Entwicklung Gmundens seit der Erhebung zur Stadt im Jahre 1278, die ein hier präsentierter Grenzstein des ehemaligen Gmundener Burgfrieds mit dem ältesten Stadtwappen bestätigt. Mittelalterliches Flair vermittelt bereits beim Betreten des Raumes „*Der Rathausmann*", eine vom Gmundener Bildhauer Anton Gerhart geschaffene, überlebensgroße Ritterfigur, die im Ersten Weltkrieg für soziale Sammlungen der Stadt Verwendung fand. Von der wehrhaften

Seite des Mittelalters, in dem zahllose, bewaffnete Konflikte wenige Friedensperioden zuließen, künden spätmittelalterliche Rüstungen und Waffen. Einblick in das wirtschaftliche Treiben der Salzhandelsstadt vermitteln abschließend so markante Exponate wie die „Jahrmarktsfreiung", Symbol des Marktrechts in Form einer Hand mit Schwert, alte Gmundener Mess- und Vorratsgefäße aus Holz und Keramik sowie Zunfttruhen und Zunftzeichen.

Die älteste Kirche
Gmundens als Teil des Stadtmuseums

Vom letztgenannten Schauraum gelangt man entlang des Museumsrundgangs auf die Empore der erstmals 1340 erwähnten Bürgerspitalskirche St. Jakob. Ab dem 15. Jahrhundert diente sie auch als Hauskirche und Begräbnisstätte für Beamte des angrenzenden Salzamtes. 1890 wurde der Kirchenraum – durch Spenden der Gmundner Bevölkerung finanziert – von der ortsansässigen Bildhauerwerkstätte Josef Untersberger im neugotischen Stil eingerichtet. Mit der Eingliederung in den Museumsrundgang werden Empore und anliegende Seitenwände – in Entsprechung zur sakralen Aura – als Schauraum zum Thema „Volksfrömmigkeit" gestaltet. Diese zeitigte im Brauchtum des Salzkammergutes vielfältige Formen. In der Traunseestadt wird daher auch des Patrons der Schiffleute, des hl. Nikolaus, gedacht: Ein Gemälde an der Emporenwand zeigt ihn mit der mittelalterlichen Stadt und der gotischen Pfarrkirche. Neben den augenfälligsten Zeugnissen wie etwa einer prächtigen Prozessionsfahne der Salzträger ist hier auch Raum geschaffen worden für die vielfältigen Kultbelege, die den Lebens- und Festkreislauf begleiten: von der Godenschale bis zur Totenkrone der Handwerkszünfte. Ergänzt wird dieses reiche Spektrum durch Keramikgefäße, Hinterglasbilder, Votivgaben und Passionskrippen. Mit dem Erreichen des nächsten Stockwerks im Museum genießt man über das ehemalige Oratorium des Salzamtsmannes aus dreizehn Metern Höhe noch einmal einen Einblick in Gmundens älteste, denkmalgeschützte Kirche.

Das Thema „Glaube und Politik"

Die Glaubenswirren der Reformation sowie die Zwangsmaßnahmen der Rekatholisierung hatten eine tiefe Kluft zwischen Obrigkeit und Volk erzeugt, die auch aus den Eintragen der Gmundener Sterbematrikeln des 17. Jahrhunderts spürbar wird: *„Die lange Michlin begraben; der schilede Teel begraben; des langen Jodels Sohn begraben; Gorg, ein landspflichtiger Mensch, begraben; der ehrbar und gschaide Hans Löer begraben; Max Khag, ein loser Schelm, 60 Jahr, ut vixit sus et morixit – wie das Schwein lebt und stirbt, begraben; Susana, ein Fasching, begraben; Hans Pinthoparing begraben, hat heier nit beicht; Fest Hans, ein alter versoffener Bettlmann, begraben; Matthäus Hannsen Zerrers begraben, hat mir umb 2 Gulden 20 Kreuzer zu wenig gebn."* Eskaliert sind diese sozialen und konfessionellen Spannungen während der oberösterreichischen Bauernkriege der Jahre

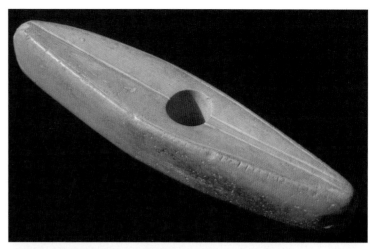

Abb. 3: Bootsförmig geschliffene und strichverzierte Lochaxt aus den steinzeitlichen Gmundner Tongruben

Fotos: Kammerhofmuseum Gmunden

Abb. 4: Bronzener Schubschlüssel aus römischer Zeit

Abb. 5: Spätgotische Büste des hl. Martin aus der Gustav-Poll-Stiftung

Abb. 6: Nachbildung des Gmundner Dreikönigsaltars von Thomas Schwanthaler in seiner ursprünglichen barocken Form mit Figuren von Johann Georg Schwanthaler (1740–1810)
Foto: Kammerhofmuseum Gmunden

1625/26: Im Zug dieser Konfrontation kam es zur Schlacht am „Grünen Wald" und dem Brand des späteren Landschlosses Ort, dem Wohnsitz des vor allem bei den Bauern besonders verhassten „Statthalters des Landes ob der Enns", Adam Graf Herberstorff. Während dieser Bauernkriege rückte daher der Raum in und um Gmunden in den Brennpunkt der europäischen Glaubenskriege. Mit der Gegenreformation verbindet man aber auch die Gründung des Kapuzinerklosters von Traundorf im Jahre 1636 sowie die Geburtsstunde großen sakralen Kunstschaffens zum Zwecke der katholischen Neumissionierung. So wurde mit Thomas Schwanthalers barockem Dreikönigsaltar in der Stadtpfarrkirche Gmunden als großem Vorbild für Laienschnitzer der Grundstein für die Krippentradition im Salzkammergut gelegt (Abb. 6) – ein alljährliches Sonderthema des

Stadtmuseums. Johann Georg Schwanthaler, einer der talentiertesten Vertreter dieser barocken Bildschnitzerdynastie, ließ sich sogar in Gmunden nieder und festigte damit noch zusätzlich den Ruf Gmundens als Schwanthalerstadt.

Volk und Kaiser

Als Hauptstadt des kaiserlichen Kammerguts und Amtssitz des Salzamtmannes wurde Gmunden nicht nur über Jahrhunderte regelmäßig von Mitgliedern und Herrschern des Hauses Habsburg besucht, sondern die Stadt auch als Drehscheibe ihrer europaweiten Politik genützt, wie die Verlobung Maximilians I. mit Bianca Sforza eindrucksvoll bestätigt. Gmunden und seine Umgebung galten, noch bevor das Salzkammergut zur kaiserlichen Sommerfrischedestination Kaiser Franz Josephs I. erklärt wurde, als pittoreskes Refugium der kaiserlichen Hoheiten. Selbst der als so rigide bekannte Reformkaiser Joseph II. konnte sich seinem Reiz nicht entziehen: *„Dieser Traunsee ist prächtig, und da wir gestern schönes Wetter hatten, so war die Fahrt über das Wasser bezaubernd …"* (Brief vom 27. Oktober 1779 an seine Mutter Maria Theresia). Die hierarchische Struktur in der Salzwirtschaft bedingte eine ähnliche Gesellschaftsstruktur, mit Beamten, Bürgern und Händlern, Handwerkern und Salzarbeitern. Jede Gesellschaftsschicht entwickelte im Laufe der Zeit ihren eigenen Lebensstil mit speziellen Trachten und besonderen Gepflogenheiten. So zeigt dieser Schauraum neben einzigartigen Ölportraits österreichischer Kaiser auch ein Modell und die Gallionsfigur des „Kaiserschiffs", das auch an den Umstand erinnert, dass die kaiserliche Familie ihre Sommerfrischedestination Ischl nur über den Seeweg erreichen konnte, da es bis zur Mitte des 19. Jahrhunderts keine Straßenverbindung zwischen Gmunden und Ebensee gab und so die Reise zum mehrtägigen Abenteuer wurde. Für die Reise aus der Reichs- und Residenzstadt Wien nach Ischl benötigte man in der Postkutsche noch zweieinhalb Tage (1. Tag: Wien–Strengberg, 2. Tag: Strengberg–Gmunden, 3. Tag Gmunden–Ischl). Die Kombination Schiff und Pferdeeisenbahn war beliebter und wurde auch von der kaiserlichen Familie genützt: *„(Donnerstag, 28. August) In der Früh reisten wir mit dem Dampfschiff nach Linz. Wir brachten auf dem Dampfschiff auch die Nacht zu. (Freitag, 29. August) Um 10 Uhr in der Früh kamen wir in Linz an, fuhren von dort mit der Pferdeeisenbahn nach Gmunden, wo wir um 3 Uhr Nachmittag ankamen. Wir speisten dort, fuhren auf dem See nach Ebensee und dann nach Ischl zur guten Mama …"* (aus dem Tagebuch des zwölfjährigen Erzherzog Carl Ludwig (1833–1896). Alte Amtsschilder aus der Zeit der Monarchie sowie Bürgertrachten und Keramikgefäße aus dem Alltagsleben ergänzen dieses nostalgische Tableau.

Kurstadt und Tourismus

Die Modernisierung des Verkehrs- und Transportwesens im 19. Jahrhundert bedingte in Verbindung mit den gesetzlichen Maßnahmen des Kaiserhauses allmählich einen Strukturwandel im Salzkammergut. Aus dem ehemals reinen Wirtschaftsgebiet entstand für die gehobeneren Schichten der Monarchie ein Freizeit- und Erholungsraum. Der Schauraum dokumentiert, wie durch visionäre Ideen ansässiger Gmundener Bürger und privater Sponsoren die Stadt vom Handelsplatz zum mondänen Kurort mit einer internationalen Gäste- und Künstlerschar avancierte – allen voran dem Komponisten Johannes Brahms. Auch Mitglieder des Hauses Habsburg, wie der freiwillig aus dem Haus Habsburg ausgeschiedene Erzherzog Johann Nepomuk Salvator, „Johann Orth" (Abb. 7), und anderer Adelsfamilien, wie König Georg V. von Hannover, machten sich in Gmunden sesshaft. Die von ihnen errichteten Gebäude wie die Villa Toscana, das Schloss Cumberland oder die evangelische Pfarrkirche prägen bis heute das Bild der Stadt.

Kaiser Franz Joseph und Gmunden

Die Kontakte des Kaisers zur Stadt Gmunden und dem Traunseegebiet stehen im Mittelpunkt des folgenden Schauraums. Neben einer Vielzahl von baulichen Aktivitäten im Stadtbereich zu Jubiläumsfesten des Kaisers, wie etwa der Errichtung von Parkanlagen zu seinen Ehren, galten seine Besuche alljährlich der Königsfamilie von Hannover im Schloss Cumberland sowie der kaiserlichen Hofjagd auf dem Traunstein, der für diese Zwecke für die Bevölkerung gesperrt wurde. Exponate zu den Besuchen seiner Gattin Kaiserin Elisabeth „Sisi" und seines Sohnes Kronprinz Rudolf ergänzen diesen Abschnitt.

Die Abteilung „Klo & So"

Eine dem Stadtmuseum eingegliederte Sonderschau der Firma Laufen-Roca widmet sich unter diesem Titel dem Thema Sanitärobjekte und Sanitärkeramik und beleuchtet die Entwicklung des Klosetts von der Biedermeierzeit bis zum Beginn des 20. Jahrhunderts (Abb. 8). Originelle wie auch kunsthandwerklich mit viel Liebe zum Detail entwickelte Kreationen aus Keramik geben einen Eindruck vom mühevollen Weg zu mehr Sauberkeit und Hygiene beim „täglichen Geschäft": *Ich bin froh, denn mein Po passt genau auf euer Klo* (anonymes Grafitto). Ergänzt werden diese Objekte mit „Life-Style-Exponaten" aus dieser Zeit wie Frauen- und Modezeitschriften mit Werbeinseraten, diversen Wäschestücken und Toiletteartikeln. Im zweiten Teil der Schau (Schauraum III) steht mit Waschbecken und diversen Waschgarnituren die Entwicklung der Körperreinigung im 20. Jahrhundert im Mittelpunkt, wobei besonders keramische Gustostückerl im Vordergrund stehen.

Gmunden – die Keramikstadt

Mit der Gründung der Schleiß-Keramik-Dynastie im Jahre 1843 schuf sich Gmunden einen über die Grenzen hinaus bekannten Ruf als Keramikstadt. Die Familie Schleiß war es auch, die international bedeutende Jugendstilkünstler für Gmunden gewinnen konnte. So zeigt die Ausstellung Werke und Entwürfe von Vally Wieselthier, Franz Zülow (Abb. 9), Michael Powolny

Abb. 7: Posttasche mit der Aufschrift „Erzherzog Johann in Orth"   *Fotos: Kammerhofmuseum Gmunden*

Abb. 8: Das „Nautilus-Klosett" – eine keramische Besonderheit

Abb. 9: Wandteller nach einem Motiv von Franz Zülow
Foto: Kammerhofmuseum Gmunden

Thema Keramik wird man mit Großobjekten auf dem Traunsee eingestimmt. Damit wird im Grunde der gesamte Gmundner Raum zur Bühne erklärt, deren Hauptakteure freilich die landschaftlichen Schönheiten der Region – Traunstein mit Traunsee – sind, zu denen sich auch die zahlreichen Fenster des Museums öffnen: *„Ja scheiden thut weh! Ich war fünf Mal in Ulm, aber bin nie so hart geschieden, wie von Gmunden! So leb denn wohl, mein Gmunden, leb wohl, du gute Stadt, die so viele Fenster, so schöne Mädchen, so gesunde Luft, so redselige Zungen, so großartige natürliche Natur hat!"* (Max Ahorn, 1857).

Literatur

Ahorn, M. 1857, Reise eines Schwaben von Linz über Gmunden nach Ischl (…) im Jahre 1855. Auszüge aus dem Tagebuch des Herrn Dr. Hilarius Schwezgermann, Wels.

Bruckner, G., Lischka, F. und Proschwitz, U. 1999. Klo & So – Museum für Historische Sanitärobjekte, Gmunden. Eigenverlag der Stadtgemeinde, Gmunden.

Etzlstorfer, H. 2002. Wege zum Heil. Religiöses Leben im Land ob der Enns zwischen Rudolf I. (1218–1291) und Maximilian I. (1459–1519). In: Schultes, L. u. Prokisch, B., Gotikschätze Oberösterreich, Linz.

Etzlstorfer, H. 2004, Künstler auf Kur und Sommerfrische im Oberösterreich der Monarchiezeit. In: Etzlstorfer, H., Kalliauer, G. und Micko, I., Sommerfrische zwischen Salzburg und Bad Ischl. Von den Anfängen des Tourismus. Katalog des Stadtmuseums Wels, Wels.

Etzlstorfer, H. 2007. Habsburg. Die schönsten Residenzen, Wien.

Gollner, I. 1989. Gmundner Keramik – Töpfertradition einst und jetzt. Landesverlag, Linz.

Gollner, I. 2003. Gmundner Keramik – Kunst aus Ton, Feuer und Farbe. Landesverlag, Linz.

Krackowizer, F. 1898–1900. Geschichte der Stadt Gmunden in Oberösterreich. Commissionsverlag Mänhardt, Gmunden.

Reisenbichler, A. 1960. Aus Gmundens vergangenen Tagen und Sagen, Gmunden.

Reisenbichler, A. 1960. Sagen und Märchen, Gmunden.

Simek, R. und Chlench, K. (Hrsg.) 2006. Johannes von Gmunden – Astronom und Mathematiker. Verlag Fassbaender, Wien.

Spitzbart, I. 1992, 1993, 1995. Gmunden in alten Ansichten – Band 1–3. Europäische Bibliothek, Zaltbommel/Niederlande.

Spitzbart, I. 1997. Johannes Brahms und die Familie Miller-Aichholz in Gmunden. Europäische Bibliothek, Zaltbommel/Niederlande.

Spitzbart, I. 1997. Gmunden – Historische Spaziergänge durch die malerische Kurstadt am Traunsee. Studienverlag (Edition Löwenzahn), Innsbruck.

Spitzbart, I. und Weidinger, J. T. 2004. Dargestellter Glaube – Krippen und Sakralkunst im Stadtmuseum Gmunden. Verlag J. T. Weidinger, Gmunden.

Weidinger, J. T. 1999. Wege in die Vorzeit des Salzkammerguts. Studienverlag (Edition Löwenzahn), Innsbruck.

Weidinger, J. T. 2001. Rund um den Traunsee – vom Urknall zur Moderne. Studienverlag (Edition Löwenzahn), Innsbruck.

Weidinger, J. T. und Daxner, F. 2001. Wandern in der Ferienregion Traunsee. Studienverlag (Edition Löwenzahn), Innsbruck.

und Dagobert Peche. Auch aus den Sammlungen traditioneller Gmundener Hafnerwerkstätten sind ausgewählte Besonderheiten zu bewundern. Ein weiterer Schwerpunkt ist dem Thema „Internationale Keramiksymposien in Gmunden" gewidmet, unter anderem mit Exponaten der mit Gmunden verbundenen Keramikkünstler Prof. Kurt Ohnsorg, Prof. Franz Altenburg und Anton Raidel.

Die Kammerhofgalerie

Der abschließende Schausaal des Stadtmuseums Gmunden ist Sonderausstellungen gewidmet. Im Jahr der Landesausstellung 2008 werden die Themen „Künstlergilde Salzkammergut von 1928 bis 2008", „Das Gmundner Symposium für aktuelle Kunst samt Ausstellung", „Die Keramiker der Künstlergilde Salzkammergut" und die Sonderausstellung „Der Traunseer" präsentiert.

Der Weg zur Leitausstellung im Schloss Ort

Verbindendes Glied zwischen dem Stadtmuseum und der Leitschau zur Oberösterreichischen Landesausstellung 2008 im Schloss Ort stellen die Orter Allee und die Gmundener Esplanade dar. Entlang dieses Weges machen Schauobjekte in Bodenvitrinen als Leitmotive und Wegweiser auf die im Museum präsentierten Themenkreise neugierig. Zudem laden ein Spielplatz und ein Labyrinth zum aktiven Erlebnis ein. Auf das

Vorderer Gosausee mit Blick auf den Dachstein – Archetyp einer Landschaft

Foto: Mandl

Gerhard W. Mandl / Robert Reiter / Harald Lobitzer / Siegfried Gamsjäger

Geologieschatz Salzkammergut

Mehr als 250 Millionen Jahre Erdgeschichte schufen im Inneren Salzkammergut das Fundament für 7.000 Jahre Menschheitsgeschichte. Die heutige Landschaft, unsere Umwelt, ist das Resultat lang dauernder geologischer Prozesse. Erscheinen uns schon die archäologisch fassbaren Jahrtausende als gewaltige, kaum überblickbare Zeitspanne, so sprengen die Jahrmillionen der geologischen Geschichte jede Vorstellungskraft. Diese unermesslichen Zeiträume erfassbar zu machen, mit Leben und Geschichte zu füllen und ihre Bedeutung für uns bewusst zu machen, das ist Ziel der **Gosauer „Steinsichten".** Dabei wird punktuell auch die Geschichte der Erdwissenschaften selbst gestreift, da in diesem seit etwa 200 Jahren währenden Ringen um Erkenntnis das Salzkammergut eine bedeutende Rolle spielt.

Im Umfeld des Ausstellungsgeländes des **Gosauer Paarhofes** beinhaltet der **Gosauer Urzeit-Wald** neben seiner Funktion als Spiel- und Abenteuerpark auch einen erdgeschichtlichen Hintergrund. Die einzelnen Stationen spiegeln wesentliche Schritte der Evolution wider.

Das älteste Gestein der Region, das „Haselgebirge" *(bergmannsprachlich* für Hallgebirge = Salzgestein), war Lebens- und Wirtschaftsgrundlage vieler Kulturen, von denen die frühgeschichtliche Hallstatt-Kultur wohl die prominenteste darstellt. Weniger spektakulär ist da ein anderer steinerner Rohstoff, der **Gosauer Schleifstein.** Doch auch die Schleifsteingewinnung bot für Generationen eine Existenzgrundlage und der Handel mit dieser begehrten Qualitätsware führte – wie beim Salz – weit über das Salzkammergut hinaus.

Ein wesentlicher Wirtschaftsfaktor ist heute die Naturlandschaft selbst – Stichwort Tourismus. Die Vielfalt der Landschaftsformen spiegelt die Vielfalt des geologischen Untergrundes wider, welche im Salzkammergut das so reizvolle Nebeneinander von Seen und grünen Tallandschaften und den schroffen Kalkmassen des Hochgebirges bedingt.

Hier sollen dem naturinteressierten Besucher Informationen geboten werden, die ihm einen Einblick in das Zusammenspiel von Gestein, Wasser und belebter Natur gestatten. Dies greift über den unmittelbaren Bereich des Gosautales hinaus auf die gesamte Dachstein-Region, wo eine wachsende Zahl von Themenwegen dieses Wissen zu vermitteln sucht.

Einer dieser **Themenwege** wurde auch speziell für die Landesausstellung gestaltet. Seine Schwerpunkte sind das **Löckenmoos,** eine Moorlandschaft, und der **Schleifstein-Abbau** am Ressenberg.

Zusammenhänge begreifen, Natur verstehen – das sind wichtige Schritte auf dem Weg zu einem nachhaltigen und von einer breiten Mehrheit der Bevölkerung getragenen **Naturschutz.**

Wir leben *in* dieser Naturlandschaft, wir leben *von* ihr und wir müssen auch in Zukunft *mit* ihr leben. Dies kann auf Dauer nur gelingen, wenn wir ihre Grundprinzipien kennen, ihre Gesetzmäßigkeiten respektieren und ihre Kräfte und Kreisläufe für unsere Bedürfnisse nutzen. Nicht die Natur uns untertan zu machen, sondern zum Verbündeten, das muss die Devise für das 21. Jahrhundert sein.

Der Paarhof –
Heimathaus und Ausstellungsraum

Aufgrund der früheren, langen Zugehörigkeit des Gosautales zum Erzbistum Salzburg dominierte auch hier die Bauform des alpinen Paarhofes, welche durch eine funktionale und räumliche Trennung des Wohngebäudes („Feuerhaus") von der Stallscheune („Futterhaus") gekennzeichnet ist.

Als Kern eines Freilichtmuseums wurde Ende der 1990er-Jahre der **Hausstock des „Schmiedbauern"** (Gosau 74) auf ein Grundstück im Gosauer Hintertal versetzt. Das urkundlich erstmals 1665 erwähnte Gebäude und seine Einrichtung geben einen Einblick in das bäuerliche Kulturerbe des Gosautales. Kleine Nebengebäude wie die Steinhauer- und die Steinschleiferhütte verweisen auf das traditionelle Handwerk der Schleifsteinerzeugung.

Das Ensemble sollte in der Folge durch die dazupassende, historische Stallscheune des **„Jagerbauernstadels"** (Gosau 108) vervollständigt werden. Wegen des schlechten Zustandes des historischen Holzmaterials wurde die Stallscheune zwar in Anlehnung an das historische Vorbild, aber mit neuem Baumaterial errichtet. Sie beinhaltet im Erdgeschoß die erdgeschichtliche Ausstellung.

„Steinsichten" – Die Ausstellung

Die Landschaft verdankt ihr heutiges Erscheinungsbild dem Wechselspiel von aufbauenden und abtragenden geologischen Prozessen, die nicht in ferner Vergangenheit ein Ende fanden, sondern die auch heute noch andauern. Von diesen widerstreitenden Gegenspielern berichtet die **Felsfigur des Kalmberg-Indianers.** Er führt als Erzähler in einem Kurzfilm die Besucher anhand seiner „Lebensgeschichte" durch die Erdgeschichte des Salzkammerguts – von den Anfängen im tropisch warmen Tethysmeer bis in das eisbedeckte Hochgebirge der Gegenwart.

Diese filmische Einleitung gibt einen Überblick und Leitfaden, welcher die einzelnen Exponate und Installationen der nachfolgenden Räume zu einer zeitlichen Abfolge von Ereignissen verbindet.

Der Grundstein für das Salzkammergut wurde vor mehr als 251 Millionen Jahren im ausklingenden Erdaltertum gelegt. Die wandernden Kontinente hatten sich zu einem einzigen Großkontinent („Pangäa") vereinigt. Die Region, die in ferner Zukunft die Alpen hervorbringen sollte, war damals eine heiße, steinige Wüstenlandschaft, durchzogen von Salzlagunen, seichten Ausläufern des Tethys-Meeres. Die Kontinentalplatten der Erdkruste können sich nicht nur seitlich gegeneinander bewegen, sie werden auch gestaucht und gedehnt und können sich dabei langsam heben und senken. Eine derartige Senkung erfasste den Rand von Pangäa während der gesamten Trias-Zeit (251–200 Millionen Jahre vor heute) und schuf damit Raum für die Ansammlung gewaltiger Sedimentmassen.

Die absinkende Wüstenlandschaft wurde in der Folge vom Tethys-Meer überflutet. Dieser neu verfügbare Lebensraum wurde rasch von verschiedensten Meereslebewesen besiedelt. Ihre kalkigen Schalen und Skelette häuften sich im Laufe der Jahrmillionen – teils im Ganzen, teils zu Sand und Schlamm zerfallen – am Meeresboden an. Sie stellten das Ausgangsmaterial für den Kalkstein bereit, der heute das Landschaftsbild prägt. Lokal unterschiedlich starke Absenkung schuf ein Nebeneinander von ausgedehnten Seichtwassergebieten und dazwischen liegenden, tieferen Meeresstraßen. Korallenriffe besiedelten bevorzugt den Rand von Flachwasserarealen, da sie einerseits das dort reichlich vorhandene Sonnenlicht benötigten, andererseits eine Nährstoffzufuhr aus dem tieferen Wasser erhielten. Die seichten Lagunen boten besonders für Kalkalgen optimale Bedingungen. Sie trugen gemeinsam mit Muscheln, Schnecken und einer Heerschar mikroskopisch kleiner Lebewesen zur Sedimentbildung bei. Hier schlug vor etwa 220 Millionen Jahren auch die Geburtsstunde des Kalmberg-Indianers. Sein Baustoff ist der feine Kalkschlamm der Dachsteinkalk-Lagune. Diese tropische **Unterwasserwelt der Trias-Zeit** kann der Besucher der „Steinsichten" durchwandern.

In den heutigen tropischen Meeren (z. B. Karibische Inselwelt oder das Australische Barriereriff) können wir den erdgeschichtlich wichtigen Prozess der Kalksteinbildung direkt beobachten. Die entstehenden Kalkablagerungen sind ein unmittelbares Abbild der jeweiligen Umwelt und ihrer Ökosysteme, mit ihrer Vielfalt an Tieren und Pflanzen. Gesteine sind praktisch Informationsspeicher aus der Vergangenheit, die es zu lesen und zu entziffern gilt. Beispiele der Kalksteinbildung durch Bakterien, Algen und Korallen zeigt die Installation **„Kalkfabrik".** Kalkstein ist „versteinertes Leben", er wurde im wahrsten Sinne des Wortes geboren.

Ökologische Nischen für ganz andere Lebewesen bot das tiefe Wasser des Tethys-Meeres. Hier lebten während der Trias-Zeit die **Hallstätter Ammoniten,** ausgestorbene Verwandte der heutigen Tintenfische. Ihre spiralig aufgerollten Gehäuse faszinieren in ihrer Formenvielfalt schon Generationen von Fossiliensammlern, Wissenschaftern und Museumsbesuchern. Die Wissenschaft hat sich diese Vielfalt zu Nutze gemacht und daraus einen Maßstab für die **Zeiteinteilung der Erdgeschichte** entwickelt: Manche Ammonitenarten existierten für die erdgeschichtlich nur „kurze" Zeit von etwa einer Million Jahren, bevor sie von anderen verdrängt wurden und ausstarben. Sie sind deshalb immer in nur wenigen Gesteinslagen zu finden, darüber folgen wieder andere Formen. Dieses Übereinander von Zonen mit typischen Ammonitenarten studierte einer der Pioniere der Alpenforschung, Edmund von Mojsisovics, Ende des 19. Jahrhunderts. Seine Monographie über mehr als 600 Ammonitenarten aus dem Salzkammergut war und ist wesentliche Grundlage der heute gültigen, internationalen Gliederung der Trias-Zeit.

Nach Absterben der Riffe zu Beginn der Jura-Zeit (200–145 Millionen Jahre vor heute) sanken auch die großen Kalkstein-Plattformen allmählich in größere Tiefen und wurden von rotem Kalkschlamm überdeckt.

Dem Besucher wird der **Lebensraum des tiefen Wassers der Trias- und Jura-Zeit** auf zweierlei Weise veranschaulicht:

1. Durch **reale Objekte:** Eine große Gesteinsplatte zeigt den einstigen Meeresboden, eine Auswahl an Ammoniten stellt die Bewohner dieses Lebensraumes vor. Großformatige Grafiken und weitere Fossilien zeigen den Stammbaum der heutigen Tintenfische und die darauf beruhende, erdgeschichtliche Zeitskala.

2. Durch eine **virtuelle Tauchfahrt:** In einer zum Film synchron bewegten Kabine „fährt" der Besucher in die dunkle Tiefe und kann durch ein Fenster hinaus ins Meer blicken. Ein Scheinwerfer enthüllt verschiedene Lebewesen der Trias- und Jura-Zeit. Den emotionalen Höhepunkt bildet eine dramatische Begegnung mit dem großen Meeresreptil *Omphalosaurus,* die zum raschen Auftauchen zwingt.

Die nächste Station ist der Kreide-Zeit (145–65 Millionen Jahre vor heute) gewidmet. Die Bewegungen der Kontinentalplatten hatten in der älteren Kreide-Zeit zu einer ersten Heraushebung ehemaliger Meeresablagerungen und deren kristallinen Untergrundes geführt. Sie ragten nun als Inselketten aus dem Meer und waren damit der Abtragung ausgesetzt, Wildbäche transportierten den Verwitterungsschutt ins Meer. Grobe Konglomerate und Sandsteine sind daher typische Ablagerungen dieser Epoche. Je nach mineralogischer Zusammensetzung können die Sandsteine gelegentlich besondere Eigenschaften aufweisen – der Schleifstein am Ressen ist ein Beispiel dafür, siehe unten. Diese Gesteine der jüngeren Kreide-Zeit (ab etwa 90 Millionen Jahren) werden in den Kalkalpen unter dem Begriff **„Gosau-Gruppe"** zusammengefasst, sie reichen über die **Kreide-Zeit** noch etwas in die **Ältere Tertiär-Zeit** (Paläogen) hinein.

Die Fossilien der Gosau-Gruppe lassen wieder eine große Bandbreite an unterschiedlichen Lebensräumen erkennen. Im tieferen Wasser leben, wie schon in früheren Epochen, wiederum

Ammoniten, welche die größten jemals existierenden Formen hervorbrachten. Die ausgestellte Gattung *Parapuzzosia* konnte bis zu 2,5 Meter Durchmesser erreichen. Die **Lebensräume der typischen Gosau-Fossilien** – Schnecken, Korallen, riffbildende Bechermuscheln und andere – werden wieder als **Unterwasserlandschaft** präsentiert.

Den Gosau-Fossilien kam während der Pionierzeit der Alpengeologie ebenfalls eine besondere Bedeutung zu. Während im außeralpinen Europa die Abfolge der Gesteine und Fossilien und ihre relative Altersstellung bereits recht gut bekannt waren, herrschte über das Alter des „Alpenkalkes" in der ersten Hälfte des 19. Jahrhunderts noch großes Rätselraten. Fremdartig erschienen die wenigen bekannten Fossilfunde. Die beiden britischen Naturforscher Adam Sedgwick und Sir Roderick Impey Murchison besuchten auf ihrer Alpenreise auch das Gosautal und beschrieben 1831 zahlreiche neue Fossilien. Ihr Werk stimulierte mehr als das aller anderen frühen Naturforscher die weitere geologische Erforschung des Salzkammerguts.

Landschaftsgestaltung durch Erosion ist das Thema des dritten Ausstellungsraumes. Im Zentrum des Raumes ruht ein raumhoher, realistischer Kunstfelsen, dessen Außenflächen die Wirkung der Verwitterung und Abtragung veranschaulichen sollen: Temperaturwechsel, Gletscherschliff und Kalklösung (Verkarstung) modellieren aus dem Gestein die Gestalt der heutigen Landschaft.

Der landschaftsprägende Dachsteinkalk und seine typischen Versteinerungen entstanden vor etwa 220–200 Millionen Jahren in seichten Lagunen und Korallenriffen des Tethys-Meeres.
Grafik: Mandl

Der „Tiefsee-Lift" führt in die Tiefen des Tethys-Meeres während der Trias- und Jura-Zeit.
Grafik: Mandl / BOESS-Film

Gosau-Schnecken, die charakteristischen Versteinerungen aus der jüngeren Kreide-Zeit, vor einer Lithographie aus der Reisebeschreibung von Sedgwick & Murchison 1831. **Foto: Mandl**

Durch einen schmalen Spalt ist das Innere des Felsens begehbar. Hier führen Elektronenmikroskop-Fotos von Mikrofossilien nochmals dessen Ursprung als Meeressediment vor Augen.

Rund um den Felsen wird das Thema Verwitterung und Erosion anhand von großformatigen Grafiken und Landschaftsfotos vertieft. Experimentierstationen wie beispielsweise der „Eisknacker" oder die „Sedimentschaukel" ermöglichen es dem Besucher, grundlegende Phänomene dieser Prozesse im wahrsten Sinne des Wortes zu „begreifen". Ein Karstwassermodell lässt die komplexen und überraschenden Wege des Wassers vom Niederschlag durch den Fels bis zur Quelle erleben.

Die Entstehung der Gebirgslandschaft begann mit der endgültigen Heraushebung der Meeresablagerungen vor etwa 30 Millionen Jahren im letzten Abschnitt der älteren Tertiär-Zeit. Die Kalkalpen waren vorerst noch Tiefebene. Hier hinterließen Flüsse auf dem Weg von den bereits bergigen Zentralalpen zum Molassemeer im Alpenvorland ihre Schottermassen. Letzte Zeugen dieser Kristallingesteinsschotter finden wir heute als so genannte **„Augensteine"** über 2.000 Meter hoch auf den Plateauflächen des Dachsteingebirges.

Als die fortschreitende Heraushebung auch die Salzkammergut-Region erfasste, wurden die Kalkgesteine der Verwitterung und damit der Verkarstung ausgesetzt – hier beginnt die Geschichte der **Dachsteinhöhlen.**

Eine allmähliche, weltweite Abkühlung während der jüngeren Tertiär-Zeit mündete schließlich in die dramatische Klimaverschlechterung der Quartär-Zeit (**Eiszeitalter**).

In den Alpen kam es in diesen letzten etwa 2 Millionen Jahren zu mehreren Phasen ausgedehnter Vergletscherung. Während dieser Kältephasen herrschte bei uns ein Klima wie heute in Nordsibirien. Die Alpentäler waren von über 1.000 Meter dicken Eisströmen erfüllt, deren Zungen weit ins Alpenvorland hinausragten und dort ihre Endmoränen hinterließen. Dem Tiefenschurf dieser Eisströme verdanken wir die übertieften Täler, die heute von den Salzkammergutseen erfüllt sind. Der Höhepunkt der jüngsten Gletscherausdehnung, der Würm-Vereisung, wurde vor etwa 24.000–21.000 Jahren erreicht. Seither zogen sich die Gletscher – unterbrochen durch kurzzeitige Vorstöße (zuletzt 1850) – auf ihre heutige Höhenlage zurück.

Geologische Prozesse finden auch heute ständig statt, sie formen unaufhaltsam weiterhin die Landschaft. Frostverwitterung und Kalklösung sowie Sedimenttransport in den Gewässern sind allgegenwärtige Phänomene. Sie werden uns allerdings nur dann bewusst, wenn ihr Ausmaß und ihre Geschwindigkeit so weit zunehmen, dass sie katastrophale Dimensionen erreichen; Bergstürze und Hangrutschungen, Murenabgänge oder Überschwemmungen sind die Folge. Diese Phänomene und ihre physikalischen Grundlagen werden dem Besucher in Kurzvideos und Experimentierstationen veranschaulicht.

Der Gosauer Urzeit-Wald

Unabhängig von der Landesausstellung entstand die Idee, dem Gelände im Umfeld des Freilichtmuseums zusätzliche touristische Attraktivität zu verleihen, wobei vor allem Familien mit Kindern angesprochen werden sollen. Neben dem Bildungs- und Informationsinteresse der erwachsenen Besucher soll der Experimentierfreude, der Abenteuerlust und dem Bewegungsdrang von Kindern Rechnung getragen werden. Die musealen Aspekte können so mit einem positiven, sehr emotionalen Erlebnis verbunden werden, welches zu einem Wiederkommen verleiten soll.

Unter weitgehender Beibehaltung der vorgegebenen Geländesituation und des Baumbestandes wurden zusätzliche Wasserflächen und ein Rundweg mit Erlebnisstationen angelegt. Diese Stationen sind nicht einfach Teile eines Kinderspielplatzes mit klassischen Spielgeräten, sondern weisen speziell dafür konzipierte Spielmöglichkeiten auf, die einem thematischen Hintergrund folgen:

Die Stationen spiegeln Meilensteine in der Entwicklung des Lebens wider. Sie ergänzen so die 250 Millionen Jahren Erdgeschichte des Salzkammerguts in der Ausstellung „Steinsichten" durch einen noch weiter gespannten zeitlichen Rahmen, zurück bis etwa 650 Millionen Jahre vor heute.

Naturlehrpfad
Löckenmoos – Schleifsteinbrüche

Der Lehrpfad empfiehlt sich als Tageswanderung vom Vorderen Gosausee über die Ebenalm zum Löckenmoos und zu den Schleifsteinbrüchen und zurück ins Tal zum Gosauschmied. Entlang des Pfades informieren Tafeln über dort sichtbare botanische und erdgeschichtliche Phänomene, über forstliche Belange sowie über die Regulierung des Gosaubaches und seiner ehemals höchst gefährlichen Wildbach-Zubringer.

Der Aufstieg vom Vorderen Gosausee zur Ebenalm führt am heute unscheinbaren „Kreidebruch" vorbei. Hier wurde Jahrhunderte lang bis vor etwa 50 Jahren in bescheidenem Umfang Schreib- bzw. Tafelkreide von geringer Qualität abgebaut, ein vom eiszeitlichen Gletscher fein zermahlener Abrieb von Dachsteinkalk. Der Gletscher hinterließ am Dachsteinkalk auch „Gletscherschliffe", das sind blank polierte Flächen mit Striemungs-Furchen, die uns die einstige Fließrichtung des Eises zeigen.

Oberhalb der Ebenalm beginnt ein ausgedehntes Vorkommen von Untersberger Marmor, welches bis zur Katzhofalm reicht und den Dachsteinkalk überdeckt. Es steht seinem berühmten Vorbild vom Nordfuß des Untersbergs weder in seiner dekorativen Vielfalt noch an der Größe des Vorkommens nach. Die eng stehende Klüftigkeit erlaubt hier aber keine Gewinnung größerer Platten bzw. Blöcke.

Das Wildfrauenloch (Höhlen-Kat.-Nr. 1563/12) liegt nordöstlich der Vorderen Grubenalm. In einer kleinen, von Rillenkarren durchzogenen Felswand des stark verkarsteten Untersberger Marmors öffnet sich ein spaltenförmiges Portal und bildet ein Schluckloch für ein kleines Gerinne, das von Wässern aus dem angrenzenden Niedermoor gespeist wird. Die Wässer durchfließen die etwa 15 Meter lang schliefbare Höhle und treten in weiterer Folge im Bereich des Brielgrabens wieder zutage.

Löckenmoos und Schleifsteinbruch bilden dann die Höhepunkte des Themenweges:

Von „Hautla" bis „Schmiedstoa" –
Das Gewerbe der Schleifsteinhauer

Mit der Aufbereitung der alten Schleifstein-Abbaustätten wird ein altes Gewerbe mit seinen sprachlichen und handwerklichen Besonderheiten vor dem Vergessen gerettet; Gosau wird um ein fast verloren gegangenes Kulturgut bereichert.

Im mittelalterlichen Salzkammergut gab es für Arbeiter im Prinzip nur drei Arbeitsplätze: das Bergwerk, die Sudpfanne oder den Forst. Abseits der Salzgewinnung konnten sich nur wenige Berufe etablieren. Die Schleifsteinhauer zählten zu ihnen. Im Urbar der Herrschaft Wildenstein ist 1563 von acht Schleifsteinhauern die Rede, deren seit alters her schürfende Tätigkeit in Zukunft als vererbbares Recht verbrieft worden war. Zu einem steilen Anstieg der Produktion kam es in der Donaumonarchie; jährlich konnten 20 bis 25 Waggons á 13 Tonnen an Schleifsteinen abgesetzt werden. Zu dieser Blütezeit waren mit 13 Besitzern und 7 Pächtern insgesamt 22 Arbeiter in den Steinbrüchen tätig. Einen Großteil der Steine brauchte Böhmen für seine Glasschleiferei und Schmuckindustrie. Mit dem Zusammenbruch der Donaumonarchie fiel dieser Hauptabnehmer weg und erste Absatzschwierigkeiten stellten sich ein. Neben dem Zweiten Weltkrieg waren es dann technologische Weiterentwicklungen im Maschinenbau, welche den Niedergang der Gosauer Schleifsteinproduktion einleiteten. 1969 schloss man wegen Unrentabilität den genossenschaftlichen Betrieb.

Heute werden die uralten Rechte für den Schleifsteinabbau von den Berechtigten nur noch im Nebenerwerb genutzt. Längst werden nicht nur Schleif- und Wetzsteine erzeugt, sondern auch Dekorsteine, Zier- und Kunstgegenstände. Seit jeher bau-

Die Gosauer Schleifsteinhauer: Vom „Ausgeben" (Anzeichnen) zum „Außahaun" übers „Waschen" (Abreiben der Oberflächen) zum Magazin.

Fotos: Anonymus 1933

te jeder Steinhauer seine Schleifsteine in seinem eigenen kleinen Steinbruch und auf sich alleine gestellt ab. Bis heute treten sie aber nach außen hin als eine geschlossene Gemeinschaft auf und verkaufen ihre Produkte unter einer einheitlichen Marke. Durch die Abgeschiedenheit des Arbeitsortes und durch die Einzigartigkeit des Abbaues entwickelten die Arbeiter eigenständige Ausdrücke für den Stein und die Abbaumethoden. Das etwa zwei Meter mächtige, abbaufähige Gesteinspaket lässt sich in über 20 verschiedene Schichten aufgliedern. Geologisch bedingt unterscheiden sie sich in Körnung und Härtegrad. Die Steinhauer unterschieden sie vor allem nach ihrer unterschiedlichen Verwendung: Mit „Hautla" und „Zahe" bezeichneten sie Schichten aus dem feinkörnigen, oberen Abschnitt: Dieser ergab feinste Abziehsteine. „Mittelsandig" war für Schleifsteinscheiben am besten geeignet. „Rassweich" wurde eine etwas gröbere Lage genannt, sie lieferte die besten Hackenschleifer. Der ganz grobe „Schmiedstoa" eignete sich für den Rohschliff noch nicht gehärteter Metallwerkzeuge.

Die begehrten Sandsteinlager liegen unter einer bis zu zehn Meter starken Mergelschicht. Alljährlich im Frühling wurde diese mit Schaufeln und Krampen abgetragen und über den freigelegten, nutzbaren Steinschichten ein einfaches Flugdach aus Holz errichtet, das die Arbeiter vor Witterung und Steinschlag schützte. Mit einem Zirkel teilte man zu Beginn auf der gesamten Oberfläche der freigelegten Steinplatte die zu hauenden runden Schleifsteine ein („ausgeben"). Mit einem Zweispitz wurden die gezeichneten Kreise tiefer in die Steinplatten nachgehauen, weil sie sonst der Staub gleich wieder unkenntlich machen würde („oboazn"). Jetzt folgte das eigentliche Heraushauen der runden Laibe („außahaun") bis zur Schichtgrenze der Steinplatten. In diese wurde vorsichtig der Zweispitz hineingeschlagen („aufboazn"), bis sich der Stein vom Untergrund löste und abgehoben werden konnte („aufnehm"). Die roh herausgeschlagenen Steine wurden mit einem Model grob zugeputzt („schähn"). Für das Heraushauen eines Schleifsteines mittlerer Größe (40 cm Durchmesser) berechnete man zwei bis drei Arbeitsstunden.

Im Herbst wurden die Flugdächer wieder abgebaut und die Sandsteinschichten mit Mergel überdeckt, um sie vor dem Frost und seiner Sprengwirkung zu schützen. Die weitere Bearbeitung der roh herausgehauenen Schleifsteine erfolgte im Tal. Winterlicher Schlittentransport war zu gefährlich, also brachte man die Steine im Herbst auf ungesohlten „barfußenen" Schlitten ins Tal zur jeweils eigenen Hütte jedes Schurfberechtigten. Weil die Steine für die weitere Bearbeitung in Wasser eingeweicht werden mussten, standen sie häufig in der Nähe des Gosaubaches. Mit der „Dogg", einer fußbetriebenen Drehmaschine, wurden sie auf das gewünschte Maß abgedreht. Das erzeugte eine Menge feinen Steinstaubes, und obwohl sich die Arbeiter mit einfachen Gesichtsmasken schützten, war die „Steinhauerkrankheit" ein bekanntes Übel. Das Loch im Zentrum des Steines schlug man mit dem Zweispitz. Abschließendes Reiben von Schleifstein auf Schleifstein schuf glatte, ansehnliche Oberflächen. Gewaschen

und mit dem Siegel des Eigentümers im Magazin verstaut, harrten die Gosauer Schleifsteine auf ihren Verkauf.

Diese einfache und erprobte Methode des Abbaues wiederholte sich Jahr für Jahr und blieb Jahrhunderte lang unverändert. Einschneidende Veränderungen fanden erst in den 1950er-Jahren statt, als motorisch angetriebene Werkzeuge aufkamen. Heute haben Kronenbohrmaschine und Diamantkreissäge die althergebrachten Werkzeuge ersetzt. Mit den Neuerungen fiel auch der Rekord des bis dato größten erzeugten Schleifsteines von 1923 (Durchmesser 1,80 m, 1.800 kg). Manfred Wallner fertigte 1997 für die Firma Felderschmiede in Absam/Tirol einen Schleifstein mit 2,24 m Durchmesser, einer Stärke von 55 cm und einem Gewicht von 5.608 kg.

Das Geheimnis des Schleifsteins

Der Gosauer Schleifstein gehört zu den Ressen-Schichten und ist ein Sandstein, der aus Mineralkörnern verschiedener Zusammensetzung und Korngröße aufgebaut wird. Die gute Schleiffähigkeit beruht auf einem in der Natur nur seltenen Zusammentreffen von mehreren petrographischen (= gesteinskundlichen) Eigenheiten:

Ein Faktor ist die mineralogische Zusammensetzung: Die Mehrzahl der Mineralkörner besteht aus Quarz (Härte 7), dann folgen Feldspäte und Körner von kristallinem Kalkmarmor. Untergeordnet sind die Minerale Glaukonit, Zirkon, Turmalin, Apatit, Pyrit, Limonit und Leukoxen vertreten. In groben Lagen findet man Gesteinsbruchstücke aus Granitoiden (Quarz mit Feldspat), Graphit-Serizit-Schiefern, Serpentiniten und Chloritoid-Schiefern. Weitere Faktoren sind eine möglichst einheitliche Korngröße innerhalb des jeweiligen Sandstein-Typs sowie eine „splitterig"-kantige Form der Sandkörner. Runde Mineralkörner würden kratzen und nicht schleifen; hingegen brechen bei eckigen Körnern beim Schleifen immer wieder die Kanten weg und die Schleiffunktion bleibt so intakt. Wichtig ist nicht zuletzt auch die Art der Bindung der Mineralkörner in einer zähen, sehr feinkörnigen „Grundmasse" aus verschiedenen Ton- und Glimmermineralen.

Das Zusammentreffen dieser Eigenheiten ist in den Bildungsumständen des Schleifsteins begründet:

Seine Mineralkörner und auch die Grundmasse sind Abtragungsprodukte von einem nahen Festland südlich des einstigen Gosaumeeres. Tektonisch stark deformierte und tiefgründig verwitterte Kristallingesteine wurden als eckiger Kies und Sand ins Meer gespült und in weiterer Folge in Form von untermeerischen, „lawinenartigen" Trübeströmen über den Schelfrand in tiefere Meeresbereiche verfrachtet. Dabei erfolgte eine Auftrennung nach Korngrößen: Im Regelfall gelangten die gröberen Partikel zuerst zur Ablagerung, dann folgte der Sand, während die feinen Tonschlicke sich zuletzt als Ton-/Mergellagen am Meeresboden absetzten.

Größere Fossilien sind in diesen Tiefwasserablagerungen selten zu finden. Mit Hilfe mikroskopisch kleiner Reste („Coccoli-

Das Moor des Löckermoos – Moortümpel mit Schwingrasensaum, Torfmoos (rötlich) und typisch niedrigem Latschenbewuchs; rechts im Hintergrund der Gipfel des Plassen.

Foto: Lobitzer

then") von marinen Pflanzen können wir das Gestein in die Campan-Stufe der Oberen Kreide-Zeit einordnen: Der Schleifstein ist somit rund 83–81 Millionen Jahre alt.

Das Große Löckenmoos, Naturjuwel und Geschichtsarchiv

In Mitteleuropa entstehen Moore bevorzugt durch die Verlandung von Stillgewässern oder durch die allmählich eintretende Versumpfung ursprünglich trockener Geländemulden. Die Kuppe eines Berges, so wie beim Löckenmoos, nehmen Moore hingegen nur sehr selten ein. Da das Moor das Relief des Untergrundes wie mit einer Decke überzieht, bezeichnet man diese Form eines Hochmoores als **Deckenmoor.** Im gesamten Bundesgebiet gibt es nur fünf Deckenmoore, von denen mit dem Großen und Kleinen Löckenmoos zwei in Gosau liegen.

Das Große Löckenmoos besitzt eine Ausdehnung von 7,7 Hektar. Die Torfauflage ist mit nur einem bis zwei Metern sehr gering. In seiner Mitte befindet sich heute ein kleiner, etwa zwei Meter tiefer, von Huminsäuren braun gefärbter Moortümpel, mit einem schmalen Schwingrasensaum an seinem Ufer. Dieser Moortümpel war der Ausgangspunkt für die Moorbildung; von ihm breitete es sich in den umgebenden Wald hinein aus.

Die Bildung eines typischen Hochmoores ist ein sehr langsamer Prozess, der Jahrtausende dauert und ein regenreiches Klima erfordert. Auf ihre eigenen Torfmassen gestützt wachsen Hochmoore etwa einen Millimeter pro Jahr in die Höhe. Dieses „in die

Höhe Wachsen" gibt dem Hochmoor auch seinen Namen und hat nichts, wie man meinen könnte, mit der Seehöhe zu tun.

Da es nur durch den nährstoffarmen Regen gespeist wird, ist das Hochmoor ein Extremstandort, in dem nur wenige hochspezialisierte Pflanzen wurzeln und gedeihen können. Neben anderen seltenen Pflanzenarten wachsen im Großen Löckenmoos noch folgende, ausdrücklich vom Gesetz geschützte Arten: Als gefährdet gelten die Gewöhnliche Moor-Preiselbeere, die Rosmarinheide, der Rundblättrige Sonnentau, die Armblütige Segge und die Schlamm-Segge. Stark gefährdet sind die Kleinfrucht-Moor-Preiselbeere, die Moor-Nebelbeere und die Blasensimse. Am Großen Löckenmoos ist mit *Sphagnum maius* auch eines der wenigen Vorkommen dieses stark gefährdeten Torfmooses in Oberösterreich dokumentiert.

Moore sind aber nicht nur wegen der dort lebenden Pflanzen und Tiere von Interesse, sie bergen auch Informationen über die **Klima- und Vegetationsgeschichte** seit dem Ende der Eiszeit und Hinweise auf die menschliche Besiedlungsgeschichte.

Im Umfeld eines Moores wachsende Pflanzen produzieren Jahr für Jahr Blütenstaub. Dieser wird Schicht für Schicht im höherwachsenden Torfmoos abgelagert und im sauerstoffarmen Milieu über Jahrtausende hinweg konserviert. Aufgrund der typischen äußeren Form und Struktur können die Pollenkörner verschiedener Pflanzenarten unter dem Mikroskop identifiziert werden. Aus einem Bohrkern in Abständen entnommene Proben sind umso älter, je tiefer aus den Torfablagerungen sie stammen. Die jeweils enthaltenen Pollen sind ein Abbild der seinerzeitigen Pflanzengesellschaften. Kohlenstoff-14-Datierungen der Pflanzenreste ermöglichen die Altersangaben in Jahren.

Das Pollenprofil des Großen Löckenmooses zeigt den Beginn seiner Entstehung vor etwa 8.000 Jahren (Atlantikum) aus einem farn- und hochstaudenreichen Grünerlengebüsch über wasserstauenden Mergeln und Sandsteinen der Ressen-Schichten. Das Klima war feuchter und wärmer als heute und förderte das Wachstum der Hochmoore. Die Fichte dominierte die Wälder und sie erreichte während des Jüngeren Atlantikums ihre stärkste Konkurrenzkraft. Vor ungefähr 6.600 Jahren änderte sich das Waldbild, als in die fichtenreichen Wälder Buche und Tanne einwanderten. Das Pollenprofil aus dem Großen Löckenmoos ist ferner ein Beleg für die beginnende Rodungsaktivität des Menschen. Ab 2.600 Jahren vor heute (Älteres Subatlantikum) treten markante Kultur- und Unkrautarten (Getreide, Beifuß, Gänsefußgewächse, Wegerich) sowie Weideanzeiger (Wegerich, Sauerampfer und Gänsefuß) in den Torfschichten auf. Die Folge der großflächigen Rodung ab Mitte des ersten Jahrtausends (Jüngeres Subatlantikum) spiegelte sich in einer Reduzierung von Tanne und Buche bei gleichzeitiger Förderung der Fichte wider.

Natur nützen und Natur schützen

Ist die Anlage eines Weges durch das Löckenmoos, eines der schönsten, aber ökologisch sensibelsten Areale des Dachsteingebietes, sinnvoll?

Diese Frage stellt sich am Beginn jeder Planung, wenn ein unkontrolliert ausgetretener Pfad in einem weitgehend unbekannten Hochmoor befestigt werden soll. Ein völliger Schutz und die Erlassung eines Betretungsverbotes wäre die andere mögliche Variante gewesen. Die Entscheidung fiel aber zugunsten einer kontrollierten Besucherlenkung.

Ein Holzpfad aus grob geschnittenem Lärchen- und Fichtenholz aus den Wäldern von Gosau führt jetzt durch das Hochmoor. Der Verlauf des Weges ist dem ursprünglichen Wildpfad angepasst. Die wassergefüllten Moorschlenken werden von dem Holzpfad überquert, ohne dass der Wasserausgleich dadurch unterbunden wird. An ausgewählten Stellen fix montierte Vergrößerungsgläser erschließen dem Besucher auch die Welt der unscheinbar kleinen Pflanzen im Moor. Die seltene Kleinfrüchtige Moosbeere oder auch der Rundblättrige Sonnentau können so vom befestigten Pfad aus beobachtet werden. Nach dem Bau des Pfades hat sich die Vegetation binnen kürzester Zeit von den alten Trittschäden erholt.

Das Löckenmoos ist *ein* Beispiel, wie die Interessen des Naturschutzes und des Tourismus auf einen Nenner gebracht werden können.

Die Dachsteinregion wurde ja im Laufe der Zeit gleich mehrfach unter Schutz gestellt, wobei die Grenzen der jeweiligen Schutzgebiete entsprechend den unterschiedlichen Zielsetzungen nicht deckungsgleich sind. **Naturschutz** der Länder,

Natura 2000 der Europäischen Union, **UNESCO-Welterbe** und **Alpenkonvention** sind geltende Rechtsnormen. Da Naturschutz Landessache ist und drei Bundesländer Anteil an der Dachsteinregion haben, sind auch landesspezifische Unterschiede in den Schutzbestimmungen zu beachten.

Massive Eingriffe in die Natur durch große Erschließungsprojekte werden durch die Schutzbestimmungen unterbunden, eine ökologisch vertretbare touristische Nutzung des Naturraumpotentials ist aber erlaubt. Geeignete Erschließungsmaßnahmen mit einem entsprechenden Bildungsangebot bezüglich des Kultur- und Naturerbes werden in der UNESCO-Welterbe-Konvention sogar ausdrücklich gefordert.

Literatur

Bauer, P.: Das Gosautal und seine Geschichte. – Selbstverlag, 1971.

Jeschke, H.-P. (Hrsg.): Das Salzkammergut und die Weltkulturerbelandschaft Hallstatt-Dachstein / Salzkammergut. Grundlagenforschung, Kulturlandschaftspflege und Monitoring. – Gesellschaft für Landeskunde, OÖ. Musealverein, I. Historische Reihe, Bd. 13, Linz (Landesverlag) 2002.

Krenmayr, H.-G. (Red.): Rocky Austria. Eine bunte Erdgeschichte Österreichs. – Wien (Geologische Bundesanstalt) 2002.

Krisai, R. & Schmidt, R.: Die Moore Oberösterreichs. – Amt der OÖ. Landesregierung, Natur- und Landschaftsschutz 6, Linz (Trauner Druck) 1983.

Lobitzer, H.: Schleifsteine aus Gosau: Eine alte Tradition lebt auf. – Traunspiegel, 11. Jg., Folge 118, 24–25, Lauffen / Bad Ischl 2006.

Mandl, G. W. (Red.): Geologische Karte der Dachsteinregion mit Erläuterungen. – Wien (Geologische Bundesanstalt) 2008.

Pucher, W.: Bei den Schleifsteinhauern von Gosau. Ein uraltes Gewerbe und seine Geschichte. – Heimatland (1934) 166–169.

Schmidt, R.: Grundzüge der spät- und postglazialen Vegetations- und Klimageschichte des Salzkammergutes (Österreich) aufgrund palynologischer Untersuchungen an See- und Moorprofilen. – Mitteilungen der Kommission für Quartärforschung der Österr. Akademie der Wissenschaften, Band 3, Wien (ÖAW) 1981.

Schönlein, M.: Von Gschloapf'n und Schmiedstoa. Die Gosauer Naturschleifsteinbrüche im Wandel der Zeit. – Blickpunkte Oberösterreich (1989) 30–35.

Steiner, G. M.: Österreichischer Moorschutzkatalog. 4. Auflage. – Grüne Reihe des Bundesministeriums für Umwelt, Jugend und Familie, Band 1, Wien 1992.

www.geologie.ac.at

Hans Jörgen Urstöger

„jetzt ist Hallstattzeit"

Eine Kulturgeschichte in „Dreiecksform"

Vor dem Hintergrund einer der geschichtsträchtigsten Landschaften unserer Heimat zeichnet sich die vielschichtige Lebensweise der Menschen im Umfeld einer in prähistorische Zeiten zurückreichenden Salzgewinnung ab. Salz ist es, das den Hallstättern schon seit Jahrtausenden unterschiedlichen Wohlstand und Absicherung ihres Lebensgrundbedarfs garantiert, aber auch für die kulturelle Entwicklung des Ortes verantwortlich ist.

Die Aufnahme der Region Hallstatt–Dachstein–Salzkammergut in die Liste des Weltkulturerbes bestätigt den internationalen Stellenwert der Marktgemeinde, deren Geschichte im Rahmen der Oberösterreichischen Landesausstellung 2008 großflächig und weite Teile des Ortes einschließend präsentiert wird.

Das Konzept der Gemeinde Hallstatt besteht aus einem von der geographischen Situation vorgegebenen „Dreieck" mit den Eckpunkten Salzberg-Hochtal, Hallstatt-Markt und HTBLA-Hallstatt.

Schwimmfiguren entlang der Seestraße, ein Themenweg (Welterbe-Rundweg) vom Salzberg in den Ort und die bestehende Standseilbahn stellen die Verbindung zwischen den Dreieckspunkten dar.

Salzberg-Hochtal: Im neu adaptierten prähistorischen Gräberfeld wird den Besuchern die Möglichkeit geboten, im Rahmen der „angewandten Archäologie" wichtige Elemente des hallstattzeitlichen Lebens nachzuvollziehen.

Am Rudolfsturm, der über Jahrhunderte Amtssitz der jeweiligen Bergmeister (Bergbau-Betriebsleiter) war, wird das Wirken von Johann Georg Ramsauer, dem Entdecker des Hallstätter Gräberfeldes, präsentiert. Ramsauers Lebenssituation, seine Verdienste und sein Vermächtnis werden ebenso wie die Zeit, in der er lebte, dargestellt.

Zu einer Begegnung mit den Bergknappen kommt es in einer Ausstellung im Knappenhaus, in der das Leben der Bergleute von den prähistorischen Anfängen bis hin zum Bergbau der Gegenwart gezeigt wird.

Besonders eindrucksvoll ist der „Blick aus dem Grab" (Schaugrab). Der Besucher befindet sich im Inneren eines hallstattzeitlichen Grabes und erlebt drei Szenen aus einer ungewöhnlichen Perspektive: eine Grablegung, die Ausgrabung durch Ramsauer und die Ausgrabung durch die Archäologen des Naturhistorischen Museums Wien.

Hallstatt-Markt: Mit neuen, attraktiven Schaustellen wird im Welterbemuseum die einzigartige Entwicklung Hallstatts vom ur- und frühgeschichtlichen Beginn bis heute dargestellt.

Durch 26 Räume führt eine Zeitreise vom Neolithikum über den prähistorischen Salzbergbau in die Hallstattzeit, weiter durch die Zeit der Kelten und der Römer bis ins Mittelalter und schließlich in die Neuzeit.

Themen wie Forscher und Entdecker, Religion, Handwerk und Gewerbe, Tourismus, Natur und Kunsthandwerk bilden neben einer Präsentation des Welterbe-Ortes Hallstatt ein breites Spektrum gelebter Geschichte.

Die Vermittlung religiöser Werte ist Ziel einer Ausstellung in und um die katholische Pfarrkirche. Geschichte der Pfarre, Bezug zur Ökumene, Kirchenjahr in Hallstatt, Aufarbeitung der Restaurierung des Astl-Altars und das Beinhaus sind einige der gezeigten Themen.

In der Michaelskirche wird der Besucher mit seiner Endlichkeit auf Erden (Leben – Tod – Auferstehung) konfrontiert.

Die Gruftkapelle soll ein Ort der Besinnung sein – Weg von der Dunkelheit des Grabes hin zum Licht der Auferstehung.

HTBLA-Hallstatt: Die neue „HTBLA-Kunsthalle" ist Schauplatz einer auf das derzeitige, international anerkannte Niveau der Schule ausgelegten Kunst-Werk-Schau. Die Präsentation repräsentativer, von Schülern gefertigter Werkstücke ermöglicht einen Überblick über das breite Spektrum der verschiedensten Ausbildungsmöglichkeiten und dokumentiert den erfolgreichen Weg der Hallstätter Lehranstalt.

Schüler der Fachrichtungen Innenraumgestaltung & Möbelbau, Tischlerei, Bildhauerei, Streich- und Saiteninstrumentenerzeugung sowie Drechslerei erwerben hier optimale Voraussetzungen für ein erfolgreiches Berufsleben.

Seestraße: Geschichtliche Gegebenheiten, absurde Ereignisse, regionale Besonderheiten und missverstandene Traditionen sind in Form skurriler Schwimmfiguren entlang der Hallstätter Seestraße im See verankert. Szenarien wie: Kaiserin Elisabeth, auf einem Hirsch reitend, eine digitale Sonnenuhr, der keltische Stier, Stabhochspringer über das Schulgebäude der HTBLA, Hochwasser, Schutzengel über Hallstatt, Brauchtum u. a. m. sollen den Betrachter zum Nachdenken anregen.

Welterbe-Rundweg: Zwei Varianten der Abstiegsmöglichkeiten vom Salzberg-Hochtal nach Hallstatt-Markt wurden zu einem Themenweg umgestaltet. Südseitig (Serpentinenweg über den Hallberg) und nordseitig (durch die „Hölle") der eindrucksvollen Mühlbachschlucht informieren 24 großflächige Schautafeln über orts- und sachbezogene Themen wie Geologie, Botanik, Salinenwesen, Sozialgeschichte, Alpinismus, Ortssicherung, Waldwesen, Kunstgeschichte, Naturlandschaft, Naturschutz u. a.

*Diorama-Szene – Bergmann aus dem vorgeschichtlichen Salz-
bergbau (um 1000 v. Chr.)*   *Foto: Museum Hallstatt*

Eine Aussichtsplattform direkt in der Mühlbachschlucht stellt
eine zusätzliche Attraktion im Bereich des Welterbe-Rundwegs
dar.

Die Geschichte einer uralten Kultur – von den jungsteinzeitlichen Anfängen bis ins 21. Jahrhundert

Seit Jahrtausenden nimmt Salz einen festen Platz im Leben des
Menschen ein – sei es als unentbehrlicher Zusatz zur Nahrung
oder als Konservierungsmittel für Fleisch und Fisch. Auch der
Ort Hallstatt verdankt seine Entstehung und seine weltweit bekannte Kultur den Salzlagerstätten im Umfeld des Dachsteins.
Bereits am Ende der letzten Eiszeit – vom großen und alles
überflutenden Eisstrom waren nur mehr kleine Hängegletscher
übrig – drangen Jäger auf ihren Beutezügen bis in die unwirt-
lichsten und entlegensten Täler vor.
Höhlenbärenfunde mit künstlich durchbohrten Bärenknochen
sind die ältesten Beweise menschlicher Anwesenheit im Dachsteingebiet.
Zahlreiche Steinbeilfunde im Hallstätter Raum deuten auf eine
intensive Begehung dieser Gegend im ausgehenden Neolithikum (Jungsteinzeit) hin. Die Menschen begannen, sesshaft zu
werden und auch Ackerbau und Viehzucht zu betreiben.

Es darf angenommen werden, dass im Salzberg-Hochtal neben
einer Salzerzeugung aus Quellsole (Wasserläufe, die durch geologische Störungen bis zur Lagerstätte vordringen, sich dort mit
Salz anreichern und als salzhaltige Lösung wieder an die Oberfläche gelangen), die gefasst und zu Salz versotten wurde, auch
die bergmännische Gewinnung von Salz in oberflächennahen
Bereichen bereits ihren Anfang genommen hat.
Im 2. vorchristlichen Jahrtausend wurde mit der Entdeckung
des Kupfers – zunächst in kalt geschmiedetem Zustand, später
mit Zinn legiert als Bronze – ein neues Zeitalter eingeleitet.
Bedingt durch eine ständige Ausweitung des Siedlungsrau-
mes war der Salzbedarf der Region mit der Salzerzeugung aus
Quellsole nicht mehr abzudecken. Ausgerüstet mit dem „neu-
en Werkstoff" Bronze war die Urbevölkerung Hallstatts nun in
der Lage, den sauren Quellen in den Berg zu folgen und so die
großen Salzlager zu erreichen. Der älteste Salzbergbau der Welt
hatte seine Abbautätigkeit aufgenommen.
Beim Betrieb des heutigen Salzbergwerks stößt man immer wieder auf Anzeichen dieses vorhistorischen Bergbaus. Seine Spuren werden Heidengebirge genannt und konzentrieren sich an
drei Stellen, die mit Nord-, Ost- und Westgruppe bezeichnet
werden. Es handelt sich dabei um die Reste von drei zeitlich
aufeinander folgenden, voneinander weitgehend unabhängigen
prähistorischen Bergwerken.
Durch die Ergebnisse naturwissenschaftlicher Untersuchungen
nach der Radiokohlenstoffmethode kann man davon ausgehen,
dass bereits um 1500 v. Chr. Salz in beachtlichen Teufen (Tiefen) abgebaut wurde.
Zu Ende des 9. vorchristlichen Jahrhunderts bahnte sich in
Mitteleuropa erneut eine Kulturwende an. Das Eisen begann
die Bronze als wichtigsten Werkstoff abzulösen.
Bei den Urhallstättern – es dürften Angehörige eines illyrischen
Stammes gewesen sein – kam es zu einem gewaltigen kulturellen Aufschwung; man fand in regen Handelsbeziehungen den
Anschluss an die Welt des klassischen Altertums.
Funde aus dieser Zeitepoche gehören zu den wertvollsten Be-
ständen der gesamten europäischen Urgeschichte. Eine ganze
Reihe von Fremdformen bezeugen die weitreichenden Handels-
kontakte der Salzherren nach allen vier Himmelsrichtungen,
und es kam auch zu direkten Begegnungen zwischen den Bewohnern Hallstatts und Angehörigen anderer Kulturgruppen.
Der Wohlstand der Bevölkerung findet in den Grabbeigaben
des berühmten Hallstätter Gräberfeldes, das auch als Beweis einer einzigartigen kulturellen Blütezeit für die Namensgebung
„Hallstattzeit" (800–400 v. Chr.) ausschlaggebend war, seinen
Niederschlag.
Um 400 v. Chr. begannen die ersten Kelteneinbrüche. Verstärkt
besetzten sie Gebiete in Salzburg, Steiermark, Kärnten und im
Alpenvorland. Nahezu unberührt von keltischen Einflüssen
blieben die schwer begehbaren Alpengebiete – ausgenommen
waren nur die Orte Hallstatt und Hallein. Vieles spricht dafür, dass der erste keltische Vorstoß nach Oberösterreich und

Salzburg den dortigen Salzlagerstätten gegolten hat. Der Lebensraum der einheimischen (illyrischen) Bevölkerung wurde allmählich vom Keltentum überlagert.

Bereits im 2. Jahrhundert v. Chr. gelang es norischen Stammesfürsten, größere Gebiete im Raum der Ostalpen zu einem Königreich zusammenzufassen. Dieses „Regnum Noricum" war der erste Staat auf österreichischem Boden, es kam zu ersten direkten Kontakten mit dem „Römischen Imperium". Man tauschte Gesandtschaften aus und schloss Freundschafts- und Bündnisverträge.

Durch die Großmachtpolitik des römischen Kaisers Augustus änderte sich die Situation für das norische Königreich grundlegend. Unter schweren Kämpfen wurden zuerst die wichtigsten außeralpinen Gebiete und im Jahre 15 v. Chr. dann auch der Alpenraum erobert.

Die römische Besetzung Noricums brachte auch für den Salzbergbau Veränderungen mit sich. Schon bald nach der Übernahme der okkupierten Gebiete dürften die ersten Besatzungstruppen ins Salzkammergut und somit auch nach Hallstatt gekommen sein und sich hier niedergelassen haben.

Es ist wahrscheinlich, dass sie, wie ca. 400 Jahre zuvor die Kelten, alle Machtpositionen übernommen haben und sowohl den Salzabbau als auch den Vertrieb ihrer Leitung unterstellten. Im Gegensatz zu den „Salzfürsten" der Vorzeit siedelten sie nicht im Nahbereich der Abbaustätten, sondern bevorzugten Ortsteile des heutigen Hallstatt am Ufer des Hallstättersees.

Ihre Häuser (Villen) waren mit Fußbodenheizung, Glasfenstern, Exportkeramik u. a. m. recht luxuriös ausgestattet und ließen eine höhergestellte, recht wohlhabende Gesellschaft erkennen.

Als 476 der germanische Heerkönig Odoaker den letzten weströmischen Kaiser Romulus Augustulus absetzte, hatte dies auch den Abzug der römischen Besatzungsmacht aus unserer Gegend zur Folge. Eine ganze Reihe von Anzeichen lassen jedoch auf die Fortsetzung des Salzbergbaus in Hallstatt auch nach der Römerzeit schließen.

Um das Jahr 1311 widmete sich die Witwe Albrechts I., Königin Elisabeth, ganz der Neuordnung der Salzgewinnung. Bergbau und Sudwesen wurden zum „Staatsbetrieb" und blieben dies bis zum Jahre 1998.

Maximilian I. bestätigte 1494 den Bürgern von Hallstatt die seit 1311 bestehende Marktfreiheit und verlieh ihnen zudem ein eigenes Marktwappen. Außerdem gewährte er ihnen auf Fürbitte des Marktrichters das Braurecht.

Der Fund der Leiche eines durch Salz konservierten prähistorischen Bergmannes im Hallstätter Salzbergbau (1734) sorgte für großes Aufsehen. Dieser vorgeschichtliche Unfalltote ging als „Mann im Salz" in die Ortsgeschichte ein.

Durch eine Brandkatastrophe (1750) wurde das Ortsbild des Salinenmarktes vollkommen verändert. Sämtliche ärarische Gebäude, etliche Salzfertigerhäuser und zahlreiche Privatgebäude wurden ein Raub der Flammen.

Zwei denkwürdige Ereignisse in der Geschichte Hallstatts. Obere Bildhälfte: 1311 – Königin Elisabeth verleiht den Bürgern von Hallstatt das Marktrecht. Unter Bildhälfte: 1504 – Kaiser Maximilian I. bestätigt und erweitert die Marktfreiheit.

Fotos: Museum Hallstatt

Hallstätter Wappen vom 21. März 1494 mit silbernem rotem Bindenschild und goldenem Steuerruder

Hallstatt. Ausschnitt aus dem Traun-Panorama des Franz Nikolaus Pernlohner. Lavierte Federzeichnung. Um 1688/89 (Kat.-Nr. 0.1.1)
Foto: OÖ. Landesmuseen, Bibliothek

Die Sonderstellung des Kammergutes als „Staat im Staat" äußerte sich auch in einer Reihe von Privilegien, die im Bereich der Habsburgermonarchie einmalig waren.

Die Region war von allen Steuern und Abgaben, von militärischen Einquartierungen, von sämtlichen Kriegslasten und Landesauflagen befreit. Alle im Salzwesen tätigen Männer waren vom Militärdienst ausgeschlossen.

Die Fürsorge des Salzamtes zeigte sich auch in sozialen Leistungen wie Heiratsprämien, Baugrundzuweisungen und Bauzuschüssen. Geradezu modern muten die damaligen sanitären Verhältnisse an.

Es gab Badestuben für die Salinenbelegschaft zur freien Benützung, und den Arbeitern stand im Krankheitsfall unentgeltliche ärztliche Hilfe zu.

Weitere soziale Einrichtungen waren die Spitäler, die auch als Heime für die Alten, Hilflosen und Gebrechlichen zu verstehen waren.

Ausgedienten kaiserlichen Dienern konnte für langjährige treue Dienste eine Alterszuwendung (Provision) zugesprochen werden. Diese wurde vom Landesherren persönlich oder auch von der Hofkammer als Gnadenakt gewährt.

Mindestens ebenso wichtig wie die Geldentlohnung war für die im Salzwesen arbeitenden Menschen die Versorgung mit Lebensmitteln, vor allem mit Getreide. Zur Vorrathaltung dieses – in den Notzeiten als Lohnbestandteil ausgegebenen – „Hofkornes" errichtete das Salzamt in den Kammergutorten eigene Lagerhäuser, die Getreidekästen. In Hallstatt dürfte ein solcher schon sehr lange bestanden haben und diente auch zur Aufbewahrung von Schmalz, Käse und anderen Nahrungsmitteln des täglichen Bedarfs.

Aus freien Vereinbarungen der beim Salzwesen beschäftigten Arbeiter entstanden die Bruderladen (um 1770 – der genaue Zeitpunkt der Gründung ist nicht bekannt). Die Entwicklung ging von den einzelnen Betriebszweigen aus, deren Angehörige sich zum Zwecke gegenseitiger Unterstützung zu Körperschaften zusammenschlossen und mit geregelten Einzahlungen eine gemeinsame Hilfskasse schufen.

Bereits 1851 wurde den Bergleuten am Hallstätter Salzberg eine 48-Stunden-Woche zugestanden, die sie in fünf Tagen verfahren durften. Während der Woche waren sie in ihren Unterkünften am Salzberg kaserniert, das Wochenende stand ihnen nun für private Tätigkeiten zur Verfügung.

Veränderungen wirtschaftlicher Rahmenbedingungen, laufende technische Weiterentwicklungen im Gewinnungs- und Verarbeitungsbereich, aber auch eine deutliche Verbesserung der Arbeitnehmersituation im letzten Jahrhundert führten zu modernen, der heutigen Zeit entsprechenden Arbeitsbedingungen.

Sozialpolitische Errungenschaften vergangener Generationen beeinflussen bis in unsere Zeit die Lebenssituation der im Salzwesen tätigen Menschen.

Bereits um 300 n. Chr. kam es im Salzkammergut zu einer ersten Verbreitung des Christentums.

313 erfolgte die offizielle Anerkennung der christlichen Glaubenslehre, seither wurde die kirchliche Organisation auch in unserer Heimat offen und mit staatlicher Unterstützung ausgebaut.

Schon im Jahre 1190 dürfte die romanische Michaelskirche („Michaelikirche") in Hallstatt gläubigen Bergleuten für ihre Religionsausübung zur Verfügung gestanden haben und 1302 erfolgte die Einweihung eines neuen Gotteshauses. Aus der Weiheurkunde geht hervor, dass die damalige Kirche (Vorläuferin der heutigen katholischen Kirche) bereits der Muttergottes gewidmet war.

Die immer größer werdende Bedeutung Hallstatts als Salzgewinnungsort und das damit verbundene Ansteigen der Bevölkerungszahl boten am Anfang des 16. Jahrhunderts Anlass, das bisherige, wesentlich kleinere romanische Gotteshaus in eine spätgotische, zweischiffige und zweichörige Hallenkirche umzuwandeln.

Das Jahr 1520 gilt als Vollendungsjahr des Hallstätter Marienaltars von Lienhart Astl. Der spätgotische Flügelaltar stellt auf Tafelbildern, in geschnitzten Reliefs und plastischen Figuren das Leben von Maria und Jesus dar.

Auch der Platzmangel am Hallstätter Friedhof war schon damals zum Problem geworden. Da eine räumliche Ausdehnung nicht möglich war, wurden die Gebeine der hier Beerdigten nach einem bestimmten Zeitraum (10 bis 20 Jahre) wieder ausgegraben und in der gewölbten Krypta der Michaelskirche aufgestapelt.

Auch das „Totenkopfmalen" lässt sich bis ins 18. Jahrhundert zurückverfolgen. Die Schädel der Toten wurden mit Namen und Lebensdaten versehen und in einigen Fällen auch mit Blumenmotiven verziert. Dieser „Brauch" erhielt sich bis ins 20. Jahrhundert.

Um 1520 verbreitete sich die Lehre Martin Luthers in ganz Österreich und fand im Salzkammergut besonders rasche Aufnahme. Die Kunde vom Augustinermönch, der sich gegen die Ungerechtigkeit der Kirche erhoben hatte, dürfte die Salinenorte über die Wege der Salzschifffahrt bereits nach kurzer Zeit erreicht haben.

Von 1520 bis 1525 verkündete ein evangelischer Prediger in Hallstatt die neue Lehre und legte den Grundstein dafür, dass sich in den folgenden Jahren ein großer Teil der Bevölkerung dem Glaubensbekenntnis Luthers zuwandte.

Wenige Jahrzehnte später (um 1560) hatte sich die Lehre Luthers in den Alpentälern flächendeckend verbreitet – Ischl, Lauffen, Goisern, Gosau und Hallstatt waren „stocklutherisch".

Erst als Kaiser Rudolf II. für das Land ob der Enns eine Resolution erließ, wonach von nun an nur noch die katholische Religion zu gelten hatte, ging man mit voller Härte gegen die „Abtrünnigen" vor.

Ausgenommen waren die evangelischen Hallstätter Bergarbeiter, da man bei einem jederzeit drohenden Aufstand unersetzliche Schäden im Bergwerk befürchtete.

Zur Festigung des katholischen Glaubens wurde 1628 das 1246 eingeführte und 1264 auf alle katholischen Länder ausgedehnte Fronleichnamsfest erstmals als Seeprozession auf dem Hallstätter See gefeiert.

Im Zuge der Gegenreformation kam es im Jahre 1734 zum Abtransport der ihrem Glauben treu gebliebenen Protestanten. Aus Hallstatt, Goisern und Ischl wurden an die 418 Personen (oft mit Weib und Kind) ausgewiesen und in Salzzillen Richtung walachische Grenze nach Siebenbürgen transportiert, wo sie angesiedelt werden sollten. Die Deportation erfolgte in vier Etappen, die ersten beiden Transporte betrafen 254 ausschließlich in Hallstatt ansässige Personen (43 Familien). Die Hoffnung der Regierung, die lutherische Lehre zurückdrängen zu können, war nicht in Erfüllung gegangen.

Erst mit dem Erlassen eines Toleranzedikts (1781) sicherte Kaiser Joseph II. die freie Religionsausübung für alle und gleiche Rechte für die protestantischen Bekenntnisse.

Drei Jahre nach Herausgabe des Toleranzpatentes erbauten die protestantischen Arbeiter von Hallstatt ein Bethaus und 1863 eine eigene Kirche.

Durchbrochener Gefäßaufsatz aus Bronze (7. Jahrhundert v. Chr.). Grabbeigabe (Grab 507)   **Foto: Museum Hallstatt**

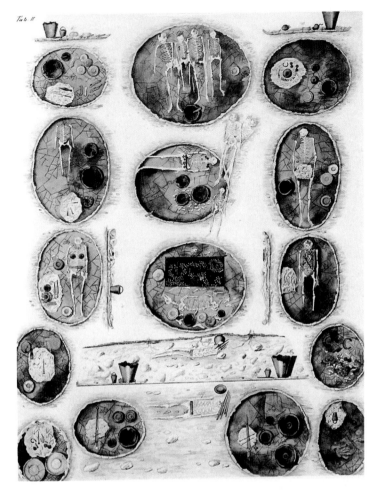

Tab. II

Tonwannengräber: Seite aus Johann Georg Ramsauers Grabungsprotokollen   *Foto: Museum Hallstatt*

Der amtierende Bergmeister Johann Georg Ramsauer erkannte die Bedeutung der Funde, wusste er doch, dass am Salzberg ähnliche Entdeckungen schon früher gemacht wurden. Er gab sich mit den augenscheinlichen Metallfunden nicht zufrieden, sondern untersuchte auch das Aushubmaterial. Dabei wurden einzelne Menschenknochen und ganze Skelette zu Tage gefördert. Bald wurde erkennbar, dass sich hier eine alte Begräbnisstätte befinden musste.

Sowohl in Hallstatt als auch im Salzoberamt in Gmunden war man überzeugt, dass eine Fortsetzung der Grabungen, die noch so manches Wertvolle erwarten ließ, anzustreben sei.

In den folgenden Jahren wohnten viele der häufig in Ischl weilenden hohen und höchsten Herrschaften den Graböffnungen bei. Kaum einer, der das nun berühmt gewordene Gräberfeld besucht hatte, verließ Hallstatt, ohne nicht den einen oder anderen Bronzeschmuck an sich gebracht zu haben.

Ramsauer leitete neben seiner beruflichen Tätigkeit als Bergbaubetriebsleiter mit erstaunlicher Umsicht und mit einem für einen Laien beachtenswerten fachmännischen Können die nun laufend durchgeführten Grabungen.

Zwischen 1846 und 1863 öffnete er 980 Gräber, die rückblickend gesehen den wertvollsten Teil des Fundgutes aus Hallstatt bilden sollten. Umfang und Inhalt dieser prähistorischen Begräbnisstätte werden in einem aktuellen „Steckbrief des Hallstätter Gräberfeldes" sichtbar:

Lage: *Am Ausgang eines schwer zugänglichen Hochtales.* Anzahl der Bestatteten: *5.000–6.000 (bisher nur 1.500 museal geborgen).*

Bestattungsform: *Flachgräber ohne oberirdische Kennzeichnung mit einer mittleren Tiefe von 100–150 cm.*

Grabzurichtung: *Sohle gestampft oder mit feinem Sand bestreut. In 121 Fällen war die Leiche auf einer flachen, gebrannten Tonwanne gebettet.*

Grabbedeckung: *Grobe Bruchsteine.*

Bestattungsart: *50 % Körpergräber, 50 % Brandgräber.*

Körpergräber: *Meist Ost-West orientiert, Rückenlage, Blick zum Ausgang des Hochtales.*

Brandgräber: *Enthielten die Masse der reichen Beigaben. Fast alle Kriegergräber waren Brandgräber.* Kriegergräber: *21 Schwertgräber, 40 Dolchgräber.* Belegungszeit: *8. bis 4. Jahrhundert v. Chr.*

Ergebnis neuester Ausgrabungen:

Eine höhere Dichte der Belegung als bisher angenommen (ca. 75 Gräber auf 150 m².) Komplette Population („Vom Baby bis zum Großvater").

Bergung der gesamten Keramik (durch neue Techniken möglich). Weitere Nachweise „internationaler" Kontakte.

Johann Georg Ramsauer führte mit größter Sorgfalt das Tagebuch seiner Grabung. Seine Aufzeichnungen bestachen durch ihre Ausführlichkeit und Genauigkeit und waren für die damalige Zeit einmalig.

Im Jahre 1874 wurde, angeregt von Ramsauers Grabungsprotokollen, bei einer archäologischen Tagung erstmals der Ausdruck

Heute, wo nur noch Geschichtsbücher an die unheilvollen Glaubenskämpfe der Vergangenheit erinnern, leben die Bewohner des Welterbeortes in friedlicher Gemeinschaft.

Zahlreiche kirchliche Feiern lassen im Zeichen der hier gelebten Ökumene durch Menschen beider Konfessionen die Schrecken vergangener Tage vergessen.

Die außergewöhnlichen wissenschaftlichen Arbeiten des Naturforschers Friedrich Simony, der im Jahre 1840 zum ersten Mal nach Hallstatt kam, trugen nicht unwesentlich zur Popularität unserer Heimat, weit über deren Grenzen hinaus, bei. Die Erforschung des Dachsteingebietes war Schwerpunkt seines 50 Jahre dauernden Wirkens.

Ende November 1846 stießen die in der Nähe des Rudolfsturmes mit Schottergewinnung beschäftigten Arbeiter des Salzbergbaus auf „alterthümliche Reste".

„Hallstattzeit" verwendet. Diese Benennung sollte für jene Kultur, wie sie nicht nur auf dem Gräberfeld von Hallstatt, sondern auch an vielen Orten Mitteleuropas festgestellt werden konnte, bezeichnend sein. Sie gehört weder der reinen Bronze-, aber auch nicht der gesamten Eisenzeit an und umfasst den Zeitraum von 800 bis 400 vor Christus.

Dem Handwerk kam in Hallstatt bereits in prähistorischer Zeit große Bedeutung zu, und es war Grundlage für die Entwicklung der ersten Hochkulturen. Um Salz aus dem Berg gewinnen zu können, war handwerkliches Geschick ebenso notwendig wie bei der Erzeugung von Gebrauchsgegenständen, Werkzeug, Schmuck und Waffen.

Die Neuordnung des Salzwesens im Jahre 1311 zeigte erstmals die Vielfalt der für die Salzgewinnung und den Salzhandel erforderlichen Tätigkeiten auf. Zur Bewältigung der unterschiedlichsten Aufgaben unterhielt man eigene Werkstätten und Werften, was wiederum den Einsatz eines ganzen Stabes von Spezialisten voraussetzte. Zahlreiche neue Berufe dürften in dieser Zeit entstanden sein. Neben den Arbeitsmöglichkeiten im Bergbau und in der Saline herrschte seit jeher ein großer Bedarf an Fachkräften für die Weiterverarbeitung von Holz.

Um talentierten Menschen die Möglichkeit einer entsprechenden Ausbildung zu bieten, kam es im Jahre 1873 zur Gründung einer Fachschule für „Holzschnitzerei und Marmorbearbeitung".

Die Unterrichtsgegenstände waren elementares Freihandzeichnen, Zeichnen nach Modellen, geometrisches Zeichnen, Projektions- und Schattenlehre, Fachzeichnen und Formlehre, Modellieren und Holzschnitzen. Dazu kamen noch Unterrichtseinheiten in Steinbearbeitung, Tischlerei, berechnender Geometrie, Arithmetik und gewerblicher Buchführung.

Bereits fünf Jahre nach ihrer Gründung wurde der Hallstätter Fachschule für ihre künstlerische Leistung auf der Pariser Weltausstellung die große „Goldene Medaille" zuerkannt.

Auch die Weltausstellung in St. Louis (Vereinigte Staaten, 1904) wurde mit Schülerarbeiten beschickt, ein „Grand Prix" der Ausstellung bestätigte die Leistungsfähigkeit der Schule.

Mit Beginn des Schuljahres 1982/83 erfolgte der seit längerem angestrebte Aufstieg von der „Bundesfachschule für Holzbearbeitung" zur „Höheren Technischen Bundeslehranstalt für Möbelbau und Innenausbau". In der seit dem Jahre 1873 bestehenden Fachschule können Schüler nun nach fünfjähriger Fachausbildung mit Maturaabschluss den Weg ins Berufsleben antreten.

1997 erfolgte der Verkauf der Österreichischen Saline AG an eine private Bietergruppe.

Das seit 1311 mit wenigen Unterbrechungen als Staatsbetrieb geführte Unternehmen wurde mit seinen Bergbauen, seiner Saline, seinen Liegenschaften und seinen Tourismuseinrichtungen von den neuen Eigentümern, die mit einer umfassenden, expansiven Vorwärtsstrategie angetreten waren, übernommen.

Im Dezember 1997 beschloss das Welterbe-Komitee der UNESCO die Kulturlandschaft Hallstatt–Dachstein–Salzkammergut auf die „Liste des Welterbes" zu setzen. Durch diese Auszeichnung steht die Region Hallstatt gemeinsam mit bis dahin 522 UNESCO Welterbestätten in 112 Ländern unter dem besonderen Schutz des globalen Kultur- und Naturerbes.

Literatur

Angeli, Wilhelm: Die Hallstattkultur. Beitrag in: Hallstatt – Bilder aus der Frühzeit Europas (Herausgeber: Schaaff Ulrich). Wien 1980.

Auinger, Ferdinand: Festschrift – 75 Jahre Bundesfachschule für Holzbearbeitung. Wien 1948.

Barth, Fritz Eckart: Der Bergbau. Beitrag in: Hallstatt – Bilder aus der Frühzeit Europas (Herausgeber: Schaaff Ulrich). Wien 1980.

Engl, Isidor: Geschichte von Hallstatt und Umgebung, Band 2. Hallstatt 1905.

Engleithner, Leopold: Auszug aus der Chronik von Hallstatt, nach Matthias Bernegger, Michael Kircher, Leopold Engleithner und Paul Prandmüller. Hallstatt, o. J.

Goetze, Ernst-Günther: Den Glauben leben 1785–1985. Bad Ischl 1985.

Kromer, Karl: Das Gräberfeld. Beitrag in: Hallstatt – Bilder aus der Frühzeit Europas (Herausgeber: Schaaff Ulrich). Wien 1980.

Lehr, Rudolf: Landeschronik Oberösterreich. 3.000 Jahre in Daten, Dokumenten und Bildern. Linz 1992.

Morton, Friedrich: Salzkammergut, die Vorgeschichte einer berühmten Landschaft. Veröffentlichungen des Hallstätter Museums, Band 3. Innsbruck 1956.

Pertlwieser, Margarita: Johann Georg Ramsauer (1795–1874). Der Ausgräber des Hallstätter Gräberfeldes. In: Oberösterreichische Heimatblätter, 34. Jg., H. 1/2 (1980) 3–14.

Reitinger, Josef: Ur- und Frühgeschichte Oberösterreichs. Band 1: Oberösterreich in ur- und frühgeschichtlicher Zeit. Linz 1969.

Sauser, Ekkart: Der Hallstätter Marienaltar von Meister Astl. Geschichte des Altars. Innsbruck 1956.

Scheichl, Franz: Aufstand der protestantischen Salzarbeiter und Bauern im Salzkammergut – 1601 bis 1602. Linz 1885.

Schraml, Carl: Das oberösterreichische Salinenwesen vom Beginne des 16. bis zur Mitte des 18. Jahrhunderts. Wien 1932.

Schraml, Carl: Das oberösterreichische Salinenwesen von 1750 bis zur Zeit nach den Franzosenkriegen. Wien 1934.

Schraml, Carl: Das oberösterreichische Salinenwesen von 1818 bis zum Ende des Salzamtes im Jahre 1850. Wien 1936.

Sjövold, Torsten: Das Haus Hallstatt – Prospekt. Ried im Innkreis.

Strnadt, Julius: Der Bauernkrieg in Oberösterreich im Jahre 1626. Nach 275 Jahren seinen lieben Landsleuten erzählt. Linz 1925.

Unterberger, Hubert: Hallstatt im Wandel der Zeit. Hallstatt 1998.

Urstöger, Hans Jörgen: Hallstatt Chronik – Von den Anfängen bis zum Jahr 2000. Bad Ischl 2000.

Wilhelm Führer

Österreichisches Papiermachermuseum Steyrermühl

Das Papiermachermuseum befindet sich in Steyrermühl auf einer Halbinsel an der Traun. Von 1869 bis 1988 wurde hier Papier angefertigt. Im Zuge von Modernisierungsmaßnahmen wurde die Produktion der Papierfabrik Steyrermühl zur Gänze auf das Gelände neben dem Bahnhof (am Aichberg) verlagert, sodass die Baulichkeiten der alten Fabrik für die Installation eines Museum frei wurden. Die Bauten aus der Zeit vor 1900 wurden unverändert belassen, um den ursprünglichen Baustil zu dokumentieren.

Das Museum wurde nach einer dreijährigen Adaptierungszeit am 1. Juni 1997 eröffnet. Maßgeblich am Zustandekommen des Vorhabens beteiligt war der „Vater" des Museums, Herr Karl Neuwirth, Nationalrat i. R. und Altbürgermeister von Laakirchen. Neben dem Papiermachermuseum werden noch ein Feuerwehrmuseum und ein Druckereimuseum, welches mannigfache Leistungen anbietet, geführt. In der ersten Abteilung wird die ursprüngliche Methode der Papierherstellung, das Handschöpfen, gezeigt. Mit einer Schöpfform wird der Faserstoff aus der Bütte geholt. Der Stoff besteht aus Baumwolle-Linters, Kaolin, einem Harzleim und einer Papierfarbe. Interessierte Besucher können selbst – ein/e erfahrener Museumsführer/in ist anwesend – Papier schöpfen. Die feuchten Blätter werden nach dem Abgautschen – darunter versteht man das Übertragen des nassen Blattes auf einen Filz – gepresst und getrocknet. Nach Anmeldung werden hier unter sachkundiger Leitung Workshops abgehalten. Schöpfformen mit interessanten Wasserzeichen werden beigestellt. Handgeschöpfte Papiere aller Art liegen im Museum zum Verkauf bereit. Anschließend an das Handschöpfen kann man die maschinelle Erzeugung von Papier beobachten.

Es wird ein Modell der ältesten Papiermaschine der Welt gezeigt, nämlich die Robert'sche Maschine; ein Patent wurde im Jahre 1799 in Paris ausgestellt. Man kann sehen, wie mit einer Handkurbel ein endloses Sieb bewegt wird, auf das eine Schöpfwalze Papiermasse schüttet.

Nach der teilweisen Entwässerung am Sieb geht die endlose Papierbahn durch zwei Presswalzen und wird dann auf eine Walze aufgerollt. Nunmehr kann das Papier abgenommen und zum Trocknen gegeben werden. Das für die Robert'sche Maschine erteilte Patent wurde nach England verkauft, wo die Maschine systematisch weiter entwickelt und verbessert wurde (Antrieb Wasserkraft, dann Dampfmaschine). Bereits 1820 gab es einen Trockenzylinder mit Filzbespannung und man konnte damit die Papierbahn auf der Maschine trocknen. Derartige Maschinen wurden außer in England auch in Deutschland, Frankreich

und in der Schweiz gebaut. In Steyrermühl wurde die erste Papiermaschine 1869 in Betrieb genommen.

Im Gebäudeteil oberhalb der Robert'schen Maschine befindet sich eine Versuchspapiermaschine, die ursprünglich für Lehrzwecke aufgestellt wurde. Anhand dieser Maschine, die für die Herstellung aller möglichen Papiersorten geeignet ist, kann man sehr gut die Funktion und den Aufbau einer Papiermaschine erklären. Es beginnt beim Stoffauflauf, es folgen Siebpartie, Pressenpartie und Trockenpartie. Bei der Versuchsmaschine gibt es außerdem einen Yankee-Zylinder (Der Name wurde gegeben, weil die Maschine in den USA entwickelt wurde.) für einseitig glatte Papiere. Zwischen den beiden Trockengruppen ist eine Streichanlage angebracht, mit welcher entweder eine Oberflächenfärbung oder eine Beschichtung aufgetragen werden kann. Nach dem Maschinenglättwerk am Ende der Maschine wird die Papierbahn aufgerollt.

Die Vorläufer des Papiers

Papyrus

Der Beschreibstoff Papyrus wurde in Ägypten entwickelt. Man kann nachweisen, dass bereits 3.000 Jahre v. Chr. Papyrus in Ägypten verwendet wurde. Die Technik ist so vollkommnen, dass eine längere Zeit des Gebrauchs und der Entwicklung vorangegangen sein muss.

Der Beschreibstoff Papyrus wird aus der Papyruspflanze, einem Riedgras, auch Zyperngras genannt, hergestellt. Die Pflanze gab es in der Antike in großen Mengen in den Sümpfen des Nildeltas. Ursprünglich kam sie in Zentralafrika vor und es liegt auf der Hand, dass mit den jährlichen Nilüberschwemmungen Wurzelstöcke oder Samen nach Ägypten befördert wurden.

Die Rezeptur der alten Ägypter ging verloren, es liegt aber ein Hinweis von Plinius dem Älteren, einem römischen Gelehrten, der ein naturhistorisches Werk hinterlassen hat, vor. Laut Plinius – er kam bei dem Ausbruch des Vesuvs 79 n. Chr. ums Leben – wurden Stängelstücke der Pflanze, die einen dreieckigen Querschnitt haben, in etwa 40 Zentimeter lange Teile geschnitten. Die Rinde wurde entfernt, das freigelegte Mark wurde mit einem Messer in möglichst dünne Streifen geschnitten. Diese Markteile legte man auf einer ebenen Fläche einmal waagrecht aneinander und in einer zweiten Lage darüber senkrecht. Das Ganze wurde zurechtgeklopft, gepresst und an der Sonne getrocknet. Durch den eigenen Saft verfilzten sich die Pflanzenstreifen und bildeten nach dem Trocknen eine beschreibbare Fläche.

Pergamenter   *Fotos: Papiermachermuseum*

Papiermacher

Tapa

Tapa wird aus Rindenbast hergestellt. Es war bereits während des Mesolithikums (mittlere Steinzeit) bekannt. Rund um den Erdball in einem breiten Gürtel entlang des Äquators wurde oder wird Tapa produziert. Das Ausgangsmaterial wird aus der Rinde geeigneter Bäume oder Sträucher (z. B. Maulbeerbaum, Feigenbaum) gewonnen. Es gibt zwei Herstellungsmethoden:

1. Der Bast wird in Wasser eingeweicht, um ihn geschmeidig zu machen, anschließend werden Streifen gebildet und diese werden so lange geklopft, bis sie sich verfilzen und in die Breite gehen. Durch das Übereinanderlegen mehrerer Schichten können auch dickere Bahnen hergestellt werden.
2. Der Bast wird in Aschenlauge gekocht, ausgewaschen und dann behandelt, wie vorgehend beschrieben.

Pergament

Pergament besteht aus einer Tierhaut (z. B. Schaf, Ziege, Lamm, Kalb). Das Fell wird mit Salz behandelt, um es zu konservieren. Dann wird es etwa zwei Wochen in eine Kalklösung gelegt, worauf man die Epidermis (Oberhaut) mit den Haaren abschaben kann. Die Haut wird geglättet und unter Spannung an der Luft getrocknet, also nicht gegerbt.

Pergament war schon im Altertum unter dem Namen „Membrana" bekannt. Der Name Pergament taucht etwa um 300 n. Chr. auf und ist wahrscheinlich von der Stadt Pergamon her abzuleiten, in deren Bibliothek Pergament als Schreibmaterial verwendet wurde. Pergament wurde in Europa vor dem Erscheinen von Papier verwendet und auch parallel dazu. Heute noch werden wertvolle Urkunden auf Pergament erstellt.

Wachstafeln

Wachstafeln werden aus Holz hergestellt, teure Exemplare auch aus Metallen oder Elfenbein. Das Material wird mit Wachs beschichtet, in welches man mit einem Griffel (Stylus) die Schrift einkratzen kann. Nach dem Einglätten des Wachses kann die Tafel erneut beschrieben werden.

Der Weg des Papiers

In einem Geschichtswerk steht, der kaiserliche Hofbeamte Tsai Lun hätte 105 n. Chr. das Papiermachen erfunden. Er ist nicht der Erfinder, allerdings war er maßgeblich am Verbessern der Produktionsmethode beteiligt. Papier kann man gemäß Funden in Gräbern schon während der westlichen Han-Dynastie 202 v. Chr. bis 8 n. Chr. nachweisen, die gefundenen Papier-

Erste Papiermaschine Foto: *Papiermachermuseum*

blätter wurden aus Hanf hergestellt. Im Jahre 751 n. Chr. übernahmen die Araber die Herstellungsmethode der Chinesen und errichteten in Samarkand eine Papierfabrik.

Die Araber erkannten den Wert des Papiers insofern, als man darauf nichts fälschen kann. Jede Radierung kann man erkennen, auf Papyrus oder Pergament aber nicht. Sie sagten daher, dass man eine unversehrte Urkunde auf Papier als authentisch anerkennen kann. Das hatte zur Folge, dass die Araber das Papier in ihrem Reich, das von Spanien bis Zentralasien reichte, einführten. Das Papiermachen breitete sich rasch aus, 793 gab es eine Papierfabrik in Bagdad, die erste Papierfabrik in Europa kann man 1074 in Xativa bei Valencia in Spanien nachweisen. Weitere Papiermühlen folgten: 1276 Fabriano, 1321 Leesdorf bei Baden, 1390 Nürnberg, Philadelphia 1690.

Das Ausgangsmaterial in Europa waren vorwiegend alte Kleidungsstücke aus Leinen. Diese wurden ursprünglich in Mörsern zerstampft, später dann in mit Wasserkraft betriebenen Stampfwerken. Die Papiermasse wird seit dem Ende des 13. Jahrhunderts mit einem auf einem Rahmen angebrachten Metalltuch aus der Bütte geschöpft und auf einen Filz abgelegt (abgegautscht). Ein entsprechender Stapel, meist 181 Bogen (= ein Pauscht), wird gepresst, wobei etwa 50 Prozent

Wasser entfernt werden. Jetzt können die einzelnen Bogen zum Trocknen gegeben werden. Geleimt wurde mit einem Tierleim, hergestellt aus alten Fellresten und Knochen. Nach dem Glätten mit einem geschliffenen Achatstein konnte das Papier beschrieben werden. Hauptabnehmer für die Papiermühlen waren klösterliche Schreibstuben, aber auch öffentliche Ämter.

Im 15. Jahrhundert gab es überall in Europa Papiermühlen. Mit der Druckkunst Johannes Gutenbergs, etwa 1450, stieg die Nachfrage nach Papier rasant an. Lumpen waren Mangelware, erst das Holz ermöglichte ab der Mitte des 19. Jahrhunderts die Massenproduktion von Papier.

Neue Rohstoffe für die Papiererzeugung

1843 begann der sächsische Webmeister Keller einen Apparat zu konstruieren, mit welchem man Holz schleifen konnte. 1845 wurde ihm das Patent darauf zuerkannt. Wir haben jetzt die erste Methode, Holz aufzuschließen – die mechanische. Man kann Holz aber auch chemisch aufschließen. Wenn man es unter Druck mit einer Säure kocht, werden die Inkrusten des Holzes (Hemizellulose und Lignin) herausgefällt und die Zellulose bleibt übrig. Bei Nadelhölzern sind dies 41 Prozent. Zellulose

Steyrermühl. Um 1868

ist ein sehr guter, aber auch teurer Stoff für die Papiererzeugung. Wenn man Papier nur aus Zellulose herstellt, so spricht man von einem holzfreien Papier (z. B. für Bücher). Aber nicht nur *Holzschliff* und *Zellulose* kommen als Rohstoff in Frage, moderne Papierfabriken verwenden hauptsächlich Altpapier. Es dauerte bis in die Mitte des 20. Jahrhunderts, bis man eine Rezeptur erfand, um die Druckfarbe aus dem Papier ohne allzu hohe Kosten herauszubekommen. Es war im Jahr 1956, als die Firma Voith das Deinking-Flotationsverfahren auf den Markt brachte. Jetzt konnte der kostbare Rohstoff *Altpapier* industriell als Papiermasse eingesetzt werden. Neben den genannten Rohstoffen wird noch *Kaolin* beigegeben – es ist der bei weitem billigste Rohstoff. In Österreich wird in Schwertberg Kaolin für die Papierindustrie abgebaut.

Papiermaschinen

Das in England weiterentwickelte Modell der Robert'schen Maschine wurde bereits 1820 mit einem Trockenzylinder und Filzbespannung ausgestattet, sodass die Papierbahn nicht mehr an der Luft getrocknet werden musste. Heute gibt es Papiermaschinen, die mit einer Geschwindigkeit von 1.800 Meter pro Minute laufen, z. B. die Maschine IV der UPM Steyrermühl.

Sie ist 10 Meter breit und erzeugt pro Tag ca. 1.000 Tonnen Papier für Tageszeitungen.

Glättwerk (Kalander)

Für bestimmte Druckvorgänge wird geglättetes Papier gebraucht. Die Glätte wird mit beheizten Walzen und Druck hergestellt. Der Glättungsvorgang entzieht dem Papier ca. 2,5 Prozent Wasser, vor dem Glätten muss also das Papier entsprechend befeuchtet werden.

Die Kleinbahn

Die Papierfabrik Steyrermühl hatte im Jahre 1898 fünf Papiermaschinen in Betrieb und war damit die größte Papierfabrik in der k. u. k. Monarchie. Es wurde zunehmend schwieriger, den Warenfluss von und zum 50 Meter höher gelegenen Bahnhof zu bewältigen.

Daher wurde 1916 begonnen, die innerbetrieblichen Transporte mit einer Kleinbahn durchzuführen. Durch die Ereignisse des Ersten Weltkrieges konnte das Projekt erst 1924 abgeschlossen werden. Die Geländestufe zum Bahnhof wurde mit einer Spitzkehre bewältigt. Spurweite war 30 Zoll = 76,2 cm, Streckenlänge insgesamt 7,5 km mit 59 Weichen. Die Bahn war bis 1988

Steyrermühl. Um 1900   *Foto: Papiermachermuseum*

in Betrieb. Sie wurde ab dieser Zeit nicht mehr gebraucht, die Steyrermühl AG hatte ihre Produktion zur Gänze auf das Gelände neben dem Bahnhof verlegt.

Die Traun als
Energielieferant und Transportstraße

Die Traun hat 3 Quellen: den Altaussersee, die Seenkette Grundlsee, Toplitzsee, Kammersee und den Ödensee. Bei Bad Aussee verbinden sich die drei Zuflüsse zur Koppentraun, die bei Obertraun in den Hallstättersee fließt. Bei Steeg tritt sie aus und mündet bei Ebensee in den Traunsee. Ab Gmunden geht es weiter Richtung Donau.

In Gmunden beginnt die Korngegend und es gab von da ab viele Mühlen. Für die Schifffahrt bildete der Traunfall ein nahezu unüberwindliches Hindernis. Es ist bekannt, dass erstmalig 1311 ein Bauwerk zur Umfahrung des Falles geschaffen wurde. 1416 wurde das Bauwerk verbessert und 1552 vom berühmten Wasserbaumeister Thomas Seeauer in die endgültige Form gebracht. Das Bauwerk war in ganz Europa bekannt und berühmt. Viele Besucher kamen, um es zu studieren. Jetzt war es möglich, den Fluss in seiner ganzen Länge zu befahren.

Die Transporte auf der Traun liefen allmählich mit Eröffnung der Pferdeeisenbahn Gmunden–Budweis 1836 und der Eröffnung der Rudolfsbahn 1877 aus.

Eine der Mühlen längs der Traun im Gelände der heutigen „alten Fabrik" der Steyrermühl war die bereits 1446 erwähnte Zhännklmühle, die 1588 erstmals im Dokument „Urbar zu Ort" (Grundbuch) aufscheint. Ein Besitzer der Mühle hieß Steyer und die Bauern aus der Umgegend brachten ihr Korn zum Steyer in die Mühle an der Traun. Daraus wurde dann der Name „Steyrermühl" abgeleitet. Die Mühle verfiel, der Name aber blieb.

Derzeit wird die Wasserkraft der Traun in 16 E-Werken zur Stromerzeugung genützt.

Ehemalige Maschinenhalle
der alten PM IV

Hier wurde 1890 die alte PM IV in Betrieb genommen. Sie war die erste Papiermaschine, die mit Elektromotoren angetrieben wurde: eine technische Neuerung ersten Grades. Es wurde mit Gleichstrommotoren gefahren. Der Strom wurde vom Gschröff, heute ein Schaukraftwerk, das unterhalb der Museumshalbinsel liegt, bezogen.

Ambulanz   *Foto: Papiermachermuseum*

Soziale Aspekte

Die 1868 gegründete Papierfabrik Steyrermühl erlebte einen rasanten Aufschwung. Die Produktion wurde laufend erhöht, 1883 kam eine Sulfitzellstoffanlage dazu: Dies hatte zur Folge, dass der Personalstand aufgestockt werden musste. Viele Papiermacher, aber auch Handwerker aller Art, hauptsächlich aus Böhmen, kamen nach Steyrermühl bzw. Laakirchen. Diesen Leuten stellte die Firma alles, was sie zum Leben brauchten, zur Verfügung.

Arbeiterwohnhäuser wurden gebaut, es gab einen Kindergarten und eine Volksschule. Die Steyrermühl AG errichtete ein Gebäude für eine Ambulanz. Ein Badehaus wurde gebaut, Vereinsgründungen fanden statt, ein Konsum-Geschäft wurde geschaffen. Das Museum zeigt unter anderem eine aus der Zeit um 1900 stammende Kücheneinrichtung.

Umwelt

Im Zuge des Aufstiegs der Steyrermühl zum Großbetrieb wurde auf die Umwelt nicht vergessen.

Die Firma betreibt eine voll biologisch arbeitende Kläranlage mit einem Einwohnerwert von 400.000. Mit dieser Anlage wird erreicht, dass die Traun nunmehr Wasserqualität II hat. Umfangreiche Versuche wurden unternommen, um eine einwandfreie Funktion zu erreichen. Rinnenversuche fanden statt, in einer eigenen Fischzucht wurde untersucht, wie sich das geklärte Wasser auf Lebewesen auswirkt.

Ausbildung

Eine Papierfabrik war schon in der Gründerzeit ein in sich abgeschlossenes Ausbildungszentrum. Alle möglichen Berufe konnten erlernt werden. Mit der gezielten Lehrlingsausbildung für das Papiermachen wurde in der Steyrermühl AG 1938 begonnen, Meister Planer sen. richtete eine „Lehrlingsecke" ein. 1941 gab es erstmals eine Lehrwerkstätte, 1946 wurde die Papiermacherausbildung mit einer zweijährigen Anlernzeit begonnen. 1954 folgte ein Lehrlingsheim. 1970 wurden die Papiermacherlehrlinge von der Berufsschule Gmunden übernommen. Heute gibt es das Ausbildungszentrum der Österreichischen Papierindustrie in Steyrermühl, das in dreieinhalb Jahre dauernden Turnussen den Lernenden alles für eine spätere Karriere in der Papierindustrie mitgibt. Mit Erwachsenenkursen werden Weiterbildungsmöglichkeiten angeboten: Das reicht von Meisterkursen bis zur Ausbildung zur Hochschulreife.

Die Maschine wurde 1988 demontiert. Heute wird an dieser einst der Papierherstellung dienenden Stätte der *Strang einer Pappenfertigungsstraße* gezeigt. Als Kraftquelle sieht man eine Dampfturbine, über das angeflanschte Getriebe wird ein Vierpressenschleifer (Modell nach Voelter) angetrieben, man kann die vier mit Holz gefüllten Kammern sehen.

Die Maschine presst hydraulisch das Holz gegen den rotierenden Stein. Als Weiterentwicklung dieses Schleifers ist das Modell eines Stetigschleifers zu sehen.

Der Kollergang ist nicht zu übersehen, zwei Läufersteine zerkleinern das zu behandelnde Material.

Als nächstes sieht man einen Holländer, den man so bezeichnet, weil diese Maschine in Holland erfunden wurde. Im ellipsenförmigen Behälter bringt eine Messerwalze die Halbstoffe in Umlauf und mahlt sie. Hier wird der Stoff für die Papiermaschine endgültig aufbereitet.

Mit einer Kolbenpumpe (Baujahr 1898) wird der Halbstoff in die Maschinenbütte gepumpt, dort sorgt ein Rührwerk für die richtige Emulsion. Über ein Rüttelsieb, den Knotenfänger, wird die Papiermasse in die Pappenmaschine geleitet. Dort geht es über die Siebwalze auf einen Filz, von dort in die Presswalze, wo Lage für Lage aufgezogen wird, bis die gewünschte Dicke des Kartons erreicht ist. Über eine Rille kann man den Karton mit einem Messer abschneiden, den man anschließend zum Trocknen aufhängt.

Ein Modell (Größe 1 : 20) der in Laakirchen arbeitenden PM 10 (230.000 Tonnen Tiefdruck pro Jahr) zeigt die Funktion einer modernen Papiermaschine.

Steintiergarten mit Feuerschale   *Foto: Hans Hofer*

Thomas Stöckl / Gerti Heimel

Dachstein – Forscher – Höhlenbären

Als südliches Tor zur Landesausstellung 2008 „Salzkammergut" präsentiert sich der Ort Obertraun in neuem Glanz. Drei neu gestaltete Plätze empfangen die Besucher der Unesco-Welterbe-Gemeinde.

Neben der optischen Neugestaltung mittels Natursteinpflasterung wartet jeder Platz mit einer besonderen Attraktion auf. Am Kirchenplatz ist dies neben der autofreien und damit kindersicheren Zone vor allem die mittels roter Pflastersteine markant gezeichnete Verbindungslinie zwischen katholischer Kirche und evangelischem Bethaus. Darüber hinaus wartet am nahe gelegenen Bach eine besonders traditionelle Bepflanzung mit den sieben Gewächsen, die man zum Palmbuschen-Binden benötigt. Auch der Gemeindeplatz ist weitgehend autofrei – neben dem für verschiedenste Zwecke nutzbaren Salettl beeindruckt hier vor allem der neue Dorfbrunnen, der in Form einer begehbaren Nirosta-Halbkugel an die Höhlenwelt des Berges erinnert. Im Winter verwandelt sich dieses moderne Kunstwerk dank innovativer Wassertechnik in eine (ebenfalls begehbare) „Eishöhle".

Beim Platz Traunbrücke weist neben einem neuen Überkopf-Wegweiser eine alte, entfernte Gondel die Richtung zur Höhlenwelt des Dachsteinmassivs.

Zusätzlich wurden auch neue Parkplätze sowie Rast- und Informationsmöglichkeiten geschaffen.

Ein ganzes Potpourri an Neuheiten erwartet die Besucher des beliebten Ausflugszieles Schönbergalm im Landesausstellungsjahr 2008. Die neu gestaltete Talstation der Welterbe-Seilbahn ist barrierefrei, modern und technisch am neuesten Stand und macht so den Ausflug auf den Berg auch für Menschen mit Beeinträchtigung zu einem unkomplizierten Vergnügen.

Die neu eröffnete Seilbahn bringt stündlich bis zu 600 Naturliebhaber, Wanderer und im Winter natürlich vor allem Schifahrer und andere Wintersportler (Variantenschifahrer, Snowboarder, Free-Rider) auf die Alm und weiter auf den 2.100 Meter hoch gelegenen Krippenstein. Die nunmehr doppelte Kapazität der neuen, gläsernen Panorama-Kabinen sorgt für geringste Wartezeiten und für ein einmaliges Seilbahnerlebnis.

Die Freesports Arena Krippenstein ist für Tourengeher, Schneeschuhwanderer, Spaziergänger, Sonnenhungrige und Paragleiter ein pures Sommer- und Wintervergnügen mit herrlichem Dachsteinpanorama, wobei die Aussichtsplattform „5fingers", welche am Krippenstein über einem circa 400 Meter hohen Abgrund errichtet wurde und einen grandiosen Ausblick bietet, ein besonderes Highlight darstellt.

Für die Landesausstellung „Salzkammergut", die in Obertraun unter dem Motto „Dachstein – Forscher – Höhlenbären" steht, ist neben der wissenschaftlichen Aufbereitung der Themen „Leben und Forschungswerk von Friedrich Simony", „Landschaft, Eiszeit und Gletscher" sowie „Naturschutz" die Schaffung eines naturnahen Erlebnisparks die zentrale Aufgabe. Der Besuch der weithin bekannten Schauhöhlen auf der Schönbergalm findet im Rahmen von Gruppenführungen statt, die dadurch entstehende Wartezeit kann nunmehr gut genützt werden. Unter dem vorab widersprüchlich erscheinendem Motto „Verweildauer verlängern, Wartezeit verkürzen" entstand der vorliegende Naturpark, der als Natur-, Erlebnis- und Abenteuerspielplatz für Groß und Klein und als authentisches Naturmuseum verstanden werden will.

Tritt man durch die Glastüre der Mittelstation auf die Alm, öffnet sich ein weitläufiger Almboden, der durch die hoch aufragenden Felsformationen des Dachstein-Krippenstein-Massives gefasst ist.

Vom bestehenden, nunmehr neu gestalteten Höhlenmuseum, das in einer ehemaligen Holzhütte untergebracht ist, führen die Wege zur Eishöhle und zur Mammuthöhle, den eigentlichen Attraktionen des hiesigen Weltkulturerbes. Es bietet sich eine Art Naturarena mit Sonnen- und Schattenseite, welche vor allem in den Sommermonaten von weit über 100.000 Besuchern frequentiert wird, die hier verweilen, die Höhlen besuchen oder einfach das Natur- und Wandererlebnis genießen.

Diese *Arena* eignet sich zukünftig durch die Errichtung von zwei Naturbühnen mit entsprechender Infrastruktur auch für die Durchführung von großen und kleinen Kunst- und Kulturveranstaltungen, da das dahinter liegende Gebirgsmassiv bei Tag und Nacht ein sehr spezielles, mystisches Bühnenbild bildet.

Wie im Titel der Landesausstellung beschrieben, können und sollen die BesucherInnen die einzelnen Stationen mit allen Sinnen erforschen, sich Zeit nehmen und auf die Alm einlassen.

Im größten Naturschutzgebiet Oberösterreichs gelegen, ist die Verwendung natürlicher Materialien wie Kalkstein, Lärchenholz und dergleichen auf der Schönbergalm (1.350 m) natürlich Ehrensache, darüber hinaus sind die Erlebnisbereiche so gestaltet, dass sie sich dem bestehenden Naturraum einfügen und unterordnen.

Die zahlreichen Stationen sind so angelegt, dass, obwohl nur wenige sofort mit dem Auge erfasst werden, von einer zu anderen geleitet wird, wobei es aber keinen vorgegebenen Rundkurs

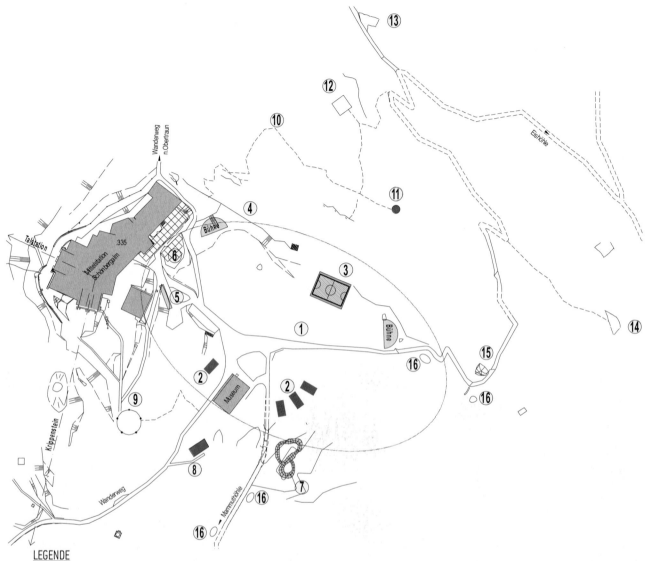

NATURNAHER FAMILIENPARK-SCHÖNBERGALM

LEGENDE

1 KALKSTEINARENA
Almarena mit 2 Bühnenplätzen

2 SIMONY HOTEL's
4 Themenhütten - Ausstellungsräume

3 ALMBODENKICK
Für barfuss spielende Fußballkünstler

4 KARSTKLETTERGARTEN
Natürliches Klettererlebnis

5 BIBI BLOCKSBERG
Hängebrücke mit Besenkammer

6 SONNENTERRASSE
Kulinarium

7 MUTMAMHÖHLE
begeh- und bekriechbare Höhlenskulptur

8 SAUWETTERSTATION
Präsentation von Höhlenflugfilm
Seminar- und Workshopraum

9 STEINTIERGARTEN
Tierskulpturen der Sage um die Wilde Jagd
Mystischer Platz mit Feuerschale

10 ABENTEUERSTEIG
Waldweg mit Balancierbalken, Riesenleitern, Lianen

11 BAMHITT'L
Baumhaus mit Blick auf Almboden, erreichbar über Abenteuersteig

12 RASTPLATZ
Ruhe- und Aussichtsplatz im Abenteuersteig integriert

13 LAWINENSCHUTZSTAND
Präsentation Wildbach- und Lawinenverbauung

14 WOMBÄRHÖHLE
Geburtsort von WOM, dem Höhlenbären

15 ERDGESCHICHTE
Zeitgeschichte Mensch-Tier-Vegetation

16 STEINGÄRTEN
Beeren-, Kräuter-, Farne- und Blumenbeete

Lageskizze Schönbergalm

Zeichnung: Architekt Stöckl, Grein

gibt, sondern je nach Lust und Laune auch Einzelteile nutzbar sind.

In Anlehnung an die *„Bibi Blocksberg"*-Verfilmung in den Rieseneishöhlen ist für die jüngsten Gäste eine *Hängebrücke* mit zugehöriger Besenkammer für kleine Hexen und Hexeriche entstanden. Durch das leichte Schwingen der bodennahen (!) Hängebrücke gibt es hier eine „Flugsimulation" für die Allerkleinsten – das Spielen und Herumtollen passiert hier natürlich im Sichtbereich der erweiterten *Sonnenterrasse* des Restaurants, auf der nun in zweierlei Hinsicht deutlich länger die Abendsonne genossen werden kann.

Ein weiteres Muss für junge Gäste ist die Spielskulptur *„Mutmam-Höhle"*, die im Waldbereich der Alm für Abwechslung sorgt. Wie unschwer zu erraten ist, bezieht sich das Wortspiel „Mutmam" auf die Mammuthöhle. Die neue Spielskulptur beschreibt im Maßstab einen erforschten, aber für Besucher unzugänglichen Teil der Höhle in Form einer überdimensionierten Doppelschleife (8). Die begeh- und bekriechbare Holz-Alu-Konstruktion aus verschalten, verschieden großen Linsen- und Kreisprofilen ist mit mehreren Ein- und Ausgängen ausgestat-

tet. Enge, Weite, Helligkeit und Dunkelheit wechseln einander in den verschiedenen Zonen dieses „Höhlenmodelles" ab. Der lange „Wurm" aus Lärchenholz begeistert immer wieder – ein Durchgang ist hier kaum genug für kleine Forscherseelen.

Die Anlage der richtigen Mammuthöhle verfügt über rund 60 Kilometer erforschter Höhlengänge in einem Höhenunterschied von circa 1.000 Metern; hieraus wurde die Vorlage für die Spielskulptur bezogen. Der für die Besucher zugängliche Teil erstreckt sich auf circa 800 Meter Wegstrecke – ein imposantes Modell der gesamten erforschten Anlage im Maßstab 1 : 500 kann im Höhlenmuseum der Schönbergalm besichtigt werden.

Die verkarsteten Kalksteinformationen in der zerklüfteten Steinlandschaft bieten sich als *Natur-Karst-Klettergarten* an. Im Bereich eines noch vorhandenen, ehemaligen kleinen Käsekellers sind bis zu 3 Meter hohe Felswände in unterschiedlichen Schwierigkeitsstufen zu erklimmen. Wie bei einer Kletterwand üblich, sind die von der Natur geschaffenen Wände mit zusätzlichen, verankerten Natursteingriffen ergänzt. Um etwaige Sturzverletzungen zu vermeiden, ist der Boden vor der – auf

Mutmamhöhle-Kriechhöhle / Baufoto   **Foto: Hans Hofer**

Sauwetterstation   Foto: Stephan Höll

den ersten Blick völlig unauffälligen – Kletterwand mit einer dicken Rindenmulchschicht ausgelegt. Jugendliche und Junggebliebene können sich hier im Freiklettern üben.

Eine Hommage an „König Fußball" bildet das Fußballfeld *Almbodenkick*. Der 10 x 15 Meter große Platz im Street-Soccer-Format hat die einmalige Eigenheit, dass er völlig uneben angelegt ist; sogar die Tore stehen in unterschiedlicher Höhe zueinander. Vom Schulausflug über den Verein bis hin zum Spitzensportler aus dem im Tal befindlichen Bundessportzentrum Obertraun darf hier jeder seine Künste unter Beweis stellen. Zusätzlich zur natürlichen Unebenheit des Almbodens sind künstlich Kurven, Aufschüttungen und Banden angelegt; feldbegrenzende Randlinien, Mittelkreis und Strafraum sind durch sandgefüllte Feuerwehrschläuche markiert, die jede noch so absurde Geländekrümmung tolerieren. Die solcherart verschärften Spielbedingungen stellen eine enorme Herausforderung für barfuss spielende Filzballkünstler aller Altersstufen dar.

Der *Abenteuersteig* führt, beginnend an der Ostseite des Schönbergrestaurants, durch den Wald – entlang der Felswände des Südwesthanges – zum Asphaltweg, der zur Eishöhle führt. Dieser Steig ist ohne Kletterausrüstung selbständig zu begehen, setzt aber die notwendige Vorsicht im alpinen Gelände voraus und ist für Gebrechliche sowie für Menschen mit Beeinträchtigung nicht begehbar. Kinder vor dem schulpflichtigen Alter sollten nur in Begleitung Erwachsener die Abenteuerwelt erforschen; ein Verlassen des Weges ist hier nicht erlaubt.

Gleich zu Beginn ist ein steiler Almweg mit entsprechender Seilführung zum Anhalten (Handlauf) angelegt. Ein kurzer Barfuss-Pfad mit Kalksteinen, Schotter und Moosboden bietet dem Wanderer die Möglichkeit, verschiedene Elemente der Natur zu fühlen. Schwebebalken, über einem kleinen Graben als Baumbrücke montiert, laden zum Balancieren ein. Ein „Stairway" entlang einer Felswand, der aus unterschiedlich hoch verlegten Steinen besteht, sorgt für ein abwechslungsreiches Gehmuster; ein Halteseil entlang der Felswand unterstützt auch hier das Gleichgewicht. Weiter gelangt man über am Boden liegende Trittsteine, die ursprünglich auch in sumpfigen Almgebieten eingesetzt wurden: Nur diese darf man betreten. Ein über den Köpfen geführtes Seil unterstützt den Versuch, nur ja nicht daneben zu steigen – hier wird vor allem auch bei Gruppen der Gemeinschaftssinn gestärkt, man ist veranlasst, sich gegenseitig zu helfen.

Über Riesenleitern für „Zwerge", welche aus runden Baumstämmen gefertigt sind, gelangen Erwachsene und Kinder auf allen vieren hochkletternd empor. Das absolute Highlight dieses Adventure-Trails sind die Lianen. Hier gilt es, mithilfe

Rastplatz   *Fotos: Hans Hofer*

Abenteuersteig / Liane

von Seillianen kurze Wegstrecken schwingend zu überbrücken. Achtung, hier geht es hoch hinaus.

Auch zwei sehr spezielle Aussichtsplattformen sind über den Abenteuersteig zu erkunden: Ein kurzer Abstecher führt zu einem sehr ruhig gelegenen *Rastplatz,* der in Form mehrerer Holzplateaus in den Hang gebaut wurde und einen grandiosen Blick auf den weit unter den Baumwipfeln liegenden Hallstättersee erleben lässt. Hier kann man in Ruhe jausnen, sich unterhalten und die Seele baumeln lassen. Ebenfalls über einen kleinen Stichweg erreichbar, bietet das hoch über dem Almboden installierte *„Bamhitt'l"* einen Überblick über das Geschehen am Almboden. Blickverbindungen zu weiteren Stationen, wie Sauwetterstation, Themenhütten, Steintiergarten oder Almbodenkick, zeigen, was noch alles erlebt werden kann.

Entlang dieser erlebnisreichen Alternative zum Höhlenaufgang finden sich in Erinnerung an eine alte Bergsteigertradition mehrere Steinmänner und Steinfrauen, die dem Wanderer den Weg weisen.

Noch etwas weiter oben präsentiert die regionale Wildbach- und Lawinenverbauung ihre Arbeit hautnah mit einem Lawinenschutzstand, der im steilen Fels montiert ist.

Den herkömmlichen Aufgang zur Eishöhle kennzeichnet ein riesiger Naturstein, der sich am Wegrand erhebt. Dieser ist py-ramidenartig mit drei dünnen Stahlrohren gefasst, auf denen mittels Zeitskala und Tafeltexten die eigentlich unvorstellbaren Dimensionen der *Erdgeschichte* anschaulich dargestellt sind. Zu lesen ist die „Steinpyramide" von der Spitze hin zum Boden: Ganz unten ist also die Jetztzeit, das Heute, zu suchen.

Über einen kurzen Abstecher vom Eishöhlenweg gelangt man zu einem höher liegenden Plateau, das sich vor einem Felsvorsprung befindet. Dieser Ort wurde als (fiktiver) Geburtsort und Wohnstätte für *„Wom",* den Höhlenbären, auserkoren und im Rahmen einer Projektarbeit mit Schülern und Schülerinnen der Weltkulturerbe-Hauptschule Bad Goisern gestaltet. Auf sechs Tafelbildern haben die Kinder mit großformatigen Kreidezeichnungen den Lebenszyklus eines Braunbären verewigt.

„Wom", der Höhlenbär, ist entwicklungsfähig: Man kann zum jetzigen Zeitpunkt nur Spekulationen darüber anstellen, ob und wie es mit ihm weitergeht. Wer weiß, vielleicht erobert er später einmal als Maskottchen oder Comic-Figur die Welt oder er macht auf andere Art von sich reden … ob als regionaler Botschafter, als Souvenir, als Spielzeug oder gar als Karikatur. Und sollte er einmal zu reden beginnen, so werden es Geschichten im Dialekt des Inneren Salzkammergutes sein.

Die Anlage der *„Steingärten"* besteht aus vier ovalförmigen Hochbeeten, welche mit Natursteinschlichtmauerwerk an un-

Wombärhöhle   *Fotos: Hans Hofer*

Bamhitt'l

Simony-Hotels Themenhütten   Foto: Hans Hofer

terschiedlichen Plätzen in die Landschaft eingefügt sind. Die Besonderheit der Beete ist die unterschiedliche Bepflanzung mit Kräutern, Beeren, Farnen und Blumen. Die Positionierung der Beete ist so gewählt, dass sie entsprechend der Besonnung und der natürlichen Feuchtigkeit des Bodens auf die Bedürfnisse der Pflanzen optimal ausgerichtet sind. Durch die Konzentration auf eine Pflanzenfamilie pro Beet und somit durch Überzeichnen der natürlichen Verhältnisse wird auf die Unterschiedlichkeit und Charakteristik der einzelnen Gruppen, die von Natur aus in der Almlandschaft vorkommen, hingewiesen.

Bei der Realisierung der Station „*Steintiergarten*" haben die oberösterreichischen Künstler Maria Brecsik, Tanja Jetzinger und Wolfgang Müllegger besonderes Augenmerk auf die Sage um die „Wilde Gjaid" (Wilde Jagd) gelegt, die in den Mythen rund um den Dachstein ihren festen Platz hat. Die „Wilde Gjaid" beschreibt vor allem die extremen Wetterphänomene wie Sturm und Gewitter, die im Gebirge oft sehr imposant ausfallen. Im Kreis angeordnete Steinskulpturen zeigen moderne Interpretationen von Hirsch, Pferd, Wildkatze, Wolf und Rabe: In der Mitte befindet sich eine große Feuerschale, die diesem Ort zu besonderen Anlässen wie beispielsweise zur Sonnenwende eine besondere Mystik verleiht.

Wiewohl es der Wettergott in dieser Höhenlage auch meist gut mit den Besuchern meint, wird auch hier ab und zu über schlechtes Wetter geklagt. Diesem Umstand Rechnung tragend, wurde – unauffällig in die Landschaft eingegliedert – ein modernes, „schwebendes" Holzhaus, die „*Sauwetterstation*", errichtet. Der wetterfeste Holzbau bietet bis zu 30 Personen Platz und durch die verglaste Vorderfront kann, falls gerade vorhanden, das Sauwetter geschützt und vom Trockenen aus erlebt werden. Doch auch an freundlichen Tagen kann die Sauwetterstation beispielsweise als Seminar- oder Workshopraum genutzt werden. Während der Landesausstellung 2008 wird hier ein ganz besonderer Film gezeigt, der den Betrachter binnen weniger Minuten poetisch und losgelöst vom normalen Weg in die Höhlenwelt des Dachsteinmassivs entführt. Dieser experimentelle Dokumentarfilm von Judith Hasleder (nach einer Idee von Arch. DI Thomas Stöckl) ermöglicht durch eine spezielle Filmtechnik, was dem normalen Höhlenbesucher verwehrt bleibt: einen Flug durch die Dachsteinhöhlen aus Sicht einer Fledermaus. Durch den mit der Kamera nachempfundenen Fledermausflug können die Höhlen und ihre unterschiedlichen Charakteristika Wasser, Stein und Eis aus einem völlig ungewohnten und neuen Blickwinkel erlebt werden. Unterstützt durch die Filmakademie Wien und in Zusammenarbeit mit Studenten und Filmleuten aus verschiedensten Sparten ist der *„Höhlenflug"* ein sowohl künstlerisch als auch technisch hochinteressantes Projekt. Regen und Kälte vergisst man bei diesem einmaligen Filmerlebnis allemal – wie es sich für eine echte Sauwetterstation eben gehört.

In den Höhlen selbst warten wieder neue Kunstwerke von Studenten der Kunstuniversität Linz darauf, entdeckt zu werden. Unter anderem befasst sich in der Rieseneishöhle eine neu errichtete Forschungsstation intensiv mit der Suche nach dem Höhlenbären, und mit der Installation „Hier Koppen – wer da" wartet ein sprechender Stein in der Koppenbrüllerhöhle auf die Besucher.

In den aus Schlichtsteinmauerwerk gefertigten *Themenhütten,* den sogenannten *Simony-Hotels,* befindet sich die wissenschaftliche Aufbereitung der Ausstellungsthemen mit Text- und Bildelementen, verschiedensten Ausstellungsstücken sowie Flatscreen-Projektionen. Zusätzlich gibt es auch in allen vier Ausstellungsräumen jeweils ein Kinderelement, das auch den jüngsten Besuchern einen altersgemäßen Eindruck vom Ausstellungsthema vermitteln soll.

Simony-Hotel I
Friedrich Simony und sein Forscherleben

In dieser ersten Themenhütte, die als Giebelsymbol den stilisierten Kopf Simonys zeigt, geht es vor allem um das Leben und Forschen Friedrich Simonys.

Er wurde 1813 unehelich in Hrochowteinitz in Böhmen geboren und begann nach einer Apothekerlehre, in Wien Pharmazie und Naturwissenschaften zu studieren.

Simony war ein vielseitiger Mann, ob als Wissenschaftler, Lehrer, Bergsteiger, Höhlenforscher, Schriftsteller, Maler, Zeichner und Fotograf – immer ein „Abenteurer im Gelehrtenrock". Was ihn jedoch besonders auszeichnete: Alle diese Fähigkeiten erlernte er als Autodidakt.

Sein Leben gehörte dem Dachstein. 1840 kam Simony erstmals nach Hallstatt und besuchte das Dachsteinplateau. Schon 1842 unternahm er die zweite Reise ins Innere Salzkammergut und bestieg erstmals den Dachsteingipfel. Als Geograph interessierte ihn die Landschaft, und hier vor allem deren Formung durch die Gletscher in Abhängigkeit vom Klima. Aber auch die Mineralogie, die Paläontologie und die Höhlenkunde sowie auch die Aufnahme der alpinen Vegetation schloss er als universaler Naturwissenschaftler in seine Studien mit ein. Im Alter von 38 Jahren wurde Simony 1851 von Kaiser Franz Joseph I. zum ordentlichen Professor für Erdkunde an der Universität Wien ernannt und gilt somit als Begründer der Universitätsgeographie in Österreich. Als besonderer Vertreter des „Anschauungsunterrichtes" lehrte er Geographie mit selbst erstellten Wandtafeln und ging mit den Studenten – und das waren 1857 bereits 100 Hörer – hinaus in die Natur.

Alle Beobachtungen hielt Simony in seinen „Notizbüchern" fest. Diese beinhalten neben schriftlichen Aufzeichnungen un-

Friedrich Simony   Foto: E. Grilnberger, OÖ. Landesmuseen

zählige Skizzen. Zu Hause zeichnete er diese „ins Reine", sodass ein überwältigendes Vermächtnis an Aquarellen, Bleistift- und Federzeichnungen sowie Tusche- und Sepiaskizzen überliefert wurde. Ein Jahr nach der vollständigen Herausgabe seines Lebenswerkes „Das Dachsteingebiet" starb Simony im Jahr 1896. Neben einer genauen Simony-Biographie finden sich hier detaillierte Informationen zu seinen vielseitigen Forschungen, mit Schwerpunkt auf seinen Arbeiten als bedeutendster österreichischer Geograph des 19. Jahrhunderts (Seine Höhenbestimmungen der Berggipfel oder Tiefenmessungen der Seen kommen den heutigen Werten sehr nahe oder stimmen überhaupt mit ihnen überein.).

Auch seine Freundschaft mit dem Dichter Adalbert Stifter, den er im Jahr 1844 im Haus des Staatskanzlers Metternich kennen lernte, wird näher beleuchtet. Den Schilderungen Simonys sowie den persönlichen Erlebnissen der beiden Freunde auf langen Spaziergängen im Salzkammergut entsprang wohl eine der schönsten Weihnachtsgeschichten des deutschen Sprachraumes, „Bergkristall".

Adalbert Stifter hat seinen Freund Friedrich Simony literarisch in der Erzählung „Nachsommer" verewigt. Die Hauptfigur Heinrich Drendorf erinnert unzählige Male an Simony.

In diesem ersten Ausstellungsraum sind neben klassischen Ausstellungsstücken wie Originalheften und -büchern, Holz- und Stahlstichen und Fotos auch diverse Utensilien von Simony in einer Glasvitrine zu sehen.

Ungefähr 30 Fotos, die Simony vom Dachsteingebiet und der Umgebung gemacht hat, untermalt mit dem Text aus einem Brief Friedrich Simonys an Adalbert Stifter können am Flatscreen betrachtet werden.

Für die Kinder gibt es verschiedene Steine zum Angreifen, Ertasten und Erraten.

Simony-Hotel II

In der zweiten Themenhütte, die ebenfalls den stilisierten Kopf Simonys als Giebelsymbol trägt, werden Friedrich Simonys Gletscherforschungen, seine Erkenntnisse aus den Arbeiten an den Seen und Flüssen des Salzkammergutes sowie auch seine Klima- und Vegetationsbeobachtungen behandelt. Mithilfe von zwei Stereoskopen können Luftbilder vom Dachsteinplateau dreidimensional betrachtet werden. Des Weiteren wird auch über Simonys Zeit in Hallstatt und die mit der Entdeckung des Hallstätter Gräberfeldes durch Simonys Freund Johann Georg Ramsauer einhergehenden archäologischen Betrachtungen berichtet.

Am Flatscreen zeigen rund dreißig Fotografien des genialen „Freizeitfotografen und Fotokünstlers" Karl Kaser (1861–1942) alte Aufnahmen vom Dachstein und seiner Umgebung (ab dem Jahr 1898).

Das Kinderelement im zweiten Bereich der Ausstellung stellt einen gekühlten Eisblock zum Anfassen und Begreifen dar.

Simony-Hotel III – Dachstein-Alm

Das Giebelsymbol, der Dachsteingipfel in Eisblau, weist auf das Thema des dritten Ausstellungsraumes hin. Hier werden die Landschaft der Eiszeit, die Entwicklung und Veränderung der Dachsteingletscher, der Karst im Hochgebirge sowie das Klima im Wandel der Zeiten beleuchtet.

Luftbilder des eiszeitlich vergletscherten Gebietes, vom Dachstein bis Gmunden, sowie der heutigen Gletscherregion können am Bildschirm betrachtet werden.

Besonders interessant ist diese Hütte für kleine Gäste gleich aus drei Gründen: Es gibt ein abstrahiert nachgebildetes Mammut zum Hineinklettern, der als Fotoelement dient (Vor circa 30.000 Jahren, als die Gletscher hier anzuwachsen begannen, weideten diese Tiere in den Talbereichen des Salzkammergutes.). Darüber hinaus gilt es, die REM-Aufnahme (Hinterglasbild) eines Gletscherflohs, die in verschiedenen Farben beleuchtet werden kann, zu bewundern, und schließlich wird auch noch die Sage der „Übergossenen Alm" erzählt.

Simony-Hotel IV – Naturschutz-Hütte

Das Giebelsymbol der letzten Themenhütte zeigt einen Vogel im Baum und ist in Grün gehalten.

Der Dachstein bildet das größte Naturschutzgebiet Oberösterreichs, und ist darüber hinaus auch ein Natura 2000 Europaschutzgebiet.

Klarerweise kommt es hier zu einem Spannungsfeld zwischen Naturschutz und Tourismus. Eventtourismus, Gletscherschilauf und Besucherlenkung müssen hier ganz vorsichtig gehandhabt werden, denn nur ein intaktes Ökosystem sorgt dafür, dass die Lebensgrundlage möglichst vieler Arten erhalten bleibt. In einem so sensiblen Gebiet wie dem Dachsteinmassiv gilt es, nicht nur die landschaftlichen Eigenheiten wie den vielfältigen Karstformenschatz zu bewahren, sondern auch ausgewählte Pflanzen- und Tierarten besonders zu schützen.

Als circa zwei Meter hohes und bis zu drei Meter langes Ausstellungsobjekt lässt ein großer Profilschnitt vom Dachsteingipfel in Richtung Hallstättersee die wesentlichen Elemente der regionsspezifischen Flora und Fauna erkennen.

Mit einer Schautafel, die Schnee-Spuren von Tieren, die am Dachstein vorkommen, zeigt und die Kinder zum Erraten und Erforschen animiert, wird auch dieser letzte Ausstellungsraum dem Obertrauner Motto der Landesausstellung gerecht: *Dachstein – Forscher – Höhlenbären*.

Plätze, Natur-Erlebnis-Park, Ausstellungsgestaltung:
Architekt DI Thomas Stöckl, Grein
Wissenschaftliche Ausstellungsaufbereitung:
GeoGlobe, Mag. Häupl & Mag. Dr. Ibetsberger, Neumarkt

Martin Huber / Manfred Mittermayer

Gehen und Denken

Ein Thomas-Bernhard-Weg

„Mein Hof verbirgt, was ich tue. Ich habe ihn zugemauert, ich habe mich eingemauert. […] Mein Hof schützt mich. Ist er mir unerträglich, laufe ich, fahre ich weg, denn die Welt steht mir offen." So beschreibt Thomas Bernhard unter dem Titel „Meine eigene Einsamkeit" (*Die Presse*, 24. 12. 1965) jenes Bauwerk, das die literarische Welt inzwischen mit dem oberösterreichischen Ortsnamen Ohlsdorf assoziiert. „Das Objekt ist, jahrhundertealt, vor dem Höllengebirge gelegen, in einer Gegend, die ich, der Herkunft und Vorliebe nach, schon immer als meine engere Heimat betrachtet habe."

Knapp ein Jahr zuvor hatte er auf eine Annonce des Immobilienmaklers Karl Ignaz Hennetmair reagiert, in der dieser einen alten Vierkanthof in Obernathal 2, Ohlsdorf, angeboten hatte. Am Dreikönigstag des Jahres 1965 fuhr er erstmals nach Ohlsdorf, um das Objekt zu besichtigen, und obgleich sich das Gebäude als äußerst renovierungsbedürftig herausstellte, kaufte er es ohne lange Bedenkzeit.

Es war ein für sein späteres Leben entscheidender Schritt. In den folgenden Jahren ging der Autor, dem gerade erst mit dem Roman *Frost* (1963) der literarische Durchbruch gelungen war, an die Instandsetzung des Hofes; zusammen mit Handwerkern aus der Gegend machte er das vom Verfall bedrohte Gebäude bewohnbar und richtete es in allen Details nach seinen Vorstellungen ein. Mit Karl Hennetmair entwickelte sich eine intensive Freundschaft, die zehn Jahre dauerte, ehe sie durch einen plötzlichen Zwist auseinander brach. Der im Menschenumgang versierte Geschäftsmann erleichterte Bernhard den Kontakt mit seiner Umgebung, in der ein Geistesarbeiter für viele den Verdacht erregte, keiner Beschäftigung zu folgen wie die anderen, sondern hauptsächlich in der Gegend spazieren zu gehen. Hennetmair vermittelte Bernhard in den kommenden Jahren außerdem zwei weitere Bauernhäuser, die er ebenfalls instand setzte: 1971 die „Krucka" am Grasberg (Gemeinde Altmünster) und 1972 das „Haunspäun" (auch „Quirchtenhaus") in Unterpuchham 13 (Gemeinde Ottnang), ganz in der Nähe von Schloss Wolfsegg.

Für Bernhards Literatur hatte die Ansiedlung im oberösterreichischen Alpenvorland gravierende Konsequenzen. Zunehmend tauchten Namen aus seiner neuen Lebensumgebung im Kontext der literarischen Fiktion auf. Ortsnamen wie Altensam und Stocket spielten in dem Roman *Korrektur* (1975) eine wichtige Rolle, Namen aus der unmittelbaren Ohlsdorfer Nähe wurden zu Schauplätzen weiterer Romane – so etwa Peiskam in *Beton*

(1982) oder Traich in der Glenn-Gould-Phantasie *Der Untergeher* (1983). Der abschließende Roman *Auslöschung. Ein Zerfall* (1986) ist in Wolfsegg angesiedelt. Und schon 1968 hatte eine Erzählung sogar den Titel von einem kleinen, zwischen Ohlsdorf und Ottnang gelegenen Ort erhalten: *Ungenach* – wobei gerade dieser Text zeigt, wie wenig es sich bei Bernhards literarischem Oberösterreich um die reale Landschaft gleichen Namens handelt. „Ungenach", das ist hier ein zerfallender Großgrundbesitz, der nicht nur den Herkunftsort eines Brüderpaares benennt, sondern auch die gesamte Last der Geschichte, von der sich der eine Bruder durch die „Abschenkung" dieses Erbes zu befreien sucht.

Thomas Bernhard in Ohlsdorf. 1969

Thomas Bernhard. 1976

Thomas Bernhard in Oberösterreich. 1970er-Jahre

Im Rahmen der Landesausstellung 2008 im oberösterreichischen Salzkammergut lädt die Gemeinde Ohlsdorf zu einer Wanderung durch das Gemeindegebiet ein, zu einem Rundweg entlang einer zu diesem Zweck eigens markierten Strecke, um jene Landschaft (in ihrem heutigen Zustand natürlich) im Gehen zu erfahren, in der sich Thomas Bernhard vor mehr als 40 Jahren ansiedelte und die er bis zu seinem Tod 1989 nicht mehr verließ – auch wenn er in diesem Zeitraum zahlreiche Reisen unternahm und vor allem über die Wiener Adresse seines „Lebensmenschen" Hedwig Stavianicek auch eine durchaus gleichwertige Beziehung zur kulturellen Metropole unseres Landes und damit zur Großstadt pflegte.

Es soll kein Weg „auf den Spuren von …" sein und es soll auch nicht vorgegeben werden, man könne hier die gleichen Strecken gehen, die der Dichter zu seinen Lebzeiten beschritten hat. Es lässt sich allerdings nicht leugnen, dass die Landschaft des oberösterreichischen Voralpengebiets für Bernhards Literatur von entscheidender Bedeutung war; eine Begegnung mit ihr ist eine der zahlreichen Möglichkeiten, sich diesen Texten anzunähern. Bernhards bekannte Bemerkung im Interview mit Krista Fleischmann, er beschreibe keine Natur und keine landschaftlichen Details, sondern es gehe ihm um die „inneren Landschaften", die im Bewusstsein seiner Protagonisten

angesiedelt seien, ist nicht ernst genug zu nehmen. Doch ein Spaziergang durch die Umgebung seines Ohlsdorfer Hauses, wie er hier vorgeschlagen wird, führt in der Tat schon nach wenigen Schritten zu Ortsbezeichnungen, die in Bernhards Literatur eingegangen sind: zu den bereits genannten Ortschaften Traich und Peiskam etwa, deren konkretes Aussehen den Spaziergänger gleichzeitig darauf aufmerksam macht, wie sehr sich der reale Ort von seiner fiktionalen Spiegelung im literarischen Werk unterscheidet.

Entlang des Weges rund um und durch Ohlsdorf, der natürlich auch an Bernhards Bauernhof vorbei und dort zu einer Ausstellung in den vom Besitzer restaurierten Stallgewölben führt, gibt eine in ihrem Umfang durchaus sparsam gehaltene Serie von Objekten (gestaltet von Peter Karlhuber) Anregungen, im *Gehen* über Bernhards Literatur nachzu*denken*. Und diese für Thomas Bernhard zentrale Beziehung zwischen „Gehen" und „Denken" bildet nicht nur das Motto für den Weg, sondern sie ist gleichzeitig inhaltlicher Bezugspunkt für die Begegnung mit seinem Werk und mit analogen Gedanken weiterer Autoren aus der Weltliteratur. Wir müssen „gehen, um denken zu können", lässt Bernhard Oehler in der bezeichnenderweise mit *Gehen* überschriebenen Erzählung (1971) sagen, „wie wir denken müssen, um gehen zu können, eines aus dem andern und

Bernhard-Haus Obernathal / Ohlsdorf

eines aus dem andern mit einer immer noch größeren Kunstfertigkeit." (TBW 12, S. 213 f.)

Die beiden Motive, die Thomas Bernhard hier engführt, ziehen sich als eine Art Leitgedanke durch einen nicht unbeträchtlichen Teil des bernhardschen Œuvres. Um nur das Romanwerk herauszugreifen: Der Maler Strauch in *Frost* stapft mit dem ihn beobachtenden Medizinstudenten durch die verschneite Umgebung Wengs und entwickelt dabei in einer Folge von Monologen fremd anmutende Denklandschaften. Der Arzt und sein Sohn in *Verstörung* (1967) lauschen auf der Hochgobernitzer Burgmauer auf und ab gehend den Denktiraden des Fürsten Saurau. In *Korrektur* vergleicht der den Nachlass Roithamers sichtende Ich-Erzähler den gemeinsamen Schulweg zu Fuß an der Aurach entlang mit dem späteren Lebensweg, dem Denkweg Roithamers, der ihn im entscheidenden Augenblick aus Altensam nach Cambridge hat weggehen lassen, um nicht zugrunde zu gehen. In *Beton* glaubt Rudolf wenigstens eine Zeit lang aus Peiskam nach Palma de Mallorca weggehen zu müssen, um dort endlich seine Arbeit über Mendelssohn Bartholdy beginnen zu können; im *Untergeher,* einer Bezeichnung, die Glenn Gould für Wertheimer ebenso geprägt hat wie den Ausdruck „Asphaltgeher", versucht sich dieser durch stundenlange Gänge von der Inneren Stadt bis in die „Arbeiterbezirke" jenseits der Donau

Bernhard-Haus. Innenansicht – Erdgeschoß

zu retten – was ihm letztlich nicht gelingt. In *Holzfällen* (1984) geht der Ich-Erzähler gerade durch seine nach der Rückkehr aus London aufgenommene Gewohnheit, über den Wiener Graben zu spazieren, den Auersbergers in die Falle und läuft zum Schluss von der Gentzgasse in die Innere Stadt mit dem Gedanken, dass er Wien und seine Menschen hasst und doch lieben muss. Reger in *Alte Meister* hingegen hasst das Spazierengehen, hat die besten Einfälle allerdings, wenn er im Zimmer auf und ab geht. Und schließlich beginnt *Auslöschung* mit einem Gang des Protagonisten Franz-Josef Murau durch seine Wahlheimatstadt Rom, freilich in Gedanken an seinen Herkunftsort Wolfsegg.

Untrennbar verbunden mit dem Leitmotiv des Gehens und Denkens sind natürlich die dabei begangenen Orte. Die obstinate Wiederholung ihrer Namen, von denen oben – mit Bezug auf die Topographie des südlichen Oberösterreich – schon die Rede war, trägt wesentlich zur oft betonten musikalischen Qualität der bernhardschen Texte bei. Das kann eine Großstadt in der Ferne sein, wie z. B. New York, die schönste Stadt der Welt, die gleichzeitig die beste Luft hat, wie es im *Untergeher* heißt, die einzige Stadt, in welcher ein Geistesmensch ungehindert aufatmen könne; das können aber auch die englischen Universitätsstädte Oxford und Cambridge sein, die so manchem Protagonisten wittgensteinschen Zuschnitts als Geistesentfaltungs- und Zufluchtsort dienen. Es kann sich um südliche, meist mediterrane Schreib- oder zumindest Schreibversuchsorte handeln, wie etwa Palma in *Beton,* aber eben auch immer wieder um Landschaften bzw. spezifische Landschaftsteile, Orte, Bauwerke, signifikante Natur- und Kulturräume aus der näheren Umgebung von Bernhards Häusern in Oberösterreich bzw. seiner Wohnungen in Gmunden und Wien. Die Liste reicht vom ehemaligen Kalkwerk bei Gmunden über die Aurach-Engstelle, das Kunsthistorische Museum bis zum bereits erwähnten Familiengut Wolfsegg. Und natürlich und ganz besonders findet sich nicht Weniges aus dem Umfeld von Bernhards Obernathaler Vierkanthof in seinen Texten wieder: neben Rudolfs Peiskamer Haus und Wertheimers väterlichem Jagdhaus in Traich, die schon erwähnt wurden, etwa die Schottergrube, die Papierfabrik und die Traun in *Watten* – und selbstredend die „Ruine“, die der Realitätenvermittler Moritz dem Ich-Erzähler in *Ja* vermittelt hat.

Thomas Bernhard verfährt im erzählerischen Kontext seiner Werke mit diesen Realitätspartikeln frei, d. h. er verfremdet sie oder stellt sie neu zusammen. Und natürlich schreibt er keine Heimatliteratur im engeren Sinn, reichen die Themen seines Werkes, reicht die Faszinationskraft seiner Sprache weit über den lokalen Kontext hinaus, wie ja auch die breite internationale Rezeption seines Werks zeigt: Das Scheitern an der Niederschrift der endgültigen Studie, am Anspruch auf Vollkommenheit in Wissenschaft oder Kunst, an der Erzwingung von Lebensglück sind selbstverständlich keine Peiskamer, Traicher oder Altensamer Besonderheiten, die Abarbeitung am Herkunftskomplex, die Auseinandersetzung mit der österreichischen Vergangenheit, z. B. der österreichischen Rolle im Dritten Reich, keine Wolfsegger Lokalgeschichte. Diese Orte stehen als pars pro toto für Österreich bzw. oft auch für Aspekte der gesamten menschlichen Existenz: Gleichzeitig sind sie nicht nur in ihrer klanglichen Qualität keineswegs beliebig austauschbar, und es stellt ein Spezifikum der bernhardschen Literatur dar, von lokalen Gegebenheiten ausgehend auf größere Zusammenhänge zu zielen.

Die bereits genannte Erzählung *Ja* aus dem Jahre 1978 ist eine der am intensivsten auf Bernhards Ohlsdorfer Lebensumgebung bezogenen – und auf die Menschen, denen er dort begegnet ist. In der Gestalt des Moritz setzt er seinem einstigen Freund Karl Hennetmair ein literarisches Denkmal. Seinen Ich-Erzähler lässt er die ganz seiner eigenen analoge Ansiedlung in einer Ruine, die er mit großem persönlichem Aufwand instand gesetzt habe, mit Argumenten begründen, die vielleicht auch seine eigenen gewesen sein mögen: „Wichtig war gewesen, daß ich einen Platz für mich allein in der Welt hatte, der abzugrenzen und abzusperren gewesen war", sagt er zum Beispiel (Ja, S. 57 f.). Die Erzählung zeugt gerade in Bezug auf Ohlsdorf und seine Bewohner von der charakteristischen Ambivalenz, die Bernhard im Umgang mit fast allen Themen und Gegenständen an den Tag legt, an die er sich gebunden weiß. Diese Gegend, heißt es in *Ja,* sei eine der düstersten im ganzen Land und die Menschen entsprächen der Landschaft, andererseits (und dieses „andererseits" ist im Werk Bernhards, ebenso wie die nicht als bloße germanistische Spitzfindigkeit abzutuende Unterscheidung von Personenrede bzw. Ausführungen eines Ich-Erzählers in seinen Texten und Thomas Bernhard selbst, immer von entscheidender Bedeutung) nennt der Ich-Erzähler als Grund für den Hauskauf gerade die Ähnlichkeit dieser Landschaft mit seiner Herkunftsgegend.

Thomas Bernhards eigene Sorge galt bis zuletzt der Erhaltung des Obernathaler Hofes; und sein letzter Leserbrief, den er – gerade von seinem Spanienaufenthalt zurückgekehrt – Mitte Jänner 1989 an die *Salzkammergut-Zeitung* richtete und in dem er sich für die Erhaltung der Gmundner Straßenbahn einsetzte, beginnt mit einer Wendung, die als bloße Sentimentalität, Ironie oder Captatio benevolentiae zu lesen wohl zu kurz greifen würde: „jedesmal, wenn ich aus dem Ausland zurückkomme, denke ich, dass ich in eine der allerschönsten Gegenden der Welt heimkehre".

Literatur

Bernhard, Thomas: Ja. Frankfurt/Main: Suhrkamp 1978.

Bernhard, Thomas: Werke in 22 Bänden. Hg. von Martin Huber und Wendelin Schmidt-Dengler. Frankfurt/Main: Suhrkamp 2003 ff. (= TBW; bisher 14 Bände erschienen).

Hennetmair, Karl Ignaz: Ein Jahr mit Thomas Bernhard. Das versiegelte Tagebuch 1972. Salzburg, Wien: Residenz 2000.

Höller, Hans: Thomas Bernhard. Reinbek bei Hamburg: Rowohlt 1993 (= rororo Monographie 504).

Mittermayer, Manfred: Thomas Bernhard. Frankfurt/Main: Suhrkamp 2006 (= Suhrkamp BasisBiographie 11).

Schmied, Erika / Schmied, Wieland: Thomas Bernhards Häuser. Salzburg, Wien: Residenz 1995.

Fotos

Thomas-Bernhard-Nachlassverwaltung (soweit eruierbar)

Gabriele Ramsauer

Nannerl Mozart – Musikerin am Wolfgangsee

„Die Nannerl hat mit den grössten Applausen sowohl beim Kurfürst als auch beim Herzog gespielt" (21. Juni 1763)[1]

„Der Wolfgang ist ausserordentlich lustig, aber auch schlimm. Die Nannerl leidet nun durch den Buben nichts mehr, indem sie so spielt, dass alles von ihr spricht und ihre Fertigkeit bewundert" (20. August 1763)[2]

„Mein Mädl spielt die schwersten Stücke, die wir jetzt von Schobert und Eckard etc. haben, darunter die Eckhardschen Stücke noch die schweren sind …" (1. Februar 1764)[3]

„daß mein Mädl eine der geschickteten Spilerinnen in Europa ist, …" (8. Juni 1764)[4]

„ich danke dir für das erste stuk und andante der Sonaten, ich habe es schon durchgespielt das Andante braucht schon eine starke aufmerksamkeit und nettigkeit. Mir gefällt sie recht gut, man kennet es, das du sie in Manheim componiert hast. Ich freue mich auf das Rondeau." (8. Dezember 1777)[5]

„ich bin nur die Schülerin meines Bruders" (12. Februar 1778)[6]

„der castrat [Ceccarelli], der täglich zu uns kommt, empfehlt sich, er singt, die Nannerl accompagniert wie ein ieder Capellmeister" (6. April 1778)[7]

Gemeinsame Kindheit

Maria Anna Walburga Ignatia (Nannerl) Mozart wurde in der Nacht vom 30. auf den 31. Juli 1751 im 3. Stock des Hauses in der Getreidegasse 9 in Salzburg geboren. Sie war das vierte von insgesamt sieben Kindern des Hofviolonisten Leopold Mozart (1719–1787) und seiner Frau Anna Maria, geborene Pertl (1720–1778) und das erste Kind des Ehepaares, das die ersten Lebensmonate überlebte. Über Nannerls erste Lebensjahre ist nicht viel überliefert. Im Alter von 7 Jahren erhielt Nannerl, wie sie genannt wurde, Klavierunterricht von ihrem Vater. 1758 legte Leopold Mozart für seine Tochter ein Notenbuch mit Übungsstücken „Pour le Clavecin" an. Dieses Buch wurde auch von ihrem um fünf Jahre jüngeren Bruder Wolfgang Amadeus Mozart (1756–1791) benutzt.

1762 fasste Leopold Mozart den Entschluss, mit seinen begabten Kindern eine erste Reise an den Münchner Hof zu unternehmen, um das Talent seiner Kinder bekannt zu machen. Auf der drei Wochen dauernden Reise wurden die Kinder bestaunt und bewundert. Im September 1762 reiste die Familie an den kaiserlichen Hof nach Wien. Am 13. Oktober 1762 traten die Kinder in Schönbrunn auf, wo sie *„… von den Mayestetten so ausserordendlich gnädig sind aufgenommen worden, daß, wenn ich es erzehlen werde, man es für eine fabl halten wird. genug! der Wol-*

Maria Anna (genannt Nannerl) Mozart als Kind. Ölgemälde von Pietro Antonio Lorenzoni. Um 1763

Foto: © Internationale Stiftung Mozarteum (ISM)

ferl ist der Kayserin auf die Schooß gesprungen, sie um den Halß bekommen, und rechtschaffen abgeküsst" (16. Oktober 1762).[8]

Nach der Audienz schickte Maria Theresia zwei Galakleider für die Kinder, ein lilafarbenes für Wolfgang und ein weißes Taftkleid für Nannerl, welches ihr jedoch zu klein war.

Der große Erfolg dieser ersten öffentlichen Auftritte und die bei Hof geknüpften Bekanntschaften veranlassten Leopold Mozart, 1763 eine weitere Reise zu wagen, um die Kinder vor den wichtigsten gekrönten Häuptern Europas auftreten zu lassen.

Vater Mozart mit seinen Kindern. Kupferstich von Jean Baptist Delafosse (1764) nach Carmontelle.

Foto: © Internationale Stiftung Mozarteum (ISM)

Diese Reise führte durch Deutschland, Frankreich, Belgien, die Niederlande bis England und dauerte 1.269 Tage, umgerechnet drei Jahre, fünf Monate und 20 Tage, wobei sich die Familie über 15 Monate in England aufhielt. Reisestationen waren unter anderem München, Augsburg, Ulm, Mannheim, Worms, Frankfurt, Köln, Aachen, Brüssel, Paris, London, Gent, Antwerpen, Den Haag und Rotterdam.

Die Eindrücke und Erlebnisse dieser Reise wurden von Leopold Mozart und Nannerl in zahlreichen Reisenotizen festgehalten. Um die Kosten dieser Reise von insgesamt 20.000 Gulden. (ca. 460.000 Euro) aufzubringen, wurden die zahlreichen Konzertauftritte der Kinder nicht dem Zufall überlassen. Leopold Mozart inserierte in den örtlichen Zeitungen und gab Kupferstiche in Auftrag, die Leopold, Nannerl und Wolfgang beim Konzert zeigen und die verteilt und verkauft wurden.

„Mein Herr! Ich bin vielleicht der erste, der Ihnen von einer Neuigkeit Nachricht zu geben die Ehre hat, die bald in ganz Deutschland und vielleicht auch in entfernten Ländern ein Gegenstand der grösten Bewunderung seyn wird? Es sind die 2 Kinder des berühmten Mozart, Vice-Capellmeister in Salzburg. Stellen Sie sich einmal ein Mägden von 11 Jahren vor, das die schwersten Sonaten und Concert der grösten Meister auf dem Clavessin oder Flügel auf des Deutlichste, mit einer kaum glaublichen Leichtigkeit fertiget und nach bestem Geschmack wegspielt. Das muß schon viele in eine Verwunderung setzen." (Augsburgischer Intelligenz-Zettel, 19. Mai 1763)[9]

Am Neujahrstag 1764 war die Familie Mozart bei der Hoftafel in Versailles zugegen, bei der König Ludwig XV. und seine Gattin Maria Leszczyńska sowie der Dauphin Louis sich mit ihnen unterhielten. Die Comtesse de Tessé schenkte Nannerl *„ein ungemein schönes stark ganz Goldenes Zahntiererbixl"* und von einer weiteren Dame erhielt sie *„ein ungemein feines schildkröternes tabattierl mit gold eingelegt"*, darüber hinaus gab es noch *„bänder und Armmaschen, blüml zur Hauben und halsdüchl"* als Geschenke. (1. Februar 1764)[10]

Nicht nur glänzende Auftritte bei Hof und in Adelshäusern prägten die Jugendjahre Nannerls. Auch zahlreiche Probleme und Schicksalsschläge wie mitunter auch lebensbedrohende Krankheiten überschatteten das Abenteuer Reise. Eine lange Krankheit Leopolds verzögerte den Aufenthalt in London. In Den Haag erkrankte Nannerl so schwer an Bauchtyphus, dass sie am 21. Oktober 1765 die letzte Ölung erhielt. Während sie sich erholte, erkrankte ihr Bruder Wolfgang. Am 29. November 1766 kehrte die Familie nach Salzburg zurück.

Nach einem zehnmonatigen Aufenthalt wurde eine zweite Reise nach Wien unternommen, um an den Hochzeitsfeierlichkeiten der Erzherzogin Josepha mit dem König von Neapel teilzunehmen. Leopolds Hoffnungen auf einen Kompositionsauftrag für Wolfgang bzw. weitere Konzertauftritte des nunmehr sechzehnjährigen Nannerls mit ihrem Bruder wurden durch die Pockenepidemie jäh zerstört. Die Familie floh aus Wien nach Olmütz, dennoch erkrankten die Kinder schwer an den Pocken. Ende

Dezember 1768 kehrte die Familie zwar genesen, aber ohne Kompositionsauftrag nach Salzburg zurück.

Für Nannerl beendete die Rückkehr nach Salzburg einen für sie eindrucksvollen Lebensabschnitt, da dies die letzte gemeinsame Reise mit dem Bruder war.

Die künftigen Reisen sollten dazu dienen, ihm Aufträge und eine gut dotierte Anstellung an einem der europäischen Adelshöfe zu verschaffen. Ihr öffentliches Leben als Musikerin rückte in den Schatten des Bruders. Bei künftigen Auftritten des Bruders, wie bei der Uraufführung seiner Opern „La Finta giardiniera" KV 196 (13. Januar 1775) und „Idomeneo, Re di Creta" KV 366 (29. Januar 1781) in München, reiste sie nur mehr als Gast an.

Getrennte Wege

Ende 1769 brachen Leopold und Wolfgang zur ersten von insgesamt drei Italienreisen auf. Mutter und Schwester Nannerl mussten aus Kostengründen daheim in Salzburg bleiben. Ein nach wie vor enger und herzlicher Kontakt der Geschwister lässt sich der umfangreichen Korrespondenz entnehmen. Scherze, Albernheiten, Reiseberichte, aber auch musikalische Ratschläge und Ermunterungen wurden zwischen Nord und Süd ausgetauscht.

„Ich habe mich recht verwundert, daß du so schön Componieren kanst, mit einen Wort, das lied ist schön, und probiere öfters etwas." (7. Juli 1770)[11]

Musik blieb für Nannerl in Salzburg enorm wichtig. Sie spielte vor geladenen Gästen, übte, verbesserte beständig ihr Klavierspiel und gab ab 1772 Klavierunterricht für Salzburger Bürgerstöchter.

1777 fasste Wolfgang den Entschluss, Salzburg zu verlassen, um anderenorts sein Glück zu versuchen. Leopold Mozart war überzeugt, dass er seinen Sohn nicht alleine auf Reisen gehen lassen konnte. Da er wusste, wie unpraktisch, gutgläubig und unorganisiert Wolfgang war, musste die Mutter den Sohn begleiten. Leopold hoffte über sie weiterhin Einfluss auf Wolfgang ausüben zu können.

Nach der Abreise ihrer Mutter musste die Sechsundzwanzigjährige den Haushalt in Salzburg führen. Sie dürfte ihre Arbeit als Dienstherrin sehr ernst genommen haben, denn Leopold Mozart berichtete seiner Frau nach München: *„der Magd der Tresel thut es verflucht spanisch vorkommen, daß die Nannerl in der Küche immer rumoleiche, und sie über die unsauberheit alle tage ganz erschröcklich herunterbutzt. Sie laßt ihr nicht das mindeste hingehen. Und wenn sie eine Lüge sagt, so sagt ihr die Nannerl den Augenblick, daß sie eine Unwahrheit gesagt hat. kurz! Die tresel macht erstaunlich große Augen, denn es wird ihr rund alles in bart hineingesagt."* (6. Oktober 1777)[12]

Die Reise stand unter keinem guten Stern. Anna Maria Mozart verstarb am 3. Juli 1778, vermutlich an Typhus, in Paris und Wolfgang kehrte alleine und ohne Anstellung nach Salzburg zurück. Sein persönliches Scheitern wurde noch verstärkt durch den Verlust der geliebten Mutter.

Der Alltag der Jahre von 1775 bis 1783 in Salzburg wurde von Nannerl in einem Tagebuch *„Marie Anne Mozart – meine tag ordnungen"* festgehalten, in das auch Wolfgang zwischendurch Alltagsbegebenheiten scherzhaft festhielt.

Ein klar festgesetztes und sich wiederholendes Schema prägt die Aufzeichnungen.

Der Tag begann meist um 7 Uhr früh mit einem Kirchenbesuch in der Dreifaltigkeitskirche, die nächst dem Tanzmeisterhaus, in dem die Familie Mozart ab 1773 wohnte, lag. An Sonn- und Feiertagen ging man um 10 Uhr in den Dom. Nannerl gab Klavierunterricht für ihre inzwischen zahlreichen Schülerinnen, ging mit dem Hund Pimperl im Mirabellgarten spazieren, traf Freunde, pflegte ausgiebig die Gesellschaftsspiele wie das Bölzelschießen und diverse Kartenspiele, informierte sich über die neueste Mode und besuchte leidenschaftlich und oft das Theater.

Ab 1779 tauchte in ihren Aufzeichnungen immer wieder der Name Franz Armand d'Ippold (1730–1790) auf: ein Freund der Familie und getreuer Verehrer Nannerls. Als Erzieher der Edelknaben wohnte er im Priesterhaus neben der Dreifaltigkeitskirche und war somit enger Nachbar der Familie Mozart. Er verfügte über ein gutes Einkommen und war ein gerne gesehener Gast im Tanzmeisterhaus. Warum es nicht zu einer Heirat von d'Ippold und Nannerl kam, entzieht sich unserer Kenntnis. Er hielt mit der Familie Mozarts bis zu seinem Tod freundschaftlichen Kontakt.

Ein Wesenszug Nannerls, in Krisensituationen zu erkranken und zu kränkeln, manifestierte sich in diesen Jahren. Mit dem endgültigen Weggang Wolfgangs aus Salzburg 1781 verblieb die inzwischen Dreißigjährige gemeinsam mit ihrem Vater und den Dienstboten im Tanzmeisterhaus.

„Nun will ich dir aufrichtig schreiben, und eben auch wegen deiner immerzu stossenden unpässlichkeiten – glaube mir, liebste schwester, im allem Ernste, daß die beste kur für dich ein Mann wäre – und eben deswegen weil es so sehr einfluß auf deine gesundheit hat, wünsche ich von herzen, daß du bald heyrathen könntest." (19. September 1781)[13]

Im Sommer 1783 sahen sich die Geschwister zum letzten Mal. Wolfgang war mit seiner Ehefrau Constanze (1762–1842) auf Drängen seines Vaters nach Salzburg gekommen. Da er nach seinem Hinauswurf aus dem Dienst des Fürsterzbischofs Hieronymus Colloredo (1732–1812) über keine Entlassungspapiere verfügte, fürchtete er bei seiner Rückkehr verhaftet und eingesperrt zu werden. Nannerl lernte das neue Familienmitglied kennen; über eine Ablehnung der Schwägerin ist nichts überliefert.

Der Weg nach St. Gilgen

Im Jahre 1784 hielt Johann Baptist Franz Cajetan Reichsfreiherr von Berchtold zu Sonnenburg (1736–1801) um die Hand Nannerls an. Er hatte von seinem Vater die Stelle des Pflegers und Umgelders von St. Gilgen übernommen, war zweifacher

Witwer und Vater von fünf Kindern. Johann Baptist und die Familie Mozart kannten sich schon, wenn auch sehr lose, seit vielen Jahren. Am 12. August 1784 wurde der Ehevertrag geschlossen und am 23. August in St. Gilgen die Trauung vollzogen. Leopold Mozart und seine beiden Zöglinge Margarete und Heinrich Marchand nahmen an der Hochzeit teil. Das Pfleggericht St. Gilgen war in 6–8 Stunden mit der Kutsche von Salzburg aus erreichbar.

Anlässlich ihrer Hochzeit schickte Wolfgang seine Glückwünsche samt einem Gedicht aus Wien.

„Du wirst im Ehstand viel erfahren
was dir ein halbes Räthsel war;
bald wirst du aus Erfahrung wissen,
wie Eva einst hat handeln müssen
daß sie hernach den kain gebahr.
doch schwester, diese Ehstands Pflichten
wirst du von Herzen gern verrichten,
denn glaube mir, sie sind nicht schwer;
doch Jede Sache hat zwo Seiten;
der Ehestand bringt zwar viel freuden,
allein auch kummer bringet er.
drum wenn dein Mann dir finstre Mienen,
die du nicht glaubtest zu verdienen,
in seiner üblen Laune macht:
So denke, das ist Männergrille,
und sag: Herr es gescheh dein wille
beytag – und meiner bey der Nacht,
dein aufrichtiger bruder
W:A: Mozart"[14]

Die Hauptaufgabe der dreiunddreißigjährigen, frisch vermählten Freifrau von Berchtold zu Sonnenburg bestand nun in der Erziehung der Stiefkinder. Sie musste Salzburg verlassen und zog mit ihrem Ehemann nach St. Gilgen, einem Ort mit knapp über 1.000 Einwohnern, ins Pfleggericht und somit in das Geburtshaus ihrer Mutter Anna Maria.

Parallelwelten

Ab August 1784 bis zum Tod Leopold Mozarts im Mai 1787 fand ein umfangreicher Briefwechsel zwischen Tochter und Vater statt, von dem allerdings nur die Briefe Leopolds erhalten sind, da Nannerl ihre eigenen Briefe vernichtet haben dürfte. Dieser wichtige Lebensabschnitt ist somit ausschließlich durch die Antworten, Fragen und Schilderungen des Vaters dokumentiert. Neben dem Informationsaustausch entwickelte sich zwischen Salzburg und St. Gilgen zudem ein umfangreicher Warenverkehr von Gütern aller Art, die von der „Glastragerin" und anderen Boten transportiert wurden.

Von St. Gilgen nach Salzburg wurden Fische, Krebse, Holzbretter für Fensterläden, Hühner, Kapaune, Hasen, Wurst, Ente, Wildbret, Lammfleisch, Schmalz geliefert.

Von Salzburg nach St. Gilgen wurden Schokolade, Kräuter, Seife, Zitrone, Zucker, Bücher, Fächer, Pillen, Notenpapier, Schu-

he, Hut, Haube, Strohhut, Sago, Senf, Safran, Stärke, Seiden und Baumwollgarn, Seidenstoff, Clavichord-Saiten, Kerzen, Weinessig, Schnallen, Haarpuder, Nudeln, Orangen, Stoffbänder, Schuhbürsten gesandt.

Anfänglich unternahm das frisch getraute Ehepaar noch einige Ausflüge nach Salzburg, die Aussichten Nannerls auf regelmäßige Besuche verflüchtigten sich rasch. Bald wurde sie schwanger und zwei Monate vor der Geburt des Kindes wurde beschlossen, es im Tanzmeisterhaus zur Welt zu bringen. Am 27. Juli 1785 schenkte sie Leopold Alois Pantaleon (1785–1840) das Leben. Anfang September kehrte Nannerl nach St. Gilgen zurück, das Kind aber blieb beim Großvater Leopold in Salzburg. In den folgenden Monaten kränkelte Nannerl und Leopold Mozart schickte immer wieder Rezepturen und Ratschläge zur Genesung. Genaue Berichte über den Gesundheits- und Entwicklungszustand des kleinen Leopoldl folgten. Mit der Verkündigung „Der Leopoldl ist gesund!" begannen die meisten Briefe des Vaters an seine Tochter.

Die Abwesenheit von Salzburg, das Fehlen von Freunden, des Theaters und der Musik dürften Nannerl in dieser Zeit physisch und psychisch Probleme bereitet haben. Die Erziehung der Stiefkinder, die sich als ungebildet und unerzogen entpuppten, gestaltete sich schwierig; ebenso der Alltag mit den Pflichten als Ehefrau und Hausherrin mit unwilligen Dienstboten. Zudem mahnte der Vater ständig Besuche der Eheleute in Salzburg bei ihrem Kind ein:

„Ich empfehle mich dem H: Sohn und lasse ihn fragen, was er glaubt, was alle vernünftige Leute von einem Manne denken müssen, der im stande ist es auszuhalten, sein Kind, das nur 6 stund von ihm entfernt ist, ganzer 8 oder 9 Monate, und vielleicht noch länger, oder vielleicht, welches Gott verhütte, gar nicht mehr zu sehen? denn 5 Monate hat ers nicht gesehen und vor 4 Monaten werde es, nach Umstand und Witterung, schwerlich hinausführen können. - - was könnten und müssen Vernünftige denken? - - und was sagen denn hinnach die offenherzigen Lästermäuler? – Die ersten erkennen es als eine aufgelegte, durch vielleicht übertriebene Sparsamkeit verursachte Hartherzigkeit." (9. Februar 1786)[15]

Andererseits wurden Versuche Nannerls, ihren Sohn nach St. Gilgen zu holen, von ihrem Vater sofort im Keim erstickt:

„Damit du meine ganze gesinnung weist, so sage ich dir, daß ich den Leopoldl so lang ich lebe, bey mir behalten werde; dieser ist, und war von Anfang an schon mein Entschluss. Ich werde ihn im Sommer auf einige Zeit mit der Nandl [dem Kindermächen] hinausbringen; aber auch wieder mit mir zurücknehmen." (vor dem 3. März 1786)[16]

Nach dem Tode Leopolds am 27. Mai 1787 kam Nannerls Sohn zu seiner Mutter nach St. Gilgen. Seine Stiefschwester Anna Marie Margarethe, die ebenfalls Nannerl genannt wurde und ihrer Stiefmutter bei der Erziehung der Kinder half, kümmerte sich um ihren Halbbruder. Neben Leopold Alois Pantaleon (25. 7. 1785–15. 5. 1840) gebar Nannerl Mozart ihrem Mann noch zwei Töchter, Johanna Maria Anna Elisabeth, genannt „Jeanette" (22. 3. 1789–1. 9. 1805), und Maria Barbara (Marie Babette) (22. 11. 1790–26. 4. 1791).

Flucht in die Musik

„an der Tagordnung habe ich nichts auszusetzen, als das 3 stündige Clavierspielen, von 2 bis 5 Uhr, und dann nur 1 stunde spazieren gehen." (10. September 1784)[17]

Mit in ihrem Gepäck nach St. Gilgen hatte Nannerl auch ein Klavier des Klavierbauers Schmidt. Neben allen hausfraulichen Verpflichtungen wurde das Klavierspielen ausgiebig praktiziert. Sie unterrichtete ihre Kinder und erbat dafür von Leopold pädagogisches Material, um nach der Solfeggio-Methode unterrichten zu können.

Zahlreiches Notenmaterial wurde zwischen Salzburg und St. Gilgen ausgetauscht und von Nannerl abgeschrieben. Immer wieder mahnte sie ihren Bruder in Wien, Klavierwerke nach St. Gilgen zu schicken.

„liebste schwester! Mit recht könntest du böse auf mich seyn! – wirst du es aber auch dann seyn, wenn du mit diesem Postwagen die Neuesten klavierstücke [möglicherweise KV 493, 540, 542, 545, 547, 547b] von mir erhaltest? – O nein! – dies wird hoffentlich alles wieder ins gleise bringen." (2. August 1788)[18]

Die Feuchtigkeit im Pfleggerichtshaus, das immer wieder von Überschwemmungen heimgesucht wurde, setzte dem Instrument sehr zu. Leopold Mozart bemühte sich, Ersatzteile zu schicken und den Orgelbauer Egedacher zu einer Reise zwecks Reparaturen nach St. Gilgen zu bewegen, die aber immer wieder verschoben wurde. In Linz wurde schließlich für Nannerl ein neues Klavier angeschafft.

Neben Musikalien wurden auch Komödien und literarische Werke aller Art nach St. Gilgen geschickt. Ihre Freundin und ehemalige Klavierschülerin Barbara Eberlin (1740–1806) versorgte sie mit Komödientexten, die sie selbst abgeschrieben hatte, sowie mit Berichten über die Schauspieler und Aufführungen. Während der seltenen Aufenthalte Nannerls in Salzburg führten sie ihre Wege stets ins Theater.

Rückkehr

Am 5. Dezember 1791 verstarb Wolfgang Amadeus Mozart in Wien. Unter welchen Umständen und von wem Nannerl diese Nachricht erhielt, ist nicht überliefert. Als letztes lebende Mitglied der Familie Mozart, die über die Kindheit und Jugend ihres Bruders Auskunft geben konnte, rückte ihre Person mehr und mehr in den Mittelpunkt des Interesses der ersten Mozart-Biographen. Über ihren Salzburger Bekannten Albert von Mölk wurde ihr bereits 1792 ein Fragenkatalog von Friedrich Schlichtegroll (1765–1822) übersandt. Mit großer Detailtreue beantwortete sie diesen Punkt für Punkt.

1799 nahm der Verlag Breitkopf & Härtel mit Nannerl Kontakt auf, um sie für ein umfangreiches Projekt, nämlich die Herausgabe seiner Jugendwerke, zu gewinnen. Bereitwillig übersandte

Maria Anna (genannt Nannerl) Freifrau von Berchtold zu Sonnenburg, geborene Mozart. Ölgemälde eines unbekannten Malers. Um 1785

Foto: © Internationale Stiftung Mozarteum (ISM)

sie die gewünschten Unterlagen und erhielt 1800 die ersten fünf Hefte der Ausgabe.

Nicht als Musikerin, sondern als Schwester des verstorbenen Genies erlangte sie nun Berühmtheit in den Kreisen der Mozart-Verehrer. Selbst ein französischer General besuchte sie in St. Gilgen und bot ihr seine Hilfe bei einer französischen Werkausgabe an.

Am 26. Februar 1801 verstarb ihr Ehemann Johann Baptist von Berchtold zu Sonnenburg. Er wurde neben seinen beiden verstorbenen Ehefrauen im Familiengrab in der Pfarrkirche St. Ägydius in St. Gilgen beigesetzt.

Nach dem Tod ihres Mannes erkranke Nannerl, wie so oft in kritischen Lebenssituationen, schwer. Im Herbst 1801 übersiedelte sie gemeinsam mit ihrer Tochter Jeanette wieder nach Salzburg in das Haus der Familie Barisani (heute Siegmund-Haffner-Gasse 12), unweit ihres Geburtshauses. Eine Rente von

300 Gulden jährlich sicherte ihr Auskommen. Die darauffolgenden Jahre waren ausgefüllt mit Korrespondenzen mit Breitkopf & Härtel. Die Herausgabe der Werke ging nur schleppend und fehlerhaft voran und der Verlag publizierte auch Werke anderer Komponisten unter dem Namen ihres Bruders, worüber Nannerl sehr verärgert war.

1821 besuchte sie der jüngste Sohn ihres Bruders, ihr Neffe Franz Xaver Wolfgang Mozart (1791–1844), in ihrer Wohnung in Salzburg. Nannerl war inzwischen auf einem Auge erblindet, spielte aber nach wie vor Klavier. Mit Constanze Mozart, die 1820 mit ihrem zweiten Ehemann nach Salzburg gezogen war, dürfte sie einen spannungsfreien Umgang gehabt haben. Sie übergab ihrer Schwägerin alle Briefe Leopold Mozarts, um das Vorhaben Georg Nikolaus Nissens (1761–1826), eine Mozart-Biographie herauszugeben, zu unterstützen.

In ihrem Testament verfügte Nannerl, dass sie nicht im Grab der Familie Mozart auf dem Friedhof St. Sebastian beerdigt werden wolle, sondern auf dem Friedhof in St. Peter. Ob der Grund dafür in der Beisetzung Georg Nikolaus Nissens 1826 im Familiengrab der Mozarts und der Tatsache, dass Nissen evangelisch war, zu finden ist, lässt sich nicht belegen.

1825 erblindete Nannerl vollständig, erteilte aber bis zu ihrem 76. Lebensjahr weiterhin Klavierunterricht. Anfang 1829 wurde sie bettlägerig und erhielt in dieser Zeit Besuch von dem englischen Komponisten, Verleger, Musikschriftsteller und großen Mozart-Verehrer Vincent Novelle, der mit seiner Frau Mary Salzburg bereiste und auch mit Constanze und Franz Xaver Wolfgang Mozart zusammentraf.

„Etwa zwei Tage vor unserer Ankunft wünschte sie, ans Klavier getragen zu werden. Sie fand, daß sie mit der rechten Hand noch etliche Passagen spielen konnte, mit der linken jedoch konnte sie die Tasten nicht mehr herabdrücken und es war offenbar, daß sie jede Kraft auf der linken Seite verloren hatte."[19]

Am 29. Oktober 1829 um 12.30 Uhr verstarb Nannerl Mozart in ihrer Wohnung an „Entkräftigung" und wurde am 31. Oktober in der Kommunegruft in St. Peter beigesetzt. Sie hinterließ nach ihrem Tode die stattliche Summe von 7.837 Gulden sowie viel Schmuck und Silberwaren. Ihr Alleinerbe war ihr Sohn Leopold. Die von ihr abgeschriebenen Musikalien gingen vermutlich schon früher an die Erzabtei St. Peter.

1 Bauer/Deutsch 50, Bd. I, S. 73.
2 Bauer/Deutsch 63, Bd. I, S. 89.
3 Bauer/Deutsch 80, Bd. I, S. 126.
4 Bauer/Deutsch 89, Bd. I, S. 154.
5 Bauer/Deutsch 387, Bd. II, S. 176.
6 Bauer/Deutsch 422, Bd. II, S. 274.
7 Bauer/Deutsch 444, Bd. II, S. 337.
8 Bauer/Deutsch 34, Bd. I, S. 52.
9 Deutsch, Dokumente, S. 22.
10 Bauer/Deutsch 80, Bd. I, S. 124.
11 Bauer/Deutsch 197, Bd. I, S. 369.
12 Bauer/Deutsch 344, Bd. II, S. 37.
13 Bauer/Deutsch 625, Bd. III, S. 158.
14 Bauer/Deutsch 801, Bd. III, S. 321.
15 Bauer/Deutsch 931, Bd. III, S. 503.
16 Bauer/Deutsch 938, Bd. III, S. 512.
17 Bauer/Deutsch 806, Bd. III, S. 329.
18 Bauer/Deutsch 1082, Bd. IV, S. 71.
19 Novello, Wallfahrt zu Mozart, S. 84.

Literatur

Wilhelm A. Bauer, Otto Erich Deutsch, Joseph Heinz Eibl: Mozart. Briefe und Aufzeichnungen. Hrsg. Internationale Stiftung Mozarteum. 7 Bände. Kassel u. a. 1962–1975.

Otto Erich Deutsch: Die Dokumente eines Lebens. Kassel u. a. 1961.

Siegrid Düll & Otto Neumaier (Hrsg.): Maria Anna Mozart – Die Künstlerin in ihrer Zeit, Bibliopolis, Möhnesee, 2001.

Genevieve Geffray (Hrsg.): Maria Anne Mozart – „meine tag ordnungen", Verlag Karl Heinrich Bock, Bad Honnef 1999.

Sabine Greger-Amanshauser, Christoph Grosspietsch, Gabriele Ramsauer: Mensch Mozart! Antworten auf die 100 häufigsten Fragen. Verlag Anton Pustet, Salzburg 2005.

Land Salzburg und Internationale Salzburg Association (Hrsg.): Salzburger Mozart Lexikon. Verlag Karl Heinrich Bock, Bad Honnef 2005.

Vincent & Mary Novello: Eine Wallfahrt zu Mozart. Die Reisetagebücher von Vincent und Mary Novello aus dem Jahre 1829, Boosey & Hawkes, Bonn 1959.

Eva Rieger: Nannerl Mozart. Leben einer Künstlerin im 18. Jahrhundert. Insel Verlag, Frankfurt am Main 1992.

Johanna Senigl: Die Mozarts und St. Gilgen. Internationale Stiftung Mozarteum, Salzburg 1992.

Arno Perfaller / Bernhard Barta

Künstler.Leben am Wolfgangsee

Der literarische Salon im „Haus am Bach"

In den Jahren um 1900 galoppiert noch kein Operetten-Welterfolg durch die Gassen und Winkel St. Wolfgangs. Einer, der den alten Wallfahrtsort am Wolfgangsee noch von seiner beschaulichen Seite kennt, ist Alexander Maria Norbert Lernet-Holenia, der, 1897 in Wien geboren, seine Kindheit in der Seevilla seiner Mutter verbringt. Die verwitwete Baronin Sidonie Boyneburgk-Stettfeld, geborene Holenia, hat die Villa samt großem Park und Bootshaus geerbt. Gerüchten zufolge ist nicht der Linienschifffahrtsleutnant Alexander Lernet Alexanders Vater. Ein habsburgischer Erzherzog, so wird gemunkelt, der wohltätige Karl Stephan, sei der Baronin nahe gestanden. Die unklare Vaterschaft beschäftigt Lernet-Holenia ein Leben lang …

In Wien, Klagenfurt und St. Wolfgang wächst er heran, maturiert 1915 in Waidhofen an der Ybbs. Der nachmalige Maler Sergius Pauser besucht dieselbe Klasse. Die beiden bleiben auch später gute Freunde. Lernet beginnt das Jusstudium und tritt als Einjährig-Freiwilliger in das Dragonerregiment Nr. 9, genannt „Erzherzog Albrecht", ein. An der Front schreibt er erste Gedichte, dient als aktiver Frontsoldat in Polen, der Slowakei, in Russland, der Ukraine und in Ungarn. 1919 nimmt er auch noch am Kärntner Abwehrkampf teil. Die begüterte, in Kärnten beheimatete Familie seiner Mutter adoptiert 1920 den jungen Mann, der sich nun Lernet-Holenia nennt. Er wird Schriftsteller, dessen Arbeit Rainer Maria Rilke bereits 1921 mit den Worten empfiehlt: „Hier ist ein *Werk* – lesen Sie!"

1926/27 verhelfen Lernet-Holenia die Theaterstücke „Ollapotrida" und „Österreichische Komödie" zu großer Bekanntheit und erstem Ruhm. Mit dem Heinrich-von-Kleist-Preis im Gepäck übersiedelt er in die Villa am Wolfgangsee. Dort lernt er Leo Perutz kennen, der Freund und Vorbild wird. Auch beginnt hier ein bemerkenswerter Kreis, der die beiden Schriftsteller 30 Jahre lang eng verbunden halten soll. Neben den Theaterstücken ist es vor allem die Lyrik, die Lernet-Holenia hohe Wertschätzung einbringt. 1931 folgt mit „Die Abenteuer eines jungen Herrn in Polen" der erste Roman. Zwei Jahre später erscheint „Ich war Jack Mortimer". Alle Welt liest plötzlich Lernet-Holenia. Im neuerlichen Erfolgsroman „Die Standarte" schreibt er 1934 von einer abenteuerlichen Liebesgeschichte im untergegangenen alten Österreich, das der Autor vermisst. 1941 beschreibt sein „Mars im Widder" detailgetreu den deutschen Feldzug in Polen. Die Nazis verbieten das Buch noch vor der Auslieferung. Doch Lernets nächster Roman „Beide Sizilien" soll 1942 schließlich laut Hilde Spiel alles übertreffen, „… was Lernet-Holenia sonst

mit epischen Mitteln auszudrücken versuchte". Spiel lebt mittlerweile in London und ist als Journalistin erfolgreich.

Nach dem Zweiten Weltkrieg wird Lernet-Holenia zur Symbolfigur des literarischen Wiederaufbaus. Für Hans Weigel besteht die Literaturszene im Nachkriegsösterreich „… aus zwei Autoren, aus dem Lernet und dem Holenia …".

Im Alter schreibt Lernet-Holenia weiter. Er hat erhebliche Steuerrückstände zu begleichen. 1957 folgen „Das Finanzamt: Aufzeichnungen eines Geschädigten" und „Das Goldkabinett".

Alexander Lernet-Holenia im Garten seiner Villa am Wolfgangsee im Jahr 1927   Foto: Deutsches Literatur-Archiv Marbach

Leo Perutz an der Seepromenade in St. Wolfgang, wenige Wochen vor seinem Tod im Jahr 1957
Foto: Exilarchiv der Deutschen Bibliothek Frankfurt

„Träumtest Du auch vor Dich hin über dem Wellenschlag,
wie daheim die Wiese im Sommernachmittag weht.
Und dass Dir der Birnbaum hoch hängt darüber her.
Ach, die Wiese ist ja doch längst die Wiese nicht mehr,
auch der Wald nicht der Wald mehr, ach nicht Dein Haus mehr
Dein Haus!
Leise weinet nur der Bach. Wind geht ein und aus …"

Am 3. Juli 1976 stirbt Alexander Lernet-Holenia an Lungenkrebs. Er wird in Wien-Hietzing in einem Ehrengrab beigesetzt.

Den literarischen Erfolg genießt Lernet-Holenia lange Jahre mit einem Freund, dessen Wesen gleichfalls mitunter zum Gewaltausbruch neigt. Leo Perutz, der Sohn eines wohlhabenden jüdischen Textilkaufmanns, wird 1882 in Prag geboren. Als Gasthörer der Wiener Universität und Versicherungsmathematiker erfindet er die Perutz'sche Ausgleichsformel. Sie erleichtert die Rentenrechnung bedeutend. 1914 schreibt Perutz in Wien in sein Tagebuch: „Die Brennessel ist meine liebste Blume. Sie duftet nicht, sie blüht nicht. Aber sie brennt …".

Längst hat Perutz beschlossen, Schriftsteller zu werden. Mit dem Roman „Die dritte Kugel" landet er 1915 seinen ersten Coup. Weithin bekannt wird 1918 auch sein nächstes Werk „Zwischen neun und neun", dem er 1920 seinen „Marquis de Bolibar" folgen lässt. Auch Perutz' „Meister des Jüngsten Tages" wird von Kritik und Leserschaft freundlich bedacht. In St. Wolfgang im Salzkammergut verbringt er viele Sommerferien, residiert im „Grandhotel" und erfreut er sich mit seinem Freund Lernet-Holenia an den vielen Herausforderungen, die der Sport, die Natur, aber auch die holde Weiblichkeit zu bieten haben.

Hitlers Einmarsch in Österreich verändert alles. War Leo Perutz über 15 Jahre lang ein Bestseller-Autor, so wird seine Arbeit von den neuen Machthabern missachtet und verboten, ist plötzlich sein Leben in Gefahr. Mit der Familie flieht er nach Palästina. Im Exil entsteht 1953 „Nachts unter der steinernen Brücke", eine Anthologie von Novellen, die Perutz zum Roman verknüpft. Er schafft es nicht, an die großen Erfolge der 1920er-Jahre anzuschließen, und seine wirtschaftliche Existenz ist ernsthaft gefährdet. Spät kehrt er aus Israel an den Wolfgangsee zurück. „Da hast du's. ", ruft er aus. „ – 12 Jahre haben wir uns danach gesehnt. Es ist schön wie je! St. Wolfgang, der schönste Flecken Europas!" In der Sommerloge im Café Wallner hat er für die Chefin stets ein nettes Wort auf den Lippen, selbst dabei in tiefe Wehmut verfallend. Einmal sagt er gar: „Frau Grete, wissen Sie, was ich mir wünschen tät'? Das wär' ein Haus, von dem ich aus einem Fenster auf den Tempelplatz von Jerusalem sehen kann und bei einem anderen Fenster den Wolfgangsee betrachten könnte." 1957 beschließt Leo Perutz den lange bearbeiteten Roman „Der Judas des Leonardo". Kurz darauf, während eines Sommerurlaubes am Wolfgangsee, stirbt er im Krankenhaus von Bad Ischl. Auch was die Beziehung von Leo Perutz zu Alexander Lernet-Holenia betrifft, schließt sich zu diesem Zeitpunkt der angesprochene Kreis: Hatte Perutz einst

Lernet altert und seine Misslaunigkeit nimmt zu. Für eine Ohrfeige, die er einem Wiener Passanten auf der Straße in St. Wolfgang anlässlich einer Auseinandersetzung „verabreicht", hat Lernet tausend Schilling Strafe vor Gericht zu zahlen.

Im Sommer am Wolfgangsee ist Lernet häufiger Gast der opulenten Natur. Er geht viel spazieren. Kilometerweit. Meist genießt er vom nahen Falkenstein den Blick auf den See, berührende Gedichte entstehen. Neben seiner „Staatswohnung" in der Wiener Hofburg ist ihm das Haus in St. Wolfgang sein Ein und Alles geworden. Nichts darf verändert, nichts repariert, kein Strauch beschnitten werden. Der Zahn der Zeit nagt an der Villa – wie auch am Dichter selbst. Langsam, unaufhörlich umfängt tiefe Wehmut Lernet-Holenia:

dem jungen Lernet geholfen, seinen ersten Roman zu komponieren, so war es drei Jahrzehnte später umgekehrt. Alexander Lernet-Holenia übernimmt die Fertigstellung des „Leonardo", sodass dieses letzte Werk des „Meisters des phantastischen Romans" – so Friedrich Torberg über Leo Perutz – posthum veröffentlicht werden kann. Zu lange hatte Perutz im Exil gelebt. Als gebrochener Mann, isoliert von früheren Freunden und an Depressionen leidend, ist er ins Salzkammergut zurückgekehrt: scheinbar, um dort zu sterben. Die Grabrede am Ischler Friedhof für ihren langjährigen Gast im „Literarischen Salon" hält Hilde Spiel.

Als Siebzehnjährige hat Hilde im Gefolge der Eltern in den Wiener Cafés „Museum" und „Herrenhof" zu schreiben begonnen. Ihr Vater Hugo Spiel ist Wissenschaftler, technischer Ingenieur. Die Eltern sind lebenslustig, verkehren in Künstlerkreisen. Als aufgeschlossene Bohemiens ermöglichen sie Hilde den Besuch der Schwarzwaldschen Reformschule in Wien. Eugenie Schwarzwald verpflichtet dort avantgardistische Lehrkräfte wie Arnold Schönberg oder Adolf Loos. Lebenslange Freundschaften und die Wissbegierde Hilde Spiels werden im Milieu dieser Schule gefördert. 1929, nach dem Börsenkrach in New York, erfasst die Wirtschaftskrise auch Wien.

Hilde Spiel bei einer Feier. 1980er-Jahre

Foto: Apard Bellingrath

Im „Literatenpark am Wolfgangsee" erinnern Denkmäler an die Schriftsteller Hilde Spiel, Alexander Lernet-Holenia und Leo Perutz. Dieses Bild entstand anlässlich der Enthüllung der Plastik für Hilde Spiel, bei der neben vielen Gästen auch ihre beiden Kinder, der ausführende Künstler Josef Symon und als Laudator der Künstler und langjährige Freund der Geehrten, Andre Heller, begrüßt werden konnten.

Foto: Wolfgangsee Literatur

Die Wiener Runde des Kunstsammlers Ludwig Neumark:
Frau Neumark, Therese Dobrowsky, Franz von Zülow,
Ferdinand Kitt, Maria Kitt, Franz-Joachim Zülow, Ernst Huber,
Josef Dobrowsky, Dr. Ludwig Neumark (von links nach rechts).
Fotografie von 1927. Privatbeseitz   *Foto: Archiv Barta*

Sommerfrischen im Salzkammergut helfen, die Alltagsnot zu vergessen. 1934 lernen Spiel und ihre Freundin Lisel Salzer in St. Wolfgang zwei junge Belgier kennen. In „Verwirrung am Wolfgangsee" paraphrasiert Hilde Spiel in unbeschwerter Erzählweise die Erlebnisse der jungen Mädchen Therese – gemeint ist Lisel Salzer – und der ironischerweise etwas einfältigen Gundel – Spiel selbst – mit Pierre und Vincent, jungen belgischen Touristen (Paul Depire und Richard de Kriek im wirklichen Leben). Erich Zeisl, einer der aufstrebenden Komponisten Wiens, der mit Spiel und Salzer nach Wolfgang gekommen ist, macht einer weiteren Freundin Hildes, Gertrud Jellinek, den Hof.

An dem St. Wolfgang gegenüber liegenden Ufer von Zinkenbach versammeln sich seit dem Sommer 1932 die Wiener Ferdinand Kitt, Franz von Zülow und ein Dutzend weitere befreundete Maler: das „Malschiff". Im Sommer 1934 finden auch sie als literarische Figuren Eingang in Hilde Spiels Erzählung „Verwirrung am Wolfgangsee", in späteren Jahren veröffentlicht als „Sommer am Wolfgangsee".

1936 schließt Hilde Spiel in Wien ihre Studien ab. Mit dem gleichfalls jüdischen, aus München emigrierten Schriftsteller Peter de Mendelssohn geht sie nach London, wohin sie 1938 ihre Eltern nachholt. Spiels Großmutter stirbt im KZ Theresienstadt – von den Nazis ermordet. In England hat Hilde Spiel als Journalistin Erfolg. 1961 gelingt ihr auch der literarische Durchbruch mit „The Darkened Room" („Lisas Zimmer"). Ein Roman, der sich mit dem Flüchtlingsschicksal in den USA auseinander setzt. 1962 folgt die Biographie „Fanny Arnstein oder Die Emanzipation". Sie behandelt das Schicksal einer Jüdin, die sich im Wiener Milieu um 1800 emanzipiert.

1963 trennt sich Hilde Spiel von Peter de Mendelssohn und geht als Korrespondentin für die „Frankfurter Allgemeine Zeitung" zurück nach Wien. 1972 heiratet Spiel ihren langjährigen Freund, den Journalisten und Romanautor Hans Flesch-Brunningen. Seine phantastischen Romane und Erzählungen, die er während der Ersten Republik veröffentlicht hat, gelten bis heute als österreichischer Expressionismus von Rang. Spiel amtiert als Generalsekretärin, später als Vizepräsidentin des Österreichischen P.E.N.-Clubs.

Am Beginn der 1950er-Jahre beginnt der Wunsch, sich stärker an das Salzkammergut zu binden, immer intensiver zu werden. Am Wolfgangsee möchte sie einen Wohnsitz erwerben. 1954 wird der lang gehegte Traum Wirklichkeit und Hilde Spiel bekommt ihr „Haus am Bach" in St. Wolfgang. Es liegt in unmittelbarer Nachbarschaft zur Villa Lernet-Holenias, ist aber durch den wildromantischen und auswuchernden Garten des Dichters von der Dichtervilla stark abgegrenzt. Diese „entfernte Nähe" zu Lernet-Holenia ergibt auch den „Literarischer Salon", den der Nachbar, wenn bei Laune, aber auch Heimito von Doderer, Friedrich Torberg, der junge Thomas Bernhard und andere bedeutende Exponenten der deutschsprachigen Literatur häufig frequentieren. In den letzten zwei Lebensjahren schreibt Spiel über „Die hellen und die finsteren Zeiten" (erschienen 1989) ihres Lebens. Der Band „Welche Welt ist meine Welt?" schildert Szenen ihres Lebens ab 1946. Hilde Spiel stirbt am 30. November 1990 und wird unter großer Anteilnahme in Bad Ischl beigesetzt.

Das „Malschiff vom Wolfgangsee" –
Ein Künstlerkreis der Zwischenkriegszeit

Nach dem Ende des Ersten Weltkrieges hat Österreich, das einstige Weltreich, vier Fünftel der Einwohner eingebüßt.[1] Im letzten Kriegsjahr 1918 trug man Gustav Klimt, den alles beherrschenden Maler des Jugendstils, zu Grabe. Den Nimbus, ein Zentrum europäischer Kunst zu sein, hat Wien längst abgestreift. Nachfolgende Maler, die *„Generation nach Klimt"*, orientieren sich an der Ausdrucksmalerei früh verstorbener *„Provokateure"* wie Richard Gerstl oder Egon Schiele.[2] Gleichzeitig wird aus Deutschland vor allem in Westösterreich eine neue Mal- und Betrachtungsweise der Wirklichkeit vermittelt: Die objektdistanzierte Neue Sachlichkeit.

Junge, aufstrebende Persönlichkeiten wie Franz von Zülow und Sergius Pauser, Josef Dobrowsky oder Ferdinand Kitt entfalten ihr Kunstwollen zwischen Ausdruckskunst und Realismus. Während Zülow 1903 bis 1906 an der Wiener Kunstgewerbeschule und Pauser 1919 bis 1924 an der Münchner Akademie studierten, besuchten Dobrowsky und Kitt ab 1906 die Wiener Akademie. In jener Klasse unter Christian Griepenkerl, der unter anderem auch Anton Kolig, Franz Wiegele, Anton Faistauer und vorübergehend Egon Schiele angehörten. Die nachfolgende Absolvierung der Spezialschule für Malerei bei Rudolf Bacher schweißt Kitt und Dobrowsky künstlerisch wie menschlich zusammen. Einflussreiche Sammler wie Dr. Alfred Markowitz, der Kunstredakteur der Arbeiter-Zeitung, der jüdische Mäzen Dr. Ludwig Neumark oder Egon Schieles großer Förderer Dr. Heinrich Rieger kaufen die Werke Dobrowskys und Kitts.[3] Die großen wirtschaftlichen Probleme nach dem Ende des Ersten Weltkrieges gestalten den Neubeginn nicht nur für Künstler schwierig. Während sich in den westlichen Landeshauptstädten progressive Künstlervereinigungen organisieren, fehlt in der Großstadt das Geld. Eine „Weg-von-Wien"-Bewegung hat längst eingesetzt. In „Die hellen und die finsteren Zeiten" beschreibt Hilde Spiel rückblickend die Jahre der Zwischenkriegszeit: „Die Inflation hat eingesetzt, Millionäre schießen aus dem Boden und Banken brechen zusammen, niemand hat mehr Vermögen, viele haben keine Arbeit, trotzdem tanzt man in Wien, man tanzt des Nachts umso wilder, je weniger man sicher sein kann, am nächsten Morgen noch sein Mittagsmahl bezahlen zu können."[4] An späterer Stelle der Memoiren heißt es jedoch: „Die schlimmsten Jahre schienen ja vorbei. Jung und frisch, keineswegs todgeweiht erschien uns jetzt dieses republikanische Österreich."[5]

Neben Hilde Spiel, der angehenden Schriftstellerin, gehören Franz von Zülow und Sergius Pauser dem Kreis Dobrowskys und Kitts an, der 1926 zum Präsident der Wiener Secession gewählt wird. Der Lithograph und Maler Ernst Huber tritt der Bohème hinzu. Auch die junge Malerin Lisel Salzer, Kitts Schülerin an der Frauenakademie, an welcher er ab 1927 lehrt, hat auf Secessionsfesten „denselben Spaß, verrückte Dekorationen zu malen wie in ebenso verrückten Maskeraden die Nacht durchzutanzen."[6] Etwas profaner betrachtet Hilde Spiel im Rückblick die geselligen Runden in den Cafés Herrenhof und Museum, denn „die jungen Künstler waren arm, mussten oft im Kaffeehaus sitzen, weil sie ein geeignetes Atelier weder bezahlen konnten noch es hätten heizen können, und gingen mit ihren Bildern hausieren, um sie – oft gegen Naturalien – ihren etwas besser gestellten Freunden zu verkaufen."[7]

Um der Wiener Not zu entkommen, fährt man „aufs oberösterreichische Land". Zum Keramikerpaar Franz und Emilie Schleiss in Gmunden am Traunsee unterhält Franz von Zülow enge Kontakte.[8] Zülow, der ab 1920 auch an der Keramischen Schule der Vereinigten Wiener und Gmundner Keramik und Gmundner Tonwarenfabrik Schleiss GmbH lehrt, zieht seine Malerfreunde dorthin. Gemeinsam bemalen Kitt, Zülow und Huber am Traunsee Fayencen. Der Aquarellist Ernst August von Mandelsloh, seit 1930 in der Familienvilla in der Satoristraße 30 ansässig und für die Gmundner Schleiss Keramik aktiv, tritt in den Wiener Freundeskreis ein.

Auch das Mühlviertel zieht Sergius Pauser, Josef Dobrowsky, Kitt, Huber und Zülow an. Dieser erwirbt 1929 in Hirschbach, einem pittoresken Dorf an der Gusen, ein kleines Haus. Im Dezember 1929 folgt der Wiener Freundeskreis nach, um den Jahresausklang zu feiern: „Darauf folgende Malausflüge nach Kefermarkt, Hirschbach, Freistadt, fröhliche, sehr frohe Tage

Das „Malschiff" legt vor dem Weißen Rössl in St. Wolfgang an.
Fotografie von 1932. Privatbesitz   *Fotos: Barta*

Das „Malschiff" mit Gästen im Strandbad von Zinkenbach.
Fotografie von 1934: Hinten stehend: Ernst Huber, Leopoldine Huber, Gertrude Schwarz-Helberger. Mittlere Reihe sitzend: Franz-Joachim Zülow, Thusnelda Zülow, Lisel Salzer, Georg Merkel, Ferdinand Kitt, Ferdinand Kitt jr., Louise Merkel-Romée, Heidi Kitt, Maria Kitt, Gudrun Baudisch, Franz von Zülow. Vordere Reihe sitzend: Bettina Ehrlich, Georg Ehrlich, Josef Mühlmann (jeweils von links nach rechts). Privatbesitz

Ferdinand Kitt: „Das Malschiff". Aquarell von 1932.
Privatbesitz   Foto: Nachlass Ferdinand Kitt, 2008

Bettina Ehrlich: Jazz. Ölgemälde von 1928. Privatbesitz
Foto: Nachlass Bettina Ehrlich, 2008

mit Kitts, Dobrowskys, Hubers und Pausers.", erinnert sich Thusnelda Zülow.[9]

Im Sommer 1932 jedoch erfährt die zwanglose Urlaubsge-sellschaft ihre entscheidende Erweiterung zum Künstlerkreis. „Hirschbach ist schön – aber Zinkenbach ist als Sommer-Ort noch schöner – baden – rudern – fressen. Also hurrah! Kommt gleich!", schreibt Ernst Huber am 11. Juli 1932 an Franz von Zülow.[10] Nach Zülows Eintreffen reisen noch Sergius Pauser, Josef Dobrowsky, Ernst August von Mandelsloh, Erich Miller von Hauenfels sowie die Künstlerpaare Georg und Luise Merkel und Georg und Bettina Ehrlich am Wolfgangsee an. Man malt, nimmt Seebäder und rudert mit der Plätte den See ab. Abends werden die gemalten Ansichten begutachtet und leidenschaft-lich besprochen. „Jetzt haben die Maler Ferdinand Kitt und Ernst Huber Quartier in dem geräumigen Hof des Adambauern aufgeschlagen … an jedem Eck sitzt derzeit mit Pinsel und Stift ein männlicher oder weiblicher Maler. Die Staffeleien wachsen

geradezu aus der Erde.", weiß der Kunstkritiker Wolfgang Born Mitte August 1932 im Neuen Wiener Journal zu berichten.[11] Noch im Spätsommer 1932 richtet der Rahmenhändler Fried-rich Welz dem Künstlerkreis, der sich in einer ironischen Aqua-rellskizze Ferdinand Kitts selbst als „Malschiff" bezeichnet, im nahen Salzburg eine Ausstellung aus. Auf den Wiener Herbst-ausstellungen von Secession, Hagenbund und Künstlerhaus so-wie auf der vom 1.–31. Dezember während Schau „Werke vom Sommerurlaub" in der renommierten Galerie Würthle im ersten Wiener Bezirk erringt der Malerkreis Zustimmung bei Sammlern und Kunstkritik.

Die personelle Zusammensetzung des „Malschiffs" variiert in den Folgejahren. Die Bildhauerin Gudrun Baudisch und die Malerin Gertrude Schwarz-Helberger geraten erstmals im Sommer „1933 in den Bannkreis von Zinkenbach, der uns nicht mehr losließ".[12] Der Maler und Karikaturist Alfred Gers-tenbrand weilt mit seinem Kollegen Carl Hollitzer seit 1923 allsommerlich am Wolfgangsee. Auch der berühmte Wiener Architekt Josef Hoffmann zählte bereits im Juli 1932 zu den Gästen des „Malschiffs", mit dem er auch in den Folgesommern korrespondiert.[13] Wolfgangseebesuche des Architekten Alexander Popp – ab 1935 Präsident der Wiener Secession – stehen im Zusammenhang mit seinen Linzer Bauprojekten Anfang der 1930er-Jahre.[14] Sporadisch verweilen der Direktor der Modernen Galerie des Kunsthistorischen Museums, DDr. Arpad Weixlgärtner, seine Frau, die Grafikerin und Plastikerin Pepi Weixlgärtner-Neutra, und ihre gleichfalls malende Tochter Elisabeth Weixlgärtner (später Weixlgärtner-Söderberg) am Hof des Adambauern.[15] Häufig kommen hingegen die Malerin Poldi Wojtek-Mühlmann, ihr Mann, der Propagandachef der Salzburger Festspiele Kajetan Mühlmann, sowie dessen Halbbruder Josef Mühlmann aus Salzburg nach Zinkenbach. Beide sind ausgebildete Kunsthistoriker, die während des Dritten Reiches eine unrühmliche Rolle als Kunst-Ariseure spielen werden …

Im Sommer des Jahres 1934 urlauben die Schriftstellerin Hilde Spiel und Lisel Salzer mit ihrer gemeinsamen Freundin Gertrud Jellinek und deren Verlobten, dem Komponisten Erich Zeisl, in St. Wolfgang. Alle Gäste pflegen freundschaftlichen Kontakt zum „Malschiff".

Den Jahresausklang 1935 feiern die Künstlerfamilien – wie bereits 1932 und 1933 – in Zinkenbach. Gertraude Portisch berichtet über die humorvolle Atmosphäre jener Silvestertage: „Aber das Schönste war, da sind wir mit einem Schlitten, mit Pferd und Schlitten, nach St. Gilgen gefahren … Vorne drinnen stand der Dobrowsky, der ein ganz frappantes Profil hatte, aufgemascherlt als Napoleon … und hat alle Leute, die vorbeigegangen sind, so kaiserlich begrüßt. Wir haben Tränen gelacht. Solche Sachen haben die ständig gemacht, solche – Happenings …".[16]

Dennoch beginnt sich der Wolfgangseer Kreis ab 1934 in einzelne Gemeinschaften aufzuspalten. Die Ursachen dafür liegen in divergierenden politischen Gesinnungen der Künstler. Ernst August von Mandelsloh, der allsommerlich aus Gmunden anreist, glaubt an einen von Großdeutschland ausgehenden wirtschaftlichen Aufschwung. Die euphemistische Fehleinschätzung des NS-Regimes erklärt sich aus seiner Gesinnung als Offizier des Ersten Weltkriegs, dessen Weltbild mit dem Untergang der österreichisch-ungarischen Monarchie ins Wanken geraten ist. Mandelsloh beurteilt den deutschen Nationalsozialismus allerdings durchaus differenziert und verurteilt in einem Brief an Alfred Kubin insbesondere die NS-Kulturpolitik: „Immer wieder erinnere ich mich an mein Gespräch mit Hanfstaengl [Ernst Hanfstaengl, der Pressesprecher Hitlers, Anm.]. – Ich sagte ihm unumwunden meine Meinung und forderte von ihm ganz frech, dass es seine Sache sei, den Führer davon zu überzeugen, dass der Expressionismus eine deutsche Sache sei. – Vier große Künstler des Expressionismus sind für Deutschland auf dem Schlachtfeld gefallen: Weisgerber, Macke, Marc, Suttner … Nolde … stand doch in ein und derselben Sturmschar der deutschen Expressionisten, von welchen jetzt die meisten Mit-

Ferdinand Kitt: Der Hof des Adambauern in Zinkenbach. Ölgemälde. Um 1934. Privatbesitz
Foto: Nachlass Ferdinand Kitt, 2008

Ernst August von Mandelsloh: Der Wolfgangsee gegen St. Gilgen. Aquarell von 1937. Privatbesitz
Foto: Nachlass Ernst August von Mandelsloh, 2008

kämpfer (Schmidt-Rottluff, Kirchner u. a.) in Ungnade sind … Man versteht das nicht.", rätselt Mandelsloh.[17]

Gegen einen Anschluss Österreichs an Deutschland, den beispielsweise auch Ernst Huber befürwortet, tritt in Zinkenbach der Dichter und Schriftsteller Ernst Toller auf. Er hält sich am Wolfgangsee vor deutschen Nazischergen versteckt. Als Juden fürchten auch Hilde Spiel, Lisel Salzer, Georg Ehrlich und Bettina Ehrlich das deutsche NS-Terrorsystem und sympathisieren im Sommer 1934 mit Toller. Ehrlichs Gemälde „Jazz" von 1928 ist als Statement gegen rassistische Aufmärsche österreichischer

Nazis anlässlich der Wiener Erstaufführung der Jazzoper „Jonny spielt auf" des jüdischen Komponisten Ernst Krenek zu deuten. An den Sommer 1934 wird sich Bettina Ehrlich 1980 erinnern: „Ja, also Ernst Toller. Der gehörte ja nicht in ein Malschiff, aber er traf doch auf dem Festland mit den Malern zusammen und so auch – oh Unheil! – mit Herrn von Mandelsloh … Mandelsloh aber … soll … Hoffnung auf ein tausendjähriges Reich bekundet haben … Eines Morgens aber, sehr früh, da trafen die beiden einander ganz zufällig im taufeuchten Wald, wo sie eben dabei waren – so jeder für sich – die kleinen wilden duftenden Zyklamen zu pflücken. Und siehe da, die alles besiegende Natur tat eines ihrer Wunder. Denn jemand sah sie, wie sie in traulichem Gespräch und jeder sein zart-lila-rosa Sträußchen tragend aus dem Walde kamen. Auch sollen sie nachher nie mehr debattiert oder gar gestritten haben."[18] Mit Toller sympathisieren Josef Dobrowsky und dessen jüdischen Freunde Hilde Spiel, Lisel Salzer, Georg Ehrlich und Bettina Bauer-Ehrlich, welche der Wiener sozialdemokratischen Bewegung anhängen. Die 1934 offenbar gewordene Partikularisierung führt in den Sommern 1935 und 1936 zur weiteren Verkleinerung des Künstlerkreises und bildet bereits den Auftakt zum späteren Zerfall seines inneren Zirkels, des „Malschiffs".

Auch im Sommer 1937 landet kein vollbesetztes „Malschiff" mehr am Ufer des Wolfgangsees. Dem engeren Kreis um Ferdinand Kitt, Josef Dobrowsky, Sergius Pauser, Ernst Huber und Franz von Zülow tritt erstmals der als Tierspezialist bekannte Maler Ludwig Heinrich Jungnickel hinzu.

Im Herbst erhält Jungnickel neben Ernst Huber in Wien den Österreichischen Staatspreis. Maßgeblich für die Preiszuteilung war die Einreichung von Jungnickels Darstellungen der Bruthenne des Adambauern. Jungnickel und Huber bedanken sich in einem gemeinsam illustrierten Brief bei der Adambäuerin für ein prachtvolles „Hühneressen bei Kitt": „Liebe Frau Eisl, genannt unsere Adambäuerin! … Ich danke Ihnen auch herzlich für Ihre Sendung und will Ihnen nur sagen, dass Sie doch noch ein Werk von mir bekommen und dass ich auch sehr gerne wieder zu Ihnen ins Haus komme, wenn Sie uns aufnehmen." Melancholisch bekundet Ernst Huber noch große „Sehnsucht nach Zinkenbacher Erde".[19] Sein Verlangen soll unerfüllt bleiben. Die Machtergreifung durch die Nationalsozialisten am 12. März 1938 vertreibt nicht nur den unbeschwerten Geist von Zinkenbach. Es endet auch die Existenz des freien und unabhängigen Österreich.

1   1910 ergab eine statistische Erhebung in der österreichisch-ungarischen Monarchie eine Einwohnerzahl von 52,7 Millionen Untertanen.

2   Gerstl nimmt sich bereits 1908 das Leben, Schiele stirbt 1918 an den Folgen der grassierenden Spanischen Grippe in Wien.

3   Abschluss-Zeugnis der Akademie für Ferdinand Kitt vom 4. Dezember 1915 im Nachlass Kitts. Dobrowsky schließt seine Studien laut Zeugnis im Nachlass Dobrowskys offiziell 1919 ab.

4   Hilde Spiel: Die hellen und die finsteren Zeiten. München 1989. 39.

5   Ebenda. 54.

6   Lisel Salzer zitiert nach: Georg Steinmetzer: Lisel Salzer. Wien 2003. 62.

7   Hilde Spiel: Glanz und Untergang. Wien 1987. 202.

8   Zülow ist dem Ehepaar Schleiss seit gemeinsamen Studienzeiten an der Wiener Kunstgewerbeschule verbunden.

9   Tagebucheintrag Thusnelda Zülows zu Jahresbeginn 1930.

10 Brief Ernst Hubers aus Zinkenbach an Franz von Zülow vom 11. Juli 1932 im Nachlass Zülows.

11 Wolfgang Born: Österreichische Malerkolonie Zinkenbach. In: Neues Wiener Journal. 19. August 1932.

12 Handschriftliche Biografie der Künstlerin von 1984 im Nachlass Gertrude Schwarz-Helberger.

13 Korrespondenz Hubers und Hoffmanns im Wiener Landesarchiv und Hoffmanns und Zülows im Nachlass Zülow.

14 Popp erbaut 1929–35 die Linzer Tabakfabrik und 1932–34 die Christkönig-Friedenskirche in Linz-Urfahr, jeweils in Gemeinschaft mit Peter Behrens.

15 Pepi Weixlgärtner ist eine Schwester des nachmals in Amerika berühmten Architekten Richard Neutra.

16 Traude Portisch in ihren Erinnerungen an Ferdinand Kitt in einer Audioaufzeichnung des Verfassers.

17 Brief Mandelslohs an Alfred Kubin vom 20. Juli 1935 zitiert nach: Gregor M. Lechner: Ernst August von Mandelsloh. Göttweig 1978. 54 ff.

18 Bettina Bauer-Ehrlich: Lebenslauf, o. S.

19 Brief von Ernst und Poldi Huber sowie Ludwig Heinrich Jungnickel an die Adambäuerin Agnes Eisl im November 1937, Privatbesitz.

Literatur

Bernhard Barta: Künstler & Kaiser im Salzkammergut. Verlag Christian Brandstätter. Wien 2008

Bernhard Barta: Ferdinand Kitt und das Malschiff. Phil. Dissertation. Salzburg 2006

Bernhard Barta: Das Malschiff – Österreichische Künstlerkreise der Zwischenkriegszeit. Edition Schütz. Wien 2007

Peter Baum: Franz von Zülow. Wien 1980

Bettina Bauer-Ehrlich: handschriftlicher Lebenslauf im Archiv des Belvedere. Wien 1980

Rupert Feuchtmüller: Sergius Pauser. Wien 1977

Birgit Huber: Ernst Huber – Leben und Werk. Phil. Diplomarbeit. Wien 2000

Fritz Koreny: Franz v. Zülow – Frühe Graphik 1904–1915. Wien 1983

Gregor M. Lechner (Hg.): Ernst August von Mandelsloh. Ausstellungskatalog. Göttweig 1978

Alexander Lernet-Holenia: Die Lust der Ungleichzeitigkeit. Wien 1997

Norbert Leser: Das geistige Leben Wiens in der Zwischenkriegszeit – 2 Bände. Wien 1981

Henriette Mandl: Wolfgangsee – Erinnerungen. Unpubliziertes Manuskript. Wien o. J.

Hilde Spiel: Sommer am Wolfgangsee. Reinbek bei Hamburg 1961

Hilde Spiel: Die hellen und die finsteren Zeiten – Erinnerungen 1911–1946. München 1989

Hilde Spiel: Glanz und Untergang – Wien 1866 bis 1938. Wien 1987

Hilde Spiel: Welche Welt ist meine Welt? Erinnerungen 1946–1989. München 1990

Hilde Spiel: Rückkehr nach Wien – Ein Tagebuch. München 1996

Georg Steinmetzer (Hg.): Lisel Salzer. Wien 2003

Ernst Toller: Prosa, Briefe, Dramen, Gedichte. Reinbek 1979

Karin Wagner: Fremd bin ich ausgezogen – Eric Zeisl; Biografie. Wien 2005

Erika Weinzierl / Kurt Skalnik: Österreich 1918–1938. Graz 1983

Sandra Wiesinger-Stock: Hilde Spiel – Ein Leben ohne Heimat. Wien 1996

Klaus Kienesberger / Manfred Wiplinger

unSICHTBAR
widerständiges im salzkammergut

PART 1: DIE WISSENSCHAFT

Welches Bild verbinden Sie mit Widerstand? Graf Stauffenberg, der in der Wolfsschanze die Bombe hochgehen ließ? Tom
Cruise, der Stauffenberg mit Augenklappe und in Nazi-Montur
zu Hollywood-Berühmtheit verhilft? Denken Sie an die Geschwister Scholl, die Flugblätter gegen die Nazis von den Bal-
konen der Münchner Uni regnen ließen? An die Schauspielerin
Julia Jentsch, die dem Widerstand der Sophie Scholl eindrucksvoll Gesicht und Stimme gibt?

Erinnerung in Bildern

Wenn wir an den Widerstand denken, assoziieren wir Bilder.
Denn unsere Vorstellung von Widerstand ist von kulturellen
Leistungen geprägt: von Filmen und Fotografien, von Büchern
und Erzählungen, von Denkmälern und Mythen, von Jahres-
tagen und Traditionen. Diese tragen dazu bei, unsere Ideen von
der Vergangenheit zu entwickeln und für unsere Vorstellung
eine Welt plastisch zu gestalten, welche die meisten von uns niemals miterlebt haben. Unweigerlich wird, wenn wir dereinst an
den 20. Juli 1944, den Tag des Hitler-Attentats, denken, in der
Vorstellung vieler Graf Stauffenberg das Antlitz des Hollywood-
Stars Cruise tragen.

Es sind also Bilder, die uns Blitze ins Gehirn senden und dadurch die Erinnerung einer Gemeinschaft stützen. All jene
Bilder, die die Gesellschaft auf diese Art und Weise von sich
selbst schafft, formen in ihrer Gesamtheit ein Phänomen, das
die Wissenschaft das kollektive Gedächtnis nennt.[1] Dieses vermittelt uns Erinnerungen vergangener Generationen, und über
Texte, Fotografien, Mahnmale, etc. können wir ebendiese Erinnerungen abrufen und sie vergegenwärtigen.

unSICHTBARE Bilder

unSICHTBAR geht es darum, sich die Bilder vom Widerstand
im Salzkammergut genau anzusehen und den Blick auch auf
jene Seiten des Widerstands zu richten, die bislang verborgen
waren und nicht beleuchtet wurden. Es werden auch jene Bilder
betrachtet, die nie in das kollektive Gedächtnis des Salzkammerguts Eingang gefunden haben. unSICHTBAR widmet sich
jenen Seiten von Widerstand, die uns nicht oder kaum bekannt
sind, die wir im Lauf unserer Geschichte vergessen oder verdrängt haben.

Der Widerstand im Salzkammergut und seine Bilder – in fünf Räumen

Raum Eins

unSICHTBAR startet irritierend. Mit Bildern vom Widerstand, die unser Gedächtnis und unsere Erinnerung prägen. Sie
begleiten uns durch die gesamte Ausstellung.

Raum Zwei

1934 ist für die Geschichte Österreichs ein Markstein. Am
12. Februar kämpften die zwei großen politischen Lager – das
sozialdemokratische und das christlichsoziale – gegeneinander.
Das Datum markiert die Errichtung einer faschistischen Dikta-
tur – des so genannten Austrofaschismus – und den Beginn des
Wegs in den Nationalsozialismus. Bis heute ist umkämpft und
umstritten, welche Erinnerung an dieses Jahr „richtig" ist – die
sozialdemokratische oder die christlichsoziale.

Ausgehend von diesem Ereignis widmet sich unSICHTBAR
der Tatsache, dass Geschichte nicht festgeschrieben sein kann,
sondern in der Gegenwart immer wieder neu betrachtet, neu
interpretiert wird. unSICHTBAR zeigt auch, dass es in der Politik üblich ist, Geschichte nach eigenen Maßstäben zu betrachten, ja sie für eigene Zwecke zu missbrauchen.

Raum Drei

Die Geschichte des Widerstands ist bis heute mythenumrankt
und wirft viele Fragen auf. unSICHTBAR erzählt die Geschichte des Widerstands im Salzkammergut anhand von vier ausgewählten, lebensnahen Beispielen:

1. unSICHTBARE Herkunft: die sozialen, politischen und
   ökonomischen Hintergründe des Widerstands im Salzkammergut
2. unSICHTBARES Reden: Kommunikation und Vernetzung
   im Widerstand
3. unSICHTBARES Leben: Widerstand und seine Verstecke
4. unSICHTBARER Widerstand: Widerstand im Salzkammergut von 1933 bis 1938

Sie lernen dabei die handelnden Personen des Widerstands im
Salzkammergut und ihre Geschichte kennen, erfahren von his-
torischen Entwicklungen des Widerstands, der bereits unter
Kanzler Dollfuß seinen Ausgang nahm, als dieser mit seinem
Verbot der kommunistischen und später der sozialdemokrati-
schen Partei die im Salzkammergut starke ArbeiterInnenbewe-

unSICHTBAR – Dies war der zentrale Ort des Widerstands im Salzkammergut: In der Mulde namens „Igel" nahe der Ischlerhütte versteckten sich ab 1944 der Widerstandskämpfer Sepp Plieseis und seine Mitstreiter. Bis zum Kriegsende bot der „Igel" Schutz, Rückzug, Unsichtbarkeit. Heute sind die Spuren des Widerstands dort nahezu verschwunden.   *Foto: Franz Riedl*

gung in den Widerstand trieb. Sie erfahren, wie sich die WiderstandskämpferInnen untereinander verständigten, welche Verstecke sie nutzten und wie ihr alltägliches Leben organisiert und strukturiert war.

Raum Vier

Die Geschichte des Widerstands war jedoch nicht mit Kriegsende 1945 schlagartig zu Ende. Vielmehr beschäftigt der Widerstand die österreichische Bevölkerung bis ins Jahr 2008 und kreiste in den vergangenen 63 Jahren zwischen Vergessen und Mythologisierung im kollektiven Gedächtnis Österreichs. So waren die WiderstandskämpferInnen in den Jahren 1946 und 1947 wohlgelitten und geachtet, ihre Leistungen wurden allerdings in den Folgejahren oft verschwiegen, vergessen, schlecht gemacht und erniedrigt. Bis in die 1970er-Jahre wurde über den Widerstand nicht öffentlich diskutiert. unSICHTBAR erörtert die Gründe und fördert zutage, wie der Widerstand im Salzkammergut wieder zum Thema und somit Teil der österreichischen Erinnerung wurde.

Dabei spielte das Engagement eines Mannes eine besondere Rolle. In den 1970er-Jahren machte sich der Linzer Laienhistoriker Peter Kammerstätter daran, die WiderstandskämpferInnen im Salzkammergut zu besuchen und mit ihnen stundenlange Interviews zu führen. Noch heute zehren viele WissenschaftlerInnen und LaienhistorikerInnen von den vielen tausenden Seiten der Hinterlassenschaft Kammerstätters.

Er war es auch, der mithalf zu zeigen, dass Frauen eine wichtige Rolle im Widerstand einnahmen, dass diese die Organisationsaufgaben übernahmen und es den Widerstandskämpfern erst ermöglichten, sich vor den Nazi-Schergen zu verstecken.

Kaum bekannt ist, dass die Geschichte des Widerstands im Salzkammergut dem Ausland nicht verborgen blieb. Kurios mutet es heute an, dass die Lebensgeschichte von Sepp Plieseis, dem Kopf der Widerstandsbewegung im Salzkammergut, vielen BürgerInnen der DDR nur allzu gut bekannt war: Bücher und Filme erschienen dort zu seiner Lebensgeschichte. In der DDR versuchte man, ihn zu einem regelrechten Held zu machen.

Die Deutschvilla in Strobl hat eine bewegte Geschichte. 1896 erbaut, 1923 an die Bankiersfamilie Deutsch aus Wien verkauft, arisiert und zurückgegeben, diente sie nach 1945 als Bar, Cafe, Casino und Frühstückspension. Seit mittlerweile zehn Jahren steht sie ganz im Zeichen der Kunst – und beherbergt 2008 den Landesausstellungsbeitrag unSICHTBAR – widerständiges im salzkammergut.

Foto: Jochen Höller

Raum Fünf

Die Geschichte des Widerstands im Salzkammergut fasziniert bis heute und kreist zwischen Erzählungen, Mythen und intensiver wissenschaftlicher Aufarbeitung. Die „Geschichten aus dem Widerstand" sind aber auch ein Fundus für Kunstschaffende, die sich immer wieder dem Thema widmen. Widerständiges Handeln prägte beispielsweise die Werke des aus Bad Goisern stammenden Schriftstellers Franz Kain ebenso wie die Werke des Autors Franzobel, der sich dieses Fundus bedient. Seine Stücke „Hunt", „Hirschen" oder „Zipf" kreisen um die Geschehnisse der Region und wissen in ihrer Variation verschiedener Versatzstücke aus dem Widerstand tausende BesucherInnen zu fesseln.

Es fällt auf: Kunst und Widerstand haben ein fast komplementäres Verhältnis. Zwei Magneten gleich, finden sie im Verlauf der Kunst- und Kulturgeschichte nach Phasen der Abstoßung immer wieder zueinander …

PART 2: DIE KUNST

„Kunst gibt nicht das Sichtbare wieder, sondern macht sichtbar." Vertraut man Kalendersprüchen und Worten großer KünstlerInnen, kommt man leicht zur Auffassung, KünstlerInnen dienen dazu, aus dem Verborgenen, dem nur ihnen Zugänglichen oder dem Geheimen ein Werk zu schaffen, das den BetrachterInnen sogleich ermöglicht, Dinge wahrzunehmen, die ohne Hilfe nicht erkennbar wären. Da passt es nur zu gut, dass sich der zweite Teil der Ausstellung unSICHTBAR der Problematik des Sichtbarmachens widmet.

Ausgangspunkt ist allerdings keine kunsttheoretische Fragestellung zu Funktion und Zweck singulärer Kunstwerke, vielmehr wird der Ansatz der wissenschaftlichen Ausstellung um Fragen nach Strategien der Aufmerksamkeit, des Blickwinkels und des zivilen Handelns ergänzt. Dass Kunst sich spätestens in der zweiten Hälfte des zwanzigsten Jahrhunderts auch und gerade als Widerstand deklariert, hilft dabei, diese Strategien aufzuzeigen und über grundlegende Konstitutionen von Geschichte, Gesellschaft und Handeln zu sprechen. Kunst als Widerstand wird dabei unter dem Gesichtspunkt der Sichtbarmachung und dem Agieren aus dem Unsichtbaren verhandelt.

Kunst als Mittel seine Stimme zu erheben, gegen Systeme aller Art auszusagen und auch kämpferisch radikal Widerstand zu leisten – von formalen Fragen über Abwehr gesellschaftlicher Normen und Verweigerung bis hin zu Culture Jamming[3] („Wir können die Welt verändern."[4]), Street Art[5] und Popkultur: Die Aufzählung würde ins Endlose gleiten. Die Frage, die sich daraus ergibt, lautet: Was genau ist es, was die Kunst als Vorteil mit sich bringt, den „herkömmliche" Mittel nicht beinhalten?

Eine Antwort darauf ist die Freiheit, die der Kunst zugesprochen wird. Die Wissenschaft ist an Methoden gebunden, zu gewissen Standards verpflichtet und läuft nach etablierten Strukturen oder Modalitäten ab. Nicht dass die Kunst sich im völlig luftleeren Raum befinden würde, gewichtige Faktoren wie die eigene Geschichte (nämlich die der Kunst), die Gesellschaft und das, was wir heute den Kunstmarkt nennen, bestimmen zu einem nicht geringen Teil die Freiheit der Kunst.

Diesen Freiraum dazu zu benützen, widerständig zu arbeiten, ist für viele verlockend. Vom kalkulierten Schock bis hin zur kommerziell gut verwertbaren Provokation und intensiver Auseinandersetzung mit wichtigen Themen reicht hier das Feld. Der Widerstand unter dem nicht gerade zurückhaltenden Motto „scheißen und brunzen sind kunsten"[6] zeigt inzwischen langjährig erprobte Verfahren, in der Öffentlichkeit zu erregen und bürgerlichen Systemen etwas entgegenzusetzen. Und heute ist man selbst im Bürgerlichen angekommen.

Eine gute Analogie

Der wohl am nächsten liegende Schluss ist ein Schmäh: eine Parallelbewegung, die – auch anhand der Ausstellung – zu untersuchen ist. Die Annahme findet großen Anklang: Künstlerische Arbeiten oder Aktionen lösen durch die ihnen eigene Verschlüsselung Nachdenk-Impulse von einer ganz anderen Seite aus. Das Kodieren von Information ist nun auch dem Widerstand eigen. Aus diesem Blickwinkel eine nachvollziehbare Logik, doch nicht immer arbeitet Kunst mit Verschlüsselungsstrategien. Ein Künstler dieser Ausstellung zeigt zwei Papierrollen, die aus der Wand herauslaufen, um sich in einer Schachtel zu treffen. Überlieferte und reale Geschichte kommen in einem Bewusstseinsraum zusammen. Hier funktioniert das Symbol. Auch im Vergleich mit dem historischen Teil – hier wie dort sind Bemühungen um das Sich-zur-Sprache-bringen wichtig. Man kann zeitgenössische Kunst als Analyse-Instrument der Gegenwart mit Verweis in die Zukunft begreifen, was gemeinsam mit der historischen Auseinandersetzung die gesamte Zeitlinie Vergangenheit-Gegenwart-Zukunft in die Ausstellung bringt.

Es sprechen viele Argumente für eine Verbindung von Widerständigem und Kunst: Beide sind nicht allzu weit voneinander entfernt; nimmt sich die Kunst ernst, so zählt zu einer ihrer Aufgaben immer auch, gewissen gesellschaftlichen Tendenzen Widerstand entgegen zu setzen. Dies kann durch unterschiedliche

Strategien zu Tage treten – eine davon ist die „SICHTBAR"-Machung; das Aufzeigen von Tatsachen, Geschichten, Missständen, Problemen etc. – und dies immer aus einem zeitgemäßen Verständnis und Zugang heraus.

Der „Überschmäh"

Noch dazu gilt es – gerade bei einer Landesausstellung – lokale Bezüge zu suchen und den Menschen vor Ort eine Stimme zu geben. So wird gesagt, dass auch die „Eingeborenen" des Salzkammerguts seit jeher traditionell als Widerständige (aus allen politischen Lagern), als Querköpfe mit ihrer speziellen Sicht auf die Dinge, zu charakterisieren sind. Eine Überprüfung dieser These steht an, z. B. schon bei dieser Landesausstellung. Hier treffen einander letztendlich die Kunst (aus der Heimat) und die Heimat selbst im Widerstand – eigentlich dann das wahre „Künstlerleben am Wolfgangsee".

---

[1] Maurice Halbwachs: Das kollektive Gedächtnis. Frankfurt am Main 1991

[2] Paul Klee

[3] Culture Jamming: z. B.: Nutzung der Psychologie der Werbung, um Konsumwahn lächerlich zu machen

[4] Kalle Lasn: Culture Jamming

[5] Z. B.: Graffiti, Schablonen

[6] Motto der Uni-Ferkelei „Kunst und Revolution", 7. Juni 1968

Buchtipps

Widerständiges im Salzkammergut

Christian Topf: Auf den Spuren der Partisanen: Zeitgeschichtliche Wanderungen im Salzkammergut. Grünbach 2006

Peter Kammerstätter: Dem Galgen, dem Fallbeil, der Kugel entkommen – Neun Lebensbilder aus dem Widerstand. Grünbach 2006

Wolfgang Quatember / Ulrike Felber / Susanne Rolinek: Das Salzkammergut. Seine politische Kultur in der Ersten und Zweiten Republik. Grünbach 1999

Franz Kain: Am Taubenmarkt. Roman. Weitra 1991

Widerstand, Geschichte und Erinnerung

Heidemarie Uhl (Hrsg.): Zivilisationsbruch und Gedächtniskultur. Innsbruck, Wien 2003

Aleida Assmann: Erinnerungsräume. München 2003

Peter Steinbach (Hrsg.): Lexikon des Widerstandes 1933–1945. München 1998

Karl Klambauer: Österreichische Gedenkkultur zu Widerstand und Krieg. Innsbruck, Wien 2006

Florian Wenninger / Paul Dvorak / Katharina Kuffner (Hrsg.): Geschichte macht Herrschaft. Zur Politik mit dem Vergangenen. Wien 2007

Tipps für junge Menschen ab 12 Jahren

Susan Campbell Bartoletti: Jugend im Nationalsozialismus. Berlin 2007

Dieter Schenk: Wie ich Hitler Beine machte. Eine Danziger Polin im Widerstand. München 2003

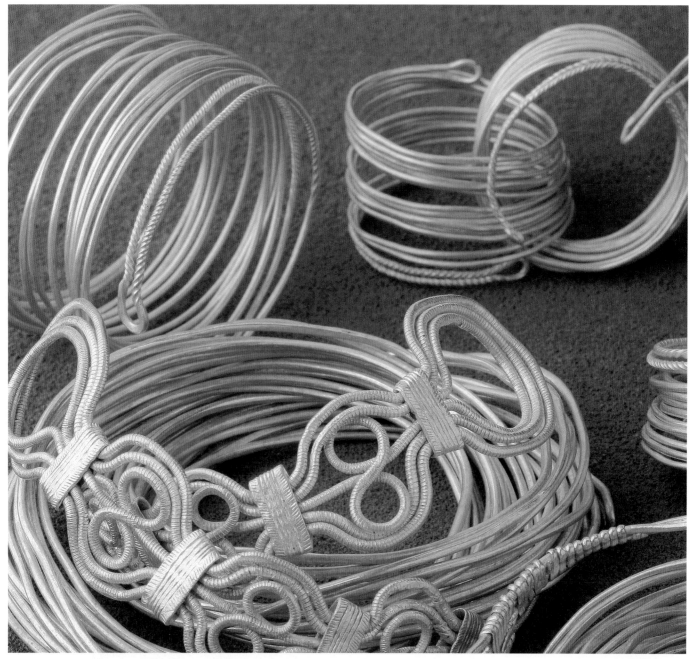

Goldschatz vom Arikogel (Bad Goisern). 1200–1000 vor Christus

Foto: BDA/P. Kolp

Christoph Blesl / Heinz Gruber / Bernhard Hebert / Martin Krenn

Schätze – Gräber – Opferplätze

Das ehemalige *Kloster Traunkirchen* ist ein idealer Platz, die Archäologie des Salzkammerguts darzustellen: Das Kloster, ein Zentrum mittelalterlicher Kultur und Religion, liegt am Fuße des urgeschichtlichen Opferplatzes am Johannesberg; im Kloster selbst fanden wichtige Ausgrabungen statt. In der Ausstellung sind erstmals die archäologischen Schätze einer der interessantesten Kulturlandschaften Österreichs zusammengetragen: Der Boden des Salzkammerguts hat besonders in den letzten Jahren überraschende Funde preisgegeben, die zu einem großen Teil noch nie der Öffentlichkeit präsentiert wurden.

Das Bundesdenkmalamt und etliche Leihgeber sind sehr gerne der Einladung gefolgt, diese neuen Schätze aus Oberösterreich und aus der Steiermark in Traunkirchen zu versammeln und auch die neuen Erkenntnisse zur *Archäologie des Salzkammerguts* darzustellen. Dabei werden nicht nur die Funde als oft faszinierende Objekte vergangener Jahrtausende für sich sprechen; vorrangig ist eine Vermittlung der von den ArchäologInnen rekonstruierten ursprünglichen Zusammenhänge und Situationen, die in der Ausstellung auch in inszenierten Bildern anschaulich umgesetzt werden. Denn es geht der Archäologie nicht primär und nicht nur um die Fundobjekte. Es geht vielmehr um den ursprünglichen Sinn und Zweck der Objekte, um geschichtliche Prozesse. Letztlich geht es um die Menschen, welche die Objekte geschaffen und verwendet haben, um ihr Leben, um ihr Sterben, um ihre Gedankenwelt; so schwer diese Gedankenwelt mit dem Abstand von Jahrtausenden auch zu fassen sein mag.

Um diesem Ziel näher zu kommen, ist es ganz wesentlich, dass archäologische Funde nicht bloß als *Schätze* betrachtet und von Unbefugten aus dem Boden gerissen werden, sondern dass bei Fundbergungen und Grabungen das heutzutage mögliche Maximum an Information durch geschulte Fachleute verantwortungsvoll gesichert wird. Unser archäologisches Erbe wächst, einmal zerstört, nie mehr nach; es ist im Sinne von Kenntnis und Zugänglichkeit Allgemeingut der Menschheit und – gerade auch mit den international bedeutenden Funden aus dem Salzkammergut – ein gewichtiger Teil der österreichischen und europäischen Geschichte und Kultur.

Auch einer der spektakulärsten Funde der letzten Jahre in Österreich, der Goldfund vom Arikogel am Hallstätter See, ist leider nicht regulär geborgen worden: So fehlt uns jegliche Dokumentation darüber, wie die über 3.000 Jahre alten Goldobjekte im Erdboden lagen; ohne gesicherte Befunde können wir uns noch weniger eine Vorstellung davon machen, warum die einzigartigen und wahrscheinlich von weit her gebrachten Schmucksachen vergraben wurden.

Wie das Kloster Traunkirchen selbst, so liegt auch die archäologische Kulturlandschaft Salzkammergut *zwischen See und Berg,* zwischen dem fischreichen Gewässer und dem salzreichen Gebirge. An den Rändern der Seen errichtete man vor 5.500 Jahren die ersten größeren Dörfer des Salzkammerguts mit Holzhäusern von Fischern und Bauern. Diese (fälschlicherweise) „Pfahlbausiedlungen" genannten Fundstellen liegen heute großteils unter Wasser und bieten daher besonders günstige Erhaltungsbedingungen für organisches Material (Holz, Textilien), das sonst kaum die Zeiten überdauert. In den Bergen lagen die *Schätze des Bodens:* vor allem das Weiße Gold des Salzkammerguts, das Salz, das man in Hallstatt seit über 3.000 Jahren abbaut. Der Handel mit dem lebenswichtigen Salz verschaffte den frühen Hallstättern Macht und Reichtum, den wir heute noch in ihren Gräbern sehen. Eine ganze Epoche der mitteleuropäischen Urgeschichte ist danach benannt worden: die Hallstattzeit.

Der Export des Salzes und der Transport der Güter nach Hallstatt fanden vorwiegend entlang der Flüsse statt, die sich den Weg durch das Gebirge gebahnt hatten. In den letzten Jahren wurden viele hundert Funde entlang dieser Wege entdeckt, die das Kommen und Gehen im Gebirge und die *Handelswege entlang der Traun* durch mehrere Jahrtausende bezeugen. Manche Funde gehen auf die Schwierigkeit des Geländes zurück, das Mensch und Tier zu bewältigen hatten: Die Menschen banden sich vor 3.000 Jahren, als das Eisen noch nicht bekannt war, bronzene Steighilfen an ihre Fußbekleidungen; die Tragtiere bekamen in der Römerzeit eiserne „Pferdeschuhe", das waren sozusagen anbindbare Hufeisen mit „Spikes" an der Unterseite. Andere Funde sind vielleicht einfach verloren worden: Münzen aus der Kelten- und Römerzeit, die den Reisenden „aus dem Sack" gefallen sind, Teile von Schwertern, Messern, Beilen und Werkzeugen, die bei der Benutzung Schaden genommen haben, Knöpfe, Nadeln und Fibeln, die sich von Gewandstücken gelöst haben.

Viele von den Funden lassen sich aber nicht durch diese bloßen Zufälle erklären: Wir haben wertvolle Einzelstücke entdeckt, die offenbar bewusst vergraben wurden, wir haben ganze Ansammlungen von Bronzen entdeckt, die gezielt in den Erdboden gelegt wurden. Einer dieser über 3.000 Jahre alten *Depotfunde* stammt vom Brandgraben bei Bad Aussee: In einer Grube zwischen Steinen hat man in einem Ledersack gut 200 Bronzegegenstände sorgfältig verborgen. Die Archäologie geht heu-

Bronzedepotfund vom Brandgraben (Bad Aussee). 1200–1000 vor Christus

Fotos: BDA/A. Schumacher

*Tracht- und Schmuckbeigaben aus Hügel 2 vom Dienstberg
(Berg im Attergau). 595 vor Christus*

te davon aus, dass es sich bei derartigen bewusst vergrabenen Schätzen um Opfergaben für – uns namentlich unbekannte – Göttinnen oder Götter handelt. Die Situation bei der Deponierung ist in der Ausstellung in ihrem landschaftlichen Umfeld rekonstruiert, um die Besucher näher an die Welt der frühen Bewohner des Salzkammerguts heranzuführen.

Neben dem Vergraben in der Erde können wir im Salzkammergut eine weitere Form urgeschichtlicher Kulthandlungen archäologisch nachweisen: Bei der Koppentretalm (Bad Aussee) wurden in den letzten Jahren die Überreste eines Brandopferplatzes ergraben. Ascheschichten mit verbrannten Tierknochen, Scherben von Keramikgefäßen und Bronzenadeln bezeugen Opferfeuer unter freiem Himmel und Niederlegungen von Opfergaben. Das Kultgeschehen ist wohl im Zusammenhang mit der urgeschichtlichen Wegtrasse entlang der Traun zu sehen: Hier dankte man für eine glücklich überstandene Reise oder erbat sich Schutz für die bevorstehende. Ähnliche *Brandopferplätze* begegnen uns vor allem in alpinen Regionen und an markanten Plätzen wie Felsen, Gipfeln und Pässen. Der neu entdeckte Brandopferplatz in Bad Aussee und ein schon länger bekannter am Johannesberg in Traunkirchen gehören zu den östlichsten Belegen derartiger Kultplätze in den Alpen.

Mit dem – in der Ausstellung versuchsweise in Szene gesetzten – Brandopferplatz vom Johannesberg kehren wir in das Kloster Traunkirchen zurück, das ja im Schatten dieses „heidnischen" Brandopferplatzes liegt. Hier verweilen wir bei den erstmals gezeigten Gräbern aus Traunkirchen und dem oberösterreichischen Salzkammergut.

Gräber sind wichtige Quellen für die archäologische Forschung. Anhand von bedeutenden und zum Teil erstmals gezeigten Funden sowie neuesten Forschungserkenntnissen wird das vielfältige Bild des Totenbrauchtums dargestellt. Der zeitliche Bogen spannt sich von der Bronzezeit über die Hallstattzeit und Römerzeit bis zum Frühmittelalter. Die unterschiedlichen Grabzurichtungen und Beigabensitten, als archäologisch fassbarer Ausdruck der in der jeweiligen Zeitepoche herrschenden Glaubensvorstellungen, werden anschaulich inszeniert.

Die ältesten bekannten Gräber des Salzkammergutes stammen aus der mittleren Bronzezeit, dem Zeitraum zwischen 1600 und 1300 vor Christus. Bereits Ende des 19. Jahrhunderts wurde in Gmunden ein Gräberfeld mit mehr als 200 Grabhügeln entdeckt. Die Bestatteten waren reich mit Bronzebeigaben ausgestattet, die Männer mit Waffen, die Frauen mit Arm- und Beinschmuck.

Weit über Österreichs Grenzen hinaus bekannt sind die Grabfunde aus Hallstatt. Prunkvolle Beigaben weisen auf eine Oberschicht, deren Macht und Reichtum auf den Salzbergbau und einen ausgedehnten Handel zurückzuführen sind.

Aber nicht nur dort gibt es bedeutende Grabfunde der Hallstattzeit (750–450 vor Christus). Nördlich des Attersees wurden am Dienstberg in der Gemeinde Berg im Attergau erst kürzlich zwei Hügelgräber archäologisch untersucht. In einem Hügel fand sich der Leichenbrand eines Mannes mit Gefäßbeigaben, zweiflügeligen Pfeilspitzen aus Eisen und Beschlägen eines Köchers. Spektakulär ist die Trachtausstattung des Frauengrabes aus dem zweiten Hügel: drei Doppelspiralnadeln und ein mit Punzen verzierter Gürtel aus dünnem Bronzeblech. Die in der Grabkammer erhaltenen Hölzer konnten in die Jahre 601 bzw. 595 vor Christus datiert werden.

Traunkirchen war während der Hallstattkultur ein wichtiger Verkehrsknotenpunkt, wo Salz und andere Handelsgüter vom Wasser- auf den Landweg umgeladen wurden. Diese Bedeutung spiegelt sich in den beiden aus dem Ortsgebiet bekannten Gräberfeldern: Im 19. Jahrhundert wurden auf der so genannten Klettenwiese erste Grabfunde entdeckt, 1997 im Zuge von Sanierungsarbeiten im ehemaligen Kloster Traunkirchen 95 Brandgräber eines durchgehend von der spätbronzezeitlichen Urnenfelderkultur (1000–750 vor Christus) bis in die ältere Hallstattkultur (750–600 vor Christus) belegten Friedhofes durch das Bundesdenkmalamt dokumentiert.

Die älteren Gräber der Urnenfelderkultur enthielten als Beigaben Henkelgefäße und Schalen aus Keramik sowie (Rasier-) Messer, Sicheln oder Gewandnadeln aus Bronze. Von größerem Reichtum zeugen Reste von Goldschmuck. Die durch den Salzhandel reich gewordene Elite der Hallstattkultur lässt sich an der Bauweise ihrer Grabanlagen und der reichen Ausstattung mit Schmuck, Waffen und Keramikgeschirrsätzen identifizieren.

Hallstattzeitliche Keramikgefäße aus dem ehemaligen Kloster Traunkirchen. 800–700 vor Christus   Foto: BDA/A. Schumacher

Die oft reich verzierten und rot-schwarz bemalten Keramikgefäße enthielten Speisen und Getränke, die den Verstorbenen für ihre Reise ins Jenseits mitgegeben wurden. Unter den Metallbeigaben sind vor allem Spiralfibeln und aufwändig verzierter Ringschmuck aus Bronze charakteristisch. Männergräber zeichnen sich durch die Beigabe von Waffen aus, wohlhabende Frauen trugen die für das Salzkammergut typischen Hohlwulstringe aus Bronze.

Die Bedeutung von Hallstatt als Bergbauzentrum in der Römerzeit bezeugen Siedlung und Gräberfeld „in der Lahn". Die einmaligen Schmuckbeigaben aus Gold und Silber eines 1876 beim Bahnbau am Fuße des Arikogels in Steeg am Hallstätter See entdeckten Grabes sprechen für wirtschaftliche Prosperität und überregionale Handelsbeziehungen bis in die Spätantike.

Unweit dieser Fundstelle liegt in Bad Goisern auch ein frühmittelalterliches, in Reihen angelegtes Gräberfeld aus dem 9.–10. Jahrhundert mit recht spärlichen Beigaben, die auf erste christliche Einflüsse im Salzkammergut hindeuten. Mit der Christianisierung verschwinden allmählich Grabbeigaben als wichtige archäologische Zeugnisse.

Abschließend begeben wir uns in die Welt des Mittelalters, als mächtige *Burgen* das Salzkammergut mit seinen Schätzen schützten. Damals entstand das Salzkammergut als Region, wie wir sie heute verstehen.

Seit dem 12. Jahrhundert, nach der Eingliederung in das babenbergische Herzogtum, erlangte das Salzkammergut wieder

Ölgemälde „Ein Fest auf Wildenstein", datiert 1617   *Foto: Museum der Stadt Bad Ischl*

Literatur

H. E. Baumert und G. Grüll. Burgen und Schlösser in Oberösterreich – Salzkammergut und Alpenvorland, Wien 1983.

W. Götting und G. Grüll. Burgen in Oberösterreich, Schriftenreihe der Oberösterreichischen Landesbaudirektion, Band 21, 1967.

G. Grabherr, Michlhallberg. Die Ausgrabungen in der römischen Siedlung 1997–1999 und die Untersuchungen an der zugehörigen Straßentrasse, Schriftenreihe des Kammerhofmuseums Bad Aussee 22, 2001.

H. Gruber, Die mittelbronzezeitlichen Grabfunde aus Linz und Oberösterreich, Linzer Archäologische Forschungen 28, 1999.

G. Heilingsetzer, Der Rudolfsturm in Hallstatt als Denkmal der österreichischen Salinengeschichte, Oberösterreich Kulturzeitschrift Jg. 34 (1984) H. 2, S. 11–16.

D. Modl, Ein archäologischer „Hot Spot" im Koppental zwischen Bad Aussee und Hallstatt, Archäologie Österreichs 12, 2007, 27–29.

J. Offenberger, Fundberichte aus Österreich, Band 37, 1998, S. 46 f.

M. Kaltenegger, Die Solequellen von Gosau und der „Salzkrieg", Jahrbuch des Oberösterreichischen Musealvereines Band 126/I, 1981, S. 69–78.

F. Mittendorfer, Traunkirchen einst Mutterpfarre des Salzkammergutes, Linz 1997.

M. Pollak, Funde entlang der Oberen Traun zwischen Hallstätter See und Traunsee. Kombinierter römischer Land-Wasser-Verkehr im Salzkammergut, Oberösterreich, Fundberichte aus Österreich, Band 42, 2003, 331–385.

Th. Stöllner, Die Hallstattzeit und der Beginn der Latènezeit im Inn-Salzach-Raum, Archäologie in Salzburg, Band 3/I, 1996 (Auswertung) und Band 3/II, 2002 (Katalog und Tafeln).

Tagungsbericht zum Welterbeseminar „7.000 Jahre Salz. Archäologie des Salzkammergutes" am 21./22. April 2006 in Bad Goisern, Schild von Steier 19/2006, 125–153 v. a. mit den Beiträgen: H. Gruber, Der neu entdeckte prähistorische Goldschatzfund aus Bad Goisern (S. 137–138); M. Pollak, Die römische Straßenverbindung durch das Trauntal (S. 139–140); M. Windholz-Konrad, Ein frühzeitlicher Handelsweg vom Ennstal bis zum Hallstättersee (S. 141–147); B. Hebert, Archäologie im Salzkammergut – Bilanz und Resümee (S. 149–153).

P. Trebsche, M. Pollak und H. Gruber, Eisenzeitliche Hügelgräber im Attergau, Fundberichte aus Österreich, Materialhefte, Reihe A, Sonderheft 5, 2007.

M. Windholz-Konrad, Funde entlang der Traun zwischen Ödensee und Hallstätter See, Fundberichte aus Österreich, Materialhefte, Reihe A, Band 13, 2003.

überregionale Bedeutung. Das Salz war im Spätmittelalter nicht nur eine bedeutende Einnahmequelle, sondern auch ein Schatz, um den Kriege geführt und zu dessen Schutz mächtige Burganlagen errichtet wurden.

Der Salzbergbau blieb bis in unsere Zeit hinein Staatsmonopol und war als Kammergut der direkten Verwaltung durch die Hofkammer in Wien unterstellt. Die Einkünfte aus dem „Weißen Gold" des 1656 erstmals erwähnten Salzkammergutes dienten den Habsburgern als wichtige, finanzielle Grundlage.

Die bedeutendsten Wehrbauten des Salzkammergutes, der Rudolfsturm von Hallstatt, die Burgen Scharnstein, Pflindsberg bei Bad Aussee und Wildenstein bei Bad Ischl sowie das See- und das Landschloss Ort bei Gmunden, werden in der Ausstellung an Hand von Stichen und Plänen vorgestellt. Im Mittelalter zum Schutz des „kostbaren Kleinods der kaiserlichen Salzwurzen" errichtet, dienten sie bis in die Neuzeit als landesfürstlicher Sitz der kaiserlichen Verwaltung. Zahlreiche Funde, darunter eine Taschensonnenuhr des 16. Jahrhunderts von der Burg Wildenstein oder der Münzschatz von Moosham bei Gschwandt mit rund 2.000 Silbermünzen aus der Zeit um 1248, machen dem Besucher die Welt des Mittelalters erlebbar und laden auf eine Zeitreise durch das Salzkammergut ein.

Wir hoffen, dass die Ausstellung für viele Menschen eine spannende Begegnung mit den einzigartigen archäologischen Quellen, den „Schätzen im Boden", und der Geschichte einer bedeutenden Kulturlandschaft wird.

Thomas Kerbl

„Wo die Seele Wellen schlägt" und „Kreuzweg"

(Barbara Frischmuth; Auftragswerk zur Landesausstellung)
Musikalische-Literarische Hörstationen am Wanderweg auf den Johannesberg in Traunkirchen

„… Wer die Naturliebe erst in Italien befriedigen kann, der hat keine! Auf Pinien, Orangenhaine, Zitronenwälder, Ölbäume wird gepfiffen. Heil der Zirbelkiefer im Hochwalde!
Was die alten Gebäude, Paläste betrifft, vor deren gewesener Pracht die Menschheit bisher Krokodilstränen geweint hat, so erkläre ich, dass es in Wirklichkeit nur eigentlich zwei Gebäude gibt, die unter Gottes weiser genial – mystischen Führung erbaut, die Bewunderung erregen können durch ihre höchste Zweckmäßigkeit, also höchste Schönheit:
Den Bienenkorb und den Ameisenhügel!
Was die Landschaft betrifft, so erkläre ich hiermit jeden für einen herzensrohen Schmock und Parvenü, der nicht zeitlebens mit der romantischen Pracht des Gmundner Sees, des Hallstädter-, des Wolfgang-, des Attersees sein gutes gesundes Auskommen findet…"
(Peter Altenberg)

„Erholungsaufenthalt
der Städter auf dem Land zur Sommerzeit",

so wird der Begriff „Sommerfrische" im Wörterbuch der Gebrüder Grimm (um 1854) beschrieben.
Die Sommerfrische hatte ihren Ursprung in der Biedermeierzeit, in der gerne Ausflüge auf das Land (Landpartien) vorgenommen wurden. Bis zu jener Zeit galten Reisen hauptsächlich beruflichen Zwecken; diese waren mit hohen Kosten, Mühen und Gefahren verbunden: So dauerte eine Reise von Wien nach Bad Ischl mit der Postkutsche dreieinhalb Tage.
Mit der zunehmenden Industrialisierung im 19. Jahrhundert versuchte die wohlhabende Gesellschaft, basierend auf einem stark ausgeprägten Prestigedenken, so oft als möglich der Großstadt zu entfliehen. Die Kaiserfamilie verbrachte ihre Sommer in Bad Ischl und zwangsläufig fanden sich auch der restliche Hofstaat, die Politik und der Adel in der Region ein, um es ihnen gleich zu tun. Reisen wird zur Mode; man suchte die Abgeschiedenheit der Natur oder – was häufig der Fall war – man bewegte sich im geselligen Rahmen inmitten einer gut entwickelten Infrastruktur mit Spazierwegen, beleuchteten Promenaden, Konditoreien, Aussichtswarten und Bootsanlegestellen.

„… Ich liebe die Landungsstege an den Salzkammergut Seen, die alten grauschwarzen und die neueren gelben.
Sie riechen so gut wie von jahrelang eingesogenem Sonnenbrande.
In dem Wasser um ihre dicken Pfosten herum sind immer viele ganz kleine grausilberne Fische, die so rasch hin und her huschen, sich
plötzlich an einer Stelle zusammenhäufen, plötzlich sich zerstreuen und entschwinden.
Das Wasser riecht so angenehm unter den Landungsstegen wie die frische Haut von Fischen.
Wenn das Dampfschiff anlegt, erbeben alle Pfosten und der Landungssteg nimmt seine ganze Kraft zusammen, den Stoß auszuhalten …"
(Peter Altenberg)

Durch die Besuche der kaiserlichen Familie wurde das Salzkammergut Österreichs älteste und prominenteste Sommerfrischegegend und zog besonders auch Künstler an.
Maler wie *Ferdinand Georg Waldmüller, Moritz von Schwind* oder *Rudolf von Alt* schufen einige Werke mit dem Salzkammergut als Thema.
Die Motivwahl schien derartig in Mode gewesen zu sein, dass ein Kritiker nach einer Ausstellung der Wiener Akademie schrieb:
„… Es wäre zu wünschen, dass sich die Künstler bei ihren Studien nicht immer an gewisse Gegenden bänden; es würde dadurch nicht ein und derselbe Gegenstand so oft zur Anschauung gebracht werden. Österreich hat außer Ischl, Hallstatt der Naturschönheit in Fülle, selbst da, wo es weder Sennhütten noch Sennerinnen gibt …"

Grosse Aufmerksamkeit galt auch der Region durch Veröffentlichungen von Berichten, der im 19. Jahrhundert beliebten Reiseschriftsteller.
So schrieb *Franz Sartori* im *„Taschenbuch auf Reisen in diesen Gegenden"* mit dem Untertitel *„Die Österreichische Schweiz oder mahlerische Schilderung des Salzkammergutes in Österreich ob der Enns"*: *„… Das Salzkammergut ist einer der interessantesten Striche des Landes, welche die österreichische Monarchie aufzuweisen hat. Es liegt im Traunviertel des Landes ob der Enns und ist eine mit Gebirgen und überaus malerischen Seen bedeckte Gegend, in der sich die allgemein bekannten reichhaltigen Salzberge befinden …"*

Und auch die Elite der Dichter und Komponisten hat sich von der Anziehungskraft der Region inspirieren lassen und bei regelmäßigen Besuchen entstanden Meisterwerke mit lokalem Bezug und Kolorit.
Der junge *Rainer Maria Rilke* berichtet von einer Begegnung mit *Johannes Brahms* auf einem Wanderweg, kurz vor einem Gewitter; *Adalbert Stifter* ließ sich zu seiner Meistererzählung „Bergkristall" unter anderem von einem Bild seines Freundes *Friedrich Simony* inspirieren.

Und *Nikolaus Lenau* berichtet von seiner Besteigung des Traunsteins als dem schönsten Moment seines Lebens:

„… Die Minute, die ich auf jenem Rande stand, war die allerschönste meines Lebens, eine solche musst du auch genießen. Das ist eine Freude! Trotzig hinabzuschauen in die Schrecken eines bodenlosen Abgrundes und den Tod herauf greifen zu sehen bis an meine Zehen und stehen bleiben und so lange der furchtbar erhabenen Natur ins Antlitz zu sehen, bis es sich erheitert, gleichsam erfreut über die Unbezwinglichkeit des Menschengeistes, bis es mir schön wird, das Schreckliche …"

(Nikolaus Lenau / Brief an die Schwester /Gmunden, 9. Juli 1831)

Von Franz Schubert sind kürzere Aufenthalten am Traunsee bezeugt; Josef von Spaun, dessen Familie später ihren Sitz in Traunkirchen nahm, war ihm ein lebenslang verbundener Freund und Förderer. Neben ihm war es vor allem Johannes Brahms, der ab 1880 bis zu seinem Tode 1896 die Region oft besuchte. Eine Fülle seiner Werke (Kammermusik, Klavierzyklen; Deutsche Volkslieder …) verdanken ihren Ursprung diesen Aufenthalten.

Brahms schreibt an seine „Lebensfrau" Clara Schumann:

„… Ich gehe auch im Sommer nicht wieder aus Österreich hinaus. Ischl muss ich sehr loben und da nur mit einem gedroht wird, dass halb Wien sich hier zusammenfindet, so kann ich ruhig sein – mir ist das ganze nicht zuwider.

Idee und Konzept: Verein Sonare

Musikalische Leitung: Thomas Kerbl

Literarische Leitung: Martin Müller Reisinger

Die CD „Wo die Seele Wellen schlägt" ist als Beschallung am Wanderweg in Traunkirchen zu erleben, im Landesausstellungsshop von Traunkirchen und den anderen Salzkammergutgemeinden zu erwerben oder auf Bestellung unter salzkammergut@sonare.at erhältlich.

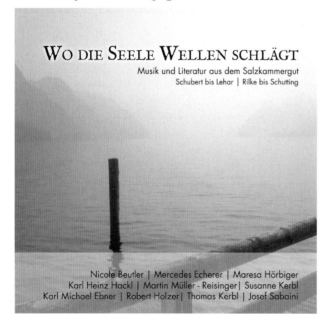

WO DIE SEELE WELLEN SCHLÄGT

Musik und Literatur aus dem Salzkammergut
Schubert bis Lehar | Rilke bis Schutting

Nicole Beutler | Mercedes Echerer | Maresa Hörbiger
Karl Heinz Hackl | Martin Müller - Reisinger | Susanne Kerbl
Karl Michael Ebner | Robert Holzer | Thomas Kerbl | Josef Sabaini

Ich wohne recht behaglich und der nahe Wald ist wie geschaffen für die Komponierspaziergänge am frühen Morgen.

Ansonsten nennt man mich hier Brahms, den Schimphoniker …"

Hugo Wolf, Gustav Mahler, Wilhelm Kienzl, Egon Wellesz, Ernst Krenek, Franz Lehar …: Die Reihe der prominenten Besucher zeugt von der künstlerischen Bindung zum Salzkammergut und von dessen Anziehungskraft.

Einer der ganz Großen, *Arnold Schönberg,* welcher dem Salzkammergut nach antisemitischen Angriffen in Mattsee die Treue gehalten hat, weilte erstmals 1921 am Traunsee, den er in seinen Orchesterstücken op. 16 mit dem Titel *„Sommermorgen am See"* verewigte.

In Traunkirchen fand er freundliche Aufnahme und sagte dem Pfarrer zu, sich um ein Wohltätigkeitskonzert zur Anschaffung neuer Kirchenglocken 1922 zu bemühen. Er schrieb an befreundete Künstler, um sie zur Mitwirkung zu gewinnen.

„… Liebe verehrte Frau Wagner!

Ich bin genötigt, eine Zusage, die ich schon voriges Jahr gegeben habe, einzulösen:

Hier in Traunkirchen zugunsten der Anschaffung neuer Kirchenglocken ein Wohltätigkeits – Konzert zu geben …

Nicht wahr, ich muss nicht Komplimente drechseln, um ihnen zu erklären, was sie ohnedies wissen: dass sie eine ‚große Attraktion' sind und dgl. M. Es wäre mir lieb wenn sie mir zusagen könnten …

Zur Programmfrage:

Sommerfrischen – Wirksames, singend und sagend!"

Von Rainer Maria Rilke bis Julian Schutting, von Franz Schubert bis Franz Lehar spannt sich der große Bogen einer Gemeinsamkeit im Motto „Wo die Seele Wellen schlägt":

„Der großen Liebe zum Salzkammergut".

Am Ziel des Wanderweges in Traunkirchen: Am Johannesberg, einer der ältesten heidnischen Kultstätten Österreichs, wo erstmals 1356 die Johannesbergkapelle erwähnt wurde, begegnet der Wanderer schließlich der literarischen Reflexion von *Barbara Frischmuth* zur Thematik des *„Kreuzweges".*

Dieses Auftragswerk zur Landesausstellung ist ausschließlich in der Johannesberg-Kirche als meditatives Innehalten mit der Zwischenmusik – Klavierzyklus *„Via Crucis"* von *Thomas Kerbl* – zu erleben.

Abgerundet und umrahmt wird die künstlerische Reverenz an das Salzkammergut in Traunkirchen mit einem feierlichen Landesausstellungskonzert, der Aufführung von *Josef Haydns* Oratorium *„Die Jahreszeiten"* am 3. Mai 2008; der feierlichen Eröffnung durch Landeshauptmann Dr. Josef Pühringer am 16. Mai 2008; insgesamt vier Sommerabenden im Salzkammergut mit den prominenten Künstlern der CD-Aufnahmen sowie einem geistlichen Kirchenkonzert zur Thematik Allerheiligen /Allerseelen, als Abschluss der Landesausstellung am 30. Oktober 2008.

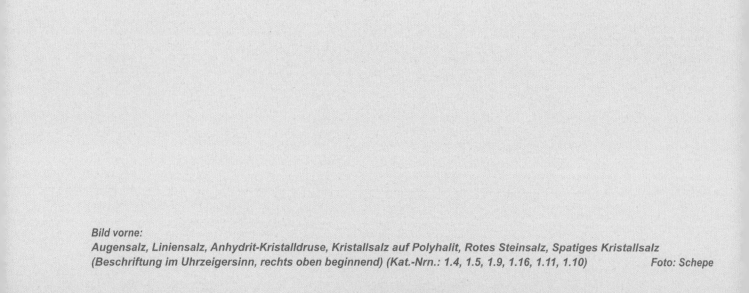

Bild vorne:
Augensalz, Liniensalz, Anhydrit-Kristalldruse, Kristallsalz auf Polyhalit, Rotes Steinsalz, Spatiges Kristallsalz
(Beschriftung im Uhrzeigersinn, rechts oben beginnend) (Kat.-Nrn.: 1.4, 1.5, 1.9, 1.16, 1.11, 1.10)   *Foto: Schepe*

Rundgang durch das Schloss Ort

0. DER ZUGANG

0.1.1 Traun-Panorama

Flusskarte der Traun vom Grundlsee bis zur Mündung in die Donau

Franz Nikolaus Pernlohner. Um 1688/89. Lavierte Federzeichnung. Länge: 22,643 m, Höhe: 38 cm. Linz, OÖ. Landesmuseen, Bibliothek, Inv.-Nr. ac. 115/1872. Reproduktion.

Der Maler und Kartograph Franz Nikolaus Per(n)lohner (Berlohner) stammte aus Passau: Über seine Biographie ist bisher fast nichts bekannt. In den Salzoberamts-Resolutionen 1688, n. 482 (August) werden dem Maler Berlohner für „geometrisches Delinieren und in den Grund Legen" des gesamten Salzkammergutes 500 Gulden angewiesen. Diese Nachricht hat man vermutungsweise mit der vorliegenden Karte in Verbindung gebracht, die 1872 aus so genannten Dublettenbeständen des Joanneums durch den OÖ. Musealverein für die Bibliothek des Landesmuseums Francisco Carolinum erworben wurde.

Eine urkundlich bezeugte Landgerichts- und Wildbannbezirkkarte von 1685 scheint sich dagegen nicht erhalten zu haben.

Ein wahrscheinlicher Nachkomme von Franz Nikolaus Pernlohner, (Joseph) Anton, ist in der ersten Hälfte des 18. Jahrhunderts tätig gewesen: Von ihm stammen eine Ansicht des Schlosses Kammer (1732), eine Mappe der Haager Grenzschanzen (1742/43) und Pläne der Elisabethinen in Linz (1749).

Das Traunpanorama Pernlohners ist allerdings nicht die älteste Gesamtdarstellung des Salzkammergutes: Um 1630 schuf Wolf Hayden das Panorama „Flusslauf der Traun" (Salzburg Museum, Inv.-Nr. CMGA 230/67), und auch ein Panoramagemälde des Attersees vom Anfang des 17. Jahrhunderts hat sich erhalten (Salzburg Museum, Inv.-Nr. 1222-89).

0.1.2 Fotografische Ansichten des heutigen Zustands entlang der Traun

Gesehen von charakteristischen, auch bereits von Pernlohner gewählten Punkten aus.

DORIS – Digitales Oberösterreichisches Raum-Informations-System

1. RAUM: EMPFANG. SALZKRISTALL – SALZMEER

1.1.1 Salzkristallstufe

40 x 40 x 40 cm. Wien. Naturhistorisches Museum

1.2 Buntes Haselgebirge

Fundort: Hallstatt. 9 cm x 11 cm x H. 5 cm. Bad Ischl, Salinen Austria AG

1.3 Gipskristalldruse

Fundort: Altaussee. 20 cm x 10 cm x H. 16 cm. Bad Ischl, Salinen Austria AG

1.4 Augensalz

Fundort: Bad Ischl. 12 cm x 16 cm x H. 21 cm. Bad Ischl, Salinen Austria AG

1.5 Liniensalz

Fundort: Hallstatt. 10 cm x 18 cm x H. 17 cm. Bad Ischl, Salinen Austria AG

1.6 Fasersalz

Fundort: Hallstatt. 10 cm x 11 cm x 11 cm. Bad Ischl, Salinen Austria AG

1.7 Faser-Polyhalit

7 cm x 11 cm x 10 cm. Bad Ischl, Salinen Austria AG

1.8 Blaues Kristallsalz

12 cm x 11 cm x 18 cm. Bad Ischl, Salinen Austria AG

1.9 Anhydrit-Kristalldruse

12,5 cm x 10 cm x 15 cm. Bad Ischl, Salinen Austria AG

1.10 Spatiges Kristallsalz

2,5 cm x 8 cm x 11 cm. Bad Ischl, Salinen Austria AG

1.11 Rotes Steinsalz

7 cm x 8 cm x 14 cm. Bad Ischl, Salinen Austria AG

1.12 Hallstätter Muschelkalk

12 cm x 8 cm x 8 cm. Bad Ischl, Salinen Austria AG

1.13 Blaues Blättersalz

4 cm x 4 cm x 5 cm. Bad Ischl, Salinen Austria AG

1.14 Blaues Kristallsalz auf Polyhalit

5 cm x 10 cm x 12 cm. Bad Ischl, Salinen Austria AG

1.15 Heidengebirge

Fundort: Hallstatt. 13 cm x 14 cm x 14 cm. Bad Ischl, Salinen Austria AG

1.16 Kristallsalz auf Polyhalit

Fundort: Bad Ischl. 10 cm x 8 cm x 12 cm. Bad Ischl, Salinen Austria AG

1.17 Gips (derb)

5 cm x 12 cm x H. 14 cm. Bad Ischl, Salinen Austria AG

Steinsalz (Halit. Chemische Verbindung Natriumchlorid) ist ein häufig vorkommendes Mineral aus der Mineralklasse der einfachen Halogenide. Es kristallisiert im kubischen Kristallsystem und entwickelt meist kubische (würfelförmige) Kristalle und großflächige, körnige bis massige Aggregate. Reiner Halit ist farblos oder bei mikrokristalliner Ausbildung weiß. Durch Einlagerung von Hämatit (Blutstein, Eisenglanz) nehmen die Kristalle eine rote Farbe an, bei Einlagerung von Limonit (Brauneisenerz oder Brauneisenstein) eine gelbe. Durch Beimengungen von Tonmineralen oder Bitumen erscheint Halit grau bis braun. Gitterfehler im Kristallaufbau erzeugen durch Interferenz (Überlagerung durch Beugung der Lichtstrahlen) eine bläuliche Färbung. Unter UV-Licht zeigt Halit eine orangefarbene Fluoreszenz. Halit ist durch chemische Sedimentation aus Meerwasser oder Verdunstung mineralreichen Grundwassers entstanden. Steinsalz ist bis auf relativ geringe Beimengungen anderer Minerale wie vor allem Anhydrit, Sylvin, Gips monomineralisch. In der Erdgeschichte kam es, bedingt durch eine fortwährende Kontinentaldrift, durch Veränderungen der Höhe des Meeresspiegels und des Klimas vor, dass Meeresgebiete oder Salzseen von ihren Zuläufen abgeschnitten und isoliert wurden. Wenn diese vollständig austrockneten, hinterließen sie oftmals kilometerdicke Salzschichten, die durch weitere Sedimentation mit anderen Gesteinen überdeckt und in der Folge teilweise oder vollständig unter die Erdoberfläche versenkt wurden. Der weitaus größte Teil der weltweiten Salzproduktion (etwa zwei Drittel) wird aber nicht durch bergmännische Förderung, sondern in Salinen gewonnen. In Österreich ist als historischer Salzbergbau Hall in Tirol (bis 1967) zu nennen. In Altaussee, Bad Ischl, Hallein und Hallstatt wird bis heute Salz gewonnen. Diese Lagerstätten bestehen aus den Gesteinstypen Kernsalz (Züge mit mindestens 90 Prozent NaCl), Kerngebirge (Kerngebirge mit 70–90 Prozent NaCl), Haselgebirge (mit 10–70 Prozent NaCl) und anhydritische Ton- und Dolomitgesteine (mit 0–10 Prozent NaCl), die wegen des stark wechselnden Salzgehaltes den so genannten Lösungsbergbau erforderlich machen: Dabei wird der steinsalzführende Gesteinsverband mit Wasser gelöst und Sole gewonnen, aus der durch Eindampfen das Salz wieder zurückgewonnen wird. Durch die moderneren Formen des Abbaues werden heute im Gegensatz zu früher die Bergleute in der Regel nicht mehr mit mineralogisch interessanten Funden konfrontiert.

2. RAUM: WARUM HEISST ES UND WAS IST DAS „SALZKAMMERGUT"?
Überblick über „das Kammergut" und seine Geschichte

PRÄHISTORIE

Hallstattzeit
Eine typische Grablege aus dem Hochtal über Hallstatt mit Grabbeigaben

2.1.1 Ringgehänge
L. 12,5 cm. Wien, Naturhistorisches Museum, Prähistorische Abteilung, Inv.-Nr. 25316

2.1.2 Bernsteinring
Dm. 2,8 cm. Wien, Naturhistorisches Museum, Prähistorische Abteilung, Inv.-Nr. 25317

2.1.3 Bernsteinkette (ca. 100 Perlen)
Wien, Naturhistorisches Museum, Prähistorische Abteilung, Inv.-Nr. 25318

2.1.4–2.1.6 Drei Fingerringe aus Bronze
Dm. 2 – 2,3 cm. Wien, Naturhistorisches Museum, Prähistorische Abteilung, Inv.-Nr. 25319

2.1.7–2.1.8 Zwei Brillenfibeln aus Bronze mit Achterschleife
L. 5,8 cm und 7,3 cm. Wien, Naturhistorisches Museum, Prähistorische Abteilung, Inv.-Nr. 25320

2.1.9 Gürtelhaken
L. 3,4 cm. Wien, Naturhistorisches Museum, Prähistorische Abteilung, Inv.-Nr. 25321

2.1.10–11 Zwei gerippte Armreife
Dm. 7,2 cm und 7,5 cm. Wien, Naturhistorisches Museum, Prähistorische Abteilung, Inv.-Nr. 25322
Lit.: Karl Kromer: Das Gräberfeld von Hallstatt, Textband und Tafelband, Florenz: Sansoni 1959, Tafel 88 und Abb. 99
Johann Georg Ramsauer (* 1795, † 1874) glückte im November 1846 durch „Öffnung einer Schottergrube" die Aufdeckung des heute weltbekannten Gräberfeldes. In seinem Grabungsbericht über das bei Karl Kromer (1959) unter der Nummer 51 geführte Grab findet sich folgende Beschreibung: „Am 24ten May in Beisein des Herrn Grafen von Wickenburg mit Herrn Söhnen ein Skelet aufgedeckt, lag 2 Fuß tief in Erde auf Schotter gelegen und Steine bedeckt, 4 Fuß 3 Zoll grohs, Lage von west nach Osten, Körper gestreckt, Hände am Bauche. Antiken N. 1523. An der Brust ein zierlicher Bronzring mit Stiel und Öhr, N. 1524 am Halse ein Bernsternring und Bernsteinkoralen, N. 1525 Drey gewundene Fingerringe, N. 1526 2 Spiralheftl und eine Gürtelschlühse, N. 1527 An jeden Arm einen gerippten Bronzring, dann neben dem Skelet mehrere gebrochene Thontöpfe."

ALTERTUM – RÖMISCHE EPOCHE

2.2.1 Buch mit Zeichnung „Römische Inschrift"
Bezeichnet: „Gez. Anton Gschendner Buchschr.". H. 32 cm, B. 25 cm. Bad Ischl, Museum der Stadt Bad Ischl
Obwohl im Hallstätter Salzbergrevier bis heute keine römischen Funde zum Vorschein gekommen sind, kann man die Fortführung des seit urgeschichtlicher Zeit blühenden Salzbergbaues als gegeben annehmen. Die Handschrift zeigt in ihrer Tafel Nr. II einen „Römerstein", dessen Anbringung am Kirchturm in Bad Ischl bereits seit der Zeit um 1500 bezeugt ist. Die Inschrift dieses aus dem 3. / 4. Jahrhundert nach Christus stammenden Grabsteines lautet: „D(is) M(anibus) / Romanus / Materni / f(ilius) vivus si(bi) / e(t) Romanae / Argento- / -niae

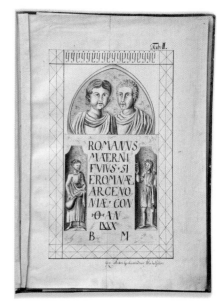

2.2.1   *Foto: Schepe*

con(iugi) / o(bitae) an(norum) / LXXX / B(ene) m(eritae)" (in deutscher Übersetzung: „Den Geistern der Verstorbenen (setzt) Romanus, Sohn des Maternus, zu seinen Lebzeiten (einen Grabstein) für sich und seine Gattin Argentonia Romana, die im Alter von achtzig Jahren starb und diesen wirklich verdient hat."

2.2.2–19 Römische Fundmünzen aus dem Salzkammergut
Die ersten, derzeit jedoch noch ganz spärlichen Hinweise auf die Verwendung von Münzgeld im Gebiet des heutigen Salzkammergutes gehen bis in spätkeltische Zeit zurück. Im Gegensatz zu anderen oberösterreichischen Fundorten im Zentralraum und im heutigen Innviertel ist keltisches Geld im Raum Hallstatt derzeit in nur ganz vereinzelten (und zudem nicht gut dokumentierten) Stücken nachweisbar. Erst in römischer Zeit können wir auch für das nachmalige Salzkammergut mit Sicherheit einen regulären Geldumlauf annehmen, wie sowohl Schatzfunde als auch Streufundmaterial belegen. Erstere sind durch den 1950 gehobenen, 229 Stücke umfassenden Fund von Seewalchen vertreten, der neben mehr als 200 Denaren auch einige Schmuckstücke enthielt und im 2. Viertel des 3. Jahrhunderts verborgen wurde. Etwas jünger, um oder nach der Mitte des 3. Jahrhunderts, dürfte ein weiteres, etwa 400 Münzen umfassendes Ensemble gewesen sein, das 1760 entdeckt wurde, heute verloren ist und sich daher einer näheren Beurteilung entzieht. Bereits aus

spätrömischer Zeit stammt schließlich der nach 318 verborgene Fund von 106 Folles aus der Zeit Constantinus I. aus Hallstatt. Ein viertes, ebenfalls aus Hallstatt stammendes und leider bis auf das Fundjahr 1882 gänzlich undokumentiertes Fundensemble befindet sich in den OÖ. Landesmuseen. Es handelt sich um eine Gruppe von dreizehn ptolemäischen Kupferstücken (vgl. unten), die zwar im vorrömischen Ägypten entstanden, jedoch aller Wahrscheinlichkeit nach erst in römischer Zeit an ihren Verbergungsort gelangten.

Neben den Schatzfunden gibt uns der Streumünzniederschlag eine ungefähre Vorstellung vom historischen Geldumlauf. Die hier gezeigten Stücke entstammen verschiedenen Zeiten zwischen dem ersten nachchristlichen Jahrhundert und dem Frühmittelalter und sind jeweils Bestandteil des – sich wandelnden – römischen Münzsystems. [B. P.]

2.2.2 Nerva (96–98). Sesterz, 96

Münzstätte Rom (RIC 57). Linz, OÖ. Landesmuseen. Lit.: Andreas Markl: Oberösterreichische Fundmünzen / Fundstättenweise in alphabetischer Ordnung beschrieben, Linz Verlag des Vereines Museum Francisco Carolinum 1898, Nr. 718
Der vor 1898 getätigte Streufund aus Gmunden stellt eine der bemerkenswertesten römischen Fundmünzen des Landes dar. Er zeigt zum einen auf der Rückseite die Szene des congiarium mit dem auf einer Estrade sitzenden Kaiser, dem die Bürger beteilenden Beamten und den Statuen der Minerva und der Liberalitas im Hintergrund. Zum anderen weist das Stück auf beiden Seiten eine – offenbar antike – Vergoldung auf, es dürfte also bereits in römischer Zeit in Sekundärverwendung als Schmuck gedient haben.

2.2.3 Hadrianus (117–138). Sesterz, 119/121

Münzstätte Rom (RIC 582b). Linz, OÖ. Landesmuseen. Lit: Markl (1898) Nr. 011
Auch dieses Stück wurde bereits vor 1898, und zwar im Bereich des „Heiderbauerhauses" in Pinsdorf gefunden. Auch Kaiser Hadrian ließ wie sein Vorvorgänger Nerva auf die Rückseite die „imagefördernde" Wiedergabe einer Spendenszene setzen, die nun jedoch als liberalitas augusti bezeichnet wird und damit unmittelbar die Großzügigkeit des Kaisers betont. [B. P.]

2.2.4 Diocletianus (284–305). Follis, um 295

Münzstätte Siscia (RIC 85a). Linz, OÖ. Landesmuseen
Lit.: Markl (1898) Nr. 4.
Unter Diocletianus und seinem Co-Augustus Maximianus I. Herculius kam es in einer grundlegenden Münzreform zur Beseitigung der vorhergegangenen Inflationsperiode, in deren Rahmen wiederum größere Buntmetallstücke eingeführt wurden. Die erneut einsetzende Inflation zwang jedoch rasch zu einer Verkleinerung dieser Stücke, was zur Folge hat, dass die frühen Prägungen wie die vorliegende, sich nicht allzu häufig im Fundniederschlag nachweisen lassen. Unser Stück zeigt auch in der vorzüglichen Erhaltung, dass es nicht lange im Umlauf gewesen sein kann. Der nun bereits ganz spätantik aufgefassten Kaiserbüste steht auf der Rückseite der Genius des römischen Volkes gegenüber, der durch das Attribut eines Füllhorns Wohlstand und durch den Opfergestus mit einer Patera Pietas signalisiert. [B. P.]

2.2.5–2.2.6 Zwei byzantinische Folles

Romanus I., Follis, Constantinopolis, 931/944, und anonymer Follis, Klasse A1, um 969/976. Linz, OÖ. Landesmuseen
Lit: –
Im späteren 4. Jahrhundert brach die Zufuhr neuen Geldes aus den Münzämtern des Imperium Romanum jählings ab und der Umlauf römischen Geldes dürfte in verhältnismäßig kurzer Zeit zusammengebrochen sein. Bis zum Wiedereinsetzen des in unserem Gebiet erst im 12. Jahrhundert reguläre Formen annehmenden mittelalterlichen Geldverkehrs kennen wir nur ganz vereinzelte Fundbelege byzantinischer Münzen, zu denen die beiden hier gezeigten Folles aus Hallstatt gehören. [B. P.]

2.2.7–2.2.19 Ptolemäische Erzmünzen

Schatzfund oder -fundteil. Linz, OÖ. Landesmuseen
Lit: –
Die dreizehn im Jahr 1882 in Hallstatt gefundenen ägyptischen Münzen sind aufgrund ihrer einheitlichen Patina mit hoher Wahrscheinlichkeit als Schatzfund oder Teil eines solchen anzusprechen. Soweit im derzeitigen, unrestaurierten Zustand erkennbar, handelt es sich um Gepräge aus der Regierungszeit Ptolemaios IX. Soter II. (116–81 v. Chr.), die den Kopf des Zeus Ammon im Avers und zwei Adler im Revers zeigen. Man darf annehmen, dass diese Stücke erst in römischer Zeit, vielleicht gemeinsam mit römischen Geprägen, nach Hallstatt gelangten. [B. P.]

MITTELALTER

2.2.20 Urkunde der Königin Elisabeth vom 21. Jänner 1311 (Bruck im Aargau)

Pergament. H. 19,1 cm, B. 32,2 cm. Anhängendes Siegel (beschädigt). Linz, OÖ. Landesarchiv, Hallstatt Bergmeisteramt, Urkundensammlung Nr. 2
Elisabeth von Kärnten, Görz und Tirol (* München 1262/63, † Wien 28. 10. 1313) war durch ihre Heirat mit König Albrecht I. von Habsburg (* 1255, † 1308) Herzogin von Österreich und der Steiermark und ab 1298 römisch-deutsche Königin. Sie ist die Stammmutter aller Habsburger, setzte sich nach der Ermordung ihres Gemahls 1308 mit Nachdruck für die Bestrafung von dessen Mördern ein und bestimmte vorübergehend die Politik der Habsburger. In diese Phase ihres Lebens fiel auch die in dieser Urkunde bezeugte Entscheidung, den Bürgern von Hallstatt dieselben Rechte, wie sie die Bürger Lauffens, Gmundens und anderer Städte des Landes ob der Enns hatten, zu verleihen. Gleichzeitig verlieh sie 12 Bürgern Pfannhausstätten zu Hallstatt. Eine von Gilg Sesselschreiber entworfene Skulptur der Königin Elisabeth in Innsbruck schmückt das Grabmal Kaiser Maximilians in Innsbruck, als dessen Aufstellungsort der Kaiser ursprünglich den Falkenstein hoch über dem Wolfgangsee geplant hatte.

2.2.21 Ablassbrief für die Pfarrkirche von Hallstatt vom 12. Dezember 1500

Pergament. H. 47 cm, B. 78 cm. Unterzeichnet von 4 Bischöfen und 28 Kardinälen. Hallstatt, Römisch-Katholisches Pfarramt, Pfarrarchiv – Urkunde Nr. 9
Im Archiv der römisch-katholischen Pfarre Hallstatt hat sich eine Reihe mittelalterlicher Urkunden erhalten, die sich auf die Pfarrkirche Hallstatt bzw. die beim großen Marktbrand 1750 zerstörten Gebäude der Hofkapelle und der Spitalskapelle zum heiligen Laurentius beziehen: Ein Ablassbrief des Papstes Bonifaz IX. für die Hofkapelle zu Hallstatt vom 8. November 1390, ein Stiftsbrief des Georg Hybeckh für die Frauenkirche zu Hallstatt vom 16. Juni 1402, ein Ablassbrief des Erzbischofs Johann II. von Reisberg für die Hofkapelle zu Hallstatt vom 2. April 1435 sowie ein solcher für „U. L. Frauen Gottshaus zu Hallstatt und St. Laurenzkapelle in Spital" aus dem Jahr 1448, ein Stiftsbrief des Hallstätter Bürgers Hans Kreuzer für „U. L. Frauengotteshaus allhier" vom 9. November 1480, ein Ablassbrief für die Filialkirche Hallstatt vom 4. April 1488, eine Rekonziliations-

Foto: Schepe

urkunde und ein Ablassbrief für die Hofkapelle zu Hallstatt von Nikolaus, Weihbischof von Passau, vom 17. Oktober 1495, ein Ablassbrief für die Pfarrkirche von Hallstatt vom 4. April 1505, eine Jahrtagsstiftung des Wolfgang Salfelder für „U. L. Frauenkirche" in Hallstatt vom Jänner 1508 und ein Stiftsbrief der Hallstätter Bürger Gebrüder Veldhan vom 29. September 1521.

Der vorliegende Ablassbrief für die Pfarrkirche von Hallstatt, den 28 Kardinäle und vier Bischöfe unterzeichnet haben, stammt vom 12. Dezember 1500. Zu diesem Zeitpunkt war Bernhard von Polheim († 1504), Administrator des Bistums Wien, Pfarrer von Traunkirchen und, als zugehörender Filiale, Hallstatt. Nachdem eine Vergrößerung der Pfarrkirche Hallstatt und die anschließende Weihe durch den Passauer Weihbischof Herman für das Jahr 1320 bezeugt sind, wurde an der Wende vom 15. zum 16. Jahrhundert an der Hallstätter Pfarrkirche wieder gebaut und in den Jahren 1510/15 wurde diese mit dem bis heute bestehenden Doppelflügelaltar ausgestattet, der in der in Gmunden zu lokalisierenden Werkstatt des Lienhard Astl entstanden ist.

NEUZEIT

2.3.1 Stadtrichterschwert. Gmunden, 1619

L. 109,5 cm, Klinge: 86 cm. Schauvitrine aus dem 19. Jahrhundert (?) erhalten. Gmunden, Kammerhofmuseum

Lit.: F. Krackowizer: Geschichte der Stadt Gmunden in Ober-Oesterreich, 1. Band Gmunden 1898, S. 278 und 279 (mit Abb.). G. Wacha: Stadtrichterschwerter und Richterstäbe in Oberösterreich. In: OÖ. Hmtbl. Jg. 38 (1994), H. 3, S. 209–214

Der Schwertgriff des Gmundener Stadtrichterschwertes trägt am oberen Ende einen vergoldeten eiförmigen Knauf, welcher mit den Bildnissen zweier Römer in Treibarbeit geziert ist. Von ihm ziehen vier schmale Goldspangen auf schwarzem Samtgrund gegen die gleichfalls vergoldete und reich verzierte Kreuzstange herab. Der obere der Beschläge der Schwertscheide zeigt auf der einen Seite vier allegorische Figuren, auf der anderen das Stadtwappen mit der gravierten Umschrift: „Der Stadt Gmunden Gerichtsschwert Anno 1613." Der untere Beschlag zeigt einen römischen Krieger in voller Ausrüstung sowie das Wappen Abraham Fehrers mit der Umschrift: „Abraham Fehrer, Stadtrichter zu Gmunden, machen lassen, 1613." Mit Ausnahme der Klinge sind laut der erhaltenen Rechnung, die sich auf 28 Gulden 8 Pfennige belief, sämtliche Metallbestandteile aus Silber, das vergoldet wurde. Das vom Stadtrichter Abraham Fehrer in Auftrag gegebene Gerichtsschwert wurde von Lazarus Vischer in Gmunden angefertigt.

2.3.2 Portrait von Franz Josef Fürst von Lamberg (1637–1712)

Noch nicht identifizierter Künstler. Öl auf Leinwand. H. 210 cm, B. 150 cm. Privatbesitz

Franz Josef Graf von Lamberg (* 29. 10. 1637, † 1. 11. 1712) wurde als eines von zehn Kindern von Johann Maximilian von Lamberg

(* 28. 11 1608, † 12. 12. 1682) und Judith Rebecca Gräfin von Wrbna geboren. Die Familie erreichte im 17. und 18. Jahrhundert bedeutenden politischen Einfluss. Der Vater Johann Maximilian von Lamberg hat den Friedensvertrag von Osnabrück mitunterzeichnet und wurde 1658 kaiserlicher Botschafter in Spanien, 1664 Ritter des Ordens vom Goldenen Vließ, 1673 kaiserlicher Oberstkämmerer und 1675 Erblandkämmerer in Österreich ob der Enns. Der Bruder Kardinal (seit 1700) Johann Philipp von Lamberg (* 25. 5. 1651, † 30. 10. 1712) war von 1689 bis 1712 Fürstbischof von Passau und auch Johann Dominik (* 1680, † 1761), der Sohn von Franz Josef Graf von Lamberg, wurde Fürstbischof von Passau (1723–1761) (seit 1738 Kardinal). Durch seinen ältesten Sohn, Leopold Matthias (* 1667, † 1711) erlangte die Familie – für den jeweiligen Majoratsinhaber – die Fürstenwürde (1. 11. 1707).

Franz Josef Graf von Lamberg, Herr der Herrschaften Steyr und Kitzbühel, ehelichte 1663 Anna Maria Gräfin von Trauttmansdorff. In diesem Jahr erlangte er die Würde eines Reichshofrates, 1686 das Erbtruchsessenamt in Salzburg, von 1686 bis zu seinem Tod war er Landeshauptmann und ab 1690 auch Obrist-Erblandkämmerer in Österreich ob der Enns, 1704 wurde er Rat der Geheimen Konferenz des Kaisers und nach dem Tod seines ältesten Sohnes 1711 Fürst. 1687 führte er Renovierungsarbeiten am Schloss in Steyr durch und ließ dieses mit Fresken von Anton Galliardi und Karl von Reslfeld schmücken. 1694 hatten sich die oberösterreichischen Landstände um den Vertrieb des Salzes im Lande und nach Böhmen beworben. Landeshauptmann Franz Josef von Lamberg machte dem Hofkammerpräsidenten Leopold Karl Kardinal von Kollonitsch (* 1631, † 1707) den Vorschlag, gleich in Gmunden das Salz in Fässer einzuschlagen und so nach Böhmen zu schicken: Dadurch bliebe das Nachfüllen erspart, das nur zur Bereicherung der Bediensteten in den Ladstätten diene. Der Salzlieferungsvertrag mit den Ständen wurde erst 1705 geschlossen. Erst durch diesen Vertragsschluss kam es zur Umsetzung des genannten Vorschlages. 1695 erließ Landeshauptmann Franz Josef von Lamberg ein scharfes Patent gegen den Salzschmuggel. Von 1699 bis 1709 pachtete er die Jagd in der Herrschaft Ort, die dem Kaiser gehörte. Franz Josef Graf Lamberg wurde in der Familiengruft der Stadtpfarrkirche Steyr begraben. Das möglicherweise posthume Gemälde zeigt Franz Josef Graf von Lamberg als Landeshauptmann, geschmückt mit dem Orden des Goldenen Vließes, der ihm am 17. März 1694 von König Karl II. von Spanien (* 1661, † 1700) verliehen worden war. Es erinnert an die repräsentative Hofkunst des Johann Gottfried Auerbach.

2.3.3 Rosenkranzbild. Um 1515/1520

Tafelgemälde, H. 138 cm, B. 104 cm. Zell am Moos, Römisch-Katholische Pfarre

Das Rosenkranzbild zeigt die Muttergottes vor einer hügeligen Seenlandschaft, die wahrscheinlich das Salzkammergut oder das Mondsee- oder St. Wolfgang-Land zum Vorbild hat. Die Darstellung der Landschaft ist reizvoll umrahmt von einem Rosenkranz mit 15 Bildmedaillons sowie von den Portraits der vier Kirchenväter Ambrosius, Augustinus, Gregor der Große und Hieronymus sowie den Symbolen der Evangelisten Matthäus, Markus, Lukas und Johannes. Die Rosenkranzverehrung erfuhr einen mächtigen Impuls, als im Jahr 1475 die Dominikaner in Köln Maria zur Königin des Rosenkranzes erklärten. „Rosenkranzbruderschaften" in ganz Europa bemühten sich um die Verbreitung des Rosenkranzgebetes. Kaiser Friedrich III., seine Gemahlin Eleonore von Portugal und sein Sohn, der spätere Kaiser Maximilian I., gehörten der ersten urkundlich bezeugten und in der Folge größten deutschen Rosenkranzbruderschaft an. Diese Rosenkranzfrömmigkeit fand selbstverständlich auch ihren Niederschlag in der Kunst: Albrecht Dürer schuf sein „Rosenkranzbild" (1506) für den Altar der deutschen Gemeinde in der Kirche S. Bartolomeo in Venedig und Markgraf Friedrich von Brandenburg stiftete um 1515/1517 ein „Rosenkranzbild" für den Dom in Bamberg. Kaiser Maximilan I. war es auch, der als Zeichen einer persönlichen Verbundenheit den Mondseer Abt Wolfgang Haberl als „seinen Mönch" titulierte. Wolfgang Haberl (Abt 1499–1521) war seit der Gründung des Benediktinerklosters Mondsee im Jahr 748 durch den bayrischen Herzog Odilo der erste Abt, der aus dem Mondseeland gebürtig war: Er stammte vom „Haberlgut" in der Ortschaft Lindau (Nr. 16), die bis heute zur Pfarre und Gemeinde Zell am Moos gehört. Seine geistige Haltung war vom erstarkenden Humanismus geprägt und er führte auch einen Humanistennamen („Herbelinus"). Mit bedeutenden Zeitgenossen wie Johannes Cuspinian, Johannes Aventinus, Caspar Bruschius und dem Salzburger Erzbischof Leonhard von Keutschach stand er in Kontakt und begann selbst mit der Abfassung einer Hausgeschichte. Im Jahr 1514 gründete Abt Wolfgang Haberl das erste oberösterreichische Stiftsgymnasium, das erst mit der Aufhebung des Klosters 1791 sei-

ne Pforten schließen musste. Er vollendete den hundertjährigen Kirchenbau in St. Wolfgang und begann, das Pilgerhaus in St. Wolfgang im Sinne der Auflagen der Visitation von 1451 als Konventsgebäude neu zu gestalten. Abt Haberl war auch Bauherr der nicht mehr bestehenden Friedhofskapelle in Mondsee und der Kapelle „Hohes Kreuz", die sich auf der Straße nach Zell am Moos befindet. Er stiftete den vom Passauer Stadtbüchsenmeister Rännacher aus Glockenmetall gegossenen, künstlerisch erstrangigen Pilgerbrunnen in St. Wolfgang und Glocken für die Stiftskirche Mondsee sowie die Wallfahrtskirche in St. Wolfgang, eine „Michaelsglocke" und eine „Annaglocke". In seinem Schreiben vom 26. März 1506 an Wolfgang von Polheim trägt Kaiser Maximilian I. seinem Landeshauptmann auf, von nun an den Abt des Klosters Mondsee Wolfgang Haberl zu den obderennsischen Landtagen einzuladen. Durch den Kölner Spruch vom 30. Juli 1505 und als Resultat des Bayerischen (Landshuter) Erbfolgekrieges waren das „Mondsee- und St. Wolfgangland" von Bayern an Österreich ob der Enns gekommen. Zur Zeit Abt Haberls seiner Zeit wurde die Wallfahrt nach St. Wolfgang nur von Rom, Aachen und Einsiedeln an Beliebtheit übertroffen. Kaiser Maximilian schätzte die Wallfahrt von St. Wolfgang so hoch ein, dass er plante, am Falkenstein sein Grabmal zu errichten. Im Hofkammerarchiv von Wien ist vom „Grab und dem Begraebnus in Mansee" die Rede. Nach einer Intervention des Salzburger Erzbischofes beim Mondseer Abt kam dieses Vorhaben aber schließlich nicht zustande. Das Wappen des Abtes Wolfgang Haberl zieren die Anfangsbuchstaben seines Wahlspruches: „AMAD" für „Auxilium meum a Domino – Alle Hilfe kommt vom Herrn". Der Abt starb am 21. Oktober 1521 an der Pest. Während der Amtszeit von Abt Haberl ist auch eine besondere Blüte der Wallfahrt nach St. Wolfgang bezeugt, deren Bedeutung zeitgenössischen Aussagen zufolge damals nur von Rom, Aachen und Einsiedeln übertroffen wurde.

Zu den bis heute ungelösten Fragen gehört die nach der Persönlichkeit des Künstlers des Rosenkranzbildes. Erschwert wird die Beantwortung diese Frage auch durch eine spätere Übermalung dieses Bildes. So ist auch nicht gesichert, dass die Jahreszahl im Medaillon mit dem auferstanden Christus (am Sarkophag: „1615" anstelle von ursprünglich wohl „1515") tatsächlich die genaue Datierung mitteilt. Stilistisch ist ein enger Zusammenhang mit der Kunst Michael Pachers und dem Stil der so genannten Donauschule gegeben. Man hat

versucht, Ulrich Bocksberger, den Maler der Tafelbilder des Hochaltars von St. Blasius in Abtenau, als Urheber namhaft zu machen. Zur angenommenen Entstehungszeit des Rosenkranzbildes, und zwar innerhalb des Zeitraums von 1514 bis 1517, ist die Anwesenheit von Wolf Huber in Mondsee bezeugt.

2.3.4 Johann Steiner: „Der Reisegefährte durch die Oesterreichische Schweitz oder das ob der ennsische Salzkammergut". Reiseführer aus dem Jahr 1820

Untertitel „In historisch, geographisch, statistisch, kameralisch und pitoresker Ansicht. Ein Taschenbuch zur geseeligen Begleitung in diesen Gegenden / von Johann Steiner, kaiserl. königl. Forstbeamten zu Mondsee. Buchhandlung Joseph Fink. Linz 1820".

Privatbesitz

Johann Steiner, k. k. Forstbeamter in Werfen, gab bei der Buchhandlung und Buchbinderei Joseph Fink in Linz einen Reiseführer mit dem prägenden Titel „Der Reisegefährte durch die österreichische Schweitz oder das ob der ennsische Salzkammergut" heraus. Er entsprach damit einer seit der Zeit der Romantik öfter zu beobachtenden Tendenz, für eine ansprechende, oft hügelige Berglandschaft die überhöhende Bezeichnung bzw. den Zusatz „Schweiz" zu gebrauchen (Weltweit werden heute mehr als „190" Schweizen gezählt). Diese Mode seiner Zeit war auch Anlass für das Spottwort Theodor Fontanes: „Die Schweizen werden jetzt immer kleiner."

ERSTER WELTKRIEG

2.4.1 „An meine Völker". Ischl, 28. Juli 1914

Zentraldruckerei Linz. In Bad Ischl unterzeichnetes Kriegsmanifest Kaiser Franz Josephs I. Druck auf Papier. H. 82 cm, B. 61,5 cm. Linz, OÖ. Landesarchiv, Kriegssammlung 1914–1918, Schachtel 1. Reproduktion

Nachdem Kaiser Franz Joseph I. wie jedes Jahr – am 26. Juni 1914 seine Sommerfrische in Bad Ischl angetreten hatte, erreichte ihn dort zwei Tage später die Nachricht, dass der Thronfolger Franz Ferdinand und seine Gemahlin Sophie von Hohenberg in Sarajewo ermordet worden seien. Am 29. Juni reiste der Kaiser daher zum Begräbnis des Thronfolgers ab und kehrte am 7. Juli in Begleitung der Minister Berchtold, Bilinski, Burian, Heinold, Krobatin, des Gesandten Czernin und Erzherzog Friedrichs wieder nach Ischl zurück. Am 28. Juli 1914 genehmigte

Franz Joseph I. in seinem Arbeitszimmer in der Kaiservilla die österreichisch-ungarische Kriegserklärung an Serbien und unterzeichnete das Manifest „An meine Völker". Am 30. Juli 1914 verließ er seine Sommerresidenz, um, bedingt durch den Ausbruch des Ersten Weltkrieges, nie wieder ins Salzkammergut zurückzukehren.

ZWISCHENKRIEGSZEIT

Notgeld aus dem Salzkammergut (1919/20)

2.5.1 Altmünster: 20 Heller
Linz, OÖ. Landesmuseen, Notgeldsammlung

2.5.2 Attersee: 50 Heller
Linz, OÖ. Landesmuseen, Notgeldsammlung

2.5.3 Bad Ischl: 20 Heller
Linz, OÖ. Landesmuseen, Notgeldsammlung

2.5.4 Berg im Attergau: 50 Heller
Linz, OÖ. Landesmuseen, Notgeldsammlung

2.5.5 Ebensee: 10 Heller
Linz, OÖ. Landesmuseen, Notgeldsammlung

2.5.6 Ebensee: 20 Heller
Linz, OÖ. Landesmuseen, Notgeldsammlung

2.5.7 Ebensee: 50 Heller
Linz, OÖ. Landesmuseen, Notgeldsammlung

2.5.8 Gmunden: 5 Heller
Linz, OÖ. Landesmuseen, Notgeldsammlung

2.5.9 Gmunden: 10 Heller
Linz, OÖ. Landesmuseen, Notgeldsammlung

2.5.10 Gmunden: 20 Heller
Linz, OÖ. Landesmuseen, Notgeldsammlung

2.5.11 Gmunden: 50 Heller
Linz, OÖ. Landesmuseen, Notgeldsammlung

2.5.12 Gmunden (Kurstadt): 50 Heller
Linz, OÖ. Landesmuseen, Notgeldsammlung

2.5.13 Bad Goisern: 50 Heller
Linz, OÖ. Landesmuseen, Notgeldsammlung

2.5.14 Grünau: 80 Heller
Linz, OÖ. Landesmuseen, Notgeldsammlung

2.5.15 Gschwandt: 50 Heller
Linz, OÖ. Landesmuseen, Notgeldsammlung

2.5.16 Hallstatt: 20 Heller
Linz, OÖ. Landesmuseen, Notgeldsammlung

2.5.17 Innerschwandt: 50 Heller
Linz, OÖ. Landesmuseen, Notgeldsammlung

2.5.18 Kirchham: 30 Heller
Linz, OÖ. Landesmuseen, Notgeldsammlung

2.5.19 Laakirchen: 20 Heller
Linz, OÖ. Landesmuseen, Notgeldsammlung

2.5.20 Nussdorf: 10 Heller
Linz, OÖ. Landesmuseen, Notgeldsammlung

2.5.21 Nussdorf: 50 Heller
Linz, OÖ. Landesmuseen, Notgeldsammlung

2.5.22 Ohlsdorf: 20 Heller
Linz, OÖ. Landesmuseen, Notgeldsammlung

2.5.23 Pinsdorf: 50 Heller
Linz, OÖ. Landesmuseen, Notgeldsammlung

2.5.24 Schörfling: 50 Heller
Linz, OÖ. Landesmuseen, Notgeldsammlung

2.5.25 St. Lorenz: 20 Heller
Linz, OÖ. Landesmuseen, Notgeldsammlung

2.5.26 St. Wolfgang: 10 Heller
Linz, OÖ. Landesmuseen, Notgeldsammlung

2.5.27 Seewalchen: 20 Heller
Linz, OÖ. Landesmuseen, Notgeldsammlung

2.5.28 Seewalchen: 30 Heller
Linz, OÖ. Landesmuseen, Notgeldsammlung

2.5.29 Seewalchen: 50 Heller
Linz, OÖ. Landesmuseen, Notgeldsammlung

2.5.30 Traunkirchen: 10 Heller
Linz, OÖ. Landesmuseen, Notgeldsammlung
Der schwierigen wirtschaftlichen Situation und dem inflationären Verfall der Kronenwährung nach dem Ende des Ersten Weltkrieges verdanken wir das Phänomen der „Notgeldscheine", die in den Jahren 1919/21 vor allem von den Gemeinden ausgegeben wurden. Anfangs zur Deckung des Kleingeldmangels bestimmt, wandelte sich das Notgeld bald zu einem beliebten Sammelobjekt, sodass in der Folge die Emittenten zum Teil nur mehr für die Sammlerschaft bestimmte Serien herstellen ließen. Kulturhistorisch betrachtet, stellen diese Notgeld-Emissionen auch ein Spiegelbild des ikonographischen wie künstlerischen Selbstverständnisses einer Region in dieser Epoche dar. Die Motive der Notgeldscheine wurden teils von lokalen Dilettanten, teils aber auch von bis heute renommierten Künstlern entworfen und meist von heimischen Druckereien – im Salzkammergut vor allem durch Emil Prietzel in Steyr und durch die Salzkammergutdruckerei in Gmunden – hergestellt. Eine Untersuchung zur Ikonographie des Notgeldes im Salzkammergut bietet der Beitrag von Dr. Bernhard Prokisch in diesem Katalogband.

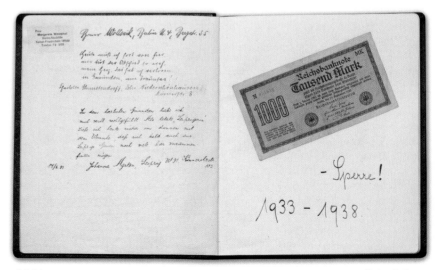

2.5.31

Foto: Schepe

2.5.31 Gästebuch mit Eintrag zur „Tausend-Mark-Sperre (1933–1936)"

Gästebuch der Scherl-Mer-Reisen Berlin–Gmunden aus der Saison 1933 mit einem farbigen Frontispiz (Darstellungen des Seeschlosses Ort sowie des Cafés Grellinger in Gmunden) von „Tony" Jedinger sowie mit einer Doppelseite zur Verhängung der so genannten Tausend-Mark-Sperre.

22,5 cm x 26,5 cm. Privatbesitz

Dieses Gästebuch eines Berliner Reiseunternehmens für das Gmundener Traditions-Café Grellinger belegt die Tausend-Mark-Sperre, die am 27. Mai 1933 durch das nationalsozialistische Deutschland über Österreich verhängt wurde. Auslöser der Maßnahme war die Ausweisung des bayerischen Justizministers Hans Frank aus Österreich. Ziele dieser Sanktionsmaßnahme – deutsche Staatsbürger mussten fortan vor Antritt einer Reise nach Österreich eine Gebühr von 1000 Reichsmark zahlen – waren die Schwächung des Tourismus als einer wesentlichen Stütze der damaligen österreichischen Wirtschaft und dadurch auch eine politische Destabilisierung, in deren Rahmen man den Sturz der Regierung von Bundeskanzler Engelbert Dollfuß herbeiführen sollte.

Die Maßnahme erwies sich als wirksam und die Nächtigungszahlen sanken von 19,9 Millionen im Jahr 1932 auf 15,9 Millionen im Jahr 1934. Es gab viele Regionen Österreichs (etwa Tirol), die noch stärker als das Salzkammergut getroffen wurden. Die Sperre wurde erst als Konzession für die erzwungene Unterzeichnung des „Juliabkommens" zwischen dem Deutschen Reich und Österreich am 11. Juli 1936 wieder aufgehoben.

NS-ZEIT

2.6.1 Fotomontage: „Hitler am Traunsee"

Ansichtskarte. Ebensee, Zeitgeschichtemuseum. Reproduktion

Nach der Okkupation Österreichs durch das nationalsozialistische Deutschland fuhr Adolf Hitler am 13. März 1938 über Braunau nach Linz, wo er zwei Tage blieb. Am 4. Juni 1938 kam es im Rahmen eines Übernahmeaktes in Bad Aussee zur „Wiedervereinigung" des steirischen und des oberösterreichischen Salzkammerguts. Obwohl oder gerade weil der Hitler persönlich nie ins Salzkammergut gekommen ist, hat – wohl bald nach dem Anschluss – ein Fotograf sich entschlossen, den „Führer" im Rahmen einer Fotomontage vor eine „urösterreichische" oder damals besser „urgermanische" Natur- und Sommerfrischekulisse, nämlich die des Traunsees, zu stellen.

2.6.1   *Foto: Schepe*

3. RAUM: DER SALZBERGBAU

3.1.1 Modell des Salzbergbaues Hallstatt (Groß), 1826

Johann Georg Ramsauer (1795–1874).
Korpus: Holzkasten mit Einschubfächern.
L. 85 cm, B. 35,4 cm, H. 48,9 cm. Linz, OÖ. Landesmuseen, Geologische Sammlung, Inv.-Nr. 40 / 1865
Lit.: Bernhard Gruber: Johann Georg Ramsauer 1795–1874. Bergmeister, Sammler, Forscher. Blickpunkte Oberösterreich. Kulturzeitschrift Jg. 45 (1995), H. 2, S. 20–21

Johann Georg Ramsauer (* 1795, † 1874) war Bergwerksbeamter aus Hallstatt, der 1846 das eisenzeitliche Gräberfeld in Hallstatt entdeckte und dort erste Ausgrabungen durchführte. Der 1795 in Hallstatt geborene Ramsauer trat mit dreizehn Jahren als „Manipulationszögling" in den Dienst des Salzbergbaues und stieg rasch auf. Bereits im Alter von 36 Jahren wurde er Bergmeister in Hallstatt. Sein besonderer Verdienst ist eine akribische Dokumentation der Funde, wobei der Bergmann Isidor Engl die Skizzen anfertigte. Zwischen 1846 und 1863 konnte Ramsauer 980 Gräber öffnen und beinahe 19.500 Objekte bergen. Die volle Anerkennung blieb ihm verwehrt: So wurde 1859 sein Gesuch an Kaiser Franz Joseph I. um Drucklegung der Grabungsprotokolle abgelehnt. 1863 trat er in den Ruhestand, seinen Lebensabend verbrachte er in Linz. Johann Georg Ramsauer war insgesamt dreimal verheiratet und Vater von 22 Kindern.

Johann Georg Ramsauer, der selbst ein guter Zeichner war, fertigte nicht nur eine aquarellierte Karte der Landschaft vom Hallstätter- bis zum Traunsee, die im Oberösterreichischen Landesarchiv verwahrt wird, sondern auch minutiös ausgearbeitete Grubenpläne an, die die Grundlage für seine bis heute berühmten, so genannten „gläsernen" Bergwerksmodelle bildeten. Fünf dieser Modelle, die maßstabsgetreu die Salzbergbaue von Aussee, Hall, Hallein, Hallstatt und Ischl wiedergaben, befanden sich einst im Besitz der Geologischen Reichsanstalt Wien. Zwei Modelle des Salzbergbaues von Hallstatt, ein kleines und ein größeres Modell aus dem Jahre 1826, haben sich aber bis heute in der geowissenschaftlichen Sammlung der OÖ. Landesmuseen erhalten. Das größere, für den Zustand des Hallstätter Salzberges im Jahr 1826 überaus instruktive Modell des Salzbergbaues Hallstatt besteht aus Glasplatten, auf welchen die einzelnen Horizonte als Grubenriss aufgetragen sind. Eine handgeschriebene Anmerkung zur Legende und eine Abzeichnung der Grubenriss-Handkarte sind noch vorhanden. In den OÖ. Landesmuseen befindet sich auch die wahrscheinlich in den Jahren 1844–1858 schrittweise angekaufte Fossiliensammlung (vorwiegend Ammoniten) Johann Georg Ramsauers.

3.1.2 Schlögel zur Bohrlochverteufung

Modell. L. 80 cm, B. 23 cm, H. 100 cm.
Bad Ischl, Museum der Stadt Bad Ischl, Inv.-Nr. 1279

3.1.2   *Foto: Schepe*

Das vorliegende Modell zeigt eine Gerätschaft, die zum Vorantreiben bzw. Vertiefen eines Bohrloches verwendet wurde. Teufe ist die bergmännische Bezeichnung für Tiefe. Sie gibt an, wie tief ein Punkt unter Tage gegenüber einem definierten Referenzpunkt an der Oberfläche liegt. Die Teufe sagt aus, wie tief ein Punkt „unter Flur" liegt, und nicht etwa, wie bei Normalnull, wie tief unter dem Meeresspiegel. Das Vortreiben (Graben, Bohren) eines Schachtes wird auch als „Abteufen" bezeichnet.

3.1.3 Grubenhaspel mit Hebel und Winden

Modell. L. 53,5 cm, B. 48 cm, H. 25 cm. Bad Ischl, Museum der Stadt Bad Ischl

Die (der) Haspel bezeichnet in der Fördertechnik eine Welle oder Seilscheibe, auf die (den) eine Kette oder ein Zugseil aufgewickelt wird. Sie (er) beruht auf dem Prinzip des Wellrades und dient zum Heben von Lasten. Die Handhaspel ist das älteste historische Fördergerät im Bergbau, mit welchem aus den Schächten die Förderkübel hochgezogen (ausgefördert) sowie Material, Werkzeug und Proviant hinabgelassen wurden.

Seit dem 18. Jahrhundert ist für dauerndes Versprechen auch die Bezeichnung „sich verhaspeln" gebräuchlich. Dieser Wortgebrauch

stammt nach einer Erklärungsvariante aus dem Durcheinander, welches entsteht, wenn das aufzuhaspelnde Gut nicht auf den Stäben / Kufen zu liegen kommt, sondern sich um die Achse der Haspel wickelt. Es gibt aber auch eine zweite Erklärung: Da man dem Haspelknecht durch akustische Zeichen mitteilte, wie er die Haspel bedienen sollte, konnte es mitunter vorkommen, dass er etwas falsch verstand und „sich verhaspelte".

3.1.4 Kraxe der Kerntrageweiber

Modell. Traggerüst aus Holz mit gemalten Bilddarstellungen. L. 65 cm, B. 45 cm, H. 95 cm, Linz, OÖ. Landesmuseen, Inv.-Nr. F 9399

Der Bedarf an Kernsalz zur Wildfütterung und als Deputatsalz für weltliche und geistliche Herrschaften und die kaiserliche Jagd wurde vom Hallstätter Salzberg gedeckt. 1805 betrug der Absatz zwischen 8.000 und 10.000 Zentner. Die „Kerntrageweiber" holten das Kernsalz von den Magazinen am Berg ab und trugen es in ihren „Kernkraxn" über eine Höhe von rund 500 Metern ins Tal zum Kernmagazinplatz in der Lahn. Ab dem Wintereinbruch 1889 wurde das Kernsalz erstmals von Männern mit Schlitten zum Magazin ins Tal gebracht. Die vom Berg ankommenden Schlittenführer wurden von den um ihren Erwerb gebrachten Frauen beschimpft und als „Brotdiebe" bezeichnet: Dieser Protest bringt auch zum Ausdruck, wie wichtig dieser Broterwerb den armen Frauen des Ortes erschien.

HISTORISCHE DARSTELLUNGEN DES SALZBERGBAUES

3.2.1 „Marienbildplatzl". 1924

Karl Hayd (1882–1945). Gemälde. Öl auf Hartfaser. Gelb-braune Farbtöne. Weißgoldener einfacher Rahmen. Signiert rechts unten „K. Hayd". H. 70 cm, B. 50 cm. Bad Ischl, Salinen Austria AG

Karl Hayd (* 8. 2. 1882, † 14. 10. 1945), der Sohn eines Oberleutnants an der Kadettenschule in Altaussee, studierte in den Jahren 1902–1906 an der Wiener Akademie der Bildenden Künste bei den Professoren Christian Griepenkerl, Alois Delug und William Unger, im Anschluss zwei Jahre an der Akademie in Prag. Nach der Rückkehr kam es zur Bekanntschaft mit Egon Schiele, mit dem er Zeichnungen austauschte. Im Jahr 1914 heiratete er Hedwig Kutschera, die Tochter des Besitzers der Linzer Beethoven-Apotheke, kehrte aber erst 1918 nach Linz zurück, wo er als Zeichenlehrer am

Gymnasium und an der Realschule arbeitete. Nach dem Ende des Ersten Weltkrieges gründete er mit Karl Emmerich Baumgartel und Otto Hamann die Künstlergruppe „Der Ring". Im März 1944 erzwang der Bombenkrieg die Übersiedlung nach Traunkirchen. Hayds Gesamtwerk, das stets gegenständlich blieb, ist vor allem von großer Vielseitigkeit geprägt: In seinem Werk finden sich Ölbilder, Aquarelle, Fresken, Farbstiftzeichnungen, Radierungen und Lithographien.

Seine Industriebilder, darunter auch ein Mitte der 1920er-Jahre entstandener Bildzyklus über den Salzbergbau, zeichnen sich durch eigenständige Komposition und vor allem auch durch technische Genauigkeit aus. Die Darstellung des „Marienbildplatzls" zeigt zwei mit Holzbohlen gesicherte Stollen und die Stelle ihres Zusammentreffens, wo ein mit Reisig umkränztes Marienbild, an das man bei Ein- und Ausfahrten ein Stoß- bzw. Dankgebet gerichtet hat, angebracht ist. Aus dem linken Stollen schiebt ein Bergmann einen Stoßkarren heraus.

3.2.2 „Darstellung der Hauptgegenstände von den Salzbergbau in Ischel und Haalstatt, in den kaiserlichen königlichen oberösterreichischen Salzkammergute". 1825

Gezeichnet von „Franz Xaver Kefer, Bergschüller". Kolorierte Tuschzeichnung. H. 120 cm, B. 120 cm. Bad Ischl, Salinen Austria AG

Das von dem Salinenzeichner Franz Xaver Kefer im Jahr 1825 ausgeführte Schaubild ist mit einer umfangreichen Legende versehen, die eine Vorbemerkung und einen geschichtlichen Hinweis in fünfzehn Punkten sowie die Beschreibung der in den Abbildungen dargestellten Tätigkeiten umfasst. Die Vorbemerkung gibt einen Einblick in den damaligen Stand der Kenntnis über die Salzlagerstättenbildung, die durch „die Anschwemmung des Meeres" entstanden sei. Im Abschnitt über die Geschichte des Salzbergbaues Hallstatt wird auch auf die Zeit der Römer, die durch Funde „trajanischer und antoninischer Münzen auf der Taggegend des Salzbergs" bezeugt sei, und auf die ebenfalls archäologisch bezeugte prähistorische Epoche, deren Höhepunkt „anno 1733 der Fund eines unverfaulten Körpers eines Menschen mitten im Salz" gewesen sei, eingegangen. Der Haupttext der Legende gilt den Beschreibungen der bergmännischen Arbeiten unter Tage sowie des Inneren des Bergbaus. Bemerkenswert sind auch die zeitgenössischen Ansichten der Obertagsanlagen des Salzbergbaues Ischl. Franz Xaver Kefer hat auch die „Manipulationsbeschreibung" von Michael Kefer, welche aus dem Jahr 1836 stammt, in ähnlicher Weise illustriert.

3.2.3 Längenprofil des Salzbergbaues bei Hallstatt. Vermutlich 1893

Zeichnung: „Isidor Engl (1832–1918), k. k. Obersteiger". H. 95 cm, B. 185 cm. Linz, OÖ. Landesmuseen, Abteilung für Geologie und Mineralogie, ohne Inv.-Nr.

Der Salinenbeamte Isidor Engl (* 1832, † 15. 12. 1918) erwarb sich durch seine Zeichnungen und Aquarelle, die er zur Dokumentation der Grabungen Johann Georg Ramsauers ausführte, unschätzbare Verdienste. Mit seinem zeichnerischen Talent schuf er auch Darstellungen der einzelnen Ortsbereiche von Hallstatt und von Stätten und Arbeitsabläufen des Salzbergbaus, die wie auch das gezeigte, vermutlich 1893 entstandene Längenprofil, heute wertvolle kulturgeschichtlichen Quellen darstellen. Isidor Engl verfaßte auch eine dreibändige Chronik von Hallstatt, in welcher er sich nicht nur mit der Ortsgeschichte, sondern auch mit Geognostik, allgemeiner Geologie und Salzgeologie, mit der Vergletscherung des Dachsteingebietes, mit technischen Bauanlagen und anderem beschäftigt. Von 1891 bis 1908 war Engl Kustos des Hallstätter Museums (damals im historischen „Stockerhaus").

3.2.4 Bildtafeln zur Salinenmanipulationsbeschreibung. Um 1815

Gezeichnet von Johann Riezinger, Leopold Lindauer, Josef Riezinger, Jakob Sambs, Karl Zierler, J. Laimer und Johann Kalsz. 168 Blätter mit kolorierten Federzeichnungen. H. 42 cm, B. 29 cm. Bad Ischl, Salinen Austria AG, Sign. XII H 13

Diese Zeichnungen gehören zu einem Textband mit dem Titel „Salinen-Manipulationsbeschreibung", der – mit Ausnahme des Waldwesens – eine sämtliche Bereiche des Salzwesens im oö. Salzkammergut umfassende Betriebskunde darstellt. Die von verschiedenen Verfassern stammenden Textabschnitte behandeln die Bearbeitung und Benützung des Hallstätter und Ischler Salzbergs („Salzbergs Manipulations Beschreibung"), die Sole-Strähnleitungen, die Sudmanipulation, den Zillenbau, das Wehrwesen, die Gewinnung und Benutzung des Torfs, die bei dem k. k. Großkufenhandelsamte Gmunden geführten Produkte („Fasselsalzerzeugungs- und Salzabfuhrgegenstände"), die Salzabfuhr und den Zillengegentrieb im k. k. Salzkammergut.

3.2.5 „Die verschiedenen Manipulations Gegenstände bey dem k. k. Salzberg zu Ischl in LXX Tabellen". 1836

Vorgestellt von Michael Kefer, k. k. Bergschaffer, gezeichnet von Franz Xav. Kefer, k. k. Bergzögling. H. 26 cm, B. 40 cm. Linz, OÖ. Landesarchiv, Salzoberamtsarchiv Gmunden, Handschrift 31

Dieser Band mit Zeichnungen und handschriftlichen Erklärungen gehört zu einem Textband mit 277 Seiten in gleicher Ausführung wie der Zeichnungsband („Beschreibung der verschiedenen Manipulationsmethoden bei dem k. k. Salzberge zu Ischl, verfaßt von Michael Kefer, k. k. Bergschaffer, 1836") und stellt ein Kleinod der Darstellung und Beschreibung der gesamten Anlagen und Arbeiten im Salzbergbau Ischl (auch als Musterbild für andere Salzbergbaue) am Anfang des 19. Jahrhunderts dar. Von dieser Manipulationsbeschreibung wurden drei Exemplare hergestellt, wovon je eines für die Hofkammer in Wien, die Bergakademie in Chemnitz und das Salzoberamt in Gmunden bestimmt war.

3.2.6 Mappa der Bergwerksanlagen im Bereich des Ischler und Ausseer Sandlings, 1723

Georg Styger. Beilage zur Salzordnung. Aquarellierte Federzeichnung. H. 56 cm, B. 80,5 cm. Wien, Österreichisches Staatsarchiv, Allgemeines Verwaltungsarchiv – Finanz- und Hofkammerarchiv, Bibliothek A 19

Die Grubenkarte zeigt verschiedene Baue im Gebiet des Sandlings, am unteren Blattrand in der Mitte Michlhallbach. Der Sandlung ist ein 1717 Meter hoher, alleinstehender Berg, für den urkundlich erstmals 1147 Salzbergbau erwähnt wird. In diesem Salzbergwerk wurden in jüngerer Vergangenheit, und zwar seit dem Jahr 1943, auch Kunstschätze aus Österreich und wesentliche Teile der von nationalsozialistischen Organisationen geraubten Beutekunst aus ganz Europa – unter anderem zum Beispiel der Genter Altar – eingelagert.

Aus der Legende geht hervor, daß die Karte nach einer sechzig Jahre alten Mappa angefertigt worden ist. Dieses Ursprungsexemplar war einem Exemplar des 3. Reformationslibells (der „Reformierten Ordnung deß Saltzwesens zu Gmundten, Hallstatt, Yschl und Ebensee") von 1656 beigebunden.

MARKSCHEIDEWESEN

3.3.1 Portrait des Markscheiders Hans Wimmer (* 1676). 1712

Öl auf Holz. H. 76 cm, B. 63 cm. Bad Ischl, Museum der Stadt Bad Ischl

Das heute im Museum der Stadt Ischl befindliche Portrait stellt Hans Wimmer dar, der den Beruf eines Markscheiders ausübte. Der Markscheider (Synonym: Bergnotar oder Bergrichter), im bayerisch-österreichischen Raum auch als Schiner oder Schinmeister bezeichnet, war ein Beamter, der die Markscheide eines Bergwerks zu bestimmen hatte und seine Erkenntnisse, insbesondere in Bezug auf die Lagerstätte und die Grubenbaue, im Risswerk niederlegte. Zu fragen wäre, ob es sich bei dem portraitierten Hans Wimmer um einen Nachfahren des aus Salzburg zugezogenen Eisenhändlers Hans Wibmer handelt, dem um 1600 das spätere „Hotel Stern" (Haus Kreuzplatz 20a) gehörte und der sich entschieden weigerte, für die Rebellion unter Joachim Schwarzl 1601/02 („Salzaufstand") einen Geldbeitrag zu leisten.

3.3.2 Markscheider-Handzeichen und -Messgerät

L. 25 cm, B. 17 cm. Bad Ischl, Museum der Stadt Bad Ischl

Der Begriff Markscheide kommt aus dem mittelalterlichen Bergbau Tirols, Sachsens und Böhmens. Er bezeichnet die Grenze des Gebietes, in dem ein Bergwerk Abbau betreiben darf. Der Ausdruck Markscheidekunst (= Geometria subterranea), der sich von dem altdeutschen Wort „Mark" für Grenze und dem Verbum scheiden (= trennen) ableitet, bezeichnet die Vermessung (Abziehen) und bildliche Darstellung der Grubenräume (Zulegen, Mappierung) auf so genannten Grubenrissen. Seit dem Mittelalter gab es mit dem Markscheider einen Beamten, der die Markscheiden einmaß und im Streitfalle richterliche Funktionen ausübte. Im ostalpinen Bergbaubereich wurde seit dem 16. Jahrhundert das Verbum „schinen" als Synonym für „markscheiden" verwendet. Mit den Geräten zur Messung von Horizontal- und Vertikalwinkel und von Distanzen mittels Messschnur konnten Polygonzugmessungen durchgeführt werden, deren Daten in die Schinbücher eingetragen wurden. Mittels Kompass konnte die magnetische Ausrichtung der Winkel- und Richtungsbestimmung erfolgen. Die Gradbogen dienten der einfachen Neigungsmessung. Optische Vermessungsinstrumente wie zum Beispiel der Theodolith fanden erst um die Mitte des 19. Jahrhunderts ihren Eingang in den Salzbergbau.

4.1.2   *Fotos: Schepe*

4. RAUM: DAS SALZSIEDEN

4.1 MODELLE

4.1.1 Modell einer Rundpfanne (Sudhaus) von Ebensee. Um 1800

57 cm x 58 cm. Linz, OÖ. Landesmuseen, Inv.-Nr. T 1925/3

Das Sudhaus bestand aus einem hallenartigen Gebäude mit aufgemauerten Seitenwänden. Die Pfanne hatte eine Fläche von bis zu 300 Quadratmeter und darüber. Sie war aus Eisenplatten (Pfannblechen) gefertigt, ruhte auf einer großen Anzahl von Pfannstehern und war im Bereich der Feuerung auf eisernen Haken (Hinghaken) am Dachstuhl aufgehängt. Das beim Versud der Sole in der Pfanne anfallende Salz wurde an der abgeflachten Seite der Pfanne (Pehrstatt) ausgezogen und in Kufen zur Formung als „Fuder" gefüllt.

4.1.2 Modell Pfannhaus

L. 60 cm, B. 54 cm, H. 59 cm. Bad Ischl, Museum der Stadt Bad Ischl

Die Architektur der Pfannhäuser (Sudhäuser) ist durch Außerbetriebnahme der historischen Salinen im Salzkammergut größtenteils verloren gegangen. In Hallstatt wurde durch den Marktbrand 1750 das im Marktbereich gelegene Pfannhaus zerstört. 1751 ließ die Hofkammer im Hallstätter Ortsteil Lahn ein neues, aber kleineres Sudhaus erbauen. Nach dessen Stilllegung 1965 wurde dieses in den Jahren

1967 bis 1970 abgetragen: Im April 1968 wurde auch der als weithin sichtbares Wahrzeichen der Salzsudhütte geltende, 35 Meter hohe Ziegelschornstein gesprengt. Zur selben Zeit geschah dies auch mit den von Hofbaumeister Paul Sprenger (* 1798, † 1854) 1836 bis 1838 neu errichteten Gebäuden des Metternich-Lobkowitz-Sudwerkes Ebensee. Lediglich in Bad Ischl blieb nach der Schließung der Saline das 1834/35 erbaute „Kolowrat-Sudhaus" bis heute erhalten, da es gelang, diesen Gebäudeteil für weitere private Nutzung auszugestalten.

4.1.3 Pfannunterbau mit Feuerrost

L. 50 cm, B. 23 cm, H. 14,5 cm. Bad Ischl, Museum der Stadt Bad Ischl

Gegen Ende des 18. Jahrhunderts wurden anstelle der bisher üblichen runden Pfannen (mit bis zu 12 Metern Durchmesser: Österreicher-Pfanne) zweigeschossige, rechteckige Pfannen (Tiroler Pfannen) mit größerem feuerungstechnischen Wirkungsgrad entwickelt, deren Bauart in verschiedenster, modifizierter Form im Verlauf des 19. Jahrhunderts bei allen erforderlichen Salinenneubauten zur Ausführung kam.

4.1.4–6 Drei Küfel

Nachbauten nach alten Vorlagen durch die Höhere Technische Bundeslehranstalt Hallstatt.

In den Salinen wurde das Salz in Formen aus Holz zu Salzstöcken (Fuder) geformt und in den Darrhäusern (Pfieseln) getrocknet. Es wa-

ren dies Kegelstumpfe von einem Meter Höhe, 46 Zentimeter unterem und 25 Zentimeter oberem Durchmesser, mit einem Gewicht von rund 60 Kilogramm. Nach der Trocknung wurden die Fuder von den „Salzfertigern" (insgesamt 37) übernommen. Die von den Fertigern beschäftigten Kufer (zusammen insgesamt ca. 220) fertigten die Verpackungsformen (Küfel), deren häufigste Form bis zum Ende des 18. Jahrhundert das Kleinküfel mit einem Salzinhalt von ca. 6,7 Kilogramm war. Zunehmend kam später das Salz in größeren Verpackungsformen (Großküfel, Halbzentner- und Zentnerfassel) mit ca. 14 kg, 28 kg und 56 kg Salzinhalt in den Handel. Die Küfler (zusammen ca. 295) wiederum zerhackten das Fudersalz, füllten und verschlossen die Küfel.

4.1.7 Salzküfel

Verpackungseinheit für 12,5 Pfund Salz. Miniaturmodell. Wien, Österreichisches Museum für Volkskunde, ohne Inv.-Nr. 1932

Um die steigende Knappheit an Kufen- und Reifenholz etwas in den Griff zu bekommen, experimentierte man auf Betreiben der Hofkammer in Wien mit verschiedenen Küfelgrößen mit einem Füllgewicht zwischen 12 Pfund (Kleine Küffel) und 25 Pfund („Große Viertl Zentn Küffel"). Die größeren Küfel wurden jedoch abgelehnt und fanden keine Käufer.

4.1.3

4.1.8 Pfeifenkopf mit Darstellungen aus Gmunden sowie des Gosauzwanges und der Chorinskyklause. 1837

Matthäus Wanschka, „K. k. Modellier".
Buchsholz. 3,5 x 12,8 x 1,5 cm.
Wien, Technisches Museum, Inv.-Nr. 19718

Der vom k. k. Hofmodelleur Wanschka gefertigte Pfeifenkopf ist allseitig mit Bildmotiven geschmückt. Auf der einen Seite sieht man zwei im Jahr 1837 noch relativ junge technische Meisterleistungen des Salzkammergutes, den Gosauzwang, der 1757 für die Soleleitung als Brücke über das Tal des Gosaubaches errichtet wurde, und die Chorinskyklause, die 1808 bis 1819 aus gewaltigen Steinquadern anstelle einer hölzernen Vorgängerklause im Weißenbachtal gebaut wurde, um die enormen Holzmengen aus den Waldungen zu triften. Mit ihr konnten 75.000 Kubikmeter Wasser gestaut werden; ihren Namen erhielt sie nach dem Hofkammerpräsidenten Ignaz Karl Graf Chorinsky (* 1770, † 1823), der auch beim ersten „Schlagen" der Klause anwesend war. Heute ist das Schlagen (= Öffnen) des Klaustores eine beliebte Touristenattraktion.

Die andere Seite zeigt Gmunden und offenbar eine historisierende Ansicht des Seeschlosses Ort.

4.2 HISTORISCHE DARSTELLUNGEN DES SALZSIEDENS

4.2.1 „Salzpfannen zu Hallstatt und Aussee, Theil der Salzpfannen". 1649

Matthäus Merian (1593–1650). Kupferstich.
H. 32,5 cm, B. 19,0 cm. Bad Ischl, Salinen Austria AG

Der Schweizer Kupferstecher und Verleger Matthäus Merian der Ältere (* 1593, † 1650) gab unter Beiziehung von Martin Zeiller (* 1589, † 1661) als Textautor ab 1642 sein Hauptwerk, die „Topographia Germaniae", heraus. 1649 erschien der Band „Topographia proviniciarum Austriacarum", aus welcher das vorliegende Blatt stammt. Die obere Hälfte zeigt die Salzgewinnung in einer Rundpfanne in Hallstatt im 17. Jahrhundert, während in der unteren Hälfte die äußere Ansicht des Pfannenhauses und die Pfiesel (Trockenhaus für die vorgeformten Salzstöcke = Fuder) sowie das davor gelagerte Holz für die Befeuerung der Pfannen zu sehen sind.

4.2.2 Prospekt des oberen neu eingerichteten Pfannhauses in Ebensee. Um 1765

Vorderansicht. Aquarellierte Federzeichnung. H. 54 cm, B. 75 cm. Wien, Österreichisches Staatsarchiv, Allgemeines Verwaltungsarchiv – Finanz- und Hofkammerarchiv, Sign.: Qa 121,1 Beilage zu Camerale, rote Nr. 149, Zl 22 ex decembri 1765

Von der 1762 im Salzkammergut tätig gewesenen Untersuchungs-Hofkommission hat sich ein außerordentlich umfangreicher Aktenbestand erhalten, zu dem auch ein Konvolut von Geschäftsstücken gehört, die sich mit Verbesserungen der Sudeinrichtungen in Ebensee befassen. Der gezeigte, schön ausgeführte und aquarellierte Plan, der zum Entwurf einer Weisung der Ministerialbankodeputation vom 2. Dezember 1765 gehört, zeigt das neu eingerichtete Pfannhaus in Ebensee und gibt anschaulich Aufschluss über die Gestaltung der Fassade eines Industriegebäudes der Barockzeit. Der Auftrag zur Erstellung der Pläne war am 8. November 1765 an Johann Georg Panzenberger, den Baumeister des Salzoberamtes, ergangen. Von Panzenberger stammen zum Beispiel auch Pläne zur Vergrößerung des so genannten Wasserhauses (Schuppen für die Unterbringung von Salzschiffen) in Enns-Enghagen von 1766, zur Errichtung einer Sulzstube und Salzwaschmaschine in Hallstatt aus demselben Jahr sowie zum Umbau des großen Berghauses ebenfalls in Hallstatt vom Jahr 1767, Pläne bzw. Karten ᛁᛁᛁ ᚦᛁ ᛁᛁᛁᛁᛁᛁᛁᛁ ᛁᛁ ᛁᛁᛁᛁᛁᛁᛁ sowie die Planrisse zur Errichtung des Berghauses beim Ischler Maria Theresia-Stollen aus dem Jahr 1777. Auch Pläne Panzenbergers aus dem Jahr 1767 zum Neubau der Ischler Pfarrkirche werden im Hofkammerarchiv verwahrt.

4.2.3 „Grundriss und Profil von dem Sulzstreng im Gosauzwang". Um 1762

Anonym. Grau lavierte Federzeichnung.
H. 54 cm, B. 74 cm. Wien, Österreichisches Staatsarchiv, Allgemeines Verwaltungsarchiv –

Finanz- und Hofkammerarchiv,
Sign.: N 22/16, Beilage zu Camerale, rote Nr. 248, Zl. 120 ex junio 1762

Bis 1757 fiel die Soleleitung zwischen Hallstatt und Ebensee beim Gosaubach in die Tiefe und stieg auf der anderen Seite der Schlucht wieder steil an. An der Talsohle entstand dabei ein so hoher Druck, dass die Holzröhre der Soleleitung trotz Eisenringummantelung immer wieder brach. Um diese Schwachstelle und die großen Soleverluste zu beseitigen, wurde im Jahr 1757 kurz vor der Mündung des Gosaubaches in den Hallstätter See der Gosauzwang, eine 38 Meter hohe, auf Steinquadern ruhende Brücke für die Soleleitung errichtet. Der ursprünglich aus Holz bestehende Brückenkörper wurde erst 1969 durch eine Stahlkonstruktion ersetzt. Der gezeigte Plan gehört zu einer Gruppe von insgesamt siebzehn erhalten gebliebenen Plänen, die einer Note der Hofkammer vom 23. Juni 1762 an die Rechenkammer angeschlossen sind.

4.2.4 Hebemaschine für Salzfässer. 1811

Kolorierte Federzeichnung auf Papier.
H. 20,5, B. 30,3 cm. Linz, OÖ. Landesarchiv, Salzoberamtsarchiv Gmunden, Fasz. 793, Nr. 105

Da sich die Manipulation großer Salzfässer als schwierig erwies, wurden eigene Hebemaschinen konstruiert, die das Ein- und Ausladen auf die bzw. von den Schiffen erleichtern sollten. Die Entwurfszeichnung stammt vom Salinenarchitekten Franz Ferdinand Edangler, der 1825 die 80 Meter breite und 7 Meter hohe Nadasdyklause im Aurachtal bei Altmünster und – nach einer Anregung von Dr. Franz Wirer – auch das in den Jahren 1826 bis 1827 errichtete Ischler Kurtheater (ab 1940 Lehártheater) plante. Ein Vorfahre von Franz Ferdinand Edangler, Georg Edangler, war als Kammerdiener und Landvermesser (?) für Johann Georg Adam von Hoheneck (* 1669, † 1754) tätig.

4.2.5 Zweizentnerfassel (Gmundnerform)

ᛁᛁᛁ ᛁᛁᛁᛁᛁᛁᛁᛁᛁᛁᛁᛁᛁᛁᛁᛁᛁ ᛁᛁᛁ ᛁᛁᛁ ᛁᛁᛁᛁ
Kolorierte Federzeichnung auf Papier. H. 30,2 cm, B. 45 cm. Linz, OÖ. Landesarchiv, Salzoberamtsarchiv Gmunden, Fasz. 793, Nr. 105

Um die steigende Knappheit an Kufen- und Reifenholz besser in den Griff zu bekommen, experimentierte man Anfang des 19. Jahrhunderts auf Betreiben der Hofkammer in Wien mit verschiedenen Küfelgrößen mit einem Füllgewicht zwischen 12 und 25 Pfund. Da die größeren Küfel jedoch abgelehnt wurden und kei-

4.2.9   *Foto: Kammerhofmuseum Gmunden*

ne Käufer fanden, lagerten viele von ihnen noch drei Jahre später in den Magazinen. Dennoch wurden die Versuche, durch Vergrößerung des Inhalts Holz zu sparen, auch weiterhin unternommen. In Hallein, das in den Jahren 1805 bis 1809 erstmal unter österreichische Verwaltung kam, waren Zweizentnerfässer in Gebrauch, die aber für den Transport von Gmunden aus nicht sehr geeignet waren. Daher ließ das Salzoberamt eigene Fässer bauen, die durch stärkere Reifen solider waren und einen festeren Verschluss hatten. Da sich die Holzersparnis aber letztlich als zu gering erwies, wurde die Erzeugung dieser Fässer bereits 1815 wieder eingestellt.

4.2.6 „Manipulationsbeschreibung betreffend das Bergwesen"
Pläne. H. 35,5 cm, B. 26 cm. Linz, OÖ. Landesarchiv, Salzoberamtsarchiv Gmunden, Handschrift 18

4.2.7 „Manipulationsbeschreibung betreffend das Sudhüttenwesen". 1807
H. 40 cm, B. 26,5 cm. Linz, OÖ. Landesarchiv, Salzoberamtsarchiv Gmunden, Handschrift 19

4.2.8 „Manipulationsbeschreibung betreffend das Sudhüttenwesen". 1807–1824
H. 36 cm, B. 24 cm, Linz, OÖ. Landesarchiv, Salzoberamtsarchiv Gmunden, Handschrift 20

Die drei im nunmehrigen Bestand „Salzoberamtsarchiv Gmunden" des OÖ. Landesarchives befindlichen Handschriften zeigen in insgesamt 81 anschaulichen Bildtafeln die wichtigsten Arbeitsvorgänge des Berg- und Sudhüttenwesens und sind Teil einer illustrierten Betriebskunde. Diese heute einzigartigen Dokumente sind im 1. Viertel des 19. Jahrhunderts entstanden, nachdem an der Wende vom 18. zum 19. Jahrhundert die reine Empirie in der Anwendung technischer Verfahren, die auch im Salzbergbau und in der Salzgewinnung eine jahrhundertelange Tradition hatte, ihr Ende fand. Im Geiste der Aufklärung wurden die naturwissenschaftlichen Erkenntnisse auch für die gewerbliche und industrielle Produktion genutzt. Im Bereich der Gewinnung von Sole und Salz kam es zu intensivierten Überlegungen zu einer verbesserten Nutzung der Lagerstätten und zu einer Fortführung der Bemühungen zur Senkung des Bedarfes an Wärmeenergie in den Salinen. Man hatte erkannt, dass es notwendig war, „jene Wissenschaft zu pflegen, die sich mit der Tätigkeit der Industrie befasst und die Verarbeitung der Naturalien sowie der Handwerke lehrt".

4.2.9 „Manipulationsbeschreibung Fasselsalzerzeugung und Salztransport". 1815
H. 37 cm, B. 26 cm. Linz, OÖ. Landesarchiv, Salzoberamtsarchiv Gmunden, HS 27

4.3 SALZGEWINNUNG IM LABORBETRIEB

4.3.1 Schautafel
Konzeption: Univ.-Prof. Dipl.-Ing. Dr. mont. Helmut Flachberger. Montanuniversität Leoben, Institut für Veredlung und Aufbereitung

4.4 WERKZEUGE BEIM SALZBERGBAU

4.4.1 Hölzerne Rohre
Bad Ischl, Salinen Austria AG

4.4.2 Flachnäger
L. ca. 70 cm. Bad Ischl, Salinen Austria AG
Im Kammergutlexikon, einem Glossar, findet sich die Erklärung: „Der Flachnäger ist ein Bohrer, der zur Erweiterung der Sole- und Wasserleitungsröhren am vorderen Ende dient."

4.4.3 Näbiger / Näger
L. ca. 2,4 m. Bad Ischl, Salinen Austria AG
Der Näbiger oder Näger ist ein Bohrer zum Herstellen von Sole- und Wasserleitungsrohren.

4.4.4 Spattnäger
L. ca. 1,1 m. Bad Ischl, Salinen Austria AG
Spattnäger ist ein gegen 8 Zoll langer, etwas ablaufender und 1 1/2 Zoll starker Bohrer mit einer angeschraubten Eisenstange, mit welchem die verspateten Ablassrohre ausgebohrt und wieder eröffnet werden.

4.4.5 Rohr der Soleleitung
Rohrverbindung aus Holz mit Eisenverstärkung sowie Kontroll- und Putzöffnung. L. ca. 1,3 m. Bad Ischl, Salinen Austria AG
In den Jahren 1595 bis 1607 wurde im Auftrag Kaiser Rudolfs II. vom Ischler Waldmeister Hans Khals dem Älteren eine Soleleitung vom Hallstätter Salzberg über die alte Saline in Bad Ischl zur neu errichteten Saline Ebensee verlegt. Sie bestand aus ineinander gesteckten ausgehöhlten Baumstämmen und nutzte weitgehend das natürliche Gefälle. Heute führt entlang der alten, an manchen Stellen noch sichtbaren Soleleitung über eine Strecke von vierzig Kilometern einer der reizvollsten und bequemsten Wanderwege des Salzkammergutes. Die Rohre der Soleleitung sind heute aus Eisen oder Kunststoff.

5. RAUM: DIE FORSTWIRTSCHAFT

5.1 KAISERLICHE FORSTVERWALTUNG

5.1.1 Holzschild mit der Aufschrift „K. k. Forstverwaltung (F. J. I.)"

H. 110 cm, B. 70 cm. Gmunden, Kammerhofmuseum

Als Nachfolgeinstitution des Salzoberamtes wurde 1850 das Amt einer „Salinen- und Forstdirektion" in Gmunden geschaffen, welcher jedoch lediglich die technische und wirtschaftliche Leitung des Salz- und Forstwesens aufgetragen war. Untergebracht war diese Salinen- und Forstdirektion in dem bereits für das Salzoberamt von Hofbauarchitekt Paul Sprenger geplanten Gebäude Klosterplatz Nr. 1 in Gmunden, wo heute auch der Forstbetrieb Traun-Innviertel der Österreichischen Bundesforste AG seinen Sitz hat. 1868 wurden die Salinenverwaltungen direkt dem Finanzministerium unterstellt. Es kam zu einer völligen Trennung der Wirtschaftszweige Salinen- und Forstverwaltung. Die neue „k. k. Forst- und Domänendirektion Gmunden" war dem Ackerbauministerium unterstellt und für die Forstverwaltung und die Domänenverwaltung des Staates in Oberösterreich zuständig.

5.2.1   *Foto: Schepe*

5.2 MODELLE

5.2.1 Holzfangrechen in Ischl

Modell. L. 165 cm, B. 45 cm, H. 15 cm. Bad Ischl, Museum der Stadt Bad Ischl

Der große Holzrechen oberhalb der Mündung der Ischl in die Traun hatte das gesamte Holz aufzufangen, das aus den Wäldern des Wolfgangseegebiets (Strobl – St. Gilgen), später auch aus denen des Mondseegebietes, für die Saline herabgetriftet wurde. Er wurde zur Zeit der Eröffnung des Ischler Salzberges (um 1570) erbaut und musste, wie alle aus Holz errichteten Rechen, in Zeitabständen von etwa dreißig Jahren erneuert werden. Einen Plan einer solchen Erneuerung aus dem Jahr 1771 finden wir in der Landesausstellung unter der Katalognummer 5.3.3. Durch die verheerenden Hochwässer der Jahre 1897 und 1899 wurde der Ischler Holzrechen, wie viele Triftbauten, schwer beschädigt und 1901 aufgelassen. Die Quadersteine wurden zur Uferverbauung verwendet. Ein Rechen oberhalb der Mündung des Rettenbaches in die Traun wurde bereits im Waldschaubericht des Jahres 1561 vorgeschlagen und bald darauf erbaut. Nachdem Hochwässer diesen Holzrechen mehrmals schwer beschädigt und fast weggerissen hatten, begann man, ihn ab 1780 durch mächtige Quadersteinpfeiler hochwasserfest zu machen. Auf dem Rettenbach wurde noch bis 1938 geklaust. Ein Modell des Rettenbachrechens befindet sich in der Techniksammlung der OÖ. Landesmuseen.

5.2.2 Triftanlage

Modell. 130 cm x 40 cm x 30 cm. Gmunden, Bundesforschungs- und Ausbildungszentrum für Wald, Naturgefahren und Landschaft – Forstliche Ausbildungsstätte (Landschloss) Ort

Die Forstliche Ausbildungsstätte des Bundes im Landschloss Ort verfügt über eine interessante, alte Schul- und Modellsammlung.

Die ursprünglich 1881 in Hall in Tirol und in Gußwerk bei Maria Zell zur Ausbildung des Forstschutzpersonals errichteten Forstwarteschulen wurden 1887 in „K. k. Forsterschulen" umbenannt und waren dem Ackerbauministerium unterstellt. Das Landschloss Ort sollte ein Internat für Kinder von Forst- und Weidmännern werden, damit diesen von hier aus der Besuch der Gmundner Schulen möglich werden würde. Der Erste Weltkrieg zerschlug diesen Plan und das Gebäude wurde dem Roten Kreuz zur Unterbringung kranker und verwundeter Soldaten zur Verfügung gestellt. Da die Hubertusstiftung nach dem Krieg das Schloss nicht mehr erhalten konnte, kam es 1919 in Bundesbesitz. Beide

Schulen, Hall und Gußwerk, wurden zusammengelegt und im Landschloss Ort untergebracht. Vorteilhaft war dabei, dass der Forstmeister der in Gmunden bestehenden Forst- und Domänendirektion auch die Leitung der Schule übernehmen konnte. Der vorerst einjährige Lehrgang der „Staatlichen Försterschule" wurde 1934 zweijährig geführt. Nach 1938 wurde die Schule von der Reichsforstverwaltung übernommen und unmittelbar dem Forstamt in Salzburg unterstellt. 1945 musste der Unterricht eingestellt werden, da das Gebäude von der Besatzungsmacht beansprucht wurde. Erst im Oktober 1946 gelang es, wieder einen geregelten Unterrichtsbetrieb aufzunehmen. Die Forstliche Ausbildungsstätte Ort hat derzeit 29 MitarbeiterInnen und verfügt über einen fachlichen Lehr- und Erprobungsbetrieb, eine Hausverwaltung, Internat und Küche. Seit dem Jahr 2003 ist die Forstliche Ausbildungsstätte Ort ein Teil des Bundesforschungs- und Ausbildungszentrums für Wald, Naturgefahren und Landschaft (BFW), das eine multidisziplinäre Forschungs- und Ausbildungsstelle des Bundes und in der Rechtsform eine „Anstalt öffentlichen Rechtes" ist, organisatorisch gesehen aus sechs Fachinstituten, zwei Forstlichen Ausbildungsstätten in Ort und Ossiach, einer Bibliotheks- und Dokumentationsstelle und mehreren internen Servicestellen besteht.

Trift bedeutet den Transport von schwimmenden Baumstämmen oder von Scheit- bzw. Schnittholz auf Wasserstraßen. Wenn das Holz zusammengebunden ist, spricht man vom Flößen. Da in manchen Gebieten des Salzkammerguts die natürlichen Wasserläufe den für die Trift notwendigen Bedingungen nicht genügten, wurden Klausen gebaut, mittels welcher durch Aufstau größere Wassermengen, als im normalen Abfluss vorhanden sind, erzielt werden können. Der gewundene Lauf von Kleingewässern musste stellenweise durch festen Aufbau der Uferränder begradigt werden. Da natürliche Hochwässer immer wieder Schäden anrichteten und Bauten aus Holz relativ kurzlebig waren, entschloss man sich speziell im 19. Jahrhundert zu aufwandigen Ausbaumaßnahmen, bei welchen Erddämme und Holzkonstruktionen vielfach durch Steinbauwerke mit verschließbaren Schleusen ergänzt bzw. ersetzt wurden.

5.2.3 Klause (Sperrwerk)

Modell. 73 cm x 32 cm x 25 cm. Gmunden, Bundesforschungs- und Ausbildungszentrum für Wald, Naturgefahren und Landschaft – Forstliche Ausbildungsstätte (Landschloss) Ort

Als eine Klause bezeichnet man eine Wehranlage, die zum Aufstauen von Gewässern für

5.2.4

Foto: Schepe

die Trift errichtet wurde. Wenn in der Klause, eventuell auch zusätzlich entlang des Unterlaufs, genügend gefällte Baumstämme bzw. Schnitt- oder Scheitholz angesammelt waren, wurden die Schleusen der Klause geöffnet und das angestaute Wasser einschließlich des Holzes abgelassen. Mit diesem aufgrund des Aufstaus künstlichen erzeugten „Hochwasser" wurde das Holz über größere Strecken weitergeschwemmt, ehe es an einer Landestelle aus dem Wasser geholt wurde. Solche Anlagen zur Holztrift waren vom Ende des Mittelalters bis etwa in die 1960er-Jahre in Betrieb. Heute wird die einst gefährliche Arbeit der Holzknechte den Gästen des Salzkammergutes zum Beispiel beim Schauschlagen der Chorinskyklause in Bad Goisern vor Augen geführt. Besonders gefährlich war es, wenn es durch Treibholz zu einem ungewollten Verlegen eines Gewässers kam: Eine solche Situation wird üblicherweise auch heute noch als „Verklausung" bezeichnet.

5.2.4 Transportschlitten mit aufgeladenen Hölzern

Modell. Gmunden, Bundesforschungs- und Ausbildungszentrum für Wald, Naturgefahren und Landschaft – Forstliche Ausbildungsstätte (Landschloss) Ort

Wenn es keine natürlichen Flussläufe gab oder diese für eine Trift zu klein waren, im Falle der Notwendigkeit der Holzbringung oder -verfrachtung bei Schneelage im Winter oder auch über kürzere und längere Strecken abseits der Gewässer wurden die Hölzer auf Transportschlitten geladen und Pferdefuhrwerke sorgten für den Weitertransport.

5.2.5 Salztrauner

Modell. Maßstab 1 : 25. 90 cm x 20,5 cm x 4 cm. Linz, OÖ. Landesmuseen, Inv.-Nr. T 1930/0008

Zur Verhinderung von Unregelmäßigkeiten beim Schiffbau stellte das Salzamt im 17. Jahrhundert Normalmaße auf: Die Länge der Zillen lag in der Regel zwischen 21 und 34 Meter und die Breite zwischen 2,2 und 3,1 Meter. Jeweils abhängig von der Breite und der variablen Länge, unterschied man bei den Zillen zwischen einem Neunerl, einer Fünferin, Sechserin und Siebnerin. Die zur Salzausfuhr aus Gmunden verwendeten Schiffe nannte man „Trauner". Plätten waren breite, gedrungene Schiffe mit einem kleinen Verhältnis von Breite und Länge: Sie fanden auf Seen Verwendung. Kobeln waren gedeckte Schiffe.

Das Ausgangsmaterial für die Fertigung von Schiffen war Fichten- oder Tannenholz.

5.3 ABBILDUNGEN DES HOLZTRANSPORTES

5.3.1 „Manipulationsbeschreibung von der Hallholzerzeugung und Lieferung". 1807

Verfasst vom Hallstätter Waldmeister Ignaz Sonnleithner. Datiert mit 18. August 1807. Linz, OÖ. Landesarchiv, Salzoberamtsarchiv Gmunden, Handschrift 21

Diese Manipulationsbeschreibung über die Holzbringung im Dienste der Salinenwirtschaft gehört wie die Katalognummern 3.2.4.–5 und 4.2.7.–9 zu einer Gruppe von Handschriften, die sich im Bestand „Salzoberamtsarchiv Gmunden" befinden.

Ignaz Sonnleithner versah von 1804 bis nach 1834 den beschwerlichen Forstdienst im Hallstätter Bezirk des Salzoberamtes und hatte während einer Vakanz in den Jahren 1828/29 siebzehn Monate lang auch die Stelle des Salinenverwalters inne.

5.3.2 „Grund-, Perspektiv- und Profilriss der Offenseeklause bei Ebensee". Um 1765

Johann Kleber. Aquarellierte Federzeichnung. H. 53,5 cm, B. 40 cm. Österreichisches Staatsarchiv, Allgemeines Verwaltungsarchiv – Finanz- und Hofkammerarchiv, Beilage zu Bancale rote Nr. 1045, Akt vom 9. Oktober 1765

Eine Stelle des Wiener Hofes, die Ministerialbancodeputation, ordnete in einer Weisung vom 24. Jänner 1766 an das Salzoberamt Gmunden die Sanierung der Offenseeklause an. Die Bauaufsicht hatten der Salzoberamtsrat und Oberwaldmeister Johann Michael Primesberger, der Baumeister Johann Georg Panzenberger und die Beamten des Ebenseer Verwesamtes. Johann Kleber, der die Pläne unterzeichnete, war der Hofschreiber in Hallstatt. Für die Sanierung der Klause wurden zwei Varianten ins Auge gefasst. Baumeister Panzenberger plädierte, wie auch der Plan zeigt, für einen Neubau aus Stein. Das Salzoberamt wollte jedoch nur eine Ausbesserung der stark mitgenommenen Holzkonstruktion. Nachdem sich auch die Hofbuchhalterei der Meinung der Gmundener Beamten anschloss, wurde der Plan Panzenbergers nicht ausgeführt. Der Kostenvoranschlag für den Neubau aus Stein hatte sich auf 8.236 Gulden 14 Kreuzer belaufen, während die Kosten für die Ausbesserungsarbeiten nur 2.362 Gulden 42 Kreuzer betrugen.

Der Offensee am Fuß des Toten Gebirges ist ein hervorragendes Fischgewässer und liegt heute im „Naturschutzgebiet Offensee". Er weist eine maximale Länge und Breite von je etwa 900 Meter sowie eine maximale Tiefe von 36 Meter auf. Im 19. Jahrhundert hatte Kaiser Franz Joseph I. sein Jagdrevier am Offensee. Sein ehemaliges Jagdschloss wird heute auch als Restaurant und Hotel geführt.

5.3.3 Die Anlage des Ischler Holzrechens. Um 1771

Johann Nepomuk von Adlersburg. Aquarellierte Federzeichnung. H. 34 cm, B. 43 cm. Österreichisches Staatsarchiv, Allgemeines Verwaltungsarchiv – Finanz- und Hofkammerarchiv. Beilage zu Bancale, rote Nr. 1021, Beilage T zu Zl. 46 ex novembri 1771

Dieser Plan für eine Erneuerung des Ischler Holzrechens stammt aus den Beilagen zum Visitationsprotokoll über das Salzkammergut aus dem Jahr 1771, einem umfangreichen Akt, der etwa 380 Blätter umfasst. Zu diesen gehört auch der Abschlussbericht, den der Leiter der Visitationskommission und Salzamtmann in Österreich ob der Enns, Hofrat Ferdinand Ludwig Graf von Harsch, abfasste und am 2. Oktober 1771 in Gmunden unterzeichnete. Ursprünglich befanden sich diese Akten, darunter auch zahlreiche Pläne, in der Verlassenschaft des Hofrates bei der Ministerialbancodeputation Philipp Andreas Franz Freiherr von Giganth.

5.3.4 Manipulationsbeschreibung betreffend das „Bau- und Wöhrwesen an der Traun". 1823

Pläne. H. 35,5 cm, B. 27 cm. Linz, OÖ. Landesarchiv, Salzoberamtsarchiv Gmunden, Handschrift 23

Die Traun ist ein 153 Kilometer langer rechter Nebenfluss der Donau, der den überwiegenden Teil des Salzkammergutes entwässert. Der mittlere Abfluss beträgt 135 m³/s. Die in einer Quelle in der Steiermark, dem so genannten Traunursprung, entspringende Grundlseer Traun wird ab Bad Aussee Koppentraun genannt. Die zunächst westwärts fließende Koppentraun wendet sich am Dachsteinmassiv nach Norden und durchquert den Hallstätter See. Ab dem Austritt heißt sie endgültig Traun. Im Mittellauf durchquert die Traun das Innere Salzkammergut und Bad Ischl, ab wo sie eine nordöstliche Richtung beibehält. Sie fließt am Höllengebirge entlang bei Ebensee in den Traunsee. Nach dem Austritt aus dem See bei Gmunden verlässt sie die Berge des Salzkammerguts und tritt ins Alpenvorland ein. Die Traun war für den Salz- und Holztransport von enormer Bedeutung. Bereits 1552 wurde der Traunfall durch Errichtung eines etwa 400 Meter langen Holzkanales, einer viel bewunderten technischen Meisterleistung

des Wasserbaumeisters Thomas Seeauer, zum „guten" und fahrbaren Fall. Ein knappes Jahrhundert später, 1650, arbeitete der Architekt Philiberto Lucchese einen großzügigen Plan für die Traunverbauung mit Steindämmen von Weißkirchen bei Wels bis Zizlau bei Linz aus, der bei seiner Realisierung ein beispielgebendes frühes Werk der Flussverbauung dargestellt hätte. Die ursprüngliche Bedeutung der Schifffahrt auf der Traun illustriert auch ein Vorfall während des Revolutionsjahres 1848: In Lambach wurden von den Schiffsleuten von Stadl-Paura, die mit der Errichtung der Pferdeeisenbahn auf der Strecke Lambach–Gmunden ihre Arbeit verloren hatten und zu Bettlern verarmt waren, die Schienen herausgerissen.

5.4 DIE BÄUME DES SALZKAMMERGUTS

5.4.1–14 Xylothek. Anfang 19. Jh.

(Vermutlich) Carl Aloys Hinterlang. Nadelhölzer: 1. Fichte (Rücken beschädigt), 2. Weißtanne, 3. Rotkiefer, 4. Eibe, 5. Lärche. Laubhölzer: 6. Rotbuche, 7. Bergahorn, 8. Bergulme, 9. Stieleiche. Linz, OÖ. Landesmuseen, Biologiezentrum

Eine Holzbibliothek oder Xylothek (von griech. Xylon = Holz) ist eine Sammlung von Holz und anderen Bestandteilen verschiedener Baumarten. Die einzelnen Baumarten werden dabei in Form von Büchern präsentiert. Ein Kasten, bestehend aus dem Holz des Baumes, enthält in seinem Inneren weitere Bestandteile, zum Beispiel getrocknete Blätter und Früchte. Die

Schmalseite des Kastens – gewissermaßen der „Buchrücken" – ist mit der Rinde des Baumes beklebt und beschriftet. Während Herbarien schon im Mittelalter angefertigt wurden, tauchten Holzsammlungen erst im 18. Jahrhundert auf: unter der Bezeichnung „Holz-Cabinet" (angelehnt an die damaligen Naturalien-Kabinette). Unter dem Einfluss der Aufklärung und der Taxonomie von Carl von Linné begannen systematischere naturwissenschaftliche Forschungen und aus der Zielsetzung, Holz und Pflanze als Ganzes zu präsentieren, entstanden die Holzbibliotheken. Die hundert Bände umfassende Xylothek der OÖ. Landesmuseen kam bereits im Jahr 1834 als Geschenk des Pfarrers Mülleder von Aurolzmünster an das eben neu gegründete Museum Francisco Carolinum. Sie gleicht den Holzbibliotheken am Botanischen Institut der Sternwarte des Stiftes Kremsmünster und im Stift Lambach und dürfte wie diese von dem „Professor der Naturkunde, Botanik und der höheren Forstwissenschaften" Carl Aloys Hinterlang gefertigt worden sein.

6. RAUM: DAS SALZ

6.1 SALZFÄSSER – ZIMELIEN

6.1.1 Salzlöffel. Nach 1854

Mayerhofer & Klinkosch. Silber. Vergoldet / Vermeil-Service. L. 11,5 cm, B. 2 cm. Wien, Bundesmobilienverwaltung, Hofmobiliendepot – Möbelmuseum Wien, Inv.-Nr. MD 180435/011

5.4.1   *Fotos: Schepe*   5.4.1

6.1.4–6   Foto: OÖ. Landesmuseen

6.1.2 Salztamboure. Nach 1854
Mayerhofer & Klinkosch. Silber. Vergoldet /
Vermeil-Service. H. 8 cm, B. 7,5 cm.
Wien, Bundesmobilienverwaltung,
Hofmobiliendepot – Möbelmuseum Wien,
Inv.-Nr. MD 180435/036

6.1.3 Einsatz. Nach 1854
Mayerhofer & Klinkosch. Glas / Vermeil-
Service. H. 4 cm, B. 7,5 cm. Wien,
Bundesmobilienverwaltung, Silberkammer
(Hofburg Wien), Inv.-Nr. SK 270301/040
Salzlöffel und Salztamboure gehören zu dem
Grand Vermeil, das zu den bedeutendsten in
der ehemaligen Hofsilber- und Tafelkammer
erhalten gebliebenen Servicen zählt. Es dürfte
von Eugène de Beauharnais, Stiefsohn Napoleons I. und Vizekönig von Italien in den Jahren 1805 bis 1814/15, um 1808 beim Pariser
Goldschmied Martin-Guillaume Biennais in
Auftrag gegeben worden sein. Dieser hat wahrscheinlich andere Goldschmiede wie Marie-
Joseph-Gabriel Genu, Pierre-Benoire Lorillon,
Nicolas Castel-Gilbert, Constant Louis Renou
und vor allem den Mailänder Eugenio Brusa an
der Herstellung beteiligt. Bei der Vermählung
von Kaiser Franz I. mit Caroline Auguste wurde
das komplette Vermeilservice im Herbst 1816
nach Wien überführt, wo es dringend benötigt wurde, weil zu dieser Zeit am Wiener Hof
kein Prunksilber vorhanden war. Bei der Vermählung Kaiser Franz Josephs I. mit Elisabeth
von Bayern stellte sich heraus, dass durch den
häufigen Gebrauch im Zeitraum der letzten
vierzig Jahre an vielen Gegenständen, besonders

Essbestecken, Tellern, Schüsseln und Kasserol-
len, dermaßen gravierende Abnützungen entstanden waren, dass das Vermeilservice kaum
noch in Gebrauch genommen werden konnte.
Einerseits war großteils eine neue Vergoldung
der Stücke unerlässlich, andererseits reichte der
Bestand nicht zur Bedienung von Tafeln für
vierzig Personen aus. Nunmehr erfolgte auf Antrag des Hofkontrolloramtes die Ergänzung des
Vermeilservices auf sechzig Gedecke. Mayerhofer & Klinkosch fertigten bereits 1854 zahlreiche Kopien für die Ergänzung des Vermeilservices an. Bis 1907 wurde es von vierzig auf
hundertvierzig Gedecke ergänzt, wobei manche
Gegenstände wie etwa die Tafelaufsätze nach
neuen Entwürfen gefertigt wurden, da bei den
Pariser Stücken keine solchen Vorbilder vorhanden waren. Insgesamt besteht das Service heute
aus etwa 4.500 Objekten vergoldeten Silbers,
die zusammen 1.100 Kilogramm wiegen.

6.1.4–6 Salz- und Gewürzgefäßgarnitur
Dreiteilig. Eine große (Go 827) und
zwei kleine (Go 828, 829) Schalen.
Augsburg. Meisterzeichen „PF/B". Außen
Repunzierungsmarke CC (Salzburg). Innen
leicht vergoldet, oval, je zwei Henkel, Silber,
vergoldet. Dm. 18 cm, 10 cm und 10 cm. Linz,
OÖ. Landesmuseen, Go 827–829

6.1.7 „Salzfass"
Ignaz Schurfried. Wien, um 1785. Porzellan.
Weiße Glasur, grün, blau, braun bemalt.
Am Boden Marke „Bindenschild" (Wien).
Malernummer „87". Rund, an den Rändern

profiliert. Auf drei Tätzchen aufstehend,
die oben in gezackte Kelche auslaufen. Blau
gestreift und mit einem mageren grünen
Blattkranz um die Wandung; im Fond vier
Streublumen. H. 4,5 cm, Dm. 7,8 cm. Linz,
OÖ. Landesmuseen, Inv.-Nr. P 111

6.1.8 „Salzfass"
Salz- und Pfefferfass. Glas, Silber. Punzierung:
„Amtszeichen Wien vor 1866". H. 7,5 cm.
Linz, OÖ. Landesmuseen, Go 427
Seit dem Mittelalter wurde Speisesalz bei Tisch
in einer Saliera (einem Salzfass) aufbewahrt.
Weltbekannt ist die Saliera, die der Goldschmied Benvenuto Cellini für König Franz I.
von Frankreich von 1540 bis 1543 anfertigte.
Dieses Stück gelangte als Geschenk des französischen Königs Karl IX. an Erzherzog Ferdinand II. von Tirol in habsburgischen Besitz
und gehört heute zu den besonderen Schätzen
des Kunsthistorischen Museums in Wien. An
fürstlichen Tafeln benutzte man auch das so
genannte Salzschiff, eine reich geschmückte
Schale in Form eines Schiffes. Bei neuzeitlichen
Antiquitäten, die heutigen Salzstreuern ähnlich
sind, handelt es sich in der Regel um Sandbüch-
sen, die benutzt wurden, um mit dem Federkiel
geschriebene Texte abzulöschen. Der Salzstreuer
ist erst eine Erfindung des 19. Jahrhunderts. Eines der frühen Patente in Deutschland (Kaiserliches Patentamt, Patent Nr. 108173) auf einen
Salzstreuer erhielt Johannes Schaar aus Hamburg am 28. Mai 1899 auf einen „Salzstreuer",
der „in sich die Eigenschaften einer Streubüchse
und eines offenen Salzfasses" vereinigte.

6.1.9 Salzbecher.
Anfang des 19. Jahrhunderts
Zinn. H. 6,5 cm, Dm. (unten) 8 cm. Salzburg,
Salzburg Museum, Inv.-Nr. 141/39

6.1.10 Salzbecher. Salzburg,
Ende des 18. Jahrhunderts
Zinn. H. 7,5 cm, Dm. (unten) 8 cm. Salzburg,
Salzburg Museum, Inv.-Nr. 142/39

6.1.11 Salzbecher.
Anfang des 19. Jahrhunderts
Zinn. H. 5,6 cm, Dm. (oben) 7 cm. Salzburg,
Salzburg Museum, Inv.-Nr. 270/39

6.1.12 Salzbecher. Salzburg (?),
Ende des 18. Jahrhundert
Zinn; getrieben. H. 6 cm, Dm (unten) 9 cm.
Salzburg, Salzburg Museum,
Inv.-Nr. K 1134/49

6.1.13 Salzbecher.
Ende des 18. Jahrhunderts
Zinn. H. 5,5 cm, Dm. (oben) 7,9 cm.
Salzburg, Salzburg Museum,
Inv.-Nr. K 1136/49

6.1.14 Salzbecher.
Anfang des 19. Jahrhunderts
Zinn. H. 6,1 cm, Dm. (oben) 6,5 cm.
Salzburg, Salzburg Museum,
Inv.-Nr. K 1139/49
Tafelgeräte aus Zinn haben eine lange Tradition
und auch im kirchlichen Bereich wurde immer
wieder auch Zinngerät verwendet. Reines Zinn
hat einen silbernen Glanz und ähnlich positive
Eigenschaften bei Beständigkeit gegen Lebensmittel wie Silber. Zumeist wurde Zinn aber in
Legierung mit Blei verarbeitet, obwohl man seit
dem Mittelalter um die Giftigkeit von Bleiver-
giftungen wusste. Wenn Zinn auch deutlich
preisgünstiger war als Silber, zeigte es aber dennoch in oft kunstvoller Verarbeitung den Wohlstand des Bürgertums und wurde als das „Silber
des kleinen Mannes" angesprochen.

6.2 SALZFÄSSER – VOLKSKUNDE

6.2.1 Salzbehälter
Gedrechseltes Schälchen mit niedrigem
Fuß. Radautz, Zigeunerarbeit. Provenienz:
Sammlung Auguste Kochenowska, aus
Czernowitz und Umgebung. H. 3,5 cm,
Dm. 8 cm. Wien, Österreichisches Museum
für Volkskunde, Inv.-Nr. 22194

6.2.2 Salzbehälter. 1786
Salzfass aus einem stehenden Stück Holz
geschnitzt, Blankholz, in Kerbschnitt verziert.
Konische Form, dicker Wulstrand, Wandung
zwölfflächig abgefasst. In den einzelnen Feldern
verschiedene Kerbschnittornamente (kleine
Blumenvase, Herzen mit Malteserkreuz). Beschriftung „M. A. P. F. L. 1786 // li 27 di
DECEMBER. LAUS DEO". Südtirol (Fleims-
tal). H. 7 cm, Dm. 8,3 cm, Wien, Österreichisches Museum für Volkskunde, Inv.-Nr. 25386

6.2.3 Salzbehälter (Salzkircherl).
18. Jahrhundert.
Aus einem Stück Holz geschnitzt. Bemalt und
mit Kerbschnitt verziert. Eisacktal, Lengstein.
Provenienz: Sammlung Red-Prantner in
Bozen. H. 31 cm, B. 16 cm, T. 8 cm. Wien,
Österreichisches Museum für Volkskunde,
Inv.-Nr. 32468

6.1.7   Foto: OÖ. Landesmuseen

6.2.4 Salzbehälter in Vogelform. Um 1800
Nadelholz (Zirbe). Aus einem liegenden
Block geschnitzt, blank. Ovaler, eiförmiger,
dickwandiger Körper, innen ausgehöhlt.
Standfläche und Oberfläche (mit
Mundsaum) abgeflacht. Angeschnitzter,
schräg aufsteigender Vogelkopf in stilisierter
Hennengestalt sowie kleiner Schwanzfortsatz
mit Bohrloch. Seitlich ausschwenkbarer
Deckel mit geteiltem Schwanzende und
Kerbschnittdekor fehlt (auf Fotografie 1922
noch vorhanden). Nacken des Hennenkopfes
mit Kerbschnittornamenten (Zickzackleisten)
flächenfüllend verziert. Provenienz: Sammlung
Eugenie Goldstern, aus der Umgebung von
Bessans. L. 33,5 cm, B. 17,2 cm, T. 21,5 cm.
Wien, Österreichisches Museum für
Volkskunde, Inv.-Nr. 32653

6.2.5 Salzbehälter. 19. Jahrhundert
Aus einem Stück geschnitzter Korpus,
der Boden eingesetzt. Aufsatzstück und
Vorderfront reich mit Sechssternornamentik
und Wirbelrädern im Kerbschnitt verziert.
Provenienz: Sammlung Turmwirt A. Mayr in
Bozen. L. 33 cm, B. 16 cm, T. 11,5 cm. Wien,
Österreichisches Museum für Volkskunde,
Inv.-Nr. 34556

6.2.6 Salzfaß. 1771
Aus Holz geschnitzt und mit Kerbschnitt
verziert. Prismatisch gefügt. Hochgezogene
Rückwand, Klappdeckel. Auf der Vorderseite
über dem „IHS" das „INRI", auf der rechten
Seitenwand Marienligatur über Vasensproß.

Auf der Innenseite des Deckels „CMB" und
drei Andreaskreuze. Name Jesu, Maria und
Spruch „Jesus Maria Joseph / Ste mir pei".
Tirol: Provenienz: Sammlung Erzherzog
Franz Ferdinand. H. 28,5 cm, B. 16,6 cm,
T. 14,5 cm. Wien, Österreichisches Museum
für Volkskunde, Inv.-Nr. 39345

6.2.7 Salzfaß.
1. Hälfte des 19. Jahrhunderts
Fäßchenförmig gedreht mit flachem
Aufhängebrett, dieses oben kreisförmig
und gelocht. Rheinisch. Provenienz:
Sammlung August von Miller zu Aichholz.
Rückwand: H. 28,5 cm, Kasten: H. 17,4 cm,
Dm. 11,5 cm. Wien, Österreichisches
Museum für Volkskunde, Inv.-Nr. 46173
Im bäuerlichen Bereich waren Salzgefäße und
-behälter zumeist aus Holz gefertigt. Die man-
gelnde Kostbarkeit des Materials wurde durch
kunstvollen, geschnitzten oder gemalten Dekor
ausgeglichen. Bisweilen wurden, wie das „Salz-
kirchlein" zeigt, auch ausgefallene Formen gewählt.

6.2.8 Salzweiberl. Gmunden, um 1800
H. 15,7 cm. Linz, OÖ. Landesmuseen,
Inv.-Nr. 9776
Majolika; aus Ton glasiert. Frau in oberösterreichischer Tracht. Sie hält in den Händen zwei
weiß glasierte Schüsseln mit gelb-blau-grün-
brauner Musterung. Die Frau ist gekleidet mit
gelbem Faltenrock, blaugrünem, olivgrün ein-
gefasstem Spenser, graugetupftem Schultertuch,

weißer Schürze und gelber Haube mit brauner Zeichnung

6.2.9 Salz- und Pfeffermanderl. Gmunden, circa 1926

Linz, OÖ. Landesmuseen, Inv.-Nr. F 16642 (K 771)

Zwei kreisrunde Schalen, auf denen überbrückend ein Männchen in alpenländischer Tracht mit in die Seite gestemmten Armen steht. Majolika, bemalt.

6.2.10 Salz- und Pfefferbehälter

H. 14–15 cm. Fayence. Weiße Glasur; 1909 / 562. Linz, OÖ. Landesmuseen, Inv.-Nr. F 16. 644 (K 1149)

6.2.11 Salz- und Pfeffergefäß in Gestalt einer Frau mit Rüschenhaube. Gmunden, Mitte bis 2. Hälfte des 18. Jahrhunderts

H. 13–14 cm. Scharffeuerfarben des frühen Gmunden. Gelber Rock, manganfarbenes Oberteil, blau-gelbe Haube, zwei grün geränderte Gefäße. Linz, OÖ. Landesmuseen, Inv.-Nr. F 16.645 (K 156)

6.2.12 Salz- und Pfeffergefäß: Paar unter einem Apfelbaum. Gmunden, 18. Jahrhundert

Frau in Tracht (karierter Rock, grünes Mieder, breitkrempeliger Hut) und Mann in Kniebundhose, gelbem Jackerl und Hut, halten je ein Gefäß (grün gestreift, gelber Rand). Beide sitzen vor einem Baum mit gelben Früchten. Linz, OÖ. Landesmuseen, Inv.-Nr. F. 16. 643 (157)

Gmunden galt bereits im 17. Jahrhundert als Zentrum einer altösterreichischen Fein- und Zierkeramik. Die Landschaft rund um den Traunsee scheint die Keramiker schon früh zu besonderen Formen und Farben inspiriert zu haben. Damals entstand unter anderem auch bereits der bis heute als Markenzeichen der Gmundner Keramik geltende grüngeflammte Dekor. Mit der Begründung der Künstlerischen Werkstätte Franz und Emilie Schleiß begann seit dem Jahr 1909 eine Entwicklung, die zahlreiche prominente Künstlerpersönlichkeiten anzog, die besonders qualitätvolle künstlerische Entwürfe lieferten und dem Begriff „Gmundner Keramik" zu Weltruhm verhalfen.

Der Vielgestaltigkeit an künstlerischen Einfällen zeigt sich auch an den bis in das späte 18. Jahrhundert zurückreichenden Salzgefäßen.

6.3 SALZFÄSSER – INTERNATIONAL

6.3.1 Salzgefäß aus Westafrika, Sierra Leone. Sapi-Portugiesisch. 1. Hälfte des 16. Jahrhunderts

Elfenbein. H. 18,2 cm. Provenienz: 1923 Dietrich'sche Sammlung, Schloss Feistritz. Wien, Museum für Völkerkunde, Inv.-Nr. 118610

Das zweikammerige, reich beschnitzte Deckelgefäß aus Elfenbein weist figurative Schnitzereien im Hochrelief auf. Das gesamte Gefäß ist mit spiralig verlaufenden und Perlschnüren ähnlichen Linien überzogen. Den Mittelteil des Gefäßes bildet ein an einen Polster erinnernder, sternförmiger Einschluss. Rund um die leicht halbkugelig gestaltete, konische Basis sitzen insgesamt vier menschliche Figuren. Alternierend wechseln jeweils zwei weibliche mit zwei männlichen Figuren ab. Alle tragen eine fezartige Kopfbedeckung und haben lange, glatte Haare. Die weiblichen Figuren sind unbekleidet und haben die Hände auf die Knie gelegt. Die männlichen tragen längsgestreifte Hosen und halten die gefalteten Hände unter das Kinn. Bei diesem Salzgefäß ist leider der vermutlich figurativ gestaltete Deckel verloren gegangen. Es gehört stilistisch zum Typus der sapi-portugiesischen Elfenbeingefäße. In den Sammlungen des Museums für Völkerkunde befindet sich ein weiteres, ähnlich ornamentiertes Stück (Inv.-Nr. 63.468), das vermutlich aus derselben Werkstatt stammt. Doppelkammerige Objekte dieser Art sind sonst nur bei bini-portugiesischen Gefäßen (aus dem Benin) bekannt: Solche Gefäße wurden in Europa wahrscheinlich als Salz- und Pfefferfäßchen verwendet. Schwer zu entscheiden ist, ob es sich bei den dargestellten Figuren an der Basis um Afrikaner oder Portugiesen handelt, doch sind die unbekleideten Oberkörper eher ein Hinweis darauf, dass Afrikaner wiedergegeben sind, ebenso stellen die nackten Frauen trotz ihrer glatten Haare keine Europäerinnen dar.

6.3.2–3 Zwei Salzbarren („Salzgeld")

Kaffa, Äthiopien. Um 1900. Sammlung Bieber. a) L. 17cm, B. 4,5 cm, H. 5 cm, b) L. 13,5 cm, B 4,5 cm, H 5 cm. Wien, Museum für Völkerkunde, Inv.-Nr. 136500 a, b

Die Region Kaffa im Südwesten Äthiopiens ist nach dem rund 500.000 Menschen umfassenden Volk der Kafa, auch als Manjo oder Kefitsho bezeichnet, benannt. Salzgeld zählt zum Natural- bzw. Nutzgeld und taucht bereits in verschiedenen voneinander unabhängigen

Frühkulturen auf. Auch römische Legionäre bekamen zusätzlich zu ihrem Sold eine Ration Salz als Lohn, das „salarium".

Amoli ist die Bezeichnung von Salzbarren (Salzgeld) aus gelblich-grauen, ungereinigten Salzblöcken, welche in Äthiopien und Eritrea traditionell als universales Zahlungsmittel verwendet wurden. Die zum Naturalgeld zählenden, standardisierten Salzbarren schwanken im Gewicht in der Regel zwischen 650 und 950 Gramm und sind ähnlich wie ein Kastenbrot gestaltet. Um das Zerbröseln oder Zerbrechen der Barren zu verhindern, sind sie mit den für Amolis charakteristischen Streifen aus Naturfasern umwickelt. Die Salzblöcke stammten aus den großen Salzvorkommen der Danakilsenke im Nordosten Äthiopiens. Damit das Salz nicht durch Feuchtigkeit brüchig werden oder sich durch Regen auflösen konnte, brach man es nur während der Trockenzeit (September bis Mai). Karawanen von salzbepackten Lasttieren transportierten die Blöcke ins Hochland, wo sie ihre einheitliche Form erhielten. Die Bezahlung mit den unhandlichen Amoli im täglichen Umlauf war umständlich, denn sie mussten gemessen, gewogen und auf Beschädigungen oder Hohlräume untersucht werden. Auch war der Wert der Salzbarren saisonalen Schwankungen unterworfen und von der geographischen Lage des Handelsplatzes abhängig. Der Einzug des Maria-Theresien-Talers (Talari) in Äthiopien im 19. Jahrhundert schuf eine feste Werteinheit, gegen die der Amoli in ein Verhältnis gesetzt werden konnte. Um 1880 erhielt man für die Talermünze zwischen 8 und 100 Amoli.

6.3.4 Salzblock der Tuareg

Timbuktu, Mali. Provenienz: Sammlung Weidenholz. Wien, Museum für Völkerkunde, Inv.-Nr. 123660

Die Tuareg sind ein zu den Berbern zählendes, nomadisierendes Volk in Afrika, dessen Siedlungsgebiet sich über die Wüste Sahara und den Sahel ausbreitet und die heute etwa eine Million Menschen zählen. Die Oasenstadt Timbuktu mit heute 32.000 Einwohnern liegt am südlichen Rand der Sahara und ist seit alter Zeit eine Handelsstadt am Schnittpunkt großer Handelsstraßen. Bis heute haben sich die archaisch anmutenden Salzkarawanen der Tuareg erhalten, wobei Salz in großen Platten von circa 25 bis 30 Kilogramm auf dem Rücken von Kamelen durch die Wüste transportiert und erst für Verkauf und Nutzung in kleinere Einheiten zerteilt wird.

6.3.5 „Salztasche"

Westasien, Mittlerer Orient, Iran, Lori.
Provenienz: Sammlung Herbert Bieler.
H. 30 cm, B. 39 cm, Hals: 20 x 15 cm. Wien,
Museum für Völkerkunde, Inv.-Nr. 177358
„Namakdan" ist die Bezeichnung dieser rechteckigen Salztasche mit scharf abgesetztem, rechteckigem Hals. Sie ist in einem Stück gefertigt und vermutlich in der ersten Hälfte des 20. Jahrhunderts entstanden. Die Vorderseite in Knüpftechnik (Weiß, Blau, Rot, Grün, Gelb, Braun) zeigt geometrische Motive, wobei die Komposition von der „Flaschenhalsform" der Salztasche bestimmt wird. Das Gewebe auf der Vorderseite zeigt eine Bordüre mit Längs- bzw. Schrägstreifen (in Rot, Blau, Braun, Gelb). Die Rückseite ist in Kelimtechnik mit horizontalen Streifen (in Indigo, Dunkelrot, Gelb, Braun) gefertigt; der Mittelteil weist eine formenumschließende Verzahnung auf.

Salztaschen wurden hauptsächlich von Hirten verwendet. Sie nahmen darin Steinsalz für ihre Herden mit, denn in den Bergen musste ihnen Salz gegeben werden. Der schmale Hals der Tasche wurde umgeklappt und man verhinderte so, dass der Inhalt verschüttet wurde. In allen alten Kulturen war Salz kostbar und seine Verschwendung galt als ein Sakrileg.

6.3.6 Tasche für Salz

Aus Birkenrinde zusammengenäht. Asien, Sibirien, Orotschonen. Provenienz: Sammlung Adolph Traugott Dattan (* 1854, † 1924).
12,5 cm x 7,5 cm. Wien, Museum für Völkerkunde, Inv.-Nr. 60376
Die Orotschonen (Orotschen) sind ein Volk in Sibirien, tungusischen Stammes, dessen Wohngebiet an beiden Ufern des Flusses Amur im Norden bis Jablonowoi Krebet, von den Quellen des Flusses Amazor bis zu denen des Oldoi, reicht. Die Orotschonen leben meist als umherstreifende Jäger und betreiben nebenbei am Meer und an den Flüssen auch Fischfang. Ihre Salztasche besteht, ihrer kargen Lebenswelt ￭￭￭￭￭￭￭￭￭￭￭￭ ￭￭￭ ￭￭￭￭￭￭￭￭￭￭ ￭￭￭￭￭￭ Birkenrinde.

6.3.7 Salzgefäß aus Keramik

Avanos, Zentralanatolien, Türkei. Provenienz: Sammlung Werner Finke
Wien, Museum für Völkerkunde, Inv.-Nr. 166711
„Tuzluk" ist der türkische Begriff für „Salzstreuer" bzw. „Gefäß für Salz". Dieses Salzgefäß besteht aus unglasiertem, gebranntem Ton und ist rund mit leicht bauchiger Wand, wobei die Lippe nicht abgesetzt ist. Leichte Drehrillen

und ein Namenszug am Boden sind sichtbar. Herkunftsort dieses Salzgefäßes ist Avanos (Provinz Nevşehir und Region Kappadokien), eine Kleinstadt mit circa 12.000 Einwohnern, die am Kızılırmak, dem längsten Fluss der Türkei, liegt.

6.3.8 Salzgefäß

Herkunft: Guyaba und Semoisi, Suriname River, Surinam. H. 21, Dm. 17 cm. Standring: Dm. ca. 10 cm, H. ca. 2–3 cm. Wien, Museum für Völkerkunde, Inv.-Nr. 60376 und Inv.-Nr. 184616
Dieses Salzgefäß wurde von den Saramaka, einem Volk, das von entflohenen Sklaven afrikanischer Herkunft abstammt, die im 17. und 18. Jahrhundert Siedlungen im Regenwald Surinams gegründet hatten, verwendet. Die Rauchspuren an der Kalebasse stammen daher, dass diese über der Feuerstelle aufgehängt war, um das Salz vor der im Klima Surinams üblichen, hohen Luftfeuchtigkeit zu schützen. Der zugehörige Standring ist mit einer Ausschneidung verziert, was typisch für die Gemeinde Semoisi ist.

6.4 SPEISESALZ

6.4.1–20 Eine Auwahl von zwanzig zeitgenössischen Salzprodukten, die zum menschlichen Genuss geeignet sind. Bad Ischl, Salinen Austria AG

„Wir sind das Salz für das neue Europa", so der Leitspruch der Salinen Austria AG. Doch Salz ist nicht gleich Salz und wird auch nicht nur für den Verzehr durch den Menschen hergestellt. Salz gibt es von den Salinen in vielen Formen und Produkten: als Gewerbesalz, Industriesalz, Nahrungsmittel, Speisesalz, Kristallsalz, Tafelsalz, Grobsalz, Alpensalz, Meersalz, Gewürzsalzmühlen, Gewürzöle, Körperpflegeprodukte, Auftausalz, Straßenstreusalz, Viehsalz und als Wildlecksteine.

7. RAUM:
VERKEHRSGESCHICHTE – DAS SALZKAMMERGUT „ERFAHREN"

7.1 GLÄSER MIT SALZKAMMERGUT-ANSICHTEN

7.1.1 Sockelbecher („Traunkirchen mit den [!] Traunsteine"). Böhmen, um 1840

Farblos, goldrubin unterfangen, abgesetzte Lippe, vergoldet, erhabenes Bildfeld mit gravierter Ansicht: „Traunkirchen mit

7.1.1 Sockelbecher („Traunkirchen"): Verkleinerungslinse   Foto: Simak, 2008

den (!) Traunsteine". Verkleinerungslinse, sechsteiliger Sockel, hochgeschliffene Noppen, die erhabenen Teile breitrandig vergoldet, pastose Zierelemente: versilbert (oxydiert) und vergoldet. H. 12,8 cm. Privatbesitz

7.1.1a Kupferstich „Traunkirchen mit den (!) Traunsteine.". Um 1830

H. 5,8 cm, B. 8,6 cm. Privatbesitz
Zum Sockelbecher wird auch eine selten erhaltene graphische Vorlage, nach der die Ansicht ins Glas geschliffen wurde, präsentiert.

7.1.2 Freundschaftspokal. Böhmen, 2. Viertel des 19. Jahrhunderts

Farblos, bernsteinfarben gestrichen. Veduten von Ischl: „Badhaus in Ischl", „Wirer's Hain", „Schmalnau". Monogramm: „Erinnerung K. F.". Gezackte Standfläche mit ￭￭￭￭￭￭￭￭￭￭￭ ￭￭ ￭￭ ￭￭￭ ￭￭￭￭￭￭￭

7.1.3 Zylindrischer Becher („Kaiser Ferdinandsplatz in Ischl"). Böhmen, 2. Viertel des 19. Jahrhunderts

Farblos, von der Innenseite weiß gemaltes, rechteckiges Feld, darauf Emailfarbenmalerei. Rückseitig bezeichnet: „Kaiser Ferdinandsplatz in Ischl", Ränder und Kartuschen mit Goldfarbe. H. 12 cm. Privatbesitz

Traunkirchen mit den Traunsteine.

7.1.1a

Foto: Simak, 2008

Lit.: Gustav Pazaurek: Gläser der Empire- und Biedermeierzeit, 2. Aufl. Braunschweig 1976, 370 und 372.

Ischls Aufstieg zum Weltkurort, späteren Sommersitz des österreichischen Kaisers und der europäischen Hocharistokratie ist eng mit Graf Franz Anton von Kolowrat-Liebsteinsky (* 1778, † 1861) verbunden. Als der Vorbesitzer, ein Herr Manz von Mariensee, 1830 gestorben war, erwarb Graf Kolowrat das älteste Schlösschen Ischls am Wolfsbühel, das auch über eine kleine Sternwarte verfügte. Im Folgejahr wurde dieser Ansitz renoviert und Graf Kolowrat gestattete dem Publikum den freien Eintritt in den Park und zur Plattform des Gebäudes, wo man einen ungehinderten Fernblick hatte. Graf Kolowrat ließ auf der Hoisenradalm aber auch ein Schweizerhaus erbauen. Dessen Aussichtsturm hieß „Kolowratsturm". Dieses Gebäude brannte aber bald nieder.

7.1.11 Souvenirlöffel mit Ansicht und Wappen von Ischl

13 cm x 2,5 cm. Privatbesitz

7.1.12 Souvenirlöffel mit Ansicht und Wappen von Gmunden

13 cm x 2,5 cm. Privatbesitz

7.1.13 Badeglas („Der Gosauzwang 3 Stunden von Ischl"). 1814

Datierung unter Gedicht. Becher, am unteren Teil der Wandung mit Schliffdekor; Mundrand vergoldet; an der Schauseite in Schwarzlotmalerei Ansicht beschriftet in Gold „Der Gosauzwang 3 Stunden von Ischl". H. 11,3 cm. Linz, OÖ. Landesmuseen, Inv.-Nr. J 457

Auf der Rückseite in Goldschrift das Gedicht:
„Wo aus dem Thal der rasche Wildbach dränget, /
Stellt sich das Monument der Baukunst dar, /
Auf kühnen Pfeilern, wie in Lüften hänget, /
Die Brücke, welche stets bewundert war. /
Der Wanderer starrt beim Aufblick und es enget /
Die Furcht ihm seine Brust, sie sträubt sein Haar, /
Er zittert, bebt beim Eintritt in die Brücke, /
Doch stand hier der Monarch mit festem Blicke."

Kaiser Franz I. beschritt im Jahr im Jahr 1814 den so genannten Gosauzwang, der die Schlucht des Gosauzwanges quert und als technische Meisterleistung damals auch die Bewunderung des Auslandes erregte. Der Bildhauer Franz Anton von Zauner fertigte einen Entwurf

7.1.4 Zylindrischer Becher („Andenken von Gmunden"). Oberschwarzenberg, 2. Viertel des 19. Jahrhunderts

Farblos, von der Innenseite weiß gemaltes Feld, darauf Schwarzlotmalerei: „Andenken von Gmunden". Ränder, Kartuschen und kleine florale Verzierungen auf der Rückseite in Goldfarbe, Bodenstern. H. 12. cm. Privatbesitz

7.1.5 Vedutenbecher („Villa Kinsky"). Böhmen, letztes Viertel des 19. Jahrhunderts

Farblos, ausladende Wandung mit rotlasiertem Feld, darin gravierte Ansicht: „Villa Kinsky", von roten Weinlaubranken umgeben. H. 11,8 cm. Privatbesitz

7.1.6 Fußbecher („Kirche in St. Wolfgang"). Böhmen, letztes Viertel des 19. Jahrhunderts

Konisch, farblos, mit rotlasiertem Feld, darin gravierte Ansicht: „Kirche in St. Wolfgang". Rote Weinlaubranken, Stand teilweise rot gestrichen. H. 16 cm. Privatbesitz

7.1.7 Sockelbecher („Badhaus in Ischl"). Böhmen, um 1850

Farblos, facettierte Wandung, abgesetzte Lippe, Kanten und ovales Feld purpurviolett lasiert, gravierte Ansicht: „Badhaus in Ischl". Verkleinerungslinse. H. 9,5 cm. Privatbesitz

7.1.8 Fußbecher („Ansicht von Gmunden"). Oberschwarzenberg, 2. Viertel des 19. Jahrhunderts

Farblos, ausladende Wandung, von der Innenseite weiß gemaltes Feld, darauf Schwarzlotmalerei: „Ansicht von Gmunden". Ränder, Kartuschen und kleine florale Verzierung auf der Rückseite mit Goldfarbe. H. 15,5 cm. Privatbesitz

7.1.9 Eisglasbecher („Kohlenstein bei Ischl"). Böhmen, 2. Hälfte des 19. Jahrhunderts

Mit vergoldeten Rändern, von der Innenseite weiß gemaltes ovales Feld, darauf Emailfarbenmalerei: „Kohlenstein bei Ischl", mit zahlreichen, rosafarbenen, auf der Innenseite weiß unterlegten Halbkugeln umgeben. H. 13,5 cm. Privatbesitz

7.1.10 Sockelbecher („Ansicht des Sommerschlöschens [!] Seiner Ex. Gr. Von Kolowrat in Ischl"). Böhmen, 2. Viertel des 19. Jahrhunderts

Höhe 11,5 cm. Farblos, bernsteinfarben gestrichen, facettierte Wandung, abgesetzte Lippe, erhabenes Bildfeld mit gravierter Ansicht: „Ansicht des Sommerschlöschens (!) Seiner Ex. Gr. Von Kolowrat in Ischl". Verkleinerungslinse, vielpassiger Stand mit Strahlenschliff. H. 11,5 cm. Privatbesitz

für ein Denkmal des Monarchen beim Gosauzwang an.

7.1.14 Badeglas („Badhaus in Ischl"). 2. Viertel des 19. Jahrhunderts

Konischer Ranftbecher mit Schliff- und
Schnittdekor, rot; an der Schauseite
Ansicht beschriftet „Badhaus in Ischl",
rot; Rundmedaillons an der Rückseite
weiß und goldgehöht. H. 11 cm. Linz,
OÖ. Landesmuseen, Inv.-Nr. J 498

7.1.15 Badeglas („Andencken von Ischl"). 2. Viertel des 19. Jahrhunderts

Ranftbecher mit geweitetem Mundrand,
sechsfach facettiert; hellrot, Ranft und
Mundrand vergoldet; dichter Rankendekor
in Gold auf der Wandung; auf der Schauseite
die Beschriftung „Andencken von Ischl".
H. 11,8 cm. Linz, OÖ. Landesmuseen,
Inv.-Nr. J 359

7.1.16 Badeglas („Andenken von Bad-Ischl"). 2. Hälfte des 19. Jahrhunderts

Ranftbecher mit geweitetem Mundrand; an
der Schauseite in rechteckigem gelbem Feld
in Schnitt die Fassade des Ischler Badhauses,
darunter die Beschriftung „Andenken von Bad-
Ischl". H. 12 cm. Linz, OÖ. Landesmuseen,
Inv.-Nr. J 412

In Franz Carl Weidmann: Der Führer nach und
um Ischl. Handbuch für Reise und Badegäste,
Wien 1849, 27 findet sich folgende Beschreibung: „Das alte kleine Badhaus ward 1831
erbaut. Baumeister war der Architekt Lößl.
Dieses Badhaus steht am Ferdinandsplatze, der
Pfarrkirche gerade gegenüber. Es enthält zwan-
zig zu Voll- und Douchebädern eingerichtete
Badezimmer und einen schönen Conversations-
Salon. 54 korinthische Säulen und 8 Pilaster
tragen die Decke des Gebäudes. Mit dieser Co-
lonnade sind zwei zum Anfahren der Equipa-
gen geeignete Portikus in Verbindung gesetzt.
Über der Facade prangt die Inschrift: In Sale et
Sole omnia consistunt. Dicht an diesem Bade-
haus befindet sich auch die Wandelbahn …"
Im Badehaus befand sich auch die „Trinkkur-
Anstalt", die aus drei Quellen gespeist wurde.

7.2 REISEFÜHRER

7.2.1 „Album vom Salzkammergute und Linz"

Mit 16 Ansichten in Stahl gestochen. –
Salzburg: Baldi, ohne Jahr
(ca. 1850). H. 24 cm, B. 19 cm. Linz,
OÖ. Landesmuseen, Bibliothek,
Inv.-Nr. I 9234

7.2.2 „À travers le Salzkammergut. Voyage pittoresque dans la „Suisse autrichienne"". 1896

Auguste Marguillier. Erscheinungsort:
Paris: Hachette. 24 cm x 29,5 cm. Linz,
OÖ. Landesmuseen, Bibliothek,
Inv.-Nr. II 1190

7.2.3 „Reisen durch Oberösterreich: in den Jahren 1794, 1795, 1802, 1803, 1804 und 1808". 1809

Joseph August Schultes. Erscheinungsort:
Tübingen: Cotta. Linz, OÖ. Landesmuseen,
Bibliothek, Inv.-Nr. I 8704/1+2

7.2.4 „Panorama des Schafberges nächst Ischl in Oberösterreich". 1856

Friedrich Simony. Untertitel: „Nach der Natur
gezeichnet und Seiner kaiserlichen Hoheit Erzherzog Ludwig von Oesterreich gewidmet".
Wien: Wernigk, ohne Jahr. Leporellofaltung.
36 cm x 26 cm. Linz, OÖ. Landesmuseen,
Bibliothek, Inv.-Nr. III-361

7.2.5 „Wegweiser durch das k. k. Salz-Kammergut und die nächsten Umgebungen in Österreich ob der Enns für einen Fußreisenden". 1814

Schibl. Linz: Kastner. 10,7 cm 15,6 cm. Linz,
OÖ. Landesmuseen, Bibliothek,
Inv.-Nr. I 3709

7.2.6 „Das Kaiserliche Königliche Oberösterreichische und Steyermärkische Salzkammergut mit den Umgebungen". 1819

Ignaz Karl Lindner: Kaiserlich-königlicher
Salzoberamtsrath in Gmunden. Untertitel:
„Bey Anhoffung Ihrer Kaierlichen
Königlichen Majestäten aus Italien. Aesthetisch
beschrieben. Wels: Michael Haas.
13 cm x 18,5 cm. Linz, OÖ. Landesmuseen,
Bibliothek, Inv.-Nr. I 3134

7.2.7 „Bayerisches Alpenbuch" Um 1876

Heinrich Noe: Untertitel „Die deutschen
Hochlande in Wort und Bild". Band 1:
„Salzkammergut, Oberbaiern und Allgäu:
Naturansichten und Gestalten". Glogau:
Verlag von Carl Flemming, ohne Jahr.
13,5 cm x 19 cm. Linz, OÖ. Landesmuseen,
Bibliothek, Inv.-Nr. I 14297

7.2.8 „Das Salzkammergut: Reisehandbuch". 1922

Herausgegeben vom Österreichischen
Verkehrsbureau. Wien: Selbstverlag.

13 cm x 20,5 cm. Linz, OÖ. Landesmuseen,
Bibliothek, Inv.-Nr. I 19016

7.2.9 „An English visitor sees the Salzkammergut". 1951

Elisabeth Wopfner. Linz: Oberösterreichischer
Landesverlag. 20,5 cm x 15 cm. Linz,
OÖ. Landesmuseen, Bibliothek,
Inv.-Nr. I 14187

7.2.10 „Taschenfahrplan und Illustrierter Führer". 1912.

21 cm x 10,7 cm. Linz, OÖ. Landesmuseen,
Bibliothek, Inv.-Nr. 13726

7.2.11 „Der Führer nach und um Ischl: Handbuch für Badegäste und Reisende". 1849

Franz Carl Weidmann. 2. vermehrte und
verbesserte Auflage. Wien: Carl Gerold.
H. 16 cm. Linz, OÖ. Landesmuseen,
Bibliothek, Inv.-Nr. I 9199

7.2.12 „Der Traunkreis". 1840

Franz Carl Weidmann. Wien: Müller.
22,5 cm x 27,5 cm. Linz, OÖ. Landesmuseen,
Bibliothek, Inv.-Nr. I 1924

7.2.13 „Das Salzkammergut in Wort und Bild". 1990

Hilde Witzlsteiner. Untertitel: „Mit der
Kamera durchs Jahr". Bad Ischl: Wimmer.
Linz, OÖ. Landesmuseen, Bibliothek,
Inv.-Nr. III 1255

Als erste Vorläufer wissenschaftlicher Reisebeschreibungen sind die geographischen Schriften der Antike anzusehen. In der Renaissance
schrieb der oberösterreichische Adelige Georg
Christoph Fernberger, Eigentümer des Schlosses
Eggenberg in Vorchdorf, über seine Fernreisen
ein in lateinischer Sprache abgefasstes Reiseta-
gebuch (1588–1593) (Sinai, Babylon, Indien,
Heiliges Land, Osteuropa). Im Zeitalter der
Aufklärung war es Johann Georg Adam Forster
(* 1754, † 1794), der an der zweiten Weltum-
segelung von Captain James Cook 1772 bis
und 1777 darüber eine für das allgemeine Publikum gedachte Reisebeschreibung unter dem
Titel „Reise um die Welt" veröffentlichte. Dieses
Werk übte einen starken Einfluss auf die sich
entwickelnde deutsche Reiseliteratur, unter anderem auch auf Alexander von Humboldt, aus.
Den Klassiker der Salzkammergut-Reiseliteratur
verfasste der Mediziner, Botaniker und Naturwissenschafter Joseph August Schultes (* 1773,
† 1831), der – seit 1809 Professor der allgemeinen Naturgeschichte und Botanik an der Uni-

versität Landshut – im Jahr der Erlangung seiner Landshuter Professur sein Werk „Reisen durch Oberösterreich: in den Jahren 1794, 1795, 1802, 1803, 1804 und 1808" veröffentlichte. In diesem pries er das Salzkammergut, indem er in wissenschaftlicher Manier auch auf die Größe des Landes und den Umfang seiner Seen hinwies. Elf Jahre nach Joseph August Schultes gab Johann Steiner seinem in Linz erschienenen Reiseführer den Titel „Der Reisegefährte durch die österreichische Schweitz oder das ob der ennsische Salzkammergut", den in leicht abgewandelter Form 1896 auch Auguste Marguillier, der übrigens mehrfach in der Grillenvilla des Grafen Anton von Prokesch-Osten in Gmunden zu Gast war, für seine in Paris erschienene Reisebeschreibung „À travers le Salzkammergut. Voyage pittoresque dans la ‚Suisse autrichienne'." verwendete.

7.3 KAISERLICH REISEN – HOFWARTESAAL

7.3.1–7.3.4 Möbel und Bilder aus dem Hofwartesaal

7.3.1 Prunkfauteuil („Thronsessel")
H. 138 cm, B. 70 cm, T. 75 cm. Linz, OÖ. Landesmuseen, Inv.-Nr. T 1979/0018
Zwei dieser schweren Prunkfauteuils wurden vom bayerischen Königshaus anlässlich der Eröffnung des Linzer Hauptbahnhofes im Jahr 1858 dem Hofwartesaal zugewiesen. Die Fauteuils sind mit Armstützen und hoher gerader Lehne ausgestattet: Das der Kaiserin weist auf der Lehne eine Kartusche mit dem bayerischen Wappen, das des Kaisers eine Kartusche mit einem österreichischen Wappenzeichen, dem rot-weiß-roten Bindenschild, auf. Das reich geschnitzte und vergoldete Holzgestell ist mit zitronengelben Brokatstoff bespannt. Zur Ausstattung des Hofwartesaals gehörten auch die von Josef Eckl gemalten Portraits des Kaiserpaares.

7.3.2 Couch
H. 135 cm, B. 180 cm, T. 80 cm. Linz, OÖ. Landesmuseen, Inv.-Nr. T 1979/0021
Zur Ausstattung des Hofwartesaals gehörten auch ein Empfangstisch, eine Sitzbank und Stühle.

7.3.3 Portraitgemälde „Kaiser Franz Joseph I.". Um 1860
Josef Eckl. Ölgemälde des Kaisers auf Holz, mit silberfarbenem Reliefrahmen. Brustbild des Kaisers in Uniform (auf grünem

Hintergrund) mit der Aufschrift „Franz Joseph I., Kaiser von Österreich". H. 74 cm, B. 55 cm. Linz, OÖ. Landesmuseen, Inv.-Nr. T 1979 / 0020
Lit.: R. Despalmes: Katalog der eisenbahngeschichtlichen Sammlung, 1951, Nr. 211 und 212 (Kaiserin Elisabeth)

7.3.4 Portraitgemälde „Kaiserin Elisabeth". Um 1860
Josef Eckl. Ölgemälde der Kaiserin auf Holz (auf grünem Hintergrund), mit reliefiertem Goldrahmen. Die Kaiserin trägt ein weißes Kleid und eine Perlenkette. Das Brustbild trägt die Aufschrift „Elisabeth, Kaiserin von Österreich". H. 73 cm, B. 56 cm. Linz, OÖ. Landesmuseen, Inv.-Nr. 1979/0017

7.3.5 Menagekoffer für sechs Personen. Wien, um 1900
Alpaka, Glas, Porzellan. 1 Kochapparat: H. 11,1 cm, 1 Teekanne: 19,1 cm, 2 Email-Speisedosen: H. 7,8 cm, L. 19,5 cm, B. 13 cm, 6 Messer: L. 21,7 cm, 6 Gabeln: L. 17,4 cm, 6 Teelöffel: L. 10,8 cm, 2 kleine Löffel: L. 9,5 cm und 8,6 cm, 2 Glasdosen mit Verschluss: H. 6,3 cm, 1 große Porzellandose mit Lederband: H. 10,3 cm, 2 Blechdosen: H. 6,7 cm, L. 7,5 cm, B. 6 cm, 2 Glasflaschen mit Verschluss: H. 18 cm, 6 Trinkbecher, innen vergoldet: H. 5,3 cm, 6 Schalen mit Draht-Einsatz: H. 5,5 cm, 6 Untertassen: Dm. 12,5 cm, 6 Serviertassen: L. 20,2 cm, B. 15 cm, 6 Servietten: L x B. 40 cm, 1 Spiritusbehälter: H. 15,1 cm, 1 Menage-Kassette aus Rindsleder: H. 26,5 cm, L. 69,7 cm, B. 20 cm, 1 Überzug für die Kassette erhalten. Wien, Bundesmobilienverwaltung, Hofmobiliendepot – Möbelmuseum Wien, Inv.-Nr. 180017/001-039.
In England entwickelten besonders die Firmen Albert Barker sowie Drew and Sons seit dem 3. Viertel des 19. Jahrhunderts ähnliche „Picnic-Sets" in gediegener und luxuriöser Ausstattung. Diese Reiseutensilien wurden sowohl in Lederkoffern als auch in Körben angeboten.

7.4 EISENBAHN UND SALZKAMMERGUT-SCHIFFFAHRT

7.4.1 „Die Eisenbahn von Linz bis Gmunden". Um 1840
Untertitel: „Mit 27 Ansichten von interessanten, sich an der Bahn befindenden Gegenständen, 6 größeren Ansichten von Linz, Gmunden, Ebenzweier, Traunkirchen, Ebensee

und Ischl nebst einem Panorama des Traun-(Gmundner-)Sees". Wien: Peter Rohrmann, ohne Jahr. Linz, OÖ. Landesmuseen, Bibliothek

7.4.2 Plakat „Salzkammergut. K. K. Österreichische Staatsbahnen". Um 1910
Entwurf: Ferdinand Brunner, Druck: Druckerei Haase Prag. Lichtdruck. 89 cm x 67 cm. Wien, Österreichische Nationalbibliothek, Flugblätter-, Plakate- und Exlibris-Sammlung, Inv.-Nr. 16305522
Bad Ischl war bereits seit den Aufenthalten von verschiedenen Mitgliedern der Dynastie in der Biedermeierzeit eine beliebte Sommerfrischedestination von Gästen aus Wien. Kaiser Franz Joseph I., der sein Dasein mit einem Kuraufenthalt seiner Mutter, Erzherzogin Sophie, verdankte, verbrachte während seines langen Lebens zweiundachtzigmal den Sommer in Ischl. 1853 hatte er sich hier mit seiner Cousine, Elisabeth von Bayern, verlobt: Durch die Präsenz des Regenten sowie vieler hoher Adeliger, Diplomaten und Hofleute in seinem Gefolge bekam der Kurort auch beim Wiener Publikum ein besonderes Flair. Zwar hatte es sogar Pläne gegeben, auch Teile des Publikums der Wiener Weltausstellung 1873 ins Salzkammergut zu leiten, aber erst durch die Fertigstellung der Kronprinz-Rudolf-Bahn und damit eine tatsächliche Anbindung an die Westbahn im Jahr 1877 gelang eine breitenwirksamere touristische Erschließung des Salzkammergutes. Bad Ischl, Gmunden und auch der Attersee entwickelten sich im Sommer zu noblen Aufenthaltsorten von erholungssuchenden Städtern. Es war nun eine zeitgemäße und bequeme Anreise in das Salzkammergut möglich, wohingegen bisher bei Kombination der Verkehrsmittel Bahn, Dampfschiff und Postkutsche eine Reise von Wien nach Ischl in der Regel vierzig Stunden dauerte.

7.4.3 Plakat mit der Aufschrift „Hier zu haben: Illustrirte Führer auf den K. k. österr. Staatsbahnen". 1898
Entwerfer: Politzer (?). Herstellung: Steyrermühl Wien. Lithographie & Buchdruck & Lichtdruck. Wien, Österreichische Nationalbibliothek, Flugblätter-, Plakate- und Exlibris-Sammlung, Inv.-Nr. 16305600
Das Plakat wirbt, unter anderem auch mit Motiven aus dem Salzkammergut, für den Führer der K. k. österreichischen Staatsbahnen, in welchem neben dem Betriebsreglement, den verschiedenen Tarifen für In- und Ausland auch die diversen Kurorte der Monarchie sowie die

verschiedenen Aktivitäten sportlicher und touristischer Fahrten ausgewiesen bzw. beschrieben werden.

7.4.4 Büste Adalbert Lannas (1805–1866). Um 1879

Herstellung: Erzgießerei Pönninger, Wien. Portraitkopf: H. 80 cm, B. 55 cm, T. 30 cm. Sockel: Dm. 27 cm. Budweis, Südböhmisches Museum

Das im 18. Jahrhundert in Böhmen auftretende Geschlecht der Lanna stammt aus Oberösterreich und beginnt die Stammreihe mit Simon Lahner, 1704 Hausbesitzer in Wisau, Gemeinde Ebensee, dessen Enkel Thomas sich um 1770 in Böhmen Lanna nennt. Adalbert Lanna (* 23. 4. 1805 Budweis, † 15. 1. 1866), der Sohn eines Schiffsmeisters, begann 1820 das Studium der technischen Wissenschaften am Polytechnischen Institut in Prag, das er 1823 abbrach, um eine Lehre bei seinem Vater zu machen. Seit 1825 Steuermann, befuhr Lanna Moldau und Elbe, unternahm seit 1828 Floßfahrten bis nach Hamburg und wandte sich dann dem Bau- und Brennstoffhandel aus dem Böhmerwald zur Nordsee zu, den er später bis nach England und Amerika ausdehnte. Nach dem Tod seines Vaters 1828 übernahm Lanna auch dessen Schiffsmeisterei, beteiligte sich 1831 am Bau der Linz-Budweiser Pferdeeisenbahn und führte schließlich das ganze Transportgeschäft von Gmunden nach Budweis durch. Er hatte aber auch Anteil am Ausbau der Verkehrswege und der Großindustrie Böhmens, führte alle Regierungsaufträge über Wasserbauten an den Reichsflüssen in Böhmen aus und baute eigene Werften in Budweis, Kralup und Aussig. 1839 bis 1841 errichtete Lanna die Kettenbrücke und den Moldau-Quai in Prag; er förderte auch den Ausbau des Böhmischen Eisenbahnnetzes sowie die Erschließung der Kohlen- und Eisenlager des Gebiets von Kladno und gründete zahlreiche Industriebetriebe.

Die zahlreichen Freunde und Verehrer Lannas ließen ihn in einem von Professor Franz Pönninger modellierten und in Bronze gegossenen, überlebensgroßen Standbild aus Bronzeguss, das am 25. Mai 1879 in Budweis feierlich enthüllt wurde, ein würdiges Denkmal. Nach dem Ende des Eisernen Vorhanges wurde dieses Denkmal 1993 in Budweis erneuert. Die ausgestellte Büste dürfte eine im Zuge der Denkmalerrichtung entstandene, kleinere Variante des Pönningerschen Entwurfes für das Portrait Lannas sein. Eine Portraitbüste Lannas aus Marmor schuf der Bildhauer Emanuel Max Ritter von Wachstein (* 19. 10. 1810, † 22. 2. 1901).

7.4.5 Dampfschiff „Sophie". 20. Jahrhundert

Modell. L. 107 cm, B. 30 cm, H. 50 cm. Privatbesitz

In einem Kerngebiet der industriellen Revolution, in den englischen West-Midlands, wurde erstmals 1820 eine Dampfmaschine in ein Schiff eingebaut. Nachdem man sich von der Verwertung dieser technischen Entwicklung in der Binnenschifffahrt des europäischen Festlandes lukrative Gewinne erwartete, bemühten sich John Andrews (* 1787, † 1857) und Joseph Prichard um Konzessionen für einen Schifffahrtsbetrieb in der Donaumonarchie. Sie hatten mit ihren Bestrebungen Erfolg und so kam es am 13. März 1829 zur der Gründung der „Ersten k. k. privilegierten Donau-Dampfschifffahrts-Gesellschaft". Da es bei dieser aber zu Unstimmigkeiten zwischen dem Verwaltungsrat und den Pächtern aus England kam, verlegten Andrews und Ruston ihr Interesse an den Traunsee, der durch den Salztransport und den aufstrebenden Fremdenverkehr gute Geschäfte versprach. Andrews Ingenieur, Joseph John Ruston, begann mit der Konstruktion und dem Betrieb des ersten Dampfschiffes auf dem Traunsee, das mit Dampfmaschinen und Kesseln der englischen Firma Boulton & Watt ausgestattet und in Ebensee auf Kiel gelegt wurde: Nach einer Probefahrt am 22. April 1839 konnte am 15. Mai dieses Jahres die erste offizielle Fahrt des Dampfschiffes „Sophie", das nach Erzherzogin Sophie, der Mutter Kaiser Franz Josephs I., benannt wurde, über den Traunsee erfolgen. Das war eine kleine Revolution der Transportmöglichkeiten am See. Zwar war schon seit dem Jahr 1814 beim Salzoberamt in Gmunden für die Mitglieder des Kaiserhauses ein eigenes Kaiserschiff stationiert worden. Dieses musste aber noch über den See gerudert werden. 1858 kam als zweites Traunseeschiff die 45 Meter lange „Elisabeth" hinzu und 1870 erfolgte in der Rustonschen Werft in Wien-Floridsdorf die Kiellegung für das größte Traunseeschiff mit einer Länge von 52 Metern. Nach der Fertigstellung musste dieses Schiff wieder in seine Einzelteile zerlegt werden; es wurde per Bahn nach Rindbach bei Ebensee gebracht und im Jahre 1871 zusammengesetzt. Die oszillierende (schwingende) Dampfmaschine ließ man bei der „Prager Maschinenfabrik AG", an der die Brüder Ruston beteiligt waren, fertigen. Am 24. September 1871 konnte die erste Probefahrt dieses Schiffes, dessen Namenspatin eine Tochter Kaiser Franz-Josephs I., Gisela, wurde, auf dem Traunsee erfolgen und 1872 wurde mit dem regulären Betrieb der „Gisela"

begonnen. Am 20. Mai 1873 wurde mit dem Raddampfer „Kaiser Franz Joseph I." auch die Passagierschifffahrt auf dem Wolfgangsee feierlich eröffnet. Bereits im Jahr 1869 hat Graf Khevenhüller-Frankenburg, der Besitzer der Herrschaft Kammer, einen ersten Schiffahrtsbetrieb auf dem Attersee ins Leben gerufen, und 1872 begann mit dem vom Grafen Khevenhüller angekauften, in der Linzer Werft des Ignaz Mayer gebauten Schraubendampfer „Ida" die Geschichte der Mondseeschifffahrt.

Nachdem infolge des Ersten Weltkrieges der Fremdenverkehr im Salzkammergut eigentlich zum Erliegen kam und da nach dem Kriegseintritt Englands der Sohn des Gründers der Traunseeschifffahrt, Joseph John Ruston, als Staatsangehöriger einer feindlichen ausländischen Macht interniert wurde, ging ein Kapitel der Traunseeschifffahrt zu Ende, und am 1. Jänner 1918 wurde diese von Rudolf Ippisch erworben.

7.4.6–7 „Schmalspur-Dampflokomotive Nr. 4" (Baujahr 1890) und Dienstwagen D 765.

Modelle. Spurweite 760 mm. Lokomotive gebaut von der Firma Krauss-Linz. Fabr. Nr. 2341 (Achsfolge C 1 n 2 t). L. 38 und 40 cm, B. 15 cm, H. 20 cm. Mondsee, Salzkammergut-Lokalbahn-Museum

Pläne für eine Bahnverbindung zwischen Salzburg und Bad Ischl gab es bereits kurz nach der Fertigstellung der heutigen Westbahnstrecke zwischen Wien und Salzburg im Jahr 1860, wobei sich vor allem der stärker werdende Fremdenverkehr im Salzkammergut als Impulsgeber für die Bahnidee erwies. Nachdem verschiedenste Projekte in den 1880er-Jahren gescheitert waren, konnte schließlich Ing. Wilhelm Michel gemeinsam mit dem Bauunternehmen Stern & Hafferl in Wien im Jänner 1890 von Kaiser Franz Joseph I. eine Konzession *„zum Baue und Betriebe einer als schmalspurige Localbahn auszuführenden Locomotiveisenbahn von Jschl über Strobl, St. Gilgen und Mondsee nach Salzburg"* erlangen. Das erste Teilstück von Ischl-Lokalbahnhof nach Strobl (10 Kilometer) wurde nach der endgültigen Konstituierung der „Salzkammergut-Lokalbahn-Actien-Gesellschaft" im Sommer 1890 eröffnet; kaum ein Jahr später konnte das große Salzburger Teilstück von Salzburg nach Mondsee / St. Lorenz (30 Kilometer) dem Verkehr übergeben werden. Das technisch anspruchsvollste Teilstück zwischen Strobl und St. Lorenz wurde in nur zweijähriger Bauzeit realisiert, sodass Kaiser Franz Joseph I. bereits am 11. Juli 1893 von Gastein kommend mit der neu fertig gestellten Lokalbahn nach Ischl zur Sommerfrische weiterreisen konnte. Exakt ein Jahr später (Juli 1894) waren auch die letzten 3,5 Kilometer vom provisorischen Lokalbahnhof Ischl zum Ischler Staatsbahnhof verwirklicht und damit hatte die nun insgesamt 63,2 Kilometer lange Bahnlinie ihre endgültige Gestalt erreicht. Bis zum Ersten Weltkrieg stand die Salzkammergutlokalbahn in hervorragender Weise im Dienste des Fremdenverkehrs (circa 400.000 Fahrgäste im Jahr 1914). Durch den Kriegsausbruch und die dem Ersten Weltkrieg folgenden, wirtschaftlich schwierigen Jahrzehnte war es nicht mehr möglich, größere Investitionen zu tätigen. Da man nach dem Ende des Zweiten Weltkrieges in den Autobusverkehr einstieg und auch der Individualverkehr zunahm, kam es Ende September 1957 zur Einstellung des Personenverkehrs und am 10. Oktober desselben Jahres auch zur Einstellung des Güterverkehrs der Salzkammergut-Lokalbahn.

Das Original der Schmalspur-Dampflokomotive Nr. 4 wurde für die Strecke Salzburg–Mondsee beschafft und war ab 11. Dezember 1892 in Mondsee stationiert. Im Zuge des Ersten Weltkrieges wurde sie im Oktober 1916 in das Kriegsgebiet nach Bosnisch-Brod abgegeben, für die Zeit von November 1916 bis Februar 1917 nach Triest überstellt, kam dann wieder zurück nach Bosnisch-Brod, wurde aber erst im Februar 1921 wieder an die Salzkammergut-Lokalbahn zurückgegeben. Aufgrund der Einstellung der nicht nur bei den Sommerfrischlern populären Salzkammergut-Lokalbahn, die von Heinz Musil und Albin Ronert in dem Lied „Zwischen Salzburg und Bad Ischl dampft eine kleine Eisenbahn" musikalisch verewigt wurde, hatte sie am 28. September 1957 ihren letzten Betriebstag und wurde 1958 als Leihgabe an das Gasthaus Zehetner in Haid bei Bad Ischl gegeben. Im Dezember 1992 wurde die Schmalspur-Dampflokomotive Nr. 4 nach České Velenice (deutsch Gmünd-Bahnhof, zuvor Unterwielands) abtransportiert, wo man sich nach vielen Überlegungen doch zu einer betriebsfähigen Aufarbeitung entschloss. Eine erste Probefahrt erfolgte im November 1995 von Gmünd (Niederösterreich) nach Alt-Nagelberg und zurück. Im Jänner 1996 wurde die Lokomotive zu weiteren Einstellungsarbeiten nach Obergrafendorf im Pielachtal überstellt: Es folgten Probe- bzw. Sonderfahrten von Obergrafendorf nach Kilb, Wieselburg und Gresten. Am 21. Mai 1996 konnte die originale Schmalspur-Dampflokomotive Nr. 4 in betriebsfähigem Zustand an das Salzkammergut-Lokalbahn-Museum in Mondsee zurückgegeben werden. Der originale Dienstwagen (D 765) wurde im Jahr 1891 als

Personenwagen C 22 geliefert, ein Umbau und die Umbenennung in D 765 erfolgten 1930. 1958 wurde der Waggon an die Steiermärkischen Landesbahnen verkauft. Nach einem Ankauf durch den Club 760 (Verein der Freunde der Murtalbahn) kam er schließlich als Leihgabe an das Salzkammergut-Lokalbahn-Museum und wurde im Jänner 1989 zur Aufarbeitung und zur Herstellung eines neuen Aufbaues in die HTL-Hallstatt gegeben, sodass er am 28. Juli 1991, anlässlich des Hundert-Jahr-Jubiläums der Strecke Salzburg–Mondsee, feierlich präsentiert werden konnte.

7.5 RADFAHREN

7.5.1 Hochrad der Firma Goldeband. 19. Jahrhundert

Rote Vollgummibereifung. Raddurchmesser: 54 Zoll. Altmünster, Oldtimermuseum „Rund ums Rad"

Das ausgestellte Modell eines Hochrades wurde von der Firma Goldeband mit Stammsitz in Wien gefertigt, es wurde aber auch mit Teilen aus englischer Erzeugung bestückt. Am Lenker befinden sich eine Glocke und ein Uhrbehälter (für Taschenuhren). Eine sehr seltene Kerzenlaterne der Marke „King of the road" von Josef Lukas hängt in der Achse.

1870 wurde von James Starley (1830–1881) und William Hillman (1848–1921) das erste „echte" Hochrad, das bereits mit reichhaltigem Zubehör, wie zum Beispiel Stahlfelgen, Haarnadelspeichen, Pedalen mit Gummibelag und Vollgummibereifung, ausgestattet war, unter dem Namen Ariel hergestellt. Der Name „Ariel" bezog sich auf den Luftgeist aus der Romanze William Shakespeares „Der Sturm" und sollte den „leicht wie Luft"-Charakter des Hochrades im Vergleich zu den herkömmlichen Tretkurbelrädern hervorheben. Das Hochrad fand großen Anklang, speziell bei wohlhabenderen Schichten der Bevölkerung, da ein solches Rad mit Vollgummireifen den Jahreslohn eines Arbeiters kostete. Im Lauf seiner Entwicklung wurde das Vorderrad des Hochrades weiter vergrößert, während das hintere zu einem reinen Stützrad verkümmerte: Das machte das Rad schneller, denn je größer der Durchmesser, desto weiter ist der Weg, den man mit einer Pedalumdrehung zurücklegen kann. Andererseits waren Stürze bei hohen Geschwindigkeiten sehr gefährlich. Das Hochrad hatte einen nicht unbedeutenden Anteil an der Weiterentwicklung der Mobilität der Menschen: Es waren Hochrad-Velozipisten, die die ersten Straßen asphaltieren ließen, um besser voranzukommen, und dazu

auch für die Anfertigung von Straßenkarten sorgten. Mit der Patentierung des Luftreifens am 7. Dezember 1888 durch den schottischen Tierarzt John Boyd Dunlop wurde der Ära der Hochräder relativ abrupt ein Ende gesetzt, weil bei Verwendung von Luftreifen ihr eigentlich einziger Vorteil, die bessere Abrollqualität, nun auch mit kleineren Laufrädern erreichbar war. Durch Anbringung des Kettenantriebes zum Hinterrad wurde das Niederrad möglich.

7.5.2 Urkunde „Karl Traunmüller. Ehrenmitglied im Gmundner Radfahrer-Verein 1894"

Adolf Fischer (1856–1908). Aquarell auf Karton. H. 73 cm, B. 54 cm. Gmunden, Kammerhofmuseum

Mit dem Ziel der Hebung des Radfahrsportes wurde im Juli 1894 der „Gmundner Radfahrverein" begründet. Dessen Gründer war der Kaufmann Karl Traunmüller, der noch im Gründungsjahr eine Ehrenmitgliedschaft erhielt. Nachdem im selben Jahr in Steyr auch mit der Produktion des Waffenrades begonnen wurde, nahm das Radfahren weiteren Aufschwung. Am 16. Juli 1898 wurde in Bad Ischl sogar ein Radfahrerfestzug zum fünfzigjährigen Regierungsjubiläum von Kaiser Franz Joseph I. veranstaltet.

Die Urkunde für die Ehrenmitgliedschaft Karl Traunmüllers fertigte der Maler und Illustrator Adolf Fischer (* 18. 5. 1856, † 23. 2. 1908), der Sohn des Graveurs Michael Fischer eines Freundes Adalbert Stifters und des Kunstsammlers Moriz von Az, an. Adolf Fischer studierte bei dem Portraitmaler Joseph Wallhammer, bei Professor Joseph Andreas Geyling in Linz und dem Landschaftsmaler Heinrich Vosberg in München. Seit 1885 leitete er in Gmunden eine Malschule. Er fertigte zahlreiche weitere illustrative Ehrenurkunden an. Der diesbezüglich vielleicht prominenteste Auftrag war eine „Große Glückwunschadresse des Salzkammergutes zum 70. Geburtstage Kaiser Franz Josephs I.". Adolf Fischer schuf unter anderem auch die zahlreichen Illustrationen zur „Geschichte der Stadt Gmunden" von Ferdinand Krackowizer.

7.6 BILDER VOM REISEN

7.6.1 Die Überfuhr des Malers Franz Steinfeld über den Gosausee. 19. Jahrhundert

Franz Eybl (Schule). H. ca. 60 cm, B. ca. 40 cm. Linz, Antiquitäten Ludwig Wimberger

Diese historische Kopie zeigt die Beliebtheit eines Werkes von Franz Eybl, das ein lehrreiches Beispiel für die sich vom zweiten Viertel des 19. Jahrhunderts an vollziehende Gattungsmischung von Genre und Portrait, Genre und Landschaft ist. Durch die Einbindung in einen Erzählzusammenhang wird die von dem Portrait des Akademieprofessors und Landschaftsmalers Franz Steinfeld ausgehende Darstellung zu einem Genrebild. Bemerkenswert ist, dass die typologischen Vorbilder der den Kahn rudernden Frau in der Tat Marmorplastiken waren. Während Franz Eybl im vorliegenden Bild eine ganz konkrete und durch äußerste Modelltreue gekennzeichnete Bewohnerin des Salzkammergutes den Maler Franz Steinfeld über den See setzen lässt, wird in der sechs Jahre später (1843) entstandenen Variation des Themas durch den Künstler („Überfahrt nach Hallstatt") eine idealisierte Auffassung seines Modells der Kahnführerin anstelle der naturgetreuen und realistischen Portraitdarstellung treten.

7.6.2 Traunfall

Anonymer Künstler. Öl auf Leinwand.
42 cm x 57 cm. Privatbesitz.

Ein ausführliche literarische Würdigung erfuhr der Traunfall bereits im Jahr 1683 in dem Roman „Kurtzweilige Sommer-Täge" von Johann Beer (* 28. 2. 1655 Sankt Georgen im Attergau, † 6. 8. 1700 Weißenfels) (V. Buch, XIX. Kapitel, 660–663): „Von dar kommt man / wie ich euer Gestreng vorher erzählet habe / auf den Fall / welches denen durchschiffenden fast der allergefährlichste Ort im gantzen Lande ist. Dieser Fall liegt zwischen Gmünden und dem so genanten Stadel / und was seinen Namen anbetrifft / so wird der Ort also genat /, weil daselbst die gesamte Traun / eines Hauß hoch über jähe Felsen abstürtzet / und also vor diesem gantz unmöglich durchzuschiffen war. Es hat aber ein vortrefflicher Werck-Meister ⌐ ⌐f hohe Unkosten des Keysers daselbst einen Canal durch den harten Felsen mit unbeschreiblicher Mühe dergestalten gehauen, / daß man heut zu Tage (obzwar mit guter Obsicht) dennoch gar wol und ohne Hindernis hindurch fahren / und also einen unglaublichen Unkosten ersparen kann / welchen man doch mit dem Saltz auf der Axe nach dem Stadel zu führen / anwenden müste. Dann weil von der obbesagten Stadt Gmünden aus biß in den Stadel / die Traun zwischen den Bergen geschlossen sehr tieff gehet / führet man mit wenigen Personen gleichsam in etlichen Stunden auf einem eintzigen Schiffe so viel Saltz nach dem Stadel / als sonsten mit hundert Pferden innerhalb 2. Tagen nicht konnte

vollendet werden. Wann ich der Reiß=Kunst erfahren wäre / wolte ich solchen Ort mit der Kreide figuriren / dann ich bin offtermalen da gewesen / und habe mit Augen angesehen / wie die Schiffe / gleichsam in einem Augenblick / durch den ausgebäumten Canal durch fahren / welcher sich weit über fünffhundert Schritt lang erstrecket / Jst also dieser durch den allmähligen Umschweiff so eingehauen / daß er bey seinem Ausfluß gantz gerade den andern Fluß wieder erreichet / und also damit fort gehet / und weil ich ehedessen auf dem Schlößlein zu Au bey dem Jäger mich aufgehalten / lieffe ich fast täglich dahin / die Schiffe durchpassiren zu sehen / und bekame dannenhero manche Kopff-Nüß / wann ich durch diese Zeitverschwendung meine andere Verrichtungen verabsaumet habe. Man hört diesen Fall / wann er geschlossen ist / auf eine gute Stand rauschen / dannenhero man leichtlich / absonderlich aber zu Nachts=Zeiten / weit umher abnehmen kann / ob er offen oder geschlossen sey. Der Fall=Meister daselbst ist mein naher Freund / und habe mit meinem Edel=Herrn von Hain / deme das Schlößlein Au zugehörte / manch gutes Frühstück alda verzehret." Für den 21. Oktober 1797 ist der Besuch Alexander von Humboldts an Traunsee und Traunfall bezeugt. Im Jahr 1821 schuf Johann Nepomuk Schödlberger (* 22. 5. 1779 Wien, † 26. 1. 1853 ebenda) für Kaiser Franz I. in monumentalen Format sein Gemälde „Der Traunfall bei Gmunden" (Belvedere, Inv.-Nr. 3735), bei dessen Entstehung vielleicht auch der junge Ferdinand Georg Waldmüller mitgeholfen hat. Besonders im folgenden 19. Jahrhundert bleibt der Traunfall ein oft dargestelltes, zumeist romantisiertes Naturmotiv. Im vorliegenden Gemälde hat der leider anonyme Künstler sein Motiv nicht nur eindrucksvoll, man möchte fast sagen, spektakulär gewählt, sondern er bemüht sich auch besonders um die Darstellung der herbstlichen Farben und erinnert in dieser Beziehung auch an eine Beschreibung des Traunflusses durch den englischen Chemiker und Reiseschriftsteller Humphry Davy (* 17. 12. 1778, † 29. 5. 1829) in seinem Buch „Salmonia or Days of Fly Fishing" (1828): „Die Hauptmasse ihres Wassers erhält die Traun aus dem Gründtlsee, und diesen See nähren zwei andere, der Töplitzsee und der Lahngensee. Die Nebenflüsse aber, welche bei Aussee einmünden und vom alten Aussee und Ödensee sich ergießen, sind zwar der eine blau, der andere gelb; geben aber in ihrer Vermengung eine Farbe, die der des Gründtlsee kommenden Gewässer fast gleichkommt, und welche nun der Traunfluß in seinem ganzen Verlauf behält."

8. RAUM: URLAUBSVERGNÜGEN IM SALZKAMMERGUT

8.1 WINTER- UND SOMMERSPORT

8.1.1 Kugel, die über den Traunsee gerollt wurde

Altmünster, Landhotel Reiberstorfer
Die Kugel ist durch einen Metallring gefasst. Sie ist überdies mit „28. 2. 1880" datiert und darüber hinaus mit den Namen der Teilnehmer am Kugelspiel bezeichnet. So kaltes Winterwetter, dass der Traunsee vollkommen zufriert, ist sehr selten. Im Februar 1830 war dies zum Beispiel der Fall, wie auch viele schöne Darstellungen des Künstlers Leopold Ridler bezeugen, und auch im Winter 1928/1929 kam es zu diesem seltenen Naturschauspiel. Am 8. Februar 1880 lud der Gmundner Eislaufverein in Erinnerung daran, dass der See fünfzig Jahre zuvor zugefroren war, zu einem Lampionfest am Traunsee. Im Zuge dieser Erinnerungsfeierlichkeiten im Februar 1880 wurde offenbar auch die ausgestellte Kugel angefertigt und zu einem Kugelspiel von Gmunden nach Altmünster auf dem (teilweise) zugefrorenen Traunsee verwendet. Es ging darum, mit möglichst wenigen Schüben die Kugel über den See zu befördern. Es gab auch die Spielvariante, eine Kugel von Ebensee nach Gmunden zum Steinmaurer-Wirt (Gasthaus Weyer) über den See zu rollen. Auch dieses Objekt hat sich erhalten.

8.1.2 (Ein Paar) Stöcke. Um 1930

Bambus, hell gefleckt. Metallreifen.
Dm. 16,5 cm, L. 136 cm. Mürzzuschlag, Wintersportmuseum

8.1.3 Ski mit Kabelzugbindung. Um 1950

Ein Paar. Holz. Fischer „Quick",
zweiundm⟨…⟩ ⟨…⟩ ⟨…⟩ ⟨…⟩ L. 215 cm,
B. 7 (mit Bindung 11) cm. Mürzzuschlag, Wintersportmuseum

8.1.4 Gamaschen

Ein Paar. Segeltuch. Mürzzuschlag, Wintersportmuseum

8.1.5 Steigeisen

Ein Paar „Harscheisen". Mürzzuschlag, Wintersportmuseum

8.1.6 Haselnussstock. Um 1895

Metallspitze. L. 170 cm, Dm. 3 cm.
Mürzzuschlag, Wintersportmuseum, Inv.-Nr. 103

8.1.7 Haselnussstöcke. Um 1910
Ein Paar. Bambusreifen. L. 127 cm.
Mürzzuschlag, Wintersportmuseum

8.1.8 Karabiner
Mürzzuschlag, Wintersportmuseum

8.1.9 Pickel
Holz, mit Lederschutz. L. 96 cm, B. 32 cm.
Mürzzuschlag, Wintersportmuseum,
Inv. Alp. 20–39

8.1.10 Rucksack
Leinen, beige. Mürzzuschlag,
Wintersportmuseum

**8.1.11–15 Skischuhe.
1895, 1910, 1930 und 1950**
Leder, schwarz, Tscheanken; Leder, braun,
Tscheanken; Leder, mit Ristriemen, rötlich
und Leder, schwarz: jeweils mit Schuhbändern.
L. 32, 27, 29 und 28 cm. Mürzzuschlag,
Wintersportmuseum

8.1.15 Ski mit Bilgeribindung. Um 1910
Holz. L. 200 cm, B. 7 (mit Bindung 12) cm.
Mürzzuschlag, Wintersportmuseum

8.1.16 Ski mit Kabelzugbindung. Um 1930
Holz, ohne Kanten. Kabelzugbindung. L. 210,
B. 6 (mit Bindung 15) 7 cm. Mürzzuschlag,
Wintersportmuseum

8.1.17 Ski mit Mehrrohrbindung. Um 1895
Holz. L. 217 cm, B. 7 (mit Bindung 15) cm.
Mürzzuschlag, Wintersportmuseum

8.1.18 Skiführer durch das Salzkammergut
H. 17,5 cm, B. 11,5 cm. Mürzzuschlag,
Wintersportmuseum, Inv.-Nr. LIF 14–12

8.1.19 Skischule Karl Resch, Bad Aussee
H. 17 cm, B. 11,5 cm. Mürzzuschlag,
Wintersportmuseum, Inv.-Nr. LIS 0521

8.1.20 Stöcke. Um 1950
Ein Paar. Alu. Ledergriff, Metallreifen.
L. 124 cm, Dm. 12 cm. Mürzzuschlag,
Wintersportmuseum

**8.1.21 Traunsee, Höllengebirge und
Feuerkogel-Seilbahn (mit einem kleinen
Salzkammergut-Führer)**
10,5 cm x 14,8 cm. Mürzzuschlag,
Wintersportmuseum, Inv. LiF 48-035

8.1.22 Skibob. Mitte der 1950er-Jahre
Europameister. Blau. L. 190 cm,
B. 30 cm, H. 75 cm. Mürzzuschlag,
Wintersportmuseum, Inv.-Nr. 28

**8.1.23 FIS-Goldmedaille 1989 von Rudi
Nierlich (1966–1991)**
15 cm. St. Wolfgang, Günter Nierlich jun.

**8.1.24 FIS-Goldmedaille 1989 von Rudi
Nierlich (1966–1991)**
15 cm. St. Wolfgang, Günter Nierlich jun.
Der aus St. Wolfgang stammende Skirenn-
läufer Rudolf („Rudi") Nierlich gewann im
Skiweltcup acht Rennen und wurde bei der
Weltmeisterschaft 1989 in Vail Weltmeister im
Slalom und im Riesenslalom. Den Sieg im Rie-
senslalom konnte er zwei Jahre später bei der
Weltmeisterschaft in Saalbach wiederholen.
Rudi Nierlich starb als amtierender Skiwelt-
meister bei einem Autounfall. Durch seinen
riskanten und technisch fortschrittlichen Fahr-
stil, seine Erfolge und auch durch seinen viel
zitierten Ausspruch „Wonns laft, donn laft's!"
(„Wenn es läuft, dann läuft es!") wurde er zur
Legende.

8.1.25 Skimedaille Bronze
8 cm x 6 cm. Bad Mitterndorf, Eduard
Sulzbacher

8.1.26 Skimedaille Gold
10 cm x 8 cm. Bad Mitterndorf, Eduard
Sulzbacher

8.1.27 Bergführerbuch. 1874
21 cm x 15 cm. St. Wolfgang, Peter Lippert

8.1.28 Alpenvereinschaukasten
84 cm x 10 cm x 90 cm. Bad Goisern,
Alpenverein Goisern

8.1.29 Hanfseil
L. 800 cm. Bad Goisern, Alpenverein Goisern

**8.1.30 Kletterhammer der ersten
Generation. Etwa 1920 bis 1930**
24 cm x 13 cm. Bad Goisern, Alpenverein
Goisern

8.1.31 Skiroutentafel
25 cm. Bad Goisern, Alpenverein Goisern

8.1.32 Steigeisen
Geschmiedet. 8 cm x 10 cm. Bad Goisern,
Alpenverein Goisern

8.1.33 Steigeisen
Massiv. Bad Goisern, Alpenverein Goisern
Die Region Salzkammergut gehört zu den
touristisch am besten erschlossenen Gebieten
Österreichs. Die sportlichen Freizeits- und Er-
holungsmöglichkeiten umfassen zum Beispiel
Baden und Wassersport an den vielen Seen,
Bergtourismus, Rad- und Reiturlaub und vieles
mehr und natürlich den Wintersport, wo man
auch Pionierarbeit leistete. In Bad Ischl zum
Beispiel wurde bereits am 16. November 1907
ein Skiklub mit dem Ziel, einen Sprunghügel zu
errichten und gemeinsame Skitouren und auch
die Teilnahme an Wettkämpfen zu organisieren, gegründet. 1908 trat der Skiklub Bad Ischl
dem mitteleuropäischen Skiverband bei. 1910
wurden bereits ein Hindernislauf in Obereck
sowie ein Sprunglauf am Siriuskogel mit einer
Bestmarke von 9 Metern durchgeführt. In den
folgenden Jahren wurden Skikurse mit vielen
Teilnehmern abgehalten. 1923 errichtete der
Skiklub Rettenbach die Rettenbachschanze und
auch die Schanze in Traxleck wurde neu ausgebaut, 1932 wurden weitere Sprungschanzen in
Pfandl und Roith gebaut und eröffnet. 1937
fanden die Österreichischen Skimeisterschaften
der Herren in Bad Ischl statt. Die Pisten von der
Hohen Schrott bzw. Katrin wurden zu diesem
Zweck adaptiert. Im selben Jahr wie in Bad Ischl,
1907, wurde in Bad Goisern der Wintersport-
verein für Skilauf, Springen und Rodeln gegründet. Der erste Skisprungtrainer war ein damals
bekannter Sportschriftsteller aus München, er
hielt die ersten Skisprungkurse in Bad Goisern
ab. Die ersten Sprungschanzen wurden bei der
so genannten Kunstmühle und im Bereich der
jetzigen Schanzen am Kalmberg gebaut. Des
Weiteren gab es eine 40-Meter-Schanze, ab
dem Jahr 1954 die Saurückenschanze. Immer
wieder konnte die Wintersportsektion auch mit
großen, sehr gut organisierten Veranstaltungen auf sich aufmerksam machen. Besondere
Veranstaltungs-Highlights in den 1980er- und
1990er-Jahren (1987, 1991, 1992 und 1996)
waren die Weltcupveranstaltungen in der nor-
dischen Kombination. Große Veranstaltungen
in der jüngsten Vergangenheit waren auch der
Intercontinentalcup der Skispringer im Jahr
1999 sowie der Langlaufsprint im Ortszentrum
von Bad Goisern am 2. Jänner 2000.

8.2 SPAZIERSTÖCKE

8.2.1 Bergstock Kaiser Franz Josephs I.
L. 187 cm. St. Florian, Jagdmuseum Schloss
Hohenbrunn

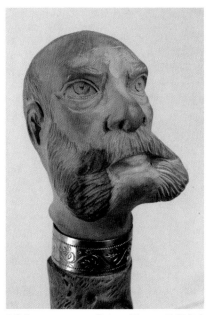

8.2.6   *Fotos: Werner Fröhlich*

8.2.2 Stock
Holzstock mit waagrechtem, als Ast geschnitztem Griff. Stock mit eingeschnitzter Stadt, farbig gefasst. Einzelne Bergblumen, farbig gefasst im oberen Bereich. Spitze aus Metall (Eisen). Inschrift: „ITSTUNC HUIN N (?) SALZ – RUNT." (?). Steyrer Gegend. L 91,5 cm. Spende Max Kislinger, Linz 1944. Linz, OÖ. Landesmuseen, Inv.-Nr. F 1.876

8.2.3 Stock mit Wanderabzeichen
L. 93 cm. Aus leichtem Material (Holz ?), am unteren Ende Metallhülse und Metallstift, das obere Ende zu einem Griff gebogen. Auf der Vorderseite des Stockes zehn verschiedene Wanderabzeichen untereinander aufgenietet (Gosausee, Linz/Donau, Feuerkogel, Ebensee (?) (Name), Gmunden, Pöstlingberg-Linz/Donau, Dachstein-Rieseneishöhle, St. Christophorus, St. Wolfgang, Bad Ischl). Linz, OÖ. Landesmuseen, Inv.-Nr. F 14.763

8.2.4 Spazierstock. 19. Jahrhundert
L. 92 cm. Griff 12 cm. Reich geschnitzt; braun, mit Messingspitze. Griff und Stock sind mit zwei Messingringen miteinander verbunden. Der runde Haltegriff ist plastisch zu einen männlichen Figur, die einen Hund am Rücken trägt, ausgearbeitet. Weitere Schnitzmotive, die mit Spruchreihen unterbrochen sind: Zwei Reiter vor einem Fass / Hasenjagdszene. „Wie bleiben die Affen / Wetfreund-de / In goldlelschlesel (?) für leere."

Text zum Teil unverständlich bzw. unleserlich. Linz, OÖ. Landesmuseen, Inv.-Nr. F 20.219

8.2.5 Spazierstock mit dem Kopf Georg Ritter von Schönerers
L. 89 cm. Aus dem ehemaligen Eigentum des Dargestellten. Zwettl, Stadtamt – Stadtarchiv

8.2.6 Spazierstock mit dem Kopf Kaiser Franz Josephs I. (oder Kaiser Wilhelms?)
L. 91,5 cm. Zwettl, Stadtamt – Stadtarchiv, Inv.-Nr. 1007

8.2.7 Spazierstock mit dem Kopf Bismarcks
L. 91 cm. Zwettl, Stadtamt – Stadtarchiv, Inv.-Nr. 1004

8.2.8 Degenstock
L. 88 cm. Zwettl, Stadtamt – Stadtarchiv, Inv.-Nr. 444

8.2.9 Degenstock – Stilett
L. 80 cm. Zwettl, Stadtamt – Stadtarchiv, Inv.-Nr. 992

8.2.10 Stockgewehr
L. 75 cm. Zwettl, Stadtamt – Stadtarchiv, Inv.-Nr. 427

8.2.11 Flaschenstock
L. 88 cm. Zwettl, Stadtamt – Stadtarchiv, Inv.-Nr. 943

8.2.8

8.2.9

8.2.12 Heimkehrerstock
L. zwischen 90 und 100 cm. Eingeschnitzter Text: „Auf da Alm do gibts ka Sünd. Zeugswetter Franz". Zwettl, Stadtamt – Stadtarchiv

8.2.13 Spazierstock aus dem Besitz von Dr. Karl Lueger. 1903
L. 90 cm. Krücke Gold punziert Wien, Wien Museum – Modesammlung, Inv.-Nr. 799
Der Spazierstock mit einer goldenen Krücke wurde im Jahr 1913, drei Jahre nach dem Tod von Bürgermeister Dr. Karl Lueger, von dem Gemeinderat Viktor Silberer (* 1846, † 1924), der diesen im Jahr 1903 dem Bürgermeister zum Geschenk gemacht hatte, dem Histori-schen Museum der Stadt Wien (nunmehr Wien Museum) gewidmet.

8.2.14 Spazierstock mit Figurengriff (Hundekopf). Circa 1850
L. 82,5 cm. Wien, Wien Museum – Modesammlung, Inv.-Nr. 821

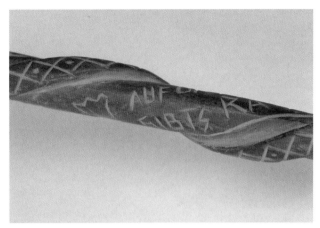

8.2.12   *Foto: Werner Fröhlich*   8.2.14   *Foto: Copyright Wienmuseum*

8.2.15 Spazierstock mit Zwinge aus Elfenbein. Ca. 1890

L. 85 cm. Figural geschnitzt. Wien, Wien Museum – Modesammlung, Inv.-Nr. 4649

Stöcke haben in der menschlichen Kulturgeschichte eine lange Tradition als Gehhilfe, als Amts- und Würdezeichen, aber auch als Waffe. Während heute in der Regel Spazierstöcke als Unterstützung beim Wandern verwendet werden, war es im 19. Jahrhundert ihr Hauptzweck, die optische Erscheinung des Spaziergängers zu unterstreichen. Der Stock wurde, ähnlich wie Hut oder Handschuhe, meist passend zur Kleidung gewählt. Für viele vornehme Herren aus dem Adel und dem wohlhabenden Bürgertum war er gewissermaßen ein Statussymbol, der signalisierte, dass sein Träger es sich leisten konnte, auf manuelle Arbeit zur Bestreitung seines Lebensunterhaltes zu verzichten. Daneben gab es „System- oder Mehrzweckstöcke" mit zusätzlichen Funktionen. Während der Herr sich in der Öffentlichkeit mit seinem oft aufwändig und kostbar ausgeführten Stock zeigte, war es als Alternative der Dame vorbehalten, einen Schirm zu benutzen.

8.2.16 Portrait von Alexander Zemlinsky (1871–1942). 1908

Richard Gerstl (1883–1908). Öl auf Leinwand. H. 170, B. 74 cm. Zug, Kunsthaus (Stiftung Sammlung Kann). Reproduktion

8.3 SCHIRME

8.3.1 Sonnenschirm. Wien, um 1880

L. 85 cm. OÖ. Landesmuseen, Inv.-Nr. F 8.467

Mit weinroter Seide bespannt, außen broschierter, blumengemusterter Stoff (rot, rosa, weiß) mit 13 Zentimeter breiter weinroter Rüsche mit Bogenkante, die auf der Innenseite schwarz ist. Innen mit weinroter Seide (uni) gefüttert, sodass die Metallstäbe nicht sichtbar sind. Holzstock, dunkelbraun mit rundem Holzgriff, geschnitzt. Spitze messingverstärkt. Am Griff dunkelrote Taftmasche; stammt aus einer Wiener Bürgerfamilie.

8.3.2 Regenschirm (Herrenschirm). 1. Hälfte des 19. Jahrhunderts.

L. 97,5 cm, Dm. ca. 137 cm. Sammlung Spiegl. OÖ. Landesmuseen, Inv.-Nr. F 9.098

Herrenschirm aus mittelblauer Seide mit eingewebtem Rand aus weiß-grün-gelben Streifen, Schirmstock aus Messing, zum Teil ornamental verziert. Metallgestänge und Fischbeinverstrebung. Stangenspitzen und Spitze aus Messing. Am Spitz und an der Grifftülle Fabrikantenmarke: I. Riefel Wien. Der Krückengriff ist aus Elfenbein und endet in einem Löwenkopf. Verschlussschlaufe aus mittelblauer Kordel mit weißem Knopf.

8.3.3 Regenschirm (Damenschirm). 2. Hälfte des 19. Jahrhunderts

L. 67cm, Dm. 68 cm. OÖ. Landesmuseen, Inv.-Nr. F 17.774

Damenschirm, braune Seide. Innenstoff ebenfalls aus dunkelbrauner Seide. Metallstäbe nicht sichtbar. Stock aus schwarz lackiertem Holz mit 12 Zentimeter langem Elfenbeingriff und Messingring. Vermerk: Bürgerliche Damenschirme.

8.3.4 Sonnenschirm. 2. Hälfte des 19. Jahrhunderts

L. 70 cm, Dm. 64 cm. OÖ. Landesmuseen, Inv.-Nr. F 17.775

Damenschirm. Beigefarbenes Seidenmischgewebe, innen weiße Seide. Schwarz lackierter Metallstock, Metallverstäbung nicht sichtbar. Holzgriff 22,5 Zentimeter lang mit Messingaufsatz und Zierknöpfchen. Schutzhülle mit Zugband aus hellbraunem Leinenstoff, handgenäht.

8.3.5 Sonnenschirm. Mitte des 19. Jahrhunderts

L. 51 m, Dm. 47,5 cm. OÖ. Landesmuseen, Inv.-Nr. F 17.778

Damenschirm (Parasol). Schwarz-weiß kariert gemusterter Seidenstoff, klein. Innen mit weißer Seide gefüttert. Schwarz lackierter Stock und Metallstäbe (verborgen unter der Seide). 18,5 Zentimter langer Elfenbeingriff mit Halteknauf. Spitze ebenfalls aus Elfenbein. Elfenbeinring zum Fixieren.

8.3.6 Regenschirm (Herrenschirm). Ende des 19. / Anfang des 20. Jahrhunderts

L. 97 cm, Dm. 115 cm. OÖ. Landesmuseen, Inv.-Nr. F 17.782.

Herrenschirm, bespannt mit dunkelgrünschwarzem Seidenatlas, groß gearbeitet. Insektenfraßlöcher. Metallgestänge und Fischbeinverstrebungen. Metallstock mit gebogenem, 14 Zentimeter langem Horngriff.

8.3.7 Regenschirm (Damenschirm). Zwischenkriegszeit

L. 85,5 cm, Dm. 90 cm. Griff: L. 8 cm, B. 3 cm. OÖ. Landesmuseen, Inv.-Nr. F 17.855

Damenschirm mit Stoffbezug und Schutzhülle (auf zartgelbem Grund zartrosé und hellgraues Streifen- bzw. Karomuster). Bambusstock und -spitze, Wurzelholzgriff und Metallgestänge.

8.3.8 Regenschirm (Damenschirm). Zwischenkriegszeit

L. 68 cm, Dm. 90 cm. Griff: L. 8,5 cm,
B. 2 cm / 4 cm. OÖ. Landesmuseen,
Inv.-Nr. F 17.856

Damenschirm mit Stoffbezug und Schutzhülle (Blockstreifen in Grau- und Rottönen). Metallgestänge, Holztülle, schwarz und hellgrau lackierter, gerippter (an Reptilienhaut erinnernder) Holzgriff, darin eingeschraubte schwarze Kordelschlaufe zum Tragen.

Das englische Wort „umbrella" für den Schirm, das sich von lateinisch „umbra" herleitet und „kleiner Schatten" bedeutet, verweist noch heute auf dessen Funktion als Wetterschutz, sei es vor Regen oder allzu starker Sonneneinstrahlung. Sonnenschirme sind bereits für die klassische Antike bezeugt, doch sie wurden erst im Verlauf des 17. Jahrhunderts gleichsam „wiederentdeckt": Da aber die Schirme durch Gestelle aus Holz oder Fischbein zunächst ein sehr hohes Gewicht (bis zu 5 Kilogramm) aufwiesen, verlieh erst die Erfindung von Samuel Fox aus Sheffield, der 1852 das Stahlgestell erfand, durch Verringerung des unhandlichen Gewichtes Tragekomfort. Der Schirm galt, jedenfalls bis in die Zeit des Ersten Weltkrieges, Damen als unerlässliches Accessoire bei ihrem Aufenthalt im Freien. Das Dach des Schirmes bestand aus Baumwolle, Seide oder Leinwand. Die Griffe des Regenschirmes waren zum Teil kunstvoll und oft auch aus kostbarem Material, wie Sterling-Silber, Schildpatt, Elfenbein oder Edelhölzern, gefertigt.

8.3.9 Sommerfrische im Ausseerland

Emanuel Stöckler (1819–1893).
Gemälde. Reproduktion: Bad Aussee,
Kammerhofmuseum

8.4 UFORT UND SOMMERFRISCHE. PORTRAITS UND BILDER

8.4.1 Portrait von Douglas O'Donell von Tyrconnell (1890–1970) als Rennfahrer. 1933

Sergius Pauser (1896–1970). H. 95 cm,
B. 63 cm. Öl auf Leinwand, Privatbesitz

Sergius Pauser, der als junger Mann zunächst Architektur studiert hatte, wechselte zur Malerei und studierte von 1919 bis 1924 an der Akademie der Bildenden Künste München bei den Professoren Karl Johann Becker-Gundahl, Ludwig von Herterich und Karl Caspar und 1925/26 auch an der Wiener Akademie in der Klasse von Professor Karl Sterrer. 1927 wurde er Mitglied der Wiener Secession. Ab 1930

bereiste Sergius Pauser Frankreich und Italien und wurde international bekannt. 1931 wurde er mit dem Großen Österreichischen Staatspreis ausgezeichnet. 1943 wurde er Leiter der Meisterschule für Bildnismalerei an der Wiener Akademie, 1947 erhielt er an dieser Institution die Professur, die er bis 1967 innehatte. Seine Werke sind in österreichischen und internationalen Sammlungen vertreten, so zum Beispiel im Belvedere, in der Albertina, im Wien Museum, im NÖ. Landesmuseum oder auch in der Nationalgalerie in Budapest und im Musée du Jeu de Paume in Paris.

Sergius Pauser portraitiert hier Douglas Georg Karl Moritz Graf O'Donell von Tyrconnell (* 10. 3. 1890, † 8. 5. 1970). Dieses Portraitbild entstand 1933 auf Schloss Walchen, das damals im Besitz der Familie von Schaumburg-Lippe war, im Zuge eines „Freundschaftszyklus", in welchem sich auch Albrecht Prinz zu Schaumburg-Lippe und seine Gemahlin Elsa geborene Herzogin von Württemberg portraitieren ließen.

Douglas Graf O'Donell, Sohn von Dr. jur. Hugo Graf O'Donell und Maria Gabriela Gräfin Thurn-Valsassina-Como-Vercelli, war k. k. Berufssoldat, Turnierreiter und Oberleutnant im 11. Ulanenregiment. Im November 1914 geriet er in russische Kriegsgefangenschaft. Aufgrund der Wirren der russischen Revolution gelang ihm zunächst die Flucht aus einem Lager in Sibirien. Allerdings wurde er bei Warschau wieder eingefangen, um in einem zweiten Anlauf aus Ostsibirien zu Fuß nach Wien zu gehen, welches er im November 1919 erreichte. Im Februar 1920 heiratete Graf O'Donell Elisabeth Reichsgräfin Uiberacker (* 1885, † 1968), die ihm vier Kinder gebären sollte, und gründete einen Hausstand in der Villa Buchberg (Traunkirchen). Nach deren Verkauf an das Land Oberösterreich übersiedelte er in das Jagdhaus Hochkreith (Neukirchen bei Altmünster). Dort und auf dem Gut Klettfisch bei Linz lebte er bis zu seinem Tod am 8. Mai 1970 und widmete sich – als Berufsoffizier ohne Anstellung – der Landwirtschaft. Die Darstellung des Grafen O'Donell, der Zeit seines Lebens ein ausgewiesener „Anti-Motorist" war und kein Kraftfahrzeug lenkte, als Rennfahrer mit Helm und Dress und der Flagge der irischen Free States, der heutigen Republik Irland, entbehrt nicht einer gewiss beabsichtigten Ironie und weist auf die Rolle von Douglas Graf O'Donell während der Zeit des Nationalsozialismus voraus, als er die Mönche des Klosters St. Florian vor Übergriffen der NS-Machthaber weitgehend zu schützen versuchte.

8.4.2 Skifahrerin. 1920er-Jahre

Robert Angerhofer (1895–1987). H. 74 cm,
B. 60 cm. Privatbesitz

Robert Angerhofer (* 27. 4. 1895, † 11. 4. 1987) wurde als Sohn eines Oberlehrers in Hinterstoder geboren. 1914, im Alter von neunzehn Jahren, wurde er für den Kriegsdienst eingezogen. Nach einer kurzen Ausbildung in Innsbruck kam er zunächst an das Heeresspital Meran, wenige Monate später aber an die Dolomitenfront, wo er mit der vollen Härte und den Gräueln des Krieges konfrontiert wurde. Diese in jungen Jahren gewonnenen Eindrücke hat Robert Angerhofer, zuweilen in verdichteter oder gar drastischer Form, immer wieder in seinem Schaffen verarbeitet. Nach dem Ende des Ersten Weltkrieges studierte Angerhofer ab dem Jahr 1918 an der Münchener Akademie und arbeitete später als freischaffender Künstler in Oberösterreich, zunächst in Schlierbach und in der Folge in Linz. Er war zwar Mitglied des Linzer Künstlerbundes MAERZ und des Wiener Künstlerhauses (1937), erwies sich aber in seinem künstlerischen Schaffen doch eher als Einzelgänger, der die unterschiedlichsten Anregungen und Einflüsse zu einem für ihn charakteristischen Œuvre verarbeitete. Ausgehend von einer Grundhaltung des Realismus weisen seine Schöpfungen in der Zeit zwischen den beiden Weltkriegen auch zahlreiche Charakteristika der Neuen Sachlichkeit auf. Werke der Münchener Vertreter dieser Kunstrichtung (wie Georg Schrimpf, Carl Mense und Alexander Kanoldt) dürfte Angerhofer bereits während seiner Studienzeit in München kennen gelernt haben. 1937 erhielt Robert Angerhofer einen Preis für einen Banknotenentwurf und 1938 den Kulturpreis des Landes Oberösterreich. Er war ein universell begabter Künstler. Im Salzkammergut betätigte er sich zum Beispiel als Raumgestalter, Maler, Bluastiker und Frenkant bei der Ausgestaltung des Hauses von Herrn Dr. Kastler in St. Wolfgang (Ried 63).

Robert Angerhofer hat seit dem Jahre 1920 bis zum Beginn des Zweiten Weltkrieges alljährlich Skikurse abgehalten und legte am 5. Mai 1930 in St. Christoph am Arlberg die staatliche Skilehrerprüfung ab. In seinem künstlerischen Schaffen hat Angerhofer immer wieder Wintermotive aufgegriffen. So war er im Herbst 1921 in einer Ausstellung des OÖ. Kunstvereins mit dem Bild „Bergwinter" vertreten. Im ausgestellten Gemälde portraitierte der Künstler eine uns heute unbekannte junge Dame, die in der Zwischenkriegszeit vielleicht auch in den verschneiten Bergen des Salzkammergutes von ihm im Skifahren unterrichtet wurde.

BADEN

8.4.3 Badende am Attersee. Um 1930

Robert Angerhofer (1895–1987). Öl
auf Leinwand. H. 57,5 cm, B. 44,5 cm.
Privatbesitz

Das um 1930 entstandene Gemälde zeigt zwei
badende Damen am Ufer des Attersees. Immer
wieder hat sich Robert Angerhofer in seinen Bildern mit Bergen und Gebirgsseen (See im Toten Gebirge, Schwarzsee) beschäftigt, auch die
Motivik des Wassersports (Seglerinnen) ist in
seinem künstlerischen Schaffen der Zwischenkriegszeit vertreten. Die Familie des Künstlers
hat sich gerne und wiederholt im Salzkammergut, zumeist am Grundlsee, aufgehalten. Das
Gemälde „Badende am Attersee" weist auch
Elemente der Formensprache der Neuen Sachlichkeit auf, vor allem zeigt es aber Züge einer
märchenhaften, ja magischen Überhöhung der
Wirklichkeit, die Robert Angerhofer bereits als
eher junger Künstler als Ausdrucksmittel verwendete, die aber besonders auch in seinem
späteren Schaffen eine große Rolle spielte.

SEGELN

8.4.5 Spinnaker im Vorwind. 1967

Anton Lutz (1894–1992). Öl auf Holz.
48 cm x 63 cm. Privatbesitz

Anton Lutz (* 19. 2. 1894, † 2. 5. 1992) wurde in Prambachkirchen als Sohn (13. Kind) des
Lehrers Otto Lutz (* 1843, † 1903), der auch als
Maler tätig war, geboren. Wie sein Vater ergriff er
den Lehrberuf und besuchte von 1909 bis 1913
die k. k. Lehrerbildungsanstalt in Linz. Im Jahr
1913 stellte er seine Werke erstmals aus und beteiligte sich gemeinsam mit Franz und Klemens
Brosch sowie Franz Sedlacek an der Gründung
der Linzer Künstlervereinigung MAERZ. 1914
trat er eine Stelle als Lehrer an, wurde aber nach
Ausbruch des Ersten Weltkrieges eingezogen.
Sein Militärdienst endete 1918 und danach war
er wiederum bis 1939 als Volksschullehrer tätig. 1922 heiratete er Therese Riedler und 1926
wurde Tochter Ilse geboren. In die Jahre 1922
und 1923 fällt auch eine künstlerische Ausbildung in München bei Constantin Gerhardin-
ger und Heinrich Knirr. 1935 erhielt Anton
Lutz seine erste Einzelausstellung. Von 1934
bis 1938 war er Präsident des Oberösterreichischen Kunstvereines, von 1939 bis 1943 leistete
er wiederum Kriegsdienst. Von 1948 bis 1963
bekleidete er wieder das Präsidentenamt des
Oberösterreichischen Kunstvereines und wurde
in der Folge dessen Ehrenpräsident. In seinem
langen künstlerischen Schaffen ist das Früh-

werk von Secessionsstil und Impressionismus
geprägt, ab Mitte der 1930er-Jahre treten Motive des Realismus und der Neuen Sachlichkeit
in den Vordergrund, während im Spätwerk ab
1950 verstärkt eine gewisse Abstraktion spürbar
wird: Insgesamt kann der Künstler als Vertreter
einer gemäßigten Moderne gelten. Da Anton
Lutz besonders gekonnt Phänomene des Lichts
thematisierte, wird er auch „Meister des Lichts"
genannt. Professor Lutz erhielt viele Ehrungen
und Auszeichnungen: 1924 einen Geldpreis des
Bundesministeriums für Unterricht, 1926 den
Ehrenpreis des Oberösterreichischen Kunstvereines, 1931 den Staatspreis des Bundesministeriums für Unterricht, 1934 die Staatspreisme-
daille, 1952 den Preis der Stadt Linz, 1969 den
Titel Professor aufgrund einer Verleihung durch
den Bundespräsidenten, 1974 das Österreichische Ehrenkreuz für Wissenschaft und Kunst,
1978 das Österreichische Ehrenkreuz für Wissenschaft und Kunst 1. Klasse und 1979 die
Kulturmedaille der Stadt Linz.

8.4.6 Junger Segler
(Christian Ludwig Attersee). 1958

Anton Lutz (1894–1992). Öl auf Holz.
H. 84 cm, B. 60 cm. Privatbesitz
Lit.: P. Assmann und F. Smola (Hg.): Lichtim-
pressionen. Der Maler Anton Lutz (1894–
1992), Wien 2005, S. 82 und 83 (m. Abb.).

Als lebensfroher Mensch pflegte der Maler Anton Lutz eine Reihe sportlicher Aktivitäten: Er
war auch passionierter Segler und Skifahrer. Die
jährlichen Sommeraufenthalte am Attersee, wo
die Familie bald ein eigenes Landhaus erwarb,
nützte Anton Lutz nicht nur zum Malen, sondern auch für ausgiebige Segelpartien, die er
im Rahmen des Union-Yacht-Club Attersee
ausübte.

Der Union-Yacht-Club Attersee, dessen konsti-
tuierende Sitzung am 21. April 1886 stattfand,
ist mit heute 800 Mitgliedern einer der größten
und mit 120 Jahren Clubgeschichte einer der
ältesten Yachtclubs Österreichs. Auch der Maler
Christian Ludwig Attersee gehört zu den Mitgliedern des Union-Yacht-Club Attersee und
trat als erfolgreicher Segelsportler (dreifacher
Staatsmeister) hervor. Im Alter von achtzehn
Jahren wurde Christian Ludwig Attersee von
Anton Lutz als Segler portraitiert.

8.4.7 Litzlberg-Nachtbild. 1999

Roman Scheidl (* 1949). Öl auf Leinwand.
H. 65 cm, B. 70 cm. Privatbesitz
Roman Scheidl wurde am 29. Juni 1949 in Leo-
poldsdorf geboren. Im Alter von sechs Jahren
übersiedelte er mit seiner Familie nach Deutsch-

land und kehrte 1963 nach Wien zurück. Von
1970 bis 1975 studierte er an der Meisterklasse
von Professor Maximilian Melcher für Graphik
an der Akademie der Bildenden Künste Wien.
Das Jahrzehnt von 1975 bis 1985 war geprägt
von einer regen Reisetätigkeit sowie auch von
Ausstellungen in Paris, New York, Tokio und
Stockholm. 1981 erfolgte mit der Entwicklung
einer graphischen Handschrift (Pinselzeich-
nung) eine Wende im künstlerischen Werk.
In den Jahren 1981 bis 1986 hielt sich Roman
Scheidl wiederholt für längere Zeit im Ausland, in Skandinavien, Italien, Schweiz, Paris
und New York, auf. In die Jahre 1985 bis 1995
fielen die Zusammenarbeit mit dem Nisoli-
Tanzensemble sowie die Entwicklung der Live-
Lichtzeichnung auf der Bühne. Von 1990 bis
1995 lebte Roman Scheidl in Zürich und Paris.
1996 beginnt die Serie „Doppelbilder" und
1997 entstehen die „Unterwasserbilder". Das
vielfältige Roman Scheidl wurde immer wieder
im Rahmen von Ausstellungen präsentiert, so
etwa 1999 im Prunksaal der Österreichischen
Nationalbibliothek. Es umfasst neben Ölbildern (meist poetische Blumenbilder) und Gou-
achen auch Fresken, Landschaftsdarstellungen,
Bühnenbilder und großformatige Tuschpin-
selzeichnungen (zum Teil auch in Farbe). Anlässlich einer Ausstellung mit dem Titel „Der
Attersee in der Malerei des 19. Jahrhunderts"
in der Atterseehalle entstand 1999 eine Serie
von Bildern der Insel Litzlberg, auf der Gustav
Klimt von 1900 bis 1907 seine Sommerfrische
verbrachte.

9. RAUM: DAS HOTEL – IM SALZ-
KAMMERGUT ANGEKOMMEN

9.1 INSZENIERUNG HOTELZIMMER

9.1.1–9.1.9 Inventarstücke eines
Gästezimmers aus dem Hotel Traunkai in
Bad Ischl

9.1.1 Bett. Um 1900

195 cm x 94 cm x 126 cm. Bad Ischl, Hannes
Gründbichler

9.1.2 Kleiderkasten

190 cm x 106,5 cm x 53 cm. Bad Ischl,
Hannes Gründbichler

9.1.3 Handtuchhalter

Bad Ischl, Hannes Gründbichler

9.2   Foto: Otto Saxinger

9.1.4 Koffer. Bad Ischl, Hannes Gründbichler
113 cm x 57 cm x 35 cm

9.1.5 Zwei Nachttische (Betttische). Um 1900
91 cm x 38 cm x 42 cm. Bad Ischl, Hannes Gründbichler

9.1.6 Großer Reisekoffer. 1900–1920
165 cm x 40 cm x 19 cm. Bad Ischl, Hannes Gründbichler

9.1.7 Spiegel und Kamm
Bad Ischl, Hannes Gründbichler

9.1.8 Waschkrug und Kanne
Bad Ischl, Hannes Gründbichler

9.1.9 Waschtisch. Um 1900
185 cm x 100 cm x 56 cm. Bad Ischl, Hannes Gründbichler

9.1.10 Fächer
H. 30 cm. Bad Vöslau, Stadtmuseum

9.1.11 Hutschachtel
Dm. 45 cm. Bad Vöslau, Stadtmuseum

9.1.12 Schachtel für Helm
50 cm x 30 cm. Bad Vöslau, Stadtmuseum

9.1.13 Zeitungshalter
60 cm x 30 cm. Bad Vöslau, Stadtmuseum

9.2 GÄSTEBÜCHER

9.2.1 Gästebuch des Hotels „Goldenes Schiff" in Gmunden in fünf Bänden. Band III
H. 38 cm, B. 26 cm. Linz, OÖ. Landesarchiv, Panzerschrank, HS 320

9.2.2 Gästebuch des Hotels „Goldenes Schiff" in Gmunden in fünf Bänden. Band IV
H. 38 cm, B. 26 cm. Linz, OÖ. Landesarchiv, Panzerschrank, HS 321

9.2.3 Gästebuch des Hotels „Goldenes Schiff" in Gmunden in fünf Bänden. Band V
H. 38 cm, B. 26 cm. Linz, OÖ. Landesarchiv, Panzerschrank, HS 322
Das Hotel „Zum Goldenen Schiff" am Rathausplatz war auch laut Aussage des Stadt-Chronisten Dr. Ferdinand Krackowizer das erste und vorzüglichste Hotel in Gmunden. Es besaß einen Speisesaal im ersten Stock und einen sehr gemütlichen Gartenbalkon. In den insgesamt fünf Bänden des Gästebuches des Hotels „Zum Goldenen Schiff" haben sich viele Mitglieder des österreichischen Erzhauses, so zum Beispiel Kaiser Franz Joseph I., Kaiser Ferdinand I., Erzherzog Johann, und auch anderer Dynastien, hohe Adelige sowie auch Wissenschaftler und Künstler, unter ihnen Heinrich Anschütz, der

10.1.1   Foto: Wien, Österreichisches Theatermuseum

Propst des Stiftes St. Florian Michael Arneth, Jakob Alt, Alexander Clarot, Moritz Daffinger, Johann Nepomuk Ender, Andreas Freiherr von Ettingshausen, Johann Fischbach, Josef Fischhof, Carl Jakob Gauermann, Anton Hansch, Josef Kriehuber, Johann Maria Monsorno, Julius La Roche, Nikolaus Lenau, Raimund Mössmer, Carl Rahl, Ferdinand Raimund, Franz und Fritz Reinhold, Ferdinand Scheck, Anton Schiffer, Mathias Schönerer, Ludwig Schwanthaler, Joseph Schwemminger, Leopold von Sonnleithner, Franz und Wilhelm Steinfeld, Johann Strauß, Johann Nepomuk Vogl und Dr. Franz Wirer von Rettenbach, durch ihre Eintragungen verewigt.

10. UND 11. RAUM: IM SALZKAMMERGUT ZU GAST

10.1 ERINNERUNGSGEGENSTÄNDE AN PROMINENTE GÄSTE IM SALZKAMMERGUT

10.1.1 Zimmerthermometer in Form einer Geige aus dem Besitz von Carl Michael Ziehrer (1843–1922)
H. 38,5 cm, B. 13,5 cm, T. 2 cm. Metall auf Holz. Wien, Österreichisches Theatermuseum, Inv.-Nr. O – 1.205
Carl Michael Ziehrer (* 2. 5. 1843, † 14. 11. 1922), der 1907 zum vierten und letzten k. k. Hofballmusikdirektor ernannt wurde, war von 1897 bis 1906 Sommerfrischegast in Mondsee. Oft weilte er auch in Ischl, speziell während der Sommermonate der Jahre 1907 bis 1910 in einem Haus in der Kreutererstraße. Ziehrer war ein sehr produktiver Komponist, der rund 600 Tänze und 23 Operetten schuf: Unter seinen Orchesterwerken nehmen zum Beispiel Opus 318 „In der Sommerfrische" und Opus 513 „Am Mondsee" direkt Bezug auf das Salzkammergut.
Ziehrer hat wie selten ein Künstler zeit seines Lebens Ehrungen und Dankgeschenke erhalten. Unter diesen waren eine Krawattennadel von Kaiser Franz Joseph I. und ein Spazierstock des Kronprinzen ebenso wie eine Zigarrentasche von Erzherzog Wilhelm oder auch mitunter kostbare Miniaturgegenstände wie das ausgestellte Zimmerthermometer in Form einer Geige.

10.1.2 Bildnis der Katharina Schratt (1855–1940) als Ischlerin. Um 1873
Portraitfotografie. Ausgeführt durch: Gebrüder Rodeck in Wien.

10.1.2   Foto: Wien,
Österreichisches Theatermuseum

18 cm x 13,5 cm x 2 cm.
Galanterieapplikation auf Photo in
Holzstehrahmen. Datiert auf der Rückseite:
Um 1873. Provenienz: Paula Wildbach. Wien,
Österreichisches Theatermuseum,
Inv.-Nr. OK -3688
Im 19. Jahrhundert erfreute sich „die Tracht"
als Sommerfrische- und Gesinnungsmode der
Aristokratie und der Künstler großer Beliebt-
heit und fand so Eingang in das Bürgertum.
Auch das Salzkammergut entwickelte sich zu
einem der Zentren alpiner Trachtenmode.
Nicht zuletzt über das Kaiserhaus und den Adel
wurden die grau-grüne „Jagdtracht" und das
„Dirndl" popularisiert und fanden auch Ein-
gang in das Bürgertum. Die „Tracht" wurde mit

10.1.3   Foto: Wien,
Österreichisches Theatermuseum

zum Sinnbild der Suche und Sehnsucht nach
dem Beständigen. Ganz dem Trend der Zeit
entsprechend, ließ sich auch Katharina Schratt
als „Ischlerin" fotografieren.

10.1.3 Linke Hand der Pauline Lucca (1842–1908). 1870

20 cm x 30 cm x 20 cm. Wachs mit
Stoffmanschette auf mit Samt überzogenem
Holzsockel (unter Glas). Datiert auf der
Unterseite des Sockels: 1870. Provenienz:
BThM 85. Wien, Österreichisches
Theatermuseum
Pauline Lucca (* 25. 4. 1842, † 28. 2. 1908) –
in zweiter Ehe – vermählte Baronin Wallhoffen
war eine der gefeiertsten Sängerinnen ihrer Zeit
im Stimmfach Sopran. Neben der Wiener Hof-
oper sang sie auch an der Königlichen Hofoper
Berlin, wo sie unter anderem auch aufgrund
der Unterstützung von Kaiser Wilhelm II. und
Otto Fürst von Bismarck ein Engagement auf
Lebenszeit erhielt, und gab viele Gastspiele in
ganz Deutschland, aber auch in London, St.
Petersburg und in den Vereinigten Staaten von
Amerika. Im Jahr 1865 ließ sich Fürst Bismarck
mit Pauline Lucca in Bad Ischl fotografieren,
was zu einem Skandal führte, weil man den
beiden ein Verhältnis irrigerweise unterstellte. Ab 1887 weilte Pauline Lucca als Gast in
Gmunden und ließ für sich im Jahr 1890 an
der Adresse „Ort Nr. 84" die so genannte „Villa
Fernblick" errichten. Zwei Jahre später ließ sie
sich in diese ein von Architekt Carl von Hasenauer entworfenes, mit allen Möglichkeiten der
Akustik ausgestattetes Haustheater einbauen.
Den Aufführungen im „Lucca-Theater" wohnten auch viele illustre Gäste der Künstlerin, die
in Gmunden auf Sommerfrische weilten, bei.
Die Abbildung ihrer linken Hand in Wachs ist
ein augenfälliges Sinnbild des „Starkultes", der
sich um die berühmte Diva entwickelte.

10.1.4–10.1.6 Gegenstände aus dem Nachlass der Maria von Peteani

10.1.4 Handspiegel der Maria von Peteani (1880–1960)

Ein Objekt aus der Toilettegarnitur aus Silber
mit Monogramm. H. 20 cm. Linz, Nordico –
Museum der Stadt Linz

10.1.5 Fächer aus Perlmutter und Spitze der Maria von Peteani (1880–1960)

L. ca. 20 cm (geschlossener Zustand). Linz,
Nordico – Museum der Stadt Linz,
Inv.-Nr. 6660

10.1.4   Foto: Schepe

10.1.6 Kleine Brosche mit Kinderfoto (Bub) der Maria von Peteani (1880–1960)

Dm. ca. 4 cm. Linz, Nordico – Museum der
Stadt Linz, Inv.-Nr. Bi 104
Maria von Peteani wurde als Tochter des Post-
rates Dr. Edmund Sauer am 2. Februar 1888
in Prag geboren. 1890 übersiedelte die Familie
nach Linz. Sie besuchte die Volksschule und das
Mädchenlyceum, lernte Englisch, Französisch
und Italienisch, nahm Zeichenunterricht bei
Professor Eduard Lorenz, Klavier- und Mu-
sikunterricht bei ihrem Vater. Im Jahre 1908
vermählte sie sich mit dem Opernsänger Eugen
von Peteani, Reichsritter von Steinberg (1873–
1913), Gutsbesitzer in Görz (nun Gorizia nahe
Triest), der bereits 1913 an einem Gehirnschlag
verstarb. Körperlich und seelisch krank, kehrte
Maria zu ihrer Mutter nach Linz zurück. Seither lebte sie freischaffend in Linz. In den Jahren 1910 bis 1920 war Maria von Peteani als
Zeichnerin tätig. Sie schuf Titelblätter, Mode-
zeichnungen und Exlibris. Ansichtskarten mit
Damenmodeentwürfen erschienen bei Munk
in Wien. Erst 1920 begann sie ihre schriftstel-
lerische Laufbahn. Bekannt wurde Peteani vor
allem durch siebzehn Romane, neun Hörspie-
le, lokale Artikelserien und eine große Anzahl
Erzählungen und Feuilletons. Von 1926 bis
1938 war sie ständige Feuilleton-Mitarbeiterin
am neuen „Wiener Tagblatt", beim „Getreuen
Eckart" und bei der „Deutschen Allgemeinen
Zeitung". Da sie in der NS-Zeit keinen kom-
pletten Ariernachweis erbringen konnte, erhielt
sie Schreibverbot. Im Jahr 1950 erschien ihre

10.1.5

Fotos: Schepe

Biographie „Franz Lehár, Seine Musik – Sein Leben", um deren Abfassung der Komponist sie 1947 persönlich gebeten hatte. Erst posthum, 1963, wurde Peteanis Autobiographie unter dem Titel „Es war einmal – in Linz – in Ischl" von Herbert Lange herausgegeben.

Maria von Peteani war fünf Jahre alt, als sie zusammen mit ihren Eltern einige Wochen bei Johann Strauss und seiner Gattin Adele in der Erdödy-Villa in Ischl verbringen durfte. Dort erlebte sie auch einen der Besuche von Johannes Brahms. In ihrer Autobiographie schreibt Ma-

ria von Peteani: „Sowohl im Wiener Palais in der Igelgasse wie in der Ischler Villa gruppierte sich um Johann und Adele ein Kreis von Freunden, zu denen zahlreiche Sänger der Hofoper und Schauspieler des Burgtheaters gehörten. Der liebenswürdige Pianist Alfred Grünfeld, von dem es hieß, er habe Samtpölsterchen an den Fingerspitzen, der Bildhauer Tilgner, der Maler Marquis Franz de Bayros, die Komponisten Goldmark, Bittner und Grädener und viele andere, deren Namen daheim und in der Fremde goldenen Klang besaßen. … Daß sich auch unser oberösterreichischer Landsmann Anton Bruckner ab und zu bei Strauss einfand, dürfte nicht allgemein bekannt sein." Über ihre Eindrücke in der 1903 angemieteten Ischler Saarsteiner-Villa des Josef Simon, des Schwagers von Johann Strauss, schreibt sie: „Jean Kurz war einer seiner häufigsten Gäste, ich habe ihn oft dort erlebt, auch Girardi kam, Leo Slezak, Marie Gutheil-Schoder, Arnold Korff, Harry Waiden, die entzückende Susanne Reinhold-Devrient, die Schwestern Marie und Lily Lehmann (Patenkinder meiner Großmutter Sauer), Professor Horowitz, einer der hervorragendsten Porträtisten der damaligen Zeit, Julius Korngold und noch viele andere, …"

10.1.7 Dolch des Rudolf Carl Freiherr von Slatin („Slatin Pascha") (1857–1932)

L. circa 35 cm. Privatbesitz

Rudolf Carl Freiherr von Slatin, auch bekannt als Slatin Pascha (* 7. 6. 1857 Ober St. Veit bei Wien, † 4. 10. 1932 Wien), war ein österreichi-

scher Reisender und ägyptischer Gouverneur im Türkisch-Ägyptischen Sudan. Nach der Realschule in Schottenfeld – die Familie war der Ausbildung der Söhne wegen von St. Veit nach Wien übersiedelt – besuchte Rudolf Carl Slatin zuerst die Handelschule, wechselte dann in die Handelsakademie und brach siebzehnjährig seine Ausbildung ab, um einem Angebot in Kairo als Buchhandlungsgehilfe mit Fremdsprachenkenntnissen zu folgen. Diese Tätigkeit übte er jedoch nur sehr kurz aus, sondern bereiste Ägypten und den Sudan. In Khartum traf er auf den Arzt Dr. Schnitzer, der zu General Charles George Gordon (* 1833, † 1885) in den Süden des Sudan reisen wollte. Slatin wollte mit, aber ein Einberufungsbefehl aus der Heimat verhinderte dies: Von 1876 bis 1878 diente er in der kaiserlichen Armee. Ein Angebot General Gordons, in den Sudan zu kommen und dort in seinem Stab zu arbeiten, nahm er an. Seine Tätigkeit war zunächst die eines Finanzinspekteurs, später die eines Provinzgouverneurs. Sein heldenhafter Kampf gegen die Mahdisten, die zwölfjährige Gefangenschaft von 1883 bis 1895 und seine abenteuerliche Flucht und triumphale Heimkehr nach Europa waren damals Tagesgespräch. Der Khedive (osmanischer Vizekönig) von Ägypten ernannte ihn zum Pascha, in England wurde er mit Orden ausgezeichnet. Nach Zerschlagung der Mahdisten wurde er 1899 Brigadegeneral von Ägypten und sowohl von Königin Viktoria als auch Kaiser Franz Joseph I. geadelt. Als Generalinspekteur für den Sudan war er weiterhin tätig, einmal jährlich besuchte er Europa und hielt sich jedes Mal am englischen Königshof und bei seinen Geschwistern in Österreich auf. Seit 1908 britischer Generalmajor, musste er 1914 als Österreicher aus den britisch-ägyptischen Diensten scheiden. Kaiser Franz Joseph I. verlieh ihm den Titel Geheimrat mit der Anrede Exzellenz u. betraute ihn mit der Kriegsgefangenfürsorge im Rahmen des Roten Kreuzes. Hier konnte er auf Grund seiner guten Kontakte viel für die vorwiegend in russische Gefangenschaft geratenen Soldaten erreichen. Er informierte England vom Bemühen Kaiser Karls I., den Krieg zu beenden, indem er das in den später veröffentlichten Sixtus-Briefen enthaltene Angebot vorweg mitteilte. Unmittelbar nach Ausrufung der Republik, während einer Behandlung in einer Genfer Klinik, ersuchte ihn die neue Regierung unter Dr. Karl Renner, bei den Siegermächten im Interesse der Versorgung der Stadt Wien tätig zu werden. An der tschechoslowakisch-österreichischen Grenze standen mit Kohle und Lebensmittel beladene Züge, wurden aber von der neuen tschechoslo-

10.1.6

wakischen Regierung an der Ausreise gehindert. Innerhalb kürzester Zeit gelang es Slatin, dass die Siegermächte ein Umdenken der Tschechen erreichten. Die größte Not im Raum Wien war gelindert. Jahre später dankte die Stadt Wien dem ehemaligen mehrfachen General dies mit der Verleihung der Ehrenbürgerwürde. Slatin gehörte 1919 auch der Friedensdelegation von St. Germain an. Die nächsten Jahre, bereits kränkelnd, verbrachte er teils in England, teils bei seinen Schwestern bei Meran und Verwandten in Wien. Seine größte Sorge war die, seine 1916 geborene Tochter noch am englischen Königshof in die Gesellschaft einführen zu können. Noch im Juni 1932 speiste er als Privatgast mit seiner Tochter bei König Georg V. und Königin Mary. Schwerkrank kehrte er in die Heimat zurück und verstarb am 4. Oktober 1932 im Wiener Cottage Sanatorium. Seine Beisetzung am Ober St. Veiter Friedhof glich einem Staatsbegräbnis.

Im Jahr 1897 erwarb Rudolf Carl Freiherr von Slatin in Mitterndorf 12 bei Traunkirchen die so genannte Spitz-Villa. Hier verbrachte er erholsame Urlaubstage, hielt Kontakt mit Persönlichkeiten wie Othmar Wolf Maria Reichsgraf Uiberacker auf Hochkreuth und Viktor Graf Folliot de Crenneville-Poutet in Gmunden und empfing sogar Regenten wie Kaiser Franz Joseph I. und König Eduard VII. von England.

10.1.8 Stoffmusterbuch der Firma Wilhelm Jungmann & Neffe für Pauline Lucca (1842–1908)

30 cm x 50 cm. Wien, Firma Wilhelm Jungmann & Neffe

Lit.: Eugen Löwen: Die Diva und ihr Haus. In: Moderne Kunst IX (Berlin 1895), 10, III

Die gefeierte Sopranistin Paulina Lucca, die seit 1890 Eigentümerin der Villa „Fernblick" in Gmunden war, kleidete sich bei der Firma Wilhelm Jungmann & Neffe, Kleidermacher und Manufakturwarenhändler, in Wien ein. Beim ehemaligen k. u. k. Hof- und Kammerlieferanten, bei dem einst unter anderem Kaiserin Elisabeth, Kronprinz Rudolf und seine Gemahlin Stephanie von Belgien sowie Auguste Viktoria von Schleswig-Holstein-Sonderburg-Augustenburg, die Gemahlin Kaiser Wilhelms II., Kunden waren, haben sich die alten Auftragsbücher und auch dieses Stoffmusterbuch für Pauline Lucca erhalten.

10.2.2   *Foto: OÖ. Landesmuseen*

10.2 MÜNZEN, MEDAILLEN UND PLAKETTEN

10.2.1 Portraitmedaille Nikolaus Dumba (1830–1890). 1900

Anton Scharff (1845–1903). Linz, OÖ. Landesmuseen, Inv.-Nr. N 1901

Anton Scharff (* 10. 6. 1845 Wien, † 5. 7. 1903 Brunn am Gebirge) kam als Sohn des Münzgraveurs Johann Michael Scharff und seiner Gemahlin Theresia Scharff geborene Sedlack zur Welt. An der Wiener Akademie bildete er sich unter Professor Radnitzky für das Fach der kleinen Plastik und Medailleurkunst aus, verließ im Jahre 1860 diese Schule, wurde am 26. Juli 1862 zum Kunsteleven und Stipendiaten der Graveur-Akademie des k. k. Hauptmünzamtes ernannt und dadurch Schüler von Josef Daniel Böhm. Im Jahre 1866 erfolgte seine Ernennung zum k. k. Münzgraveur-Gehilfen, 1868 die zum k. k. Münzgraveur und Medailleur und 1881 die zum Leiter der Graveur-Akademie des k. k. Hauptmünzamtes. Seine künstlerischen Leistungen wurden durch zahlreiche Auszeichnungen, namentlich die Preismedaillen von Wien, München und Philadelphia, die Ehrendiplome des österreichischen Museums, der Kunstausstellungen in Paris (1878) und Berlin (1886) sowie die Carl Ludwig-Medaille (1886) gewürdigt. Im Jahr 1890 wurde ihm vom akademischen Professorenkollegium der Reichel-Künstlerpreis zuerkannt, 1891 folgte die Große Goldene Medaille der Berliner Ausstellung. Er war Ehrenmitglied der k. k. Akademie der Bildenden Künste in Wien und es wurden ihm wiederholt inländische – wie das goldene Verdienstkreuz – und ausländische Orden verliehen.

Im Jahre 1896 wurde Anton Scharff zum Direktor der Graveurakademie ernannt. Schon früh hatte sich Scharff als Künstler Geltung

verschafft und sich bald einen Namen als ausgezeichneter Porträtist erworben, und es waren nicht wenige der bedeutendsten europäischen Monarchen und Regenten, deren Bildnisse von Anton Scharff für Münzen oder Gedenkmedaillen geschnitten wurden. Josef Tautenhayn der Ältere und Anton Scharff wurden die prominentesten Medailleure des francisco-josephinischen Zeitalters und es gelang es ihnen, der etwas aus der Mode gekommenen Medaillenkunst wieder zu großer Popularität zu verhelfen. Anton Scharff schuf 1892 auch die Reihe der Münzen der österreichischen Kronenwährung.

10.2.2 Medaille auf die Hochzeit von Erzherzog Franz Salvator und Erzherzogin Marie Valerie am 31. Juli 1890 in Bad Ischl

Anton Scharff (1845–1903). Linz, OÖ. Landesmuseen, Inv.-Nr. No 706

10.2.3 Portraitmedaille Franz von Hauer (1822–1899). 1892

Anton Scharff (1845–1903). Linz, OÖ. Landesmuseen, Inv.-Nr. N 1977

Der Geologe und Paläontologe Franz von Hauer (* 30. 1. 1822, † 20. 3. 1899), 1866 bis 1885 Direktor der Geologischen Reichsanstalt und 1885 bis 1896 Intendant des Naturhistorischen Hofmuseums in Wien, schrieb im Jahr 1846 das Werk „Die Cephalopoden des Salzkammergutes".

10.2.4 Portraitmedaille Johann Strauß (1825–1899). 1894

Anton Scharff (1845–1903). Linz, OÖ. Landesmuseen, Inv.-Nr. N 2241

Die Medaille entstand im Jahr 1894 zur Feier des fünfzigjährigen künstlerischen Wirkens von Johann Strauß, der auch eng mit dem Salzkammergut, besonders mit Bad Ischl, verbunden war.

10.2.10

Foto: OÖ. Landesmuseen

Johann Strauß war dreimal verheiratet. Seine dritte Gemahlin Adele Deutsch (* 1856, † 1930) war in erster Ehe mit dem Bankierssohn Anton Strauß, der 1877 verstarb, verheiratet. Ehe Adele Strauß am 15. August 1887 die Ehe mit Johann Strauß schließen konnte, musste dieser noch von seiner zweiten Frau geschieden werden. Um dieses Ziel zu erreichen, war er Bürger von Sachsen-Coburg-Gotha geworden und in die evangelische Glaubensgemeinschaft eingetreten. Schließlich bat Johann Strauß sogar Erzherzog Johann Salvator von Österreich-Toskana um eine Intervention bei Herzog Ernst II. von Sachsen-Coburg-Gotha, damit dieser seine Ehe fristgerecht trenne. Adele Strauß wünschte, als Frau „Johann Strauß" angesprochen zu werden und hat sich unter diesem Namen auch in den Fremdenbüchern der „Grillenvilla" der Familie Graf Prokesch von Osten in Gmunden verewigt.

10.2.5 Portraitmedaille Joseph Joachim (1831–1907). 1907
Emil Torff (erwähnt 1906–1980). Linz, OÖ. Landesmuseen, Inv.-Nr. N 2019
Der Violinist, Dirigent und Komponist Joseph Joachim (* 28. 6. 1831 Kittsee bei Pressburg, Komitat Moson, Ungarn, † 15. 8. 1907 in Berlin) war ungarisch-jüdischer Herkunft. Er war mit Johannes Brahms befreundet und von 1852–1866 Königlicher Konzertmeister in Hannover. Joseph Joachim war immer wieder in Gmunden zu Gast.

10.2.6 Portraitmedaille Joseph Lewinsky (* 1835, † 1907). 1899
Rudolf Marschall (1873–1967). Auf dem Avers bezeichnet: „Josef Lewinsky aetatis LXIV". Linz, OÖ. Landesmuseen, Inv.-Nr. N 2075
Der Medailleur Rudolf Marschall (* 3. 12. 1873, † 24. 7. 1967) war Schüler von Josef Tau-

tenhayn und ab 1905 Leiter der Wiener Graveur- und Medailleur-Schule. Er schuf unter anderem zahlreiche Portraitmedaillen, so auch auf Marie von Ebner-Eschenbach (1900), die langjähriger Sommerfrische-Gast in St. Gilgen war.

Josef Lewinsky (* 1835, † 1907) war seit 1858 Hofschauspieler am Wiener Burgtheater, in Gmunden war er bei Friederike Gräfin Prokesch-Osten geborene Gossmann zu Gast.

10.2.7 Portraitmedaille Gustav Mahler (1860–1911)
Alfred Rothberger (1873–1932). Avers: Nach links blickendes Portraitbild und Inschrift: „Gustav Mahler". Revers: Wolken und Lorbeer sowie die Inschrift: „Meine Zeit wird noch kommen." Linz, OÖ. Landesmuseen, Inv.-Nr. No 2113
Gustav Mahler war von 1893 bis 1896 auf Sommerfrische in Steinbach am Attersee und komponierte dort an seiner 2. und 3. Symphonie.

10.2.8 Portraitmedaille Charlotte Wolter (1834–1897). 1897
Johann Schwerdtner (1834–1920). Linz, OÖ. Landesmuseen, Inv.-Nr. N 2886
Die von Johann Schwerdtner (* 14. 7. 1834, † 15. 3. 1920) geschaffene Medaille zeigt im Avers das nach links gerichtete Portrait von Charlotte Wolter, die an ihrem Feriensitz in Weissenbach am Attersee zur Erholung ihre eigenen „Wolter-Schwäne" pflegte. Das Portrait ist von der Umschrift „K. u. K. Hofschauspielerin Charlotte Wolter. Geb. 1. März 1834 in Cöln – Gest. 14. Juni 1897 in Wien" umgeben und im Revers erscheinen Lorbeer und Lyra sowie der Text „Den Menschen Liebe und den Göttern Ehrfurcht / Geniesset, was auch blüht, und denket mein".

10.2.9 Portraitmedaille Johannes Brahms (1833–1897). 1893
Anton Scharff (1845–1903). Linz, OÖ. Landesmuseen, Inv.-Nr. N 1858

10.2.10 Portraitmedaille Anton Freiherr von Prokesch-Osten (1795–1876). 1845
Konrad Lange (1806–1856). Linz, OÖ. Landesmuseen, Inv.-Nr. N 2167
Der Medailleur und Münzschneider Konrad Lange (* 13. 9. 1806 Ulm, † 24. 6. 1856 Perchtoldsdorf) war Schüler von Karl Friedrich Voigt in München und in den Jahren 1834 bis 1840 an der königlich-griechischen Münze in Athen, seit 1843 am Hauptmünzamt Wien tätig. Von ihm stammen unter anderem Portraitmedaillen auf Klemens Lothar Wenzel Fürst Metternich (1841), auf Erzherzog Joseph Anton Johann von Österreich, dessen Tochter Erzherzogin Elisabeth Franziska Maria in Gmunden eine Villa besaß (aus Anlass von dessen 50. Jahrestag als Palatin von Ungarn im Jahr 1846), auf den in Bad Ischl verstorbenen Theaterdirektor und Schauspieler Carl Carl (1847) und auf den Geologen Wilhelm Haidinger (1856). Die Medaille auf Anton Freiherr von Prokesch-Osten zeigt im Avers dessen nach links gerichtetes Portrait mit der Umschrift „ANTONIUS LIBER BARO PROKESCH-OSTEN" und im Revers dessen Wappen mit dem Wahlspruch „EX ORIENTE LUX".

10.2.11 Portraitmedaille Franz de Paula Wirer von Rettenbach (1771–1844). 1843
Konrad Lange (1806–1856). Zwei Exemplare. Linz, OÖ. Landesmuseen, Inv.-Nr. 2127 a, b
Die Medaille Konrad Langes auf Dr. Franz de Paula Wirer Ritter von Rettenbach ist 1843 entstanden und zeigt auf dem Avers dessen nach rechts gerichtetes Portrait mit der Umschrift „FRANCISCUS WIRER EQUES A RETTENBACH" und auf der Rückseite eine allegorische Szene, bei der die Hygiiea (Gesundheit), Concordia (Eintracht) und Liberalitas (Freigebigkeit) um einen Altar angeordnet sind, sowie die Umschrift „EX CONCORDIA ET LIBERALITATE SPES" und „SOCIET. R. C. MED. VIENN. FUNDATORI S. MDCCCX-LIII".

10.2.12 Portraitmedaille Clemens Wenzel Lothar Fürst von Metternich (1773–1859). 1841
Konrad Lange (1806–1856). Linz, OÖ. Landesmuseen, Inv.-Nr. 2127

10.2.13

10.2.13 Plakette „Moritz, Carl und Theodor Faber"

Hans Schäfer (1875-?). Linz,
OÖ. Landesmuseen, Inv.-Nr. NO 4535
Der Bildhauer und Medailleur Hans Schäfer
(* Sternberg/Mähren 13. 2. 1875, † ?) war
Schüler des Graveurs Matthäus Marschall und
des Medailleurs Stefan Schwartz in Wien. Nach
dem Ersten Weltkrieg wanderte er in die Vereinigten Staaten von Amerika aus.
Moritz Faber war der Direktor der Liesinger
Actien-Brauerei. Er erbaute Anfang der 1880er-
Jahre für sich und seine Familie in Gosau eine
Villa, die dem Zug der Zeit entsprechend als
typisches Salzkammergut-Landhaus ausgeführt
wurde. Erstmals im Jahr 1883 verbrachte die
Familie darin ihre Sommerfrische. Kaiser Franz
Joseph I. war mehrmals bei Moritz Faber in Gosau zur hohen Jagd zu Gast.
Die Auswahl der Medaillen wurde unter dem
Gesichtspunkt getroffen, dass die portraitierten
Persönlichkeiten (Johannes Brahms, Nikolaus
Dumba, Moritz, Carl und Theodor Faber,
Franz von Hauer, Joseph Joachim, Josef Lewinsky, Gustav Mahler, Clemens Wenzel Lothar Fürst von Metternich, Anton Freiherr von
Prokesch-Osten, Johann Strauss, Dr. Franz de
Paula Wirer von Rettenbach, Charlotte Wolter)
mit dem Salzkammergut in kultureller Verbindung standen und hier zum Teil immer wieder
ihre Sommerfrische verbracht haben.

10.2.14 Medaille „Monumental-Brunnen Erzherzog Franz Carl und Sophie Bad Ischl". 1881

E. Lerch. Linz, OÖ. Landesmuseen,
Inv.-Nr. NO 704
Der sonst bisher nicht belegbare Medailleur E.
Lerch, vielleicht ein Verwandter des in Prag und
Karlsburg tätigen Münzgraveurs Josef Thomas
Lerch von Lerchenau (* 1793, † 1859), schuf

diese Medaille aus Anlass der Enthüllung des
Franz-Karl-Brunnens in Bad Ischl am 18. August 1881.

10.2.15 Plakette „1. Internationale Zielfahrt 1962. 100 Jahre Kurstadt Gmunden"

Aluminum. Linz, OÖ. Landesmuseen,
Inv.-Nr. NO 4287

10.2.16 Medaille „Initium Mondsee – Oberösterreich Salzkammergut"

Buntmetall, versilbert. Linz,
OÖ. Landesmuseen, Inv.-Nr. 24/97 –
NO 2692

10.2.17 Klippe St. Wolfgang. 1894

Bronze, versilbert. Linz, OÖ. Landesmuseen,
Inv.-Nr. NO 568

10.2.18 Medaille Ebensee

Silber. Linz, OÖ. Landesmuseen,
Inv.-Nr. NO 1314

10.2.19 Medaille „Ausstellung Gmunden 1927"

Bronze, versilbert. Linz, OÖ. Landesmuseen,
Inv.-Nr. 490/99 = NO 3181

10.2.20 Medaille Traunkirchen

Silber. Linz, OÖ. Landesmuseen,
Inv.-Nr. 340/1983 = NO 1369

10.2.21 Abzeichen in Hufeisenform „Weisses Rössl – St. Wolfgang am See"

Buntmetall, emailliert. Linz,
OÖ. Landesmuseen, Inv.-Nr. NO 4034

10.2.22 Abzeichen „DKW-Club Austria – Zielfahrt Wolfgangsee 1961"

Buntmetall, emailliert und vergoldet. Linz,
OÖ. Landesmuseen, Inv.-Nr. NO 4289
Bei den Medaillen und Abzeichen aus dem
Salzkammergut wird ein kleines Spektrum von
Belegstücken gezeigt, das von einer Sonderprägung anlässlich der feierlichen Enthüllung des
Franz-Carl-Brunnens in Bad Ischl 1881 bis zur

10.2.14

kommerziell vertriebenen Ortsmedaille reicht. Diesen Objekten und ihrer manchmal traditionell identitätsstiftenden Bild- sowie auch ihrer vielschichtigen Werbe- und Propagandafunktion im Wandel der Zeiten ist der Beitrag von Bernhard Prokisch mit dem Titel „Das Salzkammergut als Symbol. Medaillen – Abzeichen – Notgeld" in diesem Katalogband gewidmet.

10.3 GUSTAV KLIMT UND RICHARD TESCHNER

10.3.1 Brosche der Wiener Werkstätte mit Malachiteinlage aus dem Besitz von Emilie Flöge (1874–1952)

Josef Hoffmann (1870–1956). Originaletui der Wiener Werkstätte. Circa 4 cm x 4 cm. Privatbesitz
Emilie Louise Flöge (* 30. 8. 1874; † 26. 5. 1952) wurde als viertes Kind des Drechslermeisters und Meerschaumpfeifen-Fabrikanten Hermann Flöge (1837–1897) in Wien geboren und erlernte zunächst den Beruf einer Schneiderin. Später betätigte sie sich aber als Modeschöpferin und wurde ab 1904 – gemeinsam mit ihrer Schwester Helene – als Inhaberin des Wiener Haute-Couture-Salons „Schwestern Flöge" in der Mariahilfer Straße, dessen architektonische Ausstattung im Jugendstil Josef Hoffmann entworfen hatte, erfolgreiche Geschäftsfrau. In ihrem Salon präsentierte sie Modellkleider, die dem Modegeschmack und Kunstempfinden der Wiener Werkstätte entsprachen. Auf ihren Reisen nach London und Paris informierte sie sich außerdem bei Coco Chanel und Christian Dior über die neuesten Modetrends. In der besten Zeit beschäftigte sie bis zu achtzig Schneiderinnen. Nach dem Anschluss Österreichs an Hitler-Deutschland im Jahr 1938 verlor Flöge aber ihre wichtigsten, oft jüdischen Kunden und musste den Modesalon, der sich zuvor zum führenden Modetreffpunkt der Wiener Gesellschaft entwickelt hatte, schließen. Seither arbeitete sie in ihrem Wohnhaus Ungargasse 39, wo sie im obersten Stockwerk wohnte. In den letzten Tagen des Zweiten Weltkriegs verbrannten hier nicht nur ihre Trachtensammlung, sondern auch wertvolle Gegenstände aus dem Klimt-Nachlass.
Emilie Flöge war eine faszinierende Person der Wiener Bohème und des Fin de siècle. Sie war Schwägerin und Muse des Malers Gustav Klimt, der auch häufiger Gast in ihrem Elternhaus war, seit Klimts Bruder Ernst 1891 Emilies Schwester Helene geheiratet hatte. Nach dem Tod von Ernst wurde Gustav Klimt Vormund seiner kleinen Nichte Helene Flöge. Klimt portraitier-

10.3.1   Fotos: Schepe

te Emilie Flöge mehrfach. Er schuf nicht nur das berühmte Portrait von 1902 (heute Wien Museum), sondern entwarf für ihren Salon auch einige „Reformkleider", die von Frauenrechtlerinnen propagiert und ab 1898 von Künstlern der Wiener Secession entworfen wurden: Diese wurden ohne Korsett getragen, hingen von den Schultern lose herab und waren mit bequem weiten Ärmeln ausgestattet. Doch da für diese damals allzu „revolutionäre" Art von Kleidern die Klientel nicht groß genug war, um davon leben zu können, verdiente Emilie Flöge ihr Geld hauptsächlich mit konventioneller Mode. Da Klimt viele der Damen der gehobenen Wiener Gesellschaft portraitierte, die auch Kundinnen im Salon der „Schwestern Flöge" waren, gab es auch gemeinsame geschäftliche Interessen Emilie Flöges und Gustav Klimts. Seit 1898 verbrachte Klimt die Sommermonate gemeinsam mit der Familie Flöge am Attersee.

10.3.2 Ring aus Gold mit zwei Brillanten aus dem Besitz von Emilie Flöge (1874–1952)

Josef Hoffmann (1870–1956). Originaletui der Wiener Werkstätte. H. circa 3 cm. Privatbesitz
Der Architekt Josef Franz Maria Hoffmann (* 15. 12. 1870, † 7. 5. 1956), der 1897 ge-

10.3.2

meinsam mit Joseph Maria Olbrich die Wiener Secession und im Jahr 1903 mit dem Bankier Fritz Wärndorfer und Koloman Moser die Wiener Werkstätte begründet hatte, war mit Emilie Flöge – und auch mit Gustav Klimt – mehrfach verbunden. Um 1903 schuf er die Innenausstattung des Salons der „Schwestern Flöge" in der Wiener Mariahilfer Straße und er entwarf im Rahmen der Wiener Werkstätte auch Schmuckstücke, wie die beiden ausgestellten Objekte Brosche und Ring, für sie. „Im Schmuck", priesen die Künstler der Wiener Werkstätte im anlässlich des fünfundzwanzigjährigen Firmenjubiläums publizierten Katalog, „feiert die Phantasie ihren besten Triumph". Dies gilt auch für die Entwürfe Josef Hoffmanns, der schon früh den Spitznamen „Quadratl-Hoffmann"

Emilie Flöge   Foto: Fritz Walker / Schepe

erhielt, wohl weil er meistens seine Entwürfe auf kariertem Papier zeichnete. Während in Frankreich den floralen und vegetabilen Motiven der Vorzug gegeben wurde, überwog in den Produkten der Wiener Werkstätte die Konstruktion und die Struktur des Objektes. Daraus resultiert eine Vielzahl abstrakter, auch asymmetrischer Schmuckformen: Systeme von Linien, in Wellen oder Kurven, verschlungen oder zu Spiralen und Kreisen geformt.

10.3.3 Selbstportrait als Vogel

Richard Teschner (1879–1948). Bronzeskulptur. H. 7 cm. Privatbesitz
Wie die Künstler Josef Hoffmann, Koloman Moser, Fritzi Löw, Franz Metzner, Dagobert

Peche, Otto Prutsch und Vally Wieselthier und viele andere fertigte auch Richard Teschner kunstgewerbliche Entwürfe und bevorzugte bei seinen Bildhauerarbeiten die Materialien Holz, Keramik und Metall. So schuf er auch die Kleinskulptur eines Vogels, wobei er den skurrilen Einfall hatte, dem Tier ein menschliches Antlitz und in diesem Fall sein eigenes zu geben. Eine verwandte Darstellung mit dem Portraitgesicht des Schauspielers Richard Eybner (* 1896, † 1986), der übrigens langjähriger Sommerfrischegast in Alt-Aussee war, befindet sich im Richard-Teschner-Gedenkraum des Österreichischen Theatermuseums in Wien.

10.4 ERINNERUNGSSTÜCKE

10.4.1–10.4.2 Zwei Tintenbehälter. Marke „Bobby"

Peter Altenberg (1859–1919). Braunes bzw. grünes Glas. Dm. 8 cm, H. 6 cm. Wien, Wien Museum, Inv.-Nr. 94605/1,2

Der Nachlass des Schriftstellers Peter Altenbergs (1859–1919), dessen bürgerlicher Name Richard Engländer war, gelangte über seine Schwester Marie Mauthner an die Neue Galerie in Wien (Grünangergasse 1), wo zwischen 1929 und 1938 ein Peter Altenberg-Zimmer eingerichtet war. 1950 wurde ein Großteil dieses Nachlasses von der Neuen Galerie durch das Historische Museum der Stadt Wien erworben. Peter Altenberg schreibt über seine Schreibutensilien: „Mein Tintenfäßchen ist aus braunem Glas, fabelhaft leicht zu reinigen, kostet 2 Kronen, und heißt noch dazu „Bobby", also jetzt „Robert". Es ist daher ein Kunstwerkchen, es erfüllt seinen Zweck, stört Niemanden und ist schön braun."(Kunstgewerbliches. In: Peter Altenberg, Vita ipsa. Berlin 1918, S. 48).

10.4.3 Schale mit fernöstlichen Motiven und dem originalen Schriftzug Peter Altenbergs (1859–1919)

Bezeichnet „Peter Altenberg, 30. August 1899". 22,5 cm x 26,5 cm x 3 cm. Privatbesitz
In Gmunden war Peter Altenberg immer wieder Gast im Café Grellinger. Auch mit Dr. Emil Kugler, seit 1898 ärztlicher Leiter der neu gegründeten Cur-Anstalt, stand er in Kontakt. Diese vermittelte der Gmundener Maler Gustav Jagerspacher. Eine schwungvolle Karikatur Peter Altenbergs und Helga Malenbergs, die er während eines Gmundener Aufenthaltes im Jahre 1909 zeichnete, widmete Jagerspacher dem mit ihm befreundeten Dr. Kugler. In „Sommerabend in Gmunden" schreibt Peter Altenberg: „.... Jeder Tag bringt einen Abend, und in der Bucht beim Toscana-Garten steht Schilf, und Weiden und Haselstauden hängen über, ein Vogel flüchtet, und alte Steinstufen führen zu weiten Wiesen. Nebel zieht herüber, du lässest die Ruder sinken, und niemand, niemand stört dich!"

10.4.4 Spazierstock Peter Altenbergs (1859–1919)

Knotenstock mit Metallspitze. Metallbeschlag unter dem Knauf mit Nachbildung von Altenbergs Unterschrift. L. 79,5 cm. Wien, Wien Museum, Inv.-Nr. 94619
Peter Altenberg schrieb über Spazierstöcke, die für ihn mehr als nur ein modisches Accessoire

waren: „Ich schaue immer auf den Spazierstock, den einer trägt, daran erkenne ich den Grad seiner ästhetischen Kultur." (Peter Altenberg: Ideale Reklame: Spazierstöcke. In: Die Kunst. Wien, November 1903, S. XVI).

10.4.5 Haarnadel Charlotte Wolters (1834–1897)

Getragen in der Rolle der Kleopatra in Shakespeares' ‚Antonius und Cleopatra': in Form einer sechsblättrigen Blume. Metall, geschliffenes Glas. L. 11,6 cm. Wien, Wien Museum, Inv.-Nr. 54667
Charlotte Wolter (* 1. März 1834, † 14. Juni 1897), seit 1874 verehlichte Gräfin O'Sullivan de Grass, war eine gefeierte Schauspielerin und von 1862 bis zu ihrem Tod Mitglied des Burgtheaters. Sie war bekannt dafür, dass sie ihre Kostüme immer selbst entwarf, und ihre kräftige Mezzosopran-Stimme (der „Wolter-Schrei") wurde vom Publikum verehrt. Sie erwarb im Jahre 1885 die „Behausung Hofstatt und Gartl samt Kleinfischerei" in Weißenbach (Nr. 6) am Attersee und adaptierte ein ländliches Wohnhaus für sich zu einem Sommerfrischen-Domizil.

10.4.6 Visitkartentasche Friedrich Hebbels (1813–1863)

Leder, mit Schließe, dreifach gefaltet, Innenseite mit Blumenstickereien. 23 cm x 12,5 cm. Inhalt: zwei verschiedene

10.4.3

Visitkarten, Haarlocke in Papier eingewickelt, zwei Notizzettel mit Hebbels Handschrift, gepresste Kleeblätter in Papier eingeschlagen. Wien, Wien Museum, Inv.-Nr. 102782
Christian Friedrich Hebbel (* 18. 3. 1813 in Wesselburen, Dithmarschen, † 13. Dezember 1863 in Wien) war ein deutscher Dramatiker und Lyriker. Mitte Juli 1855 kam der Dichter erstmals mit seiner Frau, der Hofburgschauspielerin Christine Enghaus, nach Gmunden. Bereits nach dreiwöchigem Aufenthalt gefiel es ihm so gut, dass er in Ort (heute Hebbelstraße 1) ein Haus erwarb. Hier arbeitete er 1855 an seiner Trilogie „Nibelungen", 1857 vollendete er hier das Epos „Mutter und Kind". Nachkommen von Friedrich Hebbel leben noch heute in Gmunden.
Die Visitkartentasche Hebbels samt Inhalt wurde 1955 vom Historischen Museum der Stadt Wien von dessen Enkelin Alida Rosenfeld-Kaizl erworben. Die beiliegenden Kleeblätter dürften Geschenke von Hebbels Frau, der Schauspielerin Christine Enghaus, sein.

10.4.7 Taktstock von Josef Hellmesberger senior (1828–1893)

Ebenholz mit Perlmutteinlagen. L. 35,5 cm. Wien, Wien Museum, Inv.-Nr. 104392/2
Josef Hellmesberger senior (* 3. 11. 1828, † 24. 10. 1893) war ein österreichischer Hofkapellmeister, Violinist, Dirigent und Komponist, der im Jahr 1849 das nach ihm benannte Hellmesberger-Quartett begründete und im Jahr 1851 Professor und Direktor des Wiener Konservatoriums wurde. Er war, wie auch der Philosoph und Psychologe Alexius Meinong von Handschuchsheim in einem Brief an seinen Freund, den Musikwissenschafter Guido Adler, bezeugt, auf Sommerfrische in Bad Ischl sowie Gast in der Gmundener „Grillenvilla" bei Anton Graf Prokesch-Osten dem Jüngeren und seiner Gemahlin Friederike Gossmann.

10.4.8 Doppelmantel-Taschenuhr des Nikolaus Lenau (1802–1850)

Gold. Französisches Fabrikat (?). Mit goldener Kette und zwei Schließen; Uhrschlüssel in Form einer Pistole mit Vogelkopf als Griff. Mit Etui. Uhr: Dm.: 4,6 cm, Kette: L. 36 cm. Schlüssel: L. 4,3 cm, Etui: 11 cm x 9 cm. Wien, Wien Museum, Inv.-Nr. 133105
Der Dichter Nikolaus Lenau (* 13. 8. 1802, † 22. 8. 1850) kam 1830 erstmals nach Gmunden. Zusammen mit seinem Schwager Anton Xaver Schurz wohnte er bei seinem Freund, dem Bergrat Matthias Leopold Schleifer, im Seeschloss Ort. Bergrat Schleifer war es auch,

der Lenau in das Haus des Schullehrers Johann Nepomuk Wolf einführte, wo dieser mit der Tochter Nanette Bekanntschaft schloss. Lenau war, wie vor ihm Franz Schubert, von Nanettes vollendetem Klavierspiel und ihrem Gesang gefesselt und die Besuche im Gmundener Schulhaus wurden bald zu einer lieben täglichen Gewohnheit. 1831 kam Lenau abermals nach Gmunden, bestieg erstmals den Traunstein und schilderte dieses für ihn einmalige Erlebnis in einem begeisterten Brief an seinen Schwager. Zur Erinnerung an die Aufenthalte des Dichters ist in Gmunden ein von der Herakhstraße zur Traunpromenade führender Weg „Nikolaus-Lenau-Weg" benannt. Anlässlich der 25. Wiederkehr seines Todestages ließ der Touristenklub im Jahre 1875 an einer alten Buche an der Traunpromenade, an der sich Lenau gerne aufhielt, eine Tafel mit der Inschrift „Lenaus Morgensitz" anbringen. Bei der Errichtung des Traunkraftwerkes und der Neugestaltung der Traunpromenade musste dieser Baum gefällt werden: So wurde 1994 ein neuer Ruheplatz mit einer Gedenktafel, welche ebenfalls die Aufschrift „Lenaus Morgensitz" trägt, angelegt.
Die Taschenuhr Nikolaus Lenaus kam 1963 mit einigen Möbeln, wie zum Beispiel einem Bücherschrank und einem Empire-Luster, als Legat aus Privatbesitz an das Historische Museum der Stadt Wien, nunmehr Wien Museum.

10.4.9 Hörrohr des Adolf Loos (1870–1933)

Messing mit Schlauch. Gesamtlänge 103 cm, Dm. 7 cm. Wien, Wien Museum, Inv.-Nr. 101162 / 24
Der bedeutende Architekt und Architekturtheoretiker Adolf Loos (* 1870, † 1933) war als Sommerfrische-Tourist im Salzkammergut präsent. Seine zweite Gemahlin Elsie Altmann-Loos erzählt in ihrem Buch „Mein Leben mit Adolf Loos" von Ausflügen ins Salzkammergut und von einem in St. Gilgen schwimmend, essend und schlafend verbrachten Sommer.
Von seinem gleichnamigen Vater, Steinmetz und Bildhauer in Brünn, hatte Adolf Loos nicht nur seine künstlerische Begabung, sondern auch sein schlechtes Gehör geerbt. Im Nachlass von Adolf Loos haben sich zwei Hörrohre erhalten, die Adolf Loos gegen seine Schwerhörigkeit benutzte. Undatierte Fotoaufnahmen von Trude Fleischmann zeigen Loos in sitzender Position, jeweils ein Hörrohr mit Schlauch auf den Oberschenkeln haltend. Durch ständige Verschlechterung seines Gehörs litt Loos zunehmend an Vereinsamung, die auch depressive Verstimmungen nach sich zog. So schrieb er 1929 an

seine dritte Gemahlin Claire: „Du fehlst mir an allen Ecken und Enden, auch bin ich schon ganz taub. (...) Aber ich werde deine süße Saxophonstimme nicht mehr hören, ich werde von Tag zu Tag ganz taub. Der Vater hat ganz recht – ein tauber Krüppel." Zusammen mit der Wohnungseinrichtung wurden die Hörrohre von Adolf Loos 1956 vom Historischen Museum der Stadt Wien erworben.

10.4.10 Brieföffner der Katharina Schratt (1853–1940)

40 cm x 10 cm. St. Florian, Jagdmuseum Schloss Hohenbrunn. Leihgabe aus Privatbesitz
Katharina Schratt (* 11. 9. 1853, † 17. 4. 1940), seit 1879 verheiratete Kiss de Ittebe, war eine österreichische Schauspielerin, die vor allem auch durch ihre seit dem Jahr 1885 über mehr als drei Jahrzehnte reichende Freundschaft mit Kaiser Franz Joseph I. bekannt ist. Sie war bereits in den Jahren 1886 bis 1888 in der Villa Frauenstein in der Gemeinde St. Gilgen (Ried 1) auf Sommerfrische, ehe sie seit 1889 ihre Sommeraufenthalte in der Villa Felicitas in Trenkelbach (Steinbruch 43 – Ahorn 249) in der Gemeinde Bad Ischl, in der Nähe des Kaisers, verbrachte.

10.4.11 Portrait Heinrich Köcherts (1854–1908) vor der Naturkulisse des Traunsees

Unbekannter Künstler. Aquarell/Papier. H. 36 cm, B. 28 cm. Privatbesitz
Der Hofjuwelier Heinrich Köchert (* 1854, † 1908) war der Sohn von Alexander Emanuel Köchert (* 17. 3. 1825 Wien, † 3. 9. 1879 Altmünster) und Karoline Köchert geborene Mayseder, der Tochter des Violinvirtuosen und Komponisten Joseph Mayseder. Auch Alexander Emanuel Köchert war bereits Sohn eines Goldschmieds, der 1814 aus Riga nach Wien [...] in das väterliche Unternehmen ein, wurde 1848 Meister, errichtete 1851 ein eigenes Geschäft mit Werkstätte. Er erhielt das Wiener Bürgerrecht und wurde 1868 zum Kammerjuwelier ernannt. Zu seinen bekanntesten Stücken gehören ein Prunkkreuz für Papst Pius X. zu dessen vierzigjährigem Priesterjubiläum, siebenundzwanzig Diamant-Sterne, die Kaiserin Elisabeth zum Schmuck ihres Haares verwendete, der Halsschmuck für Viktoria Louise von Hannover, der Ifflandring sowie Ehrenringe der Stadt Wien und der Universität Wien. Alexander Emanuel Köchert ist am evangelischen Friedhof in Gmunden begraben. Heinrich Köchert ehelichte Melanie Lang (* 1858 – 21. 3. 1906), die als Förderin von Hugo Wolf bekannt

0.1 Traun-Panorama von Franz Nikolaus Pernlohner, Flusskarte der Traun vom Grundlsee bis zur Mündung in die Donau. Ausschnitt. Oben: Traunsee mit Ebensee und Traunkirchen. Unten: Nördliches Ufer des Traunsees mit Gmunden und Seeschloss Ort. Lavierte Federzeichnung. Um 1688/89. OÖ. Landesmuseen
Foto: Schepe

1.3 Gipskristalldruse
Fundort: Altaussee. Bad Ischl, Salinen
Austria AG
Fotos: Schepe

1.6 Fasersalz
Fundort: Hallstatt. Bad Ischl, Salinen
Austria AG

1.7 Faser-Polyhalit
Bad Ischl, Salinen Austria AG

1.14 Blaues Kristallsalz auf Polyhalit
Bad Ischl, Salinen Austria AG

2.3.2 Portrait von Franz Josef Fürst von Lamberg (1637–1712). Privatbesitz
Foto: Schepe

2.3.3 Rosenkranzbild aus der Pfarrkirche Zell am Moos. Um 1515/1520.
Kunstverlag Hofstetter, Ried i. I.
Foto: Michael Oberer, Wien

3.1.4 Kraxe der Kerntrageweiber.
Linz, OÖ. Landesmuseen
Foto: Schepe

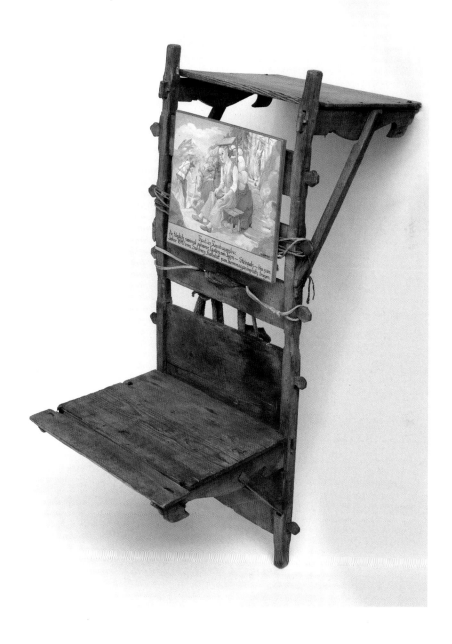

2.5.31 Gästebuch mit Eintrag zur
„Tausend-Mark-Sperre (1933–1936)".
Frontispiz von „Tony" Jedinger. Privatbesitz
Foto: Schepe

3.3.2 Markscheider-Handzeichen und -Messgerät. Bad Ischl, Museum der Stadt Bad Ischl
Foto: Schepe

4.1.1 Modell einer Rundpfanne (Sudhaus) von Ebensee. Um 1800. Linz, OÖ. Landesmuseen
Foto: E. Grilnberger

4.1.2 Modell Pfannhaus. Bad Ischl,
Museum der Stadt Bad Ischl
Foto: Schepe

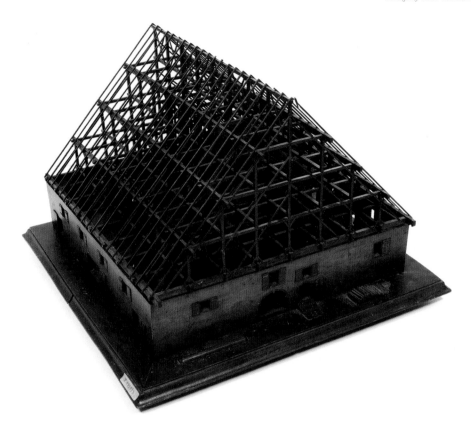

**4.1.8 Pfeifenkopf mit Darstellungen aus
Gmunden sowie des Gosauzwanges und der
Chorinskyklause.** 1837. Wien, Technisches
Museum
Foto: TMW-Archiv/Fotoarchiv

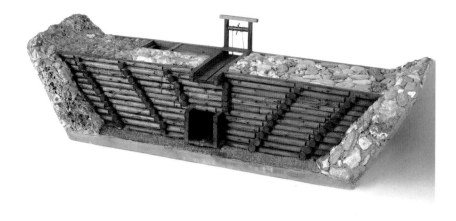

5.2.2 Triftanlage. Gmunden,
Bundesforschungs- und Ausbildungszentrum
für Wald, Naturgefahren und Landschaft –
Forstliche Ausbildungsstätte
(Landschloss) Ort
Fotos: Schepe

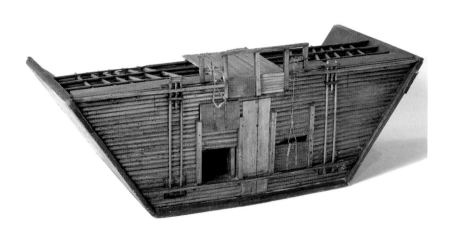

5.2.3 Klause (Sperrwerk). Gmunden,
Bundesforschungs- und Ausbildungszentrum
für Wald, Naturgefahren und Landschaft –
Forstliche Ausbildungsstätte
(Landschloss) Ort

6.1.2 Salztamboure. Nach 1854.
Mayerhofer & Klinkosch.
Foto: Bundesmobilienverwaltung,
Silberkammer Hofburg Wien

6.2.3 Salzbehälter (Salzkircherl).
18. Jahrhundert. Aus einem Stück Holz
geschnitzt.
Foto: Österreichisches Museum für
Volkskunde, Wien

6.2.3 Salzgefäß aus Westafrika, Sierra Leone. Sapi-Portugiesisch. 1. Hälfte des 16. Jahrhunderts, Elfenbein.
Provenienz: 1923, Dietrich'sche Sammlung, Schloss Feistritz.
Fotos: Museum für Völkerkunde, Wien

6.3.5 „Salztasche"
Westasien, Mittlerer Orient, Iran, Lori.
Provenienz: Sammlung Herbert Bieler

„Mit dem Fahrrad in die Sommerfrische". Werbeplakat.
Foto: Österreichische Nationalbibliothek, Wien, FLU

„**Sommerfrische im Salzkammergut**".
Plakate.
Fotos: OÖ. Landesarchiv

7.1.1 Sockelbecher ("Traunkirchen mit den [!] Traunsteine"). Böhmen, um 1840. Privatbesitz
Fotos: Simak, 2008

7.1.2 Freundschaftspokal. Böhmen, 2. Viertel des 19. Jahrhunderts. Privatbesitz

7.1.3 Zylindrischer Becher
(„**Kaiser Ferdinandsplatz in Ischl**").
Böhmen, 2. Viertel des 19. Jahrhunderts.
Privatbesitz
Fotos: Simak, 2008

7.1.4 Zylindrischer Becher („Andenken
von Gmunden"). Oberschwarzenberg,
2. Viertel des 19. Jahrhunderts.
Privatbesitz

7.1.8 Fußbecher („Ansicht von Gmunden"). Oberschwarzenberg, 2. Viertel des 19. Jahrhunderts. Privatbesitz
Foto: Simak, 2008

7.1.10 Sockelbecher („Ansicht des Sommerschlöschens [!] Seiner Ex. Gr. Von Kolowrat in Ischl"). Böhmen, 2. Viertel des 19. Jahrhunderts. Privatbesitz
Fotos: Simak, 2008

7.1.11–12 Souvenirlöffel mit Ansicht und Wappen von Ischl und von Gmunden. Privatbesitz

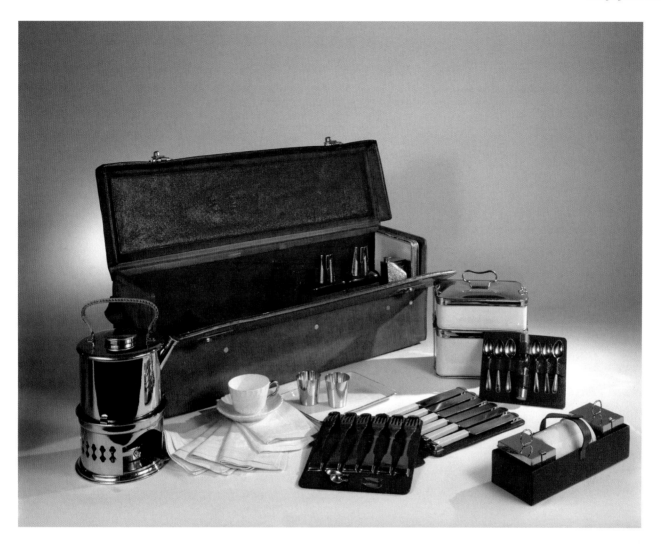

7.3.5 Menagekoffer für sechs Personen.
Wien, um 1900
Bundesmobilienverwaltung, Silberkammer
Hofburg Wien
Foto: Marianne Haller

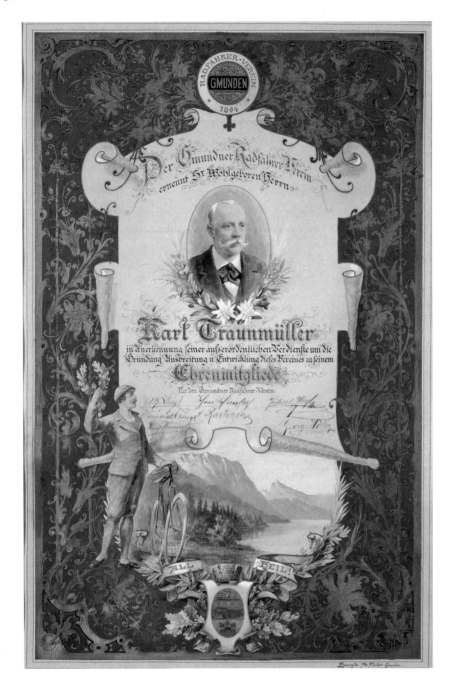

**7.5.2 Urkunde „Karl Traunmüller.
Ehrenmitglied im Gmundner
Radfahrer-Verein 1894".** Gmunden,
Kammerhofmuseum
Foto: Schepe

**7.6.1 Die Überfuhr des Malers
Franz Steinfeld über den Gosausee.**
19. Jahrhundert. Franz Eybl (Schule),
Linz, Antiquitäten Ludwig Wimberger
Fotos: Schepe

7.4.5 Dampfschiff „Sophie".
20. Jahrhundert. Privatbesitz

7.6.2 Traunfall. Anonymer Künstler.
Privatbesitz
Foto: Simak, 2008

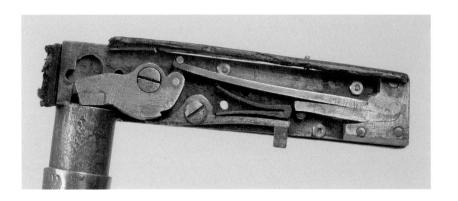

8.2.10 Stockgewehr. Zwettl,
Stadtamt – Stadtarchiv
Foto: Werner Fröhlich

8.2.5 Spazierstock mit dem Kopf Georg Ritter von Schönerers. Aus dem ehemaligen Eigentum des Dargestellten. Zwettl, Stadtamt – Stadtarchiv
Fotos: Werner Fröhlich

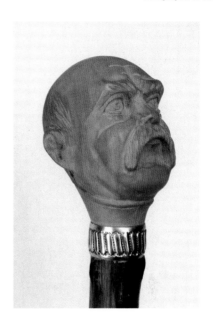

8.2.7 Spazierstock mit dem Kopf Bismarcks. Zwettl, Stadtamt – Stadtarchiv

8.2.11 Flaschenstock. Zwettl, Stadtamt – Stadtarchiv

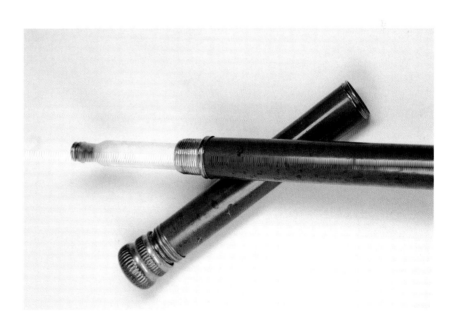

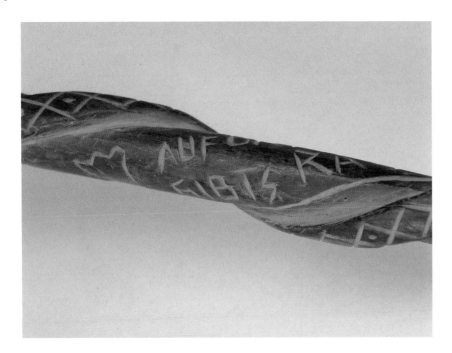

8.2.12 Heimkehrerstock. Eingeschnitzter Text: „Auf da Alm do gibts ka Sünd. Zeugswetter Franz". Zwettl, Stadtamt – Stadtarchiv
Foto: Werner Fröhlich

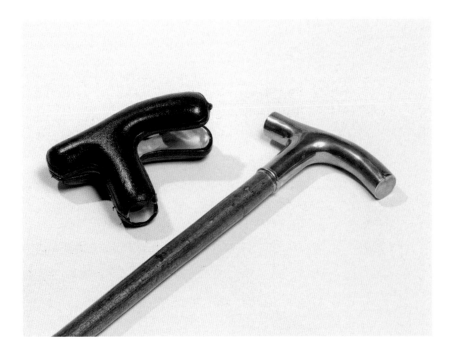

8.2.13 Spazierstock aus dem Besitz von Dr. Karl Lueger. 1903. Krücke: Gold, punziert.
Foto: Copyright Wien Museum

8.4.1 Portrait von Douglas O'Donell von Tyrconnell (1890–1970) als Rennfahrer. 1933. Von Sergius Pauser (1896–1970). Privatbesitz
Foto: Schepe

8.4.2 Skifahrerin. 1930er-Jahre.
Von Robert Angerhofer (1895–1987).
Privatbesitz
Foto: Schepe

8.4.6 Junger Segler (Christian Ludwig Attersee). 1958. Von Anton Lutz (1894–1992). Privatbesitz
Copyright Franz Schachinger
Foto: Atelier / Archiv Attersee

9.2.1–3 Gästebücher des Hotels „Goldenes Schiff" in Gmunden in fünf Bänden. Wappenseite. Kaiser Franz Joseph I., 16. August 1849. OÖ. Landesarchiv Foto: Otto Saxinger

9.2.1–3 Gästebücher des Hotels „Goldenes Schiff" in Gmunden in fünf Bänden. Wappenseite. Elisabeth Königin von Preußen, August 1852. OÖ. Landesarchiv
Foto: Otto Saxinger

9.2.1–3 Gästebücher des Hotels „Goldenes Schiff" in Gmunden in fünf Bänden. Wappenseite. Erzherzog Johann, 10. Mai 1843. OÖ. Landesarchiv
Foto: Otto Saxinger

10.2.11 Conrad Lange, Franz de Paula Wirer – Portraitmedaille. Avers und Revers
Foto: OÖ. Landesmuseen

**Emilie Flöge im Reformkleid in
Kammer am Attersee.** 1910. Nach einer
Autochromplatte von Fritz Walker
Fotos: Schepe

**10.3.2 Ring aus Gold mit zwei
Brillanten aus dem Besitz von Emilie
Flöge (1874–1952).** Privatbesitz

10.4.11 Portrait Heinrich Köcherts (1854–1908) vor der Naturkulisse des Traunsees. Unbekannter Künstler. Privatbesitz
Foto: Schepe

10.4.12 Schmuckstück aus Gold, Brillanten und Lapislazuli. Juwelier: Erich Köchert. Entwurf: Erwin Lang (1886–1962). Privatbesitz
Foto: Simak, 2008

**Gustav Klimt im blauem Malerkittel
auf Sommerfrische.** 1910. Nach einer
Autochromplatte von Fritz Walker
Foto: Schepe

11.1.1 Oberstkämmerer Franz von Folliot-Crenneville (1815–1888).
Gemälde von Josef Neugebauer (1810–1895). Öl auf Leinwand.
Gmunden – Tübingen / Schloss Kilchberg, Christa Freifrau von Tessin
Fotos: Schepe

11.1.2 Keramikpokal mit der Darstellung der Villa Crenneville („Bergschlössl") und dem Wahlspruch „honneur et devoir" (Ehre und Pflicht), 2. Hälfte des 19. Jahrhunderts.
Gmunden – Tübingen / Kilchberg, Christa Freifrau von Tessin

**11.1.3 Eduard Graf Wickenburg
(1866–1936).**
Von Ernest Förster (1879–1943).
Privatbesitz
Fotos: Schepe

**11.1.4 Leopold-Orden Eduard
Graf Wickenburgs (1866–1836).**
Privatbesitz

11.1.10 Doppelmantel-Taschenuhr des Nikolaus Lenau (1802–1850) mit Etui
Foto: Copyright Wien Museum

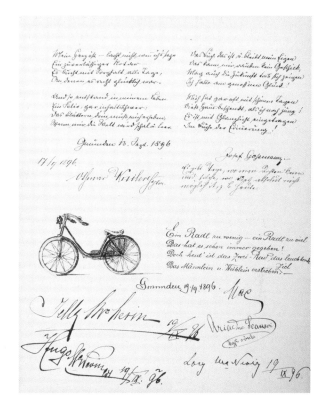

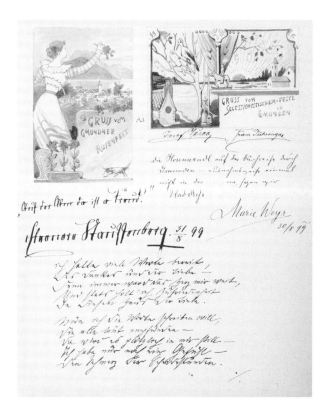

11.2.1–2 Einblicke in das Gästebuch der „Grillenvilla" aus den Jahren 1863–1906
Fotos: Otto Saxinger

**11.2.5 Schmuckseite aus dem
Gästebuch des Hotels „Goldene Sonne"
in Gmunden.** Franz von Zülow
(1883–1963). Privatbesitz
Foto: Otto Saxinger

**12.1.3 Jubiläums-(Jagd-)Besteck für
sechs Personen.** Wien, 1898
Bundesmobilienverwaltung, Silberkammer
Hofburg Wien
Foto: Marianne Haller

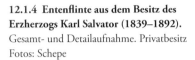

12.1.4 Entenflinte aus dem Besitz des Erzherzogs Karl Salvator (1839–1892).
Gesamt- und Detailaufnahme. Privatbesitz
Fotos: Schepe

12.1.8 Silberstatuette des Kaiser-Franz-Joseph-Jagddenkmals bei Bad Ischl. St. Florian, Jagdmuseum Schloss Hohenbrunn

12.1.9 Geschnitzte Jagdpfeife von Erzherzog Franz Karl (1802–1878).
St. Florian, Jagdmuseum Schloss Hohenbrunn
Foto: Schepe

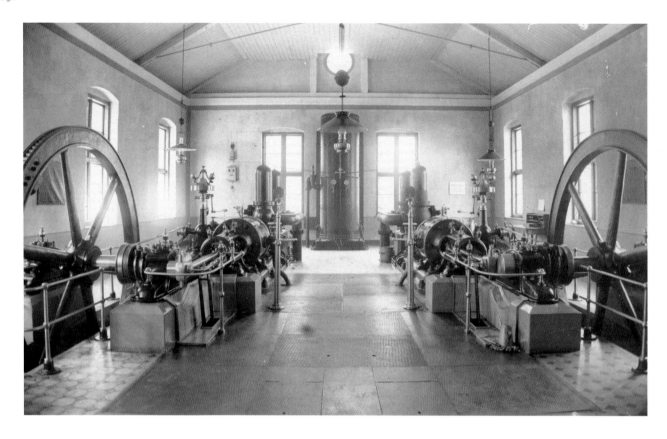

**13.7 Wasserwerk Gmunden.
Innenansicht.**
Frühes 20. Jahrhundert
Foto: Kammerhofmuseum
Gmunden

**13.1.2 Stich der
Dierzerschen Fabrik
in Theresiental
bei Gmunden.**
3. Viertel des 19. Jahrhunderts.
Privatbesitz
Foto: Schepe

**13.4.2 Ehrenbürgerurkunde von
Roitham für Dr. h. c. Ing. Josef Stern
(1849–1924).** 1912. Ludwig Haase der
Jüngere (1868–1944). Gmunden,
Stern & Hafferl Holding GesmbH
Foto: Schepe

**13.4.3 Ehrenbürgerurkunde von
St. Wolfgang für Ing. Josef Stern
(1849–1924).** 3. Mai 1893. Gmunden,
Stern & Hafferl Holding GesmbH
Foto: Schepe

**13.5.1 Portraitgemälde
Dr. Peter Mitterbauer.** 2005.
Xenia Hausner (* 1951).
Laakirchen, MIBA AG –
DDr. h. c. Dipl.-Ing. Peter Mitterbauer
Foto: Schepe

15.1.3 Peter Altenberg (1859–1919).
Vor 1908. Gemälde von Gustav
Jagerspacher (1879–1929)
Foto: Copyright Wien Museum

15.1.4 Zerline Gabillon (1835–1892).
1873. Gemälde von Hans Makart
(1880–1884). Unbezeichnet
Foto: Copyright Wien Museum

**15.1.6 Der Freundeskreis:
Konrad Lang, Erich Köchert,
Gertrud Köchert geborene von Wimmer,
Joseph Matthias Hauer und
Richard Billinger.**
Zwischen 1925 und 1935. Gemälde von
Erwin Lang (1886–1962). Privatbesitz
Foto: Schepe

15.2.14 **Porzellan aus der Manufaktur des Hauses Romanov in St. Petersburg: Uhr.** Gmunden, Landespflege- und Betreuungszentrum Schloss Cumberland
Foto: Schepe

**15.2.15 Porzellan aus der Manufaktur
des Hauses Romanov in St. Petersburg:
Vase.** Gmunden, Landespflege- und
Betreuungszentrum Schloss Cumberland
Foto: Schepe

15.2.1 Florian Maximilian Clodi (1741–1828) vor dem Traunstein und Schloss Ebenzweier. Um 1827. Gemälde von Moritz von Schwind (1804–1871). Privatbesitz
Foto: Schepe

15.2.2 Therese Clodi (1801–1866).
Um 1825. Gemälde von Moritz von
Schwind (1804–1871). Privatbesitz
Foto: Schepe

15.2.3 „Der Wirt am Krottensee".
1835. Franz Eybl (1806–1880).
Privatbesitz
Foto: Privat

**15.2.6 Erzherzog Ludwig Viktor
(1841–1919).** 1853. Gemälde von
Anton Einsle (1801–1871).
Foto: F. Gangl, OÖ. Landesmuseen

15.2.10 Das Grabmal der Familie Folliot de Crenneville-Poutet vor der Kulisse von Traunsee und „schlafender Griechin".
Um 1870. Gemälde von Johann Ziegler.
Gmunden – Tübingen / Schloss Kilchberg,
Sammlung Gräfin von Tessin
Foto: Schepe

15.2.11 Franziska von Lanna (1842–1929) vor der Kulisse des Traunsteins. 1883. Gemälde von Hans Canon (1829–1885). Privatbesitz Foto: Simak, 2008

15.2.12–13 Viktor und Olga von Miller zu Aichholz (1845–1910 und 1853–1931). 1911. Büsten von Rudolf von Weyr (1847–1914). Gmunden, Kammerhofmuseum
Fotos: Schepe

15.3.3 Huldigungsadresse: Zum fünfzigjährigen Regierungsjubiläum Kaiser Franz Josephs I. 1898. Überreicht von der Stadt Ischl.
Fotos: Österreichische Nationalbibliothek, Sammlung Bildarchiv

**15.3.4 Huldigungsadresse:
Zur Vermählung des Kronprinzen
Rudolf 1881.** Überreicht von der
Curortsgemeinde Ischl.
Fotos: Österreichische Nationalbibliothek,
Sammlung Bildarchiv

**15.3.5 Huldigungsadresse: Zur silbernen
Hochzeit des Kaiserpaares 1879.**
Überreicht von der Kurortsgemeinde
Bad Ischl.

**16.1.4 In der Rettenbach-Klam bei
Bad Ischl.** 2. Viertel des 19. Jahrhunderts.
Gemälde von Wilhelm Steinfeld
(1787–1868). Privatbesitz
Foto: Schepe

16.1.7 Gosausee mit Dachstein.
München, 2. Hälfte des 19. Jahrhunderts.
Gemälde von Ludwig Gebhardt
(1830–1908).
Foto: OÖ. Landesmuseen

16.1.8 Mondsee mit Drachenwand.
2. Hälfte des 19. Jahrhunderts. Gemälde
von Anton Romako (1832–1889).
Foto: OÖ. Landesmuseen

16.1.15 Hallstatt. 1905.
Aquarell von Fritz Lach (1868–1933).
Foto: Schepe

16.1.16 Bootshütte in St. Gilgen.
1900/1901. Carl Moll (1861–1945)
zugeschrieben. Privatbesitz
Foto: Simak, 2008

16.3.4 Höllengebirge. 1980. Aquarell
von Lydia Roppolt (1924–1995).
Oberwang – Wien, Lydia-Roppolt-Haus
Foto: Schepe

**16.4.1 Blick auf den Traunsee mit
Schloss Ort.** 1. Hälfte des 19. Jahrhunderts.
Gemälde von Friedrich Loos (1797–1890).
Foto: Bernhard Ecker, OÖ. Landesmuseen

**16.4.2 Blick auf den Traunsee
und Seeschloss Ort.** Gemälde von
Raimund Mössmer (1813–1874). Wien,
Kunsthandel Widder
Foto: Schepe

16.4.3 Blick auf den Traunsee mit dem See- und Landschloss Ort sowie dem Raddampfer Sophie und dem Höllengebirge im Hintergrund. Um 1855. Aquarell von Maximilian Freiherr von Fichard (1836–1922). Privatbesitz
Foto: E. Grilnberger, OÖ. Landesmuseen

16.4.7 Seeprozession vor dem Schloss
Ort. 1. Hälfte des 20. Jahrhunderts.
Gemälde von Johannes Spalt (*1920).
Wien, em. o. Prof. Arch. Johannes Spalt
Foto: Simula 2000

ist. Circa 260 Briefe von Hugo Wolf an Melanie Köchert aus deren Nachlass werden heute in der Handschriftensammlung der Wienbibliothek aufbewahrt.

Ein Bruder Heinrich Köcherts ist Theodor Köchert (* 30. 5. 1859, † 5. 11. 1937). Dieser war mit Marie Wisgrill (* 1858, † 1934), die in zweiter Ehe den Rechtsanwalt Dr. Edmund Lang, den Bruder der Melanie Lang, heiratete, verehelicht. Er war Präsident der Wiener Konzerthausgesellschaft und als persönlicher Juwelier des Kaisers auch Hüter der Schatzkammer. Ähnlich wie Florian Max Clodi und Adalbert und Franziska von Lanna, die sich vor dem Traunstein portraitieren ließen, gab Theodor Köchert ein Portrait, das ihn vor dem Traunsee und dessen Bergwelt, namentlich dem Erlakogel (der so genannten „Schlafenden Griechin"), zeigt, in Auftrag.

10.4.12 Schmuckstück aus Gold, Brillanten und Lapislazuli

Juwelier: Erich Köchert. Entwurf: Erwin Lang (1886–1962). 4 cm x 4 cm. Privatbesitz
Lit.: (Hg.) Künstlergilde Salzkammergut, Gedächtnisausstellung in der Kammerhofgalerie der Stadt Gmunden vom 27. April bis 25. Mai 1986. Erwin Lang. Zum 100. Geburtstag
Seit der Mitte der 1920er-Jahre fungierte Erwin Lang – in enger Kooperation mit seinem (Halb-)Bruder, dem Juwelier Erich Köchert – als Designer wertvoller Schmuckstücke von großer Schönheit für die Firma A. E. Köchert, die diese nach seinen Entwürfen in erlesenen Materialien zur Ausführung brachte. Erwin Lang, der seit der Erwerbung des Bauerngütls „Hansl im Hof" (Eben 2) im Jahr 1929 in Altmünster lebte und arbeitete, wurde nach dem Zweiten Weltkrieg – im Jahr 1946 – gewonnen, die Präsidentschaft der seit 1927 bestehenden Künstlergilde Salzkammergut zu übernehmen.

10.4.13 Wassermann

Richard Teschner (1879–1948). Kleinskulptur. Ton. Wien, Bezirksmuseum Wien-Währing
Keramik. Richard Teschner, seit 1909 in Wien ansässig, entwarf nicht nur Specksteinplastiken, Kleinplastiken und Buchschmuck für die Wiener Werkstätte, sondern 1935 auch eine Marienstatuette und einen „Marienteller" für die Wiener Porzellanmanufaktur Augarten. Er schnitzte, bemalte und bekleidete auch alle Marionetten für seinen „Figurenspiegel" und schuf auch diese Skulptur eines Wassermanns aus Keramik.

10.4.13   Foto: Simak, 2008

10.4.14–15 Zwei Herrentaschenuhren aus der Sammlung von Rudolf Kaftan (1870–1961)

10.4.14 Dm. 6,9 cm, H. 1,4 cm.
Herrentaschenuhr, Ankergang, seconde morte aus der Mitte für die Zeitangabe des Zifferblattes mit den arabischen Zahlen, kleine Sekunde für die Zeitangabe mit den römischen Zahlen, 2 Federhäuser, um 1800.
10.4.15 Dm. 8,8 cm, H. 1,4 cm.
Herrentaschenuhr, Spindelgang, Silbergehäuse, durchbrochene Auflage auf der Klobenplatine, Zifferblatt und Werk bezeichnet: Krumhuber in Vorchdorf; Gehäuseinnendeckel bezeichnet: Müller Augsburg, 18. Jh. Wien, Wien Museum – Uhrenmuseum
Rudolf Kaftan (* 13. 4. 1870 Haslach, † 1961 Wien) wurde als Sohn eines Lehrers geboren. Schon als Knabe begann Kaftan, Uhren zu sammeln. Während seiner Linzer Schulzeit im Gymnasium am Freinberg erhielt er für die Reparatur einer Institutsuhr Äpfel. Er schrieb folgende Anmerkung zur Auflistung der Uhren: „Gewinnung meiner Privatsammlung; jede Uhr schwer errungen". Nach der Matura besuchte er die Universität in Wien und wurde Supplent (Lehramtskandidat) für Mathematik und Physik an mehreren Wiener Mittelschulen. Er konstruierte 1903 eine Uhr, die zum Signalisieren der damals eingeführten Unterrichtspausen dienen sollte und deren System patentiert und an mehreren Anstalten auch eingeführt wurde. Die Liebe zu den Uhren ließ seine Sammlung immer umfangreicher werden, sodass diese im Jahr 1917 schließlich circa 9.000 Objekte, ergänzt durch eine umfangreiche Fachbibliothek,

umfasste. Unter dem Titel „Ein obdachloser Sammler" erschien 1916 ein Feuilleton im „Neuen Tagblatt". Es beschreibt die Uhrenkammer Rudolf Kaftans mit all den tickenden Kostbarkeiten, aber auch seine Not, denn Kaftan sollte das Haus in der Billrothstraße, das seine Sammlung beherbergte, räumen. Am 4. Mai 1917 wurde im Gemeinderat ein Beschluss zum Ankauf der Uhrensammlung Kaftan gefasst und damit das bis heute im Palais Obizzi in der Wiener Innenstadt untergebrachte Uhrenmuseum begründet, das im Jahr 1921 seine erste Ausstellung eröffnete. Rudolf Kaftan wurde der erste Direktor des Wiener Uhrenmuseums und blieb in dieser Funktion bis zu seinem Tod im Jahr 1961. Den Grundstock dieses Museums bildeten sowohl seine eigene Uhrensammlung als auch die der Dichterin Marie Freifrau von Ebner-Eschenbach. Aus deren Sammlung konnten über 270 wertvolle Objekte durch Spenden des Kanonenfabrikanten General-Ingenieur Dr. Freiherr von Skoda, des Konservenfabrikanten Generalrat Bernhard Wetzler sowie einer anonymen Privatperson angekauft werden. Marie von Ebner-Eschenbach kam 1889 erstmals zur Sommerfrische nach St. Gilgen, kehrte durch zehn Jahre hindurch jeden Sommer wieder und schilderte in ihren Erzählungen immer wieder liebevoll Land und Leute. Rudolf Kaftan war Eigentümer einer Sommervilla am Attersee.

10.4.16 „Anbrechen der Morgendämmerung in Hoisen bei Gmunden"

Karikaturskizze. Bleistift und Aquarell auf Papier. 39,9 cm x 29,9 cm.
August 1905. Wien, Arnold-Schönberg-Center. Reproduktion

10.4.17 Die erste 12-Ton-Komposition: Das Präludium aus der Suite für Klavier op. 25. Komponiert im Juli 1921 in Traunkirchen

Arnold Schönberg (1874–1951). Wien, Arnold-Schönberg-Center. Reproduktion

10.4.18 Aus dem Manuskript des „Reisebuchs aus den österreichischen Alpen"

Ernst Krenek (1900–1991). 24 cm x 31,5 cm.
Krems, Ernst-Krenek-Institut-Privatstiftung
Inspiriert wurde Ernst Krenek (23. 8. 1900 Wien, † 22. 12. 1991 Palm Springs, Kalifornien) zu dem an Schubert angelehnten Liederzyklus durch eine im Mai 1929 unternommene Reise mit seinen Eltern und seiner frisch vermählten zweiten Ehefrau, die ihn vom Salzkammergut durch die Steiermark und Kärnten

führte. Krenek sprach später von einer „Pilgerfahrt zu den Heiligtümern der österreichischen Landschaft und Geschichte". Text und Vertonung der zwanzig Lieder entstanden nach seiner Rückkehr nach Wien, innerhalb von nur zwanzig Tagen.

10.4.19 Notenaktentasche Ernst Kreneks (1900–1991)

49 cm x 36 cm x 8,5 cm. Krems, Ernst-Krenek-Institut-Privatstiftung

Zu jenen persönlichen Gegenständen, die Ernst Krenek immer, demnach auch bei seinen Aufenthalten am Traunsee, bei sich hatte, zählt eine Notenaktentasche. In Gmunden arbeitete Krenek unter anderem auch an seiner Oper „Karl V" (op. 73. 1930–1933).

10.4.20 Mansukript der Autobiographie „Im Atem der Zeit – Erinnerungen an die Moderne". Erschienen 1988

Ernst Krenek (1900–1991). 22,5 cm x 28,5 cm. Krems, Ernst-Krenek-Institut-Privatstiftung

Die autobiographischen Erinnerungen Ernst Kreneks entstanden zwischen 1942 und 1952 im amerikanischen Exil und umfassen Kreneks erfolgreiche erste Jahre bis zu seiner Emigration 1938.

11.1 GEMÄLDE

DREI PORTRÄTS PROMINENTER GÄSTE

11.1.1 Oberstkämmerer Franz von Folliot-Crenneville (1815–1888). 1862

Josef Neugebauer (1810–1895). Öl auf Leinwand. Links signiert und datiert: J. Neugebauer 1862". H. 95 cm, B. 81 cm. Gmunden – Tübingen / Schloss Kilchberg, Christa Freifrau von Tessin

Lit.: Klaus Koch: Franz Graf Crenneville – Generaladjutant Kaiser Franz Josephs I. Politik und Militär zwischen Krimkrieg und Königgrätz. Militärgeschichtliche Dissertationen österreichischer Universitäten, Band 3, Wien 1984

Josef Neugebauer (* 14. 4. 1810, † 8. 8. 1895) war Figuren-, Bildnis- und Stilllebenmaler sowie Komponist. Seinen ersten Unterricht erhielt er durch Sigmund von Perger (1778–1841), der seit 1825 Zweiter Kustos der Kaiserlichen Gemäldegalerie war. Ab 1831 studierte er an der Wiener Akademie der Bildenden Künste bei Franz Xaver Petter, Joseph Redl, Thomas Ender und Leopold Kupelwieser. 1839 wurde er Zeichenlehrer von zwei der Kinder Erzher-

zog Karls, des Siegers von Aspern, von Erzherzog Wilhelm (* 1827, † 1894) und Erzherzogin Maria Karolina (* 1825, † 1915). 1851/52 war er in Florenz und Rom. 1886 wurde Josef Neugebauer Mitglied der Akademie, 1869 auch Mitglied des Künstlerhauses. Er arbeitete in Wien, vielfach als Bildnismaler für den Hof, und ab 1884 in Melk.

Franz (Maria Johann) Graf Folliot de Crenneville-Poutet (* 22. 3. 1815 Ödenburg, † 22. 6. 1888 Gmunden) war der Sohn des Militärs Ludwig Karl Graf Folliot de Crenneville (* 1765, † 1840), der in seiner Laufbahn zunächst Major und Flügeladjutant des Herzogs Ferdinand von Württemberg, 1801 Generaladjutant des Erzherzogs Karl, Chef des Marinedepartments, 1813 Feldmarschallleutnant und 1831 General der Kavallerie wurde. Wie sein Vater trat er in den Militärdienst ein, wurde 1839 Hauptmann, im folgenden Jahr Dienstkämmerer Kaiser Ferdinands I. und war 1848 dessen Flügeladjutant. 1855 war er Militärbevollmächtigter bei Napoleon III. und 1859 übernahm er die Leitung des Präsidialbüros des Armeeoberkommandos. Bis 1867 war Franz Graf Folliot de Crenneville-Poutet Erster Generaladjutant Kaiser Franz Josephs I., 1867 bis 1884 dessen Oberstkämmerer. In dieser Funktion erwarb er sich große Verdienste um die kaiserlichen Sammlungen. 1867 wurde er Ritter des Ordens vom Golden Vließ. Das Portraitgemälde von Josef Neugebauer zeigt ihn im Range eines Feldmarschallleutnants (seit 1857). Als Halsorden trägt Graf Crenneville die 2. Klasse des Ordens der Eisernen Krone der Lombardei (Komturkreuz), daneben am Dreiecksband das Dienstzeichen für Offiziere (zum fünfundzwanzigjährigen Dienstjubiläum) sowie die 1. Klasse des Leopoldordens (Großkreuz). Franz von Folliot-Crenneville war – wie zum Beispiel auch Anton Graf Prokesch von Osten, Victor von Miller zu Aichholz und die Herzöge des Hauses Hannover – persönlich an Numismatik interessiert. Er ist der Großonkel der Schriftstellerin Hermynia zur Mühlen (* 12. 12. 1883 Wien, † 30. 3. 1951 Radlett, Grafschaft Hertfordshire, Großbritannien).

11.1.2 Keramikpokal mit der Darstellung der Villa Crenneville („Bergschlössl") und dem Wahlspruch „honneur et devoir" (Ehre und Pflicht). 2. Hälfte des 19. Jahrhunderts

H. 29 cm, Dm. 11 cm. Gmunden – Tübingen/ Kilchberg, Christa Freifrau von Tessin

Im Jahr 1867 erwarb Franz Graf Folliot de Crenneville die Villa (heute Wunderburgstraße Nr. 3 und Nr. 5) mit weitläufiger Parkanlage von den Erben nach Joseph Dierzer von Traunthal. Am

16. August 1885 stattete ihm Kaiser Franz Joseph I. hier, in seinem geliebten „Bergschlössl", einen Besuch ab. In der Gartenmauer des Hauses Wunderburgstraße Nr. 3 ist als erste Station des Kalvarienberges ein Mauerbildstock, in dessen Nische hinter einem Schmiedeeisengitter eine Christusfigur steht, eingelassen. An diesem befindet sich eine Gedenktafel an den Adjutanten, der bei einem Mordanschlag auf seinen Herrn in Verteidigung von dessen Unversehrtheit sein Leben verlor. Diese trägt die Inschrift: „Zur Erinnerung an Generalkonsul Lovorno, ermordet am 24. 5. 1869, indem er seinen Freund F[ranz]. Crenneville verteidigte."

11.1.3 Eduard Graf Wickenburg (1866–1936)

Ernest Förster (1879–1943). Pastellmalerei (vermutlich nach fotografischer Vorlage). Privatbesitz

H. 94 cm, B. 73 cm. Eduard von Wickenburg war am 3. Juli 1866, dem Tag der Schlacht bei Königgrätz, geboren worden. Sein Vater, der Generalmajor Edmund Graf Wickenburg (* 6. 2. 1831, † 12. 3. 1871), hatte als k. u. k. Oberst und Kommandant des 11. Ulanenregiments (Alexander-Ulanen) an dieser Schlacht teilgenommen und war in ihr verwundet worden. Das Militär, so als ob die Geburt am Tag der Schlacht bei Königgrätz ein Vorzeichen darstellen würde –, sollte auch im Leben Eduard Graf Wickenburgs eine nicht unwichtige Rolle spielen. Er absolvierte die Kadettenschule in Mährisch-Weisskirchen und diente als Oberleutnant des Husarenregiments Nr. 3. Im Oktober 1892 nahm er an einem Distanzritt Wien – Berlin teil und wurde als Auszeichnung von Kaiser Wilhelm II. persönlich zu einem abendlichen Empfang geladen. 1893 entschied sich Eduard Graf Wickenburg dazu, aus dem aktiven Dienst auszuscheiden, um sich intensiver seinen ausgedehnten Reisen widmen zu können. Bei Ausbruch des Ersten Weltkrieges meldete er sich aber bei seinem Husarenregiment und nahm als Rittmeister an den Kämpfen an der Ostfront teil. Mitte März 1915 ließ er sich auf eigenen Wunsch in das Infanterieregiment Nr. 7, Graf von Khevenhüller, versetzen. Er wurde mit dem Orden der Eisernen Krone und dem Eisernen Kreuz II. Klasse ausgezeichnet. Ende Mai 1915 übernahm er als Major und Bataillonskommandant das Kommando des IV. Bataillons des Infanterieregiments Nr. 7 und wurde später an der Isonzo-Front eingesetzt. Am 18. Dezember 1917 erstürmten das I., III. und IV. Bataillon des Infanterieregiments Nr. 7 unter seinem Kommando den strategisch wich-

11.1.5   *Fotos: Schepe*

tigen Monte Asolone. 1918 kehrte Eduard Graf Wickenburg als Oberstleutnant aus dem Feld heim und heiratete im folgenden Jahr Marianne Freiin Warazda von Kunwald. Der Ehe entstammten zwei Kinder, Eduard (* 1925) und Marietheres (* 1929). Bald nach dem Ende des Ersten Weltkrieges erwarb Graf Wickenburg eine Villa in Gmunden. Die jährlichen Sommeraufenthalte nutzte er zu zahlreichen Bergtouren. Von einer solchen in das Höllengebirge im Jahr 1936, kurz vor seinem 70. Geburtstag, kehrte er nicht mehr zurück und konnte erst im folgenden Jahr tot in den Bergen aufgefunden werden. Das vorliegende Portrait zeigt Eduard Graf Wickenburg in Uniform als Oberstleutnant und Träger aller seiner Auszeichnungen. Es ist rechts unten mit „E. Förster" bezeichnet. Ernest Förster (* 1879, † 1943) war ein Neffe der Fotografin Adele Perlmutter-Heilperin, die 1862 das Fotostudio Adele begründete, dem Ernest Forster als leitender Fotograf über mehr als vier Jahrzehnte vorstand. Förster, der jüdischer Abkunft war, emigrierte 1938 in die Tschechoslowakei und starb 1943 im Konzentrationslager.

11.1.4 Orden und Auszeichnungen Eduard Graf Wickenburgs (1866–1836). Privatbesitz

In seiner militärischen Laufbahn erhielt Eduard Graf Wickenburg zahlreiche Auszeichnungen, so zum Beispiel den Orden der Eisernen Krone und das Eiserne Kreuz II. Klasse. Als seine höchste Auszeichnung wurde ihm mit der Begründung, dass unter seinem Kommando drei Bataillons des Infanterieregiments Nr. 7, Graf von Khevenhüller, am 18. Dezember 1917 die Erstürmung des strategisch wichtigen Monte Asolone gelungen war, das Ritterkreuz des Leopold-Ordens verliehen. Für seine Beteiligung an den Kämpfen um den Col del Rosso im Juni 1918 erhielt Eduard Graf Wickenburg zum zweiten Mal den Leopold-Orden. Der Österreichisch-Kaiserliche Leopold-Orden war von Kaiser Franz I. am 8. Jänner 1808, am Tag seiner Verlobung mit Ludovika von Modena, als ein militärischer und ziviler Verdienstorden gestiftet worden. Er erhielt seinen Namen nach dessen Vater, Kaiser Leopold II. Das Ordenszei-

chen des dreiklassigen (Großkreuze, Komture und Ritter) Ordens war ein achteckiges Tatzenkreuz, das rot emailliert und weiß eingefasst war. Im Avers-Mittelmedaillon befanden sich die verschlungenen Buchstaben F. I. A. (Franciscus Imperator Austriae), die von der Ordensdevise „Integritati et Merito" („Für Rechtschaffenheit und Verdienst") umgeben waren. Im Revers zeigte der Orden den Wahlspruch Kaiser Leopolds II., „Opes regum corda subditorum" („Die Taten der Könige gewinnen die Herzen der Untertanen"), der von einem Eichenkranz umgeben war. Die Aufhängung war die österreichische Kaiserkrone (so genannte Hauskrone des Kaisers Rudolf II.) mit zwei wehenden Bändern.

Der Umstand, dass der Leopoldsorden 3. Klasse zweimal an Oberstleutnant Eduard Graf Wickenburg verliehen wurde, ist eine große Besonderheit. Die zweite Verleihung allerdings fand nach 1918 statt, weil der dafür notwendige Antrag vor Ende des Ersten Weltkrieges nicht mehr bearbeitet werden konnte. Wahrscheinlich hat der Antrag während des Krieges auf Verleihung einer höheren Klasse oder möglicherweise sogar auf Verleihung des Maria Theresien-Ordens gelautet (Freundlicher Hinweis von Herrn Konsulent Mag. Reinolf Reisinger).

11.1.5 Hahn-Doppelflinte für Eduard Graf Wickenburg (1866–1936). 1896

Lancasterverriegelung. Kaliber 8 (20 mm). Gewicht 8,5 Kilogramm. Bei Verwendung von Flintenlaufgeschossen für die Großwildjagd (Elefanten) geeignet. Erzeugt in Wien bei der Firma Johann Springer's Erben (Verkaufsliste Nr. 8637 vom 28. 6. 1897). Ziviler Beschuss von 1896, nochmaliger Beschuss 1900. Die Hahn-Doppelflinte ist durch Monogramm und neunzackige Krone als Eigentum von Eduard Graf Wickenburg gekennzeichnet. Beilagen: Flintenlaufpatrone für Flinten mit Paradoxbohrung, Kaliber 8, und Kugelzange zum Gießen von Geschossen (= Projektilen) für das Wiederladen von Patronen in Eigenregie. Privatbesitz

Nach seinem Ausscheiden aus dem aktiven Militärdienst unternahm Eduard Graf Wickenburg ausgedehnte Forschungsreisen, die ihn in den Jahren 1893–1896 nach Indien, Ceylon, Australien, Siam und Indochina, auf die Malayische Halbinsel, nach Sumatra, Java, China und Japan sowie auf den Nordamerikanischen Kontinent führten. In den Jahren 1897 bis 1898 bereiste er Äthiopien, wo er Gast des Gouverneurs von Harar, Ras Makonnen, dem Vater des späteren Kaisers Haile Selassie, war, Kenya und das heutige Tansania. Seine letzte große Reise vor dem Ersten Weltkrieg führte ihn 1911 bis 1913 nach Südamerika. Eduard von Wickenburg war Mitglied der österreichischen Geographischen Gesellschaft. Hans Tratz, dem Gründer des Hauses der Natur in Salzburg, stellte er seine umfangreiche Sammlung afrikanischer Trophäen zur Verfügung. Andere Teile seiner Samm-

11.1.6

lungen, vor allem präkulumbianische Keramik und Textilien, übergab er dem Museum für Völkerkunde in Wien und weitere Objekte dem Wiener Naturhistorischen Museum.

Als Hoflieferant belieferte die Wiener Firma Johann Springer's Erben auch Kaiser Franz Joseph I. und andere Mitglieder des Erzhauses mit Gewehren und hatte überdies zeitweilig eine Filiale in Bad Ischl.

11.1.6 Kodak-Kamera aus dem Besitz von Eduard Graf Wickenburg (1866–1936). Um 1896

Privatbesitz

Bei seinen Reiseexpeditionen benutzte Eduard Graf Wickenburg auch das Medium der Fotografie. Er verwendete eines der frühesten Fotoapparatmodelle der Firma Kodak, die von dem Erfinder George Eastman und dem Geschäftsmann Henry Strong 1881 gegründet worden war. Kodak stellte bereits früh Rollfilme und ab 1888 auch industriell gefertigte Fotoapparate her. Die Tochter von Eduard Graf Wickenburg, Marietheres Waldbott, unternahm eine Reise auf den Spuren der Expedition ihres Vaters nach Äthiopien und Kenya und wurde dabei von dem bekannten Fotografen Gary Rogers begleitet, der mit dem originalen Fotoapparat und einer modernen Kamera die Originalschauplätze fotografierte. Ergebnis dieser Zusammenarbeit ist das Buch „Es steht ein Berg in Afrika" (Wien 1988).

11.1.7 Portrait der Theodora Gräfin Kottulinsky (1857–1936). Um 1890

Artur Kurtz (1860–1917). Öl auf Leinwand. H. 100 cm, B. 85 cm. Privatbesitz

Theodora Gräfin Kottulinsky (* 29. 12. 1857, † 15. 1. 1936 Salzburg) wurde als Tochter von Franz II. Mayr Freiherr von Melnhof (* 1810, † 1889) in Leoben geboren. Dieser war ein Industriepionier. 1849 führte er im Werk in Eisenerz Stahlwerk Franzenshütte in Donawitz das Puddelverfahren ein, wenig später die Gussstahlerzeugung aufgenommen und das Unternehmen 1841 um ein Streckwalzwerk, 1843 um die Carolihütte und 1852 um die Theodorahütte erweitert. Er errichtete auch eine Gussstahlfabrik in Kapfenberg und gründete 1874 die Steirischen Montanwerke. Seit 1860 gehörte er dem Reichsrat an und 1867 wurde er Mitglied des Herrenhauses. Am 15. Jänner 1884 verheiratete sich Theodora Mayr Freifrau von Melnhof mit Adalbert Graf Kottulinsky, Freiherr von Kottulin und Krischkowitz (K. u. k. Kämmerer. Wirklicher Geheimer Rat. * 5. 6. 1847, † 20. 11. 1904), der seit 1880 Landtags-

abgeordneter der Steiermark war, 1895 Mitglied des Herrenhauses und 1898 Präsident der Steiermärkischen Landwirtschaftsgesellschaft wurde. Mit ihrem Gemahl zog sie auf dessen Schloss Neudau (Bezirk Hartberg / Steiermark). Nachdem dieser 1904 gestorben war, übersiedelte Gräfin Kottulinsky auf ihren Sommersitz Schloss Kogl, den ihr Vater 1872 von den Erben des Wiener Hofadvokaten Dr. Andreas Pausinger gekauft hatte. Theodora Gräfin Kottulinsky baute Schloss Kogl um, erweiterte es wesentlich und errichtete auch die Schlosskapelle. Nachdem Gräfin Kottulinsky schon in Leoben wohltätig gewirkt hatte – Ottokar Kernstock widmete ihr das Gedicht „Theodora – Gottesgeschenk", galt seit ihrem Umzug ihre ganze Fürsorge dem Attergau. Sie war Patronatsfrau von sechs Pfarren: Attersee, St. Georgen, Steinbach, Unterach, Weyregg und Weißenkirchen. In Abtsdorf, Attersee, St. Georgen und Weißenkirchen errichtete sie das Kriegerdenkmal und für ihre Erzieherin Constance Gatolliat (* 1836, † 1913) ließ sie vom Bildhauer Ferdinand Winkler ein Grabmal am evangelischen Friedhof in Attersee anfertigen. Unter anderem finanzierte sie 1910 die vollständige Renovierung der katholischen Pfarrkirche in Attersee und sorgte dafür, dass die St. Johannes-Kapelle am Ahberg von Grund auf neu erbaut werden konnte (Weihe: 29. 8. 1911). In St. Georgen im Attergau erbaute sie eine Privat-Mädchen-Schule, ließ ein kleines Altersheim einrichten und stiftete das Gemeinde-Armenhaus. Während des Ersten Weltkrieges richtete sie im Schloss Kogl ein Spital für verwundete Soldaten ein. Theodora von Kottulinsky verstarb am 15. Jänner 1936, dem Jahrestag ihrer Hochzeit, an einer schweren Grippe. Sie wurde in Schloss Kogl aufgebahrt, ihr Leichnam wurde aber in die Familiengruft auf einer Anhöhe bei Schloss Neudau überführt, wo er bis heute in dem 1905 in dem im Eigenen Auftrag für ihren Gemahl errichteten Mausoleum ruht.

Das ausgestellte Portrait zeigt Theodora Gräfin von Kottulinsky um 1890 als junge Schlossherrin auf Neudau. Nachdem zu diesem Gemälde bislang keine Quellen gefunden wurden, kann aufgrund stilistischer Kriterien nur vermutet werden, dass es sich um ein Werk des Portrait-, Historien-, Landschaftsmalers und Schriftstellers Arthur Kurtz (* 23. 9. 1860 St. Gallen/Obersteiermark, † 20. 1. 1917 Baden bei Wien), eines Bruders des Malers August Kurtz genannt Gallenstein und Onkels von Camillo Kurtz, der ebenfalls als Maler tätig war, handelt. Arthur Kurtz studierte ab 1884 an der landschaftlichen Zeichenschule in Graz und ab

1886 an der Akademie der Bildenden Künste in München bei den Professoren Ludwig Herterich und Ludwig Löfftz und erfreute sich auch der Förderung durch Franz von Lenbach und Franz von Defregger. Er machte sich dann selbständig und lebte in der Folge abwechselnd in München, Ungarn, Meran, Baden bei Wien und am Semmering. In Marienbad, wo er sich auch längere Zeit aufhielt, schuf er ein bekanntes Portrait König Eduards VII. von England. Er portraitierte aber auch mehrere Mitglieder des österreichischen Kaiserhauses, unter anderem Kaiserin Elisabeth.

EIN GROSSES FAMILIENBILD AUS DER ALLERFRÜHESTEN SOMMERFRISCHE-EPOCHE

11.1.8 Die Familien Carl und Louis Hardtmuth. Um 1837

Noch nicht identifizierter Maler. Öl auf Leinwand. Privatbesitz

Joseph Hardtmuth (* 13. 2. 1758 Aspern an der Zaya, † 23. 5. 1816 Wien), Sohn eines Tischlermeisters, erlernte seit 1771 bei seinem Onkel Joseph Meißl das Maurerhandwerk und bildete sich autodidaktisch als Zeichner aus. 1774 folgte er, nach seiner Freisprechung als Maurer und Steinmetz, seinem Onkel, der als Stadtbaumeister und Fürstlich-Liechtenscher Baudirektor arbeitete, nach Wien. Nach dessen Tode wurde Joseph Hardtmuth selbst Fürstlich-Liechtensteinscher Baumeister, später Baudirektor. Er führte große Bauaufträge in Adamsthal, Aussee, Feldsberg und Lundenburg aus, unter anderem die nach orientalischem Vorbild konzipierte Hansenburg in Eisgrub. Joseph Hardtmuth erfand eine als „Wiener Steingut" patentierte Herstellungsmasse und es gelang ihm, aus Ton und Graphitpulver künstliche Bleistiftminen herzustellen. Zur Produktion von Steingut und Bleistiften gründete er 1790 in Wien ein eigenes Unternehmen. Bis zu diesem Zeitpunkt mussten Bleistiftminen aus wesentlich teureren, ganzen Graphitstücken geschnitten werden, die aus England importiert wurden. Darüber hinaus war es ihm durch unterschiedliche Mischungsverhältnisse möglich, Bleistifte in sechs verschiedenen Härtegraden anzubieten. 25 Jahre später stellte seine Fabrik knapp 2,5 Millionen Bleistifte pro Jahr her, was damals fünfzehn Prozent des Weltbedarfs entsprach. Die Firma von Joseph Hardtmuth wurde von seinen Söhnen Louis und Carl (* 11. 3. 1804, † 23. 9. 1881) übernommen. Letzter verlegte im Jahr 1847 den Betrieb der Wiener Firma Hardtmuth für die Produktion

Oh! Sonne!
Du himmlische Küche!
Zur Erinnerung an
Maler Franz X. Neuhuber
Sommer 1941.
Bad Ischl

HOTEL SONNE

11.2.6   *Foto: Otto Saxinger*

von Bleistiften und keramischen Waren nach Budweis. Carl von Hardtmuth hatte am 1. Juni 1828 in der Kapelle des Mölkerhofes zu Wien mit Friederike Amalia Johanna Freiin Schlechta von Wssehrd (* 1801 Braunau am Inn) die Ehe geschlossen. Diese war die ältere Schwester der ersten Frau seines Bruders Louis. Aus dieser Ehe wurden fünf Kinder geboren: Gustav (* 1829), Leontine (* 1830, † 1831), Franz (* 1832, † 1896) und die Zwillinge Friedrich und Carl Ludwig (* 1833, † 1833). Die Geburt dieser leider nicht lebensfähigen Zwillinge kostete der Mutter selbst das Leben. Das Gemälde zeigt Carl Hardtmuth mit seinen Kindern Gustav und Franz sowie seinen Bruder Louis Hardtmuth mit dessen Frau Therese und den Kindern Louis, Karl, Max, Theodor und Edmund. Carl von Hardtmuth, der ein Sommerfrische-

Jagdhaus in der Grünau besaß, überlebte seine Gattin fast ein halbes Jahrhundert lang. Am 23. September 1881 kam er bei einem Jagdunfall während einer Treibjagd in der so genannten „dürren" Grünau ums Leben. Ein Rudel flüchtender Gämsen löste einen Felsbrocken so unglücklich, dass er Carl von Hardtmuth an der Schläfe traf und augenblicklich tötete.

GÄSTEBÜCHER UND KURLISTEN

11.2.1–2 Fremdenbücher der „Grillenvilla" des Anton Graf Prokesch von Osten.
Zwei Bände. Erster Eintrag vom 5. Juli 1863.
Privatbesitz
Die Grillenvilla der Familie des Anton Graf Prokesch-Osten war von den 1860er-Jahren bis in die ersten Jahre des 20. Jahrhunderts ein

gesellschaftlicher Treffpunkt ersten Ranges in Gmunden: Es finden sich Eintragungen unter anderem von: Betty Paoli (1863), Zerline Gabillon (1864), Josef Leschetitzky (1865), Nikolaus Rubinstein (1865), Herny Wienawski (1865), Theodor Leschetitzky (1865), Nikolaus Dumba (1868, 1879, 1882, 1883, 1884, 1885, 1888, 1889, 1890, 1898), Christoph Theodor Schwab (1863), Rudolf Platen (1868), Wilhelm Herzog von Württemberg (1869), Marie Caroline von Österreich (1870), Ernst August (II.) von Hannover und Cumberland (1870, 1882, 1890, 1901 – gemeinsam mit Thyra geborene Prinzessin von Dänemark), Hans Canon (1871, 1874, 1880, 1883), Murad Effendi (1872), Carl von Ransonnet (1872, 1882), Philipp von Württemberg (1873), Marie Königin von Hannover (1874), Nikolaus von Rubinstein (1874), Adolf Wilbrandt (1875), Ferdinando und Ferrucio Busoni (1876), Karl Emil Franzos (1876), Elisabeth und Marie Christine, Erzherzoginnen von Österreich (1877), Christian (IX.) König von Dänemark (1882, 1901), Marie-Therese von Württemberg geborene Erzherzogin von Österreich (1882, 1894) mit ihren Kindern Robert und Isabella (1886, 1889, 1896, 1901), Mathilde, Otto und Karl Wesendonck (1882, 1889), Josef Lewinsky (1884, 1885, 1902), Heinrich von Littrow (1887), Erzherzog Johann Salvator von Österreich-Toskana (1888), Emil Holub (1888), Carl Goldmark (1888), Ferdinand von Arlt (1888), Thekla und Marie von Cumberland (1890), Egon von Oppolzer (1890), August von Marguillier (1890, 1894, 1899), Carl von Binzer (1891, 1892, 1895), Dr. Hans Paumgartner (1891), Moriz Epstein (1891), Eusebius Mandyczewski (offenbar 1891), Marie (die Jüngere: „Mary") von Hannover (1892, 1901, 1902, 1904, 1905), Jula von Herwarth (1894), Olga Wisinger-Florian (1895), Franz Keim (1896), Marie-Therese von Bayern geborene von Österreich-Este (1896), Joseph Joachim (1897), „Frau Johann Strauß" (1898), Marie Prinzessin von Hannover und Friederike Prinzessin von Hannover und Cumberland (1899), Adele Sandrock (1899), Marie Weyr (1899), Rudolf Brockhaus (1900), Franz Gaul (1900), Margarethe von Thurn und Taxis geborene Erzherzogin von Österreich (1901), Thyra und Ernst August von Cumberland (1901), John Ruston (1901) und Alfred Cavar (1903).

11.2.3 Gästebuch des Café Grellinger
Erster Eintrag durch Friederike Gossmann verheiratete Gräfin Prokesch-Osten im Juli 1901. 19 cm x 25,5 cm. Privatbesitz

11.2.8

11.2.8

Fotos: Otto Saxinger

Zu den ältesten Konditoreien in Gmunden zählt das Café Grellinger, das aufgrund seiner einzigartigen Atmosphäre und des Feingefühls seiner Inhaber traditionell von vielen Künstlern, unter anderem von Friederike Gossmann verheiratete Gräfin Prokesch-Osten, Peter Altenberg, Franz Lehár, Arthur Schnitzler, Richard Strauss und später von Thomas Bernhard, sehr geschätzt wurde.

11.2.4 Gästebuch des Hotels „Goldene Sonne" in Gmunden
Privatbesitz

Der Bestand des Hotels „Zur Goldenen Sonne" in der Theatergasse ist seit dem 18. Jahrhundert bezeugt. Im 20. Jahrhundert war es zunächst Eigentum der Familie Lindemann und dann bis zum Jahr 1966 von Otto Langer. Dieser pflegte gute persönliche Kontakte zu verschiedenen Künstlern. So weilte der Operettenkomponist Nico Dostal (* 1895, † 1981) nach dem Zweiten Weltkrieg immer wieder gerne in Gmunden und mit besonderer Vorliebe bei seinem Freund Otto Langer. Im Hotel „Zur Goldenen Sonne" entstanden auch manche von Dostals kleineren Kompositionen. Auch der Maler Sergius Pauser schuf Arbeiten für das Hotel, unter diesen auch

verschiedene Ansichten des Seeschlosses Ort. Der Hotelier Otto Langer war der erste Obmann der 1961 gegründeten Gesellschaft der Freunde der Stadt Gmunden.

11.2.5 Schmuckseite aus dem Gästebuch des Hotels „Goldene Sonne" in Gmunden.
Franz von Zülow (1883–1963). Farbstift auf Papier. Privatbesitz

11.2.6 Schmuckseite aus dem Gästebuch des Hotels „Goldene Sonne" in Gmunden
Franz Xaver Neuhuber (1909–1999). Aquarell auf Papier. Privatbesitz

Franz Xaver Neuhuber (* 6.11.1909, † 1999) wurde in Bad Ischl geboren. Er wurde an der Wiener Akademie für angewandte Kunst ausgebildet. Eine frühe Studienreise führte ihn nach Paris. Seit 1933 hatte er ein Atelier in Bad Ischl, 1955 übersiedelte er nach Gmunden, später nach Salzburg. Neuhuber war befreundet mit Thomas Bernhard und vielen weiteren Persönlichkeiten aus Kunst, Theater und Wirtschaft. In der zweiten Hälfte seines Lebens entstanden auch Fresken- und Keramikmalerei sowie Altargemälde; es ist auch eine Hinwendung zur abstrakten Malerei zu beobachten. In breiteren

11.2.8

Kreisen war Franz Xaver Neuhuber vor allem wegen seiner zahlreichen Landschaftsbilder des Salzkammergutes geschätzt. Sein künstlerisches Wirken wurde mit der Verleihung des Professorentitels gewürdigt.

11.2.7–8 Zwei Gästebücher der Villa Oleander in Kammer am Attersee
Privatbesitz

Gustav Klimt, der in den Jahren 1900 bis 1916 seine Sommerfrische am Attersee verbrachte, wohnte in den Jahren 1908 bis 1912 in der Villa Oleander, wo er unter anderem auch an seinen Bildern von Schloss Kammer sowie den Entwürfen und Werkzeichnungen für den Fries des Palais Stoclet in Brüssel arbeitete und wo auch zahlreiche Fotos gemeinsam mit seiner Schwägerin und Muse Emilie Flöge, die in der Villa Paulick Aufenthalt nahm, und deren Familie entstanden. Nur wenige Jahre nach den Sommeraufenthalten Klimts gelangte die Villa Oleander zum Verkauf. In einem offenbar im Zuge des Realitätenverkauf gedruckten Prospekt heißt es über das „Landhaus in Kammer am Attersee Nr. 8": „Dasselbe ist in einem über 1 Joch großen, von der Straße bis zum See reichenden, mit über 100 Obstbäumen edelster Sorten besetzten Obstgarten, nebst Ziergarten mit Rosen und Gesträuchen situiert. [...] Im Garten befinden sich ein Lusthaus, 1 Blockhütte, ferner am See eine große Bade- und Schiffshütte samt Ruder- und Segelboot. Die Villa ist solid, wetterfest gebaut, komplett möbliert und adjustiert. [...] Lebensmittel sind in überreicher Auswahl und billigst immer vorhanden, ebenso alle Gattungen Handwerker zu Diensten. [...] Der Verkehr wird nach allen Richtungen durch nahezu stündliche Eisenbahnzüge und drei Dampfschiffe vermittelt. Kammer bietet den gelegensten Ausgangspunkt für die Ausflüge nach Gmunden, dem Traunsee, dem ganzen Salzkammergute, darunter insbesondere das prächtige Weißenbachtal, ferner dem Schafberge, Mond-, Wolfgangsee und Salzburg. [...]"
Die Gästebücher der neuen Eigentümer bezeugen mit zum Teil heiteren Illustrationen die Freuden der Sommerfrische und die oft interessanten, gesellschaftlichen Kontakte, die im Sommerhaus am Attersee gepflegt wurden.

11.2.9 Gästebuch der Kaufmannsfamilie Christ (Linz–Seewalchen)
Mit einem Eintrag von Gustav Klimt und Emilie Flöge aus dem Jahr 1912. H. 29 cm, B. 24 cm. Privatbesitz
Die geschäftlichen Erfolge der Familie Christ leiteten sich von Max Christ (* 7. 7. 1815, † 13. 7. 1900), der 1854 in Linz ein Spezereiwa-

rengeschäft begründet hatte, her. Am 1. Jänner 1881 nahm Ludwig Christ, der Sohn des Gründers, die alleinige Führung der Firma. 1887 kaufte Ludwig Christ die Patente der Firma G. J. Altheimer zur Erzeugung von Feuerlöschmasse und wetterfesten Mineral-Fassadenfarben. Die Geschäftstätigkeit dehnte sich bald auf den Handel mit Kaffee und anderen Bedarfsgütern, wie zum Beispiel Zucker, aus. Ludwig Christ war auch politisch tätig. Die Handelskammer entsandte ihn 1894 in den Staatseisenbahnrat, von 1904 bis 1907 als Abgeordneten in den Reichsrat und 1909 in den Landtag des Erzherzogtums ob der Enns, außerdem war er Präsident der Mühlkreisbahn und der Linzer Aktienbrauerei. Ludwig Christs Tochter Maria heiratete am 20. Jänner 1892 den Oberleutnant im Pionier-Bataillon Nr. 2, Karl Fischer, der bald darauf auf Wunsch seines Schwiegervaters in das Geschäft eintrat. Die Familie Christ hatte eine Sommervilla in Seewalchen, in der sie von vielen illustren und bemerkenswerten Gästen besucht wurde. Ganz in der Nähe lag die Villa Paulick und so waren am 15. September 1912 auch Gustav Klimt und Emilie Flöge zu Gast bei der Familie Christ-Fischer.

12.1.1

12.1.2   *Fotos: Schepe*

12. RAUM: VON VOGELFÄNGERN, WILDERERN, FETZENLEUTEN UND HUTTRÄGERN

12.1 DIE JÄGER UND DIE WILDERER

12.1.1–12.1.2 Zwei Schützenscheibenfragmente. „Frau mit Hut" und „Mann mit Hut" („Harlekin mit Herz")
52 cm x 117 cm und 60 cm x 133 cm.
Gmunden, Kammerhofmuseum,
Inv.-Nr. Sch-22 und Sch-23

Die Ursprünge organisierter bürgerlicher Schützenvereinigungen reichen bis in das Mittelalter zurück. In der Neuzeit kann zwischen Bürgerwehren und Schützengesellschaften nicht immer klar unterschieden werden. Erst ab dem 18. Jahrhundert nahmen Bürgerwehren eine gesonderte Entwicklung. Auch das Salzkammergut entwickelte eine starke Tradition des Schützenwesens. Weit über diese Region hinaus entstand eine enge Verbindung zwischen Schützen- und Salinenwesen: So nahm der Leiter des kaiserlichen Salzamts traditionell die Position eines Oberschützenmeisters ein und noch 1683 fand in Neunkirchen (Niederösterreich) ein Salzschießen statt. Die so genannte Salzscheibe des Schützenvereines Stockerau von 1602 zeigt einen Salzküfel.

Bemerkenswert ist auch die Darstellung der Dame mit Hut. Das Wort Hut stammt vom mittelhochdeutschen „Huot" ab und bedeutete ursprünglich Decke oder Schutz, wurde dann aber spezieller in der Bedeutung Kopfbedeckung verwendet. Die feminine Form Hut (mittelhochdeutsch „Huote") bezeichnet dagegen Aufsicht, Fürsorge, Schutz im Allgemeinen. Das Tragen eines Hutes symbolisierte in früheren Zeiten auch den Wohlstand seiner Trägerin.

12.1.3 Jubiläums-(Jagd-)Besteck für sechs Personen. Wien, 1898

Stahlklinge: A. Weittmann. Elfenbeinteile mit Portraits. Bezeichnet „K FJ I 1848" und „1898". Inv.-Nr. 180386/001–008:
6 Speisegabeln: L. 21,4 cm, 6 Speisemesser: L. 24,6 cm, 6 Dessertgabeln: L. 18,5 cm, 6 Dessertmesser: L. 20,3 cm, 1 Vorleggabel:

L. 30 cm, 1 Vorlegmesser: L. 35,8 cm.
Wien, Bundesmobilienverwaltung, Hofmobiliendepot – Möbelmuseum Wien, Inv.-Nr. 180386/001–008

Das Besteck mit Kassette wurde Kaiser Franz Joseph I. zum fünfzigjährigen Regierungsjubiläum im Jahr 1898 von der Genossenschaft der Feinzeugschmiede geschenkt. Der Kaiser nahm das Geschenk mit Entscheidung vom 27. März 1899 an und gab den Befehl, das Besteck an das Obersthofmeisteramt „zu eventueller weiterer Verwendung" abzugeben. Es wurde daraufhin von der Hofsilber- und Tafelkammer übernommen.

Die Bestecke sind in einer Kassette mit schwarzem Lederüberzug und vergoldetem Beschlag untergebracht. Auf dem Leistenrahmen ist ein Band mit der Schrift „1848. Genossenschaft der Feinzeugschmiede Wiens, 1898" und dem kaiserlich-österreichischen Wappen angebracht. Die Innenseite ist mit rotem Samt ausgeschlagen. Alle Besteckteile sind mit den Portrait-Reliefs Kaiser Franz Josephs I. von 1848 und 1898 geschmückt.

Foto: Schepe

12.1.4 Entenflinte aus dem Besitz des Erzherzogs Karl Salvator (1839–1892)

315 cm x 15 cm x 30 cm. Privatbesitz

Erzherzog Karl Salvator (* 1839, † 1892), der in der Familie mit dem Kosenamen „Nino" bedacht wurde, war der Sohn Erz- bzw. Großherzog Leopolds II. von Österreich-Toskana (* 1797, † 1870) und der Maria Antonie von Bourbon, Prinzessin von Neapel-Sizilien (* 1814, † 1898), und wie seine Brüder, die Erzherzöge Ludwig Salvator und Johann Salvator, wissenschaftlich interessiert. Durch die Absolvierung einer Artillerieschule, die Tätigkeit als Generalinspektor der toskanischen Artillerie und seine Tätigkeit als Feldmarschallleutnant (seit 1886) bei der k. u. k. Armee bestand ein großes Naheverhältnis zur Waffentechnik. Der Erzherzog arbeitete auch als Hydrotechniker und Architekt. Zusammen mit seinem Konstrukteur, Feldmarschallleutnant Georg von Dormus (1853–1940), entwickelte er einen Prototyp eines automatischen Gewehrs, welches als „System Salvator-Dormus" patentiert, jedoch bei der Erprobung durch die Armee 1894 als nicht feldtauglich eingestuft wurde. Die hier vorliegende Schrotflinte wurde in Italien von der Werkstätte Lorenco Cian mit einer Ziselierung von Vincenco Martini 1886 als Unikat für Erzherzog Karl Salvator erzeugt. Sie war auf einer „Plätte" laffetiert, damit der Schütze nicht vom Rückstoß geworfen wurde. Ihre Lauflänge beträgt 2,67 Meter, ihre Schaftlänge 1,8 Meter (gesamt 3,15 Meter) und ihr Laufinnendurchmesser einen englischen Zoll (= 1 inch = 25,4 Millimeter). Das Patronensystem ist eine Zentralfeuerpatrone mit Hülsendurchmesser 26 Millimeter und einer Länge der Hülse von 95 Millimeter. Die Hülsen wurden eigens für dieses Gewehr mitsamt Selbstladesystem aus Messing in Italien erzeugt. Die Flinte ist als einschüssiger Hinterlader mit einem links zu bedienenden Kammerfanger und Bajonett verschluss ausgeführt. Die Einsatzschussweite beträgt mit Hackblei circa 60 Meter und mit Bleikugeln circa 80 Meter.

12.1.5 Othmar Wolf Maria Reichsgraf Uiberacker (1856–1933) als Jäger

Skulptur aus Holz. L. 48 cm, B. 24 cm, H. 50 cm. Privatbesitz

Die von einem namentlich derzeit nicht bekannten Schnitzer gefertigte Skulptur zeigt Othmar Wolf Maria Reichsgraf Uiberacker (* 1856, † 1917), Freiherr von Sieghartstein und Pfongau, Herr auf Klebing, Weyregg und Aigen, Erbpfleger von Alten- und Lichtentann, k. k. und königlich-bayrischer Kämmerer, als

Jäger und erinnert vielleicht auch an Darstellungen des allerhöchsten Jagdherrn, Kaiser Franz Joseph I. Othmar Reichsgraf Uiberacker, der sich mit Marie Edler von Aichinger (* 1859, † 1933) vermählte, war Gutsbesitzer und Industrieller, welcher zusammen mit Josef Werndl, von dem es seinerseits Darstellungen in Ischler Tracht gibt, die Pyhrnbahn und die Wolfsegg-Traunthaler Bergwerks- und Bahngesellschaft besaß. 1895 kaufte er von Erzherzog Karl Salvator (* 1839, † 1892), einem Bruder des Erzherzogs Johann Salvator von Österreich-Toskana (später Johann Orth), um 325.000 convertierbare Gulden die Villa Buchberg in Traunkirchen samt Inventar und Liegenschaften und übernahm als dessen Nachfolger die 10.000 Hektar große Herrschaftsjagd der k. k. Salinenverwaltung zwischen Atter- und Traunsee, Höllengebirge und Hongar, jedoch ohne das Langbathtal, welches Kaiser Franz Joseph I. ausschließlich für seine Hofjagd behielt. In diesem extrem begehrten Revier ließ Uiberacker drei Jagdhäuser nach kaiserlichem Vorbild und – in Erwartung der Besuche seines allerhöchsten Jagdnachbarn – auch in repräsentativer Bauweise errichten.

12.1.6 Wildererbüchse

Perkussionsvorderlader. Achtkantiger Lauf. Kaliber ca. 12 mm. Abnehmbarer Kolben mit Lade für Kugeln. Wahrscheinlich aus dem Salzkammergut. Um 1840. St. Pankraz, Wilderermuseum

Die Jagdrechte im Salzkammergut sind heute größtenteils in Händen der Österreichischen Bundesforste und werden überwiegend an Jagdpächter vergeben. Die Schwarzjagd (Wilderei) war bis in unsere Zeit herein trotz aller Aufsichtsmaßnahmen nicht ganz zu unterbinden. Trotz strenger Strafen – 1665 befahl in Salzburg Kardinal Erzbischof Guidobald Graf Thun, gefangen genommene Wilddiebe nach Venedig auf die Galeeren zu schicken – war es nie gelungen, die Bauern und andere kleine Leute vom Wildern abzubringen. Der Wilderer oder Wildschütz war so etwas wie ein Rebell, der sich gegen die adeligen Herrschaften auflehnte, die nach seiner Sicht der bäuerlichen Bevölkerung das Recht zur Jagd genommen hätten. In den Augen der Bevölkerung galt das Wildern im Allgemeinen nicht als Diebstahl und ein geschickter Wilderer genoss in früheren Zeiten etwa das Ansehen, das heute einem Spitzensportler entgegengebracht wird. Der Wildschütz galt auch etwas bei den Mädchen. Darauf verweist ein nicht nur im Salzkammergut bekannter Spruch: „Ein Bua,

der nicht gewildert hat, darf auch nicht fensterln gehen."

12.1.7 Patronenkoffer

L. 27 cm, B. 14 cm, H. 25 cm. St. Florian, Jagdmuseum Schloss Hohenbrunn

12.1.8 Silberstatuette des Kaiser-Franz-Joseph-Jagddenkmals (bei Bad Ischl)

12 cm x 15 cm x 9 cm. St. Florian, Jagdmuseum Schloss Hohenbrunn

Die Statuette ist eine stark verkleinerte Nachbildung des Kaiser-Jagdstandbildes am Lauffner Waldweg. Dessen Urheber ist der Bildhauer Georg Leisek (* 1869, † 1936), der als Schüler von Eduard von Hellmer und Kaspar von Zumbusch aus der Akademie der Bildenden Künste in Wien hervorging. Der Plan, ein Standbild Kaiser Franz Josephs I. als Jäger zu errichten, kam Ende des Jahres 1909 auf. Ein Denkmalkomitee unter Graf Wurmbrand-Stuppach entschied sich im Jänner 1910 für das Modell Leiseks. Der als Untergrund des Monumentes dienende, 13.000 Kilogramm schwere Gneisblock, von dem der Kaiser scheinbar herabschreitet, wurde aus Dürnstein in der Wachau nach Bad Ischl gebracht. Die Enthüllung des Standbildes fand am 24. August 1910, also sechs Tage nach der Vollendung des 80. Lebensjahres des Kaisers, in dessen Gegenwart in sehr feierlichem Rahmen statt. Sie endete mit einem Vorbeimarsch von 3.000 Weidmännern, einer Parade, die der Kaiser trotz plötzlich einsetzenden Regens persönlich bis zum letzten Mann abnahm.

12.1.9 Geschnitzte Jagdpfeife von Erzherzog Franz Karl (1802–1878)

Aus überseeischem Holz.

28 cm x 17 cm x 4 cm. St. Florian, Jagdmuseum Schloss Hohenbrunn

Erzherzog Franz Karl (* 1802, † 1878), der Vater Kaiser Franz Josephs I., war eng mit dem Salzkammergut verbunden. Von 1827 an war er gemeinsam mit seiner Gemahlin, Erzherzogin Sophie (* 1805, † 1872), Kurgast in Ischl und trug viel zum Erblühen des Kurortes bei. Aus Anlass seines fünfzigsten Sommeraufenthaltes in Ischl wurde der von Hans Greil geschaffene Franz-Karl-Brunnen (heute am Fridolin-Schröpfer-Platz) gestiftet und am 18. August 1881 feierlich enthüllt. Der Maler Georg Mader (* 1824, † 1881) stellte in einer Darstellung seines Freskenzyklus „Sakramente in Lebensbildern" in der Pfarrkirche zum Heiligen Nikolaus in Bad Ischl die Krankensalbung des Erzherzogs Franz Karl dar. Der Bildhauer Heinrich Natter

(* 1844, † 1892), der auch in Gmunden in der von seinem Schwiegervater Moriz Hirschl übernommenen Villa Wohnung und Atelier hatte, schuf im Jahr 1878 eine Bildnisbüste von Erzherzog Franz Karl aus Carraramarmor, die im Gmundener Schloss Cumberland Aufstellung fand, heute aber als verschollen gilt.

12.2 VON HUTTRÄGERN UND GAMSBÄRTEN

12.2.1 Dirndlstrohhut

Dm. 34 cm, H. 16 cm. Bad Ischl, Franz Bittner GmbH & Co. KG Huterzeugung

Zur Herstellung von Strohhüten verwendete man meistens Weizenstroh, Lindenbast und Palmblätter. Strohhüte kannten schon die griechischen und römischen Landarbeiter, Seeleute und Handwerker. Als Schattendach trug ihn die bäuerliche Bevölkerung seit dem Mittelalter auch in unseren Regionen. Die Technik der moderneren Strohhutflechterei kommt aus der Toskana. Dort arbeitete man den so genannten Florentiner und lieferte anfangs den angrenzenden Ländern die Strohbänder. Später wurde das spezielle Weizenstroh auch bei uns angebaut. Früher verwendete man die vorhandenen Materialien. Strohhüte wurden meist von Landwirten oder einer speziellen Hutmacherin im Dorf neben ihrer eigentlichen Tätigkeit als Zubrot gefertigt. Im 18. und 19. Jahrhundert, im Zuge der zunehmenden Begeisterung für das „Landleben", wurden Strohhüte auch in städtischen Kreisen beliebt. Gerne färbte man im 19. Jahrhundert die Strohhüte schwarz oder überzog sie mit Stoff, um sie aufzuwerten. Zu dieser Zeit erlebte diese gängige Arbeitskopfbedeckung in bäuerlichen Kreisen ihre letzte Blüte. Bis Mitte des letzten Jahrhunderts wurde das Rohmaterial zunächst gebleicht und gefärbt, zusammengenäht, appretiert und schließlich geformt. Über einem passenden Holzblock, dem so genannten „Model" oder „Modell" wurde die Flechtarbeit ausgeführt, um gleichartige Hutformen herstellen zu können. Ab 1876 standen bereits Press-, Schleif- und Druckmaschinen zur Verfügung, die die Umstellung von hausgewerblicher Handarbeit auf maschinelle Produktion beschleunigten. Wanderhändler und später Großhändler übernahmen die Aufgabe der Verbreitung. Bildquellen aus den 1930er-Jahren aus dem Alpbachtal in Osttirol beweisen die Handarbeit bis in unser Jahrhundert. Vielfach findet man Strohhüte als wichtigen Bestandteil der Alltagstracht, selten sogar der Feiertagstrachten.

12.2.2 Bürgerhut mit Hutband „Doppeladler"

Dm. 36 cm, H. 20 cm. Bad Ischl, Franz Bittner GmbH & Co. KG Huterzeugung
Der Ischler Bürgerhut, der gerne auch von Mitgliedern der verschiedensten Vereine getragen wird, hat, wie dieses seltene, alte Modell aus dem 19. Jahrhundert zeigt, eine lange Tradition.

12.2.3 „Hoher" Schwammerlhut

Dm. 39 cm, H. 18 cm. Bad Ischl, Franz Bittner GmbH & Co. KG Huterzeugung
Typische Kopfbedeckung der weiblichen Salzkammerguttracht ist der weiße Filzhut mit kleinem „eingezogenem" Zylinderstock und leicht nach unten gebogener breiterer Krempe. In Varianten zurückverfolgbar bis ins 17. Jahrhundert, hat diese im Volksmund wegen seiner Form auch gerne als „Schwammerlhut" bezeichnete Kopfbedeckung in der Zeit von 1820 bis 1860 ihren Höhepunkt. Die Krempenunterseite ist in der Regel mit braunviolettfarbenem oder schwarzem Stoff plissiert und der Kopf mit einer Goldkordel mit Quaste oder einem schlichten Samtband verziert. Unter dem Scheibenhut wurde das „Pfeffertüchl", ein braunschwarzes, blaues oder rotschwarzes Baumwolltuch mit bunter Bordüre, getragen. Scheibenhüte oder „Scheibichte Hüte" können eine weit ausladende flache Krempe mit einem Durchmesser bis zu 60 Zentimeter haben. Sie wurden als Regen- und Schattendächer zunächst von Feldhütern, Flößern und Hirten im Ostabfall der Alpen und in den Südalpen auch zur Festkleidung getragen. Der grüne, einfache breitkrempige Filzhut der Flößer im Salzkammergut oder die ockerfarbenen, fast gelblichen Hüte aus dem Tennengau, aber auch aus dem Tiroler Wipp-, Puster-, Eisacktal oder der Bozner Gegend zeigen uns den einstigen Farbenreichtum bei ähnlichen Formen auf. Man nimmt auch an, dass der Einfluss der „Wallenstein-Mode" hier seinen Niederschlag gefunden hat. Seit dem 17. Jahrhundert gibt es breitkrempige flache Hüte auch aus Stroh.

12.2.4 Erzherzog-Johann-Hut

Dm. 37 cm, H. 18 cm. Bad Ischl, Franz Bittner GmbH & Co. KG Huterzeugung
Ungeachtet der wechselnden Hutmoden vom breitkrempigen Schattendach bis zum Zylinder trug Erzherzog Johann am liebsten einen relativ niedrigen, breitkrempigen grünen Zylinder mit großem Gamsradl, Pfingstrosenschmuck und grünem Ripsband. Sehr schön dokumentiert ist dieser Hut zum Beispiel auf dem Bild von Matthäus Loder vom rudernden Erzherzog mit

Anna Plochl aus dem Jahr 1816. Später bevorzugte Erzherzog Johann einen etwas höheren, schmälerkrempigen Zylinderhut. Aufgrund seiner großen Beliebtheit wurde diese Hutausstattung in der Folgezeit auch von weniger erlauchten Herrschaften gerne gewählt.

12.2.5 Kaiserhut (abgewandelte Kaisermelone)

Dm. 30 (mit Gamsbart) 33 cm, H. 16 cm. Bad Ischl, Franz Bittner GmbH & Co. KG Huterzeugung
Der „Kaiserhut" ist auf einer Fotografie des Jahres 1865, die Kaiser Franz Joseph I. mit seinem siebenjährigen Sohn, Kronprinz Rudolf, auf der Jagd „nächst dem Dachstein" zeigt, zu sehen. Während der Kaiser selbst einen Typus trägt, den man beinahe als einen regelrechten „Ausseer"-Hut bezeichnen könnte, ist es Kronprinz Rudolf, der einen ihm auch vorzüglich zu Gesicht stehenden „Halbzylinder", also den späteren „Kaiserhut", zur Jagdkleidung trägt. Im Jahre 1910 huldigten im Besonderen auch Österreichs Weidmänner ihrem obersten Jagdherrn, als zu dessen 80. Geburtstag das Jagdstandbild in der Kaltenbachau eingeweiht wurde. Damals kam der Kaiserhut zu Denkmalehren: Dieses Standbild stellt den Kaiser in seiner tatsächlich getragenen Jagdkleidung dar und der Hut zu seiner Jägertracht ist wieder der schon genannte, im Original drapp melierte Kaiserhut. In der Zeit nach dem Zweiten Weltkrieg fand dieser durch Formschönheit und Eleganz wahrhaft „kaiserliche Hut" zu Popularität und wurde als Teil des „Austrian look" zur Weltmode.

12.2.6 Kaisermelone

Bad Ischl, Franz Bittner GmbH & Co. KG Huterzeugung
Am häufigsten trug Kaiser Franz Joseph I. die für ihn typische „schwarze Dupp. Name leitet sich von der Melone, einem steifen, abgerundeten Hut mit steifer Krempe, der um 1860 erstmals in Southwark, einem Stadtbezirk von London, von Thomas William Bowler aus schwarzem Filz gefertigt wurde, her. Melonen werden heute außerhalb Englands, außer bei Pferderennen und von Dressurreitern, selten getragen.

12.2.7 Damenhut (Modell Anna Plochl)

Dm. 30 cm, H. 14 cm. Bad Ischl, Franz Bittner GmbH & Co. KG Huterzeugung

12.2.8 Herren-Lamberghut

Dm. 32 cm, H. 17 cm. Bad Ischl, Franz Bittner GmbH & Co. KG Huterzeugung

Der „Lamberghut" ist ein nach Graf Lamberg benannter Trachtenhut. Er wurde in der Zwischenkriegszeit als Salzburger Landestrachtenhut eingeführt und fand so auch Eingang in das Salzkammergut. Aus schwarzem Filz, mit Scheitelkniff im Kopf, vierfacher grüner Kordel, abstehender Spielhahnfeder und flacher, roulierter, vorne etwas herunter geklappter Krempe ist er, vor allem in Österreich und Bayern, auch heute noch als sportlicher Stadthut zu sehen.

12.2.9 Girardi-Hut

Gmunden, Haas-Hüte Hellmich KEG
Alexander Girardi (* 1850, † 1918) war als Schauspieler so erfolgreich, dass er sich im Jahr 1893 in Bad Ischl, wo er oft seine Sommerfrische verbrachte, eine Villa (Steinfeldgasse 12) kaufen konnte. Er bezauberte die Ischler mit seinem Humor und ihm war es beschieden, im Jahr 1899 als einer der ersten in einem damals viel bestaunten Automobil an der Ischler Esplanade vorzufahren. Nach Alexander Girardi ist ein flacher Strohhut benannt, den er mit Vorliebe trug.

12.2.10 Cumberland-Hut

Gmunden, Haas-Hüte Hellmich KEG
So wie der Lamberghut nach dem Grafen Lamberg benannt ist, trägt der Cumberland-Hut seinen Namen nach dem Herzog von Cumberland.
Georg V. von Hannover (* 1819, † 1878), der Enkel des englischen Königs Georg III. Wilhelm Friedrich (* 1738, † 1820), war im Zuge der kriegerischen Auseinandersetzungen von 1866 entthront worden und kam in der Folge nach Gmunden ins Exil. Die Mitglieder des Königshauses von Hannover hatten in der Folge entscheidenden Einfluss auf das gesellschaftliche Leben in Gmunden und am Traunsee und prägten natürlich auch die Hutmode. Das gegenwärtige Oberhaupt des Hauses Hannover und Träger des Titels Herzog von Cumberland ist Ernst August Prinz von Hannover (* 1954), der der älteste lebende männliche Nachkomme König Georgs III. von Großbritannien und Irland ist.

12.2.11 Kopftuch. Oberösterreich, 2. Hälfte des 19. Jahrhunderts bis Gegenwart

Seewalchen, Familie Dr. Tostmann

12.2.12 Kopftuch. Oberösterreich, 2. Hälfte des 19. Jahrhunderts bis Gegenwart

Seewalchen, Familie Dr. Tostmann
Lit.: Haube und Hut. Die Trachtensammlung von Marlen Tostmann. Katalog zur Ausstellung Seewalchen / Wien 1996/97

Die einfachste und am weitesten verbreitete Art der Kopfbedeckung ist sicherlich das Kopftuch, das unseren Kopf bedeckt und ihn vor Sonne und Regen schützt. Wir finden es bis heute gebräuchlich und in vielen Städten und Ländern gehört es zum alltäglichen Erscheinungsbild. Das Kopftuch wird dreieckig oder rechteckig, verziert und unverziert, um den Kopf gehüllt, unter dem Kinn, über der Stirn oder im Nacken gebunden und auch gerne modisch bedingt als reines Schmuckstück vorwiegend von Frauen und Mädchen getragen. Aus dem Kopftuch entwickelte sich – geformt und gefestigt – die Haube bzw. – gewickelt und gebunden – der Turban, aus feinem Stoff der Schleier. Seit dem zweiten Drittel des 19. Jahrhunderts wurde das Kopftuch in Österreich zur gern getragenen Kopfbedeckung auch in der feiertäglichen Tracht. In Oberösterreich wurde es so beliebt, dass es die ältere Goldhaubentracht ablöste. Früher fand man einfache Kopftücher lediglich in der Arbeitskleidung und meist aus weißer oder blauer Farbe. Das baumwollene buntbedruckte oder buntgewebte „Pfeffertüchl" von der Zeit um 1810 bis 1830 wurde von dem schweren schwarzseidenen Tafttuch abgelöst, das bis heute gerne getragen wird. Die über vierzig überlieferten aufwändigen Bindungsarten in zweizipfeliger oder dreizipfeliger Art werten dieses Kleidungsstück als „Flügelhaube" oder „Schwalbenschwanz" auf. Diese schwarzen Kopftücher finden sich vorwiegend im Alpenvorland, in Passau, Linz, Enns, Steyr und Wels und im übrigen Oberösterreich. Fast erinnert uns diese schwarze und konservativ anmutende Kopfbedeckung an den schwarzen Schleier der islamischen Frauen.

12.2.13 Bodenhaube mit violettfarbener Schleife. Ende des 18. / Anfang des 19. Jahrhunderts

Haube aus Goldstoff (H 20 cm; B 15 cm; T 16 cm) mit zwei verschieden breiten Goldmuschelborten (8 cm), karton- und drahtverstärkt. Haubenboden aus Goldstoff mit reicher Goldstickerei in Form einer stilisierten Blume aus Bouillon, Flitter, Folien und Glassteinen. Haubenkanten mit 5 Zentimeter weißer, gefältelter Maschinenspitze besetzt. Violettfarbene 50 Zentimeter lange und 10,5 Zentimeter breite Seidenmasche mit broschierten Blüten in blau-weiß-grün-gelb. Leinenfutter. Seewalchen, Familie Dr. Tostmann, Inv.-Nr. TT G 15

12.2.14 Goldhaube mit Perlen. Ende des 18. / Anfang des 19. Jahrhunderts

Weiche Goldhaube aus Goldwebe mit Goldfäden. Drahtverstärkt und an den äußeren Kanten mit einer 5 Zentimeter breiten gerüschten Goldfadenborte und einer Reihe Wachsperlen verziert. Entlang des Scheitels mit mehreren Reihen weißen Wachsperlen und Goldflitter bestickt. Seitlich davon Goldborten mit Goldfäden, Plasch, Goldkordeln, schwarze Samtschnürchen und je zwei roten Strasssteinchen als Zierelemente. Gelbes Seidenstofffutter. Seewalchen, Familie Dr. Tostmann, Inv.-Nr. TT G 11

12.2.15 Plochl-Hut

Bad Aussee, Hutmacher Franz Leitner. Nach 1950 (Nacharbeitung vom 1. Drittel des 19. Jahrhunderts). Dunkelgrüner Filzhut mit relativ hohem geraden Kopf, der mit einem 5,5 Zentimeter breiten dunkelgrünen Ripsband geschmückt ist (Dm. 14,5/33 cm; H. 13/14,4 cm). Das Ripsband wurde am Hinterkopf in Falten gelegt und hält die daran befestigten Seidenblumen (rosafarbene Pfingstrosen). Krempenrand, inneres Hutband und Haltebänder (L. 72 cm; B. 5 cm) aus grünem Rips. Krempenunterseite und Futter aus rosa-dunkelrot-grau gemustertem Satin. Seewalchen, Familie Dr. Tostmann, Inv.-Nr. TT F 51

Durch die Vorbildwirkung ihrer „verfeinerten Volkstracht", einer frühen Ausprägung des „Austrian look" im ersten Drittel des 19. Jahrhunderts, hat eine Hutform, kreiert von Anna Plochl, der Postmeisterstochter und späteren Gattin Erzherzog Johanns, im Salzkammergut große Beliebtheit erlangt. Anna Plochl trug den „Johann-Hut" aus dunkelgrünem Filz mit reichem, grünem Ripsbandschmuck und rosafarbenen Seiden-Pfingstrosen gerne in Gesellschaft des Erzherzogs. Als zweite Hutwahl bevorzugte sie einen weißen, breitkrempigen Scheibenhut, aus dem sich der „Schwammerlhut" entwickeln sollte.

12.2.16 Flößerhut. Ende des 18. / Anfang des 19. Jahrhunderts

Breitkrempiger, dunkelgrüner und strichgebürsteter Haarfilzhut mit geradem Kopf und leicht nach unten geneigter Krempe. Dm. 49 cm, H. 18 cm. Seewalchen, Familie Dr. Tostmann

12.2.17 Ausseerhut

Dunkelgrünes Hutband (6,5 cm breit) zur Masche gelegt. Schwarzes Seidenfutter. Seewalchen, Familie Dr. Tostmann

Aus schwarzgrünem Filz mit handbreitem, grünem Seidenband geziert wird der klassische, konisch zulaufende zylindrische Ausseerhut gearbeitet. In seiner Blütezeit (ca. 1875 bis 1955) schwankte die Krempenbreite zwischen 4,5 und 7,5 Zentimeter. Der ursprünglich fast kreisrunde „Stock" wurde in den 1920er-Jahren oval abgeändert und die „Oberseite", das so genannte „Plattl", ähnlich der zivilen Hutmode eingedrückt. Meist ziert zusätzlich noch ein Gams- oder Hirschbart oder ein „Radlbart" das Hutband. Der Ausseer Hut wurde und wird gerne zur graugrünen Tracht zwischen Wien, Linz, Graz, Salzburg und Innsbruck getragen. Von Frauen wird ein ähnlicher Hut gerne zusätzlich mit breiten schwarzen Bändern geschmückt.

12.2.18 Bodenhaube

Seewalchen, Familie Dr. Tostmann

Grundform zahlreicher Hauben der österreichischen Frauentrachten des 18. und 19. Jahrhunderts waren die „weichen" Bodenhauben. Sie wurden am „Boden", dem hufeisenförmigen Hinterkopf, oft reich mit Stickerei oder Borten- und Flinserlbesatz verziert. Die Wangenteile wurden meist aus gesteiftem, schwarzen Taft oder Brokatstoff gearbeitet. Ein oft langer Maschenanhang aus schwarzen oder weißen breiten Seidenbändern, zum Teil ebenfalls bestickt am Hinterkopf, und ein kleinerer oder größerer Spitzenvorstoß an der vorderen Kante ergänzten die Verzierung. Im 17. Jahrhundert gab es immer mehr „starre" bzw. versteifte Formen, die im Laufe des 18. Jahrhunderts eine Unzahl von regionalen Ausprägungen erfuhren und bis ins 19. Jahrhundert erhalten geblieben sind. Die „weichen" Hauben haben sich nur selten als Festtagskopfbedeckung erhalten können. Meist wurden sie in einfacher Variante werktags zur Arbeit oder als Unterhauben unter die aufkommenden Hüte weiter getragen. Die Blütezeit der Bodenhaube darf man um die Zeit zwischen 1760 und 1840 ansetzen. Frühformen reichen ins 13. Jahrhundert zurück (Gräberfund von Judendorf bei Villach) und bestanden bereits zu dieser Zeit aus Goldborten, sodass man für diese dann auch berechtigterweise erstmals die Bezeichnung „Goldhauben" verwenden kann.

12.2.19 Pelzhaube

Seewalchen, Familie Dr. Tostmann

Zur Latzmieder- und Riedelrocktracht trug man von circa 1650 bis 1830 verbrämte Pelzhauben aus Marder-, Fuchs- oder Fischotterpelz. Ähnliche Kopfbedeckungen kannte man bereits in römischer Zeit und trug sie besonders gerne im Mittelalter. Das Böndel wurde dabei meist aus Stoff in grünem Samt mit Goldborten oder Goldflinserlstickerei kreuzförmig verziert. Es finden sich neben der kugelförmigen und oval gearbeiteten Form auch ausgearbeitete „Sessel", die nach vorne oder rückwärts getragen wurden. Die Pelzhaube, auch Bram- oder Böndelhaube genannt, findet sich im Osten bis ins Ausseerland, nördlich bis an die Gusen und Enns und bis zur tirolisch-salzburgischen Grenze. In ganz Südtirol ist sie ebenfalls zu finden.

12.2.20 Dachsbart
Ebensee, Bertl Lahnsteiner

12.2.21 Gamsbart
Ebensee, Bertl Lahnsteiner

12.2.22 Hirschbart
Ebensee, Bertl Lahnsteiner

Im österreichisch-bayrischen Raum, aber ganz speziell auch im Salzkammergut ist der Gamsbart ein zur Tracht gehörender Hutschmuck bei Männern. Die Jäger sollen sich seit dem 11. Jahrhundert Bärte an den Hut gesteckt haben. Der Gamsbart wird aus den Rückenhaaren („Aalstreif") erwachsener Gamsböcke büschelförmig gebunden. Die hellen Spitzen, der so genannte „Reif", sind bei echtem Gamshaar nur wenige Millimeter lang. Gamsbärte, insbesondere große Exemplare, sind recht teuer, zumal für einen Bart Haare von ein bis zu zehn Gämsen verarbeitet werden. Günstiger, aber trotzdem weniger verbreitet ist ein Hirschbart, bei dem der „Reif" bis zu zwei Zentimeter lang sein kann. Mancherorts werden auch Wildhaarbärte aus Dachs- oder Wildsauhaaren gefertigt. Das Wildhaarbartbinden gilt als hohe Kunst. Für eine Vielzahl von Arbeitsgängen, vom Ausrasieren der Haare über das Waschen und Rupfen bis hin zum Binden, werden mehrere Stunden benötigt. Zur Feststellung des schönsten Gamsbartes hat sich die regelmäßige Abhaltung von Vergleichswettbewerben eingebürgert. So finden in Bad Goisern seit 1960 alljährlich die „Gamsjagatage" und in einem Vierjahresrhythmus die Gamsbartolympiaden statt. Für einen „Olympia-Bart" hat ein Gamsbartbinder oft bis zu 40.000 Einzelhaare benötigt.

Auch Kaiser Franz Joseph I. trug im Salzkammergut nicht nur oft Tracht, sondern erwies sich auch als ein passionierter Gamsbartträger. Er besaß sogar einen rekordverdächtigen Bart mit 24 Zentimeter ab Bund.

12.3 FASCHING

12.3.1 Britsche
Ebensee, Alfred Riezinger

12.3.2 Britschenmeisterkostüm. Ebenseer Fasching 1933
42 cm x 30 cm. Ebensee, Alfred Riezinger

12.3.3–4 Zwei Fetzenkostüme
Ebensee, Alfred Riezinger

Zu den außergewöhnlichsten Faschingsbräuchen im Salzkammergut gehört der Fetzenzug in Ebensee am Fetzenmontag. Die Teilnehmer tragen dabei „Fetzen" (Lumpen) und kunstvoll geschnitzte („geschnegerte") Holzlarven. Hinter den Masken soll die Persönlichkeit des Trägers verschwinden. Damit man niemanden erkennen kann, verstellen diese sogar die Stimme und können so unerkannt und ausgelassen die ungeschminkte Wahrheit sagen und alles kritisieren, was sie während des Jahres berührt oder gestört hat. (Durch die Entwicklung der jüngsten Zeit, dieselben Masken über mehrere Jahre zu verwenden, geht die ursprünglich beabsichtigte Anonymität der Träger von Larven und Fetzen zum Teil verloren.) Der Fetzenzug zieht die Langbathstraße heraus in die Hauptstraße bis zum Rathaus von Ebensee, wo sich der Zug auflöst. Das Fetzentreiben wird anschließend in den Gasthäusern und auf den Straßen bis in die Morgenstunden des Dienstags fortgesetzt. Am Faschingdienstag kommen wieder die Kinder auf Ihre Rechnung: Beim „Nuß-Nuß" werden Nüsse, Orangen, Süßigkeiten usw. in die Kindermenge geworfen. Die Kinder müssen dabei den Reim des Ebenseer Fetzenmarsches so laut wie möglich rufen, der wie folgt lautet: „Fåschingtåg, Fåschingtåg, kimm na bald wieda, wånn ma koån Geld nit håbn, schern ma di nieda. Hutzn, Fetzn, Lempn auf und nieda, hin und he ålles fåhrt nåch Ebensee." Am Aschermittwoch bilden das Faschingverbrennen am Traunufer und der Heringschmaus in den Gasthöfen den Abschluss des Ebenseer Faschings. Man vermutet, dass die Wurzeln des Ebenseer Faschings im Gebiet um Bad Aussee zu suchen sind. Als im Jahr 1604 die Saline Ebensee gegründet wurde, holte man Facharbeiter aus Aussee in die Traunseegemeinde, die auch den Fasching mitbrachten, der sich zu seiner heutigen, besonderen Form weiterentwickelt hat. 1733 kam es sogar zu einer „Faschingdienstagrevolte", als die Salinenverwaltung den bis dahin freien Faschingdienstagnachmittag abschaffen wollte. Man wollte lieber streiken und einen offenen Konflikt mit den Vorgesetzten in Kauf nehmen, als auf den Fasching zu verzichten, und setzte sich durch.

12.4 VOGELFÄNGER

12.4.1 Gimpelvogelhaus mit geschnitztem Vogel
30 cm x 16 cm x 21 cm. Pinsdorf bei Gmunden, Patricia Höller – Salzkammergut-Tierweltmuseum

12.4.2 Kloben. Um 1900
20 cm x 5 cm. Pinsdorf bei Gmunden, Patricia Höller – Salzkammergut-Tierweltmuseum

12.4.3 Kloben
18 cm x 2 cm x 4,5 cm. Pinsdorf bei Gmunden, Patricia Höller – Salzkammergut-Tierweltmuseum

12.4.4 Lockhäuschen mit gelbem Kreuzschnabel. 1950–1955
23 cm x 14 cm x 16 cm. Pinsdorf bei Gmunden, Patricia Höller – Salzkammergut-Tierweltmuseum

12.4.5 Schlag mit Ziehschnur
54 cm x 18 cm x 18 cm. Pinsdorf bei Gmunden, Patricia Höller – Salzkammergut-Tierweltmuseum

12.4.6 Stubenvogelhaus. 1950–1955
70 cm x 23 cm x 90 cm. Pinsdorf bei Gmunden, Patricia Höller – Salzkammergut-Tierweltmuseum

12.4.7 Transporthäuschen mit Stieglitz
16 cm x 10 cm x 5 cm. Pinsdorf bei Gmunden, Patricia Höller – Salzkammergut-Tierweltmuseum

12.4.8 Drei Vogelfang-Preisschilder, 1930, 1947, 1960
16 cm x 8 cm. Pinsdorf bei Gmunden, Patricia Höller – Salzkammergut-Tierweltmuseum

12.4.9 Vogelkrax'n. 1934
25 cm x 20 cm x 70 cm. Pinsdorf bei Gmunden, Patricia Höller – Salzkammergut-Tierweltmuseum

12.4.10 Vogelsteige mit vier Vogelarten
52 cm x 41 cm x 51 cm. Pinsdorf bei Gmunden, Patricia Höller – Salzkammergut-Tierweltmuseum

Der Brauch des Singvogelfanges, der besonders auch in der jüngsten Zeit Gegenstand heftiger

Gmunden, Kalköfen   Foto: Kammerhofmuseum Gmunden

Kontroversen zwischen den Vogelfängern und Gegnern dieses Brauches war, reicht weit in die Vergangenheit zurück. Im österreichischen Teil des Salzkammergutes wird er erstmalig in einer Instruktion Kaiser Rudolfs II. vom 20. Dezember 1579 erwähnt, in dem der Regent nicht nur den Vogelfang selbst als legal für das einfache Volk erklärte, sondern diesen auch auf kaiserlichen Besitzungen erlaubte, was natürlich besonders für das unter direkter kaiserlicher Verwaltung stehende Salzkammergut von Bedeutung war. Salzburgs Erzbischof Matthäus Lang von Wellenburg, der übrigens auch Besitzungen am Attersee hatte, regelte für das Territorium seines Fürstbistums den Vogelfang bereits 1526 in ähnlicher Weise. Zahlreiche weitere Dekrete, Erlässe, Patente bestätigten das Recht auf den Vogelfang, den man als die „Jagd des Kleinen Mannes" ansah. Es gibt aber keine Hinweise darauf, dass der Vogelfang im Salzkammergut zu tatsächlichen Jagdzwecken (im Sinne einer Tötung der Tiere) ausgeübt wurde. Die ältesten Beschreibungen reichen allerdings nur bis etwa in die Mitte des 18. Jahrhunderts zurück. Der Brauch des Vogelfangs wurde auch von ausgesiedelten Salzkammergütlern in andere Regionen mitgenommen, wo er sich zum Teil erhalten hat (zum Beispiel in den Waldkarpaten der heutigen Ukraine).

Mit dem um die Mitte des 19. Jahrhunderts aufkommenden Tourismus nahm auch die Bedeutung des Stubenvogelhandels im Salzkammergut zu. So wurden nun auch eigene Verkaufsausstellungen, die von großen Umzügen bzw. auch Tanzveranstaltungen begleitet wurden, abgehalten, die zum Beispiel 1862 für Ebensee, 1864 für Gmunden und 1910 für Bad Ischl dokumentiert sind. Den aus dem Verkauf erzielten Erlös für die Vögel erhielt aber nicht der einzelne Vogelfänger, sondern er wurde in eine Gemeinschaftskassa (so genannte Bruderlade) gegeben, aus der zum Beispiel in Ebensee der „Postchristbaum", das ist ein Weihnachtsfest für Waisenkinder beim Postwirt, finanziert wurde. Seit Mitte der 1930er-Jahre werden die Vögel nicht mehr verkauft. Gefangen werden Gimpel, Zeisig, Stieglitz und Kreuzschnabel. Zum Einfangen dienten seit jeher Fallen, mit denen man nur jeweils einen Vogel fangen kann. Die Art der Fallen wurde aber in Anpassung an die jeweiligen technischen Möglichkeiten verbessert. Verwendete man früher Schlaghäuschen, Leimruten oder Kloben, so werden heute ausschließlich Netzkloben verwendet. Netzkloben sind kleine Fallen, bei denen der Vogel nicht mehr an den Beinen festgehalten wird, sondern ein ca. 20 mal 30 Zentimeter großes, engmaschiges Netz den Vogel umgibt. Damit wird dem Ziel, den Vogel verletzungsfrei zu fangen, Rechnung getragen. Zusammen mit einem Lockvogel, einem gesangsbegabten Vogel, muss vor Tagesanbruch der Fangplatz aufgesucht werden. Der Lockvogel muss derselben Gattung, die man fangen will, angehören und sollte alle erforderliche Rufe – das Lock´n, das A´radl´n, das Betteln und das Warnen – beherrschen. Um auch dem Naturschutz Rechnung zu tragen, dürfen zwischen dem 15. September und dem 30. November pro Fänger insgesamt nur vier Vögel gefangen werden.

13. RAUM: VON UNTERNEHMERN UND UNTERNEHMEN

13.1 JOSEF DIERZER: DER TEXTILUNTERNEHMER – FRÜHE BESCHÄFTIGUNGSPOLITIK UND ARBEITSPLATZSCHAFFUNG

13.1.1 Urkunde über die Verleihung des Adelsprädikates „Ritter von Traunthal" an Josef Dierzer (1800–1857) vom 22. Jänner 1852

Pergament mit anhängendem Siegel. Urkundenhülle aus Zinnblech. H. 56,5 cm, B. 34,5 cm. Privatbesitz

Josef Dierzer (* 15. 2. 1800, † 8. 11. 1857) übernahm 1822 die väterliche Schafwollzeugfabrik und gründete 1832 eine mechanische Kammgarnspinnerei, die erste Fabrik dieser Art überhaupt innerhalb der Grenzen des heutigen Österreich und die zweite in der Donaumonarchie: „Theresiental" im Tal der Traun bei Gmunden. Diesen Namen wählte er nach dem Vornamen seiner Mutter. Zur Bekämpfung der Arbeitslosigkeit initiierte er auch den Ausbau einer Webereifachschule in Traunkirchen, gründete 1840 in Linz eine Teppichweberei, gliederte 1845 eine Baumwollspinnerei an und wirkte bei der Gründung der Lambacher Flachsspinnerei mit. 1850 wurde der erfolgreiche Unternehmer als „Ritter von Traunthal" in den Adelsstand erhoben. Seit 1851 war Josef Dierzer Ritter von

Plakat „Hallstatt – Salzkammergut – Oberdonau" Foto: OÖ. Landesarchiv

13.1.3 Mustertafel mit 9 Mustern einfarbiger Wollstoffe der Firma Josef Dierzer

H. 44 cm, B. 33 cm. Muster: jeweils 9 cm x 12 cm. Wien, Österreichisches Museum für Angewandte Kunst, Inv.-Nr. TGM 29788

Kaiser Franz I. hatte 1807 unter der Leitung von Aloys Beckh von Widmanstätten (* 12. 7. 1754, † 10. 6. 1849) das „K. k. Fabriksproduktenkabinett", das eine Mustersammlung von Manufakturenerzeugnissen umfasste, angelegt und in der Folge immer wieder erweitert. 1819 hatte Stephan von Keeß für den Kronprinzen Ferdinand ein Technisches Kabinett mit 30.000 Exponaten eingerichtet. Diese Sammlung wurde 1842 von Ferdinand I., dem nunmehrigen Kaiser, ebenfalls dem Polytechnischen Institut überlassen und mit dem Fabriksproduktenkabinett zum k. k. Technologischen Kabinett vereinigt. Der Kaiser hatte sich bei Anlage seiner Sammlungen auch persönlich für die Vielfalt an Mustern, die nicht zuletzt auf neuen, industriellen Fertigungsmethoden beruhte, interessiert. Die Biedermeierstoffe sind im Regelfall exakt datiert und mit den Namen der Produzenten sowie Angaben zu ihrer Verwendung versehen. Aus diesem Bestand stammt auch die Mustertafel für die Dierzersche Produktion.

13.2 RUDOLF IPPISCH – EIN UNTERNEHMERISCHER SCHUSTER

13.2.1 Fotos und Plakate: Kommerzialrat Rudolf Ippisch, die Eröffnung der Feuerkogelseilbahn und die Traunseeschifffahrt

Reproduktionen. Ebensee, Rudolf Ippisch

„Schuster bleib bei deinen Leisten!", sagt ein altes Sprichwort. Hätte sich der vielseitige und tatkräftige Rudolf Ippisch (* 4. 4. 1878, † 2. 3. 1953) an diese Weisheit gehalten, wäre er wohl nicht zu einem der wirtschaftlichen Pioniere des Salzkammergutes geworden. Nach einer Lehre in der Schusterwerkstätte seines Vaters Franz Ippisch in Ebensee machte er sich auf, um zunächst Schuherzeuger für das Militär zu werden und anschließend – vorher hatte er ab 1894 in Wien und ab 1896 in Paris gearbeitet – das Schuhwerk für die Mitglieder des englischen Königshauses beim Hofschuster in London herzustellen. Nach seiner Rückkehr im Jahr 1899 musste er zunächst den Militärdienst in der Erzherzog-Rainer-Kaserne in Salzburg leisten. Im Jahr 1900 fuhr er für acht Monate nach Paris, wo zu dieser Zeit die Weltausstellung war. Ende des Jahres 1900 übernahm er das väterliche Geschäft, beschäftigte bald über vierzehn Mit-

13.1.1

Foto: Schepe

Traunthal Präsident der Handels- und Gewerbekammer für das Erzherzogtum Österreich ob der Enns und 1854 bis 1856 provisorischer Bürgermeister der Landeshauptstadt Linz.

Nachdem Josef Dierzer am 26. März 1848 als Mitglied einer Deputation nach Wien gereist war, galt er wegen seiner Teilnahme an der Revolution in Hofkreisen ein wenig verdächtig. Zwar wurde Josef Dierzer am 14. Oktober 1849 mit dem Orden der Eisernen Krone ausgezeichnet, doch ehe ihn der Kaiser in den Ritterstand erhob und dafür das ob der Lage des Betriebes an der Traun gewählte Prädikat „von Traunthal" verwendete, ließ Franz Joseph I. von der Gmundlorri einen Bericht anfordern, in der die Verdienste Dierzers wie folgt beschrieben werden: „Es konnte nicht fehlen, dass eine so reichlich fließende Erwerbsquelle die früher arme Gegend in eine wohlhabende verwandeln musste. Kein Notschrei, keine Klage ist seither mehr aus dieser Gegend erfolgt, ja selbst das Teuerungsjahr 1847 und das für die Industrie noch schlimmere Jahr 1848 hat die dortigen Arbeiter wenig berührt, weil der Fabriksinhaber Dierzer mit allen Kräften für sie zu sorgen bemüht war."

13.1.2 Stich der Dierzerschen Fabrik in Theresiental bei Gmunden. 3. Viertel des 19. Jahrhunderts

Anonym. H. 47 cm, B. 52 cm. Privatbesitz

Die von Josef Dierzer im Jahr 1832 in Theresiental bei Gmunden erbaute mechanische Kammgarnspinnerei war das zweite derartige Werk der Donaumonarchie. Die Fabrik arbeitete in den 1830er-Jahren auf 7.000 Spindeln, die sich wegen der Konkurrenz, besonders aus Gotha, um 1841 auf 5.000 verminderten, mit denen ungefähr die Hälfte des Inlandsbedarfes gedeckt werden konnte. Im Jahre 1845 waren 5.000 von 6.296 Spindeln in Betrieb, auf denen 908 Arbeiter 6.000 Zentner Wolle jährlich verarbeiteten. Nachdem Josef Dierzer bereits im Jahr 1845 eine mechanische Baumwollspinnerei in Linz-Kleinmünchen nach den Plänen von Pagni (England) und Rieter (Winterthur), der auch die Maschineneinrichtung lieferte, gebaut hatte, wünschte er wegen der durch den zweiprozentigen Einfuhrzoll minder geschützten Kammgarnspinnerei auch mit dem Werk in Theresiental auf die gegen die Konkurrenz des Auslandes besser geschützte Baumwollspinnerei überzugehen und war im Jahr 1845 im Begriff, zu diesem Zweck 2.400 Spindeln aufzustellen und dadurch fünfzig bis sechzig Menschen zu beschäftigen. Für diesen neuen Fabrikationszweig wurde am 17. April 1845 die Landesfabriksbefugnis erteilt.

arbeiter und konnte anspruchsvolle Kundschaft aus dem In- und Ausland zu der seinen zählen. Wenig bekannt ist, dass Rudolf Ippisch auch ein begabter Musiker war. Er hatte acht Jahre lang Einzelviolinunterricht erhalten und gründete ein Streichquartett und Streichorchester, das er selbst fünfzehn Jahre lang leitete. Im Laufe der Zeit wurde Rudolf Ippisch auch Kinobesitzer und Kapitän. Im Jahr 1910 kaufte Ippisch zunächst das Elektroboot „Elektra", 1911 gründete er die „Traunsee-Motorboot-Gesellschaft m. b. H." und erhielt 1912 die Konzession für das zweite angekaufte Motorboot „Traunstein". Es folgten zwei weitere große Boote, „Sonnstein" und „Karbach", mit je achtzig Personen Fassungsvermögen. Während des Ersten Weltkrieges waren im Schusterei-Betrieb 37 Arbeiter damit beschäftigt, Militärschuhe anzufertigen. Am Ende des Ersten Weltkrieges, 1918, gelang es Rudolf Ippisch, das Dampfschifffahrtsunternehmen des Engländers Ruston zu erwerben: Aus der „Traunsee-Motorboot-Gesellschaft m. b. H." wurde die „Traunseeschiffahrts-Gesellschaft". 1920 heiratete Rudolf Ippisch Josefine Kovarik, 1921 wurde ein Sohn Rudolf (II) geboren. Schließlich machte sich Rudolf Ippisch an die Verwirklichung seines Traums von der Erschließung des Höllengebirges für den Fremdenverkehr und dem Bau einer Seilschwebebahn auf das Gebirgsplateau des Feuerkogels, die ihm nur dank seines unbeugsamen Pionierwillens gelang. Es wollte sich kein Investor für dieses kühne Projekt finden. Doch Rudolf Ippisch gab nicht auf. 1925 war die Finanzierung gesichert und er erwarb die Vorkonzession zum Bau einer Seilbahn auf den Feuerkogel. Am 26. November 1925 wurde der Bauauftrag an die Firma Bleichert gegeben. Der Bau einer Materialseilbahn – eine aus dem Weltkrieg stammende Seilbahn wurde zu diesem Zweck gekauft – war notwendig. Sechzehn Monate war diese Materialseilbahn mit einer Tragkraft von 450 Kilogramm im Einsatz und transportierte sogar zwei 2.400 Kilogramm schwere Grundplatten für die Dieselmotoren auf den Berg. Der Arbeitseinsatz von 90 Mann über die Dauer von vollen sechs Wochen war erforderlich, um schließlich das Aufziehen des Tragseils der Feuerkogel-Seilbahn zu ermöglichen. Am 26. Juni 1927 konnte die Feuerkogelseilbahn im Beisein zahlreicher Prominenz, unter anderem von Bundespräsident Dr. Michael Hainisch, der Öffentlichkeit zur Benützung übergeben werden. Der Bundespräsident verlieh Rudolf Ippisch auf der Höhe des Feuerkogels das „Goldene Ehrenzeichen für Verdienste um die Republik Österreich". (Seine Heimatgemeinde Ebensee ehrte ihn mit

der Ehrenbürgerwürde und benannte nach seinem Tod 1953 den Seilbahnplatz in „Rudolf-Ippisch-Platz" um.). Die Eröffnung der Feuerkogelseilbahn erregte auch international großes Aufsehen. Die ausländische Presse berichtete von der „kühnsten Seilbahn Europas", denn sie überschneidet im ersten Stück 1.400 Meter ohne Stütze. Bereits im ersten Jahr fuhren mehr als 20.000 Personen mit der Seilbahn auf den Feuerkogel. Das Fassungsvermögen der beiden Seilbahnwagen war zu Beginn 16 Personen, ab 1930 18 Personen und ab 1946 25 Personen bei einer Förderleistung von circa 125 Personen pro Stunde. Im Zuge des Ausbaus wurde die Abtriebsleistung so verstärkt, dass 1955 eine Fahrgeschwindigkeit von 6,2 Meter pro Sekunde erreicht wurde. 1985 wurde die Bahn nach 58 unfallfreien Betriebsjahren erneuert und hat seither eine Förderleistung von 377 Personen pro Stunde und eine Fahrgeschwindigkeit von 12 Meter pro Sekunde. Bei einer Fahrt mit der Feuerkogelseilbahn genießt man einen einzigartigen Ausblick über das gesamte Salzkammergut. Im Sommer bringt sie Erholungsuchende zu den herrlichen Naturplätzen des 1.600 Meter hohen Feuerkogelplateaus und im Winter Pistenhungrige an ihr ersehntes Ziel.

13.2.2 Ein Paar Kinderschuhe aus dem Nachlass der Schusterwerkstätte des Rudolf Ippisch

Ebensee, Rudolf Ippisch

13.2.3 „Kraft durch Freude"-Schiff „Rudolf Ippisch"

Fotografie. H. 35 cm, B. 25 cm. Privatbesitz

13.3 FIRMA SCHLEISS – GMUNDNER KERAMIK

13.3.1 Großer Jahreszeiten-Putto. Modell 1909. 1927

Michael Powolny (1871–1954). Keramik, zum Teil bunt glasiert. Marke: WK. Firma Schleiss in Gmunden 1927. Linz, OÖ. Landesmuseen, Inv.-Nr. K 1448

Michael Powolny (* 18. 9. 1871 Judenburg, † 4. 1. 1954 Wien) absolvierte bis 1889 eine Hafnerausbildung im Betrieb des Vaters und war in den Jahren 1890/1891 bei Sommerhuber in Steyr. Von 1891 bis 1894 besuchte er die Fachschule für Tonindustrie in Znaim, 1894 bis 1901 die Kunstgewerbeschule Wien bei Josef Breitner, Otto König und Arthur Strasser. Von 1901 bis 1903 arbeitete Powolny als freischaffender Bildhauer, von 1903 bis 1906 war er Assistent von Franz Metzner an der Wiener Kunstgewerbe-

schule. 1906 gründete er gemeinsam mit Bertold Franz Löffler die „Wiener Keramik", die ab etwa 1907 eine Verkaufsgemeinschaft mit der Wiener Werkstätte bildete. 1909 wurde Michael Powolny als Lehrer an die neu gegründete Werkstätte für Keramik an die Kunstgewerbeschule gerufen, von 1912 bis 1936 war er Professor. 1913 kam es zum Zusammenschluss der Wiener Keramik mit der Gmundner Keramik zu der „Vereinigten Wiener und Gmundner Keramik und Gmundner Tonwarenfabrik Schleiß Gesellschaft m. b. H." 1923/24 bis 1930/31 hatte er auch die Leitung der Werkstätte für Glasbearbeitung an der Kunstgewerbeschule. 1925 wurde Michael Powolny zum Regierungsrat ernannt. Von 1932 bis zu seiner Pensionierung 1936 übernahm er die Fachklasse Bildhauerei. In den Jahren 1937 bis 1939 war er Lehrer an der Frauenakademie. Michael Powolny setzte den Secessionsstil auf plastisch-keramischem Sektor um und kann als der Pionier der modernen österreichischen Keramik am Anfang des 20. Jahrhunderts gelten. Er war auf zahlreichen internationalen Ausstellungen vertreten und arbeitete auch für die Firmen Böck, Sommerhuber, Schwadron, Augarten, Wienerberger (Keramik, Porzellan), Lobmeyr, Lötz (Glas) und Klinkosch (Silberwaren). Für die Wiener Werkstätte entwarf er Keramik, arbeitete an der Ausstattung des Cabaret Fledermaus und an der des Palais Stoclet mit. Auch bei der Ausstattung von Bauten Josef Hoffmanns (zum Beispiel Haus Skywa, Wien, Haus Ben, Freudenthal) ist seine Mitwirkung zu verzeichnen.

Einige der frühen Keramiken Michael Powolnys waren 1908 auf der Wiener Kunstschau zu sehen, wo auch der aus Gmunden gebürtige Franz Schleiß ausstellte. Für dessen „Gmundner Keramik" bzw. den mit der „Wiener Keramik" fusionierten Nachfolgebetrieb schuf Powolny einige seiner reizvollsten Entwürfe. Unter diesen sind vor allem seine unterschiedlich großen Putten berühmt geworden, deren außergewöhnlicher Reiz auch aus dem Gegensatz zwischen dem Weiß der Figur und der leuchtenden Buntfarbigkeit der Attribute resultiert.

13.3.2 Pferd. Gmundener Keramik, 1912

Michael Powolny (1871–1954). H 25 cm, T. 15.5 cm. Schwarzweiß glasiert. Marken „P/M2 und „KG". Linz, OÖ. Landesmuseen, Inv.-Nr. K 1289

13.3.3 Kleine, herzförmige Schale mit drei Pferden

Entwurf: Franz von Zülow (1883–1963). Geschenk von Dr. Czerny, 1996. Linz, OÖ. Landesmuseen, Inv.-Nr. K 1685

Franz von Zülow (15. 3. 1883 Wien, † 26. 2. 1963 Wien) stammte väterlicherseits aus einem Mecklenburgischen Adelsgeschlecht. Seine Mutter war die Tochter eines Weinbauern in Haugsdorf, wo Franz von Zülow auch aufwuchs. Er erhielt in den Jahren 1901 bis 1903 eine Ausbildung an der Graphischen Lehr- und Versuchsanstalt in Wien und war anschließend Hospitant an der Akademie der Bildenden Künste bei Christian Griepenkerl. Von 1903 bis 1906 besuchte er die Kunstgewerbeschule bei Felician von Myrbach und Carl Czeschka. 1907 erhielt er ein Patent für Papierschnittdruck. 1908 wurde er Mitglied der Secession. 1912 ermöglichte ihm ein Fürstlich-Liechtensteinisches Reisestipendium eine ausgedehnte Studienreise durch Westeuropa (Frankreich, England, Holland). In den Jahren 1915 bis 1919 musste er Militärdienst im Ersten Weltkrieg leisten bzw. geriet anschließend in italienische Kriegsgefangenschaft. 1920 bis 1922 wirkte er als Lehrer an den keramischen Werkstätten Schleiß in Gmunden. Seit seiner Heirat im Jahr 1922 lebte er abwechselnd in Wien und Oberösterreich (bis 1928 Hirschbach), war 1924/25 für die Augarten-Manufaktur tätig und unternahm mehrere Auslandsreisen (1929 Italien und Nordafrika). 1948 begann er eine Lehrtätigkeit an der Kunstschule der Stadt Linz. Franz von Zülow, der wie Michael Powolny an der Wiener Kunstschau des Jahres 1908 teilnahm, erhielt zwischen 1928 und 1935 mehrmals den österreichischen Staatspreis.

Zur vom Jugendstil herrührenden, dekorativen Flächenkunst Franz von Zülows traten Einflüsse der Volkskunst, sodass man bei seinem Schaffen von einer naiv vereinfachenden Ornamentik auf hohem künstlerischem Niveau sprechen kann. Auch thematisch bevorzugte Zülow leicht verständliche Sujets; Landschaften, das bäuerliche Leben, religiöse Motive sowie märchenhafte und phantastisch-exotische Szenen.

13.3.4 Kaffeeservice.
Gmundener Keramik, um 1920

Bodenmarke Schleiß. Bestehend aus Kaffeekanne, Milchkanne, Zuckerdose, 6 Tassen, 6 Untertassen, 3 Deckel.
OÖ. Landesmuseen, Inv.-Nr. K 1694
Franz de Paula Schleiß (* 26. 10. 1813, † 20. 7. 1887) war der Sohn eines Vöcklabrucker Tischlermeisters, der zuerst die Tischlerei erlernte, sich im Jahr 1843 in Gmunden ankaufte, indem er ein etwa seit dem Jahr 1500 bestehendes Hafnerhaus am Graben erwarb, und sich auf die Erzeugung von Kachelöfen und Keramikgeschirr spezialisierte. Er beteilig-

sich 1873 an der Wiener Weltausstellung und 1883 an der gewerblichen Ausstellung in Linz. Von 1864 bis 1872 und von 1876 bis 1882 war er Bürgermeister von Gmunden und erhielt im Jahr seines Rücktrittes, 1882, die Ehrenbürgerwürde. 1883 übergab er seinen Betrieb seinem Sohn Leopold Schleiß (* 1853, † 1910), der die Hafnerei bei Bernhard Schadler in Linz erlernt hatte. Leopold Schleiß ließ die Gmundner Hafnerei am Graben auf und begründete in einem von Michael Rosenauer dem Älteren errichteten neuen Fabriksgebäude auf der Traunleiten die „Gmundner Tonwarenfabrik". Im Jahr 1909 übernahm Franz Schleiß (* 1884, † 1968), unterstützt von seiner Frau, der Bildhauerin Emilie Schleiss geborene Simandl (* 1880, † 1962), die Produktion. Mit der 1909 begründeten „Künstlerischen Werkstätte Franz und Emilie Schleiß" begann die besondere Beziehung des Unternehmens zur Kunst. Dagobert Peche, Ludwig Heinrich Jungnickel, Anton Klieber oder Willi Sitte machten Gmunden in den Sommermonaten zwischen 1913 und 1923 zur Künstlerkolonie. Ernst Huber, Michael Powolny, Herta Bucher oder Matthäus Fellinger arbeiteten eng mit der Firma Schleiß zusammen und Franz von Zülow und Paul Hartmann unterrichteten in der 1917 gegründeten „Lehrwerkstätte für Keramik".

Als das Unternehmen 1923 in eine Aktiengesellschaft umgewandelt wurde, verlor Franz Schleiß die Kapitalmehrheit. Nach einem wechselvollen Abschnitt in der Unternehmensgeschichte und mehrfachem Eigentümerwechsel erwarb 1968 Johannes Hohenberg den Betrieb, von welchem im Herbst 1997 der Salzburger Unternehmer Johannes Graf von Moy die Hauptanteile des Unternehmens erwarb.

13.4 STERN & HAFFERL

13.4.1 Portrait Baurat Ing. Josef Stern (1849–1924)

Rudolf Wernicke (1898–1963). Öl auf Leinwand. H. 45 cm, B. 35 cm. Gmunden, Stern & Hafferl Holding GesmbH
Lit.: Heinrich Marchetti: Stern & Hafferl: Visionen mit Tradition 1883–2003, Gmunden Stern & Hafferl Holding 2003
Rudolf Wernicke (* 6. 10. 1898 Yach im Hohen Schwarzwald, † 28. 11. 1963 Linz) studierte von 1914 bis 1918 an der Unterrichtsanstalt des Berliner Kunstgewerbemuseums Graphik und Musterzeichnung und bildete sich autodidaktisch weiter. Über Frankfurt, Leipzig und Berlin kam er 1931 nach Innsbruck und 1936 nach Linz, wo er die Gärtnereibesitzerin Margarete Rekirsch heiratete und sein Atelier in der

ehemaligen Kanzlei der Gärtnerei einrichtete. Bis nach Mitte der 1920er-Jahre war Rudolf Wernicke hauptsächlich als Landschaftsmaler tätig, in der Folge führte er hauptsächlich Portraitaufträge aus, so zum Beispiel die Portraits von zehn Prämonstratenser-Chorherren für das Stift Schlägl, von neun Landeshauptleuten für das Galeriezimmer des Landhauses, von fünf Bürgermeistern der Stadt Linz und des Erzbischofs von Salzburg Andreas Rohracher.

Josef Stern (* 18. 3. 1849 Ebenau, † 1924 Gmunden) wurde als Sohn eines Werksarztes der Ebenauer Eisenwerke geboren. Er besuchte in Salzburg das Gymnasium und beabsichtigte, Hochschullehrer für Mathematik und Physik zu werden. Aufgrund einer sich bereits abzeichnenden Schwerhörigkeit absolvierte er das Bauingenieurstudium an der Technischen Hochschule in Wien. 1883 gründete er zusammen mit Franz Hafferl das Ingenieurbüro „Stern & Hafferl" in Wien und 1887 das „Bauunternehmen Stern & Hafferl OHG". Von Beginn an wurden zahlreiche Bahnprojekte in der gesamten k. u. k. Monarchie erstellt und dann auch durchgeführt. Die Errichtung der Salzkammergutlokalbahn von Salzburg nach Bad Ischl, der Schafbergbahn, einer Zahnradbahn, und der Straßenbahn Gmunden führten 1893 zur Übersiedlung des Unternehmens nach Gmunden. 1892/93 wurden das kalorische Dampfkraftwerk in St. Wolfgang, 1894 ein solches in Gmunden und in der Folge zahlreiche Wasserkraftwerke (1902 das Traunfallwerk) in Betrieb genommen, 1906 die „Elektrizitätswerke Stern & Hafferl AG" gegründet. Weit vorausblickend, schuf Ing. Josef Stern durch den Bau zahlreicher weiterer Wasserkraftwerke und Überlandleitungen die Basis für eine rasche und umfassende Versorgung mit elektrischem Strom in einem großen Teil von Oberösterreich und darüber hinaus. Mehrere Lokalbahnen in Oberösterreich wurden gebaut und werden heute noch betrieben. Die Technische Hochschule Wien verlieh ihm für seine Verdienste um die technische Entwicklung auf dem Energiesektor 1911 das Ehrendoktorat. Zudem wurde er auch als Autor von Fachbüchern, wie „Die Ökonomik der Lokalbahnen", „Die Dampftramway. Bau und Betrieb" und „Der Steinabsturz und seine Versicherungsbauten" bekannt. Am 29. März 1912 wurde Josef Stern zum Ehrenbürger der Stadt Gmunden ernannt. Als Baurat Dr. h. c. Ing. Josef Stern 1924 verstarb, konnte er auf ein umfangreiches Lebenswerk als Bauunternehmer und -ingenieur zurückblicken und hatte sich als Pionier des Bahnbaus, des Elektrizitätswesens und der Bergbautechnologie in Österreich bleibende Verdienste erworben.

salzkammergut

13.4.2 Ehrenbürgerurkunde von Roitham für Dr. h. c. Ing. Josef Stern (1849–1924). 1912

H. 120 cm, B. 91 cm. Gmunden, Stern & Hafferl Holding GesmbH

An Dr. h. c. Ing. Josef Stern wurden im Laufe seines langjährigen Wirkens zahlreiche Ehrenbürgerwürden verliehen. Außer Gmunden haben dies zum Beispiel am 29. November 1913 auch die Stadtgemeinde Grieskirchen und am 27. März 1918 die Stadtgemeinde Ried (in dankbarer Würdigung der Errichtung der Starkstromleitung Traunfall – Ried) getan. Am 4. Februar 1912 fasste der Gemeinderat von Roitham den Beschluss, ihm als Dank für die Errichtung des Traunfallwerkes die Ehrenbürgerwürde zuzuerkennen.

Die im Jahr 1894 begründete Elektrizitätsgesellschaft der aufstrebenden Kurstadt Gmunden hatte zunächst ihren Strom noch aus der kleinen Dampfzentrale bezogen. Zwei Dampfmaschinen mit 120 und 150 PS hatten für den Anfang genügt, mussten aber bald wegen des steigenden Strombedarfes um zwei weitere Maschinen mit je 50 PS Leistung verstärkt werde. Von viel weittragenderer Bedeutung für die Wirtschaft war jedoch der von Stern & Hafferl im Jahr 1901 durchgeführte Bau des Traunfallkraftwerkes mit 2.480 PS Maschinenleistung und einer 10.000-Volt-Leitung nach Gmunden, wobei sich schon zwei Jahre später die Notwendigkeit der Aufstellung eines weiteren Maschinensatzes mit 1.240 PS Leistung ergab. Dieses kühne Projekt, das auch durch die finanzielle Beteiligung Wiener Industrieller, wie Karl Adolf Freiherr Bachofen von Echt und anderer, ermöglicht wurde, bildete den Auftakt zu einer neuen Ära in der österreichischen Elektrizitätswirtschaft. 1904 errichteten Stern & Hafferl das Ditlbachwerk mit zwei Maschinensätzen von jeweils nur 70 PS Leistung. Während aber das Traunfallkraftwerk ein reines Laufkraftwerk war, konnte beim Ditlbachwerk erstmalig eine Aufspeicherung des natürlichen Zuflusses und eine sukzessive Nutzung der aufgestauten Wassermenge zu Zeiten des Bedarfes versucht werden. In den Folgejahren wurde lange Hochspannungs-Übertragungsleitungen, darunter zum Beispiel die Ringleitung um den Attersee, gebaut.

13.4.3 Ehrenbürgerurkunde von St. Wolfgang für Ing. Josef Stern (1849–1924). 3. Mai 1893

Ludwig Haase der Jüngere (1868–1944). H. 58 cm, B. 49 cm Gmunden, Stern & Hafferl Holding GesmbH

Anlässlich des Baues der Schafbergbahn kamen Ing. Josef Stern und Franz Hafferl zu dem kühnen Entschluss, das Schafberghotel elektrisch zu beleuchten und gleichzeitig den Markt St. Wolfgang mit Lichtstrom zu versorgen: Die kleine Dampfzentrale St. Wolfgang mit nur 25 PS Leistung und 150 Volt Spannung wurde im Jahr 1892 als erste elektrische Stromerzeugungsanlage gebaut. Die Leitungsverluste bis zur Schafbergspitze waren damals noch sehr beträchtlich. Aber wenn auch manche Zeitgenossen die Schafberganlagen zunächst nur als seltsame Experimente bewerteten, so war doch die Aufmerksamkeit weitester Kreise auf die weitblickenden Pionierarbeiten der beiden Techniker gerichtet.

13.4.4 Medaille 75 Jahre Lokalbahn Gmunden–Vorchdorf 1912–1987. Stern & Hafferl

Linz, OÖ. Landesmuseen, Inv.-Nr. NO 1917

13.5 MIBA AG – FRANZ UND DR. PETER MITTERBAUER

13.5.1 Portraitgemälde Dr. Peter Mitterbauer. 2005

Xenia Hausner (* 1951). Acrylfarben auf Leinwand. H. 145 cm, B. 165 cm. Laakirchen, MIBA AG – DDr. h. c. Dipl.-Ing. Peter Mitterbauer

Xenia Hausner (* 1951) wurde als Tochter des österreichischen Malers Rudolf Hausner in Wien geboren. Zwischen 1972 und 1976 absolvierte sie das Bühnenbildstudium an der Akademie der Bildenden Künste in Wien und an der Royal Academy of Dramatic Art in London. In den Jahren 1977 bis 1992 folgten über hundert Ausstattungen für Theater und Oper, unter anderem im Burgtheater und an der Staatsoper Wien, an der Covent Garden Opera in London, am Théâtre de la Monnaie in Brüssel sowie bei den Salzburger Festspielen: Diese Arbeiten sind in dem Buch „Xenia Hausner – Rätselraum Fremde Frau" dokumentiert.

Seit 1992 arbeitet Xenia Hausner als freie Malerin und widmet sich daneben auch Mixed-Media-Arbeiten und der Graphik. Ihre Bilder leben von der Spannung eines freien, dynamischen Gestus und der Genauigkeit der Beobachtung ihres Gegenübers. Aus der malerischen Anlage entstehen neue Lebenszusammenhänge und fiktive Biografien, in deren Zentrum der Mensch, definiert durch sein soziales, politisches und psychologisches Umfeld, steht. Xenia Hausner bestreitet immer wieder internationale Ausstellungen: 1997 „Die Kraft der Bilder" im

Martin-Gropius-Bau, Berlin; „Liebesfragmente" in der Kunsthalle Wien und im Museum der bildenden Künste, Leipzig; 1998 „Die Dinge des Lebens" im Kunstforum, Hallein; in der Galerie der Stadt Aschaffenburg; 1999 „Figuration" im Rupertinum, Salzburg und im Museion, Bozen; 2000 „Kampfzone" im Käthe-Kollwitz-Museum, Berlin; im Staatlich Russischen Museum, St. Petersburg; im Barlach Museum, Hamburg-Wedel; im Forum Gallery, New York; 2001 im Rupertinum, Salzburg; in der Galerie Thomas, München; 2002 in der Galerie Kämpf, Basel; 2003 im Forum Gallery, Los Angeles; in der Galerie Schüppenhauer, Köln; „Damenwahl" in der Galerie Deschler, Berlin. Von letztgenannter Galerie wird Xenia Hausner auch vertreten. Sie lebt und arbeitet seit 1980 in Berlin und seit 1990 auch im Salzkammergut. Im Jahr 2000 wurde ihr künstlerisches Schaffen durch Verleihung des Ernst-Barlach-Preises gewürdigt. Xenia Hausner lehrte in den Jahren 1998, 1999, 2001 und 2004 an der Salzburger Sommerakademie. Für das Jahr 2009 ist auch die erstmalige Abhaltung einer Sommerakademie in Traunkirchen geplant.

Der Industrielle DDr. h. c. Dipl.-Ing. Peter Mitterbauer (* 14. 11. 1942) ist ein Sohn des Unternehmensgründers der MIBA AG, Kommerzialrat Franz Mitterbauer. Er studierte Maschinenbau und Betriebswirtschaft in Graz und Wien und absolvierte anschließend eine Postgraduate-Ausbildung in den USA. 1969 trat er in das väterliche Unternehmen in Laakirchen ein, dessen Vorstandsvorsitzender er 1986 wurde. Mitterbauer führte die MIBA AG unermüdlich zu weiteren und immer größeren Erfolgen: Das Unternehmen ist heute Weltmarktführer für Großlager in Lokomotiv-, Schiffs-, und Stationärmotoren und zählt zu den weltweit erfolgreichsten Anbietern von hoch verschleißfesten Reibbelägen für Bremsen und Kupplungen. 1988 wurde Peter Mitterbauer Präsident der oberösterreichischen Industriellenvereinigung und 1990 Vizepräsident der oberösterreichischen Wirtschaftskammer. Von 1996 bis 2004 war er Präsident der Vereinigung der Österreichischen Industrie, seit Jänner 2001 ist er Vizepräsident des europäischen Industrieverbands UNICE.

13.5.2 Portraitmedaille Franz Mitterbauer aus Anlass von 50 Jahre Miba AG. 1977

Avers: „KR Dr. techn. h. c. Franz Mitterbauer, 50 Jahre Miba 1927–1977". Revers: „50 Jahre Miba 1927–1977". Laakirchen, MIBA AG – DDr. h. c. Dipl.-Ing. Peter Mitterbauer

Ein Pionier der industriellen Entwicklung im Einzugsgebiet des Salzkammergutes war Franz

13.5.2   *Foto: Schepe*

Mitterbauer. Der aus dem Innviertel stammende, 1906 geborene Meister erwarb 1927 eine kleine Werkstätte. Er reparierte Kraftfahrzeugmotoren, schliff Kurbelwellen und fiel schon 1940 durch technische Verbesserungen verschiedener Verfahren auf. Nach dem Ende des Zweiten Weltkrieges zeigte es sich, dass Bleibronzelager in Österreich nur in völlig ungenügenden Mengen vorhanden waren, was auch Franz Mitterbauer große Sorgen bereitete. Schließlich fasste er den Entschluss, solche Lager selbst zu erzeugen, und zwar in einem neuartigen Gussverfahren. Mit Hilfe verschiedener Techniker durchgeführte zahlreiche Versuche scheiterten zunächst, doch Franz Mitterbauer arbeitete ein Jahr lang Nacht für Nacht in seinem metallurgischen Laboratorium, bis doch der große Wurf gelang. Nach einer 1951 zusätzlich erarbeiteten weiteren Qualitätsverbesserung war das Unternehmen nunmehr in der Lage, diese neuartigen Stahlbleibronze-Verbundlager zu vielen Zehntausenden Paaren jährlich herzustellen und in ganz Österreich abzusetzen. Im indirekten Export über Motorenfabriken fanden diese Gleitlager auch im Ausland Verbreitung, sodass es verständlich ist, dass die Belegschaft gegenüber den Vorkriegsjahren um das Vierzehnfache anstieg und mit Hilfe eines Kredites aus ERP-Mitteln eine Verdoppelung der Werksanlagen durchgeführt werden musste.

13.5.3 Produkte und Produktionsfotos der Miba AG

13.6 GMUNDNER MILCH

13.6.1 Werbung für Gmundner Milch

Milchwirtschaft und Käseerzeugung haben im Salzkammergut eine uralte Tradition. Bereits 1390 wurde Käse als Zahlungsmittel an das Benediktinerinnenkloster Traunkirchen urkundlich erwähnt. Am 28. Juni 1931 wurde in Ebensee die „Molkereigenossenschaft Traunsee" begründet, die im Jahr 1938 in „Molkereigenossenschaft Gmunden, reg. Gen.m.b.H., Betrieb Ebensee" umbenannt wurde. Am 1. März 1952 konnten die neuen Gebäude und Anlagen der Betriebsstätte Gmunden ihrer Bestimmung übergeben werden. 1953 erfolgte die Verschmelzung mit der Milchliefergenossenschaft in Bad Ischl. 1961 wurde die Milchhalle in Gmunden eröffnet. 1963 wurde durch Anschaffung einer „Zupackanlage" erstmals die Verpackung von Milch in Einwegpackungen möglich. Nach Erweiterungen konnten 1969 die jährlichen Käseerzeugungsmengen auf 2.000 Tonnen angehoben werden. 1972 begann die Produktion von Emmentaler, in den Jahren darauf folgte der Produktionsbeginn von österreichischer Fontina, Kefalotyri, Traunseer Raclette und Fruchtjoghurt. 1978 kam es zu einem großen Zu- und Umbau für die Käsereifung, zur Umstellung auf elektronische Datenverarbeitung und zum Ankauf gekühlter Transportfahrzeuge mit Hebebühne und Ein-Mann-Betrieb. Im Jubiläumsjahr 1981 betrug der Jahresumsatz circa 300 Millionen Schilling und die tägliche Milchverarbeitung circa 120.000 Kilogramm. In den Folgejahren erreichten die beiden Marken „Gmundner Berg" und „Traunkirchner Raclette" jeweils den Titel eines Käseweltmeisters. Nach zahlreichen Fusionen wurde 1996 die Marke „Gmundner Milch" mit dem Slogan „Gutes aus dem Salzkammergut" eingeführt. 1997 wurde die Almliesl-Zentralmolkerei erworben. Durch den Beitritt der Almtaler Molkerei und zahlreicher weiterer Mitglieder stieg im Jahr 2001 die Milchverarbeitung erstmals über 200 Millionen Kilogramm und der Gesamtjahresumsatz überschritt erstmals die 1,5-Milliarden-Schilling-Grenze. Die stetige Aufwärtsentwicklung wurde durch den Beitritt der Bauern zur Molkereigenossenschaft Waidhofen an der Ybbs / Niederösterreich und die Fusion mit der Molkereigenossenschaft Freistadt weiter fortgesetzt. Im Jahr 2006 wurde die Marke „Traunstein König" Käseweltmeister.

13.7 BILDFRIES: HISTORISCHE UND GEGENWÄRTIGE UNTERNEHMEN IM SALZKAMMERGUT

14. RAUM: JUDEN IM SALZKAMMERGUT

14.1.1 Ankündigung: „Arischer" Sommeraufenthalt in St. Georgen im Attergau (Hotel Staufer). Vor 1938

H. 24 cm, B. 33 cm. St. Georgen im Attergau, Tourismusverband St. Georgen / Straß / Berg
Im Jahr 1900 erschien in St. Pölten die Schrift „Aus dem Jahr 1920. Ein Traum" des Sozialpolitikers Dr. Josef Scheicher, in der von einer Entjudung der „Vereinigten Oststaaten" die Rede ist und in dem sich „das christliche Volk zu einem lückenlosen Boykott der Juden entschlossen" habe: „Einer nach dem anderen sagte Concurs an und verschwand aus Wien und schließlich zogen sie alle, alle fort. Eine fast unübersehbare Schar bewegte sich zum Staatsbahnhofe und dampfte nach Budapest ab." Scheicher beklagt sich in seiner Schrift auch: „Wo man hinspuckt – nichts als Juden. Alle Sommerfrischen, Bäder, alle Wintercurorte, überall wimmelt es von Juden ..." Im Jahr 1922 erschien der Roman „Stadt ohne Juden" des Schriftstellers und Journalisten Hugo Bettauer (* 1872, † 1925), in dem dieser schildert, wie Wien sich entwickeln würde, wenn alle Juden auswandern müssten. Auch einen Abschnitt über die Sommerfrische gibt es in Hugo Bettauers Roman: „Gerade die schönsten Plätze und Orte in dem klein gewordenen Österreich waren in den früheren Jahren zum Pachtgut der Juden geworden. Das ganze herrliche Salzkammergut, das Semmeringgebiet, sogar Tirol, soweit es einigen Komfort bot, waren von österreichischen, tschechoslowakischen und ungarischen Juden überflutet gewesen; in Ischl, Gmunden, Wolfgang, Gilgen, Strobl, am Attersee und in Aussee erregte es direkt Aufsehen, wenn Leute auftauchten, die im Verdacht standen, Arier zu sein. Die christliche Bevölkerung, zum Teil weniger im Überfluß schwelgend, zum Teil auch großen Geldausgaben konservativer gegenüberstehend, fühlte sich nicht ohne Unrecht verdrängt und mußte mit den billigeren, aber auch weniger schönen Gegenden in Niederösterreich, Steiermark oder in entlegenen Tiroler Dörfern vorliebnehmen. Das war seit der Judenvertreibung anders geworden. Es gab in den schönsten Sommerfrischen keine Überfüllung, die Städter bekamen auf ihre Nachfragen höfliche und eilige Antworten, und trotz der sonstigen Teuerung waren die Wohnungs- und Zimmerpreise erheblich billiger als vor zwei Jahren. Und so schwärmte denn alles, was Geld und Zeit hatte, in jene Gegenden, die dem bodenständigen Wiener früher verleidet worden waren. Die Besitzer der großen

Etablissements, Kuranstalten und sogenannten Sanatorien schnitten allerdings saure Mienen. Sie hatten immer von dem internationalen Judentum gelebt, ihr ganzer Betrieb war auf jene Menschen eingestellt, die nicht rechnen, wenn es sich um ihre Behaglichkeit handelt, und nun fanden sie, da sie auch bei gutem Willen nicht billig sein konnten, nicht genügend Gäste. Die großen Semmeringhotels eröffneten ihre Betriebe überhaupt nicht mehr und viele Hotels im Salzkammergut und Tirol sahen sich mitten im Sommer genötigt, zu sperren und ihr Personal zu entlassen. Das war ein Wermuttropfen im Becher der Freude und machte böses Blut unter der Landbevölkerung, die gewohnt war, ihre Produkte zu enormen Preisen den großen Hotels zu verkaufen und ihre Töchter und Söhne im Sommer ein schweres Stück Geld als Stubenmädchen und Hausdiener verdienen zu lassen." (Ausschnitt aus: II. Teil, 10. Kapitel)

Inwieweit Bettauer auf die utopische Schrift Scheichers aus dem Jahr 1900 Bezug nimmt, wurde noch nicht untersucht; aber Scheichers und Bettauers Visionen wurden unter nationalsozialistischer Herrschaft schreckliche Realität. Jedenfalls in der Zwischenkriegszeit war aber der Bäder- und Sommerfrischenantisemitismus auch hierzulande bereits zu beobachten. In der Zeitschrift „Mitteilungen der Union deutschösterreichischer Juden" findet sich für das Jahr 1931 ein Verzeichnis der „Kurorte und Gasthäuser, deren Besuch unseren Freunden nicht anempfohlen werden kann", in dem auch 27 oberösterreichische Orte angeführt sind. Darunter befinden sich auch Orte bzw. Pensionen der Tourismusregion Salzkammergut: Altmünster (Pension Dr. Müller), St. Georgen im Attergau (Der Gasthof „Bauern-Löckner" inseriert: „Nur christliche Sommergäste erhalten Unterkunft."), Goisern (Hotel Post), Nußdorf am Attersee, Scharnstein im Almtal (Pension Herrenstraß), Schörfling am Attersee (Alle Wirte mit Ausnahme des Gasthofes „Blaue Traube"), Traunkirchen (Hotel „Am Stein") und Weyregg am Attersee (Lehrerheim: Nur für Arier).

Speziell nach 1938 hielten sich Teile der NS-Oberschicht mit Vorliebe im Salzkammergut auf und ohne Skrupel und irgendwelche Rücksichtnahme wurden circa 250 jüdische Realitäten enteignet, davon allein in Bad Ischl 68, in Gmunden 25, in Alt- und Bad Aussee 55. Die Biographien von Wilhelm („Vilmos") Kestranek und Eugen Herz sollen Einblick in das Schicksal einer jüdischen „Sommerfrische-Familie" bis in die Zeit des Nationalsozialismus geben.

Biographie von Wilhelm („Vilmos") Kestranek

Lit.: Marie-Theres Arnbom: Bürgerlichkeit nach dem Ende des bürgerlichen Zeitalters? Diplomarbeit (Wien 1990)

Wilhelm, genannt Vilmos, Kestranek wurde am 22. Mai 1863 in Branowitz (Mähren) als Sohn des Inspektors der Kaiser-Ferdinand-Nordbahn Johann Kestranek und Caroline Frankl geboren. Johann Kestranek stammte aus einer Pilsner Bürger- und Brauerfamilie, Caroline Frankls Vater Sandor war Arzt bei den Grafen Hunyady in Ürmeny bei Neutra (heute Mojmirovce in der Slowakei), ihre Mutter Johanna Gerstl stammte aus einer in dieser Gegend bedeutenden ungarischen jüdischen Familie. 1845 konvertierte Caroline gleichzeitig mit ihrer Schwester Theresia (später verheiratet mit Ludwig Jehle) und ihrem Bruder Vilmos zum Katholizismus. Vilmos, geboren 1843, magyarisierte seinen Namen 1874 in Fraknói, schlug die geistliche Laufbahn ein, die ihn bis zum Titularbischof von Esztergom führte, und wurde einer der bedeutendsten Kirchenhistoriker Ungarns.

Johann und Caroline Kestranek hatten sieben Kinder, unter diesen sticht Wilhelm, wohl nach dem berühmten Onkel Vilmos Fraknói benannt, hervor. Als junger Ingenieur trat er in die Dienste der Witkowitzer Eisenwerke. Der Generaldirektor der Prager Eisenindustrie-Gesellschaft Karl Wittgenstein berief ihn in die Direktion der damaligen Böhmischen Montangesellschaft in Königshof, die in den Besitz der Prager Eisenindustrie-Gesellschaft überging. Kestranek wurde als Wittgensteins Nachfolger Generaldirektor dieses Unternehmens. Als solchem gelang ihm die Kartellierung mit der Berg- und Hüttenwerksgesellschaft, den Witkowitzer Eisenwerken und der Alpinen Montan-Gesellschaft, um ihre Erzbasis zu verbreitern; die Alpine musste ihr Erz zu Vorzugspreisen an die Prager Eisenindustrie-Gesellschaft abliefern.

Als erfolgreicher Industrieller konnte er sich einen standesgemäßen Sommersitz leisten – Wilhelm Kestranek entschied sich für St. Gilgen am Wolfgangsee. Dort ließ er sich 1908 eine prachtvolle Villa errichten, Architekt war Emanuel von Seidl, der unter anderem auch die Villa Richard Strauss' in Garmisch geplant hatte. Die Villa Kestranek wurde zu einem Anziehungspunkt für die Familie, Freunde, Industrielle, Politiker und Künstler. Auch Max Feilchenfeld, als Präsident der niederösterreichischen Escomptegesellschaft ein wichtiger Geschäftspartner Kestraneks, ließ sich in St. Gilgen nieder. Er erwarb die Villa Theodor Bill-

roths, ließ sie abreißen und errichtete zwischen 1906 und 1909 eine neue Villa.

Wilhelm Kestranek knüpfte auch auf politischer Ebene zahlreiche Kontakte. 1913 stand er beispielsweise einer Begegnung mit Prinz Sixtus von Bourbon-Parma, dem Bruder der späteren Kaiserin Zita, mit ausgeprägtem Selbstbewusstsein ablehnend gegenüber: „Er hat gar keinen Ehrgeiz, in diese Kreise zu kommen, außerdem falle es ihm gar nicht ein, zu Parmas zu gehen. Und wenn der Prinz seine Bekanntschaft machen wolle, dann möge eben er zu ihm kommen.", schrieb Kestraneks Schwester Anna Blaschczik an ihren Sohn Willy. Trotzdem kam es zu einem Treffen mit dem Prinzen, und die Familie sah in Kestranek bereits den großen Staatsmann. Im Februar 1917 wurde Wilhelm Kestranek in einer Audienz von Kaiser Karl empfangen, der auf der Suche nach neuen Ratgebern auch den einflussreichen Industriellen kontaktierte. Kestranek gewann dabei den Eindruck, dass der Kaiser „ein Mann von gesundem natürlichen Verstande und großer Herzenswärme zugleich ist, von selbständigem Urteile und starkem Willen." Dies teilte Kestraneks Bruder Hans seinem Neffen Willy Blaschczik mit.

Nach dem Ende der Monarchie sank Kestraneks Stern rasant. Mit Ablauf des Geschäftsjahres 1920 legte Kestranek seine Stelle als Generaldirektor der Prager Eisenindustrie-Gesellschaft nieder. In einem Nachruf im Prager Tagblatt resümierte der böhmische Fabrikant Rudolf Natscheradetz: „Ob er ein hervorragender Industrieller, ein tüchtiger Verwalter, ein großzügiger Kaufmann, ein Bahnbrecher auf technischem Gebiete war, diese Frage ist eigentlich niemals verlässlich beantwortet worden. Aber eines war er unter allen Umständen, ein Mann, der immer von sich reden machte, der immer irgendwie im Vordergrund stand, der sich mit sichtlichem Behagen in Affären verwickelte, der den Kampf brauchte und dem der Kampf Selbstzweck war, auch dort, wo es zu einem Kampf oft keinen Anlaß gab." Eine schwierige Persönlichkeit also, die keine Konflikte scheute und eher mit dem Kopf durch die Wand ging als Kompromisse einzugehen. Doch gerade diese Kompromisslosigkeit beschleunigten das Ende seiner Karriere. „Die erzwungene Muße und verschiedene Unglücksfälle in der Familie – so hat ein Sohn Kestraneks voriges Jahr in Südamerika Selbstmord begangen – haben den reckenhaften Mann vorzeitig zur Strecke gebracht." So ist in einem weiteren Nachruf des Prager Tagblatts zu lesen. Der Tod ereilte ihn plötzlich am 19. Mai 1925: „Er befand sich mit seiner Frau im Gebäude der Niederösterreichischen Escomptegesellschaft, um eine Behebung vorzunehmen, und *ging dann die Direktionsstiege hinauf, um Direktor Stransky zu besuchen. Auf der Stiege wurde er von einem Schlaganfall getroffen und starb nach drei Minuten, ohne das Bewusstsein wieder erlangt zu haben."* Seine Frau Marie (geborene Lenk) überlebte ihn nur um einen Tag.

Biographie von Eugen Herz

Lit.: Marie-Theres Arnbom / Miguel Herz-Kestranek: Also hab ich nur mich selbst! Stefan Herz-Kestranek. Stationen eines großbürgerlichen Emigranten 1938 bis 1945 (Wien 1997)

Georg Gaugusch: Genealogie der Familie Herz. In: Genealogisches Handbuch der jüdischen Familien Wiens (erscheint voraussichtlich 2009)

Eugen Herz wurde am 26. August 1875 als Sohn des Bankiers Emanuel Herz, kaiserlicher Rat und Seniorpartner der Firma Herz & Strauss, und der Cäcilie Mayer in Wien geboren. Seine Familie gehörte dem gut etablierten, assimilierten Judentum an; in dieser Tradition besuchte er eine der renommiertesten Wiener Schulen, das Schottengymnasium, wo er Kontakte knüpfte, die ihn sein Leben lang begleiten sollten. Schon während seiner Schulzeit zeigte sich eine besondere Liebe zum Theater: Eugen Herz, dessen Vorname immer französisch ausgesprochen wurde, wirkte an zahlreichen Theateraufführungen mit. Doch war dies keine Karriere, die ein Sohn aus gutem Hause anstreben durfte. Daher wandte er sich dem Jus-Studium zu und promovierte 1901 zum Dr. jur. Nach einigen Jahren im öffentlichen Dienst kam er 1907 in die Prager Eisenindustrie-Gesellschaft, deren Generaldirektor Wilhelm Kestranek war. Bereits im folgenden Jahr heiratete Eugen Herz Kestraneks Schwester Ida (geboren am 22. Jänner 1876 Prziwoz/Mähren). Die Verbindung von Geschäft und Privatleben brachte für alle Vorteile. 1914 wechselte Eugen Herz zu einem weiteren bedeutenden Unternehmen der Stahlbranche, der Alpine Montangesellschaft, der er bis 1936 angehörte. Es waren keine leichten Zeiten: Nach dem Ende des Ersten Weltkrieges musste Herz das Unternehmen völlig neu organisieren, um es auch in der kleinen Republik lebensfähig zu erhalten. Die Aktienmehrheiten hielten der Börsenspekulant Camillo Castiglioni (1879–1957) und später der deutsche Industrielle und Politiker Hugo Stinnes (1870–1924). Ab 1928 war Eugen Herz Generaldirektor des Unternehmens.

Eugen Herz' Leben war geprägt von der Kunst. Neben seiner Theaterleidenschaft war Eugen Herz auch ein großer Kunstsammler und befreundet mit Schriftstellern und Künstlern.

Am 19. Mai 1909 wurde sein Sohn Stefan geboren, die Sommer verbrachte die Familie immer in St. Gilgen am Wolfgangsee, wo Idas Bruder Wilhelm Kestranek 1908 eine imposante Villa erbauen ließ. Doch auch andere Verwandte ließen sich in diesem idyllischen Ort des Salzkammerguts nieder, der durch die Anbindung an die Salzkammergut-Lokalbahn auch verkehrsgünstig gelegen war. Idas Schwester Anna, verheiratet mit Wilhelm Blaschczik, besaß ebenso eine Villa wie ihr Cousin, der Kinderarzt Dr. Lajos Jehle. Freunde und weitere Verwandte folgten und machten St. Gilgen zum Sommertreffpunkt, an dem ein reges gesellschaftliches Leben gepflegt wurde.

Eugen und Ida Herz waren lange auf der Suche nach einem eigenen Grundstück, erst in den 1930er-Jahren wurden sie fündig und erwarben das Ganisl-Gut, direkt am See gelegen. Sie erbauten eine Villa und daneben ein kleineres Haus für ihren Sohn Stefan. Doch die Freude und das Glück, endlich im geliebten St. Gilgen sesshaft geworden zu sein, währten nicht lange. Die letzten Rechnungen waren kaum bezahlt, da wurde die Familie im März 1938 aus ihrem Paradies vertrieben, all ihr Besitz wurde enteignet. Stefan Herz (der sich Herz-Kestranek nannte) floh über Frankreich nach Uruguay, Eugen und Ida Herz fanden Zuflucht am Chiemsee. Bis heute ist nicht klar, wieso sie dort unbehelligt leben konnten. Doch hatte Eugen Herz wohl einflussreiche und wohlwollende Freunde in der Eisenbranche, die Sorge dafür trugen, den ehemaligen Generaldirektor in Ruhe zu lassen. Eugen Herz sollte nie mehr nach St. Gilgen zurückkehren, er starb am 5. Jänner 1944 in Rimsting am Chiemsee. Stefan Herz-Kestranek kehrte aus der Emigration zurück und ließ sich in St. Gilgen nieder, wo sein Sohn Miguel bis heute wohnt. [Texte der Biographien: M.-T. A.]

14.1.2 Reisekoffer mit Judenstern
Innen 81 cm x 40 cm x 34 cm. Bad Vöslau, Stadtmuseum

14.1.3 Fotos Häuser und Gesellschaft – Villa Herz, Villa Kestranek, Villa Anna
Konvolut in verschiedenen Größen. Wien, Miguel Herz-Kestranek

14.1.4 Foto Clarke Gable in der Villa Herz-Kestranek
10 cm x 15 cm. Wien, Miguel Herz-Kestranek

14.1.5 „Die mächtigste Linde in Oberösterreich". Ansichtskarte Plomberg am Mondsee. 1911
10 cm x 15 cm. Wien, Miguel Herz-Kestranek

14.1.6 Portrait Eugen Herz
Alfred Gerstenbrand (1881–1977).
62 cm x 69 cm. Wien, Miguel Herz-Kestranek

14.1.7 St. Gilgener Motiv
Alfred Gerstenbrand (1881–1977). Wien, Miguel Herz-Kestranek

14.1.8 Gästebuch der Familie Herz mit Illustrationen von Alfred Gerstenbrand (1881–1977)
25 cm x 30 cm. Wien, Miguel Herz-Kestranek

14.1.9 Großeltern Herz mit Enkel Stefan
Alfred Gerstenbrand (1881–1977). Fotografie und Gemälde. 10 cm x 15 cm und 30 cm x 40 cm. Wien, Miguel Herz-Kestranek

14.1.10 Heimatscheine aus St. Gilgen von Eugen und Ida Herz
15 cm x 20 cm. Wien, Miguel Herz-Kestranek

14.1.11 Foto von der Hochzeit Christl Jehle (Cousine von Stefan Herz-Kestranek) und Peter Kronfeld in St. Gilgen. 1931
10 cm x 15 cm. Wien, Miguel Herz-Kestranek

14.1.12 Notenblatt „Hochzeitsgruß": Ida Kestranek und Eugen Herz
34 cm x 27 cm. Wien, Miguel Herz-Kestranek

14.1.13 Fotografien Ida Herz mit Sohn Stefan und Enkel Miguel in St. Gilgen
Wien, Miguel Herz-Kestranek

14.1.14 Portrait Ida Herz
90 cm x 103 cm. Wien, Miguel Herz-Kestranek

14.1.15 Lampe mit Schirm. Gefertigt aus einem Kastenfuß des NSV-Mütterheims
28 cm x 17 cm. Wien, Miguel Herz-Kestranek

14.1.16 NSV-Müttererholungsheim. Ansichtskarten, Zeitungsartikel
Wien, Miguel Herz-Kestranek

14.1.17 Fotografien: „Sommerfrischenkinder" in St. Gilgen
Wien, Miguel Herz-Kestranek

14.1.18 Fotografien Stefan Herz-Kestranek
Wien, Miguel Herz-Kestranek

14.1.19 Verleihung des Heimatrechts für Eugen, Ida und Stefan Herz in St. Gilgen. 1919
15 cm x 20 cm. Wien, Miguel Herz-Kestranek

14.1.20 Fotografie der Villa Anna in St. Gilgen (Familie Kestranek) mit Tennisplatz
Wien, Miguel Herz-Kestranek

14.1.21 Fotografie des Interieurs der Villa Herz
Wien, Miguel Herz-Kestranek

14.1.22 Villa Herz
Adolf Helmberger (1885–1967). Ölgemälde. 60 cm x 90 cm. Wien, Miguel Herz-Kestranek

14.1.23 Villa Kestranek. Sommertheater der Familie
Fotografie. 10 cm x 15 cm. Wien, Miguel Herz-Kestranek

14.1.24 Vermögensverkehrsstelle-Akten Eugen und Ida Herz
34 cm x 27 cm. Wien, Miguel Herz-Kestranek

14.1.25 Sommerfrische-Hut der Familie Jehle
Dm. 30 cm. Wien, Dr. Marie-Theres Arnbom

14.1.26 Holzsegelboote. Kinderspielzeug
30 cm x 10 cm x 40 cm. Wien, Dr. Marie-Theres Arnbom

14.1.27 Krickerl-Schmuck (Manschettenknöpfe, Broschen, Armband)
Wien, Dr. Marie-Theres Arnbom

14.1.28 Reiseführer St. Gilgen. Circa 1910
10 cm x 15 cm. Wien, Dr. Marie-Theres Arnbom

14.1.29 Trachtentaschenuhr
Wien, Dr. Marie-Theres Arnbom

14.1.30 Tennisschläger. Gebrüder Thonet. Um 1920
Wien, Technisches Museum, Inv.-Nr. 29512

14.1.31 Tennisschläger. Vor 1938
Wien, Technisches Museum

15. RAUM: DIE GESELLSCHAFT

15.1 KÜNSTLER

15.1.1 Portrait Nikolaus Lenau (1802–1850). 1849
Josef Matthias Aigner (1818–1886). Öl auf Leinwand. 55 cm x 53,5 cm. Wien, Wien Museum, Inv.-Nr. 143242
Joseph Matthäus Aigner (* 18. 1. 1818 Wien; † 19. 2. 1886) war der Sohn eines Goldschmiedes. Er trat in das Atelier Friedrich von Amerlings ein und bildete sich zu einem vortrefflichen Portraitmaler. Während der Revolution 1848 nahm er am politischen Geschehen regen Anteil, wurde Kommandant der akademischen Legion und nach der Einnahme der Stadt Wien durch die kaiserlichen Truppen gefangen genommen und am 23. November 1848 zum Tod verurteilt. Auf die Fürsprache von Alfred I. Fürst zu Windischgrätz wurde er begnadigt, worauf er sich wieder der Kunst zuwandte und an Carl Rahl anschloss. Joseph Matthias Aigner wurde zu einem der angesehensten und meistbeschäftigsten Portraitisten Wiens. Er schuf Portraits von Kaiser Franz Joseph I. und Kaiserin Elisabeth in Lebensgröße, ferner Portraits der Dichter Franz Grillparzer und Friedrich Halm, der Hofschauspieler Friedrich Wilhelmi und Ludwig Löwe, des Komponisten Anton Grigorjewitsch Rubinstein und der Professoren Johann von Oppolzer und Johann Dumreicher. Für Kaiser Maximilian I. von Mexiko fertigte er eine Reihe von Kopien der besten Meister des Belvedere an, die für das Museum in Mexiko bestimmt waren; in den Jahren 1867 bis 1868 malte er für das Künstlerhaus die Portraits der

15.1.1   Foto: Copyright Wienmuseum

Stifter. Zu seinen interessantesten Bildnissen zählen die Portraits von Nikolaus Lenau und des russischen Generals von Danielos, die beide in der Irrenanstalt in Döbling angefertigt wurden, wo sich die portraitierten Personen zur Pflege befanden. Für seine Umwelt völlig überraschend beging Joseph Matthias Aigner am 19. Februar 1886 Selbstmord durch Erhängen. Nikolaus Lenau beschrieb in einem Brief an seine Schwester vom 9. Juli 1831 aus Gmunden vom 9. Juli 1831 seine Besteigung des Traunsteins als den schönsten Moment seines bisherigen Daseins: „Die Minute, die ich auf jenem Rande stand, war die allerschönste meines Lebens. Das ist eine Freude! Trotzig hinabzuschauen in die Schrecken eines bodenlosen Abgrundes und den Tod herauf greifen zu sehen bis an meine Zehen und stehen bleiben und so lange der furchtbar erhabenen Natur ins Antlitz zu sehen, bis es sich erheitert …" In Wien verliebte sich Nikolaus Lenau im Jahr 1833 in Sophie von Löwenthal geborene Kleyle (* 1810, † 1889), die Cousine seines Jugendfreundes Fritz Kleyle und Ehefrau von Max von Löwenthal (* 7. 4. 1799 Wien, † 12. 7. 1872 Traunkirchen), eines höheren Beamten und Schriftstellers. Sophie von Löwenthal wollte zwar nicht auf die Sicherheit und den Wohlstand an der Seite ihres Mannes verzichten, ließ sich aber auf eine anhaltende Liebesbeziehung mit Nikolaus Lenau ein, der einige Zeit bei dem Ehepaar von Löwenthal verbrachte und sich nie mehr von seiner großen, aber unglücklichen Liebe befreien konnte.
1844 verlobte sich Nikolaus Lenau aber mit einer jüngeren Frau: Marie Behrens. Obwohl Sophie von Löwenthal ihm von einer Eheschließung abriet, hielt er an seinem Entschluss fest. Während der Hochzeitsvorbereitungen erlitt Lenau einen Schlaganfall, wurde danach zwangsweise in die Irrenanstalt Winnenthal eingeliefert und 1847 in die Irrenanstalt von Oberdöbling überführt, wo er schließlich am 22. August 1850 starb.

15.1.2 Portrait Friederike Gossmann (1838–1906). Um 1858
Johann Ferdinand Bender (1814–1905). Öl auf Leinwand. H. 67 cm, B. 57 cm. Signiert: „Bender (?)". Privatbesitz
In der Ehrengalerie des Wiener Burgtheaters gibt es ein Pendant zu diesem Portrait Friederike Gossmanns. Dort befinden sich auch weitere Portraits von Johann Ferdinand Benders (* 1814 Königsberg, † 1905) Hand, die Christine Hebbel-Enghaus und Ludwig Löwe darstellen.

Friederike Gossmann (* 23. 3. 1838 Würzburg, † 15. 8. 1906 Gmunden) war die Tochter eines Gymnasialprofessors und einer Sängerin. In München nahm sie Schauspielunterricht bei Constanze Dahn, der Mutter des Professors für Rechtswissenschaften, Historikers und Schriftstellers Felix Dahn, der in der Folge auch Gast in der Villa Prokesch-Osten ("Grillenvilla") in Gmunden sein sollte. 1853 debütierte Friederike ("Fifi") Gossmann als Leonie (in "Frauenkrieg") in München und erhielt dann Engagements in Würzburg, Königsberg, Elbing, Danzig und Gumbinnen. 1855 kam sie an das Thaliatheater in Hamburg, 1857 an das Hofburgtheater in Wien. Hier spielte sie zuerst die Grille in dem gleichnamigen Stück von Charlotte Karoline Birch-Pfeiffer, eine Rolle, welche durch sie eine typische Gestaltung erhielt und mit ihrem Namen gleichsam identisch wurde. Infolge ihrer Vermählung mit Anton Irenäus Graf Prokesch-Osten (* 1837, † 1919) im Jahr 1861 zog sie sich von der Wiener Hofbühne zurück. Von 1862 bis 1867 gastierte sie noch während der Wintermonate auf den größeren Bühnen Deutschlands, auch in St. Petersburg und Amsterdam; später wirkte sie nur noch in Wohltätigkeitsvorstellungen mit. Als anmutige Darstellerin naiv-sentimentaler Figuren erlangte sie große Popularität und wurde enthusiastisch gefeiert, unter anderem als Marianne in Goethes Geschwistern und als Ibsens Nora. Seit den 1860er-Jahren lebte Friederike Gossmann verheiratete Gräfin Prokesch-Osten zunächst auch in Graz, zuletzt aber in Gmunden. Im Jahr "1892" brachte sie unter dem Titel "Grillenzimmer" ihre Erinnerungen heraus.

15.1.3 Peter Altenberg (1859–1919). Vor 1908

Gustav Jagerspacher (1879–1929).
Öl auf Malkarton. 71 cm x 69 cm. Wien,
Wien Museum, Inv.-Nr. 133/09
Gustav Jagerspacher (* 1879, † 1929) wurde als Sohn des Hoffotografen Karl Jagerspacher, der an der Gmundner Esplanade, im Hause neben dem Hotel Bellevue, sein Atelier hatte, in Gmunden geboren. Er studierte bei Simon Hollósy in München Malerei; eine Studienreise führte ihn nach Paris, wo er von Édouard Manet beeinflusst wurde. Jagerspacher war Mitglied der neuen Secession München, deren Ausstellungen er seit 1904 beschickte. Anfangs schilderte er hauptsächlich Motive aus dem Leben der Arbeiter, der Armen, Verelendeten und Bettler, daneben behandelte er religiöse Themen; in der Folge malte er mit Vorliebe Frauenakte von delikater Farbgebung vor landschaftlicher

Folie und zahlreiche Portraits. Jagerspacher war auch auf zahlreichen Ausstellungen vertreten, nicht nur in München, sondern auch in Berlin, Dresden, Düsseldorf und Wiesbaden.
Da Gustav Jagerspacher seit seiner Kindheit lungenkrank war, stand er in enger Verbindung mit Dr. Emil Kugler, seit 1898 Leiter des "Sanatoriums" in Gmunden. Jagerspacher brachte Dr. Kugler in Kontakt mit Peter Altenberg und Karl Kraus. Als führender Maler der Münchener Neuen Secession war er mit Künstlern aus dem Simplicissimus-Kreis sowie dem Schriftsteller und Schauspieler Frank Wedekind, dessen Werke er Dr. Kugler vermittelte, befreundet. Nachdem Gustav Jagerspachers Gattin Helene geborene Häflinger (* 1885), die ebenfalls als Malerin arbeitete, gestorben war, kehrte dieser 1923, vom Schicksal schwer getroffen und selbst bereits todkrank, nach Gmunden zurück, wo er 1929 starb.

15.1.4 Zerline Gabillon (1835–1892). 1873

Hans Makart (1880–1884). Öl auf Leinwand.
Unbezeichnet. 125,5 cm x 80 cm. Wien,
Wien Museum, Inv.-Nr. 90981
Hans Makart (* 28. 5. 1840, † 3. 10. 1884) war der Sohn des in der Malerei dilettierenden Aufsehers Johann Makart am Schloss Mirabell und bewies schon sehr früh großes Talent, scheiterte aber zunächst an der Akademie in Wien. Nach kurzer Ausbildung in Salzburg studierte er 1860 bis 1865 an der Münchener Akademie bei Karl von Piloty, dessen Historienmalerei ihn anfänglich zu einer stofflich und historisch exakten Darstellungsweise führte. Nach Studienreisen 1862 nach London und Paris sowie 1863 und 1865 nach Italien setzte der Wandel zu einer dramatisch gesteigerten Figurenmalerei ein, die im Verlauf der 1860er-Jahre zunehmend bewegter, farbiger und sinnenfroher wurde. Mit den beiden Triptychen "Moderne Amoretten" und "Pest in Florenz I–III" (beide 1868), In denen sich rauschhaft-pathetisch das Neobarock ankündigt, erreichte er den Durchbruch zur Anerkennung. Kaiser Franz Joseph I. rief ihn als möglichen Helfer beim Ringstraßenprojekt im Juli 1869 nach Wien und stellte ihm ein Atelier auf Staatskosten zur Verfügung. Hans Makart prägte mit einer beispiellosen, oft großformatigen Gemäldeproduktion, mit einer prunkvollen historisierenden Atelierausstattung sowie Kostüm-, Bühnenbild- und Kunstgewerbeentwürfen als "Malerfürst" für fast zwei Jahrzehnte die feudal-bürgerliche Repräsentationskultur der Zeit ("Makartstil"). Den Höhepunkt seiner Laufbahn erreichte er nach einer Winterreise 1875/76 nach Ägypten mit verschiedenen

Kleopatra-Bildern, dem gefeierten Monumentalbild "Einzug Karls V. in Antwerpen" (1878) und der Inszenierung des Festzuges (mit 14.000 kostümierten Teilnehmern) zur Silberhochzeit des österreichischen Kaiserpaares in Wien. 1879 als Professor der Historienmalerei an die Akademie der Bildenden Künste in Wien berufen, erhielt er den Auftrag zur Ausmalung des Treppenhauses des neuen Kunsthistorischen Museums Wien, den er aber nicht mehr vollenden konnte. In seinem Schaffen erweist sich Makart nicht nur als beachtenswerter Portraitist, sondern auch als ein bedeutender Kolorist und medienüberschreitender, formbewußter Gestalter, der Künstler wie Gustav Klimt inspirierte und dem Wiener Secessionsstil den Weg bereitete. Nach Hans Makart ist eine Suite im 1874 eröffneten "Hotel Austria" in Gmunden benannt, sein Aufenthalt in Ischl ist auch in den Gästebüchern des Hotels "Elisabeth" nachweisbar.
Zerline Gabillon geborene Würzburg (* 19. 8. 1835 Güstrow, † 30. 4. 1892) erhielt Schauspielunterricht in Hamburg, wo sie an den vereinigten Hamburger Theatern 1850 bis 1853 ihr erstes Engagement hatte. 1853 wurde sie von Heinrich Laube an das Hofburgtheater nach Wien gerufen, an dem sie bis zu ihrem Tod tätig war. 1856 heiratete Zerline Würzburg den Schauspieler, Regisseur und Schriftsteller Ludwig Gabillon, mit dem sie zwei Töchter hatte: Dora, die später den Historiker August Fournier heiratete, und Helene Gabillon, die später den Literaturwissenschafter, Biographen, Übersetzer und Schriftsteller Anton Bettelheim ehelichte und selbst als Schriftstellerin und Graphikerin tätig war. Das Ehepaar Gabillon verbrachte seine Sommerfrische in Gößl am Grundlsee und verkehrte dort – wie auch in Wien – mit dem Ehepaar Isidor und Jenny Mautner. Die Gabillons gehörten zum engen Kreis um die Familie Mautner. Zerline Gabillon war auch mit Friederike Gräfin Prokesch-Osten geborene Gossmann bekannt und zu Gast in deren "Grillenvilla" in der Gmundener Lannastraße. Zu ihren Lebzeiten wurde sie wegen ihrer pointierten Rede als "scharfe Dame" bezeichnet; heute gilt Zerline Gabillon als bedeutende Schauspielerin ihrer Zeit. Über ihr Leben erschien ein von ihrer Tochter illustrierter Roman.

15.1.5 Bildnis Johann Georg Prillinger (1859–1933). Sommer 1907

Richard Gerstl (1883–1908). Öl auf Karton.
50 cm x 36 cm. Privatbesitz
Richard Gerstl (* 14. 9. 1883, † 4. 11. 1908) wuchs in einer wohlhabenden bürgerlichen Fa-

milie auf. Er besuchte das angesehene Wiener Piaristengymnasium, das er wegen disziplinärer Schwierigkeiten verlassen musste. Nun begann er, mit meterlangem Pinsel riesige Aquarellstudien zu malen, um – nach eigener Einschätzung – eine bessere Übersicht über den Bildraum zu bekommen. Später stellte er Versuche an, Farbe auf die Leinwand zu schleudern. 1898 wurde Gerstl in die Wiener Akademie der Bildenden Künste aufgenommen, wo er bei Christian Griepenkerl studierte. Durch seine radikalen Ansichten und seine elitär-egoistische Haltung kam es zu Konflikten, auch seine Kunstauffassung und sein neuartiger Stil stießen bei den Lehrern auf Unverständnis. „So wia Si moln, brunz i in Schnee." („So wie Sie malen, pinkle ich in den Schnee."), sagte sein Professor Christian Griepenkerl. Gerstl verließ die Akademie, studierte 1900/01 bei Simon Hollósy in Nagybánya, um später wieder in Wien bei Heinrich Lefler Unterricht zu nehmen. Als er sich aber weigerte, an einem Repräsentationszug zu Ehren Kaiser Franz Josephs teilzunehmen, weil dies seiner Meinung nach „eines Künstlers unwürdig" sei, kam es erneut zum Bruch. Gerstl interessierte sich für Philosophie und Musik und lernte 1906 die Komponisten Arnold Schönberg und Alexander von Zemlinsky (1871–1942) kennen, die er als ihm Gleichgesinnte erkannte. Die Freundschaft erwies sich als fruchtbar und Arnold Schönberg kam durch Gerstl zur Malerei. Die Sommer der Jahre 1907 und 1908 verbrachte Richard Gerstl mit der Familie Schönberg in Gmunden und am Traunsee. Allerdings führte seine Passion für Mathilde Schönberg, die seinetwegen ihre Familie verließ, wiederum zu einem Zerwürfnis

mit dem betrogenen Ehemann, der sich mitten in der Arbeit zu seinem zweiten Streichkonzert befand. Arnold Schönberg erfuhr bald von dem Verhältnis und ertappte die beiden in flagranti: Gerstl drohte mit Selbstmord, Mathilde Schönberg aber fasste den Entschluss, zu ihrer Familie zurückzukehren. Richard Gerstl fühlte sich nun völlig isoliert und beging in der Nacht vom 4. zum 5. November 1908 tatsächlich Selbstmord. Richard Gerstl, der zeit seines Lebens nie ausgestellt hatte, wurde erst nach 1945 in seiner Bedeutung bekannt und als einer der bedeutendsten Vertreter des Expressionismus geschätzt. Der Portraitierte, Johann Georg Prillinger (* 1859, † 1933), war Quartiergeber Richard Gerstls in der Sommerfrische in Gmunden.

15.1.6 Der Freundeskreis: Konrad Lang, Erich Köchert, Gertrud Köchert geborene von Wimmer, Joseph Matthias Hauer und Richard Billinger. Zwischen 1929 und 1935

Erwin Lang (1886–1962). Öl auf Leinwand. H. 172 cm, B. 150 cm. Privatbesitz
Erwin Lang (* 22. 7. 1886, † 10. 2.1962) war der Sohn des Wiener Rechtsanwaltes Dr. Edmund Lang und seiner Gemahlin Marie geborene Wissgrill. Aus der ersten Ehe seiner Mutter mit Theodor Köchert (1859–1937) gab es einen Halbbruder Erich. Erwin Lang erfuhr seine Ausbildung an der Wiener Kunstgewerbeschule am Stubenring, besonders bei den Professoren Otto Czeschka und Erich Mallina. Oskar Kokoschka und Franz von Zülow waren hier seine Kollegen. 1910 heiratete Erwin Lang die Tänzerin Grete Wiesenthal, 1911 kam der Sohn Martin zur Welt. Durch Grete Wiesenthal lernte er Hugo von Hofmannstahl und Richard Billinger, den diese im Café Museum entdeckt hatte, kennen. Er arbeitete als Bühnenbildner für Max Reinhardt und organisierte 1913 die internationale „Schwarzweiß-Ausstellung" in Wien. Während des Ersten Weltkrieges geriet er in russische Kriegsgefangenschaft, zuletzt nach Sibirien. Dort lernte er Heimito von Doderer und den Wiener Verleger Rolf Haybach kennen. Erst im Jahr 1919 ergab sich für Erwin Lang eine Möglichkeit, der Gefangenschaft zu entkommen und gemeinsam mit dem späteren Architekten Anton Brenner (* 1896, † 1857) nach Tsingtau, das bis 1914 Pachtgebiet des Deutschen Reiches gewesen war, zu gelangen. Durch den Kontakt mit dem Sinologen Richard Wilhelm wurden ihm Reisen in China, die lebensbestimmende Eindrücke hinterließen, ermöglicht. Erst im Oktober 1920 kam Erwin Lang wieder in seine Heimat, in der sich in der Zwischenzeit manches verändert hatte. Auch seine Ehe war

in Brüche gegangen. 1929 erwarb Erwin Lang das Bauerngütl „Hansl im Hof" in Altmünster. 1925 hatte er Margarethe Dulnig, eine ehemalige Wiesenthal-Schülerin, geheiratet, die ihm zwei Söhne, Lukas Matthias (* 1927) und Konrad (* 1933), gebar. 1934 wurde Lang mit dem Professorentitel ausgezeichnet und 1936 erhielt er den Österreichischen Staatspreis. Nach dem Zweiten Weltkrieg, von 1946 bis 1955, war er Präsident der Künstlergilde Salzkammergut. 1962 ist Erwin Lang in Wien verstorben.
Das Gemälde „Der Freundeskreis" schuf Erwin Lang nach dem Jahr 1929, in einer Zeit, in der er nach seiner überlangen Abwesenheit und Kriegsgefangenschaft wieder Fuß zu fassen begann. Nach und nach fand er wieder Fühlung zu seinen Freunden. Sein Halbbruder, der Juwelier Erich Köchert, der in Altmünster Grundstücke erworben hatte und auch dazu beitrug, Erwin Langs Beziehung zum Salzkammergut zu vertiefen, unterstützte ihn tatkräftig. Aus diesem Erleben heraus portraitierte Lang den engen Freundeskreis, der entstanden war, und gruppierte um Gertrud Köchert, Erichs Gemahlin, den Zwölfton-Komponisten Joseph Matthias Hauer (* 1883, † 1959), den er selbst mit dem Ehepaar Köchert bekannt gemacht hatte, den Dichter Richard Billinger (* 1890, † 1965), Erich Köchert und sich selbst.

15.2 FÜRSTEN, ADELIGE UND DIE VORNEHME GESELLSCHAFT

15.2.1 Florian Maximilian Clodi (1741–1828) vor dem Traunstein und Schloss Ebenzweier. Um 1827

Moritz von Schwind (1804–1871). Öl auf Leinwand. 44,5 cm, B. 39 cm. Privatbesitz
Moritz von Schwind stellt hier den von ihm Portraitierten in die Landschaft des Traunsees mit dem Traunstein und dem Schloss Ebenzweier im Hintergrund. Der Dargestellte ist Florian Max Clodi (* 26. 5. 1741, † 15. 7. 1828), der von 1774 bis 1801 Verwalter bei der hochgräflich Khevenhüllerschen Herrschaft Frankenburg, gleichzeitig Pfleger und Landgerichtsverwalter war. Im Jahr 1800 erfolgte auf Florian Max Clodis Initiative die Aufstellung von Bürgergarden, um die Ordnung trotz vieler Plünderungen und Morde während der französischen Besatzung aufrechtzuerhalten. Er heiratete 1769 Anna Maria Halbwirt aus Schörfling. Nach dem Tode seiner ersten Gemahlin ehelichte er am 20. April 1800 Maria Cajetana Edle von Spaun. Am 28. Dezember 1802 kaufte er die Herrschaften Ebenzweier und Hilprechting von den Unkrechtsberg. Im Jahr 1815 starb

auch seine zweite Gemahlin, die ihm vier Kinder geboren hatte. Nach mehrfachen, offenbar missglückten Operationen wegen grauen Stars war Florian Max Clodi völlig blind, so wie ihn auch Moritz von Schwind darstellte.

Die Herrschaft Ebenzweier wurde am 13. November 1830 von Erzherzog Maximilian Joseph von Österreich-Este von den Erben Florian Max Clodis um 40.000 Gulden Conventionsmünze gekauft.

15.2.2 Therese Clodi (1801–1866). Um 1825

Moritz von Schwind (1804–1871). Öl auf Leinwand. H. 44,5 cm, B. 39 cm. Privatbesitz
Lit.: Franz Gräflinger: Schuberts Aufenthalt in Linz. In: Unterhaltungs-Beilage der Linzer Tages-Post Nr. 14, Jg. 1914, 1 f.

Theresia Antonia Franziska Clodi wurde am 22. September 1801 in Schloss Frein geboren. Sie war das älteste von vier Kindern aus der Ehe des Administrators und Pflegers der Khevenhüllerschen Grafschaft Frankenburg, Florian Max Clodi, mit Therese von Spaun. Als Theresia ein Jahr alt war, übersiedelte die Familie in das Schloss Ebenzweier am Traunsee. Nach dem frühen Tod ihrer Mutter musste sie bereits mit vierzehn Jahren den Haushalt versehen und für ihre Geschwister Maximilian Fortunat Johann Baptist (* 1804), Josef Anton Nikolaus (* 1806) und Franz Xaver Hieronymus (* 1808) Sorge tragen. Durch ihren Bruder Maximilian, der an der Universität Wien Jura studierte, später Kanzleidirektor der oberösterreichischen Landstände wurde und vielleicht durch Vermittlung seines Cousins, Josef von Spaun, der die Bekanntschaft von Moritz von Schwind gemacht hatte, kam sie in Kontakt mit dem Maler. Dieser war öfter zu Gast auf Schloss Ebenzweier und hat auch eine Jagdgesellschaft, an der Franz Schubert teilnahm, in einer Federzeichnung festgehalten. Therese Clodi scheint sowohl auf ihn als auch auf seine Brüder, Franz (1806–1877), der später in seiner Eigenschaft als Salinendirektor mit dem Salzkammergut verbunden war, und August(in) Edler von Schwind (1800–1892), tiefen Eindruck gemacht zu haben. In einem Brief schreibt Therese Clodi über einen mehrtägigen Besuch Franz Schuberts und Johann Michael Vogls, die sich als Gäste ihres Bruders Maximilian Clodi in Ebenzweier aufhielten: „Es ist ein göttlicher Genuß, Schubert spielen und Vogl singen zu hören." Therese Clodi versorgte später auch die Kinder ihres Bruders Max(imilian) in Linz, war dann Vorsteherin der Mädchenschule in Penzing, danach Gesellschafterin bei verschiedenen Familien, darunter

– über Vermittlung von Erzherzog Maximilian Joseph von Österreich-Este, der ja Schloss Ebenzweier übernommen hatte – auch bei der Familie Spiegelfeld. Sie verstarb am 10. Oktober 1866 an Typhus in Wien.

15.2.3 Der Wirt am Krottensee. 1835

Franz Eybl (1806–1880). Öl auf Leinwand. H. 34,1 cm, B. 28 cm. Bezeichnet unten links „F. Eybl 1835". Privatbesitz
Lit.: Robert Wintersteiger: Glas aus St. Gilgen am Wolfgangsee: Geschichte einer bedeutenden Salzburger Glashütte. Heimatkundliches Museum St. Gilgen 2007

Franz Eybl (* 1.4. 1806, † 29. 4. 1880) wurde in eher ärmlichen Verhältnissen in der Wiener Vorstadt Gumpendorf geboren. Bereits im zehnten Lebensjahr, im Jahr 1816, kam er an die Akademie der Bildenden Künste Wien, wo er zunächst die „Graveur- und Erzverschneidungsschule" unter Josef Klieber besuchte. 1817 trat Eybl in die Landschaftsklasse Josef Mössmers, von dem er die Technik der Lithographie erlernte, über. Von 1820 bis 1823 lernte er Modellzeichnen nach der Antike bei Johann Baptist Lampi und Franz Caucig, die übrige Zeit, mit Ausnahme einer Unterbrechung im Jahr 1827, verbrachte er an der Abteilung für Historienmalerei bei Johann Peter Krafft. 1825 erhielt Franz Eybl den Gundel-Preis und 1828 den Lampi-Preis. 1830 heiratete er Antonia Jordan. 1843 wurde Eybl Mitglied der Wiener Akademie, 1861 des Künstlerhauses. Seit 1853 war er Kustos an der Kaiserlichen Gemäldegalerie im Belvedere, an deren Restaurierwerkstätte er seit 1867 unterrichtete. Franz Eybl schuf im Laufe seines Lebens vor allem Portraits, darunter etwa 400 Lithographien. Später widmete er sich auch der Genremalerei. Zu seinen Hauptauftraggebern gehörten Josef Winter und Rudolf von Arthaber. In seinen beiden letzten Lebensjahrzehnten malte Eybl kaum noch selbständig, sondern widmete sich dem Kopieren und Restaurieren der Gemälde alter Meister.

Anfang der 1830er-Jahre geriet Franz Eybl in den Einflussbereich Johann Georg Waldmüllers und Peter Fendis. Fördert Waldmüller bei ihm eine neue Auffassung des Genres – die nahsichtige Einzelfigurendarstellung, so ist es Peter Fendi, der Eybl zum Vorbild für eine neue Malkultur wird. Der „Wirt am Krottensee" zeigt beispielhaft die eigenständige und virtuose Verarbeitung der beiden heterogenen Traditionen. An sich ist das Bild zwar ein Portrait, doch schon die Einbindung in eine – wie statisch auch immer gesehene – Aktion sowie die Integration der Figur in ihren Lebensraum erlauben, den „Wirt

am Krottensee" als Genreportrait anzusprechen. Die Malkultur, insbesondere bei der Gestaltung der Wand, wo Eybl bei der Setzung der Braun- und Grautöne die Nass-in-Nass-Technik anwendet, zeigt, wie nah ihm hier Fendi steht. Dagegen sind jedoch die Darstellung der präzise beobachteten physiognomischen Eigentümlichkeiten, die Betonung der Plastizität – etwa bei der Konfiguration von Krügel und Hand – Spezifika Eyblscher Zeichen- und Malkunst. Nahe, als Dreiviertelportrait gesehen, scheint der Wirt im Gang zu seinen Kunden oder diesen bei einem Gespräch zuhörend innegehalten zu haben. Es wirkt, als ob er den Maler und auch den Bildbetrachter nicht wahrnehmen würde. Dieses Spannungsverhältnis zwischen Nahsichtigkeit und Unmittelbarkeit der Wiedergabe einerseits und der fehlenden Bezugnahme zum Portraitierten andererseits ermöglicht Eybl eine intensive Psychologisierung und Individualisierung der Person.

Jüngste Überlegungen haben ergeben, dass es sich bei dem Wirt am Krottensee um den damaligen Inhaber des Gasthofes „Batzenhäusl" handelt. Der Name „Batzenhäusl" leitet sich vom Batzen, einer kleinen Silbermünze, her, wahrscheinlich in Zusammenhang mit der Verwaltung der Mautstelle Scharflingerhöhe durch die Inhaber des Gasthofes. 1691 wurde ein Keller zur kühlen Lagerung von Bier gebaut, 1708 kam die Genehmigung zum Tabakhandel hinzu. Mit der Eröffnung der Schmalspurbahn zwischen Salzburg und Bad Ischl im Jahre 1893 wurde am Ufer des Krottensees direkt gegenüber dem „Batzenhäusl" die Haltestelle Hüttenstein errichtet. Das Glas, das der Wirt einem Gast bringt, wurde in der fürsterzbischöflichen Glashütte Aich im Pfleggericht Hüttenstein hergestellt. Diese Glashütte wurde vom Salzburger Fürsterzbischof Johann Ernst Graf von Thun im Jahr 1701 begründet und bestand bis zum Jahr 1025, als der letzte Eigentümer, Feldmarschall und Fürst Karl Philipp von Wrede, beschloss, die von ihm Jahr 1815 gekaufte und als „Fürstlich Wredesche Glasfabrique" geführte Glashütte Aich aufzugeben. In ihr wurden auch die flachen „Wolfgangiflascherl" vom letzten Viertel des 18. Jahrhunderts bis um 1820 produziert.

15.2.4 Portrait von Anton Freiherr von Prokesch-Osten (1795–1886). Um 1847

Unbekannter Meister (nach Joseph Kriehuber). Aquarell auf Papier, H. ca. 30 cm, B. ca. 20 cm. Privatbesitz
Lit.: Daniel Bertsch: Anton Prokesch von Osten (1795–1876). Ein Diplomat Österreichs in Athen und an der Hohen Pforte. Beiträge

zur Wahrnehmung des Orients im Europa des 19. Jahrhunderts. Diss. Münster (Westfalen) 2002. München: Oldenbourg 2005 (=Südosteuropäische Arbeiten, 123)

Anton Graf von Prokesch-Osten (* Graz 10. 12. 1795, † Wien 26. 10. 1876) war Diplomat, General und Wissenschafter. Er wurde 1818 Adjutant des Feldmarschalls Karl Fürst von Schwarzenberg (* 1771, † 1820). Bereits bei frühen Missionen in den Orient konnte er bedeutende Erfolge erzielen, aufgrund derer er 1830 als „Ritter von Osten" geadelt wurde. Unter anderem war er 1834 bis 1849 Gesandter in Athen, 1849 bis 1852 in Berlin sowie 1853/54 Bundespräsidialgesandter in Frankfurt und in dieser Funktion Gegenspieler Otto von Bismarcks, des Gesandten des preussischen Königs. Von 1855 bis 1871 war er Internuntius und in der Folge Botschafter in Konstantinopel. Anton von Prokesch war immer wieder zu Gast in der Villa Prokesch („Grillenvilla") in der Gmundener Lannastraße, die sein Sohn Anton Irenäus (* 1837, † 1919) und seine Schwiegertochter Friederike geborene Gossmann (* 1838, † 1906) bewohnten. In Gmunden sprach im Jahr 1865 Anton Prokesch von Osten mit Prinzessin Luise Marie Elisabeth von Preußen (* 1838, † 1923) über den Orient.

Vorliegende Darstellung entstand nach der Vorlage einer Lithographie von Joseph Kriehuber aus dem Jahr 1847.

15.2.5 Portraitgemälde von Erzherzog Maximilian Joseph von Österreich-Este (1782–1863). 1849

Franz Eybl (1806–1880). Öl auf Leinwand. H. 110 cm, B. 96 cm. Attnang-Puchheim, Kolleg der Redemptoristen

Erzherzog Maximilian Joseph von Österreich-Este (* 1782, † 1863) wurde als dritter Sohn Erzherzogs Ferdinands (* 1754, † 1806) und der Maria Beatrix d'Este (* 1750, † 1829) in Modena geboren. Seine Jugendjahre verbrachte er in Monza, von wo seine Familie 1796 während des Ersten Koalitionskrieges vor den Franzosen fliehen musste.

Erzherzog Maximilian Joseph trat 1801 in den Deutschen Orden ein und wurde 1804 zum Ordensritter geschlagen. Gleichzeitig absolvierte er die Theresianische Militärakademie in Wiener Neustadt und wurde 1805 zum Generalmajor ernannt. Kurz nach seinem Ordenseintritt im Jahr 1801 erbte er von seinem Onkel Erzherzog Maximilian Franz (* 1756, † 1801), der von 1784 bis 1801 Erzbischof von Köln und von 1780 bis 1801 Hochmeister des Deutschen Ordens war, ein beträchtliches Vermögen.

1809 kämpfte Erzherzog Maximilian Joseph in Deutschland gegen die Franzosen. Nach der Niederlage bei Regensburg deckte er den Rückzug der österreichischen Armee und sollte die Stadt Linz durch Feldverschanzungen verteidigungsbereit machen, was aus Zeitmangel nicht gelang. Diese Erfahrung bewog ihn, sich mit einem geeigneten Befestigungssystem für strategisch wichtige Punkte im Reich zu befassen. Realisiert wurden seine Pläne allerdings nur in Linz, wo zwischen 1831 und 1833 32 Befestigungstürme gebaut wurden, aber im Jahr 1858 musste der Erzherzog bereits die Auflassung der Linzer Befestigung erleben. Dennoch entwickelte er ein Befestigungsprojekt für Wien, von dem allerdings nur ein Probeturm bei Rothneusiedl realisiert wurde.

1835 wurde der Erzherzog zum Hochmeister des Deutschen Ordens gewählt. Er machte sich um diesen sehr verdient und unterstützte und förderte auch andere Orden, wie die Jesuiten, die Barmherzigen Schwestern, die Redemptoristen und die Armen Schwestern vom Heiligen Franziskus. Von der Hand Franz Eybls entstand im Jahr 1847 ein weiteres Portrait Erzherzog Maximilians von Österreich-Este, das ihn als Hochmeister des Deutschen Ordens zeigt (Wien Museum, Inv.-Nr. 12450).

15.2.6 Erzherzog Ludwig Viktor (1841–1919). 1853

Anton Einsle (1801–1871). Öl auf Leinwand. H. 74 cm, B. 59,5 cm. Rechts unten signiert und datiert: „Ant. Einsle / (1)853". Linz, OÖ. Landesmuseen, Inv.-Nr. Ka 23

Lit.: Lothar Schultes: Die Sammlung Kastner, Teil 2: Kunst des 19. Jahrhunderts, Kataloge des OÖ. Landesmuseums Nr. 113, Linz o. J. [1997], 96 und 97 (m. Abb.)

Erzherzog Ludwig Viktor (Joseph Anton) (* 1842, † 1919), familiär liebevoll „Luziwuzi" genannt, war der jüngste Sohn von Erzherzog Franz Carl und Erzherzogin Sophie und verdankte als dritter der Salzprinzen sein Dasein auch den Erfolgen der Kuranwendungen seiner Mutter in Bad Ischl. Später durchlief er die für Mitglieder des Kaiserhauses traditionelle Militärlaufbahn. Er wurde General der Infanterie und man betraute ihn mit der Leitung eines Regiments, das seinen Namen trug. Den Plan seines Bruders, des Erzherzogs Ferdinand Maximilian (Joseph) und Kaisers von Mexiko, dort sein Nachfolger zu werden, lehnte er ab. Viel lieber beschäftigte sich Erzherzog Ludwig Viktor mit Kunst und Architektur. Bekannt sind vor allem das von Heinrich von Ferstel im Neorenaissancestil erbaute Palais am Schwarzenbergplatz

(Palais Erzherzog Ludwig Viktor) und die vom Erzherzog veranlasste Einrichtung des Schlosses Klessheim. Ein Besuch des jungen Erzherzogs in der Gmundener Villa Prokesch ist durch seine Eintragung in den Gästebüchern bezeugt. Auf dem Portrait Anton Einsles ist er in betont aufrechter und würdiger Haltung, die den offiziellen Charakter des Portraits unterstreicht, in einem Fauteuil sitzend dargestellt.

Anton Einsle besuchte kaum zwölfjährig die Akademie, wo er vor allem durch Josef Klieber Förderung erfuhr. Seine Lehrer waren Hubert Maurer, Franz Caucig und Josef Redl. 1829 ging Einsle nach Prag, 1832 nach Budapest. 1838 wurde Einsle k. k. Hofmaler und übersiedelte nach Wien. Nach der Thronbesteigung Kaiser Franz Josephs I. war er dessen offizieller Portraitist und schuf dreißig Kaiserbildnisse in zwei Jahren. Zeitweise besaß er ein eigenes Atelier in der Hofburg und hatte mehrere Mitarbeiter, darunter Eduard von Engerth (1818–1897). 1847 schuf er ein Portrait der Erzherzogin Elisabeth Franziska Maria von Österreich (* 1831, † 1907), die ab 1863 die Villa Fernstein sowie ab 1865 die neu errichtete Rosenvilla („Villa Elisabeth") in Gmunden besaß und 1878 acht von ihr gekaufte Schwäne am Traunsee freiließ.

15.2.7–8 Herzog Philipp von Württemberg (1838–1917) und Herzogin Marie Therese Anna (1845–1927). 1881

Georg Decker (1818–1894). Pastell auf Papier. Altshausen, S. K. H., Herzog Carl von Württemberg

Georg Decker (* 7. 12. 1818 Pest, † 13. 2. 1894 Wien) wurde als Sohn von Johann Stephan Decker (* 1784, † 1844) geboren. 1821 kam er mit seiner Familie nach Wien und war, wie auch seine Brüder Albert und Gabriel, Schüler seines Vaters, bei dem er das Zeichnen, die Aquarell- und Miniaturmalerei erlernte. In den Jahren 1837 bis 1841 stellte Georg Decker in Wien 31 Aquarellportraits aus, seit 1844 wandte er sich der Ölmalerei zu, die er auf der Wiener Akademie der Bildenden Künste erlernt hatte, und seit den 1850er-Jahren der Pastellmalerei, die er an den Werken von Anton Raphael Mengs und Jean-Etienne Liotard während eines Aufenthaltes in Dresden studiert hatte. Er führte damit diese lange vernachlässigte Technik wieder in Wien ein und entfaltete besonders als Pastellmaler in den folgenden Jahren eine hervorragende Tätigkeit. Um 1860 leitete Georg Decker eine private Malschule; ab 1861 war er Mitglied des Künstlerhauses. Der Plan des Wiener Hofes, Decker eine Schule für Pastellmalerei einzurichten, kam nicht zustande. Außer Genrebildern schuf Georg Decker zahlreiche Portraits sowie Miniaturbildnisse und war über Jahre hindurch fast ausschließlich für den Wiener Hof beschäftigt. Auch für die großherzogliche Familie von Toskana hat er sehr viele Pastellbildnisse gemalt, von denen mehrere auf der Ausstellung im Künstlerhaus in Salzburg 1886 gezeigt wurden. Georg Decker war von 1851 bis 1860 in erster Ehe mit Ottilie von Sobek verheiratet. Nach deren Tod heiratete er 1861 Josefine Helene von Lucam.

Georg Decker wurde auch für Philipp von Württemberg (* 30. 6. 1838 Neuilly, † 11. 10. 1917 Stuttgart), den Sohn des Herzogs Alexander Friedrich Wilhelm von Württemberg und von Marie Christine, Prinzessin von Orléans, tätig. Herzog Philipp, der am Pariser Hof von seinen Großeltern König Ludwig Philipp von Frankreich und Königin Marie Amélie erzogen wurde, kehrte aufgrund der Ereignisse der Revolution von 1848 zu seinem Vater zurück und bewohnte mit ihm Schloss Fantaisie in Bayreuth. Als junger Mann hielt Herzog Philipp um die Hand der Prinzessin Sophie in Bayern, der jüngsten Schwester von Kaiserin Elisabeth von Österreich, an, doch dieses Heiratsprojekt zerschlug sich. Nun orientierte sich Herzog Philipp nach Wien und heiratete am 18. Jänner 1865 in der Kammerkapelle der Hofburg Erzherzogin Marie Therese von Österreich (* 15. 7. 1845 Wien, † 8. 10. 1927 Tübingen), Tochter von Erzherzog Albrecht Friedrich von Österreich und Prinzessin Hildegard Luise von Bayern. An der Ringstraße ließ sich das Paar einen prächtigen Stadtpalast, das „Palais Württemberg", erbauen und wohnte seit 1866 darin, ohne sich dort, nicht zuletzt wegen der Veränderungen durch den Bau der Ringstraße, wohl zu fühlen. Deshalb wurde das Palais 1871 verkauft, umgebaut und zur Wiener Weltausstellung von 1873 als Hotel Imperial eröffnet. Das Herzogspaar ˌˌˌˌˌˌˌˌˌˌˌ „ˌˌˌˌˌˌˌˌˌˌˌˌ" ˌˌ ˌˌˌˌˌˌˌˌˌˌˌˌˌ am Traunsee ließ Herzog Philipp in den Jahren 1873 bis 1876 durch den Architekten Heinrich Adam eine prächtige Villa bauen und benannte sie nach seiner Gemahlin „Villa Marie Therese". In Hinterstoder kaufte Herzog Philipp als Jagdrevier größere Gebiete an. Neben der Jagd galt ein Hauptinteresse des Herzogs der Fotografie. Mit den damals modernsten Kameras machte er historisch einmalige Aufnahmen. Da König Wilhelm II. von Württemberg keine Söhne hatte und auch in den anderen Linien des Hauses keine potentiellen Thronerben vorhanden waren, fiel das Thronfolgerecht an Herzog Philipp, der der Stammvater des heutigen Hauses Württemberg ist.

Georg Decker schuf in den Jahren 1871 bis 1881 nicht nur die Pastellportraits von Herzog Philipp und Herzogin Marie-Therese von Württemberg, sondern auch die Portraits ihrer fünf Kinder, des Thronfolgers Herzog Albrecht (1865–1939), von Herzogin Marie Amelie (1865–1883), Herzogin Maria Isabella (1871–1904), später Prinzessin von Sachsen, Herzog Robert (1873–1947) und Herzog Ulrich (1877–1944). Diese Gemälde zählten auch zum Interieur der „Villa Marie Therese" in Altmünster. Auch Herzog Albrecht ging eine eheliche Verbindung mit einer Erzherzogin von Österreich, mit Margarete Sophie (* 13. 5. 1870 Artstetten, † 24. 8. 1902 Gmunden), der einzigen Tochter von Erzherzog Karl Ludwig von Österreich, des Bruders Kaiser Franz Josephs I., und seiner zweiten Gemahlin Maria Annunziata von Neapel-Sizilien, ein. Aus dieser Ehe gingen sechs lebende Kinder hervor. Durch die Ehe des ältesten Sohnes Herzog Albrechts, Herzog Philipp II. Albrecht (* 14. 11. 1893, † 15. 4. 1975) mit Rosa, Erzherzogin von Österreich (* 22. 9. 1906, † 17. 9. 1983), einer Tochter Erzherzog Peter Ferdinands von Österreich-Toskana, zählt die Familie des Herzogs von Württemberg auch zu den Nachfahren des Hauses Österreich-Toskana. Auf dem Portraitgemälde Georg Deckers trägt Herzog Philipp die Halsdekoration des Ordens vom Goldenen Vließ, das Großkreuz des Ordens der Württembergischen Krone in Gold (für Souveräne) und ein Komturkreuz des Friedrichs-Ordens. Der österreichische Maler Eugen Felix (* 27. 4. 1836, † 21. 8. 1906) schuf ein Portraitgemälde Herzog Philipps von Württemberg in Jagdkleidung vor einer Landschaft des Salzkammerguts mit dem Hohen Dachstein im Hintergrund.

15.2.9 Speisesaal in der Villa Maria Theresia auf dem Adelsberg bei Gmunden

Heinrich Adam (1839–1903). Aquarell auf Papier. 32 cm x 45 cm. Reproduktion. Altshausen, S. K. H., Herzog Carl von Württemberg

15.2.10 Das Grabmal der Familie Folliot de Crenneville-Poutet vor der Kulisse von Traunsee und „Schlafender Griechin". Um 1870

Johann Ziegler. Aquarell auf Papier. H. ca. 35 cm, B. ca. 50 cm. Gmunden – Tübingen / Schloss Kilchberg, Christa Freifrau von Tessin

Die Darstellung der Grabanlage der Familie Folliot de Crenneville-Poutet auf dem Friedhof von Altmünster ist einerseits eine realistische Naturdarstellung mit Blick auf die Landschaft an der Südostseite des Traunsees, sie greift aber auch die seit der Romantik in der Malerei wieder besonders beliebte Motivik der allzu raschen Vergänglichkeit des irdischen Daseins auf. Johann Ziegler, dessen Biographie bisher kaum erforscht ist, schuf unter anderem auch einen Zyklus von Darstellungen der Landschaft an den Seen des Salzkammergutes, allen voran am Traunsee, für den k. k. Major Josef Sallmutter (1864/65).

15.2.11 Franziska von Lanna (1842–1849) vor der Kulisse des Traunsteins. 1883

Hans Canon (1829–1885). H. 170 cm, B. 152 cm. Privatbesitz

Hans Canon (* 15. 3. 1829; † 12. 9. 1885; eigentlich Johann Strašiřipka) studierte ab 1845 an der Wiener Akademie der Bildenden Künste bei Ferdinand Georg Waldmüller und Carl Rahl. Nachdem er 1848 bis 1855 seinen Dienst als Offizier in der österreichischen Armee absolviert hatte, vollendete er seine künstlerischen Studien in Wien und unternahm ausgedehnte Studienreisen in den Orient, nach Italien, England und Frankreich. Während eines Aufenthaltes in Karlsruhe (1860–1869) gelang ihm mit dem Bild „Fischermädchen" (1858) der künstlerische Durchbruch. 1869 bis 1874 lebte Canon in Stuttgart, kehrte dann nach Wien zurück und betätigte sich in der Portrait- und Monumentalmalerei. Zahlreiche Gemälde und Fresken befinden sich in öffentlichen Gebäuden in Wien. 1905 ehrte man sein Andenken mit einem von Rudolf von Weyr errichteten Bronzestandbild im Wiener Stadtpark.

Franziska Romana Maria Wilhelmine von Lanna geborene von Bene (* 2. 2. 1842 Pardubitz, † 13. 4. 1929 Wien), die übrigens eine Enkelin des Franz von Bene (* 1775, † 1858), Direktor und Präses der medizinischen Fakultät in Pest, Königlicher Rat und Ritter des Leopoldordens, war, heiratete am 7. Februar 1865 in Prag Adalbert Johann Josef Freiherr von Lanna (* 29. 5. 1836 Budweis, † 31. 12. 1909 Meran), den Sohn von Adalbert Lanna dem Älteren. Adalbert Freiherr von Lanna war aus dem Erbe seines Vaters ein schwerreicher Großindustrieller und Eisenbahn- und Wasserbauunternehmer in Prag. Er hatte zum Beispiel Anteil an der Begründung der Reichenberg-Pardubitzer Bahn, der böhmischen Westbahn, der Turnau-Kralup-Prager Eisenbahn, der Dux-Bodenbacher Eisenbahn, der böhmischen Nordbahn, der Pilsen-Priesener und der Prager Verbindungsbahn sowie der Franz Josephs-Bahn. Nachdem seine Mutter zwei Jahre nach dem Tod des Vaters nobilitiert worden war, wurde nun Adalbert von Lanna in die erblichen Ritterstand erhoben und war Mitglied des Herrenhauses. Als Bauherr ließ er zwischen 1871 und 1875 von Gustav Gugitz die Villa Lanna in Gmunden, 1895 von Ernst von Gotthilf-Miskolczy das Palais Lanna in Wien (Argentinierstraße 20) sowie die Villa Lanna in Prag-Bubeneč, die auch mit Landschaftsmotiven aus dem Salzkammergut („Traunstein") ausgestattet ist, errichten. Adalbert Freiherr von Lanna erlangte eine große Bedeutung als Kunstsammler und Mäzen. Auch besaß er eine berühmte Autographensammlung. Der Ehe Adalbert und Franziska von Lannas entstammten drei Kinder, ein Sohn und zwei Töchter. Es haben sich historische Fotografien erhalten, die sowohl Adalbert als auch Franziska von Lanna bei der Jagd in Grünau zeigen. Hans Canon war mit Adalbert und Franziska von Lanna offenbar gut bekannt, beide Ehepartner portraitierte er vor einer Darstellung des Traunsteins. Er dürfte das Ehepaar von Lanna zur Zeit der Entstehung dieser beiden Portraitgemälde in Gmunden besucht haben, jedenfalls findet sich in den „Fremdenbüchern der Grillenvilla" des Grafen Prokesch-Osten am 24. Oktober 1883 der Eintrag: „Die Spatzen flattern in Schwärmen / Die Adler die fliegen allein / wenn zwey sich begegnen / So ist's im Sonnenschein. Canon".

15.2.12–13 Viktor und Olga von Miller zu Aicholz (1845–1910 und 1853–1931). 1911

Rudolf von Weyr (1847–1914). Alabaster. Büste Viktor von Miller zu Aicholz sign. „R. v. Weyr" und bez. „1911". Beide H. 82 cm, B, 55 cm, T. 38 cm. Gmunden, Kammerhofmuseum

Rudolf (Ritter von) Weyr (* 22. 3. 1847, † 30. 10. 1914) studierte an der Wiener Akademie Bildhauerei bei den Professoren Franz Bauer und Josef Cesar, außerdem am Polytechnikum zwei Jahre Architektur und arbeitete gleichzeitig im Atelier seines Lehrers Josef Cesar. Für seine Simson- und Delila-Gruppe erhielt Weyr den Reichelpreis der Akademie. Im Auftrag Gottfried Sempers übernahm er die Ausführung der Bogenzwickelfiguren über den Arkaden der Mittelrisalite des Kunsthistorischen Hofmuseums. In den folgenden Jahren war Weyr an den Ringstraßenbauten beteiligt. Er schuf das Standbild Karls VI. für das Kunsthistorische Museum, übernahm die Ausschmückung der Kuppel des Naturhistorischen Museums und den bildhauerischen Schmuck der Decken im Zuschauerraum und im Proszenium des Burgtheaters. Von ihm stammen außerdem das Brahmsdenkmal am Karlsplatz (1908) sowie

Grabdenkmäler auf dem Zentralfriedhof, darunter jenes für die Opfer des Ringtheaterbrandes (1882). Weyr war neben Viktor Tilgner, der im Salzkammergut den Brunnen vor der Kaiservilla in Ischl schuf, der maßgebende Vertreter der Bildhauerei der Makartzeit. 1889 wurde er Professor am Polytechnikum, 1898–1901 war er Vorstand der Wiener Künstlergenossenschaft und 1911/1912 Präsident der Akademie der Bildenden Künste. Weyr schuf 1912 auch das Relief am Denkmal für Ignatia Fürstin von Wrede (* 1837, † 1905) in Mondsee und half Ottilie Natter, der Witwe Heinrich Natters, bei der Herausgabe von dessen Werkmonographie. Viktor von Miller zu Aicholz (* 21. 10. 1845, † 14. 5. 1910) war der jüngste Sohn des Industriellen Josef Maria von Miller zu Aicholz (* 1797, † 1871). Er studierte in Wien, Zürich und Heidelberg Chemie und trat nach der Promotion in die Sodafabrik seines Vaters in Hruschau (Schlesien) ein, wo er als Bürgermeister zahlreiche gemeinnützige Einrichtungen schuf. Nach Wien in die Zentrale des Mischkonzerns zurückgekehrt, widmete er sich vor allem der Numismatik, schuf eine der größten privaten Münzsammlungen Österreichs und erarbeitete das Manuskript, das die Grundlage für das im Druck erschienene Standardwerk „Österreichische Münzprägungen 1519–1918" bildete. Viktor von Miller zu Aicholz heiratete am 4. September 1872 Olga Johanny (* 6. 11. 1853, † 26. 11. 1931). 1885 erwarben Viktor und Olga von Miller zu Aicholz eine Villa mit großem Park in Gmunden (Lindenstraße 11), wo Freunde, unter ihnen viele Künstler, allen voran Johannes Brahms, aber auch die Komponisten Ignaz Brüll und Karl Goldmark, der Geiger und Brahms-Freund Joseph Joachim, der Pianist Julius Epstein, der Musikwissenschafter Eusebius Mandyczewski, der Kritiker Dr. Eduard Hanslick und der erste Brahms-Biograph Max Kalbeck, gastliche Aufnahme fanden. Viktor von Miller zu Aicholz begründete auf seinen Gmundener Besitzungen im Jahr 1900 das erste Brahmsmuseum der Welt, dessen reiche Bestände von seinen Erben 1939 dem Stadtmuseum Gmunden geschenkt wurden; er engagierte sich für die Errichtung eines Brahmsdenkmals und war erster Präsident der von ihm initiierten Brahms-Gesellschaft. Max Kalbeck widmete seine Brahms-Biographie (in vier Bänden, 1904–1914) Viktor und Olga von Miller zu Aicholz. Viktor von Miller zu Aicholz begründete 1907, gemeinsam mit Dr. Ferdinand Krackowitzer und Oberlandesgerichtsrat Ludwig Pauli, den Musealverein Gmunden.

15.2.14–16 Porzellan aus der Manufaktur des Hauses Romanov in St. Petersburg: Uhr, Vase und Leuchter

Teilensemble als Schmuck eines Kamins im Schloss Cumberland in Gmunden. Uhr: 73 cm x 34,5 cm x H. 95 cm, Vase: Dm. 40 cm, H. 72 cm, Leuchter: 24 cm x 24 cm x H. 105 cm. Gmunden, Landespflege- und Betreuungszentrum Schloss Cumberland

Nachdem sich das Haus Hannover im Jahr 1866 auf der Seite Österreichs im militärischen Konflikt mit Preussen engagiert hatte, verlor es seinen Thron und König Georg V. von Hannover und Königin Marie gingen 1868 ins Exil nach Österreich. In Gmunden erwarben sie einen der frühesten Villenbauten auf der so genannten Tuschenschanze: 1838 kaufte J. F. Graf Thun-Hohenstein, Landstand und Gutsbesitzer in Tirol, das Gut „obere Eben" Nr. 31 zu Schlagen, wo er auf einem Plateau mit jenem berühmten Rundblick, den Friedrich Carl Schinkel bei seinem Besuch in Gmunden 1825 festgehalten hat, eine Villa errichtete, die in der Folge den Namen „Königin-Villa" erhalten sollte. Kronprinz Ernst August, Herzog von Cumberland, und Herzogin Thyra wohnten vorübergehend in der Villa Klusemann (Vorstadt Traundorf Nr. 120) und errichteten 1881 bis 1886 eine eigene Niederlassung, Schloss Cumberland. Beide Häuser wurden Schauplatz des hannoveranischen Hoflebens, zahlreicher glanzvoller Feste und Familienfeiern: „Wiederholt beherbergt Gmunden das Königspaar von Dänemark, König Christian IX. und Königin Louise, sowie Prinz Waldemar von Dänemark, König Georg I. und Königin Olga von Griechenland, den Prinzen und die Prinzessin von Wales, beide erlauchten Paare mit Familie, den Großfürsten-Thronfolger Alexander und Gemahlin Maria Feodorowna von Russland, die Großfürstin Constantin, die Herzogin Therese und den regierenden Herzog Ernst von Sachsen-Altenburg, den Herzog und die Herzogin von Teck, den Prinzen Solm-Braunfels und andere erlauchte Besuche der Königin und des herzoglichen Paares in ihren Mauern ..."

Das zu einem Kamin gehörende Ensemble von Uhr, Vasen und Standleuchtern soll nach einer in den Quellen bisher nicht fassbaren mündlichen Tradition aus der Porzellanmanufaktur der Familie Romanov in St. Petersburg stammen und ein Geschenk des russischen Zaren an das Haus Hannover sein: Möglicherweise wurde es von Zar Nikolaus II. anlässlich der Hochzeit von Prinzessin Viktoria Luise von Preussen mit Prinz Ernst August III. in Hannover am 24. Mai 1913 in Berlin als Geschenk gegeben.

15.2.14–16

Foto: Schepe

dieser Lehrtätigkeit wurde er am 1. Oktober 1932 zum ordentlichen Professor für Bildhauerei an der Akademie der Bildenden Künste in Wien ernannt. Er beschickte zahlreiche Ausstellungen, unter anderem die Internationale Kunstausstellung in Rom (1911), die österreichischen Ausstellungen in Stockholm und Kopenhagen (1917) sowie die Kunstschau in Wien 1920 und 1921. Ausgehend von Auguste Rodin und Aristide Maillol schuf Anton Hanak expressionistische Monumentalplastiken mit großteils visionär-symbolhaftem Charakter für Bauten und öffentliche Plätze, auch zahlreiche Portraitbüsten und Denkmäler stammen von ihm. Eines seiner bekanntesten Werke ist der „Brennende Mensch" (1922. Lentos-Kunstmuseum, Linz). Bei Hanak lernten unter anderem die Bildhauer Rudolf Reinhart, Josef Thorak und Fritz Wotruba. In Langenzersdorf, seinem langjährigen Wohnort, befindet sich das Anton Hanak-Museum, das ausschließlich seinen Werken gewidmet ist.

Margaret Stonborough-Wittgenstein (* 19. 9. 1882, † 27. 9. 1958) war die jüngste Tochter des Stahlmagnaten Karl Wittgenstein (* 1847, † 1913) und seiner Gattin Leopoldine geborene Kallmus (* 1850, † 1926) und Schwester unter anderem des Philosophen Ludwig (* 1889, † 1951) und des Pianisten Paul Wittgenstein (* 1887, † 1961). Am 7. Jänner 1905 heiratete sie den aus einer amerikanischen Industriellenfamilie stammenden Jerome Stonborough (* 1873, † 1938), der damals in Wien Medizin studierte. Aus Anlass der Verehelichung gab die Mutter der Braut, Leopoldine Wittgenstein, bei Gustav Klimt ein Portrait ihrer Tochter in Lebensgröße, das sich später in Gmunden befinden sollte (seit 1960 in der Neuen Pinakothek München, Inv.-Nr. 13074), in Auftrag. Offensichtlich aus einem Teil der väterlichen Erbschaft kaufte Margaret Stonborough-Wittgensein im Sommer 1913 die Villa Toscana mit einigen Nebengebäuden im Zuge der Versteigerung des unbeweglichen Besitzes des Erzherzogs Johann Salvator (zuletzt Johann Orth), der seit 1890 als verschollen galt und 1911 für tot erklärt worden war. 1938 beging Jerome Stonborough in der Villa Toscana in Gmunden Selbstmord. Margaret Stonborough-Wittgenstein emigrierte 1940 in die USA, von wo sie nach dem Zweiten Weltkrieg nach Österreich zurückkehrte. Sie erhielt, nach angestrengten Bemühungen, einen Großteil des von den Nationalsozialisten beschlagnahmten Vermögens restituiert. 1958 verstarb Margaret Stonborough-Wittgenstein und wurde auf dem evangelischen Friedhof in Gmunden begraben.

15.2.17 Bronzeabguss der Portraitstatue Margaret Stonborough-Wittgensteins (1882–1958). Original um 1928/29
Anton Hanak (1875–1934).
H. (mit Sockel) ca. 267 cm. Wien, Bundesimmobiliengesellschaft m. b. H.
Anton Hanak (* 22. 3. 1875, † 7. 1. 1934) ging zunächst, zwischen 1889 und 1893, bei einem Holzbildhauer in die Lehre. Seit 1898 studierte er an der Wiener Akademie bei Professor Edmund Hellmer, im Jahr 1900 heiratete er Juliane Janiczek und übersiedelte 1901 nach Langenzersdorf. Von 1906 bis 1910 war er Mitglied der Wiener Sezession, seit 1907/08 unterrichtete er an der Wiener Kunstgewerbeschule und nach Beendigung

15.2.18 Portraitbüste der Margaret Stonborough-Wittgenstein (1882–1958). 1925

Anton Hanak (1875–1932). Marmor, H. 44,5 cm. Signiert und datiert auf der Schulter: „ANTON / HANAK / 1925". Wien, Belvedere, Inv.-Nr. 8374

1919/20 war Margaret Stonborough-Wittgenstein auf einer Vortragsreise für Österreich in den USA. Nach ihrer Rückkehr führte sie ein großes Haus im Palais Schönborn in der Renngasse. Ihre „Tournee" durch Amerika war ein großer Erfolg geworden und bestärkte sie vermutlich in ihrem nach dem Ersten Weltkrieg in vieler Hinsicht bemerkenswerten politischen und sozialen Engagement. Die Entstehung des Kopfes fällt auch in die Zeit des langen Entwicklungsprozesses für die „Gewandskulptur". 1925 hielt sich Anton Hanak erstmals zum Zwecke seiner Gesundung zur Kur in Gmunden auf und war Gast in der Villa Toscana. In den Tagebuchskizzen Anton Hanaks haben sich seine Beschreibungen des Aufenthaltes in Gmunden erhalten. In der Beschreibung des aufwändigen Haushaltes und der strengen Hausherrin wird Unbehagen angedeutet, eine andere – humoristische – Sprache sprechen die Zeichnungen, die sich auf die „Gewandfigur" beziehen, so eine mit dem Titel „Talentlos" (in: „Spare mit Papier", 1925) und ein weiteres Blatt ohne Titel, das die riesige Figur Margaret Stonboroughs und einen im Verhältnis wesentlich kleineren, händeringenden Anton Hanak zeigt. Das Resümee nach dem Jahr 1925, in das der Kuraufenthalt in Gmunden fiel, war, dass die Portraitbüste Margaret Stonborough-Wittgensteins in diesem Jahr vollendet wurde.

15.2.19 Selbstportrait. 1931

Justus Reischer (* 1889, † 1986). Signiert und datiert: „J. Reischer 1931". Öl auf Leinwand. H. 52 cm, B. 44 cm. Privatbesitz

15.3 KAISERLICHE HULDIGUNGSADRESSEN

15.3.1 Huldigungsadresse: Zum 75. Geburtstag Kaiser Franz Josephs I. 1905

Überreicht vom Verband der Konsum-Vereine des oberösterreichisch-steirischen Salzkammergutes. H. 41 cm, B. 32 cm (Kassette: H. 43,5 cm, B. 34 cm, T. 6,5 cm). Wien, Österreichische Nationalbibliothek, Sammlung Bildarchiv, Adr. Fid.Com./50

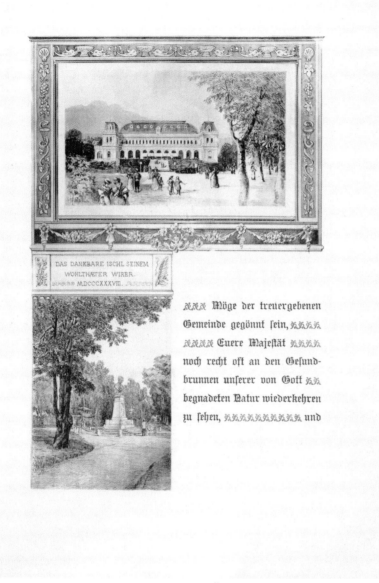

DAS DANKBARE ISCHL SEINEM WOHLTHÆTER WIRER. MDCCCXXXVII.

Möge der treuergebenen Gemeinde gegönnt sein, Euere Majestät noch recht oft an den Gesundbrunnen unserer von Gott begnadeten Natur wiederkehren zu sehen, und

15.3.3 *Foto: Bildarchiv der Österreichischen Nationalbibliothek*

Um 1919/1920 dürfte Anton Hanak den Auftrag zum Portrait Margaret Stonborough-Wittgensteins erhalten haben. Warum die unübliche Form eines Standbildes gewählt wurde, ist nicht zu klären. 1920 scheint das Standmotiv kurzfristig der Idee zu einer Sitzfigur gewichen zu sein. Insgesamt wurden von Hanak fünf Hauptfassungen der stehenden „Gewandfigur" ausgeführt. Anton Hanak variierte die Stellung der Arme und reduzierte nach und nach die Fülle des massig und schwer wirkenden Gewandes, er veränderte aber nicht nur laufend die

Gestaltung der Skulptur, sondern fertigte auch hunderte Studien dazu an. Probleme der Fortführung ergaben sich auch immer wieder durch das Kränkeln der Portraitierten, die mehrfach ihre „Stehungen" absagen musste. Noch im Herbst 1927, nach einem längeren Aufenthalt in der Villa Toscana in Gmunden, schrieb Hanak an Lilli Koenig, dass er die Figur „erst jetzt begreife und wohl ganz anders aufbauen müsse". 1928/29 trat aber die Familie von ihrem Auftrag zurück und begnügte sich mit der im Jahr 1925 vollendeten Marmorbüste.

**15.3.2 Huldigungsadresse:
Zur Silberhochzeit des Kaiserpaares 1879**
Überreicht von der Gemeinde Hallstatt.
H. 49 cm, B. 67 cm (Text) und H. 66 cm,
B. 80 cm. Urkundenhülle: H. 90 cm,
Dm. 20 cm. Wien, Österreichische
Nationalbibliothek, Sammlung Bildarchiv
Adr. 34447/115
Die Urkundenhülle mit reichen Schnitzereien
könnte vielleicht vonseiten der Fachschule in
Hallstatt, deren Direktor Johann Nepomuk
Greil ab 1881 war, entworfen worden sein, die
Illustration zur Urkunde wurde von Isidor Engl
ausgeführt.

**15.3.3 Huldigungsadresse: Zum
fünfzigjährigen Regierungsjubiläum Kaiser
Franz Josephs I. 1898**
Überreicht von der Stadt Ischl. H. 42 cm,
B. 32 cm. Wien, Österreichische
Nationalbibliothek, Sammlung Bildarchiv
Adr. Reg.J./46
Die Illustrationen stammen von Ferdinand
Mühlbacher (* 1844, † 1921).

**15.3.4 Huldigungsadresse: Zur Vermählung
des Kronprinzen Rudolf 1881**
Überreicht von der Curortsgemeinde Ischl.
Depôt-Hinterlassenschaft. M. H. 51 cm,
B. 38 cm (Urkunde). H. 55 cm, B. 41 cm,
T. 15 cm (Einband). Wien, Österreichische
Nationalbibliothek, Sammlung Bildarchiv
Adr. Reg.J./46
Der Einband stammt von der Fachschule in
Hallstatt.

**15.3.5 Huldigungsadresse: Zur silbernen
Hochzeit des Kaiserpaares 1879**
Überreicht von der Kurortsgemeinde Bad
Ischl. Entwurf: Hans Greil (1845–1909)
(Schnitzwerk). Ausführung: Fachschule für
Holzschnitzerei Hallstatt. Illuminierung
von Melchior Fritsch (1826–1899). Inhalt:
Glückwünsche (Kalligraphie), Unterschriften.
Enveloppe: Holzrahmenwerk, Schnitzwerk,
teilweise vergoldet, Metallplättchen, Veduten
von Ischl (Blick vom Kaiserpalast auf
Ischl, Gartenfront der Kaiservilla, Hotel
Kaiserin Elisabeth). Wien, Österreichische
Nationalbibliothek, Sammlung Bildarchiv,
Adr. 34447/116

**15.3.6 Huldigungsadresse: Zum
fünfzigjährigen Regierungsjubiläum 1898**
Überreicht von der Gemeinde Ebensee. Inhalt:
ausgeführt von „Prof. C. A. Füchsel, k. k.
Hofkalligraph". Sprache: Deutsch. Enveloppe:

weinroter Samt, Gussarbeiten, vergoldet.
H. 41,2 cm, B. 31 cm (Kassette: H. 44 cm,
B. 33 cm, T. 3,5 cm). Wien, Österreichische
Nationalbibliothek, Sammlung Bildarchiv,
Adr. Reg.J./86
Die Huldigung war ein staatsrechtlicher Akt, mit
dem die Untertanen ihrem neuen Landesherrn
die Treue gelobten. Im Mittelalter nahm der
deutsche König den Reichsständen den persönlichen Eid ab, ebenso tat dies Landesherr in seinen
Territorien. Die Form der Huldigung begründete eine wechselseitige Verpflichtung: Der Untertan versprach Treue gegenüber dem Herrn. Der
Herr wiederum verpflichtete sich, seine Leute zu
beschützen. Am längsten hat sich in Österreich
bzw. in den deutschen Territorien die „Erbhuldi-
gung" erhalten. Sie wurde dem Landesherrn bei
Regierungsantritt durch die Vertreter der Landstände bis ins 19. Jahrhundert in alten Formeln
geleistet. Die letzte Zeremonie dieser Art erfolgte
1835 für Kaiser Ferdinand I. (1793–1875), Onkel
und Vorgänger Kaiser Franz Josephs I. Die
aufwändige Zeremonie wurde im Staatsdienst
und im Heer durch die Vereidigung ersetzt; in
der Huldigungsadresse lebt sie allerdings weiter.
Möglicherweise liegt in diesen alten Wurzeln
auch der Grund für die Formelhaftigkeit der
Texte, die die Huldigungsadressen kennzeich-
nen. Anlässe für den Eingang der sechs gezeigten
Huldigungsadressen aus dem Salzkammergut
waren die Silberhochzeit des Kaiserpaares 1879,
die Vermählung des Kronprinzen Rudolf 1881,
das fünfzigjährige Regierungsjubiläum und der
75. Geburtstag Kaiser Franz Josephs I.

15.4 ERINNERUNGSGEGENSTÄNDE

**15.4.1 Exlibris in Gottfried Kellers
Schriften**
20 cm x 15 cm. Gmunden, Ilse Bulant

**15.4.2 Drei Taschenuhren aus
Köchertschem Familienbesitz: Eine davon
mit Prägung „Mélanie"**
Alle ca. 10 cm x 8 cm. Gmunden, Ilse Bulant

**15.4.3 Spitzenbluse aus Köchertschem
Familienbesitz**
Gmunden, Ilse Bulant

**15.4.4 Verschiedene Beutel aus
Köchertschem Familienbesitz**
Gmunden, Ilse Bulant

15.4.5 Fotografien der Villa Wittgenstein
Alle ca. 10 cm x 15 cm. Gmunden, Ilse Bulant

15.4.6 Noten-Erstdrucke von Hugo Wolf
34 cm x 27 cm. Gmunden, Ilse Bulant
Hugo Wolf (* 13. 3. 1860 Windischgrätz (Slo-
venj Gradec), † 22. 2. 1903 Wien), der zu den
bedeutendsten deutschsprachigen Liedkomponis-
ten zählt, hatte schon in den Jahren 1891,
1892 und 1893 Sommeraufenthalte in Traunkirchen verbracht. Seit dem 1897 machten
sich beim Komponisten die Folgen der Syphilis
bemerkbar. Nach einem vierwöchigen Aufenthalt in einer Heilanstalt verbrachte Wolf im
Mai 1898 einige Wochen in Traunkirchen am
Traunsee im Sommerhaus der Familie Köchert,
bis er dort einen Selbstmordversuch im Traunsee unternahm. In nächster Nähe lag die Villa
Traunblick, wo Mathilde Wesendonck wohnte
(Sie starb dort im August 1902.). Auf eigenen
Wunsch ging Hugo Wolf in die Nervenheilan-
stalt zurück, wo ihn bis zuletzt Melanie Köchert
besuchte und ihm die Treue hielt. Drei Jahre
nach dem Tod Hugo Wolfs schied Melanie Köchert in Wien freiwillig aus dem Leben.

**15.4.7–9 Fünf Hüte der Maria Jeritza
(1887–1982)**
Dm. 35–45 cm. Unterach, Dr. Ewald Stadler
Maria Jeritza (* 6. 10. 1887 Brünn, 10. 7. 1982
Orange, New Jersey) studierte zunächst Klavier,
Geige, Cello und Harfe am Brünner Konservatorium, erhielt dann eine Gesangsausbildung
in Brünn, die sie später in Prag fortsetzte, und
begann als Choristin am Brünner Stadttheater.
1905 gab sie am Olmützer Stadttheater ihr Debüt als Elsa im Lohengrin, trat 1910 als Operet-
tensopranistin am Münchner Künstlertheater
auf und wurde im selben Jahr an die Wiener
Volksoper engagiert, wo sie 1911 die Blan-
chefleur in der Uraufführung der Oper „Der
Kuhreigen" von Wilhelm Kienzl sang. 1912
veranlasste Kaiser Franz Joseph I., der sie an seinem Sommersitz in Bad Ischl als „Rosalinde"
in der „Fledermaus" von Johann Strauß gehört
hatte, ihre Berufung an die Wiener Hofoper, an
der sie als „Primadonna assoluta" sensationelle
Erfolge feierte. 1912 übernahm sie als Gast an
der Stuttgarter Hofoper die Titelpartie in der
Uraufführung der „Ariadne auf Naxos" von Richard Strauss, trat 1919 an der Wiener Staatsoper in der Uraufführung von dessen „Frau
ohne Schatten" in der Rolle der Kaiserin auf
und gab zahlreiche Gastspiele an allen großen
europäischen Opernhäusern. 1921 bis 1932
gehörte Maria Jeritza zum Ensemble der New
Yorker Metropolitan Opera, wo sie als Marietta
in Erich Wolfgang Korngolds Oper „Die Tote
Stadt" debütierte. Anschließend kehrte sie an
die Wiener Staatsoper zurück und übernahm

16.1.1

Foto: F. Gangl, OÖ. Landesmuseen

auch verschiedene Filmrollen. 1935 heiratete Jeritza den amerikanischen Filmmagnaten William Sheeham, mit dem sie in Hollywood und später in New York lebte. Nach dem Zweiten Weltkrieg beteiligte sie sich mit hohen Geldspenden am Wiederaufbau der zerstörten Wiener Staatsoper, an der sie ebenso wie bei den Salzburger Festspielen noch mehrmals auftrat. Bereits 1924 war ihre Autobiographie unter dem Titel „Sonne und Gesang" erschienen. Richard Strauss widmete ihr 1948 seine vorletzte Komposition, das Lied „Malven" (Der geliebten Maria, diese letzte Rose!).

Maria Jeritza besaß eine Villa in Unterach am Attersee. Ihre besonders eleganten Hüte, die sie in New York für sich anfertigen ließ, waren fast legendär.

16. RAUM:
DIE KUNST UND IHRE MOTIVE – DAS SALZKAMMERGUT SEHEN

16.1 SEEN UND GLETSCHER

16.1.1 Gmunden mit dem Traunsee. Um 1829

Ferdinand Georg Waldmüller (1793–1865). Öl auf Leinwand. H. 34 cm, B. 31 cm. Linz, OÖ. Landesmuseen, Inv.-Nr. Ka 147

Ferdinand Georg Waldmüller (* 15. 1.1793 Wien, † 23. 8. 1865 Hinterbrühl bei Mödling) kam als Sohn des Haushofmeisters Georg Wald-

müller und seiner Gattin Elisabeth Waldmüller geborene Wittmann zur Welt. Nach dem frühen Tod des Vaters wollte die Mutter den Sohn zu einem Geistlichen bestimmen, dieser aber weigerte sich. Durch das Illuminieren von Bonbonbildern war ihm in den Jahren 1807, 1808 und 1810/11 die unregelmäßige Teilnahme an Akademiekursen möglich. 1810 erhielt Waldmüller Preise für Kopf- und Figurenzeichnen, ein Jahr später verdiente er mit dem Malen von Miniaturportraits beim Landtag in Pressburg: 1813 wurde er an der Akademie der Bildenden Künste Schüler von Hubert Maurer und Johann Baptist Lampi dem Jüngeren, allerdings nur in Sommerkursen. Von Pressburg holte der Banus von Kroatien, Graf Ignaz Gyulay, ihn als Zeichenlehrer für seine Kinder nach Agram (Zagreb). Hier lernte er Katharina Weidner, die Schwester des Malers Joseph Weidner, kennen, die er 1814 heiratete. Das Ehepaar lebte zuerst in Baden bei Wien, Brünn und Prag. Als Katharina Waldmüller 1817 ein Engagement am Kärntnertortheater erhielt, zog man nach Wien. Im Jahr 1818 erhielt Ferdinand Georg Waldmüller bei Joseph Lange Unterricht in der Ölmalerei und half später Johann Nepomuk Schödlberger, der um 1820 sein klassisch gewordenes Gemälde „Der Traunfall in Oberösterreich" (Belvedere, Inv.-Nr. 1716) schuf, in der Landschaftsmalerei. 1822 stellte Waldmüller Portraits bei der Akademie in St. Anna aus, 1827 erhielt er den Auftrag, Kaiser Franz I. zu portraitieren. 1829 wurde er „Erster Custos" an

der Gemäldegalerie mit dem Titel und Rang eines Professors, 1835 ordentlicher Rat der Akademie. Ferdinand Georg Waldmüller unternahm in diesen Jahren größere Reisen, 1828 nach Italien und 1830 nach Paris. In der folgenden Zeit entstanden Landschaften des Salzkammergutes, wo er seine Sommeraufenthalte in Bad Ischl verbrachte, und des Wiener Praters. Durch mehrere Schriften über den Kunstbetrieb und die Ausbildungspraxis an der Wiener Akademie geriet er mit dieser in heftigen Konflikt, der schließlich mit seiner strafweisen Pensionierung bei halbem Gehalt endete. 1854 musste Waldmüller sogar im Modesalon seiner zweiten Gemahlin, Anna Bayer, ausstellen. Auf internationalen Kunstausstellungen (1856 Buckingham Palace, 1861 Köln, 1862 London) konnte er jedoch große Erfolge feiern und wurde schließlich durch eine Audienz beim Kaiser am 7. August 1864 völlig rehabilitiert.

Die vom Kalvarienberg aus wiedergegebene Ansicht von Gmunden zeigt, auf der rechten Seite von einer der Kreuzwegstationen begrenzt, den Blick auf die Stadt und den von Bergen umgebenen Traunsee. Sie gehört mit zu den frühesten erhaltenen Landschaftsbildern Waldmüllers und ist, nach den in den Jahren zwischen 1827 und 1829 entstandenen Salzkammergut-Ansichten in den Skizzenbüchern zu schließen, vermutlich um 1829 entstanden. Diese Entstehungszeit wird auch durch zwei in Hallstatt entstandene Gemälde bestätigt, von denen eines 1829 und das andere 1830 datiert ist.

16.1.2 Hallstatt mit dem Hallstätter See. 1847

Alexander Trichtl (1802–1884). Öl auf Leinwand. H. 45 cm, B. 55,5 cm. Signiert und datiert: „A. Trichtl 1847". Linz, OÖ. Landesmuseen, Inv.-Nr. G 2526

Der Hallstätter See kann seit Franz Steinfeld (* 1787, † 1868) als das klassische Bildmotiv der Salzkammergut-Landschaft gelten, welches in der Folge von zahlreichen Künstlern in den unterschiedlichsten Versionen immer wieder gemalt wurde. Bereits Franz Steinfeld ließ an seine erste Darstellung mit der Ansicht von Hallstatt aus dem Jahr 1824 mehrere Variationen anschließen.

In seinem 1847 entstandenen Gemälde zeigt Alexander Trichtl (* 15. 12. 1802 Wien, † 25. 10. 1884) einen beinahe romantisch-idealisierenden Blick auf die dunkle, geheimnisvoll wirkende Wasseroberfläche des Sees, auf der einige Zillen gleiten, vor dem leicht mit Schnee bedeckten Gebirge. In der rechten Bildhälfte, vor den Häusern und der Kirche von Hallstatt, ist ein in Tracht gekleidetes Paar bei der Rast zu sehen und scheint auch den Betrachter zum Verweilen vor der magischen Naturkulisse einzuladen.

Über den Künstler ist leider wenig Biographisches bekannt. Er hatte in den 1830er- und 1840er-Jahren sein Atelier im heutigen dritten Wiener Gemeindebezirk (Unter den Weißgerbern, Auf der Landstraße). Von 1830 bis 1846 sind seine Aquarelle und Ölbilder regelmäßig auf den Jahresausstellungen der Wiener Akademie bei St. Anna vertreten. Über seinen Aufenthalt in Hallstatt im Jahr 1847, bei dem er möglicherweise weitere Gemälde (Hallstätter See, Kalvarienbergkirche) geschaffen hat, wurde bisher keine direkte schriftliche Überlieferung bekannt. Auf seinem Reiseweg vom oder in das Salzkammergut hat er aber offenbar das heute ebenfalls in den OÖ. Landesmuseen befindliche Bild „Struden mit dem Werfenstein" (Inv.-Nr. Ka 344) gemalt. Da Alexander Trichtl nach 1846 auf Ausstellungen keine Bilder mehr präsentierte, wurde vermutet, dass er seine Malerei frühzeitig aufgegeben habe.

16.1.3 Die Schifferin: Baronin Marie Spaun (1829–1895) am Gmundner See. Um 1851

Moritz von Schwind (1804–1871). Öl auf Karton, H. 26,5 cm, B. 17 cm. Unbezeichnet. Wien, Belvedere, Inv.-Nr. 2456

Die Darstellung einer Schifferin durch Moritz von Schwind aus dem Jahr 1857 ist eine sehr romantisch empfundene und auf den Traunsee bezogene Wiederaufnahme eines Themas, das einige Jahre zuvor bereits durch Franz Eybl in seinen beiden Gemälden „Kahnfahrt des Malers Franz Steinfeld über den Gosausee (1837)" und „Überfahrt nach Hallstatt (1843)" eine fast denkmalhaft stilisierte Bearbeitung gefunden hatte.

Dargestellt ist Marie Edle von Spaun (* 1829 in Linz, † 18.. .... von Spauns (* 1790, † 1849) und der Henriette Freiin von Vogelsang (* 1789, † 1870). Anton Reichsritter von Spaun war Literaturhistoriker, Volkskundler, Musiker und Forscher aus Leidenschaft, der am 10. Februar 1833 beim Präsidenten der Regierung und der oberösterreichischen Landstände, dem Grafen Alois von Ugarte, das Ansuchen um Erlaubnis zur Gründung eines Geschichtsvereins, der neun Monate später von Kaiser Franz I. als „Verein des vaterländischen Museums für Österreich ob der Enns mit Inbegriff des Herzogthums Salzburg" genehmigt wurde, einbrachte. Spaun legte damit den Grundstock für das oberösterreichische Landesmuseum Francisco-Carolinum,

16.1.2   Foto: OÖ. Landesmuseen

darüber hinaus auch für das Urkundenbuch des Landes ob der Enns Oberösterreich und war eine wichtige Persönlichkeit im Kreis um Adalbert Stifter, Ernst von Feuchtersleben und Moritz von Schwind. Der Bruder Antons von Spaun, Joseph Freiherr (seit 1859) von Spaun (* 1788, † 1865), k. k. Hofrat und Lotteriegefällendirektor, hatte bereits in seiner Zeit im Wiener Stadtkonvikt den um neun Jahre jüngeren Franz Schubert kennengelernt, wodurch eine lebenslange Freundschaft begründet wurde. Im Jahr 1848 kaufte Joseph von Spaun das Hofrichterhaus in Traunkirchen. Am 25. August 1851 erfolgte in Traunkirchen auch die Heirat seiner Nichte, Marie Edler von Spaun, mit Franz de Paula II. Baron von Hagenauer, dem Enkel von Johann Georg Hagenauer von Hagenau (* 1748, † 1835), Architekt des Gurker Bischofs und nachmaligen Passauer Fürstbischofs und Kardinals Joseph Franz Anton von Auersperg. Moritz von Schwind war Trauzeuge bei dieser Eheschließung.

16.1.4 In der Rettenbach-Klam bei Bad Ischl. 2. Viertel des 19. Jahrhunderts

Wilhelm Steinfeld (1816–1854). Öl auf Leinwand. H. 70 cm, B. 50 cm. Privatbesitz

Wilhelm Steinfeld (* 1816 Wien, † 1854 Ischl) studierte von 1829 bis 1834 an der Wiener Akademie der Bildenden Künste und nahm seit 1835 regelmäßig an deren Ausstellungen teil. Seine Gemälde befinden sich heute unter anderem im Belvedere, im Wien Museum und im Landesmuseum Joanneum in Graz. Bereits sein Vater, Franz Steinfeld der Jüngere (1787–1868), war mit dem Salzkammergut eng verbunden. Dieser war 1802 in die Wiener Akademie bei Professor Laurenz Janscha als Schüler eingetreten. 1823 wurde Franz Steinfeld der Jüngere selbst Mitglied der Wiener Akademie, 1837 Korrektor derselben, 1845 akademischer Rat und bald darauf ordentlicher Professor und 1850 Leiter der Landschaftsmalereischule an der Akademie. Der Hoch- und Deutschmeister Erzherzog Anton von Österreich ernannte ihn zu seinem Kammermaler. Eine ganze Reihe namhafter österreichischer Landschaftsmaler genoss seine Unterweisung, darunter Carl Lafite, Leopold Heinrich Vöscher, Ludwig Halauska, Josef Holzer, Adolf Obermüllner, Eduard von Lichtenfels und August Schaeffer von Wienwald. Franz Steinfelds Gemälde „Blick auf den Hallstättersee" von 1824, das erstmals in der Akademieausstellung von 1816 präsentiert wurde und besonderes Aufsehen erregte, wird gleichsam als „Geburtsbild" und besondere Ikone der biedermeierlichen Landschaftsmalerei angesehen, da in ihm keine komponierte Ideallandschaft barocker Prägung, sondern ein vom Künstler individuell ausgewählter, realer, von der Natur vorgegebener Landschaftsausschnitt gezeigt wird. Fast alljährlich hielt sich Steinfeld nun im Salzkammergut auf, wobei er auch immer wieder als Gast im Hotel „Goldenes Schiff" in Gmunden aufscheint. Seine Salzkammergutmotive finden sich in namhaften Sammlungen, so im Belvedere (Partie am Hallstätter See), im Wien Museum (Malerwinkel am Hallstättersee), im Landesmuseum Joanneum (Altausseer See, Dachstein, Grundlsee, Toplitzsee) und in den OÖ. Landesmuseen (Der Attersee mit dem Höllengebirge, Attergaulandschaft).

Das in der Landesausstellung gezeigte Gemälde Franz Steinfelds zeigt die Rettenbach-Klam, eine enge Felsschlucht, durch die früher Holz getriftet wurde. Etwa 100 Meter unterhalb der Brücke über den Rettenbach ist an einem Fels am rechten Bachufer eine Gedenktafel angebracht, welche an einen Vorfahren des russischen Astronauten Juri Gagarin erinnert: an Fürst Leon Gagarin und seinen Sohn Wladimir, welche am 3. August 1868 an dieser Stelle ertranken. Man nimmt an, dass die beiden badeten, als in der Rettenbachalm die Schleusen zum Holztriften geöffnet wurden. Franz de Paula Augustin Wirer (* 1771 Korneuburg (Niederösterreich), † 30. März 1844, Wien), Arzt am Wiener Hof und Leibarzt von Kaiser Franz I., Lehrer an der Wiener Medizinischen Schule, Rektor der Wiener Universität und Mentor Ischls als Kurort, wurde im Jahr 1838 mit dem Prädikat „Ritter von Rettenbach" in den Adelsstand erhoben.

16.1.5 Der schöne St. Wolfgang-Brunnen. 1859

Rudolf von Alt (1812–1905). 32 cm x 43 cm. Aquarell auf Papier. Signiert und datiert: „R. Alt (1)859". Privatbesitz
Rudolf von Alt (* 28. 8. 1812, † 12. 3. 1905) erhielt die Grundausbildung bei seinem Vater Jakob Alt und studierte 1825 bis 1832 an der Wiener Akademie der Bildenden Künste, zuletzt in der Klasse für Landschaftsmalerei von Joseph Mössmer. Seine ersten selbständigen Werke, die Aquarelle „Friedhof von St. Peter" und „Blick auf St. Wolfgang", also ein Motiv aus dem Salzkammergut, entstanden im Jahr 1829. Neben der Landschaftsmalerei in Aquarelltechnik beschäftigte er sich seit seiner Romreise 1835 vermehrt mit der Architekturmalerei. Von 1839 an entstanden auch Trachten aus Galizien und Dalmatien und Interieurmalerei.

Seine Vedutenaquarelle brachten ihm den Beinamen „Canaletto Wiens" ein. Rudolf von Alt war Gründungs- und Vorstandsmitglied des Wiener Künstlerhauses, Mitglied und Professor an der Akademie der Bildenden Künste in Wien und seit 1897 Ehrenpräsident der Wiener Secession. 1892 wurde er in den Ritterstand erhoben.

Rudolf von Alt malte während seiner über mehr als sieben Jahrzehnte währenden künstlerischen Schaffenszeit immer wieder interessante und reizvolle Motive aus dem Salzkammergut, unter anderem die Flügelaltäre von Hallstatt und St. Wolfgang.

16.1.6 Motiv vom Mondsee

Anton Hlaváček (1842–1926).
24 cm x 37 cm. Öl auf Leinwand. Privatbesitz
Anton Hlaváček (* 7. 5. 1842, † 16. 1. 1926) wurde im 12. Wiener Gemeindebezirk als Sohn eines Altwiener Webermeisters geboren, erlernte den Beruf eines Anstreichers (Stubenmalers) und malte nebenbei Bilder zum Verkauf. Erst 1859, nachdem er zweimal wegen angeblicher Talentlosigkeit von der Akademie der Bildenden Künste Wien zurückgewiesen worden war, gelang es ihm, in die Landschaftsmalerklasse aufgenommen zu werden. Bis 1864 studierte er an der Akademie bei den Professoren Wilhelm Steinfeld und Albert Zimmermann, unter dessen Leitung er Studienreisen durch die österreichischen Alpenländer und das bayrische Hochland unternahm. Aufgrund eines Staatsstipendiums konnte er eine fast zwei Jahre dauernde Studienreise an den Rhein unternehmen. 1869 kehrte er nach Wien zurück. In diesem Jahr wurde eines seiner ersten größeren Gemälde, „Der Königssee", von Kaiser Franz Joseph I. angekauft. Auf der Wiener Weltausstellung 1873 erhielt er für drei Landschaftsbilder, darunter ein Gemälde „Der Attersee", die Künstlermedaille. Hlaváček entnahm seine Motive mit Vorliebe der Umgebung Wiens und den österreichischen Alpenländern. Zu seinen Hauptwerken zählen das „Panorama von Wien und seinen Umgebungen vom Nussberg bei Nussdorf" (im Steinernen Saal des Wiener Rathauses), das als Staatsauftrag für das damals im Rathaus befindliche Historische Museum 1878 begonnen wurde, sowie das ebenfalls im Auftrag der Stadt Wien geschaffene Monumentalgemälde „Das alte Donaubett von Wien" (1890. Ebenfalls Rathaus) oder auch „Der Steinbruch St. Margaretha" (1887) als Wandbild für das Naturhistorische Museum. Hlaváček war seit 1862 Mitglied des Künstlerhauses und gründete 1906 den Österreichischen Künstlerbund. Aus

Anlass seines 75. Geburtstages wurde er durch eine Sonderausstellung bei Albert Kende im Mai / Juni 1917, auf der mehr als zweihundert Arbeiten aus allen Schaffensperioden vertreten waren, geehrt. Anton Hlaváček war unter anderem auch als Maler von Alpenseen besonders geschätzt. So sind neben Gemälden vom Hintersee, Königssee auch Bilder vom Attersee und unser „Motiv vom Mondsee" entstanden.

16.1.7 Gosausee mit Dachstein. München, 2. Hälfte des 19. Jahrhunderts

Ludwig Gebhardt (1830–1908). Öl auf Leinwand. H. 34,5 cm, B. 65,5 cm. Rechts unten bezeichnet „L. Gebhardt". Linz, OÖ. Landesmuseen, Inv.-Nr. G 1063
Ludwig Gebhardt (* 20. 7. 1830, † 6. 10. 1908) studierte nur kurz an der Zeichenklasse an der Kunstakademie in München, dann bei seinem Bruder Karl Max Gebhardt (* 1834, † 1915) und bildete sich autodidaktisch weiter. Er malte nach dem Vorbild von Ernst Fried, Carl Rottmann und Moritz von Schwind Landschaften und reiste auf der Suche nach Motiven durch das bayrische Alpenvorland, nach Berchtesgaden und auch in das Salzkammergut, durch Tirol, an den Gardasee (Torbole), nach Oberitalien und bis an die Adria. Seit 1869 waren seine Werke immer wieder im Münchner Glaspalast, in der Maillinger-Sammlung des Stadtmuseums in München und in der Landesgalerie in Linz ausgestellt.

16.1.8 Mondsee mit Drachenwand. 2. Hälfte des 19. Jahrhunderts

Anton Romako (1832 – 1889). Öl auf Leinwand. H. 44,5 cm, B. 36 cm. OÖ. Landesmuseen, Inv.-Nr. G 361
Anton Romako (* 20. 10. 1832, † 8. 3. 1889) war der uneheliche Sohn des Fabrikanten Josef Lepper und von dessen Haushälterin Elisabeth Maria Anna Romako. Seit 1848 studierte er an der Akademie der Bildenden Künste bei den Professoren Carl Rahl und Ferdinand Georg Waldmüller und war 1849/50 im Atelier Wilhelm von Kaulbachs in München tätig. 1851 folgte er Carl Rahl an dessen Privatschule für Monumentalmalerei in Wien, an dessen Entwürfen für die Ruhmeshalle des Arsenals er mitarbeitete. 1854/55 hielt sich Romako in Venedig, 1856 vermutlich in Spanien auf, seit 1857 lebte er in Rom und malte Genrebilder, Portraits und Aquarelle. In Rom heiratete er 1862 Sofie Köbel und führte in einer Villa auf dem Monte Mario ein großes Haus, in dem Franz Liszt, Anselm Feuerbach und Joseph von Kopf verkehrten. 1876 kehrte er nach Wien zurück,

konnte sich hier aber nicht gegen Hans Makart durchsetzen. Anton Romako gilt als Vorläufer des österreichischen Expressionismus. Zu seinen bekanntesten Gemälden gehören unter anderem „Italienisches Fischerkind" (1870/71), „Admiral Tegetthoff in der Seeschlacht bei Lissa" (1880), „Kaiserin Elisabeth" (um 1883) und „Circe und Odysseus" (um 1884/85).

Die Drachenwand mit einer maximalen Seehöhe von 1.060 Metern, die durch ihre zwei Kilometer breite und 400 Meter hohe, nördlich des Mondsees gelegene Felsformation die Blicke vieler Besucher auf sich zieht, war ein beliebtes künstlerisches Motiv. Um 1877 entstand Anton Romakos Gemälde „Der Wolfgangsee" (Wien, Belvedere, Inv.-Nr. 1162).

16.1.9 Traunsee mit Schlafender Griechin. 1908

Richard Gerstl (1883–1908). Öl auf Leinwand. 37,7 cm x 39,3 cm. Unsigniert, undatiert. Wien, Leopold-Museum, Inv.-Nr. 646

Richard Gerstl verbrachte die Sommer 1907 und 1908 gemeinsam mit der Familie Schönberg am Traunsee und gab Arnold Schönberg Zeichenunterricht. In der Sommerfrische schuf Gerstl neben Portraits der Personen aus seiner Umgebung auch zahlreiche Landschaftsbilder rund um den Traunsee. Seine Leidenschaft für dessen Gemahlin Mathilde Schönberg, die Schwester des Komponisten und Dirigenten Alexander von Zemlinsky (* 1871, † 1842), führte zum Bruch mit dem Komponisten. Gerstl wurde aus dem Freundeskreis der Familie Schönberg ausgeschlossen und geriet in völlige Isolation. So zeigen ihn die letzten Selbstportraits hoffnungslos und verzweifelt. Da Richard Gerstl keinen Ausweg aus seiner persönlichen Krise sah, erhängte er sich in der Nacht vom 4. auf den 5. November 1908 vor einem Spiegel – durchbohrt von einem Messer. Das Gemälde Richard Gerstls zeigt den Traunsee und den Erlakogel, einen 1.575 Meter hohen Berg östlich des Traunsees, der im Volksmund die Bezeichnung „Schlafende Griechin" trägt. In einem der Ausläufer des Erlakogels, dem 1.411 Meter hohen Gasselkogel, befindet sich die tropfsteinreichste Höhle der Nördlichen Kalkalpen, die Gasselhöhle. Von Rindbach in der Gemeinde Ebensee führt ein offizieller, markierter und gesicherter Weg auf den Erlakogel. Der Aufstieg dauert zirka drei Stunden.

16.1.10 Erinnerung an Weyregg

August Schäffer von Wienwald (1833–1916). Öl auf Leinwand auf Karton. Unvollendet (aus

dem Nachlass des Enkels Dr. August Schäffer). 33,4 cm x 52,5 cm. Privatbesitz

August Schäffer von Wienwald (* 30. 4. 1833, † 29. 11. 1916) war der Sohn des Chirurgen Karl Schaeffer und dessen Gattin Josefa Elisabeth Schäffer geborene Scheibenbogen. Er wurde in der damaligen Wiener Vorstadt Windmühle 66 (heute Fillgradergasse 2) geboren. Seine Schwester Josefina Magdalena war später mit dem Maler Ludwig Halauska (* 1827, † 1882) verheiratet, eine andere Schwester mit dem Maler Karl Borromäus Post (* 1834, † 1877). August Schäffer studierte von 1852 bis 1856 an der Akademie der Bildenden Künste Wien bei Franz Steinfeld. Ab 1857 unternahm er eine ausgedehnte Reise durch Süd- und Westeuropa, vor allem auch an die Nordsee, nach Ungarn und in die Alpen. 1871 bis 1874 war August Schäffer Skriptor an der Bibliothek und 1874 bis 1880 Kustos der Galerie der Akademie der Bildenden Künste in Wien. Von 1881 bis 1892 war er Kustos und von 1892 bis 1910 Direktor der Gemäldegalerie des Kunsthistorischen Museums in Wien. In dieser Funktion etablierte das Museum als wissenschaftliche Anstalt und institutionalisierte konservatorische Aspekte. August Schaeffer war Mitglied der Künstlervereinigung „Eintracht", ab 1861 des Künstlerhauses sowie von 1884 bis 1886 Vorstand und ab 1913 Ehrenmitglied dieser Institution, für die er auch eine Chronik verfasste. Er war auch Mitglied der belgischen Aquarellistenvereinigung sowie von 1889 bis 1916 Ausschussmitglied des Alterthums-Vereins. 1911 wurde August

Schäffer in den Ritterstand erhoben und hieß seither August Schaeffer Ritter von Wienwald. 1915 wurde er Hofrat. Schaeffer verfasste einige Schriften kunsthistorischen Inhalts bzw. über die Institutionen, für die er tätig war. Er war in erster Ehe 1862 bis 1889 mit der Opernsängerin Emilie Hoffmann verheiratet, nach deren Tod in zweiter Ehe 1905 bis 1916 mit der Malerin und Schriftstellerin Auguste Wahrmund (* 1862, † 1936), einer Tochter des Orientalisten Adolf Wahrmund (* 10. 6. 1827, † 15. 5. 1913). August Schaeffer war als Maler einem romantisch-spätbiedermeierlichen Stil, später einem Stimmungsimpressionimsus verpflichtet und betätigte sich vor allem als Landschaftsmaler, wobei Darstellungen von Waldlandschaften besonders typisch sind. August Schaeffer schuf Wandbilder im Naturhistorischen Museum in Wien. Im Salzkammergut schuf er Ansichten vom Langbath-, Wolfgang- und Traunsee (bei Ebensee und bei Traunkirchen) sowie diese Ansicht des Attersees, ein Gemälde, das bis in die Generation seines Enkels Dr. August Schäffer von Wienwald im Familienbesitz verblieb.

16.1.11 Baum mit Häusern im Hintergrund. 1907

Richard Gerstl (1883–1908). Öl auf Leinwand. Wien, Leopold-Museum, Inv.-Nr. 641

Richard Gerstl war während seiner Sommeraufenthalte in Gmunden sehr schöpferisch und produktiv und ist als Maler in der Landschaft vermutlich auch anderen Sommerfrischegästen

16.1.10　　　　　　　　　　*Foto: Simak, 2008*

16.1.14   *Foto: Schepe*

aufgefallen. Im Museum der Moderne in Salzburg hat sich eine anonyme Fotografie aus dem Jahr 1907 erhalten, die Richard Gerstl beim Malen am Ufer des Traunsees zeigt.

16.1.12 Blick auf den See. 1917

Richard Teschner (1879–1948). Öl auf Leinwand. H. 55 cm, B. 51 cm. Wien, Sammlung Dichand

Richard Teschner (* 22. 3. 1879, † 4. 7. 1948), Sohn des Lithographen Karl Teschner, lernte zunächst bei seinem Vater. Von 1896 bis 1899 war er an der Kunstakademie Prag Schüler von Wenzel Brožík, studierte 1900/01 an der Wiener Kunstgewerbeschule bei Karl Karger und unterrichtete mit dem Bildhauer Karl Wilfert dem Jüngeren an der von ihm gegründeten privaten Kunstschule (im „Blauen Haus") in Prag Graphik. 1909 übersiedelte er nach Wien, wurde Mitglied der Klimt-Gruppe und Mitarbeiter der Wiener Werkstätte und betätigte sich überaus vielseitig als Maler, Illustrator, Bühnenbildner, Bildhauer, Plakatzeichner und Kunstgewerbler. 1911 heiratete er Emma Bacher-Paulick, die Witwe nach dem Juwelier und Mäzen Paul Bacher und Tochter des Hoftischlermeisters Friedrich Paulick (* 1824, † 1904), und wurde dadurch finanziell unabhängig. Auf der Hochzeitsreise lernte er in Holland die Wajang-Figuren aus Java kennen. Er schuf nach diesen Vorbildern Stabpuppen und schrieb für seine Marionetten eigene Stücke, die er 1912 bis 1932 in einem „Goldenen Schrein" und 1932 bis 1948 im so genannten „Figurenspiegel" aufführte. Als Graphiker entwickelte Teschner die Handtonätzung. Er schuf Exlibris und fand als Buchillustrator Zugang zum Prager Dichterkreis um Gustav Meyrink, Oskar Wiener und Paul Leppin. Richard Teschner erhielt 1926 den Kunstpreis der Stadt Wien und 1928 den Professorentitel. Am Attersee entstanden 1917 die Gemälde „Blick auf den See" und „Seewalchen. Kirche" (beide in der Sammlung Dichand). Richard Teschner verbrachte lange Jahren die Sommermonate in der Villa Paulick in Seewalchen am Attersee, wo unter anderem auch Fotoaufnahmen von Gustav Klimt und Emilie Flöge entstanden. Gertrud Flöge, die Nichte der Frau Emma Teschner, war die Haupterbin des Nachlasses von Richard Teschner, der heute zu einem großen Teil im Österreichischen Theatermuseum aufbewahrt und dort in einem speziellen Gedenkraum gezeigt wird.

16.1.13 Wolfgangsee mit hohem Horizont. 1913

Koloman Moser (1868–1918). Öl auf Leinwand. 32,5 cm x 32,5 cm. Wien, Leopold-Museum, Inv.-Nr. 89

Koloman Moser (* 30. 3. 1868, † 18. 10. 1918) wurde als Sohn von Josef Moser, des Verwalters am Wiener Theresianum, und dessen Gemahlin Theresia geborene Hirsch geboren. Ohne Wissen seiner Eltern bestand er 1885 die Aufnahmsprüfung an der Akademie der Bildenden Künste Wien und studierte bei den Professoren Franz Rumpler, Christian Griepenkerl und Matthias von Trenkwald, auf dessen Empfehlung Koloman Moser 1892 bis 1893 Zeichenlehrer der Kinder von Erzherzog Carl Ludwig auf Schloss Wartholz in Reichenau an der Rax wurde. 1893 bis 1895 studierte er an der Kunstgewerbeschule, an der er 1899 selbst Lehrer und Professor wurde, bei Franz Matsch. 1897 war Moser Mitbegründer der Wiener Secession, für deren Zeitschrift „Ver Sacrum" er circa 140 Illustrationen beisteuerte und deren Ausstellungen er maßgeblich gestaltete, aus der er aber 1905 mit der Klimtgruppe austrat. 1902 war er an der Gestaltung der Beethoven-Ausstellung der Wiener Secession maßgeblich beteiligt. Mit Josef Hoffmann und Fritz Wärndorfer begründete er 1903 die „Wiener Werkstätte". Studienreisen führten ihn nach München, Nürnberg, Bamberg, nach Leipzig, Dresden, Prag, Straßburg und im Jahr 1900 zur Wiener Weltausstellung, später auch nach Italien, Belgien, in die Niederlande und die Schweiz, wo er den für sein Schaffen einflussreichen Maler Ferdinand Hodler kennen lernte. Am 1. Juli 1905 heiratete er die vermögende Industriellentochter Editha Mautner von Markhof. Die Hochzeitsreise führte das junge Paar ins Salzkammergut, nach Hallstatt und St. Gilgen, zu Carl Moll.

Kolo Moser zählt zu den führenden Vertretern des Jugendstils. Seine Malerei war zunächst vom Impressionismus geprägt, in der Folge aber mehr einem dekorativen Naturalismus verpflichtet und stand später stark unter dem Einfluss von Ferdinand Hodler. In seinen kunstgewerblichen Entwürfen für Schmuck, Gläser, Keramik, Tapeten, Stoffe, metallene Hausgeräte, Möbel und Vorhänge sowie in Buchillustrationen trat Mosers secessionistische Position stärker hervor. Durch besonders dekorative und geistreiche flächige Entwürfe hat er Bedeutendes geleistet und war vorbildgebend. Er kann als einer der bedeutendsten Repräsentanten der Wiener Kunst um die Jahrhundertwende gelten und hat die Entwicklung der Wiener Secession und die Anfänge der „Wiener Werkstätte" wesentlich beeinflusst.

1916 erkrankte Koloman Moser unheilbar und starb 1918 an Kehlkopfkrebs. Zu dem Gemälde „Wolfgangsee mit hohem Horizont" gibt es ein Pendant, „Wolfgangsee mit tiefem Horizont" (Wien, Leopold Museum, Inv.-Nr. 90), das gleichzeitig, ebenfalls um 1913, entstand.

16.1.14 Gosausee und Dachstein

Edward Theodore Compton (1849–1921).
Aquarell auf Papier. H. 94 cm, B. 114 cm.
Privatbesitz

Edward Theodore Compton (* 29. 7. 1849
Stoke Newington, England, † 22. 3. 1921
Feldafing) besuchte englische Kunstschulen
und war für kurze Zeit Schüler der Royal Academy of Arts in London, er bildete sich aber
auch als Autodidakt weiter. 1863 ging er nach
Darmstadt und 1869 nach München. Seit
1874 lebte er in Feldafing am Starnberger See.
Compton ist der erste Maler der hochalpinen
Welt. Er unternahm zahlreiche Reisen, deren
Eindrücke er in Ölbildern und Aquarellen,
aber auch in Tuschezeichnungen verarbeitete. Von seinen Aquarellen und Handzeich-
nungen erschienen viele in den Schriften des
Deutschen und Österreichischen Alpenver-
eins und in prachtvollen Monographien wie
zum Beispiel Emil Zsigmondys „Im Hochgebirge" oder Robert von Lendenfelds „Aus
den Alpen". Seit 1905 war Edward Theodore
Compton jährlich in Hinterstoder, wo zahlreiche Motive der Gebirgswelt (Totes Gebirge, Großer Priel, Spitzmauer, Pießling-Ur-
sprung) entstanden. Im Salzkammergut malte
er unter anderem die Bilder „Attersee mit
evangelischer und katholischer Pfarrkirche"
(1899) sowie „Gosausee und Dachstein". Im
Jahr 1920 schuf Edward Theodore Compton
als vorletztes Ölgemälde vor seinem Tod das
große Panorama „Großer Priel mit Blick auf
den Dachstein", das er an eine Geschäftsfrau
in Linz verkaufte.

16.1.15 Hallstatt. 1905

Fritz Lach (1868–1933). Aquarell auf Papier.
Rechts unten signiert, datiert und bezeichnet:
„Fritz Lach 05 / Hallstatt."
H. 54 cm, B. 69 cm. Privatbesitz

Fritz Lach (* 29. 3. 1868, † 9. 10. 1933) war
ein Großneffe Ferdinand Georg Waldmüllers.
Bereits im Alter von sechzehn Jahren war er
Hospitant an der Wiener Akademie, kurze Zeit
studierte er auch an der Münchener Akademie. Gefördert wurde er durch seinen Onkel,
den Wiener Maler Josef Hoffmann (* 1831,
† 1904). Bis zum 32. Lebensjahr arbeitete er
als Beamter der DDSG in verschiedenen Do-
naustädten (Belgrad, Linz, Orşova am Eisernen Tor und Regensburg). Im Anschluss an
diesen Lebensabschnitt ließ er sich als Maler
und Graphiker in Wien nieder, wo seine Land-
schaftsaquarelle hohes Ansehen genossen. Er
galt als bedeutendster Aquarellist seit Rudolf
von Alt. Seine Wertschätzung spiegeln zahl-

reiche Auszeichnungen wieder. 1916 erhielt er
den Ehrenpreis der Stadt Wien, 1918 das Eh-
rendiplom und 1919 die Goldene Medaille des
Albrecht-Dürer-Bundes, 1925 die Ehrenbürgerschaft der Stadt Linz und 1931 das Silberne
Ehrenzeichen für Verdienste um die Republik
Österreich. 1933 starb Lach an den Folgen eines Schlaganfalls und erhielt ein Ehrengrab der
Stadt Wien. In Traunkirchen hat Fritz Lach im
Jahr 1912 ein Aquarell mit einer Darstellung
des Hofrichterhauses der Familie von Spaun
geschaffen.

16.1.16 Bootshütte in St. Gilgen. 1900/1901

Carl Moll (1861–1945) zugeschrieben.
Ölskizze auf Holz. H. 26,3 cm, B. 36 cm.
Gerahmt. Privatbesitz

Lit.: T. G. Natter und G. Frodl: Carl Moll
(1861–1945). Österreichische Galerie
Belvedere, Wien; Salzburg 1998. Carl
Moll. Seine Freunde, sein Leben, sein
Werk. – Salzburg Galerie Welz 1985. Alma
Mahler-Werfel. Tagebuch-Suiten 1898–1902,
Frankfurt am Main 2002.

Carl Moll (* 1861, † 1945) studierte 1880 bis
1881 an der Akademie der Bildenden Künste
bei Christian Griepenkerl und wurde später Assistent und Schüler des Landschaftsmalers Emil
Jakob Schindler. Nach dem Tod Schindlers
heiratete er 1892 dessen Frau. Carl Moll war
Mitbegründer der Wiener Secession, aus der er
1905 gemeinsam mit der Gruppe um Gustav
Klimt austrat. Als Leiter der Galerie Miethke
betätigte er sich auch als Förderer von Gustav
Klimt.

Für die Urheberschaft Carl Molls an dem Gemälde „Bootshütte in St. Gilgen" gibt es eine
Reihe von Indizien: Die Zuschreibung an die
St. Gilgener Landschaft gelingt durch Vergleich
mit entsprechenden Uferpartien im Salzkammergut. Ein kleiner, aber nicht zwingender
Hinweis für einen See des Salzkammergutes
– mit Nähe zur Stadt Salzburg – ist auch die
Etikette der Rahmenfirma auf der Rückseite.
Da Bismarckstraße der Name für einen Teil der
heutigen Salzburger Schwarzstraße im Zeitraum
von 1915 von 1945 war, muss die (heutige)
Rahmung innerhalb dieses Zeitraumes erfolgt
sein. Den Hinweis auf einen Wiener Maler
liefert der rückseitige Aufdruck auf der Mahagonitafel: „Alois Ebeseder, I., Opernring 9".
Die Qualität der Malerei, die Farbpalette, eine
Herkunft des Malers aus Wien, das Motiv und
das Format lassen an Carl Moll denken. Die
Gegenüberstellung von Gelbgrün zu Blaugrün
zieht sich wie ein roter Faden durch sein Le-

benswerk. Ausblicke liebte er ganz besonders.
Im Werksverzeichnis Molls lassen sich zahlreiche, sehr ähnliche Formate feststellen.

Auf der Rückseite der Mahagonitafel ist mit
Bleistift in äußerst schwer lesbarer Kurrent-
schrift geschrieben:
„Schraz fischte W. mit Willi."

Schratzen sind kleine Barsche, die sich mit Vor-
liebe unter den Schiffshütten aufhalten. „W.
und Willi" sind Wilhelm Legler senior und
Wilhelm Legler junior (* 1875, † 1951), der
Schwager von Alma Mahler-Werfel (* 1879,
† 1964) und Schwiegersohn von Carl Moll
(Alma Mahler-Werfel bezeichnet in ihren Ta-
gebüchern Wilhelm Legler junior mit „W."
Grete, die Stieftochter von Carl Moll, heiratete
Anfang September 1900 in Ischl. Die Bleistift-
Aufschrift könnte von „Mama Legler", wie
Alma die Frau von Wilhelm Legler senior be-
zeichnet, stammen.). Entweder das Jahr 1900
oder 1901 käme als Entstehungszeit in Frage.
Erhalten hat sich auch eine lustige Ansichtskar-
te mit dem Motiv des Hüttensteintunnels der
Salzkammergut-Lokalbahn, die die ausgelassene
Stimmung zeigt, in der man sich befand, wenn
man im Gasthaus „Batzenhäusl" am Krottensee
einkehrte. Diese ist mit „14. Juli 1900" datiert
und adressiert und geschrieben an Emerich von
Bukovics (1844–1905), den 1. Direktor des
Wiener Volkstheaters, des „Theaters am Weghuberpark": „Im Tunnel is schauerlich, / Aber
nicht so fürchterlich, / Nirgends is es ja so arg
/ Als wie im Weghuberpark". Es folgen die Unterschriften von Carl Moll, Anna Moll (seiner
Frau, Witwe nach Emil Jakob Schindler), Viktor (= der Mäzen Dr. Friedrich Viktor Spitzer)
und Dr. (Max) Burckhard (Direktor des Wiener
Burgtheaters) (siehe auch Gottfried Kuppelwieser: Grüße vom Wolfgangsee. Eine Auswahl
alter Ansichtskarten vom Mondsee, Schafberg,
Wolfgangsee und Attersee. Linz 1981, Karte
Nr. 40).

16.1.17 Traunseelandschaft (mit Traunstein) bei Ebensee. 3. Viertel des 20. Jahrhunderts.

Franz Xaver Weidinger (1790–1872). Aquarell
auf Papier. Links unten signiert: „F. X.
Weidinger". Bad Ischl, Museum der Stadt Bad
Ischl

Franz Xaver Weidinger (* 17. 6. 1890 Ried
im Innkreis, † 15. 10. 1972 Bad Ischl) wurde
als 6. von zehn Kindern eines Schuhmachers
geboren. Er absolvierte eine Lehre als Anstrei-
cher und Zimmermaler in Ried und München
und erhielt in den Jahren 1908–1911 seine
erste künstlerische Ausbildung an der Staats-

gewerbeschule in Salzburg, wo er im Hause des Komponisten Josef Reiter (*1862, † 1939) mannigfache geistige Anregung empfing. Nachdem im Jahr 1910 ein Versuch, an der Wiener Akademie Aufnahme zu finden, misslang, studierte Weidinger, nachdem er kurze Zeit die Malschule Strehblow besucht hatte, an der Akademie in Dresden bei den Professoren Richard Müller und Osmar Schindler. Von 1912 bis 1916 war er an der Wiener Akademie der Bildenden Künste Schüler in der Allgemeinen Malerklasse bei Professor Rudolf Bacher. 1916 wurde er zum Militärdienst einberufen, wegen einer Erkrankung aber bereits 1917 entlassen, und war anschließend in den Jahren 1917/18 Assistent für Zeichnen an der Oberrealschule in Linz. Im April 1918 stellte er das erste Mal in der Wiener Secession und im Dezember 1919 auch erstmalig im Wiener Künstlerhaus aus, dessen Ausstellungen er in der Folge regelmäßig beschickte. In den Jahren 1919 bis 1921 setzte er sein Studium an der Akademie der Bildenden Künste bei Professor Rudolf Bacher fort. Von 1921 bis 1939 war Franz Xaver Weidinger freischaffender Künstler, zunächst als Gast der Familie Zeitlinger in Leonstein, seit 1925 in Linz. Von 1928 bis 1933 war Franz Xaver Weidinger Präsident des Oberösterreichischen Kunstvereins. In diesen Jahren führten ihn Studienreisen in weite Teile Europas, von Italien bis Norwegen und von Frankreich bis Westungarn. Dennoch blieb Weidinger in seinem Schaffen der Schilderung seiner oberösterreichischen Heimat treu. Meisterlich hielt er vor allem in vielen Aquarellen den Stimmungszauber der weiten Voralpenlandschaft sowie des Gebirges fest. Schon in jungen Jahren wurde Franz Xaver Weidinger mit vielen Auszeichnungen bedacht. Auf einer Ausstellung in Salzburg 1919 erhielt er die silberne Staatsmedaille, in Linz 1924 den Jubiläumsstaatspreis, in Ischl 1925 den Staatspreis der Innviertler Künstlergilde, 1927 die goldene Medaille des Linzer Kunstvereins, 1928 die silberne Medaille der Stadt Graz, 1934 in Graz in der Jahreshauptausstellung steiermärkischer Künstler die goldene Staatsmedaille und 1938 die silberne Medaille der Stadt Salzburg. Seit 1939 war Franz Xaver Weidinger dauernd in Bad Ischl wohnhaft. Anlässlich seines 60. Geburtstages im Jahr 1950 wurde eine Ausstellung in Ried abgehalten. Im selben Jahr wurde der Künstler mit dem Professorentitel ausgezeichnet. 1951 erhielt Franz Xaver Weidinger zusammen mit Rudolf Hoflehner (* 1916, † 1995) den 1. Preis im Wettbewerb „Linz heute" und 1960 wurde er mit dem Goldenen Lorbeer des Wiener Künstlerhauses geehrt. Am 15. Oktober

1972 starb Franz Xaver Weidinger in Bad Ischl und wurde auf dem Ischler Friedhof beerdigt. Das gezeigte Motiv der Traunseelandschaft bei Ebensee mit Blick auf den Traunstein gehört zu einem beinahe zwanzig Aquarelle umfassenden Zyklus von Salzkammergut-Motiven (Almsee, Altmünster am Traunsee, Bad Ischl, Motiv aus Gmunden, Landschaft von Goisern, Gschwandt, Hallstatt, Kirchham, Laakirchen, Obertraun, Ohlsdorf, Pinsdorf, Roitham, St. Konrad, St. Wolfgang, Traunkirchen, Viechtwang, Vorchdorf).

16.1.18 Die „Blaue Braut". 2000

Christian Ludwig Attersee (* 1940).
Acrylfarben auf Papier. Rechts unten bezeichnet, signiert und datiert: „Die Blaue Braut / Attersee / 2000". H. 95 cm, B. 75 cm.
Attersee, Gemeindeamt

Lit.: Attersee: Die Blaue Braut – Erotische Bildzyklen und Bilder 1995–2000. Attersee-Ausstellung in der Atterseehalle Juli / August 2000, Attersee 2000

Christian Ludwig Attersee wurde am 28. August 1940 in Pressburg / Bratislava geboren. Er verbrachte seine Jugend in Aschach an der Donau, in Linz und am Attersee und machte sich bereits als Jugendlicher einen Namen als hervorragender Segler. Er gewann zahlreiche internationale Regatten. Schließlich nahm er sogar das Pseudonym Attersee als Bestandteil seines Künstlernamens an. Wetter und Wasser zählen bis heute zu den Hauptthemen seiner bildnerischen Arbeit. Attersees künstlerisches Schaffen begann 1951 mit dem Schreiben von Romanen, Liedern und dem Entwerfen von Bühnenbildern. Attersee studierte ab 1957 Bühnenarchitektur an der Hochschule für angewandte Kunst in Wien. Ab 1959 schloss sich ein Studium der Malerei, unter anderem bei Professor Eduard Bäumer, an, das er 1963 erfolgreich beendete. Ab 1966 stand Christian Ludwig Attersee in engem Kontakt mit dem Wiener Aktionismus. Anfangs der Objekt- und Aktionskunst nahestehend, bemühte er sich unter Einbindung von Musik und Sprache, aber auch Fotografie und Film um eine neue Form des Gesamtkunstwerkes. Ab Mitte der 1960er-Jahre entstanden die für Attersee typischen Objekterfindungen wie „Speisekugel" und „Speiseblau" oder das „Attersteck". Attersee begann diese Gegenstandserfindungen auf Leinwandbildern und Farbzeichnungen festzuhalten. Objektaktionen in Galerien, auf Bühnen und in Fernsehfilmen begleiteten diese. Attersee ist befreundet mit Günter Brus, Hermann Nitsch, Walter Pichler, Dieter Roth,

Dominik Steiger und Oswald Wiener. Ein Stipendium des Akademischen Austauschdienstes führte Attersee 1971/72 nach Berlin. Dort entstand der Zyklus „Segelsport". Attersee kann als einer der vielfältigsten Künstler Österreichs gelten. Neben seiner Tätigkeit als Maler tritt er auch immer wieder als Musiker, Schriftsteller, Objektmacher und Designer in Erscheinung. Er produziert Filme und entwirft Bühnenbilder und nimmt an zahlreichen internationalen Ausstellungen teil. Zu seinen wichtigsten Ausstellungen gehörten die „documenta VI" 1977 in Kassel und die Biennale in Venedig 1984. Dort gestaltete Attersee den österreichischen und ersten internationalen Pavillon. Anfang der 1980er-Jahre war der Künstler zudem mit seiner Werkschau „Attersee Werksquer" in zahlreichen Museen und Kunsthäusern Österreichs und Deutschlands zu sehen. Christian Ludwig Attersee wurde 1990 als außerordentlicher Professor an die Hochschule für angewandte Kunst in Wien (Meisterklasse für experimentelles Gestalten) berufen und im Jahr 1992 zum ordentlichen Professor für die Meisterklasse Malerei, Animationsfilm und Tapisserie ernannt. 1993 fand im Gemeente Museum Den Haag eine retrospektive Einzelausstellung statt. Eine weitere folgte 1997 in der Albertina in Wien. 1997 wurde Christian Ludwig Attersee mit dem Großen Österreichischen Staatspreis für Kunst, 2004 mit dem Lovis Corinth-Preis der Künstlergilde Esslingen (Baden Württemberg) und 2005 mit dem Österreichischen Ehrenzeichen für Wissenschaft und Kunst ausgezeichnet. Christian Ludwig Attersee lebt und arbeitet in Wien, in St. Martin an der Raab im Burgenland und am Semmering, ist aber auch mit dem Attersee, wo er sich immer wieder gerne aufhält, eng verbunden.

16.2 MYTHOS BERG – DER TRAUNSTEIN ALS BILDMOTIV

16.2.1 Traunsee mit Traunstein

Gauermann-Umkreis. Öl auf Holz. H. 30 cm, B. 35,5 cm. Linz, OÖ. Landesmuseen, Inv.-Nr. G 2247

Bei Ebensee beginnend, erstreckt sich auf der Südostseite des Traunsees der sagenumwobene „Erlakogel" (1570 m), der wegen seiner – von Gmunden aus betrachteten – Konturen auch die „Schlafende Griechin" genannt wird. Den gewaltigen Abschluss dieser Gebirgsumrahmung des Sees bildet am östlichen Ufer dann der Traunstein. Eine erste Höhenmessung des Traunsteins wurde auf Veranlassung Kaiser Maximilians I. vorgenommen. Der Beauftragte des

Kaisers soll bloß eine absolute Höhe von 679 Meter errechnet haben, was bei weitem zu kurz gegriffen ist. Drei Jahrhunderte später errechnete man 581 Toisen (französische Klafter), das wären annähernd 1.133 Meter. Erst nach verschiedenen weiteren Höhenmessungen kam man endlich zum bis heute gültigen, richtigen Resultat: Die höchste Erhebung des Traunsteins misst 1.691 Meter über der Adria. Die Oberfläche des Traunsees liegt 422 Meter über dem Meeresspiegel und somit ergibt sich eine absolute „höchste" Höhe des Traunsteins von 1.269 Meter. Durch seine Isoliertheit und Loslösung von der ihn umgebenden Bergwelt erscheint der Traunstein wuchtiger und gigantischer als viele andere Berge der nördlichen Kalkalpen, denen er angehört und die ihn oftmals an Höhe überragen. So wurde seine markante Berggestalt zum „Wächter" oder „Torpfeiler" des Salzkammergutes, kamen die Bezeichnungen „Landeswarte" und „Hochwacht" des Landes Oberösterreich auf. Um das Jahr 1800 sahen die in Oberösterreich einfallenden Soldaten Napoleons in diesem vielbesungenen Felsmassiv das steinerne Haupt ihres unglücklichen Königs Ludwig XVI., der am 17. Jänner 1793 dem Henker und der Guillotine ausgeliefert wurde. Von Nordosten her wollte man auch das Haupt der Kaiserin Maria Theresia in den Konturen erkennen, während manche, von Traunkirchen aus betrachtet, im steilabfallenden Felsen einen riesigen antiken Römerkopf zu schauen vermeinen. Die markantesten Gipfel des Traunsteins sind der „Traunkirchnerkogel", der „Fahnenkogel", der einst „Gmundnerkogel" hieß, und der „Pyramidenkogel". Im Jahre 1858 wurde auf dem Traunstein von der „Triangulierungs-Abteilung des k. k. Militärgeographischen Institutes" die erste trigonometrische Holzpyramide errichtet. Der heutige Trigonometer auf diesem Bergriesen dient als trigonometrischer Punkt höchster Ordnung. Der Traunstein hat immer wieder Literaten inspiriert. Er wird bereits vom barocken Dichter Johann Georg Beer beschrieben, Nikolaus Lenau schrieb nach seiner Besteigung des Traunsteins am 7. Juli 1831 einen Brief, der zu den packendsten Schilderungen der heimischen Bergwelt zählt, und der Lyriker und Dichter Franz Keim hat mit dem Gedicht „'s Traunstoanhoamweh" dem „Wächter Oberösterreichs" eine seine schönsten Weisen gesungen.

Am Traunstein haben sich bereits barocke Maler versucht: In Traunkirchen ist er auf Votivbildern in der Kalvarienbergkirche sowie auf Darstellungen der heiligen Notburga von Eben und des heiligen Isidor von Madrid in der ehemaligen

16.2.1   Foto: OÖ. Landesmuseen

Klosterkirche zu finden. Vielleicht war er auch für die eine oder andere Gebirgsszene auf Gemälden im Kapuzinerkloster Gmunden inspirierend. Viele der großen Meister haben sich an ihm versucht: Moritz von Schwind, Ferdinand Georg Waldmüller, Franz Steinfeld, Rudolf von Alt, Franz Barbarini, Ludwig Halauska, Robert Russ und sogar der junge Friedensreich Hundertwasser. Zu den zahlreichen Gemälden des 19. Jahrhunderts, die den romantischen Zauber von Traunstein und Traunsee einfangen wollen, gehört auch das vorliegende, leider unsignierte Gemälde, das dem Gauermann-Umkreis zugeschrieben wird.

16.2.2 Der Traunsee

Joseph Höger (1801–1877). 34 cm x 45 cm. Öl auf Leinwand. Privatbesitz

Joseph Höger (* 3. 11. 1801 – 13. 5. 1877) hatte schon in seiner Gymnasialzeit Radierungen und Lithographien geschaffen, ehe er 1818 die Landschaftsklasse der Wiener Akademie bei Josef Mössmer und Josef Rebell besuchte, wo er schon nach kurzer Zeit den Kaiserpreis erhielt. Seit 1830 stellte Höger an der Akademie und seit 1851 im Kunstverein aus. 1832 heiratete er Elisabeth Gauermann, die Tochter von Jakob und Schwester von Friedrich Gauermann, zu dessen engsten Kreis Höger gehörte. Gemeinsam mit Fürst Alois II. von Liechtenstein (* 1796, † 1858) bereiste er das

Salzkammergut. Mit seinem Schwager Friedrich Gauermann und Thomas Ender begleitete er Erzherzog Johann 1837 nach Südrussland und in den Orient. Im Jahr darauf besuchte er ebenfalls mit Gauermann Venedig. 1843 wurde er Mitglied der Akademie, wo er von 1849 bis 1851 als Professor der Elementarschule tätig war. Joseph Höger war auch ein guter Kenner und bedeutender Sammler alter Meister. Die vielen hundert Farbenstudien auf der Ausstellung seines Nachlasses (Wiener Künstlerhaus, 1878) erwiesen ihn in der Sicht der Zeitgenossen als „Bäumemaler, den nur Waldmüller übertraf".

Der gewählte Bildausschnitt zeigt einen Blick von Südwesten auf den Traunsee mit dem Johannesberg und der Johannesbergkapelle sowie auf den Traunstein im Hintergrund.

16.2.3 Portrait von Erzherzog Maximilian Joseph von Österreich-Este (1782–1863) vor Gebirgskette der Alpen mit Traunstein. Um 1840

Franz Anton Stecher SJ (1814–1853). Öl auf Leinwand. H. 101 cm, B. 76 cm. Linz, Orden der Gesellschaft Jesu

Franz Anton Stecher (* 16. 8 1814, † 19. 8. 1853) wurde in Nauders geboren. Stecher ist der Neffe des Bildschnitzes Josef Barthlmä Kleinhans (1774–1853). Er studierte bei Gebhard Flatz in Innsbruck und 1834 bis 1837 an

16.2.3 *Foto: Archiv Kollegium Aloisianum*

der Wiener Akademie bei Leopold Kupelwieser und Josef von Führich, wo er 1836 den Füger-Preis und 1837 den Reichel-Preis erhielt. Am 10. März 1838 trat Stecher in den Jesuitenorden ein, in dem er eine rastlose künstlerische Tätigkeit entfaltete. 1839 bis 1843 lebte er im Kollegium am Freinberg bei Linz, wo nicht weniger als 29 Bilder von seiner Hand entstanden, darunter auch das vorliegende Gemälde, das Erzherzog Maximilian Joseph mit Ordensmantel und Hochmeister-Kreuzen an Hals und Brust vor der Gebirgskette der Alpen mit dem Traunstein zeigt. 1848 ging Franz Stecher nach Nordamerika, wo er die Jesuitenkirche in Philadelphia und die Canisiuskirche in Buffalo mit Fresken und Altarbildern schmückte.

Durch den Kauf der Herrschaft Ebenzweier aus der Hand der Erben von Florian Max Clodi am 13. November 1830 kam auch die besondere Verbundenheit Erzherzog Maximilian Josephs von Österreich-Este mit Oberösterreich und mit dem Salzkammergut im Besonderen zum Ausdruck. Seine volkskundlichen Neigungen und die Sorge um seine Gesundheit boten immer wieder Anlass für, wenn auch kurzzeitige, Aufenthalte im Salzkammergut. Am 2. August 1837 wurde der 1.660 Meter hohe ehemalige Gmundner Kogel des Traunsteins zu Ehren des Erzherzogs mit einer Weißblechfahne versehen und erhielt in der Folge die neue Bezeichnung Fahnenkogel. 1861 wurde der Erzherzog sogar zum ersten Bürgermeister von Altmünster ge-

wählt, er nahm aber dieses Amt nicht an und setzte an seiner Stelle seinen Vertrauensmann Maximilian Richner, Güterdirektor in Ebenzweier, der das Bürgermeisteramt bis 1867 innehatte, ein. Nach seinem Ableben wurde Erzherzog Maximilian Joseph von Österreich-Este direkt gegenüber dem Traunstein in einem Grabmal in der Mittelachse des Friedhofes von Altmünster, das ein schlichtes weißes Kreuz schmückt, bestattet.

16.2.4 Traunstein. 1987

Lydia Roppolt (1924–1995). Aquarell auf Papier. H. 50 cm, B. 65 cm. Bezeichnet, datiert und signiert: „Traunstein 8. 10. 87 Lydia Roppolt". Oberwang – Wien, Lydia-Roppolt-Haus

Lydia Roppolt (* 17. 3. 1922 in Moskau, † 28. 11. 1995) wurde von Emma Agnes Roppolt aus Wien adoptiert, verbrachte dort auch ihre Kindheit und studierte an der Akademie der Bildenden Künste in Wien, wo Sergius Pauser, Albert Paris Gütersloh und Herbert Boeckl ihre Lehrer waren. Den Hauptteil ihres Schaffens bilden monumentale Arbeiten, wie Fresken, Glasfenster, Bildteppiche, Arbeiten in Holz und Metall, Ölbilder, Aquarelle und Graphiken. Lydia Roppolt wurde mit vielen Preisen ausgezeichnet. Sie erhielt auch zahlreiche internationale Aufträge: Ihre Fresken und Glasfenster schmücken Kirchen in Österreich,

in der Schweiz, in Israel und in Kanada. Mehrere Einzelausstellungen in Österreich (1980 in Attersee), in Deutschland und 1979 in New York waren ihren Werken gewidmet. Lydia Roppolt lebte und arbeitete nicht nur in Wien, sondern auch in St. Konrad bei Oberwang, wo sie seit 1967 ein Sommeratelier hatte. Ein Werk „für das Salzkammergut" ist zum Beispiel der von ihr für das Erholungsheim Tisserand in Bad Ischl geschaffene Wandteppich. Lydia Roppolt gehörte der „Benediktinischen Laiengemeinschaft" an und wie ihre Adoptivmutter ist sie in der Konrad-Kirche in Oberwang, die sie mit Glasfenstern, Wand- und Bodenteppichen, Kruzifix, Epitaph und Grabkapelle sowie Malereien an der Orgelempore ausstattete, begraben.

16.2.5 Blick auf die Alpenkette und den Traunstein. 2. Hälfte des 20. Jahrhunderts

Hermann Höller (1907–1992). Öl auf Leinwand. Privatbesitz

Lit.: Maria Juchum-Leixner (Hg.) – Eleonore Louis: Jubiläums-Ausstellung anlässlich des 100. Geburtstages von Prof. Hermann Höller in der Stadtgalerie Vöcklabruck. 27. August bis 14. September 2007, Vöcklabruck Kilian Verlag 2007

Hermann Höller (* 22. 8. 1907 Vöcklabruck, † 11. 5. 1992 ebenda) absolvierte zunächst eine Lehre als Tischler und Dekorationsmaler und

16.2.4　　　　　　　　　　　　　　　　　　　　　　　　　　*Foto: Schepe*

arbeitete bis 1945 neben der künstlerischen Tätigkeit auch in einem Tischlereibetrieb und als Malergehilfe. Nach der Gesellenprüfung absolvierte er einen Fachkurs in Dekorationsmalerei am Gewerbeförderungsinstitut der Wiener Malergenossenschaft, den er 1929 mit dem Meisterprüfungszeugnis abschloss. Der Leiter des Kurses, August Hoffmann, erkannte Hermann Höllers Begabung und bewog ihn, ein Studium zu beginnen. Von 1929 bis 1937 studierte an der Wiener Akademie bei den Professoren Wilhelm Dachauer und Ferdinand Andri. Eine lebenslange Freundschaft verband Höller mit seinem Malerkollegen Wahnfried („Friedl") von Spaun. Während gemeinsam verbrachter Aufenthalte am Attersee entstanden zahlreiche Bilder. 1940 bis 1945 absolvierte Hermann Höller seinen Militärdienst in der Deutschen Wehrmacht, wobei er die letzten drei Jahre in Norwegen verbrachte. In der für den Künstler besonders schwierigen Zeit nach dem Zweiten Weltkrieg bedachte ihn Frau Margarita Hatschek geborene Dierzer mit zahlreichen Aufträgen. Aufgrund des Erfolges einer Ausstellung in Vöcklabruck im Jahr 1967 erhielt Hermann Höller in der Folge zahlreiche Portraitaufträge von Persönlichkeiten aus Wirtschaft und Kultur aus ganz Österreich sowie auch aus dem benachbarten Bayern. Unter den Portraitierten waren auch insgesamt zwanzig Rektoren österreichischer Universitäten. Seine Verdienste wurden 1977 mit der Verleihung des Berufstitels Professor gewürdigt. Daneben blieb er dem Genre der Landschaftsbilder, oftmals mit Motiven aus dem Salzkammergut, treu. Sein oft geäußertes Credo war: „Mein Glück ist, dass ich malen darf."

16.2.6 Traunstein. 1993

Konrad Lang (* 1933). Öl auf Leinwand.
H. 99 cm, B. 127 cm. Privatbesitz
Konrad Lang (* 24. 1. 1933) ist der jüngere der beiden Söhne von Erwin Lang. Er studierte an der Wiener Akademie der Bildenden Künste bei den Professoren Albert Paris Gütersloh und Herbert Böckl. Von seiner Hand entstanden viele Landschaften und Portraits (zum Beispiel auch des Dichters Richard Billinger). Konrad Langs Werke sind immer wieder auf Ausstellungen vertreten. Er ist Mitglied des Oberösterreichischen Kunstvereins und lebt in Altmünster in einem bäuerlichen Anwesen („Hansl im Hof"), das sein Vater im Jahr 1929 erworben hatte und das immer wieder auch zum Treffpunkt vieler Künstler und Wissenschaftler wurde. Konrad Lang ist mit Lieselotte Lucheschitz-Lang, einer Bildhauerin, verheiratet.

16.2.5   *Foto: Schepe*

Im Schaffen Konrad Langs ist der Traunstein, den er oft in leuchtender Farbigkeit und Expressivität, die wie im Falle des ausgestellten Gemäldes an die Schöpfungen Vincent van Goghs erinnert, darstellt, ein vielfach wiederkehrendes Motiv.

16.3 DAS HÖLLENGEBIRGE

16.3.1 Blick von Schloss Kogl auf das Höllengebirge. 1843

Rudolf von Alt (1812–1905). Aquarell auf Papier. H. 38 cm, B. 28 cm. Signiert. Datiert: „Kogl, am 27. September 1843". Privatbesitz
Das Höllengebirge ist ein steil aufragendes kahles, verkarstetes Kalkmassiv, das nur an seinem Fuß Waldbewuchs trägt, und bildet einen Teil der Salzkammergut-Berge. Den Namen „Höllengebirge" kann man von den vielen Höhlen oder auch von der allgemeinen, in den Alpen verbreiteten Bezeichnung Höll für abgelegene, wilde, vegetationslose Fluren herleiten.
Das Höllengebirge erstreckt sich über eine Länge von circa 16 Kilometern zwischen dem Attersee im Westen und dem Traunsee im Osten. Es findet seinen höchsten Punkt im Großen Höllkogel mit 1.862 Meter über dem Meeresspiegel. Am Nordrand, eingebettet von einem Zug der Flyschberge, liegen die beiden Langbathseen, um die herum sich ein Naturschutzgebiet befindet. Das Höllengebirge besteht nicht aus dem südlich davon verbreiteten Dachsteinkalk,

sondern aus dem Wettersteinkalk, einem Muschelkalk aus der mittleren Trias. Es beherbergt die Hochlecken-Großhöhle und die Totengrabenhöhle. Am Feuerkogel befindet sich neben einer Anzahl an Hütten auch eine Wetterstation. Bekannt sind die oft über 100 Kilometer pro Stunde starken Föhnstürme. Dem Wanderer, der das Bergmassiv überqueren will, stehen die auf halbem Wege befindliche Rieder Hütte, und am Westrand, oberhalb des Attersees, das Hochleckenhaus zur Verfügung. Bei den sie begleitenden Hofdamen gefürchtet waren die Fußmärsche der Kaiserin Elisabeth, die mehrmals auch das Höllengebirge überquerte.
Rudolf von Alt, der das Höllengebirge in einem Aquarell festhielt, war in den 1840er-Jahren zu Gast auf Schloss Kogl bei der Familie des Dr. Andreas Pausinger, der Schloss Kogl im Jahr 1810 vom Geschlecht der Khevenhüller erworben hatte. Ein Verwandter von Dr. Andreas Pausinger war der angeblich farbenblinde Tier-, Landschaftsmaler und Illustrator Franz Xaver von Pausinger (* 10. 2. 1839 Frankenburg, † 7. 4. 1915 ebenda). Pausinger wurde bei Johann Wilhelm Schirmer und Carl Friedrich Lessing an der staatlichen Akademie der bildenden Künste in Düsseldorf und Rudolf Koller in Zürich ausgebildet. Als Jagdbegleiter kam er in die bekanntesten Jagdgebiete der Monarchie. 1881 nahm er an der Orientreise des Kronprinzen Rudolf teil und war später in München, Salzburg und Wien tätig. Franz Xaver

von Pausinger, der von Kaiser Franz Joseph I. als Tier- und Jagdmaler (unter anderem: Die Hirschenfamilie, 1865; Viehmarkt in Mondsee, 1874; Gemsen im Hochgebirge, 1885) besonders geschätzt wurde, besaß ein kleines Jagdhäuschen in Weyregg am Attersee am Fuße des Höllengebirges.

16.3.2 Höllengebirge.
1. Viertel des 20. Jahrhunderts
Alfred Poell (1867–1929). Öl auf Leinwand.
H. 40 cm, B. 42 cm. Privatbesitz
Alfred Poell (* 27. 3. 1867 Oberndorf bei Salzburg, † 8. 9. 1929 Gmunden) war der Sohn des Arztes Dr. Franz Poell. Nach der Schulzeit begann er 1884 das Medizinstudium in Innsbruck. Noch vor dessen Abschluss verbrachte er zwischen 1888 und 1889 ein Jahr an der Münchener Kunstakademie bei Wilhelm Velten, einem Pferde- und Soldatenmaler des Münchener Kreises.

Nach seiner Niederlassung in Linz im Jahr 1896 war Poell im Linzer Allgemeinen Krankenhaus sowie seit 1899 selbständig als praktizierender Frauenarzt tätig. Eine Studienreise vermutlich um 1903 führte Poell nach Torbole (Gardasee), Nervi, Genua und Venedig. 1908 wurde er bei einer Ausstellung im Salzburger Künstlerhaus mit der silbernen Staatsmedaille ausgezeichnet, 1909 erhielt er die silberne Staatsmedaille in Klagenfurt. Als ordentliches Mitglied der Wiener Künstlervereinigung Secession stellte Poell auch dort – seit dem Jahr 1912 – regelmäßig aus. Im Sommer 1918 erwarb Poell ein Landhaus in Attersee. 1925 wurde Alfred Poell der Große Goldene Staatspreis bei der 83. Ausstellung der Sezession in Wien verliehen. 1928 folgte die große Kollektivausstellung im Volksgartensalon in Linz mit 136 Werken. Am 8. September 1929 starb Poell an Herzschwäche in Gmunden. Bestattet wurde er am Salzburger Kommunalfriedhof.

Alfred Poell, der ein beachtliches Werk hinterließ, war als Mitbegründer und Vorsitzender der Künstlervereinigungen „Der Ring" und in der Folge (ab 1921) „Oberösterreichischer Künstlerbund MAERZ" stark im Linzer Kulturleben verankert. Als Mitglied der Wiener Secession war er auch international bekannt. Dennoch geriet Poell nach seinem Tod für lange Zeit in Vergessenheit.

Seine oftmals großformatigen Landschaftsbilder zeichnen sich durch Klarheit und kraftvolle Farben aus. Zeitlich und stilistisch sind die Landschaftsbilder zwischen dem Impressionismus der zweiten Hälfte des 19. Jahrhunderts und der Malerei des Expressionismus im ersten

Drittel des 20. Jahrhunderts einzuordnen. Alfred Poell wurde zu seiner Zeit zu den modernen Malern gezählt. Seine Bilder waren, nicht nur bei seinen Ärztekollegen, geschätzt und wurden gern gekauft.

16.3.3 Blick aufs Höllengebirge. 1941
Anton Lutz (1894–1992). Öl auf Leinwand
H. 70 cm, B. 85 cm. Bezeichnet: „A. Lutz 41".
Werksverzeichnis 869. Privatbesitz

16.3.4 Höllengebirge. 1980
Lydia Roppolt (1924–1995). Pastellkreide auf Farbkarton. H. 50 cm, B. 65 cm. Bezeichnet: „L. R.". Oberwang – Wien, Lydia-Roppolt-Haus

16.3.5 Attersee und Höllengebirge. 1927
Karl Sterrer (1885–1972). Tempera auf Karton. H. 35,5 cm, B. 52 cm. Wien, Sammlung Prof. Dkfm. Rudolf Schmutz
Karl Sterrer (* 4. 12. 1885, † 10. 6. 1972) wird in Wien als Sohn des Bildhauers Carl Sterrer (* 1844, † 1918) geboren. Er studierte an der Wiener Akademie der Bildenden Künste bei den Professoren Alois und Christian Griepenkerl – ebenso wie Egon Schiele – Malerei. Bereits 1908 erhielt er für seine Leistungen den Rom-Preis. In den Jahren 1908 bis 1909 unternahm er eine Weltreise und 1910 bis 1911 nahm er Aufenthalt in Capri, wo er sich von der eindrucksvollen Landschaft inspirieren ließ. Seit 1911 war er Mitglied des Wiener Künstlerhauses und 1913 konnte er seine erste Ausstellung im Münchener Glaspalast bestreiten. Karl Sterrer war sehr erfolgreich und erhielt 1914 den Kaiserpreis. In den Folgejahren entstanden viele Landschaften und heroisierende Portraits von Fliegerhelden. Er verfeinerte seine Technik des Lithographierens und erhielt 1916 den Drasche-Preis sowie 1919 den Reichel-Preis. Karl Sterrer experimentierte mit verschiedenen Techniken und fand ab 1920 großes Interesse an der Radierung. Ab 1921 war er Lehrer an der Wiener Akademie der Bildenden Künste und wurde 1922 Professor. Unter seinen Schülern waren Hans Fronius, Rudolf Hausner und Max Weiler. 1922 nahm Karl Sterrer an der Kollektivausstellung im Wiener Künstlerhaus teil und empfing 1929 den Staatlichen Ehrenpreis. Dieser führte ein Jahr später zu einer Einladung im Carnegie Institut in Pittsburgh (USA). 1933 nahm er an der Ausstellung der Wiener Secession teil und wurde in den Jahren 1937 und 1938 Rektor der Wiener Akademie. Er beteiligte sich auch am Entwurf von Banknoten und entwarf Briefmarken. 1953 wurde Karl Sterrer der Ös-

terreichische Staatspreis verliehen. Karl Sterrer verstarb am 10. Juni 1972 in Wien.

Karl Sterrer war beispielsweise bereits im Jahr 1915 auf Sommerfrische in Burgau am Attersee, von wo er auch einen Brief an den Philosophen, Architekten und Maler Hans Kestranek (* 8. 3. 1873 Prerau, † 8. 4. 1949 St. Gilgen), einen Bruder von Wilhelm („Vilmos") Kestranek, schrieb. Eine ganze Reihe seiner Gemälde haben in jenen Jahren die Landschaft um den Attersee zum Motiv.

16.4 MYTHOS SEESCHLOSS ORT – DAS VERZAUBERTE SCHLOSS

16.4.1 Blick auf den Traunsee mit Schloss Ort. 1. Hälfte des 19. Jahrhunderts
Friedrich Loos (1797–1890). Öl auf Leinwand. H. 62,5 cm, B. 96,5 cm. Aus der Sammlung Dr. Georg Schäfer, Schweinfurt. Linz, OÖ. Landesmuseen, Inv.-Nr. G 2564
Friedrich Loos (* 29. 10. 1797 Graz, † 1890 Kiel) war der Sohn eines Lederfabrikanten. Er studierte bei Joseph Rebell, 1813 und von 1816 bis 1821 an der Wiener Akademie der Bildenden Künste bei Joseph Mössmer und Joseph Fischer Landschaftszeichnung und Landschaftsmalerei und bei Johann Friedrich Leybold Radiertechnik. Nach seinem Studium bereiste er zwischen 1821 und 1823 die österreichischen Alpen und das heutige Burgenland. 1823 lebte er vorübergehend in Ungarn, 1825 in Lützschena (beim Freiherrn Speck von Sternburg) und Leipzig, seit 1826 in Salzburg und seit 1835 in Wien. 1840 reiste Friedrich Loos nach Italien. Von 1846 bis 1851 lebte er in Rom. In den Jahren 1851 bis 1853 war er in Bremen, Oldenburg, Hamburg und Kopenhagen, hatte erfolgreiche Ausstellungen in Düsseldorf und Berlin ließ sich 1853 in Kiel, wo er von 1863 bis 1883 Zeichenlehrer an der dortigen Universität war, nieder. Eine größere Studienreise führte ihn 1856 nach Norwegen. Das Gemälde „Blick auf den Traunsee mit Schloss Ort" stammt aus der Sammlung Dr. Georg Schäfer in Schweinfurt und wurde im Jahr 2000 von den OÖ. Landesmuseen erworben.

Der erste urkundlich bekannte Besitzer von Seeschloss Ort ist um 1110 ein „Hartnid von Ort". Die Orter waren Ministerialen der steirischen Otakare, die 1262 mit einem „Hartnid VI. von Ort" im männlichen Stamm ausstarben. Gisela von Ort erbte den Besitz. Sie war mit Albero dem Truchsess von Feldsberg-Rauhenstein vermählt. Schloss und Herrschaft blieben im Besitz der Rauhensteiner, bis diese durch Kauf 1344 an Friedrich und Reinbrecht von Wallsee gelangten. Nach dem Aussterben der Wallseer 1483 ging der Besitz von Ort an den Onkel der Witwe nach Reinbrecht von Wallsee, Gotthard von Starhemberg, über und von diesem dann 1491 an Bernhard von Scherffenberg, der die Witwe des letzten Wallseers geehelicht hatte. 1587 erbte den Besitz Apollonia von Scherffenberg, die mit Georg Achaz von Starhemberg vermählt war. Durch Kauf gelangte Ort an den Obristen Feldhauptmann des Landes Österreich ob der Enns Weikhard Freiherr von Polheim, der Schloss und Herrschaft 1595 an die Stadt Gmunden verkaufte. Diese hatte zum Kauf einen Kredit aufgenommen und war daher froh, dass ihr die Herrschaft Ort durch Kaiser Rudolf II. 1603 gegen den Ankaufspreis wieder abgelöst wurde. Der Kaiser gab Ort als Sicherstellung für Darlehen an den Salzamtmann Veit Spindler und 1624 an dessen Sohn Johann Baptist Spindler, von dem sie der bayrische Statthalter von Oberösterreich, Adam Graf Herberstorff, kaufte. Im großen Bauernkrieg 1626 brannten die Bauern das Seeschloss nieder, das aber bald wieder restauriert und auch teilweise neu gebaut wurde. Am 28. Juni 1627 erhob Kaiser Ferdinand II. die Herrschaft Ort zur Grafschaft. Nach dem Tod des Grafen Herberstorff und seiner Witwe ging die Grafschaft an die Familie Preising und 1659 an die Grafen Salburg über. Von diesen kaufte sie Kaiser Leopold I. am 8. Juli 1689. Die Herrschaft blieb in kaiserlicher Verwaltung und die großen Waldungen wurden für die Salinen genützt. Im Jahr 1879 erwarb Erzherzog Johann Salvator von Österreich-Toskana (ab 1889 Johann Orth) das Seeschloss durch Kauf. Nachdem dieser aber seit dem Jahr 1890 verschollen war, fiel dieses 1914 wieder an den Kaiser als Staatsgut zurück und diente in der Folge als Forstverwaltung, bis die Stadt Gmunden es im Jahr 1995 von den österreichischen Bundesforsten erwarb.

16.4.2 Blick auf den Traunsee und Seeschloss Ort

Raimund Mössmer (1813–1874). Öl auf Leinwand. H. 53 cm, B. 78 cm. Wien, Kunsthandel Widder

Raimund Mössmer (* 1813, † 9. 3. 1874) widmete sich wie sein früh verstorbener jüngerer Bruder Eduard (* 1814, † 4. 1. 1838) der Kunst. In den Jahren 1835 bis 1858 stellte er in den Jahresausstellungen der Wiener Akademie der Bildenden Künste bei St. Anna wiederholt Ansichten aus dem Salzkammergut aus, 1835 eine „Ansicht von Hallstatt im Salzkammergut", 1845 eine „Partie bei Hallstatt", 1850 zwei „Partien bei Gmunden" und 1858 insgesamt

vier Aquarelle unter dem Titel „Erinnerung an Gmunden". Der Vater von Raimund und Eduard, Joseph Mössmer (* 20. 3. 1780, † 22. 6. 1845), hat vor seinen Söhnen Salzkammergut-Ansichten geschaffen, so zum Beispiel das besonders bezaubernde Bild „Bootsauffahrt auf dem Traunsee (heute in der Sammlung Kastner der OÖ. Landesmuseen).

16.4.3 Blick auf den Traunsee mit dem See- und Landschloss Ort sowie dem Raddampfer Sophie und dem Höllengebirge im Hintergrund. Um 1855

Maximilian Freiherr von Fichard (1836–1922). Aquarell auf Papier. H. 45 cm, B. 52 cm. Privatbesitz

Der Landschaftsmaler Maximilian Freiherr von Fichard (genannt Baur von Eysseneck) (* 10. 5. 1836 Lemberg, † 1922) stammte aus einem lutherischen Patriziergeschlecht in Frankfurt am Main, das mit Johann Karl von Fichard 1771 ausstarb, wobei jedoch der Name auf Johann Karl Baur von Eysseneck, den Erben und nächsten Verwandten, überging. Fichard gehörte zunächst als Offizier der k. u. k. Armee an. Als Hauptmann im Geniekorps wandte er sich den Kunststudien zu und studierte in den Jahren 1870 bis 1874 an der Kunstakademie in Venedig. Seit 1888 war er immer wieder auf Ausstellungen, so in Wien, Berlin und Turin, vertreten. Nach langjährigem Aufenthalt in Baden-Baden verlegte Maximilian Freiherr von Fichard seinen Wohnsitz nach Belgirate am Lago Maggiore.

16.4.4 Seeschloss Ort. 1917

Justus Reischer (1889–1986). Öl auf Leinwand. H. 59 cm, B. 78 cm. Rechts unten bezeichnet: „Justus Leitner-Reischer / Gmunden / 1917". Privatbesitz

Justus Reischer (* 1889, † 1986) wurde in Wien geboren und begann nach Abschluss des Studiums bei der Firma Porr als Ingenieur zu arbeiten. Bald wurde er bauleitender Ingenieur und beendete diese Arbeit bei Kriegsbeginn mit dem Bau des k. u. k. Kriegsministeriums. Als Einjährig-Freiwilliger rückte er zum Feldjägerbataillon Nr. 9 ein und erlebte den Ersten Weltkrieg an den Kriegsschauplätzen Galizien und Italien, bei den Isonzo-Schlachten. Er wurde dreimal verwundet und mit der Großen Silbernen Tapferkeitsmedaille ausgezeichnet. Während seines Aufenthaltes im Lazarett, das im Landschloss Ort untergebracht war, restaurierte er das Deckengemälde in dessen Großen Saal und begann intensiv zu malen: In dieser Zeit entstand auch das bei der Landesausstel-

lung präsentierte Gemälde des Seeschlosses Ort. Bei Kriegsende heiratete er Margarete Bodenstab, die als Krankenschwester im Lazarett tätig war, und seither lebte und arbeitete er als selbständiger Baumeister und Architekt in Gmunden. Das Malen gab er nicht auf, sondern verband es mit seinem Beruf. Anfänglich mit Industriebauten in der Umgebung beschäftigt, wechselte seine Tätigkeit bald fast ausschließlich zur Planung von Einfamilienhäusern und Umbauten im Villenviertel Gmundens. Von ihm stammen die Villen für Ludwig Freiherrn von Flotow, den letzten Chef des Österreichisch-Ungarischen Auswärtigen Dienstes, und für den Direktor der Papierfabrik Schuppler. Er führte Umplanungen in der Villa Toscana für Margaret Stonborough-Wittgenstein und im Landschloss Ort durch, beteiligte sich an der Planung und Errichtung des Gipfelkreuzes am Traunstein und war auch der Baumeister der in den Jahren 1923 bis 1927 errichteten Schutzhütte des Traunkirchener Kogels des Traunsteins. In Traunkirchen plante Justus Reischer zusammen mit einem Wiener Kollegen das Ferienheim des Jesuitenordens. Nur wenige kannten ihn als Maler von Motiven des Salzkammergutes. Schon in jungen Jahren hatte er sein Können in vielen impressionistischen Aquarellen aus dem Salzkammergut vervollständigt. Sehr bald begann er mit Josef Dobrowsky (* 1889, † 1964), einem Bataillonskamerad und in den Wiener Akademiekreisen geachteten Impressionisten, zu malen. Dieser besuchte ihn häufig in Gmunden. Beide waren – besonders im Winter – mit ihren Staffeleien unterwegs. Später gesellte sich auch der Gmundener Maler Ernst August von Mandelsloh zu ihnen. Justus Reischer hatte schon in jungen Jahren gemalt und gezeichnet und vervollständigte sein Können in vielen impressionistischen Aquarellen aus dem Salzkammergut. So entstand zum Beispiel das Aquarell „Traunkirchen", das die beachtliche künstlerische Wandlung, die Justus Reischer vollzog, veranschaulicht. 1986 starb Justus Leitner in seinem Seehaus in Gmunden. Seine frühen Bilder signierte er mit Leitner-Reischer, da die Familie bis 1919 diesen Namen führte.

16.4.5 „Gmunden". 1925

Franz Lehrer (1895–1962). Aquarell auf Papier. H. 35 cm, B. 23 cm. Linz, Nordico – Museum der Stadt Linz, Inv.-Nr. 102396 = ÜT 1473

Franz (Georg) Lehrer (* 15. 7. 1895, † 26. 10. 1962) wurde in Linz geboren. Seine Werke wur-

16.4.5   *Foto: Schepe*

den 1916 auf einer ersten Ausstellung gemeinsam mit Arbeiten von Max Kislinger und Julius Hagn präsentiert. Franz Lehrer war Mitglied der „Malergilde Heimat". Im Jahr 1915 trat er in den Rechnungsdienst des Landes Oberösterreich und schlug eine erfolgreiche Beamtenlaufbahn ein, die er als Rechnungsdirektor beendete. Er erhielt den Amtstitel Regierungsrat und wurde mit dem Goldenen Ehrenzeichen für Verdienste um die Republik Österreich ausgezeichnet. Neben seiner beruflichen Laufbahn galt er als bedeutender Linzer Schriftspezialist, Gebrauchsgraphiker und Exlibriskünstler. Aus seinem Nachlass stammt die „Sammlung Franz Lehrer" im OÖ. Landesarchiv, in der er eine Zusammenstellung und Dokumentation von Wappen der verschiedensten Berufsgruppen angelegt hat.

16.4.6 Seeschloss Ort. 1930er-Jahre

Sergius Pauser (1896–1970). Aquarell auf Papier. H. 40 cm, B. 50 cm. Privatbesitz
Für Otto Langer, den Eigentümer des Hotels „Goldene Sonne" in Gmunden, hat Sergius Pauser mehrere Varianten von Ansichten des Seeschlosses Ort angefertigt. Sergius Pauser war mit dem Salzkammergut und besonders mit dem Gebiet um den Traunsee selbst persönlich verbunden: Sein gleichnamiger Vater (* 1867 Wien, † 1941 Gmunden) hatte in den letzten Jahren seines Lebens als Dentist in Gmunden gewirkt und im Mai 1962 erwarb Sergius Pauser gemeinsam mit seiner zweiten Gemahlin, Angela geborene Müller, gleichsam als Alters-

sitz ein altes Bauernhaus in Traunkirchen, in dem heute die Künstlerin Xenia Hausner einen Wohnsitz und ihr Atelier hat.

16.4.7 Seeprozession vor dem Schloss Ort. 1. Hälfte des 20. Jahrhunderts

Johannes Spalt (* 1920). Aquarell. H. 52 (28,5) cm, B. 67 (37) cm. Wien, em. O. Prof. Arch. Johannes Spalt
Johannes Spalt wurde am 29. September 1920 als Sohn von Hans Spalt, dem Leiter des Stadtbauamtes Gmunden, und der Grete Spalt geborene Bartowsky in Gmunden geboren. Von 1937 bis 1941 besuchte er die Höhere Staatsbauschule in Salzburg. In den Jahren 1941 bis 1945 war er im Ingenieurstab der Messerschmitt-Werke in Augsburg tätig. Nach dem Zweiten Weltkrieg war er bis 1949 freischaffender Architekt in Gmunden und Wien. 1949 bis 1952 studierte er an der Akademie der Bildenden Künste in der Meisterschule von Professor Clemens Holzmeister und schloss sein Studium mit dem Diplom (Meisterschulpreis) ab. Ab 1952 war er durch ein gemeinsames Atelier sowie Zusammenarbeit mit den Architekten Otto Leitner, Wilhelm Holzbauer und Friedrich Kurrent in der so genannten „Arbeitsgruppe 4" verbunden. 1956/57 war Johannes Spalt Assistent von Konrad Wachsmann an der internationalen Sommerakademie in Salzburg, von 1967 bis 1973 Lehrbeauftragter für Geschichte der

Gegenwartsarchitektur und von 1973 bis 1975 ordentlicher Professor und Meisterklassenleiter (Klasse für Innenarchitektur und Industrieentwurf) an der Hochschule für angewandte Kunst in Wien, wo er 1975 zum Rektor gewählt wurde (bis 1979). 1983 bis 1987 war er Leiter des Instituts für Raumgestaltung und Möbelbau und ab 1987 bis zu seiner Emeritierung 1990 Leiter der dritten Architekturklasse mit Schwerpunkt Innenraumgestaltung. Daneben unterhält Johannes Spalt seit 1969 bis heute sein eigenes Atelier (Wien 1, Annagasse 8). Er erhielt zahlreiche Preise und Auszeichnungen, unter anderem im Jahr 1984 den OÖ. Landeskulturpreis für Architektur. Im Salzkammergut plante er unter anderem eine Bäckerei in Neukirchen bei Altmünster (1946), das Bad Altmünster (1946/47), das Haus Reisinger in Gmunden (1952), das Wohnhaus Raitz von der Frenz in Traunkirchen (1962–1964), das Haus Schubert in Traunkirchen und den Getreidekasten Klauner in Altmünster (beide 1969), den Getreidekasten Culka in Altmünster (1972), den Umbau des Hauses Dr. Raftl in Altmünster (1981–1983), das Haus Schubert II in Traunkirchen (1983) und das Haus Dr. Draxler in Nußdorf am Attersee (1987/88). Einer breiten Öffentlichkeit bisher weitgehend unbekannt sind die Aquarelle von Johannes Spalt, die immer wieder auch Motive aus seiner Heimatstadt Gmunden zum Thema haben.

16.4.6   *Foto: Otto Saxinger*

16.4.8 Modell des Seeschlosses Ort

Gmunden, Kammerhofmuseum

Das Modell zeigt die Anlage des Seeschlosses Ort in der heutigen Gestalt, das einen unregelmäßigen, im Kern gotischen Baukörper, der einen dreiseitigen, an zwei Seiten mit doppelgeschossigen Arkaden versehenen Hof einschließt, bildet. Aus der Zeit der Gotik stammen der massige Torturm mit späterem Zwiebelhelm, spätgotische Fensterstöcke und Torgewände. Die Bogengänge sind teils aus der 2. und zum Teil auch aus der 1. Hälfte des 16. Jahrhunderts, ebenso die spätgotische Außentreppe. Im Hof haben sich Reste von Kratzputzmalereien aus dem Jahr 1578 erhalten. Bemerkens- und sehenswert sind auch die zu ebener Erde gelegenen Kerkeranlagen. Die Schlosskapelle, jetzt Pfarrkirche zum hl. Jakob, wurde in der ersten Hälfte des 17. Jahrhunderts erneuert. Frühbarocke Fresken (um 1634) wurden 1954 freigelegt. Von ihrer Einrichtung sind der frühklassizistische Altar (um 1770/1780) und eine um die Mitte des 15. Jahrhunderts stammende Muttergottesstatue, die aus der abgekommenen Maria-Anger-Kirche in Enns stammt und vom Salinenoberamtskanzlisten Franz Xaver Edler von Tusch und Tal im Jahre 1846 an die Pfarre Ort geschenkt wurde, besonders erwähnenswert.

Der Anlass der Anfertigung dieses Modells scheint nicht mehr bekannt zu sein, jedenfalls wurde es durch Herrn Emmerich Stoll im Jahr 1989 mit einer Bemalung und Ergänzungen versehen.

16.5 DER „VERSCHWUNDENE" ERZHERZOG: ERZHERZOG JOHANN SALVATOR VON ÖSTERREICH-TOSKANA ALIAS JOHANN ORTH – EIN AUSSENSEITER AUS DEM KAISERHAUS

16.5.1 Ludmilla („Milli") Stubel stehend im Festkleid

Fotografie: Rudolf Krziwanek. H. 16,5 cm, B. 11 cm. Wien, Wienbibliothek im Rathaus, Handschriftensammlung

Ludmilla Stubel wurde am 11. September 1852 als dritte von vier Töchtern des Andreas Stubel, zunächst Angestellter bei der Fürstlich Salm'schen Gutsverwaltung in Seisenberg im vormaligen Herzogtum Krain und dann bei der Güterdirektion in Wien, geboren. Sie trat schon als Kind in eine Ballettschule ein und kam nach ersten kurzen Engagements am Harmonietheater in der Wasagasse und am Theater an der Wien an die Hofoper. Der Erzherzog soll die Balletttänzerin in Probenpausen auf der 4. Galerie der Hofoper kennen gelernt und nach den Vorstellungen des Öfteren privat zum Abendessen eingeladen haben. Schon wenige Monate nach seinem ersten Zusammentreffen mit „Milli" stattete der Erzherzog Mutter Stubel einen Besuch ab und er war in der Folgezeit bei Familie Stubel oftmals zu Gast. Als Kaiser Franz Joseph I. von dem Verhältnis erfuhr, legte er dem Erzherzog 1874 eine Trennung nahe. Erzherzog Johann Salvator war zunächst gewillt, dem Wunsch des Kaisers Folge zu leisten, doch nach heftigen Konflikten mit Familie Stubel überlegte er es sich anders und nahm Ludmilla als „Beschließerin" in seine Garnisonsstädte mit. Erst nach seinem Austritt aus dem Habsburgischen Familienverband und kurz vor Antritt seiner großen Schiffsreise legalisierte Johann Orth seine langjährige Beziehung zu Ludmilla Stubel und ehelichte sie in London. Gemeinsam mit ihm ist sie beim Untergang des Schiffes „St Margaret" am 20. / 21. Juli 1890 ums Leben gekommen.

16.5.2 Johann Salvator in Uniform. Circa 1870

Fotografie: Baldi & Würthle, Salzburg. H 10 cm, B. 6 cm. Wien, Wienbibliothek im Rathaus, Handschriftensammlung

16.5.3 Johann Salvator in Uniform. Circa 1880

Fotografie: Victor Angerer, Wien. H. 20,5 cm, B. 10 cm. Wien, Wienbibliothek im Rathaus, Handschriftensammlung

Erzherzog Johann Salvator (* 25. 11. 1852, † 20./21. 7. 1890) wurde als jüngster Sohn von Großherzog Leopold II. von Toskana und Maria Antonie von Neapel-Sizilien in Florenz geboren. Als Leopold II. 1859 die Toskana verlassen musste und ins Exil ging, ordnete Kaiser Franz Joseph I. an, dass der junge Erzherzog unter die Aufsicht von Erzherzog Albrecht kam. Erzherzog Johann Salvator begann seine militärische Laufbahn 1865, wurde 1867 Hauptmann, 1872 Major und 1874 Oberstleutnant. Als Kommandant einer Infanteriebrigade nahm er am Okkupationsfeldzug in Bosnien teil und wurde 1879 Feldmarschallleutnant. Daneben widmete er sich seinen literarischen und musischen Interessen und arbeitete am so genannten Kronprinzenwerk mit dem Titel „Die österreichisch-ungarische Monarchie in Wort und Bild" als Autor mit. Wegen seiner fortschrittlich-liberalen Ideen kam er häufig in Konflikt mit dem Kaiser und anderen Mitgliedern des Erzhauses. 1886 mischte er sich in den bulgari-

schen Thronfolgestreit ein, was ihm vom Kaiser nicht verziehen wurde. So schied er aus dem Militärdienst (1887) aus und bat 1889 den Kaiser um die Entlassung aus dem habsburgischen Familienverband. Nun nahm er nach seinen Besitzungen in Gmunden den bürgerlichen Namen „Johann Orth" an und heiratete 1889 in London seine langjährige Lebensgefährtin Milli Stubel. Johann Orth hatte in Hamburg das Kapitänspatent erworben, kaufte einen Frachtdampfer mit dem Namen „St. Margaret" und trat eine Reise nach La Plata an. Beim Versuch, das Kap Hoorn zu umschiffen, geriet die „St. Margaret" vermutlich in heftige Stürme und ging bei Kap Tres Puntas (Argentinien) vor der südamerikanischen Küste unter. Johann Orth, der von seiner Mutter um acht Jahre überlebt wurde, wurde im Jahr 1911 für tot erklärt und sein beweglicher Besitz in den Folgejahren in Berlin versteigert.

16.5.4 Johann Salvator in Phantasiekostüm. 1879

Fotografie: Victor Angerer, Wien. H. 17 cm, B. 10 cm. Wien, Wienbibliothek im Rathaus, Handschriftensammlung

Erzherzog Johann Salvator von Österreich-Toskana nahm in einem Phantasiekostüm an dem von Hans Makart gestalteten Festzug zur Silberhochzeit des Kaiserpaares am 27. April 1879 teil.

16.5.5 Partitur des Walzers „Gruß an Linz"

Druck auf Papier. Wien. H. 32 cm, B. 25,5 cm. Wien, Wienbibliothek im Rathaus, Musiksammlung

16.5.6 Klavierauszug des Walzers „Am Traunsee". 1886

Druck auf Papier. H. 34 cm, B. 26,5 cm. Wien, Wienbibliothek im Rathaus, Musiksammlung

16.5.7 Klavierauszug des Walzers „Stimmen aus dem Süden". 1884

Druck auf Papier. H. 31,5 cm, B. 26 cm. Wien, Wienbibliothek im Rathaus, Musiksammlung

Erzherzog Johann Salvator hatte eine besondere Beziehung zur Musik. Er besuchte nicht nur Opernaufführungen und Konzerte, wann und wo immer es ihm seine dienstlichen Verpflichtungen erlaubten, sondern er betätigte sich auch selbst als Komponist. Die Musiksammlung der Wienbibliothek besitzt drei Walzer, die vom Erzherzog komponiert und unter dem Pseudonym Johann Traunwart in der Öffentlichkeit präsentiert wurden. Sie tragen die Titel „Gruß an Linz", „Am Traunsee" und „Stimme aus dem Süden". Johann Strauß, der am 24. Oktober 1884 vom komponierenden Erzherzog in Linz empfangen wurde, brachte den letztgenannten Walzer in einem Konzert seines Bruders Eduard am 9. November 1884 zur Uraufführung. Der Walzer „Gruß aus Linz" wurde, wie aus einer Titelblattnotiz hervorgeht, von Johann Strauß „dirigiert, orchestriert und im Musikverein aufgeführt". Den Walzer „Am Traunsee" hat Erzherzog Johann Salvator Johann Strauß mit Datum vom 28. Februar 1886 in „aufrichtiger Verehrung" gewidmet. Außer den genannten und anderen Walzern hat der Erzherzog auch den Liederzyklus „Werners Lieder aus Welschland" komponiert, den er seiner Schwester Luise widmete, sowie auch das Ballett „Die Assassinen", das am 19. November 1883, dem Namensfest der Kaiserin Elisabeth, an dem die Hofoper jedes Jahr eine Novität zu präsentieren pflegte, uraufgeführt wurde.

16.5.8 Ehrenbürgerurkunde der Stadt Linz für Erzherzog Johann Ort. 1887

Fotografie. Linz, OÖ. Landesmuseen, Bibliothek, Ehrenurkunden

Am 2. Oktober 1887 verlieh der Linzer Gemeinderat in einer außerordentlichen Sitzung Erzherzog Johann Salvator mit dessen vorheriger Zustimmung das Ehrenbürgerrecht. Der Linzer Gemeinderatsbeschluss war in der Geschichte des Hauses Habsburg ohne Beispiel. Kaiser Franz Joseph I. reagierte darauf mit den Anzeichen allerhöchster Indignation und richtete am 7. Oktober 1887 ein Schreiben an seinen Ministerpräsidenten, Eduard Graf Taaffe. Der Ministerpräsident antwortete, dass die Annahme des Ehrenbürgerrechtes einzelner Gemeinden seitens der Mitglieder des Kaiserhauses mit deren staatsrechtlicher Stellung unvereinbar sei. Auf diesen Vorschlag und Rat seines Ministerpräsidenten erteilte Kaiser Franz Joseph I. aus Anlass der Ehrenbürgerverleihung der Stadt Linz an den Erzherzog Johann per Handschreiben vom 13. 10. 1887 die Weisung, dass Mitgliedern des Kaiserhauses die Annahme eines Ehrenrechtes in Hinkunft verboten sei. Erzherzog Johann Salvator persönlich ging ein weiteres Allerhöchstes Handschreiben zu, dass ihm in kategorischem Ton die Ablehnung der Ehrenbürgerschaft zur Pflicht machte. Die originale Ehrenbürgerurkunde blieb offenbar im Eigentum des Erzherzogs und ist, wie die allermeisten Gegenstände aus seinem Besitz, bislang verschollen. Erhalten hat sich eine historische Fotografie des in Linz ansässigen und

immer wieder für den Erzherzog tätigen Fotografen Camillo Ixenthaler, die das Aussehen der vom Zeichner und Kalligraphen Josef Maria Kaiser (* 1. 2. 1824 Kremsmünster, † 6. 5. 1893 Linz) entworfenen originalen Ehrenbürgerurkunde festhält. Josef Maria Kaiser war seit 1867 Sekretär des OÖ. Kunstvereines, seit 1874 Mitglied des Verwaltungsrates und seit 1880 Kustos am Museum Francisco-Carolinum. Er war mit Adalbert Stifter befreundet und stand mit Anton Bruckner im Briefwechsel.

16.5.9–10 Telegramm und Brief Erzherzog Johann Salvators zur Frage der Verleihung der Ehrenbürgerwürde durch die Landeshauptstadt Linz. London, 4. 10. 1887

Wien, Univ.-Prof. Dr. Stefan Hammer

Der Erzherzog reagierte auf diesen ungewöhnlichen Schritt der Linzer Gemeindeverwaltung mit freudiger Dankbarkeit. Er telegraphierte am 4. Oktober 1887 aus London an den Linzer Bürgermeister Johann Evangelist Wimhölzel: „Durch meine Wahl zum Ehrenbürger der Stadt Linz auf das freudigste berührt, sende ich Ihnen und der Bürgerschaft meinen aufrichtigsten Dank und herzlichste Grüße." Aufgrund von zwei Handschreiben Kaiser Franz Josephs I. war Erzherzog Johann Salvator bereits kurz darauf gezwungen, Bürgermeister Wimhölzel mitzuteilen, dass er die Ehrenbürgerwürde nicht annehmen könne.

16.5.11 Zwei eigenhändige Briefe des Erzherzogs Johann Salvator von Österreich-Toskana (seit 1889 Johann Orth)

Linz, OÖ. Landesarchiv

16.5.12 „Einblick in den Spiritismus". 1884

Erzherzog Johann. Erschienen bei der F. J. Ebenhöch'schen Buchhandlung Linz. Linz, OÖ. Landesarchiv, Sign. 3969

In der zweiten Hälfte des 19. Jahrhunderts hatte, von Nordamerika kommend, der Spiritismus (Geisterglaube) in Europa große Verbreitung gefunden. Man hielt Séancen (Sitzungen) ab, bei denen die Geister der Verstorbenen beschworen wurden. Zu Beginn der 1880er-Jahre scharte ein englisches Medium namens Harry Bastian eine große und ihm blind ergebene Schar von Anhängern um sich und machte in der Presse Schlagzeilen. Erzherzog Johann Salvator tat sich mit Kronprinz Rudolf zusammen und lud Harry Bastian zu Séancen in sein Haus in der Wollzeile Nr. 40. Als bei der dritten Sitzung am 28. Jänner 1884 nach Abschalten des

Lichtes die Spannung ihren Höhepunkt erreicht hatte – es war im Raum bereits ein Kreischen, Heulen und Winseln zu hören, schloss der Erzherzog mittels eines eingebauten, geschickt getarnten Mechanismus die Flügel einer schweren Eichentür zwischen seinem Schreibzimmer und seiner Bibliothek und konnte hinter einem Vorhang, der zum Zweck der Geisterbeschwörung angebracht worden war, die zappelnde Gestalt des auf frischer Tat ertappten Schwindlers Harry Bastian hervorholen. Kurz danach ließ Erzherzog Johann Salvator im Verlag des Linzer Buchhändlers Ebenhöch eine Broschüre mit dem Titel „Einblick in den Spiritismus" erscheinen, die über Betreiben der Budapester Freimaurerloge Könyves Kálmán in das Ungarische übersetzt wurde.

15.5.13 Filmplakat „Der rote Prinz". 1954

Wien, Österreichische Nationalbibliothek, Plakatsammlung, Plakat Nr. 16300618. Reproduktion

Im Jahr 1954 wurde nach einem Drehbuch von Friedrich Perkonig unter der Regie von Hans Schott-Schöbinger der Spielfilm „Der rote Prinz" über das Leben von Johann Orth gedreht, wobei Inge Egger als Milly Stubel, Peter Pasetti als Johann Orth, Richard Häussler als Dr. Orbis, Rolf Wanka als Rittmeister Graf Daun und Kurt Heintel als Baron Frederik Angelo spielten. Der gewählte Titel des Films, „Der rote Prinz", eine Bezeichnung, die man Aloys Prinz von und zu Liechtenstein (* 1846, † 1920) wegen seiner sozialreformerischen Vorhaben gab, erscheint aber im Hinblick auf das Leben von Erzherzog Johann Salvator von Österreich-Toskana wenig charakteristisch.

Katalog und Beschreibung der Exponate:
Mag. Norbert Loidol

Autorensiglen:
M.-T. A.: Dr. Marie-Theres-Arnbom
B. P.: Dr. Bernhard Prokisch

Anhang
Oberösterreichische Landesausstellung 2008

VERANSTALTER
Land Oberösterreich

Geschäftsführung
Amt der Oberösterreichischen Landesregierung
Direktion Kultur, Promenade 37, A-4021 Linz
Leiter: W. Hofrat Dr. Reinhard Mattes

Projektleitung
Mag. Reinhold Kräter

Technische Leitung
Ing. Manfred Quatember, Direktion Präsidium –
Abteilung GBM
Bautechnik – Sonderaufgaben

Leitung Public Relations / Marketing
Roland Pichlbauer

Örtliche Bauaufsicht und -koordinierung
Reinhard Böttcher
Monika Rollinger

Organisation
Bernhard Stolberger
Dr. Eduard Nimmervoll

Ausstellungsbüro
Karin Hauzenberger
Gabriele Scheinhart

Katalogredaktion
Dr. Julius Stieber
Dietmar Leitner

Mitarbeit Katalogredaktion
Mag. Norbert Loidol

WISSENSCHAFT, PLANUNG UND GESTALTUNG
LEITAUSSTELLUNG SCHLOSS ORT

Gesamtleitung und Konzept
o. Univ.-Prof. Dr. Roman Sandgruber, Johannes Kepler
Universität Linz

Mitarbeit Wissenschaft
Dr. Marie-Theres Arnbom
Mag. Gunter Bittermann
Mag. Norbert Loidol

Ausstellungsgestaltung
Ing. Manfred Quatember
Dipl.-Ing. Elisabeth Plank, Wien

Kulturvermittlung
Mag. Claudia Hutterer

Ausstellungsgrafik
Mag. art. Gerhard Lohninger

Mitarbeit Ausstellungsgrafik
Mag. Kurt Lackner
Mag. art. Helga Lohninger

Werbegrafik
CONCEPTA Werbeagentur GmbH, Neuzeug bei Steyr

Videoproduktion
Vogel-Audiovision, Linz

Sounddesign
Komposition: Sam Auinger
Hardware: Gerd Thaller
Software: Gerald Schalek
Electronic: Roland Babl

Konservatorische Betreuung
Prof. Mag. art. Karin Troschke, Institut für Papierrestaurierung

Mitarbeit Konservatorische Betreuung
Mag. Ursula Brandl-Pühringer
Mag. Sascha Höchtl
Mag. Rahel Jahoda
MMag. Monika Roth

LEIHGEBER SCHLOSS ORT

Altmünster
Grafen O'Donell von Tyrconnell
Konrad Lang

Oldtimermuseum „Rund ums Rad"
Landhotel Reiberstorfer

Altshausen (D)
S.K.H. Carl Herzog von Württemberg

Attersee am Attersee
Gemeinde Attersee am Attersee

Attnang-Puchheim
Redemptoristenkolleg Puchheim

Bad Ischl
Hut Bittner
Antiques Hans Gründbichler
Museum der Stadt Bad Ischl

Bad Goisern
Alpenverein Goisern
Rudolf Stefitsch-Hackl

Bad Mitterndorf
Eduard Sulzbacher

Bad Vöslau
Stadtmuseum Bad Vöslau
Helga Weidinger

Buchkirchen
MR Dr. Bercht Angerhofer

Ceské Budejovice / Budweis (CZ)
Jihoceské muzeum v Ceských Budejovicich

Ebensee
Archiv Rudolf Ippisch
Bertl Lahnsteiner
Alfred Riezinger
Salinen Austria Aktiengesellschaft

Eichgraben
Marie-Therese Mutz

Gmunden
Ilse Bulant
BFW – Forstliche Ausbildungsstätte Ort
Haas-Hüte
K-HOF Kammerhof Museen Gmunden
Landespflege- und Betreuungszentrum Schloss Cumberland
Georg Prillinger
Stadtamt Gmunden
Stadtarchiv Gmunden
Stern & Hafferl Holding GesmbH

Halbturn
Marietheres Waldbott-Bassenheim, Schloss Halbturn

Hallein
Keltenmuseum Hallein

Kitzbühel
Otto Langer

Krems
Ernst-Krenek-Institut-Privatstiftung

Laakirchen
MIBA AG

Linz
Adalbert-Stifter-Institut des Landes Oberösterreich
Antiquitäten Wimberger
Diözese Linz
Kollegium Aloisianum
Margarete Machanek
Nordico – Museum der Stadt Linz
Oberösterreichische Landesmuseen
    Biologiezentrum
    Abteilung Geologie und Paläontologie
    Kunsthistorische Sammlungen
    Numismatische Sammlung
    Sammlung Technikgeschichte und Wehrkunde
    Volkskundessammlung
Oberösterreichisches Landesarchiv
Oswald Schopf

Mondsee
Heimatbund Mondseeland, SKGLB-Museum

Mürzzuschlag
FIS Winter!Sport!Museum!

Pettenbach
Ferdinand Regelsberger

Pinsdorf bei Gmunden
Salzkammergut Tierweltmuseum, Alfred Höller

Salzburg
Salzburg Museum

Scharnstein
Willi Forstinger

St. Florian bei Linz
Jagdmuseum Schloss Hohenbrunn

St. Georgen im Attergau
Tourismusverband St. Georgen / Straß / Berg

St. Pankraz
Wilderermuseum St. Pankraz

St. Wolfgang
Peter Lippert
Günther Nierlich jun.

Seewalchen
Familie Christ-Fischer
Sammlung Dr. Tostmann

Traunkirchen
Dr. Karl Heinz Clodi

Tübingen (D) – Schloss Kilchberg
Christa Freifrau von Tessin, geb. Freiin Göler von Ravensburg,
Freiin von Saint-André

Unterach am Attersse
Dr. Ewald Stadler

Vöcklabruck
Berta Höller

Wels
Stadtmuseum Wels

Wien
Familie Arnbom-Winterstein
Atelier / Archiv Attersee
Bezirksmuseum Währing
Bundesimmobiliengesellschaft m.b.H.
Bundesmobilienverwaltung mit ihren Sammlungen:
Hofmobiliendepot – Möbelmuseum
Silberkammer (Hofburg)
Sammlung Dichand
Firma Wilhelm Jungmann und Neffe
ao.Univ.-Prof. Dr. Stefan Hammer
Miguel Herz-Kestranek
Ministerialrat a. D. Mag. Gottfried Kuppelwieser
Wolfgang Köchert
Leopold-Museum
MAK – Österreichisches Museum für angewandte Kunst
Naturhistorisches Museum
Oberes Belvedere
Österreichische Nationalbibliothek

Österreichisches Museum für Völkerkunde
Österreichisches Museum für Volkskunde
Österreichisches Staatsarchiv
Österreichisches Theatermuseum
Hotel Sacher
Prof. Dkfm. Rudolf Schmutz
Professor Architekt Johannes Spalt
Technisches Museum Wien
Kunsthandel Widder
Wienbibliothek im Rathaus
Wien Museum

Zwettl in Niederösterreich
Stadtmuseum Zwettl

ORGANISATORISCHE UND INHALTLICHE BETREUUNG DER DEZENTRALEN LANDESAUSSTELLUNGSPROJEKTE

Altmünster
Bgm. Hannes Schobesberger
Vbgm. Johann Schögl
Dr. Gunter Dimt
Margit Schartmüller
Hans-Jörg Franzelin
Johann Gaigg
Marianne Heidl
Anni Steinmaurer

Bad Goisern
Bgm. Peter Ellmer
Bgm. a. D. Gert Aigmüller
Vbgm. Günther Siegl
Johann C. Scheutz
Dr. Michael Kurz
Hannes Kofler
Mag. Martina Kornfehl
Pamela Friedl

Bad Ischl
Bgm. Hannes Heide
Bgm. a. D. Ing. Gerhard Fallmann
Mag. Andreas Niederauer
Dr. Michael Kurz
Mag. Martina Kornfehl
Robert Herzog

Ebensee
Bgm. Herwart Loidl
Klaus Wallinger
Dr. Walter Rieder
Franz Gillesberger
Dr. Wolfgang Quatember
Mag. Hans Kropshofer
Gerhard Spengler

Gmunden
Bgm. Heinz Köppl
Vbgm. Gottfried Schrabacher
Manfred Andessner
Ing. Markus Putz
Mag. Karinja Pangerl
Dr. Hannes Etzlstorfer
Mag. Christian Feichtinger
Dir. Ingrid Spitzbart
Andreas Murray

Gosau
Bgm. Gerhard Gamsjäger
Vbgm. Mag. Rainer Posch
Josef Schmaranzer
Dipl.-Ing. Michael Speer
Ing. Siegfried Gamsjäger
Elisabeth Grill

Hallstatt
Bgm. Peter Scheutz
Vbgm. Alexander Scheutz
Mag. Josef Zauner
Rudolf Gamsjäger
Kurt Thomanek
Mag. Jörg Zimmermann
Dr. Anton Kurz
Hans-Jörgen Urstöger
Claudia Höll
Andreas Gamsjäger

Laakirchen
Bgm. Klaus Silbermayr
Johann Halbmaier
Georg Brenda
Mag. Sonja Neumayer
Alfred Köstler

Obertraun
Bgm. Mag. Egon Höll
Andreas Pangerl
Sabine Spielbüchler
Dipl.-Ing. Thomas Stöckl
Hans Puchinger

Ohlsdorf
Bgm. Mag. (FH) Wolfgang Spitzbart
Mag. Ingeborg Pflügl
Dr. Martin Huber
Univ.-Prof. Dr. Manfred Mittermayer
Mag. Peter Karlhuber

St. Gilgen
Bgm. Wolfgang Planberger
Augustin Kloiber
Dr. Gabriele Ramsauer
Brigitte Winkler

St. Wolfgang
Bgm. Johannes Peinsteiner
Arno Perfaller
Dr. Doris Prenn
Mag. Helmut Schmidinger
Franz Zimmermann
Hans Wieser
Doris Unterkofler

Strobl
Bgm. Josef Weikinger
Christine Gumpinger
Michael Kienesberger
Klaus Kienesberger
Franz Riedl
Harald Prohaska

Traunkirchen
Bgm. Ing. Peter Aschenbrenner
Alois Schernberger
Mag. Heinz Gruber
Mag. Siegfried Kristöfl
Univ.-Prof. Dr. Thomas Kerbl
Martin Müller-Reisinger
Markus Höller

Vorchdorf
LAbg. a. D. Bgm. ÖR Franz Kofler
Dr. Karl Stöhr
Hubert Stöhr
Mag. Dietburg Angerer
Mag. Martin Sturm
Regina Hufnagl

DANKSAGUNG

Ein herzliches Dankeschön ergeht an die

Sponsoren
voestalpine AG
Energie AG Oberösterreich
Raiffeisen Landesbank Oberösterreich AG
Oberösterreichische Versicherung AG
Miba AG
Gmundner Molkerei reg. Gen.m.b.H.
Brauerei Schloss Eggenberg
Salinen Tourismus GmbH
Gmundner Keramik

Verantwortlichen in den Ausstellungsgemeinden
Altmünster
Bad Goisern
Bad Ischl
Ebensee
Gmunden
Gosau
Hallstatt
Laakirchen
Obertraun
Ohlsdorf
St. Gilgen
St. Wolfgang
Strobl
Traunkirchen
Vorchdorf

Kooperationspartner
Amt der OÖ. Landesregierung
    Direktion Bildung und Gesellschaft
    Direktion Inneres und Kommunales
    Direktion Landesplanung, wirtschaftliche und ländliche
    Entwicklung
    Direktion Soziales und Gesundheit
    Direktion Straßenbau und Verkehr
    Direktion Umwelt und Wasserwirtschaft
    Direktion Finanzen
    Direktion Personal
Architekturbüro Stöckl, Grein
Bezirkshauptmannschaft Gmunden
Bezirkspolizeikommando Gmunden
Bundesdenkmalamt – Abteilung für Bodendenkmale, Wien
Bundesimmobiliengesellschaft, Wien
Dachstein Tourismus AG
Dachstein & Eishöhlen GmbH
Eggerhaus Altmünster, HR Dr. Gunter Dimt
Filmarchiv Austria – audiovisuelles Zentrum

Forstliche Ausbildungsstätte Schloss Ort
Freiwillige Feuerwehren der Ausstellungsgemeinden
Genussland Oberösterreich
GM Pesendorfer GmbH
Heimathaus Viechtau, Neukirchen
Heimatmuseum Hallstatt
Heimat- und Landlermuseum Bad Goisern
Heimatverein Gosau
HTBLA Hallstatt
Johannes Kepler Universität Linz
Kaiservilla Betriebsbesichtigungs GmbH
LA Muhr Wein & Catering, Gmunden
Mistelberger Felix, Hausmeister Schloss Ort
Museum Ebensee, Dr. Franz Gillesberger
Naturhistorisches Museum Wien, Dr. Anton Kern
Oberösterreich Tourismus
OK Offenes Kulturhaus Oberösterreich
OÖ. Seilbahnenholding GmbH
ÖAMTC
Örtliche Tourismusbüros der Ausstellungsgemeinden
Österreichische Bundesforste AG
Österreichische Gesellschaft für Eisenbahngeschichte
Pfarrgemeinderat Hallstatt
Planorama, Graz
Salinen Tourismus GmbH
Salzburger Verkehrsbetriebe
Salzkammergut-Lokalbahn-Museum, Mondsee
Salzkammergut Tourismus-Marketing GmbH
Salzkammergut Wirte
SchafbergBahn & WolfgangseeSchifffahrt
Stern & Hafferl Verkehrsgesellschaft m.b.H
Studio AHOI, Schloss Eschlberg
Toskana-Kongress-Zentrum
Tourismusverband Inneres Salzkammergut
Trafico Verkehrsplanung
Traunseeschifffahrt Karl Eder GmbH
Traunsee Touristik GmbH
Universität für Künstlerische Gestaltung Linz
UPM Kymmene Austria Ges.m.b.H.
Verein Geowag, Siegfried Gamsjäger
Verein Österreichisches Papiermachermuseum
Verein Trachten- und Handwerksstraße Salzkammergut
Wolfgangsee Tourismus
Zeitgeschichtemuseum Ebensee, Dr. Wolfgang Quatember

Medien
BTV
Die Presse
Kronen Zeitung
Life Radio
Neues Volksblatt
OÖ. Nachrichten

OÖ. Rundschau
Österreich
ORF – Landesstudio OÖ
TS1
LT1
Ö1
FM 4
Die Furche
Tips u. v. m.

Weiters ergeht unser Dank für Anregungen, Beratung, Unterstützung an
Dr. Bercht und Mag. Christine Angerhofer, Buchkirchen
Marianne Bachinger, Vorchdorf
Antiquitäten C. Bednarczyk, Wien
Dr. Ingried Brugger, Wien
Hans und Helga Dichand, Wien
Dr. Otto Edlinger, Linz–Ternberg
Ing. Norbert Enis, St. Ulrich am Pillersee
Dr. Eberhard Fritz, Altshausen
Dr. Peter Geymayer, Burgkirchen
Mag. Klara-Maria Grabner, Wien
Dkfm. Elisabeth Gürtler-Mauthner, Wien
Erika Häussler-Angeli, Bad Ischl
Dr. Wolfgang Jirikowski, Gmunden
Kammerhofmuseum, Bad Aussee
Dr. Erich Kaessmayer, Wien
HR Dr. Rudolf und Christiana Kefer
HR Dr. Anton Kern, Wien
Min.-Rat a. D. Mag. Gottfried Kuppelwieser
Hans Loidl, Ebensee
DDr. Heinrich Marchetti-Venier
SR Friedel Moll, Zwettl
Christian Ohner, Ohlsdorf
Dr. Eva B. Ottillinger, Wien
Prof. Bruno Pillwein, Linz
Franz Pilz, Bad Goisern
Prof. Elfriede Pöllinger, Gmunden
LAbg. Martina Pühringer, Ohlsdorf
Kons. Mag. Reinolf Reisinger, Linz
Dr. Nikolaus Schaffer, Salzburg
Dr. Frank Scharnowski, München
LAbg. Arnold Schenner, Gmunden
Univ.-Prof. Dr. Christoph Schreuer, Wien
Univ.-Prof. Dr. Georg Spaun, Salzburg
Franz Standler, Traunkirchen
LAbg. Vbgm. Josef Steinkogler, Ebensee
Dipl.-Ing. Rüdiger Stelzer, Linz
Dr. Gesine Tostmann, Seewalchen – Wien
General a. D. Hubertus Trauttenberg, Gmunden
Dr. Kurt Veegh, Gmunden
Marietheres Waldbott-Bassenheim

Eduard Wickenburg, Hamburg
Veronika Widlroither, Oberwang
Dir. i. R. Friedrich Wiener, Bad Ischl

Ein besonderer Dank für die Bereitstellung zahlreicher Leihgaben ergeht an
OÖ. Landesmuseen

Die Fotonachweise wurden nach bestem Wissen und Gewissen erstellt. Sollten dennoch Fragen offen geblieben sein, wird um Kontaktnahme mit der Redaktion ersucht.

Andere sehen hier den Horizont.

Wir sehen darüber hinaus.

Grenzen können nur bestehen, solange man an sie glaubt.
Folgt man aber dem Reiz des Neuen, der ungewöhnlichen
Lösung oder der nächsten Herausforderung, sind die Möglichkeiten plötzlich grenzenlos. Es ist genau diese Einstellung,
die uns täglich einen Schritt voraus sein lässt.

www.voestalpine.com

voestalpine

EINEN SCHRITT VORAUS.

Sie sind aus Oberösterreich und haben noch keine Vorsorge? Dann wussten Sie vielleicht gar nicht, dass Oberösterreich ein echtes Vorsorge-Land ist. Hier kümmern sich 451 Keine Sorgen Berater in vielen Städten und Gemeinden typisch oberösterreichisch um Sie: herzlich, persönlich und kompetent. Sprechen Sie jetzt mit Ihrem Keine Sorgen Berater!

www.keinesorgen.at

Versicherung AG

GUTES
AUS DEM
SALZKAMMERGUT
zur OÖ Landes-
ausstellung

Echt typisch:
Aus der Region —
für die Region

Die **Brauerei Schloss Eggenberg** am Tor zum Salzkammergut bei der Landesaustellung am 29. April 2008:

Der Weg zum Bier – Brauereibesichtigung

Die Besichtigung der Brauerei wurde neu gestaltet. „Der Weg zum Bier" gibt unseren Besuchern die Möglichkeit mit allen fünf Sinnen zu erleben. Neben unseren Rohstoffen wie Hopfen und Malz besteht die Möglichkeit Würze vor der Vergärung und Hefe zu verkosten.

Bierverkostung

Im ehemaligen Sudhaus der Brauerei Schloss Eggenberg befindet sich ein Bierverkostungszentrum indem verschiedene Biere gekostet und verglichen werden.

DIE FERNBERGER
ZEITreisen

Bier und ferne Länder vereinen im Rahmenprogramm der Landesaustellung die reiselustigen ehemaligen Besitzer des Schlosses Eggenberg, in dem seit dem 14. Jh. Bier gebraut wird. Zwei aus dem Geschlecht der Fernberger reisten vor 400 Jahren an das Ende der damals bekannten Welt.

445